Stefan Howald

Eric Ambler
Eine Biographie

Diogenes

Alle Rechte vorbehalten
Copyright © 2002
Diogenes Verlag AG Zürich
www.diogenes.ch
30/02/52/1
ISBN 3 257 06325 3

Inhalt

Vorwort

Ende 2001 begann der amerikanische Verlag Random House mit der Neuausgabe der ersten zehn Romane von Eric Ambler. Das Medienecho fiel positiv bis begeistert aus. Kritiker bescheinigten den Romanen nach dem 11. September 2001 eine neue Aktualität für die »neue Neue Weltordnung«[1], und das, bevor die jüngsten Ambler-Romane erhältlich waren, die sich direkt mit der drohenden Gefahr chemischer Waffen oder dem Nahostkonflikt beschäftigten.

Amblers Romane zeichneten sich von Anfang an durch ihre prognostische Kraft aus. Schon in seinem ersten, 1936 erschienenen Buch, *Der dunkle Grenzbezirk*, beschrieb Ambler die Entwicklung einer Atombombe und deren Risiken – drei Jahre bevor die erste Kernspaltung gelang und neun Jahre bevor die erste Atombombe auf Hiroshima abgeworfen wurde. Doch solche vordergründige Prophetik macht nur einen geringen Teil des Reizes von Amblers Romanen aus. Sie sind in erster Linie hochklassige Literatur, die erklärt, wie es zugeht auf der Welt.

Als ich 1997 von Eric Ambler zu einem Interview empfangen wurde, war der 88jährige Begründer des politischen Thrillers körperlich fragil, aber geistig höchst präsent. Seine Romane, etwa zum Balkan- und Nahostkonflikt, hatten neue Brisanz gewonnen. Um so erstaunlicher, daß auch im englischsprachigen Bereich keine Ambler-Biographie vorlag. Meinem damals gefaßten Plan zu einer solchen stand Ambler selber interessiert gegenüber und versprach seine Mitarbeit. Durch Amblers Tod im Oktober 1998 hat sich mein Unternehmen notgedrungen verändert und länger als ursprünglich geplant hingezogen. Das Resultat

kommt, so hoffe ich, nicht zu spät für ein Publikum, das hier erstmals Einblick in Leben und Werkstatt eines Schriftstellers erhält,
dessen Werk modern und heutig geblieben ist und zur zeitgenössischen Literatur gehört.

Diese Biographie versucht, Leben und Werk in ihrer wechsel-
seitigen Durchdringung zu beschreiben. Seine erste Lebenshälfte
hat Ambler in seiner Autobiographie geschildert; die kritische
Auseinandersetzung mit ihr bildet die Basis für meine Darstellung, die ich durch zusätzliche Recherchen ergänzt habe. Für
spätere Epochen seines Lebens war ich fast ausschließlich auf
eigene Forschungen und auf Interviews angewiesen, die ich mit
Amblers Familie, seinen Freunden, Kollegen und Verlegern geführt habe. Dies gilt insbesondere für Amblers Tätigkeit als
Drehbuchautor, als der er heute weitgehend vergessen ist. Dabei
war er 15 Jahre lang mit der Entwicklung der britischen Filmindustrie eng verbunden und gewann auch seiner Tätigkeit in
Hollywood faszinierende Einsichten ab. Rückblickend mag das
Drehbuchschreiben nur ein Nebenprodukt seines künstlerischen Schaffens gewesen sein, doch für Ambler als Person wie als
Übungsfeld für seine Romane ist es gleichermaßen erhellend. Die
zehn Jahre in Hollywood kommen dagegen weniger detailliert,
sondern in erster Linie als berufliche und persönliche Krise zur
Sprache, die eine schriftstellerische Neuorientierung bewirkte.

Unzweifelhaft stellen Amblers Romane seine eigentliche
künstlerische Leistung dar. Deshalb konzentriere ich mich immer
wieder auf ausführliche Werkanalysen. Seine schriftstellerische
Karriere begann Eric Ambler in Auseinandersetzung mit dem
Genre des Spionageromans, dessen Geschichte ich im dritten Kapitel skizziere, um zu zeigen, in welchem politischen und kulturellen Umfeld er sich entwickelte. Dabei sprengten seine Romane
von Anfang an die Genregrenzen. Daher vergleiche ich sein Werk
nicht nur mit anderer Genreliteratur, etwa von Dorothy L. Sayers
oder John le Carré, sondern auch mit zeitgenössischen Schrift-

stellerkollegen wie W. Somerset Maugham, George Orwell und Graham Greene.

Anfang der 1990er Jahre erschienen kurz nacheinander drei monographische Studien zu Ambler. Das Buch des Engländers Peter Lewis besteht aus informierten, soliden Werkanalysen, pragmatisch britisch, mit knappen Hinweisen auf den sozialgeschichtlichen Hintergrund und einem Verzicht auf literaturhistorische Einordnungen. Auch die amerikanischen Studien von Peter Wolfe und Ronald Ambrosetti zeichnen sich durch ausführliche Werkanalysen aus, vermögen jedoch in ihrem einseitigen interpretatorischen Ansatz nicht zu überzeugen. So versucht Wolfe, seine an dubiosen biographischen Einzelheiten festgemachte These eines grundlegenden ödipalen Konflikts allen Romanen überzustülpen, während Ambrosetti, von einem zentralen Einfluß von Nietzsche und Jung auf Ambler ausgehend, das Gegensatzpaar apollinisch/dionysisch als wesentlichstes Organisationsprinzip der Romane feiert und Ambler eine diffuse »Orientalisierung« unterstellt.

Besonders im englischsprachigen Raum besteht eine verzerrte Wahrnehmung von Amblers Werk, das zumeist auf die bahnbrechende Leistung der 1930er Jahre reduziert wird, selbst in Standardwerken wie der Geschichte des Kriminalromans *Bloody Murder* von Amblers Freund und Kollegen Julian Symons. Auch die aktuellste deutschsprachige Gesamtdarstellung im *Kritischen Lexikon zur fremdsprachigen Gegenwartsliteratur* setzt den Akzent allzu stark auf die Vorkriegsromane. Dagegen möchte ich zeigen, daß die Qualität von Amblers Nachkriegsromanen keineswegs nachgelassen hat. Im Gegenteil: In den ab 1951 erschienenen zwölf Romanen erprobte er eine Vielfalt von Themen und literarischen Ansätzen. Als einer der ersten westlichen Autoren setzte er sich beispielsweise ab Mitte der 1950er Jahre mit der Entkolonialisierung in Ostasien und Afrika auseinander; mit Arthur Simpson gelang Ambler die Schöpfung eines Schwejkschen

Kleinkriminellen, der zwischen Erbärmlichkeit und grandioser Überlebensfähigkeit schwankt; und sein Aufenthalt in der Schweiz zeitigte nicht nur eine witzige Abrechnung mit dem Geheimdienstmilieu, sondern auch eine faszinierende Studie zur Wirtschaftskriminalität. Gemeinsam ist allen diesen Romanen ihr gelassener, präziser Sprachgestus und ihre Qualität.

Meine Arbeit wäre nicht möglich gewesen ohne die Hilfe zahlreicher Personen und Institutionen. In England habe ich an erster Stelle Amblers Schwester Joyce Fowle zu danken, ebenso wie Patricia Gaynor, Amblers langjähriger Sekretärin, und John McLaughlin, seinem Literaturagenten. Andere persönliche Bekannte wie Sam Goldwyn Jr., Peter Janson-Smith, Roy Ward Baker, Anthony Havelock-Allan und Len Deighton, dazu Baroneß Marjorie Chanteau, waren großzügig bereit, mir Auskunft zu geben. Dank gebührt den Mitarbeitern, vor allem Jason Johnson, an der Mugar Memorial Library der Boston University, wo Amblers Nachlaß verwaltet wird, sowie an verschiedenen anderen Archiven und Bibliotheken. Unschätzbar war die Hilfe von Peter Müller, der das ganze Buch mit seinen kenntnisreichen Kommentaren, und von Renée Gruber, die es mit Ermutigung begleitet hat, sowie von Rudolf Howald, der mir bei Detailfragen behilflich war. Dem Diogenes Verlag gilt Dank für sein Engagement in Sachen Ambler und diese Ambler-Biographie, insbesondere Anna von Planta für ihre ebenso hartnäckige wie kompetente Betreuung und Regina Treier für die Hilfe bei der Bildbeschaffung.

London, im Juli 2002

Imaginierte Boheme

Seine Autobiographie hat Eric Ambler mit *Here Lies Eric Ambler* betitelt. Das Wortspiel von ›Hier ruht…‹ und ›Hier lügt…‹ läßt sich beim besten Willen nicht ins Deutsche übertragen. Man sollte die augenzwinkernde Möglichkeit von Amblerschen Lügen aber nicht überschätzen. Er setzt uns keine Unwahrheiten über sein Leben vor. Doch setzt er darin eigenwillige Akzente. Die Autobiographie ist Quelle für seine Lebensgeschichte und zugleich deren persönliche Interpretation, die ihrerseits der Interpretation bedarf.

Eric Amblers autobiographische Familiengeschichte setzt mit der Generation der Großeltern in Lancashire ein. Als ihm ein Interviewer einst für einen Artikel in einer Züricher Zeitung den Titel *As I was ambling down Rämistreet* vorschlug, erkannte Eric Ambler darin sofort eine gelehrte Anspielung auf den irischen Mediziner Oliver St. John Gogarty, der von James Joyce im *Ulysses* verewigt worden ist.[1] Die naheliegendere Assoziation zum Ursprung des Namens Ambler erschien ihm nicht der Rede wert. Eine Familiengeschichte erläutert dagegen den etymologischen Zusammenhang. Danach ist der Name Ambler höfischen Ursprungs: »*L'ambleur* (französisch) ist ein Offizier der königlichen Stallungen. *Ambuler* bezeichnet ein Pferd, das im Schritt reitet« sowie »der *ambler* (englisch), einer, der die Pferde in der herrschaftlichen Stallung betreute und ihnen das Reiten im Schritt beibrachte.« (Louis Ambler 1924, 5) Die erste Erwähnung des Geschlechts ist 1273 in Nordengland verbürgt; bis ins 15. Jahrhundert taucht es ausschließlich in Yorkshire, Lincolnshire und Herefordshire auf. In Yorkshire ist die Familie noch heute am

weitesten verbreitet, doch im 19. Jahrhundert hatte sie sich längst
in die Industriegebiete von Lancashire ausgedehnt.

Großvater William Frederick Ambler wurde 1848 in Preston
geboren. Auf seiner Heiratsurkunde von 1873 gab er als Beruf
Schriftsetzer an. Schon sein früh verstorbener Vater Charles Ambler war Drucker gewesen, und auch sein Schwiegervater hatte als
Schriftsetzer gearbeitet. Das zünftische Handwerk garantierte
eine passable soziale Stellung; doch der Enkel betont in seiner
Darstellung das leicht Exzentrische der Figur. Den Großvater
Ambler beschreibt Eric Ambler als stattliche Erscheinung mit
einem Hang zum Dandyhaften, der stapelweise holprige Gedichte schrieb und politisch dem radikalen Flügel der Liberalen
nahestand. Den Großvater mütterlicherseits, Charles Butler Andrews, schildert Ambler noch bohemehafter. Von Beruf Möbel-
tischler in Nordlondon, war Andrews dem Alkohol so zugetan,
daß er ein eigenes Schreinergeschäft verlor und zur Arbeit als Ge-
hilfe zurückkehrte; wohler fühlte er sich, wie der Enkel meint, in
den Kneipen und Teestuben des Londoner Bezirks Clerkenwell.
Seine Frau, Emily Wellbeloved, war von kränklicher Konstitu-
tion, so daß Amy Madeline, Erics Mutter, als ältestes der fünf
überlebenden Kinder die Familie zusammenhalten mußte.

William Frederick Ambler und seine Frau Emma Rimmer
hatten fünf Kinder, darunter den 1882 geborenen Alfred Percy
Ambler, Erics Vater. Für die Ambler-Familie war er Alf, während
ihn alle anderen Bekannten, darunter seine spätere Frau, Reg
nannten, was Sohn Eric als Ausdruck einer tieferen Zweideutigkeit auslegte: »Er wuchs mit zwei verschiedenen Leben auf.«
(Ambler, 40) Einerseits hegte Alfred schon früh künstlerische
Ambitionen; von einem pädagogisch und musikalisch interessierten Pfarrer gefördert, lernte er Klavier spielen und begann mit
einer Marionettenbühne zu experimentieren. Andererseits trug
er ab zwölf Jahren mit einem Bürojob in einer Brauerei zum Fa-
milieneinkommen bei.

1903 zog William Frederick Ambler mit dreien seiner Kinder nach London, wo er eine Stelle beim Wochenmagazin *Truth* antreten konnte. 1877 vom Politiker und Financier Henry Labouchere (1831–1912) gegründet, entsprach der nonkonformistische Liberalismus von *Truth*, der auf bürgerlichen Werten beruhte, aber sich gegen politischen Machtmißbrauch und militärischen Imperialismus aussprach, William Amblers eigener Haltung.[2] Sohn Alfred, 21jährig, fand Beschäftigung in der Reklameabteilung der Firma Westinghouse und versuchte zugleich, sich in seiner Freizeit einen Namen als Entertainer zu machen. 1906 wechselte er zur Firma Indiarubber, Guttapercha and Telegraph Works Ltd. mit Sitz in Silvertown, gegenüber Woolwich am Nordufer der Themse. Im Dezember 1906 heiratete er die vier Jahre jüngere Amy Madeline Andrews und zog mit ihr von Camberwell nach Südlondon, in die Wellington Street in Charlton. Das angemietete kleine Häuschen, für ein junges Ehepaar von beachtlichem Komfort, besaß Wohn- und Eßzimmer im Parterre und zwei Schlafzimmer im ersten Stock. Alfred Ambler fuhr mit der eben erst ausgebauten Straßenbahn der South Eastern & Chatham Railway nach Woolwich und von dort mit der Fähre nach Silvertown zur Arbeit. Am 28. Juni 1909 wurde der erste Sohn, Eric Ambler, geboren; am 26. August 1912 folgte Bruder Maurice.

Eine aufstrebende Branche

In der Werbebranche war schon damals gut Geld zu verdienen. Werbung im heutigen Sinn entstand mit der zunehmenden Massenproduktion in der Mitte des 19. Jahrhunderts. Zu Anfang blieb sie in der Hand des Warenproduzenten selber. Als Zwischenglied schaltete sich einzig der Inseratenakquisiteur ein, der in den Zeitungen Platz für Annoncen kaufte, die ihm vom Auftraggeber geliefert wurden. Das sollte noch geraume Zeit die wichtigste spezialisierte Aufgabe im Werbebereich bleiben; den bekanntesten Inseratenakquisiteur der Weltliteratur, Leopold Bloom, hat James Joyce auf seiner Odyssee vom 16. Juni 1904 durch Dublin beschrieben. Im letzten Viertel des 19. Jahrhunderts übernahm der Akquisiteur allmählich zusätzliche Aufgaben, entwickelte sich zum Werbefachmann, der Werbung und Reklame in allen Arbeitsschritten, von der Herstellung der Inserate bis zu deren Plazierung, betreute. Zugleich entstanden die ersten Werbeagenturen und damit ein neuer Industriezweig. Ende des Jahrhunderts hatten englische Pionieragenturen wie S. H. Benson und T. B. Browne Ltd. bereits rund 100 Angestellte.[3] Aber noch 1907 erstellte ein Firmenleiter eine kritische und ernüchternde Bilanz: Zwar gäbe es gegenwärtig 336 Firmen, die sich selber als Werbeagenturen bezeichneten, doch 300 von ihnen verdienten diesen Namen in keiner Weise, und auch vom verbleibenden Zehntel beschränke sich eine Mehrheit auf den Inserateverkauf.[4]

Die meiste Werbearbeit wurde weiterhin direkt von den Produktionsfirmen mit nunmehr eigenen Reklameabteilungen verrichtet. Alfred Ambler, der bei Guttapercha neben der Werbung weitere administrative Aufgaben erfüllte, war darin durchaus typisch. Bereits 1909 erschien auch die erste literarische Verarbeitung der neuen Tätigkeit, der Roman *Tono-Bungay* von H. G. Wells. Das ambitiöse, weithin unterschätzte Buch setzt Mitte der 1880er Jahre ein, schildert den mit Hilfe von Marketing bewerkstelligten Aufstieg eines kleinen Unternehmens zum Großkonzern und damit zugleich den Umbruch vom aristokratisch geprägten England zur kapitalistischen Finanzwirtschaft. Der Ich-Erzähler, der aus der Bedientenschicht stammende begabte George Ponderevo, will sich ursprünglich der Wissenschaft verschreiben, tut sich aber, da er Geld braucht, mit seinem Onkel zusammen. Dieser, ein Apotheker, hat mit dem angeblichen Stärkungsmittel Tono-Bungay erste kommerzielle Erfolge und will Georges systematischen Verstand zur weiteren Vermarktung seiner quacksalberischen Produkte einsetzen. George äußert zuerst Skrupel, doch sein Onkel redet sie ihm als unzeitgemäß aus:

>»Es gibt jedenfalls auch reelle und ruhige Geschäfte; die Lieferung von Waren, die wirklich gebraucht werden und keine Reklame nötig haben.«
>»Nein, George, da bist du hinter der Zeit zurück. Die letzte Ware dieser Art ist vor etwa fünf Jahren verkauft worden.« (Wells 1983, 150)

Tatsächlich sieht George auf dem Nachhauseweg, als er sich das Angebot überlegt, das Menetekel der Werbung an den Mauern, die schon zum natürlichen Bestandteil der Umgebung geworden ist: »Dann fiel mein Blick auf Ankündigungen jenseits des Flusses: ›Sorber's Food‹ – ›Cracknell's Ferric Wine‹ – sehr auffällige und prunkvolle Aufschriften, nachts leuchtend, und ich entdeckte, wie erstaunlich gut sie dorthin paßten und wie offensichtlich sie zu dem Ganzen gehörten.« (Wells 1983, 153) Wells beschreibt in der Folge die neuen Werbetechniken.

>Man darf nicht vergessen, es war in den Tagen, bevor die *Times* zur Wirtschaftsmacht und zu einer lautstarken Verteidigerin veralteter Ansichten über Wissenschaft und Kunst wurde. Der aufdringliche Laß-mich-dir-ganz-schnell-ganz-nüchtern-etwas-erklären-was-du-wissen-solltest-Stil in den Zeitungsannoncen, mit dem da und dort eingesprengten Fettdruck einer besonders verführerischen Floskel, war damals beinahe noch unbekannt. »Viele, die sich verhältnismäßig wohl fühlen, halten sich für gesund« war einer der Einfälle des Onkels. (Wells 1983, 165)

Die zuerst am eigenen Produkt ausprobierten Werbemethoden werden auf Fremdprodukte umgesetzt und erweitert; das Produkt bekommt eine ganze Geschichte überschrieben. Der Bildhauer und Grafiker Ewart, der sich dem Unternehmen verdingt,

formuliert dem Onkel gegenüber die neue Ideologie mit iro-
nisch-zynischem Unterton:

> Wir sind Künstler, Sie und ich, Mr. Ponderevo, wir können, wenn Sie
> gestatten, von Künstler zu Künstler sprechen. Die Anzeigen, die brin-
> gen alles in Gang. Anzeigen haben Handel und Industrie revolutio-
> niert; sie werden die Welt revolutionieren. Der Kaufmann von einst
> pflegte nützliche Waren zu führen; der Kaufmann von heute schafft
> Werte. Er braucht nichts mit sich herumzuschleppen. Er nimmt etwas
> ohne jeden Wert – und macht es zu etwas Wertvollem. Er nimmt Senf,
> genau denselben, den alle anderen haben, geht herum und sagt, ruft,
> singt, schreibt an die Wände oder in Bücher, überallhin: »Smith's Senf
> ist der beste!« Und siehe da, er *ist* der beste. (Wells 1983, 175; letzter
> Satz ergänzt nach Wells 1994, 141)

Nach diesen Anfängen wird der Onkel vom Unternehmer zum
Financier, baut ein Imperium auf, das schließlich, allzu groß ge-
worden, zusammenkracht, worauf er als Bankrotteur auf der
Flucht elend stirbt. Trotzdem hat sich die Gesellschaft, fünfzig
Jahre früher noch in starrer, behäbiger Sozialordnung, unwider-
ruflich verändert.

Wells äußert durch seinen Ich-Erzähler Kritik an der neuen
Moderne: »Ich kann nicht behaupten, daß ein einziges der großen Geschäfte, die wir organisierten, das Leben der Menschen
mit auch nur einer Spur wirklichen Wertes bereichert hätte.«
(Wells 1983, 246) Tatsächlich stießen die neuen Geschäftsmetho-
den nicht überall auf Gegenliebe. Zeitungen weigerten sich lange,
ihre Spalten den Inseraten allzu stark zu öffnen, und das öffentliche Image der Werbung blieb umstritten.

Berichte, wonach 1912 schon 80 000 Personen in der Werbung
beschäftigt waren, mögen übertrieben sein, belegen aber eine
wachsende Bedeutung der Branche. Dem entsprachen die Verdienste. William Crawford, späterer Begründer und Leiter einer
der namhaftesten britischen Werbefirmen, verdiente 1910 als An-

gestellter eines Werbebüros bereits sechs Pfund pro Woche, plus
Kommissionen bei der Akquisition neuer Kunden.[5] Das lag um
ein Mehrfaches über dem durchschnittlichen Jahreseinkommen
von 90 Pfund.[6] Zu diesem Zeitpunkt zählten fünf Prozent der Bevölkerung mit einem Jahreseinkommen von über 700 Pfund zu
den Reichen und weitere elf Prozent mit einem Jahreseinkommen
zwischen 160 und 700 Pfund zum Mittelstand.[7] Alfred Ambler
gehörte sozial zu dieser aufstrebenden Mittelschicht, wenn er
auch an ihrem unteren Rand angesiedelt war. Die neuen Auf-
stiegsmöglichkeiten blieben dabei untrennbar mit beruflicher
Unsicherheit und unklarem Sozialstatus verknüpft.

Für Alfred Ambler stellte sich zudem, wie für Ewalt aus
Tono-Bungay, die Frage einer alternativen, künstlerischen Berufung. Amy Andrews, seine zukünftige Frau, hatte er in einem
Gesangsverein kennengelernt, und nach der Heirat traten die
beiden über ein Jahrzehnt lang als Duo auf, mit einer Show le-
bendiger Marionetten, bei denen Arme, Rumpf und Beine der
Puppe mit dem Kopf eines lebendigen Darstellers, von dessen
Schulter die Puppe herabhing, zu einer Figur verschmolzen.
Während des Ersten Weltkriegs bildete Alfred Ambler eine größere Truppe, *The Harmoniques*, und von 1917 bis 1921 leitete er
das Quartett *The Whatnots*. Eric Ambler hat sich in einigen
öffentlichen Äußerungen als »Sohn eines Entertainers« (Hertenstein 1975, 150) bezeichnet, der nach dem Wunsch des Vaters
»einen respektablen Beruf« (Hertenstein 1975, 147) zu erlernen
hatte. Einige biographische Darstellungen zu Lebzeiten wie auch
Nachrufe bei Amblers Tod schlossen daraus: »Er wurde in eine
Theaterfamilie hineingeboren, die in Woolwich lebte und eine
ungewisse Existenz fristete, indem sie mit einem fahrenden Marionettentheater die Music Halls bereiste« (Pettifer 1998, 10).
»Dabei«, erklärt Erics Schwester Joyce Fowle, »war das bei meinem Vater nur ein Hobby für den Feierabend. Hauptberuflich
war er ein respektabler Werbemanager. Mich hat diese Verfäl-

schung schon in der autobiographischen Darstellung meines Bruders geärgert.«[8]

Tatsächlich ist Eric Amblers Autobiographie in dieser Hinsicht ambivalent. Er erwähnt den bürgerlichen Beruf seines Vaters durchaus und hält fest: »Tagsüber war er einer der leitenden Angestellten der Fabrik in Silvertown« (Ambler, 53). Aber in der ganzen Darstellung betont er die ›Nachtseite‹ der künstlerischen Aktivitäten, stellt sie als eigentliche Berufung des Vaters dar und suggeriert, dieser habe sich 1921 in einer Alles-odernichts-Situation zugunsten des bürgerlichen Berufs entscheiden müssen.[9] Fast wirkt es, als habe sich Eric Ambler nachträglich eine Herkunft aus der Boheme imaginiert. Das sozial Zweideutige, leicht Anrüchige des künstlerischen Milieus stellt er jedenfalls auch an den Anfang der Beziehung der Eltern. Einer unvorsichtigen Äußerung des Vaters zufolge habe sich das Paar bei einem sogenannten Rauchkonzert kennengelernt, wogegen die Mutter darauf beharrte, es sei bei einer wohlanständigen Veranstaltung des Gesangsvereins gewesen. Die Ambivalenz von künstlerischer Berufung und bürgerlicher Ambition sieht Eric Ambler in seiner Geburtsurkunde fortgesetzt. Sein Vater, der als Beruf stolz »Werbemanager« anführte, habe Sohn Eric den Zweitnamen Clifford nach einem berühmten Schauspieler gegeben.

Zum Gegensatz von Kunst und Kommerz kam eine soziale Komponente hinzu, denn die Music Halls, in denen Alfred und Amy Ambler ihre Produktionen aufführten, waren ab Mitte des 19. Jahrhunderts in den mittelenglischen Industriegebieten und den Londoner Industriequartieren entstanden.

Zunächst nur ein um einen ›Singing Salon‹ erweitertes Pub [...] entwickelte sie sich bald zu einer Institution, in der die Gastronomie des Pubs zwar weiterhin eine wichtige Rolle spielte, gegenüber der Unterhaltung jedoch an die zweite Stelle trat. Aus dem Singing Salon wurde die Music Hall. Die Music Halls breiteten sich in den 1850er Jahren rasch aus und versorgten die Einwohner der Städte mit Einrichtungen, die das gastronomische und kommunikative Angebot der Pubs mit der Unterhaltung der Jahrmärkte und Konzertsäle verbanden. (Kift 1991, 10)

Als eigenständige Unterhaltungsform der Arbeiterklasse entwickelten sich die Music Halls in den 1880er Jahren, zugleich »ständig im Mittelpunkt heftiger gesellschaftlicher und politischer Auseinandersetzungen« (Kift 1991, 11), und erreichten ihren Zenit um die Jahrhundertwende. Als 1914 mit Beginn des Ersten Weltkriegs viele Music-Hall-Künstler als Truppenunterhalter eingesetzt wurden, befand sich die Bewegung – noch niemandem so recht bewußt – bereits im Abwärtstrend, der sich nach 1918 mit der aufkommenden Filmindustrie rapide verstärken sollte. Doch für den Amateur Alfred Ambler boten die Auftritte vor Soldaten auf Fronturlaub oder vor Rekonvaleszenten eine willkommene Gelegenheit, seinem Hobby zu frönen.

Auch in seinem bürgerlichen Beruf kam er voran. Im Frühling 1914 konnten die Amblers ein größeres Haus in Lee, südlich von Charlton, mieten, das nicht nur mit einem zusätzlichen Schlafzimmer, sondern auch, ungewohnter Luxus, mit einem Badezimmer ausgestattet war.

Lee, an einer Verbindungsstraße zu den Häfen an der Kanalküste gelegen, war bis 1830 noch weitgehend ländlich, mit Farmen und einigen wenigen Häusern von reichen Londoner Bankiers, zu denen Mitte des 19. Jahrhunderts neue Villen im Grünen dazukamen. 1899 verlor Lee den Status als eigenständige Gemeinde und wurde mit Lewisham verschmolzen.[10] Die politische Eingemeindung verlief parallel mit der zunehmenden Überbauung der englischen Vororte. Dabei konkurrierten zwei Konzepte miteinander. Zum einen entstanden spekulative Siedlungen für die anwachsende Mittelschicht, die sich eine halbländliche Rückzugsmöglichkeit kombiniert mit den Annehmlichkeiten moderner Häuser leisten konnte. Zum anderen errichteten der

London County Council und andere städtische Behörden Über-
bauungen für die Arbeiterklasse – sehr oft sorgfältig geplant,
aber architektonisch und bezüglich des Komforts viel bescheidener als die privaten Häuser.[11]

Das neue Haus der Amblers in der Newstead Road 59 charakterisierte ihre soziale Grenzsituation. Errichtet war es von einer
Privatfirma und versprach mehr als die Reihenhäuschen, doch
lag die Überbauung als Spekulationsobjekt eines »drittklassigen
Bauunternehmers« jenseits des bereits erschlossenen Wohnge-
biets: »Dort, wo seine Häuserreihe anfing, hörten das leicht ge-
wölbte Straßenpflaster und der Bürgersteig auf. Der Rest der
Newstead Road war ein einziges Morastloch« (Ambler, 51).

Einschulung

Erics erste Schule, in die er 1915 kam, lag in der Sandhurst Road
im sogenannten Corbett Estate, einer Reformsiedlung der Jahrhundertwende.[12] Ein gestrenger Rektor und auf gute Manieren
erpichte Lehrerinnen unterrichteten Schüler aus den unteren
sozialen Schichten. Ambler überliefert eine Anekdote, die zeigt,
daß er schon früh den Zusammenhang zwischen Sprache und
Klassenzugehörigkeit erspürte. Während eines Fliegeralarms bat
er in einem Wohnhaus mit einem in der Schule eingeübten
Spruch um Schutz und wurde von den zwei Mädchen des Hauses, die die Uniform einer Privatschule trugen, dafür ausgelacht.

Lesen lernte er schnell, und Bücher spielten bald eine große
Rolle. In einem Interview bemerkte er: »Als Kind las ich alles, was
ich in die Hände bekam. Ich war ein regelmäßiger Besucher der
öffentlichen Bücherei. Ich hatte acht Benutzerkarten und nahm
gewöhnlich acht Bücher auf einmal mit und brachte sie schon vier
Tage später zurück.« (Kaiser 1988, 171) In Amblers Autobiographie nehmen seine ersten Lektüren breiten Raum ein. Eine der

eindrücklichsten Leseerfahrungen bescherte ihm *Eric or Little by Little* des Philosophen und Theologen Frederic William Farrar (1831–1903), verfaßt 1858, als Farrar an der berühmten Privatschule in Harrow unterrichtete. Zusammen mit dem ein Jahr zuvor erschienenen *Tom Brown's Schooldays* von Tom Hughes begründete das Buch ein neues Genre: Schulliteratur, die sich nicht wie einst Rousseaus *Emile* grundsätzlich mit Erziehungsfragen auseinandersetzt, sondern Erfahrungen in den sich vergrößernden städtischen Gymnasien aus der Sicht eines Schuljungen behandelt. Bürgerliche Reformbestrebungen für das bislang kirchlich und aristokratisch dominierte Bildungswesen fanden darin ihren populären Ausdruck. *Eric or Little by Little* wurde zum großen Erfolg und lag bei Farrars Tod bereits in der sechsundzwanzigsten Auflage vor. Das Buch schildert, wie der wohlerzogene Eric in der fiktiven Roslyn Grammar School auf Abwege gerät. Entsprechend der Reformbewegung, die sich gegen eine allzu diktatorische Erziehung an den Privatschulen wandte, gibt es mildernde Gründe für Erics Irrweg, etwa ältere Schüler, die ihn quälen, und sogar eine ungerechte Bestrafung durch den Klassenlehrer. Eingebettet bleibt solche verhaltene Kritik aber in eine hoch moralische Struktur. Eines Kameradendiebstahls verdächtigt, brennt Eric durch und heuert als Kabinenjunge auf einem Schiff an. Nach der Rückkehr zu einer Tante erfährt er, daß seine Mutter, vermutlich aus Kummer über seinen Irrweg, gestorben ist. Er selber erkrankt schwer. Ein ehemaliger Kamerad überbringt ihm die Nachricht, daß sich nachträglich seine Unschuld erwiesen habe. Dennoch erliegt Eric, durch seine Abenteuer geschwächt, wiewohl mit Gott und Welt versöhnt, seiner Krankheit.

Der junge Eric Ambler, der das Buch von einer Tante wegen des Namens des Titelhelden geschenkt bekommen hatte, bezog dieses unmittelbar auf sich und konzentrierte sich ganz auf das Thema von Schuld und Sühne, ohne jedoch die zum Schluß gegenüber dem fiktiven Eric ausgesprochene Vergebung wahrzu-

nehmen. Die sonntäglichen Gottesdienste mit ihren undurchschaubaren, aber furchteinflößenden Ritualen, die Eric erlebte,
schienen ihm das, wöchentlich erneuerte, Strafgericht über den
fiktiven Eric. Berichte über deutsche Bombenangriffe mit Zep-
pelinen, das schauerliche Gebrüll aus einem nahe gelegenen
Schlachthaus und die Anklage gegen den fiktiven Sünder Eric
verdichteten sich bei Eric Ambler zu plastischen Todesphanta-
sien. Wenige Jahre später, noch in der Adoleszenz, sollte die entschiedene Absage an die so eindringlich erfahrene Religion erfolgen.

Im Kontrast zu den religiösen Unterwerfungsritualen lehrte
ihn Großvater Andrews, der 1916 vorübergehend zu Tochter und
Schwiegersohn zog, das Wort ›Kapitalismus‹ buchstabieren, und
gelegentlich wurde der Enkel Zeuge politischer Auseinandersetzungen zwischen dem konservativ wählenden Vater und dem Labour unterstützenden Großvater. Die Grundlage für ein anderes
späteres Interesse legten hingegen die Großeltern Ambler. Als
Bruder Maurice an Scharlach erkrankte, wurde Eric in die Yukon
Road zu den Amblers im etwas weiter nördlich gelegenen Süd-
londoner Bezirk Balham ausquartiert, und dort, in der Balham
High Road, besuchte er erstmals ein Kino. Da er ganz am Rande
saß, behauptete Ambler später, er habe noch jahrelang geglaubt,
»daß alle Cowboys schmalschultrige Männer mit länglichen Gesichtern waren und daß ihre ledernen Hosen aus Sperrholzspä-
nen gemacht waren«. (Ambler, 70)

Grammar School

Im Mai 1917 bewarb sich Eric Ambler um die Aufnahme an
Colfe's Grammar School am Lewisham Hill. Die Schule konnte
bereits damals auf eine ehrwürdige Geschichte zurückblicken.
1652 war sie durch ein Legat des Pfarrers Abraham Colfe in Le-

wisham gegründet worden, um die Söhne von Gentlemen zu erziehen. Obwohl älter als manche der später renommierten Privatschulen, führte sie zunächst eine bescheidene Existenz, mit 40 bis maximal 90 Schülern aus der näheren Umgebung. Erst Ende des 19. Jahrhunderts begann unter der Leitung von Frank W. Lucas ihr Aufschwung, und die Schule erreichte 1904 mit 290 Schülern die Kapazitätsgrenze. Parallel mit diesem Aufschwung verliefen der Ausbau der Gebäude am Lewisham Hill, die Verstärkung der naturwissenschaftlichen Ausbildung und die Errichtung eines Sportplatzes.[13]

Eric Ambler hat die Schule trotz ihres Anspruchs, eine der ältesten englischen Privatschulen zu sein, als bürgerlich nüchtern beschrieben. Freundlichkeit und gesunder Menschenverstand des Lehrkörpers hätten übergroße Ambitionen gemildert, die Ausbildung habe sich eher am lokalen Mittelstand als an der Oberschicht ausgerichtet und entsprechend nicht auf eine Universitätskarriere gezielt. Tatsächlich zeigt ein Blick ins Matrikelbuch anhand der Berufe der Väter von Erics Klassenkollegen einen Querschnitt durch den aufstrebenden Mittelstand: Handelsreisende, Industriemanager, Ingenieure, mittleres Militärkader. Eric Ambler trat im September 1917 in die erste Klasse ein, zu einer Zeit, als der Lehrkörper wegen militärischer Einberufungen auf fünf Lehrer reduziert war. 1919 begann eine Periode des Wiederaufbaus, mit einer Angleichung an die staatlichen Schulreformen. So wurde 1921 der Abschluß des Cambridge Locals Examination aufgegeben und das neue General Schools Certificate eingeführt.[14]

Frank W. Lucas, dem die Schule ihren Aufschwung hauptsächlich verdankte, muß eine unverwechselbare Erscheinung gewesen sein. Der Romancier Henry Williamson, der 1911 von Colfe's abging, hat die Schule in seinem Roman *Dandelion Days* (1930) beschrieben und dabei auch die idiosynkratische Erziehungsmethode des von Generationen von Colfe-Schülern ›The

Bird‹ genannten Lucas karikiert. Den Schulleiter erlebten die Schüler vor allem bei Verstößen gegen die Disziplin. Einen Missetäter, der eine Stunde geschwänzt hat, bereitet er in Williamsons Roman in einer eigentümlichen Mischung von grausamem Humor und Moralismus auf die kommende Bestrafung vor:

> Du meine Güte, der Junge muß krank sein! Was stellt er sich vor, mir diese Entschuldigung anzubieten! Ein armseliger Geist, mein Herr! Was wäre, wenn wir alle die Zeit vergäßen, unter Bäumen verweilen und Lotusfrüchte essen würden! Sie sind ein Wilder, ein Schwarzer! Auf dem Rücken zu liegen und sich reife Bananen ins Maul fallen zu lassen, das würde Ihnen so passen, mein Herr! Und wohin hat es der Schwarze damit gebracht, mein Herr? Degeneriert, schwach, ein armseliger Geist! Es ist absurd! Absurd, sage ich Ihnen! Und warum tragen Sie Ihre Bücher mit einem Riemen umschlungen? Das verstößt gegen die Vorschriften, und Sie wissen es! Kommen Sie, mein Herr, kommen Sie hierher, ich werde Ihnen den Stock verpassen! (Williamson 1930, 30)

Auch Eric Ambler hat in seiner Autobiographie eine Anekdote überliefert, in der er den Sprachduktus des Schulleiters parodiert. Während eines Ferienaufenthalts beschließt der zehnjährige Eric, dem quengelnden Nachbarskind Brian eine Kostprobe des ›Vogels‹ zu verabreichen:

> »Eine Gabel sollen Sie bekommen, mein Herr. Doch ohne Schweiß kein Preis. Antworten Sie ehrlich. Ist ›Ich keine Schneckengabel nicht‹ ein grammatikalisch korrekter Satz? Falls ja, würden Sie ihn freundlicherweise für uns analysieren und definieren?« Brian stieß ein doppelt so lautes Geheul aus. »Kommen Sie schon«, fuhr ich munter fort. »Sie wissen es bestimmt, aber wir müssen es natürlich nachprüfen. Vertrauen und Kontrolle. Subjekt, Prädikat, Objekt. Na los, machen Sie schon, definieren Sie! Und würden Sie uns freundlicherweise auch den Gebrauch der doppelten Verneinung erklären. Andernfalls müßte ich Sie um Ihr Ehrenwort bitten, eine Woche lang keine Margarine aufs Brot zu schmieren.« Brians Gejammere verwandelte sich in eine Art gedämpftes Quieken. »Ein armseliger Geist, ein armseliger

Geist!« sagte ich vorwurfsvoll und fügte dann noch die Lucassche Parole hinzu: »An die Arbeit, denn es wird Nacht!« (Ambler, 77)

Erics eigener Schuleintritt scheint sich unter erheblichem Erwartungsdruck vollzogen zu haben, wie er sich noch nach siebzig Jahren erinnerte:

> Am ersten Abend, an dem ich aus der Schule zurückkehrte – ich war damals achteinhalb Jahre –, bestand die Hälfte meiner Hausarbeit aus Französisch, das ich überhaupt nicht verstand. Meine Mutter versuchte mir zu helfen, mein Vater konnte es nicht, und ich glaubte, ich sei ein kompletter Versager und würde mein Stipendium verlieren. Und ich fürchtete mich schrecklich. Am folgenden Tag ging ich vollkommen aufgewühlt mit einer unterwürfigen Erklärung meiner Eltern in die Schule, warum ich diesen Teil meiner Hausarbeiten nicht erledigt hatte. Doch der Lehrer meinte bloß: »Ach, das war gar nicht für dich gedacht!« Mitgefühl hat er keines gezeigt. Danach hab ich mich mit Erleichterung hinters Französisch gemacht und wurde richtig gut. (Whitley 1997, 45)

Amblers Autobiographie läßt diese Initiation aus und taucht auch sonst die Schulzeit in ein eher mildes Licht. 1975 gab Ambler einem Interviewer über seine Schule zu Protokoll: »Ich mochte sie damals nicht besonders. Mittlerweile denke ich anders darüber. Ich glaube, es war eine verdammt gute Schule.« (Amory 1975, 30) Entsprechend hat er seiner Grammar School, die inzwischen, nach Lee umgezogen, unter dem verkürzten Namen Colfe's School als unabhängige Privatschule mit 1000 Schülern vom Kindergarten bis zum Abitur firmiert, im Alter mehrfach gedacht und ihr umfangreiche Geld- und Bücherspenden zukommen lassen.

Der auffälligste unter Amblers Lehrern war Trevor ›Taffy‹ Simons. 1896 eingetreten, war er zuerst Klassenlehrer, baute dann den Physikunterricht aus, förderte auch das Schwimmen.[15] Ambler beschreibt Simons' Physikunterricht als kaum verständlich, ja geradezu als »Kabinettstückchen von Unsinn und hoch-

gradiger Verwirrung« (Ambler, 81). Simons sei als unfreiwillige
Witzfigur nicht beliebt gewesen, aber sein Physikunterricht bot,
wie Henry Williamson in seinen *Dandelion Days* ausführlich beschreibt, willkommene Gelegenheiten zu Ulk und handfesten
Späßen. Auf der anderen Seite zeigte sich in der Förderung von
Physik und Chemie eine moderne Ausrichtung der Schule, die
die snobistische Verachtung der Naturwissenschaften in anderen
Privatschulen nicht mitmachte und Erics mathematisch-techni-
schem Interesse entgegenkam.

Dieses Interesse zeigte sich schon im zweiten Semester. »Sechs
Monate nach meinem Eintritt entdeckte ich etwas Neues: Alge-
bra. […] Gleichungen zweiten Grades wurden mir zur regelrech-
ten *Leidenschaft*. Ich liebte das Rumpröbeln, das Lösen von Pro-
blemen. Mich faszinierte das Herumspielen mit Symbolen.«
(Whitley 1997, 45)

In den ersten Schuljahren sei die Welt in Ordnung gewesen,
schreibt Ambler in seiner Autobiographie. Doch dann, nach
Kriegsende, wurde alles anders: Kriegsversehrte Lehrer kehrten
an die Schule zurück und konfrontierten die Schüler mit ihren
physischen und psychischen Gebrechen. Erics eigene Welt
scheint etwas später und aus anderen Gründen aus den Fugen
geraten zu sein. 1919 und 1920 errang er aufgrund von Prüfungs-
resultaten eine sogenannte Foundation Scholarship, was bedeutete, daß ihm die Schulgebühren zur Hälfte erlassen wurden.[16] Nach 1920 hörten die guten Schulleistungen plötzlich auf.
Während Erics bester Freund, Jack ›George‹ Sims, mit dem er
zu Hause komplizierte und anspruchsvolle Chemieexperimente
durchführte, laufend Auszeichnungen einheimste, ging Eric in
den kommenden Jahren leer aus. Ja, bis zum Abschlußexamen
findet sich von ihm in den Unterlagen von Colfe's keine Spur
mehr.[17] Ambler selber beschrieb seine Entwicklung so: »Aus
dem Tugendbold von der Sandhurst Road war der Lausejunge
von Lewisham Hill geworden. Nach anfänglicher Verlegenheit

gewöhnte ich mich bald daran, verprügelt zu werden.« (Ambler, 100)

Das klingt allzu beiläufig. Henry Williamson beschreibt die Prügelstrafe in Colfe's ungleich detaillierter und brutaler. Bemerkenswerterweise ist die Prügelstrafe auch ein wichtiges Motiv in einem vor der Autobiographie erschienenen Werk Amblers. Die Hauptfigur in dem 1962 veröffentlichten Roman *Topkapi*, Arthur Abdel Simpson, Sohn eines britischen Soldaten und einer Ägypterin, wird nach dem frühen Tod des Vaters nach England zu Verwandten geschickt und dort in die »Coram's Grammar School. Für die Söhne von Gentlemen« (Topkapi, 8) gesteckt. Die fiktive Verarbeitung enthält verschiedene äußerliche Ähnlichkeiten mit Colfe's Grammar School, aber auch wichtigere Realitätsreste. »Das schlimmste in der Schule waren die Prügel gewesen. Das war ein richtiges Ritual« (Topkapi, 40), erinnert sich Simpson. Die Prügel werden vom Vorsteher verabreicht, dessen Beschreibung an Frank W. Lucas erinnert:

> War er gut gelaunt, fing er an, Witze zu reißen, sowie man hereinkam: »Ah, der liebe Simpson, oder vielleicht sollten wir sagen, der nicht genügend liebe Simpson, womit können wir Ihnen dienen?« […]
> Wenn er schlechte Laune hatte, nannte er uns mit Vorliebe »Sir«. »Nun, Sir, wofür haben Sie sich das eingehandelt? Kleiner Geist, Sir, kleiner Geist! An die Arbeit, denn es wird Nacht! Jetzt hinaus, genug Zeit verschwendet.«[18] (Topkapi, 41 f.)

Die Beschreibung der Prügelstrafe übertrifft an Brutalität selbst die bei Williamson und benennt vor allem die damit einhergehende Entwürdigung der Schüler. Schlagen war ein integraler Bestandteil der damaligen Erziehung in einer englischen *public school* und durchzieht als Motiv die englische Literatur wie auch englische Lebenserinnerungen. Dennoch ist bemerkenswert, welche Details Ambler den eigenen Erfahrungen entnimmt und literarisch anverwandelt. In *Topkapi* wird die Prügelstrafe als we-

sentliche Ursache für Simpsons Charakterentwicklung eingeführt: »Der Stock hat mich den Haß gelehrt, und das gehörte
zum Wertvollsten, was ich in Coram's lernte. Ich habe niemals
Prügel vergessen oder vergeben. Nicht, ehe ich sie dem betreffen-
den Lehrer heimgezahlt hatte.« (Topkapi, 43) In der Autobiographie ist davon allenfalls ein ironisch abgeschwächtes Echo zu vernehmen, doch auch dort fällt das gleiche Wort: Haß. Der junge
Eric scheint in den späteren Schuljahren eine Art Guerillakrieg
geführt zu haben, in dem es vor allem darum ging, die Lehrer an
der Nase herumzuführen.

> Dort, wo ich es eigentlich geschafft hätte, richtete ich es so ein, daß ich
> schlechte Noten bekam. Im einen Halbjahr ganz oben, im nächsten
> ganz unten in demselben Fach. Das war meine Kampfmethode, und
> sie war wirklich sehr anstrengend. Langsam empfand ich Bestraft-
> werden als sinnvoll. Es stärkte die Entschlußkraft und nährte den
> Haß, den ein Gegner der Gesellschaft braucht, wenn er Krieg führt.
> (Ambler, 101 f.)

Eric versuchte sich auch als Amateurfunker und machte sich
einen Namen als Zulieferer für selbstgebaute Radiogeräte, deren
Bestandteile er auf erfinderischen und zum Teil illegalen Wegen
beschaffte. Weiterhin war er ein unersättlicher Leser, mit eigenwilligen Vorlieben. Zum Beispiel suchte er nach einer zuverlässigen Methode, wie man eine »Schnellanalyse von Charakter und
Persönlichkeit« (Ambler, 106) durchführen könne, und las deshalb querbeet physiologische und psychologische Studien unter-
schiedlichster Richtungen, von Cesare Lombroso bis zur Phre-
nologie, die er sofort im Alltag anzuwenden suchte. Parallel dazu
entdeckte er die *Nelson-Lee*-Stories, die in einem Internat spielten, das eine rauhere und subversivere Atmosphäre ausstrahlte als
Colfe's: »An St. Frank führten sich die Jungs immer furchtbar
schlimm auf und kamen immer ungestraft davon. Die Schüler
hatten ihre eigene heimliche Justiz. Die Rache, die zuweilen an

den verrückten Lehrern genommen wurde, war manchmal komisch, oft aber grausam. Die Abschlußprüfung wurde nie erwähnt. Doch niemand an St. Frank machte sich irgendwelche Sorgen.« (Ambler, 88) Wenig später, 1924, stieß er auf Dostojewskijs *Schuld und Sühne*. Ironisch beschrieb er einmal seine Reaktion: »In Raskolnikows Mantel gehüllt, pflegte ich lange, schwermütige Spaziergänge durch die ärmeren Gegenden Londons zu unternehmen, Ausschau haltend nach gefallenen Frauen, die ich, wenngleich aus schicklicher Entfernung, im Namen der leidenden Menschheit grüßen konnte.« (Begabung, 120)

Enttäuschungen

Man sollte den ›Guerillakrieg‹ des jungen Eric gegen seine Lehrer nicht überbewerten. Vielleicht war es einfach der Versuch eines Adoleszenten zu erproben, wo seine Begabungen lagen. Ein Motiv freilich zieht sich durch die Erinnerungen: die Frage nach der sozialen Zugehörigkeit. Ambler hat Colfe's ausdrücklich als »keine besonders snobistische Schule« (Ambler, 79) verteidigt. Aber das hing vom Standpunkt ab. Die Mutter jenes Jungen, den der junge Eric zu belehren versuchte und der, wie Eric nicht erkannte, geistig zurückgeblieben war, beurteilte das anders. Als Eric sich bei ihr auf Veranlassung der Eltern entschuldigte, nahm sie seine Entschuldigung nicht ohne Vorbehalt an: »Du bist noch ein kleiner Junge, und du konntest noch nicht Bescheid wissen. Das liegt bestimmt an dieser Schule. Ich würde Brian nicht dorthin schicken. Dort sind lauter Snobs. Jungen brauchen eine Schule, wo sie lernen können, sauber zu bleiben und ihren Mund zu halten.« (Ambler, 78)

Wenn die Nachbarin eine Abrichtung zu guten Manieren und fragloser Disziplin verlangte, so sah sich die Schule vom Vater anderen Erwartungen ausgesetzt. Der hatte, als aufstrebender

Manager, das Golfspielen aufgenommen, ohne großes Talent. Eines Tages, als er einen Ball über die Grenzen des Golfplatzes geschlagen hatte, wurde er von einem Jungen auf den verlorengegangenen Ball hingewiesen. Eric sollte ihn zurückholen: »Als ich das Feld jenseits der Hecke erreichte, starrten der Junge und ich einander an. Dieselbe Größe, dasselbe Gewicht, so ziemlich dieselbe Kleidung, aber ein anderer Akzent und andere Zukunftsaussichten.« (Ambler 97) Auch dem Vater war der Kontrast aufgefallen, und er tadelte seinen Sohn nachher:

> »Hast du gemerkt, wie dieser Junge gesprochen hat?«
> »Ja, Dad.«
> »Du hast vorhin ›yep‹ gesagt. *Yep!* Warum kannst du nicht wie er sprechen? Warum kannst du nicht wie ein Gentleman sprechen?«
> Ich wollte schon antworten, hielt dann aber meinen Mund. Ich hatte sagen wollen, daß ich wahrscheinlich genauso sprechen würde wie dieser Junge, wenn er mich auf dieselbe Schule geschickt hätte. (Ambler, 97)

Damit ist die Enttäuschung angesprochen, die die Vater-Sohn-Beziehung prägte. Ambler formuliert sie durchgehend. Seine Erinnerung ist so angelegt, als habe der Vater häufig Erwartungen an ihn herangetragen, die er weder erfüllen konnte noch wollte. Nicht zufällig findet Ambler für das Verhältnis zum Vater eine Metapher aus dem Gebiet des Theaters: Sein Vater habe »gewissermaßen eine Rolle für mich geschrieben und wollte, wie sehr ich auch eine Fehlbesetzung sein mochte, daß ich einen Versuch unternahm.« (Ambler, 94) Beiden Seiten wurde schnell klar, daß Eric es zu keinen sportlichen Spitzenleistungen bringen würde. 1925, als am Colfe's Rugby eingeführt wurde, spielte er für sein Haus[19]; ansonsten brachte er allen Sportarten entschiedenes Desinteresse entgegen. In der Autobiographie wird die Frage körperlicher Ertüchtigung mit wenigen Sätzen überspielt, in einem privaten Brief jedoch äußerte sich Eric Ambler drastischer: »Als ich ein kleiner

Junge war, hat mich die elterliche Drohung immer am meisten eingeschüchtert: ›Wenn du dich nicht benehmen kannst, dann mußt du den Pfadfindern beitreten.‹ Bei diesem Gedanken stockt mir noch immer das Blut.«[20] Auf bestimmten Gebieten war die Enttäuschung harmlos, etwa wenn der Vater dem Sohn vergeblich das Pfeifenrauchen beibringen wollte, das standesgemäßer als Zigarettenrauchen sei. Doch Eric Ambler deutet auch andere Reaktionen des Vaters an: »Er war nicht immer so umgänglich, wenn ich meinen Text nur mangelhaft beherrschte oder mich versprach oder mit meiner Rolle nicht sorgfältig umging.« (Ambler, 95)

Allerdings war die Enttäuschung gegenseitig: Der Vater enttäuschte auch den Sohn. Das hatte sich schon in der Episode beim Schuleintritt gezeigt. Angesichts der Hausaufgaben in Französisch versagte der Vater; mehr noch, er verlor das Gesicht gegenüber Drittpersonen, als er eine geradezu entwürdigende Entschuldigung schrieb. Erics Enttäuschung schien sich vor allem an der Berufswahl des Vaters festzumachen. In der Autobiographie bemerkt er nüchtern, zum Zeitpunkt seiner Geburt, 1909, sei es seinem Vater vermutlich egal gewesen, welche der beiden möglichen Karrieren sich am Ende als die erfolgreichere herausstellen würde. Das eigentliche Augenmerk des Sohnes, auch seine Hoffnung, galt allerdings der künstlerischen Erbschaft. Doch 1921 beschloß der Vater, die künstlerische Karriere endgültig aufzugeben und das Marionettentheater zu verkaufen. Eric Ambler beendet seine Nacherzählung dieser Episode in der Autobiographie mit Tränen der Mutter. Dabei war Alfred Amblers Entscheidung durchaus verständlich. 1922 wurde in England das erste wirtschaftlich normale Jahr nach dem Ersten Weltkrieg.[21] Vater Ambler nutzte die Chance. Er kündigte bei der Firma in Silvertown, wurde Werbedirektor bei einer Elektronikfirma und wechselte wenig später, 1925, in das Londoner Büro der amerikanischen Werbeagentur Dorland. Die Rückkehr zur bürgerlichen Normalität empfand der junge Eric offenbar als Versagen.

Zuweilen löste sich die Enttäuschung in eine gegenseitige Täuschung auf. So spielten Vater und Sohn bei der Geburt von Schwester Joyce im Januar 1924 gleichermaßen ein Spiel der Verstellung, bei dem der fünfzehnjährige Eric vorgab, nichts von der Schwangerschaft gemerkt zu haben, die er nicht hatte wahrnehmen sollen.

Die problematische Vater-Sohn-Beziehung äußerte sich am drastischsten in einer Begebenheit, die der amerikanische Pianist und Humoristen Oscar Levant, mit Ambler befreundet und von diesem als Humorist hoch geschätzt, überlieferte:

> 1922 kaufte Erics Vater plötzlich ein Auto. Es machte Ambler damals rasend. Der Grund für Erics Wut lag darin, daß der Vater das Geld ausgab, das für seine Schulerziehung beiseite gelegt worden war. Die Erinnerung läßt ihn heute noch puterrot anlaufen. (Levant 1968, 176)

In den Details ist die Nacherzählung nicht ganz zuverlässig, aber Ambler bestätigt ihren Kern in seiner Autobiographie. Er datiert den Vorfall allerdings auf das Frühjahr 1925, wobei es nicht ums Schulgeld für Colfe's ging, sondern um die Weigerung des Vaters, Eric ein Studium an einer der neuen technischen Hochschulen zu finanzieren: »Tut mir leid, mein Junge, aber wir können nicht alles haben. Dieses Jahr wird ein Auto angeschafft, und der Urlaub muß ja auch irgendwie bezahlt werden.« (Ambler, 114f.)[22] Dabei sprach ein Auto für gute finanzielle Verhältnisse. 1923 waren in Großbritannien 384 000 Privatwagen zugelassen; nicht einmal jede fünfundzwanzigste Familie konnte sich eines leisten.[23]

Nun war die Frage eines weiterführenden Studiums schon beim Eintritt in Colfe's vorbereitet worden: »Höhere Bildung war nicht für die wenigen von uns, die ein Stipendium gewinnen konnten, sie war etwas für die noch wenigeren, die Stipendien gewinnen konnten *und* überdies Eltern hatten, die imstande und willens waren, sie weitere drei Jahre finanziell zu unterstützen.«

(Ambler, 80) Die Weigerung des Vaters mußte wie ein Beweis dieser ungeschriebenen Regel wirken. Doch aus der Zurückweisung erwuchs der erste große Erfolg des jungen Eric. Der Vater schlug nämlich folgenden Kompromiß vor: »Ich werd dir was sagen, mein Junge. Wenn es dir gelingen sollte, ein Stipendium für dieses College zu bekommen, dann könnte ich das andere irgendwie schon schaffen. Ansonsten glaube ich nicht…« (Ambler, 115) So herausgefordert, nahm Eric Ambler an der Prüfung für vier Stipendien teil und erzielte unter zweihundert Bewerbern die Höchstnote.

Die Wonnen der Werbung

Als der 16jährige Eric im Herbst 1925 am Northampton Engineering College in Finsbury/Nordlondon eintraf, warnte ihn der Chemieprofessor, er werde den Unterricht angesichts seiner Vorkenntnisse womöglich langweilig finden. Die Warnung sollte sich bewahrheiten. Eric merkte nicht nur, daß der Lehrstoff in einzelnen Fächern hoffnungslos veraltet war; er hatte außerdem in den Wochen zwischen Schulende und Studienanfang eine neue Passion entdeckt. Angeregt durch das Buch *Playmaking* (1912) des einflußreichen Theaterkritikers und Ibsen-Übersetzers William Archer, hatte er im Juni am Londoner New Oxford Theatre eine Aufführung von Luigi Pirandellos *Sechs Personen suchen einen Autor* besucht[1] und beschlossen, »Bühnenautor zu werden« (Ambler, 116). Neuere Entwicklungen der Chemie und ein paar Grundlagen der Logik erarbeitete er sich im Selbststudium weiter, doch die offizielle Ausbildung am College trat in den Hintergrund, und Eric begann, die Vorlesungen in der St John Street systematisch zu schwänzen. Statt dessen besuchte er öffentliche Gerichtsverhandlungen an der Londoner Gerichtsmeile im sogenannten Strand. Mit Gewinn, wie er später sarkastisch bemerkte: »Ein unreifer Jugendlicher hätte seine Zeit an ungeeigneteren Orten verbringen können. Ich erfuhr etwas von den Regeln der Prozeßführung und gewann allmählich den Eindruck, daß jeder im Gerichtssaal ein Schauspieler war. [...] Die besten, freilich auch die schlechtesten Auftritte wurden von Zeugen geliefert.« (Ambler, 118)

So verbrachte Ambler seine Vormittage regelmäßig bei Gericht und die Nachmittage im Theater und Kino. Wie schon früher zeigte sich Eric auch jetzt zäh und zielstrebig, wenn er sich etwas in den Kopf gesetzt hatte. Systematisch erforschte er die Londoner Theaterszene und bemühte sich unter Berufung auf seine Kenntnisse elektrischer Anlagen und technischer Beleuchtungen um einen Job am Theater, blitzte aber als Minderjähriger ab. In dieser Zeit der Theaterbegeisterung zeigte sich erstmals seine literarische Begabung, wiewohl vorerst eher passiv: Ambler entwickelte ein gutes Ohr für Bühnentexte, konnte ganze Stücke, etwa die Erfolgskomödien von Ben Travers, auswendig rezitieren und begann, ihnen ihre Wirkungsmechanismen abzulauschen.

Allerdings blieb das schlechte Gewissen nicht aus, sowohl dem Vater wie auch anerzogenen gesellschaftlichen Normen gegenüber. *Eric or Little by Little* mit seinen Verdammungsphantasien warf noch immer lange Schatten. In der Autobiographie hat Ambler wiederholt formuliert, wie er in dieser Zeit halb fürchtete und halb damit liebäugelte, als Verbrecher zu enden. Vordergründig hing das mit seinem Bemühen zusammen, das Taschengeld aufzubessern: »In diesen Tagen des Schwänzens hatte ich ständig Schulden. Mein rechtmäßiges Einkommen bestand aus der väterlichen Zuwendung von zwei Shilling pro Tag plus einer Monatskarte. Das Geld für alle Extraausgaben mußte ich stehlen oder anderweitig schnorren.« (Ambler, 125) Als Beispiel für seine kleinen Gaunereien nennt er den Trick, Streichholzbriefchen mit einem Aufschlag für wohltätige Zwecke zu verkaufen, aber die Hälfte des Aufschlags für sich zu behalten. Größeren Einfallsreichtum und Einsatz zeigte er, als er dazu überging, in Zeitungsannoncen für ein bescheidenes Entgelt Horoskope zu versprechen, wobei die versandten Horoskope alle aus den gleichen optimistisch-ermutigenden Sätzen bestanden. Die Schwindelei bestätigte ihm die Leichtgläubigkeit der Menschen und die Fragwürdigkeit der vom Vater betriebenen Werbetätigkeit, eine Desillusionierung, die durch die Lektüre von *Tono-Bungay* von H. G. Wells verstärkt wurde. In einem Interview ging Ambler so weit zu behaupten: »Ich war ein jugendlicher Krimineller. Ich hab Autos und ähnliches geklaut.« (Hopkins 1975, 286) Das erscheint unwahrscheinlich. Die Behauptung ist wohl eher das Resultat einer Selbststilisierung, die sich nicht zufällig des Autos mit seinen für Ambler weitreichenden Symbolismen bedient.

Während die moralische Frage nach Erics krimineller Zukunft in prekärer und faszinierender Unentschiedenheit blieb, lösten sich in dieser Zeit seine religiösen Befürchtungen, die der gute Dekan Farrar ziemlich unabsichtlich ausgelöst hatte. Dessen Einfluß wurde jetzt durch die Lektüre eines andern Buchs neutralisiert: *The Martyrdom of Man* (1872) von Winwood Reade. Der vor allem als Afrika-Forscher bekannte Reade (1838–1875) hatte mit seiner darin enthaltenen Religionskritik erheblichen Wirbel ausgelöst und war später von H. G. Wells als mutiger Aufklärer gelobt worden. Ambler lernte das Werk über einen Umweg kennen: »Sherlock Holmes hatte Watson, in ihrer ersten Zeit in der Baker Street, ebendieses Buch ganz beiläufig empfohlen, und es war diese Empfehlung, die mein Interesse für das Buch geweckt hatte. Es war wie eine Offenbarung für mich gewesen. ›Übernatürliches Christentum ist falsch. Beten ist zwecklos. Die Seele ist nicht unsterblich. In einem zukünftigen Staat gibt es weder Belohnungen noch Strafen.‹« (Ambler, 120 f.) Fünfzig Jahre später, im Vorwort zu einem Sammelband mit Sherlock-Holmes-Geschichten, dankte Ambler Holmes und Conan Doyle erneut dafür, ihn auf Winwood Reade und dessen Religionskritik hingewiesen zu haben: »Meine eigenen Zweifel konnten jetzt anders als durch angeborene Schlechtigkeit oder beginnenden Wahnsinn erklärt werden.« (Introduction, 9) Das Vorwort schließt mit der Bemerkung, er, Ambler, habe allerdings schon bald von der Religionskritik zur sozialhistorischen Analyse gewechselt. Doch als er sich 1943 im Italienfeldzug auf dem Marktplatz von San Pietro ungeschützt deutschem Mörserfeuer ausgesetzt fand, erinnerte er sich erneut an diese Lektüre als an den Fels seines Atheismus:

Das war der Augenblick, da mich mein Unterbewußtsein auf ganz tückische Weise hereinlegte. Ich hörte mich sagen ›In Deine Hände befehle ich meinen Geist‹. Ich sagte es laut.

Kaum hatte ich erkannt, daß ich nicht zerfetzt war und nicht auf der Stelle sterben würde und auch nicht den kleinsten Kratzer davongetragen hatte, schämte ich mich zutiefst. Ein Bewunderer von Windwood Reade hätte so etwas nicht sagen dürfen, nicht einmal unter Streß. Es war sentimental und feige. (Ambler, 372)

Religion ist hier längst freudianisch als Schimäre des Unbewußten erkannt. Die religionskritische Haltung blieb eine Konstante in Amblers Leben; noch der Entfremdung vom Bruder lag zugrunde, daß dieser seine späte Berufung zum Pfarrer mit beinahe missionarischem Eifer vertrat.[2]

Ende 1925 trat Eric auf Vermittlung des ehemaligen Colfe-Mitschülers Hugh Cooke der London Rifle Brigade der sogenannten Territorial Army bei, einer Reserveeinheit auf Freiwilligenbasis. Wiederum war die Initiation mit einem Gesetzesbruch verknüpft, da der noch nicht siebzehnjährige Eric Ambler feierlich schwor, bereits volljährig zu sein. Die Rifle Brigade hielt über die Wochenenden Schießübungen ab, und gelegentlich nahm Eric auch an längeren Übungen in der Umgebung Londons teil. Während des Generalstreiks im Mai 1926 wurden die Einheiten der Territorial Army als Sonderpolizeitruppen eingesetzt, und Ambler wurde mit seiner Abteilung dazu abkommandiert, das Zeitungsviertel um die Fleet Street zu bewachen. Der Siebzehnjährige, zwischen Rebellion gegen die gesellschaftlichen Normen und neuer Gemeinschaftserfahrung im Dienst des Status quo schwankend, erlebte den Einsatz mit zwiespältigen Gefühlen: »Wir waren stolz darauf, gut marschieren zu können und einen disziplinierten Eindruck zu machen, aber nicht darauf, Beifall von Politikern zu bekommen, die nach dem Blut von Streikenden riefen.« (Ambler, 129) Zu letzteren gehörte der damalige Schatzkanzler (Finanzminister) Winston Churchill, der die britischen Arbeiter zu Staatsfeinden erklärte. Trotz solcher Provokationen verlief der Generalstreik, in Unterstützung der streikenden Bergbauarbeiter ausgerufen, überwiegend friedlich.[3] Für Ambler hatte er allerdings einschneidende Folgen: »Als der Streik vorbei war, wollte ich wieder zurück ans College, aber es war irgendwie nicht mehr dasselbe. Man erzählte sich von Studenten mit Diplom, denen von der Industrie drei Pfund die Woche angeboten wurden und die den Job mit Handkuß nahmen. Die große Wirtschaftskrise kündigte sich schon an.« (Ambler, 130) So beschloß er im Sommer 1926, sein Studium abzubrechen.

Technischer Praktikant

Seiner Autobiographie zufolge war sich Ambler durchaus bewußt, daß diese Entscheidung für den Vater traumatisch und als Absage an den mühevoll errungenen sozialen Aufstieg wirken mußte, zumal Eric ankündigte, eine Lehre als Werkzeugmacher beginnen und damit jene handwerklichen Fähigkeiten ausbilden zu wollen, die dem Vater fehlten. Die Gründe für Erics Entschluß werden jenseits der bewußten oder unbewußten Provokation gegenüber dem Vater nicht restlos deutlich. Eine praktische Ausbildung in technischem Zeichnen oder im Schlosserhandwerk war an Erics bisherigem College möglich und unter anderen von Jugendfreund George Sims erfolgreich absolviert worden. Auch wird die subjektive Einschätzung, daß sich die Wirtschaftskrise schon abzeichnete, durch die Wirtschaftsdaten nicht gedeckt. Zwar endete der Generalstreik nach zehn Tagen Mitte Mai mit einer politischen Niederlage der Gewerkschaften; davon betroffen waren jedoch vor allem die Bergbauarbeiter, die ihren Streik sechs Monate lang weiterführten und dann zu schlechteren Bedingungen in die Bergwerke zurückkehren mußten. In den übrigen Schlüsselindustrien sahen die Unternehmer hingegen

von einem kurzfristigen Lohnabbau ab. So stieg der durchschnittliche Lebensstandard der britischen Bevölkerung bis 1929
weiter an. Und doch schien sich Eric, indem er eine Lehrstelle als
Werkzeugmacher suchte, gerade jenen Schichten anschließen zu
wollen, die sich subjektiv als Verlierer des Generalstreiks fühlen
mußten.

Bei aller Enttäuschung akzeptierte Vater Ambler die Entscheidung des Sohns ohne größeren Widerstand; ja, er vermittelte ihm
durch seine vielfältigen Kontakte eine Stelle bei der Edison Swan
Electric Company, in deren Werk in Ponders End Eric als technischer Praktikant zu einem Gehalt von zwei Pfund pro Woche
eingestellt wurde. Die Ursprünge der Edison Swan reichten in
die Gründerzeit der Elektroindustrie zurück. 1882 hatte Thomas
Alva Edison, sechs Jahre nach Patentierung der von ihm erfundenen Glühlampe, auch in Großbritannien eine Tochtergesellschaft
gegründet. Im selben Jahr baute der englische Erfinder Joseph
Wilson Swan, der eine ähnliche Erfindung vermutlich noch vor
Edison gemacht, aber nicht patentiert hatte, ebenfalls eine Fabrik. 1883 schlossen sich die beiden Unternehmen zusammen,
mit Edison in einer dominierenden Position. Die Edison and
Swan United Electric Light Company produzierte bald auch
andere Elektroprodukte und verkürzte ihren Namen zu Edison
Swan Electric Company. Nach der Jahrhundertwende fiel Edison
Swan gegenüber Konkurrenten wie British Thomson-Houston
und British Westinghouse etwas zurück, hatte aber in der mit
großen Zuwachsraten aufwartenden Elektroindustrie immer
noch einen guten Namen, und das Werk in Ponders End im Nor-
den Londons beschäftigte bei Amblers Eintritt rund 2000 Angestellte.

Schon in den ersten Wochen in Ponders End entwickelte er
echtes Interesse an seiner neuen Arbeit. Anfang 1927 zogen die
Eltern in ein größeres Haus noch weiter im Süden Londons, in
Shirley im Bezirk Croydon, geräumig und elegant, mit einem

prächtigen Garten, der an einen Golfclub angrenzte. Das Haus lag in der Upfield Road, die in einem Bogen von der mittlerweile stärker befahrenen Addiscombe Road abgeht und die mit ihren Einfamilienhäusern von sechs bis acht Zimmern samt Säuleneingängen und Erkern und falschen Balken in dem in den 1920er Jahren beliebten sogenannten falschen Tudor-Stil auch heute noch behäbigen, wiewohl nicht ganz stilechten Wohlstand verkündet. Für Eric bedeutete dies einen noch längeren Arbeitsweg nach Nordlondon, weshalb er sich bei einer Tante in der Nähe von Ponders End als Untermieter einquartierte. Dank seiner Vorkenntnisse und seiner schnellen Auffassungsgabe konnte er sich bald beim Chefingenieur des Werks nützlich machen und wurde mit Kontrollversuchen betraut. In seiner Ausbildungszeit durchlief er sämtliche Abteilungen der Fabrik, und neben technischen Fertigkeiten lernte er auch, sich gegen den freimütigen Umgangston der jungen Schichtarbeiterinnen zu behaupten.

Nebenbei begann Eric, zusammen mit dem angeheirateten Onkel Bob Barclay in Pubs und Clubs aufzutreten. Dafür borgte er sich beim Vater nicht nur den Smoking, sondern auch dessen einstigen Künstlernamen: Das Duo, mit Eric am Klavier, spielte als Barclay & Ambrose. Eines Abends hatte sich der Vater unter die Zuhörer gemischt, und Ambler beschreibt die gegenseitigen Reaktionen als Verlegenheit, in der untergründig auch Enttäuschung mitschwang. Der Vater zeigte sich enttäuscht über die mittelmäßige Darbietung des Sohns und der Sohn über die mangelnde väterliche Anerkennung.

Zur selben Zeit verfaßte Eric Lieder, die er sogar einem Künstleragenten zeigte, der ihn allerdings nicht gerade ermutigte. Damit war Erics musikalische Karriere auch schon beendet. Zur Fortsetzung seiner Ausbildung wurde er in ein anderes Zweigwerk außerhalb Londons versetzt. Vor der Abreise redete der Vater nochmals Klartext: Er erklärte seinem Sohn, dessen bisherige künstlerische Darbietungen seien drittklassig gewesen, und er

hoffe inständig, daß Eric nicht ernsthaft eine Karriere im Musik-
bereich erwäge. Als Eric erwiderte, er würde gern Stücke schreiben, antwortete der Vater als pragmatischer Mittelständler, der
seine verschiedenen Interessen jahrelang erfolgreich arbeitsteilig
organisiert hatte: »Das ist was anderes. Um Stücke zu schreiben,
braucht man kein praktizierender Schauspieler zu sein. Als Ingenieur würdest du dein sicheres Auskommen haben. Originell
könntest du dann in deiner Freizeit sein.« (Ambler, 147)

Im Sommer 1927 trat Eric die neue Lehrstelle in einem Kabelwerk in Lydbrook an, am Fluß Wye, am Rand des Forest of
Dean, unweit der walisischen Grenze. Das Werk hatte sich im
Ersten Weltkrieg aufgrund des Booms von Zuliefermaterialien
für die Waffenproduktion aus einer kleinen Werkstatt zu einer
Fabrik mit 200 Angestellten entwickelt, mußte aber Anfang der
1920er Jahre von Edison Swan vor dem Konkurs gerettet werden.
Um den Forest of Dean herum lagen Kohlengruben, die allmählich elektrifiziert wurden. Eric besichtigte verschiedene von ihnen und mußte sich den kritischen Fragen der Fachleute über die
Qualitäten der im Kabelwerk hergestellten Elektrokabel stellen.
40 Jahre später, 1965, wurde die letzte Zeche der Region geschlossen, lange bevor die britische Bergbauindustrie in den 1980er und
1990er Jahren endgültig dezimiert wurde.

In diesem Sommer in Lydbrook begann der 18jährige einen
Roman mit dem Titel *The Comedian* über seinen Vater, geschrieben in der Manier von Arnold Bennetts beschaulichen Geschichten aus den sogenannten Potteries, den Städten und Dörfern
der Keramikindustrie um Stoke-on-Trent. Dabei bevorzugte er
für die eigene Lektüre Autoren ganz anderer Art, vor allem
H. G. Wells. Wells, im ersten Viertel des 20. Jahrhunderts der bekannteste und einflußreichste englische Schriftsteller, hatte sich
nach seinen frühen Science-fiction-Werken sozialen Milieustu-
dien zugewandt. Die Trilogie *Kipps. The Story of a Simple Soul*
(1905), *Tono-Bungay* (1908) und *The History of Mr. Polly* (1910)

war eine sozialkritische, zuweilen satirische Darstellung des neuen Mittelstands, die gleichzeitig noch vom wissenschaftlichen Fortschrittsglauben geprägt war. Eric kam mit *The Comedian* nicht über die ersten Kapitel hinaus und vernichtete das Manuskript schließlich. Daß er sich stilistisch nicht etwa H. G. Wells, sondern den milden, nostalgischen Humor von Arnold Bennett zum Vorbild nahm, wurde vom erwachsenen Eric Ambler als reiner Wiedergutmachungsversuch dem Vater gegenüber abgetan.

Ende 1927 wurde Edison Swan Opfer eines Übernahmekomplotts durch den weltgrößten Elektrokonzern, General Electric Company of America (G. E.). Anfang 1928 entstanden aus vier mittelgroßen Firmen die Associated Electrical Industries (AEI).[4] Das Ziel eines britischen Monopols in amerikanischem Besitz wurde allerdings nicht erreicht, da die mit der amerikanischen G. E. nicht verbundene britische General Electric Company (GEC) 1929 einen Übernahmeversuch abwehrte; 1967 übernahm dann die kleinere, aber profitablere GEC die AEI.

Während der Reorganisation wurde Ambler 1928 in die Londoner Zentrale, am Grosvenor Place 33, versetzt, und zwar in die Werbeabteilung, wo er mit einem Wochengehalt von vier Pfund zu arbeiten begann. Als erster Auftrag der Abteilungsleiterin Nora Miller sollte sich Ambler eine Verwendung für einen größeren Restposten von Glühlampen für Autoscheinwerfer ausdenken, die sich nicht absetzen ließen, da sie nach einem unzweckhaften Verfahren hergestellt worden waren. Der junge Ambler griff auf einen »in der Werbebranche damals üblichen Standardtrick« zurück.

Ich beschrieb eine fiktive Krankheit und gab dann zu erkennen, daß ich wüßte, wie man sie heilt. Die Krankheit, die ich bei allen gewöhnlichen Scheinwerferlampen diagnostizierte, war ›Penumbra‹, der Halbschatten am Rand des mittleren Lichtstrahls eines Scheinwerfers. Bei der Tageslichtlampe, so behauptete ich, gäbe es keinen Halbschatten, und der Lichtstrahl sei am Rand sauber und scharf.

In meiner Darstellung, in der ich all diese Dinge erklärte, vermied ich es allerdings, den fehlenden Halbschatten darauf zurückzuführen, daß bei Tageslichtlampen aus dem Halbschatten ein totaler Schatten wurde. Unsere Tageslichtlampen gaben schlicht und einfach weniger Licht und bewirkten dadurch eine kleine optische Täuschung. (Ambler, 161 f.)

Die Verkaufserfolge, die sich durch den Nachdruck seiner Presseerklärungen in Autozeitschriften einstellten, bestärkten ihn in der Vermutung, mit seinen Fähigkeiten am richtigen Platz zu sein: »Ich besaß die natürliche Unehrlichkeit, die das Gewerbe verlangt, aber ich empfand es als ein zutiefst unehrliches Geschäft, Halbwahrheiten so formulieren zu lernen, daß sie nicht wie Halbwahrheiten aussehen.« (Evans 1997, 20)

Seine Vorgesetzte beauftragte ihn auch mit handfesteren Aufgaben, etwa der, Stände an Industriemessen für die AEI einzurichten. Mitte 1928 wurde er zum regulären Mitarbeiter in der Abteilung Werbung und Öffentlichkeitsarbeit befördert und sein Gehalt auf fünfeinhalb Pfund pro Woche erhöht.

Im Januar 1929 wurde der Vater mit einem akuten Zwölffingerdarmgeschwür ins Krankenhaus eingeliefert; die Operation überlebte er nur drei Wochen. Am 4. Februar starb Alfred Ambler im Alter von 46 Jahren. Der kaum zwanzigjährige Eric mußte nicht nur mit dem Verlust des Vaters zu Rande kommen, sondern auch mit der Zurückweisung der Mutter, die jegliche Unterstützung von ihm ausschlug. In der Autobiographie hat Ambler die Szene zurückhaltend positiv beschrieben: »Meine Mutter sagte, nun sei ich das Familienoberhaupt, meinte es aber natürlich nicht so. Sie hatte diese Funktion jahrelang ausgeübt und würde sie auch weiterhin ausüben.« (Ambler, 166) Seiner Schwester Joyce zufolge behielt Eric den Vorfall aber ungleich drastischer in Erinnerung, wie er ihr erst in den letzten Lebensjahren anvertraute: »Eric bot an, der Mutter Haushaltspflichten abzunehmen. Aber meine Mutter sagte bloß: ›Du machst, was man dir sagt.‹ Es hat ihn schwer getroffen. Er wollte doch nur helfen. Die Episode hat ihn jahrzehntelang verfolgt. Er hat mir leid getan, als er es mir erzählt hat.«[5] Jedenfalls erforderte der Tod des Vaters finanzielle Einsparungen. Die Familie zog wieder in ein bescheideneres Haus, im belebteren Teil von Shirley, Valley Walk 33, wo vom grandiosen Tudor-Stil der Upfield Road nur noch die Schindeln auf dem Erker zurückblieben, und tauschte ihr Auto gegen ein kleineres ein. Der Wechsel vom Ein- zum Zweifamilienhaus im Reihenstil, den Ambler in seiner Autobiographie knapp, aber unmißverständlich als sozialen Abstieg charakterisiert, war indes vor allem eine kluge kaufmännische Entscheidung der Mutter, die auch das größere Haus behielt und vermietete. Die Mieteinnahmen bildeten in den folgenden Jahren des Haupteinkommen der Familie. Am stärksten betroffen von den Einschränkungen war Bruder Maurice, der mit 16 Jahren seine Schulbildung abbrechen und eine Arbeitsstelle suchen mußte.[6]

Erics problematisches Verhältnis zur Mutter spitzte sich schon wenige Monate später weiter zu. Die Mutter hatte ihn angesichts amouröser Tändeleien wiederholt davor gewarnt, sich mit einer verheirateten Frau einzulassen. Doch genau das hatte Eric getan. Zwar lebte seine Freundin von ihrem Mann getrennt, aber als sie im Frühling schwanger wurde, verlangte sie von Eric Geld für eine Abtreibung, da sonst ihre Scheidung gefährdet sei. In der Autobiographie beschreibt Ambler, wie er sich das Geld bei einem Onkel borgen mußte. Die Mutter hatte mit ihren düsteren Warnungen Recht bekommen, und die Erfahrung war zutiefst unerfreulich: »In der speziellen Seitenstraße, die uns nicht erspart blieb, gab es nur Schmerz, Blut und Angst.« (Ambler, 170) Der Schock muß tief gesessen haben. In einem Interview kurz vor seinem Tod erinnerte sich Ambler auf eine entsprechende Frage noch immer daran:

In Ihrer Autobiographie erzählen Sie von einer früheren Abtreibung,
als Sie noch nicht verheiratet waren und ein Onkel dafür bezahlte.
Hat dieser Vorfall Ihnen Frauen und Kinder verleidet?

Er hat mir vieles verleidet. Natürlich habe ich es nicht vergessen,
aber ich erinnere mich nicht gern daran. Mein Onkel hatte mir gesagt,
daß meine Mutter Angst habe, ich könnte mich mit einer verheirateten Frau einlassen – und genau das hatte ich getan. Ich habe meine
Mutter nicht besonders gemocht…

Aber Ihren Vater mochten Sie?

Ich liebte ihn.

Die Tatsache, daß Sie Ihre Mutter nicht besonders gern hatten, hat
Sie nicht von den Frauen im allgemeinen ferngehalten?

Nein. Was mich eine Weile von den Frauen abgehalten hat, war
diese Geschichte mit der Abtreibung. Es war nicht die Illegalität, die
mich beunruhigte, vielmehr die schreckliche Heimlichkeit und Unehrlichkeit des Ganzen. (Born 1998, 54)

Unehrlichkeit erlebte Ambler im politischen Bereich, als die Angestellten der AEI im Mai 1929 gezwungen wurden, Wahlwerbung
für den ›Arbeiterfresser‹ Churchill im Londoner Wahlkreis Ep-
ping zu betreiben. Ambler versichert spöttisch, ihr Einsatz habe
Churchill keine einzige Stimme gekostet. Tatsächlich wurde dieser wiedergewählt, die konservative Regierung aber gestürzt; die
Labour Party, die die meisten Parlamentssitze ohne absolute
Mehrheit errang, übernahm die Macht als Minderheitsregierung.

Der junge Ambler wurde durch diese politischen Verschiebun-
gen weniger betroffen als durch neue Lektüreeinflüsse. In der lokalen Bibliothek stieß er auf C. G. Jung, Friedrich Nietzsche und
Oswald Spengler. Alle drei Autoren boten Nahrung für Amblers
latenten Oppositionsgeist. Ihre Kritik bisheriger Vorstellungen
vom Ich, das Unterlaufen herrschender Gesetze und bürgerlicher
Moral, verknüpft mit dem Anspruch auf ein Vorrecht des genia-
lischen Einzelnen prägten vorübergehend seine Weltsicht; später
sollten Jung wie Nietzsche und Spengler als Motive in verschiedene seiner Romane eingehen.

Werbetexter

Ende 1929 wechselte Ambler die Arbeitsstelle. In der Autobiographie bietet er dafür eine sachliche Erklärung an, wonach der
Stellenwechsel auf Anregung seiner Vorgesetzten bei AEI zustande gekommen sei. Einige der von AEI hergestellten Güter verlangten eine spezifische Werbung, etwa in Fachzeitschriften. Bisher
hatte Ambler der Werbeagentur, die den Außenauftritt des Unternehmens betreute, die Fachinformationen zur Verfügung gestellt und dann jeweils die von den Werbern geschriebenen Texte
nochmals auf sachliche Richtigkeit hin überprüfen müssen. Um
solche Ineffizienz zu beheben und gleichzeitig das durch die
Fusion vorgegebene Sparbudget einzuhalten, schlug Nora Miller
dem Werbebüro vor, Ambler als eigenen Mitarbeiter einzustel-
len, der dann das Portfolio AEI von Anfang bis Ende betreuen
könne, was die Werbeagentur akzeptierte.

Bemerkenswerterweise hat Ambler diese Werbeagentur nie
namentlich erwähnt, sondern nur vom »europäischen Ableger
einer amerikanischen Agentur in Chicago« (Cole, 17) gesprochen. Erst seine Schwester Joyce hat die Agentur identifiziert und
zugleich ein zusätzliches Motiv für den Stellenwechsel angeführt.
Amblers neuer Arbeitgeber war Dorland, jene Agentur, bei der
schon Amblers Vater von 1925 bis zu seinem Tod 1929 gearbeitet
hatte; die Anstellung von Eric bei Dorland sei von der Firma aus
sozialer Verpflichtung gegenüber der Witwe des verstorbenen
ehemaligen Direktors erfolgt, und nicht nur Eric sei eingestellt
worden, sondern auch der siebzehnjährige Maurice Ambler.[7]
Unterlagen im britischen History of Advertising Trust bestätigen Amblers Beschäftigung bei Dorland.[8] Auf Umwegen war
Eric doch noch dort gelandet, wo ihn sich sein Vater von Anfang
an gewünscht hatte. Ambler hat den Wechsel zum vollberuf-
lichen Werbetexter in den Details bewußt vage gelassen[9], grundsätzlich aber mit ambivalenten Gefühlen gegenüber dem väter-

lichen Vorbild verknüpft. Einleitend meint er: »Meine Karriere
als Werbetexter begann mit einem hübschen kleinen Schwindel«
(Ambler, 175), da er sich bislang von Nora Miller ausgestellte Ge-
nehmigungen für seine Vorschläge selber erteilte und vordatierte.
Und die wohlwollende Reaktion der neuen Kollegen auf den
»kleinen Schwindel« quittiert er mit der Bemerkung, damit habe
er sich als »Sohn meines Vaters« (Ambler, 176) erwiesen.

Die britische Werbeindustrie hatte im vorangegangenen Jahrzehnt einen starken Aufschwung erlebt. 1912 hatte der Gesamt-
umsatz der Branche 15 Millionen Pfund oder 0,6 Prozent des
Bruttosozialprodukts (BSP) betragen. 1922 war er auf 36,5 Millionen gestiegen, was angesichts der dazwischen liegenden Kriegs-
inflation jedoch einem realen Anstieg um nur ein Drittel auf
0,83 Prozent des BSP entsprach. Sechs Jahre später, 1928, war der
Branchenumsatz um weitere 50 Prozent auf 57 Millionen oder
1,26 Prozent des BSP gesprungen. Danach fiel er wegen der Weltwirtschaftskrise etwas zurück, um 1934 erstmals wieder den
Stand von 1928 zu übertreffen.[10]

In der im Oktober 1929 einsetzenden Weltwirtschaftskrise erwies sich die Werbeindustrie als eine der resistenteren Branchen.
Die von den USA ausgehende Depression führte in England zu
einer Polarisierung der wirtschaftlichen Lage der Bevölkerung.
Auf der einen Seite schwoll die Arbeitslosigkeit an, auf der anderen Seite blieben die Löhne bis 1931 intakt, ja, die Kaufkraft jener
Werktätigen, die Arbeit hatten, nahm wegen der gesunkenen
Preise für Importgüter zu. So verschärfte die Arbeitslosigkeit als
ständig präsente Drohung zwar den Konkurrenzdruck, doch
konnte sich, wer seinen Job behielt, zumindest materiell nicht
beklagen.[11]

Die Zeit als Werber hat Ambler in seiner Autobiographie
Ambler by Ambler und in dem autobiographischen Erzählband
Wer hat Blagden Cole umgebracht? in zwei leicht voneinander ab-
weichenden und sich zugleich ergänzenden Versionen beschrie-

ben. Beide Male nimmt er zum gelegentlich geäußerten Verdacht
Stellung, dem zufolge die Londoner Werbeagenturen Brutstätten
linker Revolutionäre gewesen seien, und betont, sie seien höchstens Brutstätten literarischer Ambitionen gewesen. Tatsächlich
verdiente eine ganze Reihe britischer Autorinnen und Autoren damals in der Werbung ihr Geld, so wie einst Frank Wedekind für
Maggi Werbeslogans entwarf. Bei Amblers Eintritt in die Branche
hatte sich aber erst Dorothy L. Sayers, nachmalige Doyenne des
britischen Krimis, einen Namen als Autorin gemacht.

Sayers (1893–1957) nahm nach einem Studium in Oxford und
ersten Veröffentlichungen von Gedichten im Juni 1922 bei der
Firma S. H. Benson einen Job als Texterin für vier Pfund pro Woche an.[12] S. H. Benson, 1893 gegründet, war »die größte und fort-
schrittlichste britische Werbeagentur« (Coomes 1992, 78). 1924
stieg Sayers' Salär wöchentlich auf über sechs Pfund.[13] Ein Jahr
zuvor war ihr erster, früher geschriebener Kriminalroman publiziert worden, *Whose Body? (Der Tote in der Badewanne)*, in dem
ihr berühmter Amateurdetektiv Lord Peter Wimsey erstmals in
Erscheinung tritt. 1926 erschien der zweite Roman, *Clouds of
Witness (Lord Peters schwerster Fall)*.

Doch blieb die Werbearbeit nicht bloßer Geldverdienst, sondern bereitete ihr offensichtlichen Spaß, insbesondere der 1926
gestartete Werbefeldzug für Colman's Mustard. Zusammen mit
dem Illustrator John Gilroy war sie verantwortlich für die Gründung des fiktiven Mustard-Club, der alle möglichen und unmög-
lichen Assoziationen zu Senf und zur Farbe Gelb propagierte.[14]
Ab 1928 arbeitete Sayers an einer Benson-Kampagne für Guin-
ness-Bier mit, eine Marke, die bis zum heutigen Tag mit innova-
tiver Werbung verbunden geblieben ist. Eine der bekanntesten
Illustrationen dieser Kampagne war ein von Gilroy gezeichneter
Tukan oder Pfefferfresser, der sich über ein Glas mit Guinness
beugt. Dazu hatte Sayers in der Tradition sprachspielerischer
Nonsensgedichte gereimt:

If he can say as you can
Guinness is good for you
How grand to be a Toucan
Just think what Toucan do! (Coomes 1992, 97)

Sie muß eine extravagante Erscheinung abgegeben haben, wandelte mit Silberperücke und ausgefallenen Gewändern durch die Büros und spielte beim jährlichen Firmentreffen Saxophon. Zugleich stieg ihre öffentliche Bekanntheit als Schriftstellerin. Ab 1926 erschien jährlich ein neuer Lord-Peter-Wimsey-Roman, und 1928 gehörte sie zu den Gründungsmitgliedern des Detection Club, der bald zur führenden Instanz des angelsächsischen Kriminalromans wurde.[15] Wenig später, Ende 1929, verließ sie Benson nach knapp achtjähriger Zugehörigkeit.

Noch zweimal kehrte Sayers allerdings zu ihren Werbeerfahrungen zurück. Im Februar 1933 erschien ihr achter Kriminalroman *Murder Must Advertise (Mord braucht Reklame)*, der in einer unschwer als Benson zu erkennenden Werbeagentur spielt und witzige Einblicke ins Werbemilieu gibt. Und im Juni 1950 enthüllte sie im realen Gebäude der Werbeagentur Benson eine Plakette, die an den tödlichen Treppensturz erinnerte, der sich an dieser Stelle in *Mord braucht Reklame* fiktiv ereignet hatte.[16]

Auch Antonia White (1899–1980), deren autobiographisch unterlegter Erstling *Frost in May* über das Aufwachsen in einem Mädcheninternat 1933 ein durchschlagender Erfolg wurde, hatte – fast zeitgleich mit Sayers – als Werbetexterin begonnen. 1924 trat sie in die Londoner Werbeagentur Crawford ein und wurde von William Crawford, der Frauen wegen ihrer Vertrautheit mit Konsumgewohnheiten bevorzugte, schon ein Jahr später zur Vorsteherin der Textabteilung mit einem Jahresgehalt von 600 Pfund befördert.[17]

Wenn Benson die exzentrische einheimische Variante einer Werbeagentur repräsentierte, so war Dorland die erste amerikanische Werbefirma, die ernsthaft nach London expandiert hatte. 1883 in Philadelphia gegründet, besaß das Unternehmen bereits 1905 eine englische Filiale in der Regent Street. Dorland wirkte vor allem im Bereich der Tourismuswerbung und kam wenig später in den Genuß von Regierungsaufträgen. So stammte das berühmte Plakat, auf dem der britische Kriegsminister Lord Kitchener mit ausgestrecktem Zeigefinger und dem Slogan »Your Country needs You« um neue Rekruten warb, von Dorland. Trotzdem mußte die Filiale während des Kriegs ihren Mitarbeiterbestand radikal reduzieren, wies aber 1920 bereits wieder den Vorjahresstand von 100 Angestellten auf. 1923 wurde der Entscheid gefällt, das alte Firmengebäude abzureißen und ein neues Dorland-House zu bauen. Hier, in der Regent Street 14, trat 1925 Alfred Ambler seine neue Stelle an, so wie fünf Jahre später sein Sohn Eric Ambler. Einen Namen hatte sich Dorland in der Zwischenzeit vor allem mit flächendeckender Werbung für Kellogg's Corn-flakes sowie für Caley's Malzmilchschokolade und Castrol-Motorenöl gemacht.

Anfang der 1930er Jahre geriet die Firma ein wenig in den Windschatten der aggressiveren Agentur J. Walter Thompson (JWT). 1878 aus einer früheren Agentur geformt, spezialisierte sich JWT auf Anzeigen in Zeitschriften und Magazinen und wurde, ab 1916 unter der Leitung von Stanley B. Resor, eine der weltweit führenden Werbeagenturen. Resor konzentrierte sich auf Großkunden; er schuf erstmals eine Abteilung für *market research* und koppelte die Anzeigenkampagnen mit eigentlichen Verkaufsstrategien.[18] 1919 wurde in London ein JWT-Büro eröffnet, das ab 1925 als erste Agentur in England systematische Marktforschungen durchführte. Im Bush House am Strand wurde der Begriff ›nächtliches Hungergefühl‹ erfunden, um das Schokoladegetränk Horlicks als Schlummertrunk zu verkaufen. Zudem überzeugte JWT den Schokoladenfabrikanten Rowntree, seine mehr als hundert Produkte auf wenige klar identifizierbare Waren zu reduzieren und diese unter dem noch heute gängigen Namen Black Magic zu vermarkten. Gleichzeitig erschloß man für Rowntree eine Marktlücke im Bereich kleiner Schokoriegel und lancierte KitKat sowie die vielen bunten Smarties.[19]

Ambler bekam die Konkurrenz unmittelbar zu spüren, da er 1934 an einer Werbung für Ex-Lax, ein Abführmittel mit Schokoladegeschmack, arbeitete. Einem Journalisten hat er die damalige Werbetechnik plastisch vorgeführt: »›Wir machten eine Kampagne, die sich am Begriff des ›nächtlichen Hungergefühls‹, dem aktuellen Slogan der Horlicks-Kampagne, orientierte. Wir nannten unsere Krankheit ›unvollständige Entleerung‹. Ein gekrümmter Finger schnellt vor, und seine Augen treten parodistisch hervor. ›Nehmen Sie Ex-Lax für vollständige Erleichterung!‹« (Evans 1997, 20) Ambler wurde auch für die Frühform von *market research* eingesetzt und ausgeschickt, um zu erkunden, ob das Publikum die Botschaft begriffen hatte:

Ein Taxifahrer meinte, ich sei ein Strichjunge, und drohte mir, die Polizei zu rufen, wenn ich nicht schleunigst abhaute. Der Besitzer eines Cafés sagte: »Natürlich, Kumpel, das ist wie ›nächtliches Hungergefühl‹«, und fügte dann mit verschwörerischem Augenzwinkern hinzu: »Wir beide wissen, was es bedeutet, nicht wahr? Aber es gibt jede Menge begriffsstutziger Spießer.« Er hat doch tatsächlich gemeint, ›nächtliches Hungergefühl‹ und ›unvollständige Entleerung‹ seien sexuelle Beschwerden und Horlicks und Ex-Lax zwei Aphrodisiaka. (Evans 1997, 20).

Auch unter Amblers Kollegen bei Dorland fanden sich angehende Schriftsteller, so der von Ambler mehrfach genannte Robin Romilly Fedden (1908–1977). 1933 veröffentlichte er einen ersten Roman, dann 1938 eine sozialhistorische Studie über den Selbstmord[20], die Ambler in seiner Autobiographie lobend erwähnt, die er jedoch bei seiner eigenen Beschäftigung mit dem Motiv des Selbstmords in einigen späteren Romanen nicht berücksichtigt zu haben scheint. Ein weiterer Mitarbeiter bei Dorland war Gerald Butler, der aber erst 1940 mit dem reißerischen Erstling *Kiss the Blood off my Hands* als Schriftsteller bekannt wurde.[21]

Einen dritten Kollegen, Cecil Edward Maiden (1902–1981), hat Ambler in zwei verschiedenen Versionen dargestellt. In *Ambler by Ambler* nennt er ihn ganz knapp mit Namen, als Autor von zwei Romanen. In einem folgenden Abschnitt erzählt Ambler, wie er von einem weiteren Kollegen, der ebenfalls Romane schrieb, zu einem Wochenende eingeladen war und sich am Sonntagmorgen im Bett einer erotischen Attacke zu erwehren hatte, während die Frau des Gastgebers in der Küche das Frühstück zubereitete. Auf den gekränkten Vorwurf des Gastgebers, wenn Ambler »ein Schriftsteller sein wollte, müßte [er] auch bisexuell sein. Das wisse doch jeder« (Ambler, 180), meint Ambler ironisch, er habe alle jüngst gelesenen Bücher und bewunderten Autoren auf diese angebliche Pflicht zur Bisexualität hin überprüft, von Jung über Krafft-Ebing und Gogol bis zu Ibsen, ohne eindeutiges Resultat. Und er fährt fort, glücklicherweise habe der Kollege seine Aufmerksamkeit bald der grafischen Abteilung zugewandt, wo er aber insbesondere beim Grafiker John French »überhaupt nicht ankam«, da der die »leidenschaftlichen Gesten« und »gemurmelten Liebesbeteuerungen« mit »freundlicher Gelassenheit« (Ambler, 181) abgewehrt habe.

Doch gibt es dazu auch eine andere Lesart. In den späteren autobiographischen Aufzeichnungen in *Wer hat Blagden Cole umgebracht?* wird jener homosexuelle Kollege, der mit Kenntnis seiner Frau reihenweise jungen Männern nachstellte, unzweideutig als Cecil Maiden identifiziert, vielleicht weil dessen Tod mittlerweile länger zurücklag. In dieser zweiten Darstellung unterschlägt Ambler, daß er selbst einem Verführungsversuch ausgesetzt war, und betont die literarische Ermutigung, die er durch Maiden erhielt. Dieser schickte Eric mit drei leichtfertig und in kommerzieller Absicht geschriebenen Romanzen zu seiner Literaturagentin. Sie erteilte Ambler eine deutliche Abfuhr:

>»Sie glauben wahrscheinlich, es ist Schund«, sagte sie. »Vielleicht ist es das. Jedenfalls ist es kein publizierbarer Schund. Ihr macht einen Fehler, ihr cleveren jungen Leute. Ihr glaubt, ihr könnt den Massengeschmack treffen. Ihr glaubt, Schund ist leicht zu schreiben. Irrtum. Pseudoschund kann man leicht schreiben. Aber echten Schund zu schreiben, ist schwer. Dafür braucht man eine besondere Ader und leider auch ein gewisses Talent. Diese Stories beweisen nur, daß Sie parodieren können.« (Cole, 21)

Maiden, so erläuterte sie Ambler weiter, schicke ihr immer wieder junge, gutaussehende Männer, in die er sich verguckt habe und denen er einrede, sie könnten schreiben. Dann warf sie Amblers Erzählungen in den Papierkorb. »Draußen auf der Straße glaubte ich einen Moment, mich übergeben zu müssen, ging dann in einen Lyons und trank eine Tasse Tee. Erst viele Jahre später konnte ich hier wieder entlanggehen, ohne daß sich mir bei der Erinnerung daran der Magen umdrehte« (Cole, 22), beschließt Ambler die Episode. Solch heftige Reaktion läßt sich schwerlich allein durch die Zurückweisung der Manuskripte verstehen, sondern liegt vermutlich im Annäherungsversuch begründet, dem sich Ambler ausgesetzt gesehen hatte.[22]

Werbekritik

Wenn die Werbung Jobs für aspirierende Schriftsteller bot, so war sie zugleich Opfer der schriftstellerischen Kritik, etwa in den frühen Auseinandersetzungen von H. G. Wells in *Tono-Bungay* (1909) und von Rose Macaulays *Potterism* (1920). Mitte der 1930er Jahre war die Verurteilung der Werbung zum stehenden Topos der Kulturkritik geworden.[23] So beunruhigte sich Samuel

Becketts Belacqua in *More Pricks Than Kicks* (1934, *Mehr Prügel als Flügel*) über das große Bovril-Reklamezeichen in Dublin mit seinen religiösen Anspielungen und falschen Verheißungen.[24] Und Gordon Comstock, aspirierender, erfolgloser Dichter in George Orwells *Keep the Aspidistra Flying* (1936, *Die Wonnen der Aspidistra*) mußte sein Brot vorübergehend bei einer Werbeagentur verdienen.

> Die New Albion war eine jener Werbefirmen, wie sie seit dem Krieg überall aus dem Boden geschossen sind – sozusagen die Schwämme, die aus dem absterbenden Kapitalismus hervorsprießen. Es war eine recht kleine, aufstrebende Firma, die jede Sorte Werbung machte, die sie nur kriegen konnte. Sie entwarf eine ganze Reihe von großformatigen Plakaten für Haferstout, mit Backpulver gemischtes Mehl und so weiter, aber ihr Hauptbetätigungsfeld waren Anzeigen für Modewaren und Kosmetika in Frauenzeitschriften, außerdem Kleinanzeigen in Zwei-Penny-Wochenmagazinen, wie etwa Whitcrosc-Tabletten für Frauenleiden, Professor Raratongo stellt Ihr Horoskop, Die Sieben Geheimnisse der Venus, Neue Hoffnung bei Bruchleiden, Verdienen Sie fünf Pfund die Woche in Ihrer Freizeit und Cyprolax-Haarlotion vertreibt alle unliebsamen Eindringlinge. (Orwell 1983, 63)

Zu seinem wachsenden Entsetzen entwickelt Comstock eine Begabung für eingängige Slogans und süffige Warenbeschreibungen. Bevor er sich völlig herabgewürdigt fühlt, kündigt er in einer letzten Aufwallung des Selbstwertgefühls. Die Werbung wird ihm zum Symbol für die verhaßte Geldgesellschaft. In einer Szene, die wie ein Nachhall einer Stelle in *Tono-Bungay* wirkt, betrachtet Comstock eine Plakatwerbung an der Themse, in der Orwell die Horlicks-Kampagne und die Guinness-Vierzeiler von Dorothy Sayers zusammengefaßt zu haben scheint:

> An der Ecke zur Westminster Bridge Road blieb er einen Augenblick stehen. Gegenüber klebten ein paar im Lampenlicht fahlblaue Plakate. Ein riesiges, mindestens zehn Fuß hohes, warb für Bovex. Die

Bovex-Leute waren vom Ecktisch abgekommen und hatten sich auf eine neue Masche verlegt. Sie brachten eine Serie vierzeiliger Gedichte heraus – die Bovex-Balladen hießen sie. Das Plakat zeigte eine fürchterlich eupeptische Familie mit grinsenden, schinkenrosa Gesichtern, die beim Frühstück saß; darunter stand in knalliger Schrift:

> Warum denn dünn und blaß aussehʼn?
> Und ohne rechten Schwung?
> Trink Bovex heiß vorm Schlafengehʼn –
> Belebt und hält dich jung!

Gordon starrte das Ding an. Er nahm es in seiner ganzen kindischen Lächerlichkeit in sich auf. Mein Gott, was für ein Schund! ›Belebt und hält dich jung!‹ Und wie schwach und unzulänglich es war! Es besaß ja nicht einmal die einprägsame Bösartigkeit der Slogans, die wirklich hängenbleiben. Es wäre in seiner Wirkungslosigkeit fast mitleiderregend gewesen, wenn man sich nicht vor Augen gehalten hätte, daß ganz London und jede andere Stadt in England mit diesem Plakat bepflastert war, das die Köpfe der Menschen mürbe machte. Er schaute sich in der häßlichen Straße um. Ja, bald gibt es Krieg. Daran ist nicht zu zweifeln, wenn man die Anzeigen für Bovex sieht. (Orwell 1983, 275)

Trotz solcher apokalyptischer Visionen kommt Comstock zum Schluß nicht umhin, sich wieder als Werbetexter zu verdingen, ja, er verklärt seine Tätigkeit gar als mittelständische Bescheidung.

Begegnung mit dem Faschismus

Amblers bester Freund bei Dorland wurde John French (1907–1966), der nach einer kunstgewerblichen Ausbildung als Grafiker zur Werbung gekommen war. Nachdem French bereits den Sommer 1930 in Italien verbracht hatte, kündigte er bei Dorland und fuhr nach Positano, um sich als Maler weiterzubilden. Im Spätsommer 1931 besuchte ihn Ambler dort auf seiner ersten größeren Schiffsreise nach Neapel. »In den frühen dreißiger Jahren war Positano noch ein unbekannter und recht primitiver Küstenort mit ein paar Fischerbooten, die nachts zum Tintenfisch-

fang ausliefen.« (Ambler, 187) Eine solche nächtliche Exkursion
mit den Fischern bescherte Ambler eine Erfahrung des urtümli-
chen Meeres, die dem Agnostiker wie eine Vision vorkam. Auf
der Rückreise nach England besuchte er mit French bei einem
Zwischenhalt in Rom eine Ausstellung faschistischer Monumentalmalerei. Dabei ging die politische Kenntnis des 22jährigen
Ambler schon über die herkömmliche, durch die Wirtschaftskrise geschürte Kulturkritik hinaus: So bemerkte er, daß in
einem Mahnmal für angeblich märtyrerhaft verstorbene Parla-
mentarier nur Faschisten figurierten und der 1924 von Faschisten
ermordete sozialistische Abgeordnete Giacomo Matteotti unterschlagen worden war.[25] Während des Museumsbesuchs wurden
die beiden plaudernden Engländer von bewaffneten Schwarzhemden nachdrücklich aufgefordert, mehr schweigende Ehrfurcht zu zeigen. Es war Erics erste handgreifliche Erfahrung
mit dem italienischen Faschismus.

French verdiente sich in den folgenden Jahren seinen Lebensunterhalt unter anderem mit der grafischen Gestaltung von Buch-
umschlägen, die er für zehn Pfund pro Stück für den Verlag Jonathan Cape herstellte – darunter auch das Cover von *Between Two
Worlds*[26], den 1935 erschienenen Lebensbericht von John Middleton Murry, den Ambler seinerseits als Herausgeber der Zeitschrift
Adelphi schätzte. Ab 1936 zeichnete French, nach England zurückgekehrt, für den *Daily Express* und eröffnete dann ein Foto-
studio. Nach dem Krieg spezialisierte er sich als Modefotograf,
trug in den 1950er Jahren wesentlich dazu bei, daß die Fotografie
sich gegenüber der Zeichnung in der Modeberichterstattung der
englischen Medien durchsetzte, wurde mit seinen Freilichtauf-
nahmen stilbildend, lancierte verschiedene Modelle und war Anfang der 1960er Jahre am Aufstieg der Modeschöpferin Mary
Quant mitbeteiligt. 1984 widmete ihm das Londoner Victoria &
Albert-Museum eine Ausstellung, die in einem Katalog dokumentiert ist.[27]

Frühe Dramen

1931 verfaßte Ambler auch sein erstes Theaterstück. Er hat sich über diese frühen Versuche immer sehr ironisch geäußert. Aber sie dokumentieren zumindest eine erstaunliche Belesenheit, die über die zeitgenössische englische Literatur weit hinausging. So orientierte er sich in dieser Phase an Frank Wedekind und Ernst Toller. Eine private Lesung seines Erstlings mit dem Titel *White to Harvest* ist ihm in schrecklicher Erinnerung geblieben.

Den für die folgenden Jahre einflußreichsten Kollegen lernte er nicht bei Dorland kennen, sondern über das Institute of Incorporated Practitioners in Advertising, dem 1927 entstandenen Fachverband der Branche: Alan Martin Harvey, der zusammen mit seinem Vater Edward Martin Harvey eine kleinere, vor allem im Bereich der Lebensmittelindustrie tätige Werbeagentur leitete. Wie Ambler hatte er einst Colfe's Grammar School in Lewisham besucht, doch der 1900 geborene Harvey verließ die Schule im Sommer 1917, bevor Ambler im Herbst des gleichen Jahres eintrat.[28] Als Ausgleich zum Beruf pflegte er, wie Ambler, die Liebe zum Theater. Sein Onkel war der berühmte Schauspieler und Theaterintendant Sir John Martin-Harvey (1863–1944). Alan Harvey machte bei der 1919 gegründeten British Drama League mit, die das Amateurtheater förderte, hatte 1930 den Einakter *Something Beautiful* geschrieben und nahm ab 1932 Unterricht bei einer Theaterklasse der Guildhall School of Music. Durch Harvey kam Ambler in Kontakt mit deren Professorin Lillian Ginnett.

Ginnett stammte aus einer französisch-englischen Zirkusfamilie. Ihr Großvater war in den zwanziger Jahren des 19. Jahrhunderts aus Frankreich nach England gekommen, hatte zuerst bei einem englischen Zirkus gearbeitet und sich dann selbständig gemacht.[29] Der so gegründete Zirkus wurde durch die Söhne gegen Ende des 19. Jahrhunderts zum größten und bekanntesten

Zirkus Englands. Lillian Ginnett war im April 1920 zur Professorin für Sprecherziehung an der 1880 gegründeten Guildhall
School of Music ernannt worden und hielt den Posten bis 1943
inne.[30] Unter anderem dank Ginnett baute die Guildhall School
of Music ihr Angebot an Theateraktivitäten in den 1930er Jahren
aus, was sich 1935 darin niederschlug, daß der Name der Schule
in Guildhall School of Music and Drama ergänzt wurde. Pro Jahr
wurden etwa sechs interne Dramenabende sowie zwei bis vier
größere Inszenierungen im schuleigenen Theatersaal an der John
Carpenter Street beim Embankment durchgeführt. Zugleich
meldete Ginnett ihre Studentinnen und Studenten für die Wett-
bewerbe der British Drama League an, um ihnen zusätzliche
Aufführungspraxis zu verschaffen. Zu diesem Zweck war sie
ständig auf der Suche nach praktikablen Stücken. So kam es, daß
Ambler ihr sein zweites Stück anbot[31]:

> Es war die Zeit der mit Gas verübten Selbstmorde. Die Hauptperson
> meines Stückes, ein junger Mann, beschließt in seiner allergrößten
> Verzweiflung, seinem Leben ein Ende zu setzen. Während er stirbt,
> wird er mit den Geistern der Vergangenheit konfrontiert. Ein uner-
> bittlich anklagendes Über-Ich beschwört all die Frauen und Männer
> herauf, denen er Unrecht getan hat. Ihm wird der Prozeß gemacht, er
> wird schuldig gesprochen und verurteilt. Er wird keinen leichten Ab-
> gang finden, es wird kein Schwelgen in Selbstmitleid, keine süßen To-
> desträume geben. Der Münzautomat neben dem Gashahn läuft ab,
> das Urteil kann vollstreckt werden. Er ist zum Leben verurteilt. Pech.
> Vorhang. (Ambler, 201)

Auf dem Papier schien das Stück nicht schlecht, doch die Aufführung geriet laut Ambler zur Katastrophe, und der professionelle
Bewerter hatte »ein paar unangenehme Dinge« (Ambler, 203) zu
sagen. Lillian Ginnett allerdings ermunterte Ambler weiter, und
so verfaßte er einen Einakter für sechs Schauspielerinnen mit
dem Titel *Feminine Singular*, der im Juli 1934 schulintern aufge-

führt wurde. Der Einakter spielt in »Miss Bruce's room in the Head Office of The National Steel Construction Co., Ltd.«[32], und Ambler verarbeitete dafür seine Erfahrungen mit Nora Miller bei der AEI. In der Autobiographie hat er vor allem auf seine schriftstellerischen Versuche im Rahmen der Guildhall hingewiesen. Doch wirkte er durchaus auch als Schauspieler. Dreimal ist er in internen Aufführungen verzeichnet, und zwar von Frühling 1934 bis Frühling 1936.[33]

Erst in dieser Zeit zog Eric von zu Hause aus und wohnte, da er nicht seßhaft werden wollte, vorübergehend in wechselnden billigen Hotels.[34] Und reiste. Im Sommer 1934 fuhr er nach Marseille, wiederum mit dem Schiff. Bei einem Besuch des Château d'If, in dem Alexandre Dumas seinen Romanhelden, den Grafen von Monte Christo, im Verlies hatte schmachten lassen, erregte sich der Schriftsteller, oder der schuldbewußte Werbetexter, in Ambler über die plumpen Behauptungen der Fremdenführer, die eine Romanfiktion für Realität ausgeben wollten. Dann verlor Ambler beim Pokern sein letztes Geld und mußte sich zwei Tage lang Joyce-lesend durchhungern. Um sich von der nagenden Magenfrage abzulenken, imaginierte er sich von seinem Hotelfenster aus ein Attentat. Ein paar Wochen später, am 9. September, wurde die Imagination Realität und genau an der von Ambler gewählten Stelle König Alexander von Jugoslawien ermordet. Ambler hat die Geschichte mehrfach erzählt, und sie galt ihm als Beleg für die zu vielem fähige Natur des Menschen, die auch bei ihm unter der kultivierten Oberfläche schlummerte: »Ich habe mir die Wochenschau mehrere Male angesehen und aus Zeitungen Bilder dieser Szene ausgeschnitten. Ich spürte eine seltsame Schuld, aber auch Freude. Unter der Sonne des Südens lebten fremdartige und gewalttätige Männer, mit denen ich mich identifizieren konnte und denen ich mich jetzt irgendwie verbunden fühlte.« (Ambler, 208) Man kann darin die stilisierte Urszene von Amblers Interesse an Kriminalromanen sehen.

Sein erstes Buch war allerdings von solchen blutigen Gewalttaten weit entfernt. Im Winter 1934 wurde er bei Dorland von Arzneimitteln zu Babynahrung befördert und verfaßte einen Leitfaden für werdende Mütter, beziehungsweise sorgte er dafür, daß eine ältere Ausgabe »leichter und weniger deprimierend zu lesen war« (Ambler, 208). Seine erste große Liebesaffäre hatte deprimierend genug in einer Seitenstraße geendet und ihn zur Zurückhaltung ermahnt. Dann waren homoerotische Anfechtungen gekommen und gegangen. Jetzt zog ihn Betty Dyson in ihren Bann.

Betty war die Tochter des australischen Karikaturisten Will Dyson. William Henry Dyson (1880-1938) stammte aus einer ärmlichen Hausiererfamilie in Südaustralien und hatte sich selbst das Zeichnen beigebracht.[35] Ab 1897 schlug er sich zusammen mit Norman Lindsay als Porträtzeichner auf der Straße durch und begann 1903, Karikaturen für das Magazin *Critic* in Adelaide zu veröffentlichen, während Lindsay für das *Bulletin* in Sydney zeichnete. Zusammen revolutionierten sie die australische Grafik. 1909 folgten Dysons erste Ausstellung und die Heirat mit Ruby Lindsay, der Schwester des Freundes, die selber auch Malerin war. 1910 reisten die drei nach London, wo am 11. September 1911 Elizabeth Dyson geboren wurde. 1912 begann Dyson als Karikaturist für den damals neu gegründeten *Daily Herald*, ein linksgerichtetes Boulevardblatt. Seine Karikaturen galten als Sensation, weil sie die behäbige Tradition humoristischer Zeichnungen aus dem *Punch* durchbrachen. Dyson schuf die Figur des Fat, des klassischen Kapitalisten und Kriegsgewinnlers, dem er den selbstbewußten Arbeiter gegenüberstellte. 1915 errang er mit 20 großformatigen *Kultur Cartoons*, die den Kriegsgegner Deutschland kritisierten, bemerkenswerten Erfolg, wurde zum offiziellen australischen Kriegszeichner ernannt und reiste als solcher mit den australischen Truppen auf verschiedene Schlachtfelder. Nach dem Krieg nahm Dyson wieder Wohnsitz in England, wo seine Frau Ruby 1919 der grassierenden Grippeepidemie erlag.

Ihr Tod warf Dyson aus der Bahn. 1922 verließ er den *Daily Herald* und kehrte wenig später nach Australien zurück. Erst 1930 kam er über die USA wieder nach London, begleitet von seiner damals neunzehnjährigen, frühreifen und zeichnerisch begabten Tochter. Er begann erneut, für den *Daily Herald* zu zeichnen, doch sein sozialkritischer Biß war zahmer geworden; dafür hatte er sich der vom britischen Ökonomen Clifford Douglas begründeten Lehre vom Sozialkredit verschrieben. Sein 1933 veröffentlichtes Buch *Artist Among Bankers* ist ein Pamphlet gegen das Geld-, Finanz- und Bankensystem, dem Dyson aber nur die angeblich wissenschaftliche Verteilung der Güter durch das einfache Mittel von Sozialkrediten entgegenzustellen vermag.

Zu dieser Zeit wohnte Betty mit ihrem Vater in einem dreistöckigen Haus am Netherton Grove in Chelsea.[36] Auf Ambler wirkten die beiden »eher wie ein Paar, das sich schließlich zu einer Scheidung durchgerungen hatte, und weniger wie Vater und Tochter.« (Ambler, 212) 1934 arbeitete Betty mit dem Designer Edgar Ritchard an 4000 Kostümen für das Schaustück *Pageant of Parliament* in der Royal Albert Hall und wurde dann von der Theaterintendantin Lilian Baylis für die Saison 1935/36 als Kostümbildnerin ans Old Vic Theater geholt. Dort zeichnete sie verantwortlich für die Kostüme von 14 Inszenierungen am Old Vic und an der Opernbühne des Sadler's Wells Theatre.[37]

Betty Dyson war eine unkonventionelle, eigenwillige Frau mit bohemehaftem Lebensstil. Stolz bekannte sie sich zu ihrem Onkel Norman Lindsay, dessen Roman *Red Heap* mit seiner satirischen Darstellung der australischen Gesellschaft 1931 einen Skandal ausgelöst hatte. Ambler hat ihr ein leuchtendes Porträt gesetzt, in der noch nach fünfzig Jahren seine Faszination sichtbar wird:

Zu dieser Zeit hatte Betty nicht die Absicht, irgend jemand zu heiraten. Über ihre diesbezüglichen Vorstellungen hatte ich mir schon ein recht klares Bild gemacht. Falls sie jemals heiraten würde, dann müßte ihr Mann nicht nur reich, kultiviert und im Bett ungeheuer athletisch sein, sondern auch von geradezu hündischer Treue und grenzenloser Willfährigkeit. Wenn sie, sagen wir mal, verreisen und bei griechischen Freunden in Nizza oder Juan-les-Pins ein paar Wochen verbringen wollte, so dürfte er natürlich nicht erwarten, mitgeteilt zu bekommen, um welche griechischen Freunde es sich handelte oder wo sie wohnten. Wenn sie ihm von ihren Auslandsreisen ein unerwartetes Geschenk mitbrächte – Filzläuse vielleicht, oder einen Tripper –, dann dürfte seine Entdeckung nur ein Anlaß sein, sich überrascht zu zeigen, daß die Natur den Unschuldigen und Ahnungslosen doch immer wieder ein Schnippchen schlug. Mitgefühl wäre in Ordnung, Kritik nicht. Alle Fragen sollte er sich lieber verkneifen. Er müßte lernen, mit derartigen Überraschungen zu leben.

Ich verliebte mich sehr in Betty. Sie konnte sich noch so schlimm aufführen, als ihr Freund mußte man begreifen, daß es ihr selbst oft nicht recht bewußt war. Sie wollte, manchmal allzu vehement, ihren Spaß haben. Sie wollte, daß ihre Freunde sich auch amüsierten und, wenn es ging, Erfolg hatten. Es bereitete ihr Freude, anderen zu helfen – durch ein Wort des Lobes oder dadurch, daß sie sie mit anderen Menschen zusammenbrachte. (Ambler, 214 f.)

In ihrem Freundeskreis aus Hindus und Homosexuellen fühlte sich Ambler öfter als »Kuriosum; ein farbloser, mehr oder weniger heterosexueller englischer Schriftsteller« (Ambler, 215). Aber immerhin ein Schriftsteller. Und vom Aussehen her durchaus attraktiv. Hochgewachsen, 179 Zentimeter groß und schlank, mit etwas steifer Haltung, aus der Stirn gekämmtem welligem, hellem Haar und klaren blauen Augen in einem länglichen Gesicht, dessen scharfe Akzentuierung durch einen vollen, weichen Mund gebrochen wurde, hoch intelligent und ehrgeizig, doch im Gespräch durch ein kaum merkliches Stottern behindert. Betty ihrerseits war »eine Schönheit, mittelgroß, mit tizianrotem, ins Goldene changierendem Haar, sehr clever, amüsant, mit einem Humor, der zuweilen grausam werden konnte«.[38]

In seinem Werben um Betty sah sich Ambler beim Warten auf sie öfter mit Vater Will Dyson vereint, und er hat an verschiedener Stelle Dysons politischen Einfluß auf ihn betont, obwohl er sich der Verheißung des Sozialkredits nicht anschließen wollte. Auf Drängen Bettys gab er sein Hotel auf und zog in ein Zimmer am Moreton Place 5 in Pimlico, zwischen Victoria Station und der Themse. Seit 1830 mit großzügigen Häusern überbaut, haftete Pimlico das Image, das verstoßene Geschwister des Nobelquartiers Belgravia zu sein, noch in den 1930er Jahren an; obwohl 1937 Dolphin Square mit 1250 Wohnungen eröffnet wurde, der damals größte Wohnungskomplex in Europa.

Moreton Place bestand aus dreistöckigen viktorianischen Häusern, mit einigermaßen pompösen Eingangsportalen, hinter denen die Wohnungen relativ bescheidene Ausmaße aufwiesen. Ambler hat sein damals gemietetes Zimmer als geradezu ärmlich beschrieben, ohne Bad oder Toilette. Der Theaterkollege, spätere Geschäftspartner und Freund Alan Harvey wohnte gleich um die Ecke, in einem der fünfstöckigen Häuser am St. George's Square, Nummer 115, die um einiges prächtigere Wohnungen beherbergten.

1935 beendete Ambler ein weiteres Theaterstück, das auf einer Geschichte des österreichischen Schriftstellers Leo Perutz basierte. Von Betty konnte er für seine avantgardistischen Versuche allerdings keine große Unterstützung erwarten. Eher riet sie ihm, historische Dramen zu schreiben, zu denen sie dann die Kostüme entwerfen wollte. In der Autobiographie hat Ambler, leise hoffend, die Befürchtung geäußert, im Archiv der British Drama League ließen sich seine frühen Einakter ausgraben. In den publizierten Verzeichnissen der League findet sich von ihnen allerdings keine Spur.[39] Dagegen finden sich, von Ambler schamhaft verschwiegen, in einem 1935 veröffentlichten Sammelband zwei Gedichte von ihm. Herausgegeben wurde der Band *Light and Humorous Verse* von Lillian Ginnett. Ambler muß bei ihr einen

besonderen Stein im Brett gehabt haben, denn die 170 Buchsei-
ten starke Sammlung wird von seinen beiden Gedichten eröffnet,
womit die ansonsten strikt alphabetische Anordnung der Autoren durchbrochen wird. Dabei tragen die beiden auf ihn folgenden Verfasser, die ihm alphabetisch voranzugehen hätten, eher
unwahrscheinliche, aber sprechende Namen: Jonathan Always
und Sidney Allnut. Vielleicht sind diese Gedichte unter Pseudonymen ebenfalls Ambler zuzurechnen, und Herausgeberin
Ginnett hätte so unbewußt die richtige Anordnung gewählt.[40]

Während das erste Gedicht einen gewandten satirischen Umgang mit wissenschaftlichen Versatzstücken demonstriert, zeigt
das zweite ein geübtes Ohr für die Umgangssprache. Ambler war
offensichtlich, wie ihm schon Cecil Maidens Literaturagentin
zugebilligt hatte, begabt zu Parodie und Pastiche. Eine eigenständige Stimme aber wird nicht hörbar. Mit den Stücken war er gescheitert, die Poesie blieb Nebenprodukt. Amblers literarische
Stärke lag offensichtlich auf einem anderen Gebiet. Bereits
schrieb er an seinem ersten Thriller.

Parodie und Politisierung

Eric Amblers Entscheidung zum Thrillerschreiben stellte eine doppelte Abgrenzung dar. Lebensgeschichtlich war sie eine Absage an seine bisherigen kreativen Versuche. Und im kulturgeschichtlichen Kontext bedeutete sie eine Herausforderung an die zeitgenössische Romanproduktion. Beide Aspekte formulierte Ambler am schärfsten in einem späten Interview:

> Es war einfach so, daß ich als Dramatiker *versagt* hatte, als Songschreiber *versagt* hatte und als Ingenieur *versagt* hatte. Also schaute ich mich nach etwas um, was ich verändern konnte, und verfiel auf den Thriller. Ich würde etwas anderes machen. Die Detektivgeschichte war immer wieder erneuert worden, aber niemand hatte sich um den Thriller gekümmert. Der galt immer noch als etwas Ungehöriges. Deshalb beschloß ich, ihn zu intellektualisieren, soweit ich dazu fähig war. Das reichte nicht weit, aber es genügte. Ich hatte das Genre verändert und konnte die Bücher nicht schnell genug schreiben. (Hopkins 1975, 28)

Was den ersten Aspekt betrifft, so mag es leicht kokett wirken, sich eines dreifachen Versagens zu bezichtigen und jene Tätigkeit auszusparen, in der Ambler doch einige Erfolge errungen hatte, nämlich die Werbebranche; aber gerade in der Abwertung der eigenen bisherigen Leistungen wird deutlich, daß er von sich etwas Besonderes erwartete.

Den zweiten Aspekt, die Absetzung von der vorherrschenden Literaturproduktion, ging Ambler mit dem nüchtern kalkulierenden Blick des Werbers an. Er erkannte eine Marktlücke im Bereich des Thrillers, während der Detektivroman in der Blüte

seines goldenen Zeitalters für einen Späteinsteiger kaum Hoffnung auf einen schnellen Durchbruch versprach.

Die Definitionen und Abgrenzungen von Kriminalroman,
Detektivroman, Thriller und Spionageroman sind nicht immer
ganz scharf.[1] Mit Ambler lassen sich Kriminal- und Detektivroman vom Thriller und von der Spionagegeschichte trennen. So
vielfältig die Verbrechen, Motive und detektivischen Ermittlungen im Kriminal- und Detektivroman auch sein mögen, so behandeln diese doch Verbrechen von Individuen. Dagegen stellt
der Thriller politische Machenschaften in den Vordergrund. Der
Spionageroman läßt sich als Untergattung des Thrillers verstehen: als politischer Spannungsroman, in dem Spionage eine zentrale Rolle spielt.

Historisch gesehen war der Thriller zu Amblers Zeit synonym
mit dem Spionageroman geworden, durch Autoren wie E. Phillips Oppenheim, Sapper (Pseudonym für Herman Cyril Mc-
Neile) und John Buchan. Gerade dagegen richtete sich Amblers
Kritik. Nun sind die Feindaufklärung und ihre Beschreibung so
alt wie der Krieg, und der Polizeispitzel stellt ein beliebtes Motiv
etwa in der französischen Literatur des 18. und frühen 19. Jahrhunderts dar, als Joseph Fouché mit seiner Geheimpolizei geradezu sprichwörtlich wurde. Als Genre aber bildete sich der Spionageroman erst ab 1870 heraus und darf als genuin britische
Entwicklung im Zeichen der zunehmenden Konkurrenz der
Großmächte im Zeitalter des Imperialismus gelten. In der Einleitung zu der von ihm herausgegebenen Anthologie *To Catch
a Spy (Mehr Spionagegeschichten)* hat Ambler diese verzögerte
Entstehung der Spionagegeschichte als Reflex des sozialen Wer-
tesystems interpretiert. Bis weit ins 19. Jahrhundert sei der Spion
laut herrschenden Kriegsregeln geächtet worden; seine literarische Darstellung wäre deshalb nur als Antiheld möglich gewesen, was die damaligen Romannormen nicht zuließen.

Dieses gleichsam negativ ausschließende Argument kann

durch den Hinweis auf zwei historische Entwicklungen ergänzt werden, die in der zweiten Hälfte des 19. Jahrhunderts neues Material für Spionagegeschichten hergaben. Erstens erhöhten neue Kriegstechnologien die Bedeutung von Informationen über den gegnerischen Aufrüstungsstand, was die Figur des Spions aufwertete. Zweitens entstand um 1850 angesichts der sich industrialisierenden kontinentalen Mächte, die den britischen Vorsprung verringerten, in Großbritannien ein verschärftes Gefühl der nationalen Bedrohung.[2] Nachdem aus historischen Gründen zuerst Frankreich den klassischen Erzfeind abgab, änderte sich das mit dem deutschen Sieg im Deutsch-Französischen Krieg von 1870/71. Wenige Tage nach der Kapitulation Frankreichs erschien eine Kurzgeschichte des britischen Generals Sir George T. Chesney mit dem Titel *The Battle of Dorking*, die eine fiktive deutsche Invasion Großbritanniens beschreibt und als »offenes Plädoyer für eine Armeereform und verstärkte Verteidigungsanstrengungen« (Hindersmann 1995, 10) verstanden werden wollte. Das fiktionalisierte Pamphlet löste beträchtliches Echo aus und zeitigte zahlreiche Erwiderungen sowie etliche Romane um eine Invasion, in denen Spione eine Landung fremder Mächte auf englischem Boden vorbereiteten.

Spionage als private Bürgerpflicht

Als erster Spionageroman mit literarischen Qualitäten, der noch heute englisch wie deutsch in Taschenbuchausgaben greifbar ist, gilt allerdings erst Erskine Childers *The Riddle of the Sands (Das Rätsel der Sandbank. Ein Bericht des Geheimdienstes)* von 1903. Childers (1870–1922), aus einer anglo-irischen Oberschichtsfamilie stammend, arbeitete als Sekretär im britischen Unterhaus und unternahm als passionierter Jollensegler in seiner Freizeit ausgedehnte, waghalsige Segeltouren entlang der dänischen und baltischen Küsten. Ein geplantes Buch über seine Fahrten reicherte er schließlich mit einer Geschichte um Spionage und Gegenspionage zwischen Deutschland und England an.

Der junge, gelangweilte Regierungsbeamte Carruthers, der über die Geschehnisse in Ich-Form berichtet, wird von einem entfernten Bekannten, Davies, zu einer Segelfahrt in die Nordsee eingeladen. Erst langsam wird ihm klar, daß Davies hinter einem angeblichen Spion in deutschen Diensten herjagt. Zuerst zögernd, dann immer eifriger hilft er Davies bei der Auskundschaftung mutmaßlicher geheimer Festungsanlagen an der deutschen Nordseeküste. In waghalsigen Aktionen entdecken die beiden den Plan einer deutschen Invasion Englands, die von sieben kleinen Häfen an der friesischen Küste vorbereitet werden soll; sie können den Spion ausschalten, die Pläne nach England bringen und Regierung wie Öffentlichkeit warnen.

Trotz Zuschreibung militärischer Aggressionen an Deutschland ist das Buch keineswegs deutschfeindlich, sondern Childers' Haltung zum Kaiserreich schwankt zwischen Ablehnung und Bewunderung.[3] Deutschlands Anstrengungen, als Seenation die Vorherrschaft Englands anzufechten, werden angesichts seiner industriellen und militärischen Stärke als verständlich bezeichnet und implizit als berechtigt anerkannt. Den eigentlichen Bösewicht der Geschichte stellt der Spion Dollmann dar, der sich als ehemaliger englischer Offizier herausstellt. Da er ein Landesverräter ist, können sich auf ihn der ganze Zorn und die ganze Verachtung entladen.

Tatsächlich aber wird die Spionage in ein merkwürdig zweideutiges Licht getaucht. Der Verdacht gegen Dollmann stützt sich lange auf dürftige Anzeichen und nährt sich aus einem grundsätzlichen Mißtrauen gegen diesen. Entgegen dem harmlosen Anschein und der Sorglosigkeit der britischen Behörden müssen die beiden Amateure Davies und Carruthers die nach und nach angesammelten Indizien mit geradezu paranoidem

Scharfsinn interpretieren. Dabei setzen sie sich nicht bloß dem verdächtigen Dollmann, sondern vor allem vermuteten deutschen Verteidigungsvorbereitungen an der friesischen Küste auf die Spur. Völkerrechtlich wie moralisch sind es deshalb die beiden Engländer, die zu Spionen werden.[4] Erst spät stellt sich die Richtigkeit des Verdachts gegen Dollmann heraus, womit auch die Spionagetätigkeit der beiden Engländer gerechtfertigt ist.

Carruthers und Davies werden sozial unterschiedlich charakterisiert. Carruthers ist der weltmännische, leicht zynische Regierungsbeamte, sprachgewandt, mit perfektem Deutsch und auf dem gesellschaftlichen Parkett heimisch, doch als Segler ein blutiger Anfänger, der auf Davies' Boot einen seemännischen und moralischen Lernprozeß durchmacht. Davies andererseits wird als wortkarger Einzelgänger geschildert, ohne besondere soziale Fertigkeiten und Beziehungen, aber mit unübertroffenen seemännischen Kenntnissen und patriotischer Moral. Dennoch scheinen auch in seinem Patriotismus persönliche Motive durch. Er sieht nämlich die Chance, sich als Fachmann zu profilieren und seine Idee einer Umorganisierung der englischen Küstenverteidigung zu propagieren; zudem verkompliziert eine eher unwahrscheinliche (und Childers vom Verleger aufgenötigte) Liebesbeziehung von Davies zur Tochter des vermuteten Spions die Gefühle. Für Carruthers bleibt der Fall dagegen vor allem eine sportliche Herausforderung. Solcher Zweideutigkeit der Motive entspricht die Stillage des Romans, der zwischen intensiver Abenteuerromantik und spielerischer Ironie oszilliert.

Das spiegelt wiederum Childers' eigene Haltung, der den Roman durchaus als praktische Warnung vor einer Lücke im englischen Verteidigungsdispositiv verstanden wissen wollte. Andererseits spielt er mit den moralischen Erwartungen seiner Leser. Bereits in jenem Roman, der mittlerweile als Prototyp des Spionagegenres gilt, setzt sich der Ich-Erzähler Carruthers von klischierten Vorstellungen von Spionen und ihrer Tätigkeit ab:

»Gütiger Himmel!« (Davies lehnte sich zurück und lachte fröhlich), »sehe ich etwa aus wie ein Spion?« Ich stellte mir einen dieser romantischen Männer vor, von denen man in Groschenromanen liest, eine Kodak in der Krawattennadel, einen Zeichenblock im Anzugfutter und Maskenutensilien im Handgepäck. So wenig ich zu Fröhlichkeit aufgelegt war, ich konnte nicht anders als ebenfalls lächeln. (Sandbank, 95)

Selbst im Showdown zwischen den Engländern und Deutschen sowie dem englisch-deutschen Verräter sind die moralischen Verhältnisse nicht ganz eindeutig, spielen alle eine Rolle, die nicht der eigenen Persönlichkeit entspricht: »Wir befanden uns zwar, oberflächlich betrachtet, in zwei verschiedenen Lagern, aber nicht einer von uns stimmte ganz mit einem anderen überein. Jeder trug bei dem großen Schwindelmanöver eine Maske« (Sandbank, 274). Carruthers entwickelt abgestufte Sympathien und Feindschaften. Von Dollmann ist er »angeekelt« (Sandbank, 275); der Ingenieur Böhme ist der professionelle Gegenspieler, »die Verkörperung der systematisierten Kraft, die dem Deutschen eigen ist« (Sandbank, 275); bezüglich des Vertreters der deutschen Kriegsmarine, von Brüning, aber muß er sich eingestehen, »daß ich den Mann mochte und noch mag« (Sandbank, 276), weil der eigentlich ein ritterlicher Seemann ist und die Hilfe durch einen Spion und Verräter innerlich verabscheut.

In Childers' eigenem Leben gerieten die Loyalitäten wenig später noch stärker durcheinander. 1908 entdeckte der britische Beamte durch seine familiären Beziehungen die Sache Irlands und setzte sich ab 1910 als Propagandist für die Home Rule, die irische Selbstregierung, ein.[5] Zusehends militanter werdend, schmuggelte er im Juli 1914 auf seinem Segelboot 1500 deutsche Gewehre und 50000 Schuß Munition nach Irland. Das hinderte ihn freilich nicht daran, einen Monat später, bei Ausbruch des Ersten Weltkriegs, in die britische Armee einzutreten. 1917 wurde er ins Irland-Ministerium abgeordnet; aber die Verzögerung wirklicher Verhandlungen um eine irische Selbstverwaltung verstärkte seine Desillusionierung mit England. Die sich selbst konstituierende erste provisorische Regierung Irlands unter Eamon De Valera ernannte Childers zum Propagandaminister. Doch dann holten diesen die nach innen schlagenden Widersprüche der irischen Geschichte tödlich ein. 1922 opponierte er gegen den Kompromißvorschlag der Mehrheitsfraktion im irischen Parlament, die der britischen Anerkennung eines irischen Freistaats bei gleichzeitiger Abtrennung von sechs Provinzen in Ulster zustimmte, und schloß sich der irregulären IRA-Minderheit an. Im beginnenden Bürgerkrieg wurde er verhaftet, aufgrund des Besitzes einer Pistole zum Tod verurteilt und von einer Hinrichtungsschwadron der irischen Republik am 24. November 1922 erschossen. Sein abgeklärtes Verhalten vor dem Todeskommando machte ihn zur Legende und verklärte sein Bild auch bei politischen Gegnern wie dem britischen Nachrichtenchef und Spionageautoren John Buchan. Ambler seinerseits besuchte 1948 Childers' Witwe, die ihren Mann einst dazu bewogen hatte, sich im irischen Befreiungskampf auf die republikanische Seite zu schlagen, fand sie aber in ihren Erinnerungen politisch unergiebig.[6] Später würdigte er Childers in der Einleitung zu dem von ihm herausgegebenen Spionage-Sammelband als Schöpfer des ersten Spionageromans und als »idealistischer Patriot« (*Spionagegeschichten*, 19).

Neben der imperialistischen Konkurrenz, die sich vor allem im Flottenwettrüsten zwischen Deutschland und England äußerte, trug auch die Zuspitzung der sozialen Auseinandersetzungen um die Jahrtausendwende zu einem Klima politischer Unrast bei. Als sich der Romancier Joseph Conrad nach dem kommerziellen Mißerfolg seiner heute als Klassiker gehandelten Werke wie *Lord Jim* und *Heart of Darkness (Herz der Finsternis)* vermeintlich erfolgversprechenderen politischen Stoffen zuwandte, stellte er deshalb Spitzel, Spionage und politische Verschwörungen in den Mittelpunkt seiner folgenden Werke.[7] In *The Secret Agent* von 1907 (deutsch zuerst 1926 als *Der Geheimagent*) verwandte er die Spitzeltätigkeit gar als Metapher für den moralischen Zustand der Gesellschaft. Mr. Veloc, der Geheimagent des gleichnamigen Romans, ist eine jämmerliche Figur, die vordergründig einen abgewirtschafteten Trödlerladen führt, sich in das Vertrauen deutscher und russischer Anarchisten im Londoner Exil einschleicht, tatsächlich aber als Spitzel für die zaristische Regierung arbeitet. Von einem neuen Führungsoffizier in der russischen Botschaft unter Druck gesetzt, die Gefährlichkeit der Anarchisten öffentlich zu demonstrieren, betraut Veloc seinen geistig zurückgebliebenen Schwager mit einem Bombenanschlag auf das Observatorium in Greenwich, dem dieser zum Opfer fällt.

Conrads Roman demonstriert dessen tief pessimistische Weltanschauung, doch sein Romanstoff ist erstaunlich realistisch: Der Plot basiert auf einem realen Bombenanschlag von 1894, und die Anarchisten sind wirklichen Personen nachgezeichnet. Während Veloc in seiner Jämmerlichkeit mehr Opfer als Täter ist, wird vor allem die moralische Verwerflichkeit des russischen Führungsoffiziers betont und die anderen Anarchisten satirisch kritisiert. Doch auch die britischen Polizeibeamten können sich nicht viel höherer Moralität rühmen, da sie in den Untersuchungen ebenfalls ihre eigenen Interessen verfolgen.

Verteidigung des britischen Empire

Der Erste Weltkrieg erzeugte einen neuerlichen Schub politischer Kolportage. E. Phillipps Oppenheim (1866–1946), dessen erster Roman bereits 1898 erschienen war, und Herman Cyril McNeile alias Sapper (1888–1937), der in seinen Romanen nun seine Kriegserfahrungen verarbeitete, errangen kommerzielle

Erfolge. Sappers Held Hugh ›Bulldog‹ Drummond, der in vier Romanen zwischen 1920 und 1926 auftauchte, ging in die Alltagsfolklore ein. Der Feind kam nun nicht mehr nur von außen, sondern auch von innen, und wurde nicht immer mit demokratischen Mitteln bekämpft. Eric Ambler hat darauf aufmerksam gemacht, daß Sapper die unappetitliche Neuerung für sich beanspruchen kann, Schwarzhemden in die englische Literatur eingeführt zu haben, die mit stillschweigender Duldung von Scotland Yard Privatjustiz gegen Linke, Gewerkschaftsmitglieder und fremde Bolschewiken üben.[8]

Der einzige Autor dieser Zeit, der bis heute Interesse beansprucht, ist John Buchan (1875–1940). Sein Roman *The Thirty-nine Steps (Die neunundachtzig Stufen)* von 1915 ist nicht zuletzt durch die Hitchcock-Verfilmung von 1935 präsent geblieben. Der gleichnamige Film zeichnet sich durch Ironie, Humor und erotisches Knistern aus, was der Vorlage rundum fehlt. Wie Childers besetzt Buchan die Zwischenposition der frühen Spionage-Autoren, halb patriotischer Propagandist fürs britische Empire, halb freiberuflicher Unterhaltungsschriftsteller. Sohn eines schottischen Predigers, trat Buchan nach brillanter universitärer Karriere 1901 in die Dienste von Lord Milner, High Commissioner für Südafrika. Der zweijährige Aufenthalt in Südafrika wurde prägend für Buchans Weltsicht: Das britische Empire, wiewohl letztlich unhinterfragt, sah sich zunehmenden Gefahren ausgesetzt und mußte neu legitimiert werden.

Nach England zurückgekehrt, wirkte Buchan kurzfristig als Anwalt. Die Einheirat in eine adlige Familie verstärkte seine Einbindung ins Establishment. Er wurde Verlagsleiter, Herausgeber einer politischen Wochenzeitschrift und schuf sich als Essayist einen Namen. Während des Ersten Weltkriegs wirkte er zuerst als Kriegsberichterstatter der *Times* an der Westfront, wurde dann aber als Berater vom Außenministerium beigezogen und für Aufklärungsarbeiten eingesetzt, 1917 zum Chef der neu gegründeten Informationsabteilung und 1918 zum Chef der Aufklärung im umorganisierten Informationsministerium erklärt. Nach dem Weltkrieg konzentrierte sich Buchan vorerst auf die publizistische Tätigkeit als Historiker und Romancier, um dann erneut in die Parteipolitik einzusteigen. 1927 als konservativer Parlamentsabgeordneter gewählt, wurde er 1935 schließlich zum Generalgouverneur von Kanada ernannt, welches Amt er bis zu seinem Tod 1940 innehatte.

Zeit seines Lebens ein profilierter Schreiber, hatte Buchan 1910 seinen ersten Roman, *Prester John*, über einen Eingeborenenaufstand in Südafrika veröffentlicht und 1913 in der Geschichte *The Power-House* vor einer anarchistischen Verschwörung gewarnt. Zu Beginn des Ersten Weltkriegs wegen angegriffener Gesundheit vorerst zur Untätigkeit verdammt, schrieb er den ersten seiner selbst abwertend als ›shocker‹ bezeichneten Romane mit dem Helden Richard Hannay, der schließlich in den vier äußerst erfolgreichen Büchern *The Thirty-nine Steps* (1915; *Die neunundreißig Stufen*), *Greenmantle* (1916; *Grünmantel*), *Mr Standfast* (1919; *Mr. Standfast oder Im Westen was Neues*) und *The Three Hostages* (1924; *Die drei Geiseln*) das britische Empire verteidigte.[9]

Die vier Bücher versammeln in klassischer Form jene realen und angeblichen Bedrohungen, die das britische Empire gefährdeten. Was Ende des 19. Jahrhunderts noch selbstverständlich schien, hatte durch den Burenkrieg die erste Verunsicherung erfahren. Mit dem Ersten Weltkrieg schlug die Unsicherheit in die eigene Gesellschaft zurück. Expansion war nicht mehr möglich; jetzt mußte verteidigt werden, was erobert worden war.

Eingeführt wird die Figur von Richard Hannay im ersten Roman im Frühling 1914, kurz vor Beginn des Weltkriegs. Als kleiner Junge mit seinem schottischen Vater nach Südafrika ausgewandert, ist er als Bergbauingenieur zu beträchtlichem Wohlstand gekommen und kehrt mit 37 Jahren nach England zurück.

Dort beginnt er sich bald zu langweilen, bis ihm ein Fremder eine phantastische Geschichte über ein in London geplantes Attentat auf einen griechischen Politiker anvertraut, das den Weltfrieden gefährden könnte. Wenig später liegt der Fremde tot in Hannays Wohnung, und Hannay gerät unter Mordverdacht. So beschließt er, sich den Auftrag, das Attentat zu verhindern, zu eigen zu machen und sich zugleich vom Mordverdacht zu befreien. Von Polizei und fremden Agenten gleichermaßen gehetzt, will er sich in Schottland verstecken. Dabei gerät er einem deutschen Spionagering auf die Spur; seine Intervention verhindert zwar nicht das Attentat, wohl aber die Weitergabe englisch-französischer Verteidigungspläne und läßt den Spionagering auffliegen.

Durch diesen Erfolg ist Hannay in den Fortsetzungen sozial aufgestiegen. Die beiden folgenden Romane spielen während des Ersten Weltkriegs; sie verbinden militärische mit geheimdienstlicher Handlung. In *Grünmantel* hat es Hannay an der Westfront zum Major gebracht, wird dann erneut für eine Spezialaufgabe eingesetzt. Und zwar soll er die beiden deutschen Agenten General von Stumm und Hilda von Einem neutralisieren, die in der Türkei die Prophezeiung eines islamischen Predigers für einen Heiligen Krieg gegen England ausnutzen wollen. Auf der Spur geheimnisvoller Hinweise durchquert ein verkleideter Hannay Deutschland und landet in der Türkei, wo er den mit England verbündeten russischen Truppen bei der Einnahme von Erkerum hilft und den Plan vereitelt, eine antienglische Bewegung im Nahen Osten zu initiieren. Im Roman *Mr. Standfast*, der 1917/18 spielt, hat sich die Gefahr weiter ins Zentrum der Macht verschoben. Ein deutscher Spion, der sich als pazifistischer Liberaler tarnt, versucht, in Großbritannien unter der Arbeiterklasse und der Intelligenzija gegen den Krieg zu agitieren. Hannay gelingt es, den Mann zu stellen; nebenbei verteidigt er als jüngster Brigadegeneral der britischen Armee den heiklen französischen Frontabschnitt in Amiens gegen die deutsche Frühjahrsoffensive

1918. In *Die drei Geiseln* schließlich geht es um ein internationales Gangstersyndikat, das im Nachkriegsengland mittels Entführungen und Erpressungen nichts weniger als die Weltwirtschaft destabilisieren will, um damit immense Gewinne an der Börse einzuheimsen.

Die Popularität von Hannay in der Zwischenkriegszeit mag mit seiner gesellschaftlichen Positionierung zusammenhängen.[10] Sozial gesehen steht Hannay an der Grenze von oberer Mittelschicht und unterer Oberschicht. Finanziell ist er gut situiert, ohne doch zu den führenden Kreisen der Gesellschaft zu gehören. Er gibt sich bescheiden, als Mann einfacher Pflichterfüllung, der Taten über vergeistigte Worte stellt. Vordergründig repräsentiert er Mittelschichtswerte, mit etwas public-school-Ethos und Jugendbuchromantik überhöht. Doch Buchans Haltung zur Mittelschicht ist zwiespältig. In *Die neununddreißig Stufen* erläutert Hannay:

> Wer, wie ich, sich in den raueren Gegenden der Welt herumgetrieben hat, kann sehr gut mit den beiden Klassen von Menschen umgehen, die man wohl die obere und die untere nennt. Die versteht er, und sie verstehen ihn. Ich war mit Hirten und Landstreichern und Hausierern vertraut, und mit Herren wie Sir Walter und denen, die ich am Abend zuvor kennengelernt hatte, kam ich gut zurecht. Aber worauf Leute wie ich sich nicht verstehen, das ist der große, bequeme und saturierte Mittelstand – Leute, die in Villen und Vororten wohnen. Ich kenne ihre Ansichten nicht, ich verstehe ihre Konventionen nicht, und ich hüte mich vor ihnen wie vor der Schwarzen Mamba. (Stufen, 225 f.)

Der Weltkrieg mit seinen Massenschlachten verleiht den Mittelschichten plötzlich eine neue Bedeutung, wie Buchan erkennt und eine seiner Figuren aussprechen lässt:

> Der jetzige Krieg erfordert keine Berserker, sondern vielmehr den ruhigen Normalbürger mit ausgebildetem Verstand und einem Ziel, für

das er kämpft. [...] Der Held dieses Krieges ist der einfache Mann aus
der Mittelschicht, der möglichst schnell wieder nach Hause möchte
und deswegen seinen ganzen Witz und Verstand dazu benutzt, die Angelegenheit möglichst schnell hinter sich zu bringen. (Standfast, 285 f.)

Aber solche Lippenbekenntnisse werden durch die Handlung
ständig dementiert. Da triumphiert der heroische Einzelne.
Dazu zählt auch Hannay. Wenn es darauf ankommt, dann stellt
er in allen Lebenslagen seinen Mann, körperlich wie geistig.
Der proklamierte Antiintellektualismus hindert ihn nicht daran,
überwältigenden Scharfsinn mit sprachlicher Begabung und
brauchbarem kulturellen Wissen zu verbinden. Nichts ist ihm
unmöglich. Das ist auch dringend nötig. Denn die Verschwörungen, gegen die er ankämpfen muß, werden im Verlauf der Bücher
immer größer und gefährlicher. Während es in den ersten Romanen um den Sieg gegen Deutschland im Ersten Weltkrieg geht,
nimmt die Bedrohung in *Die drei Geiseln* noch umfassendere
Form an. Der Oberschurke Medina hat es geschafft, sich in die
höchsten Kreise der Gesellschaft einzuschmeicheln. Hannay
analysiert seine Wirkung:

Medina schuf eine Atmosphäre wie eisige, helle Luft, in der nichts
leben kann. Er war durch und durch und ganz vollständig verrucht,
ohne jedes Maß, an dem man unser Menschsein überhaupt messen
kann. Deshalb hat wohl die Menschheit den Begriff des Teufels
erfinden müssen. Fortwährend schien er den Saum eines Vorhangs zu
lüften und mir Einblicke zu geben in eine uraltersgraue Verruchtheit,
die älter war als selbst die Sterne... (Geiseln, 274)

Nun liegen solche hysterischen Übertreibungen im Genre sowie
in der Serienform der Bücher begründet, da die neuste Folge in
der Darstellung der Bedrohung nicht hinter das Vorangegangene
zurückfallen durfte. Gleichzeitig äußert sich darin Buchans cal-
vinistische Weltanschauung, die das Übel in der Welt allgegen-
wärtig unter der Oberfläche lauern läßt.[11] Sie weisen aber ebenso

auf ideologische Muster hin. Hannay gerät im Verlauf seiner
Abenteuer zumeist unter falschen Verdacht und wird immer
auch von der Polizei gejagt, da seine geheime Aufgabe nur wenigen Eingeweihten bekannt ist. Auf die klandestine Verschwörung, die England bedroht, reagieren die höchsten englischen
Kreise mit dem Aufbau eines ebenso klandestinen Komitees, das
jeder demokratischen Kontrolle entzogen ist und dessen Agenten jenseits der polizeilichen Legalität operieren.

Zwei Mittel stehen dabei dem Bösewicht zur Verfügung. Er
kann sich entweder maskieren und seine Gegner täuschen, oder
er kann deren Willen durch Suggestion und Hypnose brechen.
Nur Hannay bleibt instinktsicher im Entlarven verruchter Täuschung oder charakterfest im Widerstehen teuflischer Gehirnwä-
schen.

Diese paranoide Welt ist sozial zutiefst konservativ.[12] Für viele
britische Intellektuelle bedeutete der Erste Weltkrieg eine Infragestellung, ja einen Bruch mit ihrer Gesellschaft. Bei Buchan läßt
sich davon nichts spüren. Für ihn hatte der Krieg nur die Bedrohung für die englische Gesellschaft verschärft. Im Weltkrieg, erläutert der Polizeichef in *Die drei Geiseln*, sei »ein scheußliches,
unbezähmbares Geschlecht gezeugt worden. Man finde es bei
den jungen bolschewistischen Juden, unter den jungen Zuläufern
der wilderen kommunistischen Sekten und auffallend häufig unter den übellaunigen, mordlustigen jungen Schlaksen in Irland.«
(Geiseln, 29) Solche häufig wiederkehrenden rassistischen, anti-
irischen und antisemitischen Äußerungen, die über die jeweilige
Figurenperspektive hinausgehen, widersprechen dem Image vom
liberalen Konservativen Buchan. Von Buchans ›shockers‹ hat
nur *Die neunundreißig Stufen* mit seinem sprachlich knappen,
präzisen Stil einigen literarischen Wert behalten[13], während die
folgenden Romane sprachlich zusehends ausufern und eine konservative Weltanschauung zur Schau stellen.

Erneuerung durch Parodie

In späteren Jahren hat Eric Ambler die Romane von Buchan freundlich zurückhaltend beurteilt. Zu Beginn von Amblers Karriere, auf dem Höhepunkt von Buchans Ruhm, aber war seine Ablehnung eindeutig. Sein Mißvergnügen an der zeitgenössischen Thrillerproduktion konzentrierte sich auf zwei Kritikpunkte: unglaubwürdige, reaktionäre Feindbilder und holzschnittartiger, aber letztlich omnipotenter Held:

> Es waren die Schurken, die mich am meisten störten. Ob machtbesessen oder klarsichtig, Meistergangster oder altmodische Spitzbuben, ich glaubte ihnen kein Wort mehr. Auch der leidenschaftlichen Art, wie sie Unrecht taten und Anschläge auf die Zivilisation verübten, glaubte ich nicht. Ihre Verschwörungen kamen mir nicht viel greifbarer vor als ein Luftballon, der viel zu prall aufgeblasen war und bei der leisesten Berührung quietschte und in dem traurige alte Figuren wie getrocknete Erbsen umherkullerten. Der Held spielte anscheinend keine sehr wichtige Rolle. Oft war er nur einer, der auf der Flucht war und der, von den Hunden des Bösewichts gehetzt, sich am Ende umdrehen und seinen Verfolgern gegenübertreten würde. Er konnte ein rauher Bursche mit stahlgrauen Augen und Pistolenhalftern unter beiden Schultern sein oder ein reicher, abenteuerlustiger Dandy. Er konnte auch ein chauvinistischer Ex-Offizier mit einem unangenehm antisemitischen Einschlag sein. Auf all das kam es eigentlich nicht an. Was er brauchte, um als Held fungieren zu können, war geradezu grenzenlose Dummheit, im Verein mit übermenschlichen Kräften und unzerbrechlichen Knochen. (Ambler, 217f.)

Dem unwahrscheinlichen Helden wollte Ambler mit einer Parodie zu Leibe rücken. Ermutigt wurde er in der parodistischen Absicht durch die Lektüre eines Romans von Stella Gibbons, *Cold Comfort Farm*, der 1932 als Persiflage auf die Heimatromane der Jahrhundertwende erfolgreich wurde.[14] Amblers erster Roman *The Dark Frontier (Der dunkle Grenzbezirk)* beginnt als Spiel mit den Thrillerkonventionen. Der berühmte Physiker

Henry Barstow gibt einleitend zu Protokoll, es werde behauptet, die folgenden Ereignisse seien ihm zugestoßen, was er weder bestätigen noch dementieren könne. Er erinnere sich nicht an die Geschehnisse; zwar gebe es Indizien, die auf die Wahrheit des Berichts hinwiesen, der allerdings kaum glaublich sei und seinem Charakter widerspreche. Unbestreitbar sei er lange krank gewesen, und dabei sei ihm dieser angebliche Barstow mit seiner merkwürdigen Geschichte »im Zwielichtland der Genesung« (Grenzbezirk, 13) begegnet; nach der Genesung sei dieser andere Barstow allerdings verschwunden.

So eingestimmt, nimmt die Überschrift des ersten Teils eine doppelte Bedeutung an: *The Man who changed his mind.* »Ein Mann ändert seine Ansicht« muß das Deutsche eindeutig übersetzen und verliert dabei die zweite augenzwinkernd angebotene handfeste Bedeutung von jemandem, der buchstäblich seinen Verstand austauscht. Dieses Spiel mit fluktuierenden Geisteszuständen wird gleich bei der ersten Beschreibung des scheinbar so rationalen Professors aufgenommen. Der ist für seine Pedanterie berühmt, wird aber von Tagträumen heimgesucht: »Ein Teil des Gehirns wurde zu einer perfekten Verstandesmaschine, der andere aber wanderte durch dunkle Grenzbezirke in geheimnisvolle Länder, wo Abenteuer, romantische Liebe und plötzlicher Tod den Reisenden erwarteten.« (Grenzbezirk, 19)

Ironischerweise ist es gerade die Überstrapazierung der perfekten Verstandesmaschine, die zu einer Überreizung und an den Grenzbezirk geführt hat. Auf ärztlich verordneter Erholungsfahrt trifft Barstow auf Simon Groom, einen Vertreter der Rüstungsfirma Cator & Bliss, der ihm eine phantastische Geschichte vorträgt. Danach ist der Wissenschaftler Jacob Kassen im kleinen Balkanstaat Ixanien dabei, eine Atombombe zu entwickeln, deren Stärke die herkömmlicher Bomben um ein Tausendfaches übertrifft. Das Angebot von Groom, technischer Berater von Castor & Bliss zu werden, um die Gerüchte zu verifizieren, lehnt

Barstow entrüstet ab, weil er, wie er später analysiert, die Rüstungsindustrie hauptverantwortlich für Kriege hält:

> Kriege kündigten sich durch Ultimaten, Haßausbrüche und defensive Mobilmachungen an, aber angezettelt wurden sie von jenen, die die Macht hatten, das Gleichgewicht zu stören, mit internationalem Geld und Wertpapieren zu intrigieren und zu schmieren; von jenen, die zum Zwecke der Befriedigung ihrer Privatinteressen ökonomische und soziale Situationen schufen, die zu Krieg führen mußten. (Grenzbezirk, 38 f.)

Die Analyse endet in Resignation. Für Abhilfe scheint es zu spät. Da fällt Barstow ein außerordentliches Mittel ein. »Nein, der kleine Mann hatte nur eine Chance: Ein außerordentlicher Mensch mußte erscheinen und für ihn kämpfen, ein Mann mit übermenschlichen Eigenschaften und Fähigkeiten, ein Mann, der die Machenschaften von Kassen, Ixanien und Cator & Bliss rasch und unauffällig vereiteln würde.« (Grenzbezirk, 40)

Unbewußt hat die romantische Gehirnhälfte die Verstandesmaschine übernommen, und praktischerweise fällt dem Professor ein Thriller in die Hände, in dem genau jener Mann auftritt, der seine Bedingungen erfüllt: Spezialagent Conway Carruthers, der »Inbegriff der Vollkommenheit« (Grenzbezirk, 42). Ambler macht sich an dieser Stelle einen Spaß daraus, virtuos ein paar Seiten aus einem Sapper-Roman zu persiflieren. Versuchsweise überlegt sich Barstow, wie der Romanheld auf das moralische Dilemma im Angesicht der drohenden neuen Bombentechnologie reagieren würde. Dabei tun sich für den Professor Abgründe auf, eine andere Stimme scheint die Kontrolle über ihn zu übernehmen, und er gerät mit dem Auto von der Straße. Am gleichen Abend trägt sich ein Mr. Carruthers in einem Hotel in Plymouth ein, und am nächsten Tag reist »der Mann, der sich Conway Carruthers nannte« (Grenzbezirk, 51), ins fremde Land Ixanien, wo ihn Abenteuer, eine romantische Liebe und Todesgefahr erwarten.

Damit ändern sich Blickrichtung und Ton des Buchs. Die
phantastischen Zumutungen an den Professor werden jetzt zur
Realität erklärt. Erzähltechnisch gesehen ist das als Parodie angelegt, aber die Parodie muß doch glaubhaft genug wirken, um
die Handlung voranzutreiben.[15] Entsprechend ändert sich auch
die Figur. Was zuvor im Innern von Professor Barstow ausgetra-
gen wurde, der Kampf zwischen Rationalität und romantischen
Anwandlungen, wird nach außen gewendet: Tritt der Geheimagent Carruthers auf, der sich als Professor tarnt? Oder ist es
Barstow, der sich als Carruthers ausgibt, der sich als Professor
tarnt?

Der Tanz der russischen Puppen schafft darstellerische Probleme. Carruthers verhält sich als Barstow trotteliger, als dieser
es je wäre; umgekehrt ist Carruthers vorerst nicht wie behauptet
der Mann für alle Fälle. Diese Ungereimtheiten hängen mit Amblers Versuch zusammen, die Konstruktion im Schwebezustand
zu halten. Er wiederholt jene Szene, in der Barstow das Bewußtsein verlor, diesmal für Carruthers, der sich über die eigene Identität unklar wird:

> Das Blut hämmerte in seinem Kopf. Wo war er? Was tat er eigentlich
> hier? Wer war er überhaupt? Er fühlte, wie er ausglitt und kopfvoran
> ins Bodenlose fiel. Der Lärm in seinem Kopf wurde lauter und lauter,
> und während er immer weiter fiel, kam ein Nebel auf ihn zu, in dem
> er irgendwie bekannte Gestalten zu erkennen glaubte. Die Stimmen
> in seinem Kopf wurden zum Gebrüll, das ganz plötzlich zu einem
> Flüstern erstarb, und sein wiederkehrendes Bewußtsein vernahm nur
> noch das rhythmische Stampfen des Zuges. (Grenzbezirk, 77)

Noch einmal scheint Carruthers die Oberhand zu gewinnen.
Aber im weiteren Verlauf der Handlung beginnt die Konstruktion in allen Gelenken zu ächzen, und Ambler löst die Schwierigkeiten mit einem Gewaltstreich, indem er den zweiten Teil des
Buchs von einer dritten Person erzählen läßt: Dem amerikani-

schen Journalisten Bill Casey, der in Ixanien politischen Stories
auf der Spur ist und den Carruthers im Zug getroffen hat. Ein
Amerikaner als Erzähler gibt Ambler zudem die Gelegenheit, ein
paar Späße auf Kosten seiner englischen Landsleute zu machen.
In seinem Erstling kann man Ambler zuweilen bei der allmählichen Verfertigung der Ideen beim Schreiben zusehen. So erlaubt
er sich während der Sapper/Buchan-Parodie einen Privatwitz:
»Wenn er [der Romanheld Carruthers] so nahe bei einem Menschen stand, daß er sehen konnte, wie nahe dessen Augen beiein-
anderstanden, so las er in diesem Menschen wie in einem offenen
Buch. (Bei dieser Stelle fragte sich der Professor, ob die Form des
Stirnbeins etwa vom Sittlichkeitsgefühl abhing)« (Grenzbezirk,
43), schreibt er und persifliert damit das eigene jugendliche Interesse an einer kriminalistischen Physiognomik à la Lombroso.
Später überträgt er das beliebte Motiv von Verschlüsselungen auf
Depeschen von Casey an dessen Zeitung und parodiert dabei mit
der von Casey benützten Terminologie von Vogelbeobachtungen
direkt Szenen aus Buchans *Mr. Standfast*, so wie seine betörende
ixanische Gräfin Buchans Hilde von Einem parodiert.

Der Kunstgriff mit einem Erzähler, der Carruthers/Barstow
von außen betrachtet, umgeht tatsächlich die Schwierigkeit, eine
gespaltene Existenz von innen darstellen zu müssen. Zudem verschafft er Carruthers/Barstow damit sozusagen eine objektive
Existenz. Diese wiederum verlangt nach einer plausiblen Erklärung. Casey, der von Carruthers als Hilfskraft bei der Entschär-
fung der weltbedrohenden Situation angeheuert wird, beschreibt
einen sichtbaren Übergang zwischen den beiden Persönlichkeiten von Professor und Geheimagent. Carruthers »antwortete
nicht sogleich. Als er es tat, hatte er sein professorales Gehabe
abgelegt und strahlte eine ungeheure Selbstsicherheit aus. Der
Wechsel beeindruckte mich.« (Grenzbezirk, 185) An anderer
Stelle aber äußert Casey Vorbehalte gegenüber Carruthers'
Selbstsicherheit, die ihm zuweilen hohl erscheint. Mehrfach

spricht er von dessen Unwirklichkeit, von einem »jugendlich-romantischen Zug« (Grenzbezirk, 247): »Ich traute meinen Ohren kaum. Wenn der Mann nicht neben mir gesessen wäre, hätte ich geschworen, den Hauptdarsteller eines drittrangigen Melodrams zu hören, der in einem ganz miesen Kitschstück den Engländer mimt.« (Grenzbezirk, 232) Das hat freilich Auswirkungen auf Caseys Verhalten: »Dieser Carruthers hatte eine Art, einen denken und handeln zu lassen, als sei man eine Figur aus einem Groschenroman.« (Grenzbezirk, 188)

Gleich zu Beginn seiner Aufzeichnungen versucht Casey eine tastende Würdigung von Carruthers:

> Seine Persönlichkeit war ein merkwürdiges Puzzle. Man hatte immer den Eindruck, als sehe man ihn durch ein Fernglas, das sich beliebig scharf oder unscharf einstellte. Im Alltagsleben tat er sich nicht hervor, zog er keine eigene Furche, und deshalb kann ich mich an sein diesbezügliches Verhalten kaum erinnern. Nur in kritischen Momenten profilierte er sich. Da war er großartig, trat mit einer Sicherheit auf, die mich überzeugte. (Grenzbezirk, 160)

Doch letztlich gehen diese Erklärungen erzählerisch nicht auf. In einem Epilog hat Ambler sie sozusagen wissenschaftlich abgesichert: »Solche Fälle von Persönlichkeitsspaltung kommen auch in Wirklichkeit vor. C. G. Jung beschreibt in den *Schriften über Analytische Psychologie* den Fall einer jungen Deutschen, die unter periodischer Amnesie litt. In dieser Zeit des Gedächtnisverlustes war sie eine ganz andere Persönlichkeit.« (Grenzbezirk, 330) Der Hinweis ist real genug. C. G. Jungs *Collected Papers on Analytical Psychology* erschien 1916 in erster, 1917 in erweiterter zweiter Auflage. Ambler lernte diese erste englische Sammlung prä-freudianischer, freudianischer und postfreudianischer Schriften von Jung nach eigenem Bekunden 1929 kennen.[16] Im ersten Beitrag des Bandes, der Übersetzung von Jungs Dissertation aus dem Jahr 1902, behandelt dieser ausführlich den Fall seiner 16jährigen deutschen Patientin S. M. Von durchschnittlicher Intelligenz, fällt sie in somnambule Zustände und spricht dann, wie die von Ambler als Beleg angeführte »junge Deutsche«, in einer fremden Sprache. Jung weist allerdings im Gegensatz zu Ambler darauf hin, daß ihre Aussagen zwar italienische und französische Wörter enthielten, als Ganzes aber nicht verständlich gewesen seien.[17] Ambler hat denn auch die Erklärung aus dem Epilog in seiner Autobiographie als »eindeutigen Schwindel« (Ambler, 219) bezeichnet.

Weder als Veranschaulichung einer psychologischen These noch als Parodie überzeugt die Figur Carruthers. Aber sie treibt doch die Handlung des Romans voran und rückt diese näher an gegenwärtige Probleme heran. Denn darin besteht die zweite, gewichtigere Neuerung, die Ambler – neben der Parodie bisheriger Thriller und wissenschaftlicher Fallstudien – in den Spionageroman einführte. *Der dunkle Grenzbezirk* beschreibt die Erfindung einer Atombombe, drei Jahre vor der ersten wirklichen Atomspaltung in einem deutschen Labor. In einem 1972 verfaßten Vorwort zu einer Neuauflage schrieb Ambler, er erhebe »keinen Anspruch auf besondere Voraussicht. Dank etwas wissenschaftlicher Bildung und durch Fachzeitschriften hatte ich von den früheren Arbeiten von Rutherford, Cockcroft und Chadwick erfahren und einige von deren Implikationen verstanden.« (Grenzbezirk, 7) Das ist allzu bescheiden. Amblers prognostische Phantasie ist durchaus eindrücklich. Allerdings hat ihre Präzision Grenzen. Er selber hat später kritisiert, er habe den Herstellungsprozeß der Atombombe unterschätzt und diesen in einem kleinen Labor eines rückständigen Landes für möglich gehalten. Aber damit eilte er nur der technischen Entwicklung ein paar weitere Jahrzehnte voraus. Eine andere Auslassung ist hingegen grundsätzlicher Natur. Die in Ixanien entwickelte Atombombe wird nur als massive Verstärkung herkömmlicher Bomben gesehen, Radioaktivität spielt keine Rolle. Entsprechend wird der Einsatz der Bombe durch Ixanien als ›sauberer‹ Krieg gedacht, der auf seiten der Aggressoren keinerlei Vorsichtsmaßnahmen verlangt und keine Opfer fordert. Trotzdem: Ambler darf sich zugute halten, einer der ersten Atombombengegner gewesen zu sein.

Noch bemerkenswerter ist sein Augenmerk für soziale Fragen. Der Kampf um das Geheimnis der Atombombe mündet in Ixanien in einen Kampf gegen die Oligarchie. Carruthers und Casey verbünden sich mit der oppositionellen Jungbauernbewegung, die den Sturz der Regierung betreibt. Plötzlich sind die herkömmlichen Koordinaten des Thrillers um hundertachtzig Grad verkehrt. Es geht nicht um die Wahrung eines Rüstungsvorsprungs, sondern um die Vernichtung einer technischen Innovation; und der Held kämpft nicht zum Schutz einer Gesellschaft, sondern für deren Umwälzung.[18] Dabei kondensiert Ambler die soziale Lage auf den einfachen Gegensatz von Arm und Reich. Auch wirkt die Revolution mehr wie ein Staatsstreich und trägt komödiantische Züge. Dennoch ist die Schilderung überraschend aufschlußreich. Ambler sieht die Wichtigkeit der neuen Mittelschichten für das neue Regime, unterstreicht die Bedeutung von Imagepflege und Medien und betont die Notwendigkeit, neue Exportgüter zu schaffen; damit deutet er Probleme einer nachrevolutionären Situation an, mit denen er sich in Büchern der späten 1950er und frühen 1960er Jahren ausführlicher beschäftigen sollte.

Literarische Mentorin

Amblers Erstling, der Freundin Betty Dyson gewidmet, wurde vom Verlag Hodder & Stoughton veröffentlicht. 1868 aus einer noch älteren Druckerei hervorgegangen, lag dessen Schwergewicht bei Sachbüchern, religiösen und geschichtlichen Werken sowie Reisebeschreibungen. Seit 1910 veröffentlichte er auch Kriminalromane und Thriller, darunter schon bald Werke von Oppenheim, Sapper und Buchan. In den 1920er Jahren erwarb sich Hodder & Stoughton mit den Yellow Jacket Books, Hardcover in etwas kleinerem als dem üblichen Format, eine dominierende Stellung im Bereich der Unterhaltungsliteratur und brachte in dieser Reihe regelmäßig Romane von Buchan, Sapper, Edgar Wallace und A. E. W. Mason. Doch die Rezession nach 1929 traf gerade die Leihbüchereien und die mittelständische Kundschaft, so daß Hodder & Stoughton trotz neuer Erfolgsautoren wie Leslie Charteris oder Georgette Heyer in eine ernsthafte Krise geriet.[19] Da Edgar Wallace und Sapper 1932 beziehungsweise 1937 starben und Buchan im selben Jahr seine schriftstellerische Tätigkeit aufgab, war der bei Hodder neu für Belletristik zuständige John Attenborough dringend auf junge Autoren angewiesen.[20] So kam es, daß Amblers Erstling gerade in jenem Verlag erschien, dessen Autoren er persiflierte. Die Schriftstellerin Eileen Bigland (1898–1970), damals bei Hodder & Stoughton als Lektorin tätig, wurde Amblers erste literarische Mentorin.

Bigland, mit bürgerlichem Namen Anne Carstairs, war in eine halb schottische, halb russische Familie in Edinburgh geboren.[21] In einer renommierten Schule erzogen, begann sie Ballettstudien, wurde aber in Paris von der großen Isadora Duncan höchstpersönlich davon abgebracht. Sie heiratete früh und bekam sehr jung Kinder; sie war jedoch eine unkonventionelle Frau, und der Ehemann scheint in ihrem Leben keine große Rolle gespielt zu haben. Nach ausgedehnten Reisen durch Europa mußte Bigland bald selber Geld verdienen und verdingte sich als Werbeakquisiteurin für verschiedene Zeitschriften. In autobiographischen Aufzeichnungen hat sie das Milieu amüsant beschrieben. 1930 begann Bigland, als gelegentliche Gutachterin von Manuskripten für die Literaturagentur Curtis Brown zu arbeiten, und wurde wenig später als regelmäßige Gutachterin vom Verlag Hodder &

Stoughton angestellt. Ein erster eigener Roman, *Gingerbread House*, erschien 1931; weitere folgten, die von ihr selber als eher triviale Schmöker abgewertet wurden. 1936 reiste sie in die Sowjetunion, Ende 1936 erlebte sie den Einmarsch General Francos in San Sebastian. Ihr 1937 veröffentlichter russischer Reisebericht *Laughing Odyssee* versuchte, ein positives Bild der russischen Bevölkerung in einer Zeit sozialer Umbrüche zu zeichnen, und sie bemühte sich auch in der Folge um eine russisch-englische Verständigung. Zugleich setzte sie ihre Reisen in Spannungsgebiete der Welt fort und publizierte in den folgenden Jahren Reiseberichte über Zentralafrika und China. Während des Kriegs diente sie im Informationsministerium und hielt Vorträge über die Kriegsverbündeten der Alliierten, die Sowjetunion und China. Nach dem Krieg verfaßte sie weitere Reisebücher, unter anderem über Ägypten sowie einen weiteren Besuch in der Sowjetunion[12], und spezialisierte sich dann auf populärwissenschaftliche Biographien.

Ambler muß sie im Sommer 1935 kennengelernt haben. In seiner Autobiographie hat er bekannt, daß Bigland seinen Erstling gelesen habe und sie es gewesen sei, »die auf die zahlreichen Mängel sehr präzise hingewiesen hatte« (Ambler, 222). Insbesondere habe sie seinen Anspruch, »etwas ganz anderes« schreiben zu wollen, zerpflückt:

> Du hast auch etwas ganz anderes geschrieben, aber du hast gepfuscht. Du hast mit einer klaren Absicht angefangen. Schön. Du hast gesagt, was du vorhast. Dann auf einmal überlegst du dir's anders. Aber du hast dem Leser nicht gesagt, daß du's dir anders überlegt hast. Er mußte es selbst herausfinden. So was kannst du nicht machen. (Ambler, 222)

Laut Ambler berücksichtigte er ihre Kritik dann für den zweiten Roman. Eileen Bigland ihrerseits hat die Zusammenarbeit in der Sache identisch, aber zeitlich vorverschoben dargestellt. Ihre

Schilderung, 1946 im autobiographischen Buch *Awakening to Danger* erschienen, ist wohl, jenseits von einzelnen Buchbesprechungen, die erste öffentliche Würdigung des Schriftstellers Eric Ambler. Bigland zufolge überarbeitete Ambler nach einer gemeinsamen Besprechung bereits das erste Manuskript wesentlich:

Nachdem ich mich wieder einmal durch einen Stapel besonders öder Manuskripte hindurchgequält hatte, öffnete ich einen Thriller. Er begann mit einer langatmigen Beschreibung der erstaunlichen wissenschaftlichen Entdeckungen eines alten Professors und entwickelte sich zu einer auf dem Balkan angesiedelten Spionagegeschichte, die drei Seiten darauf verschwendete, was man in zwei Abschnitten hätte sagen können. Aber das Buch war lebendig geschrieben, so lebendig, daß ich es gleich ein zweites Mal las und triumphierend ins Büro mitnahm.

Die Abteilungsleiter teilten meinen Enthusiasmus. »Ja«, sagten sie, »ganz toll, aber es muß gekürzt werden. Sie treffen sich besser mal mit dem Autor.«

Normalerweise wurden Autoren im Büro empfangen. Ich nahm das Risiko auf mich und lud ihn zum Abendessen zu uns nach Hause ein. Er erschien an einem sehr heißen Abend und platzte in ein Chaos, das einen kleineren Geist entmutigt hätte: Unser Kindermädchen hatte eine Stunde zuvor fristlos gekündigt, ich badete gerade das Baby, während die älteren Kinder vergeblich versuchten, in der Küche den Abfluß zu entstopfen. Er war jung, hochgewachsen und hieß Eric Ambler, er zuckte nicht mit der Wimper, sondern zog kommentarlos seinen Mantel aus und krempelte die Hemdsärmel hoch.

»Sie baden das Kleine fertig, und ich kümmere mich um den Ausguß«, erklärte er.

Er lächelte, und ich lächelte zurück. Wir waren Freunde geworden.

Nachher redeten wir miteinander. »Sie haben ein gutes Buch geschrieben.«

Er grinste. »Ich hab nicht gedacht, daß Sie das sagen würden. Ich habe auf der Bühne gestanden und mich in verschiedenen Jobs versucht. Jetzt arbeite ich für eine Werbeagentur, aber das da ist mein erster Schreibversuch.«

Ich sagte zögernd: »Aber Ihr Buch steckt voller Fehler.«

Er grinste erneut. »Ausgezeichnet. Sagen Sie mir, wo und wie und warum.«

Ich sagte es ihm – deutlicher als ich es je einem anderen Autor gegenüber gewagt hatte. Gemeinsam ackerten wir das Manuskript Seite für Seite durch, bis uns die Augen schmerzten. Schließlich gab ich es ihm zurück. »Also, so steht es – nun reißen Sie mich in Stücke, wenn Sie wollen. Ihr Problem ist, Sie drehen mit den Worten Pirouetten, statt gerade herauszusagen, was Sie sagen wollen. Wenn ich Sie wäre, würde ich dieses Buch für eine Weile zur Seite legen und in einer öffentlichen Bibliothek Werke von Autoren lesen, die ganz ökonomisch mit den Worten umgehen. Ich meine überhaupt nicht, daß Sie die nachahmen sollen – um Himmels willen, behalten Sie Ihre Eigenständigkeit, aber nehmen Sie sich ein Beispiel an deren knappem Stil.«

»In Ordnung«, sagte er und packte sich das Manuskript unter den Arm. »Ich ruf Sie an, wenn es fertig ist.«

Zwei Monate lang hörte ich nichts von ihm und verwünschte schon mein vorwitziges Mundwerk, mit dem ich den armen Mann offenbar so verschreckt hatte, daß er sein Buch im Küchenofen verfeuert hatte.

Dann erschien Eric erneut. Er wirkte abgemagert und ziemlich mitgenommen, denn er hatte seine ganze Freizeit damit zugebracht, jene Bücher zu studieren, die ich ihm angegeben hatte, und in den Nächten hatte er auf der Schreibmaschine eine überarbeitete Fassung seines eigenen Buchs geschrieben. »Es ist jetzt besser«, sagte er lakonisch. »Vielen Dank.«

Ich starrte ihn mit offenem Mund an. Man stelle sich vor, jemandem zu danken, der einen so durch die Mangel gedreht hat!

Während ich das Manuskript las, wuchs meine Bewunderung für ihn, denn er hatte mich beim Wort genommen und seinen Roman gestrafft, so daß die Geschichte sich nun zügig las, die Spannung aufrechterhalten blieb und der Dialog einen unmittelbar packte.

Seither läuft bei Eric alles bestens. Jedesmal, wenn ich eines seiner Bücher öffne, strahle ich stellvertretend voller Stolz. (Bigland 1946, 56 – 58)

Biglands Bericht, kaum zehn Jahre nach dem Treffen geschrieben, klingt glaubwürdig; andererseits trifft die von Ambler überlieferte Kritik Biglands an der strukturellen Anlage des Erstlings auch für die veröffentlichte Fassung zu. Wahrscheinlich hat Bigland Ambler beim ersten und beim zweiten Buch beraten, und die Darstellung von ihr beziehungsweise von Ambler haben das den jeweiligen narrativen Interessen entsprechend zugespitzt. Unzweifelhaft ist allerdings der qualitative Sprung in Amblers Werk zwischen dem ersten und dem zweiten Buch erfolgt.

Einer der Autoren, der ganz oben auf Biglands Liste gestanden hatte, war W. Somerset Maugham, insbesondere dessen 1928 erschienener Erzählband *Ashenden (Ashenden oder Der britische Geheimagent)*. *Ashenden* ist das erste Werk, das nicht den Gentleman als Hobbyspion, sondern das professionelle Spionagegeschäft vorführt. Und es ist zugleich das erste Buch, das dieses Geschäft skeptisch betrachtet. Weitgehend beruht es auf eigenen nachrichtendienstlichen Erfahrungen Maughams während des Ersten Weltkriegs, zuerst 1915/16 in der Schweiz und dann im Sommer 1917 in Rußland.[23] In der Schweiz sammelte Maugham Informationen, die Großbritannien nützlich erscheinen mochten, und betreute Agenten, ohne für spektakuläre Unternehmungen verantwortlich zu sein. Anders in Rußland, wo er die bürgerliche Kerenski-Regierung stabilisieren sollte, damit Rußland, entgegen der pazifistischen Propaganda der Bolschewiki, den Krieg gegen Deutschland weiterführte; zudem versuchte er, Projekte für antideutsche Armeen in verschiedenen Ländern in Mittel- und Nordeuropa voranzutreiben. In autobiographischen Aufzeichnungen maß Maugham seiner Tätigkeit in Rußland durchaus Bedeutung zu und behauptete sogar, wenn er sechs Monate früher losgeschickt worden wäre, hätte er womöglich die bolschewistische Revolution verhindern können. Seine *Ashenden*-Geschichten kommen der Wahrheit näher. Ashenden, der als Geheimagent angeworbene Schriftsteller, tritt seine Aufgabe mit ironischer Distanz an. Was sich als glamouröses und gefährliches Geschäft gibt, ist meist nur Routine:

[…] für kleine Fische wie ihn war das Dasein eines Geheimagenten bei weitem nicht so abenteuerlich, wie der Normalbürger sich das vorstellte. Ashendens Dienst war im allgemeinen so gleichförmig wie der eines städtischen Angestellten. Er traf sich in regelmäßigen Zeitabständen mit seinen Spitzeln und zahlte ihnen die vereinbarte Vergütung; wenn er einen geeigneten neuen Mann fand, engagierte er ihn, gab ihm seine Anweisungen und schickte ihn nach Deutschland; dann wartete er die Informationen ab und gab sie weiter; er selbst fuhr einmal wöchentlich nach Frankreich zwecks Besprechung mit dem Kollegen jenseits der Grenze, von dem er dann auch direkte Befehle aus London empfing; an Markttagen holte er sich die Botschaften, die seine alte Butterverkäuferin vom anderen Seeufer mitbrachte; im übrigen hielt er Augen und Ohren offen und schrieb lange Berichte, die seiner Überzeugung nach kein Mensch las, bis er sich einmal einen unbeabsichtigten Spaß leistete und sofort einen scharfen Verweis wegen seiner Nachlässigkeit erhielt. Seine Arbeit war also wohl tatsächlich notwendig, was ihn nicht hinderte, sie monoton zu finden. (Ashenden, 88 f.).

Die meisten der sieben Erzählungen kreisen denn auch eher um Charaktere als um Geheimdienstfälle, bauen Erwartungen auf, die sich nicht erfüllen, oder enden in einem Mißerfolg. Selbst in den angespannten Tagen in Rußland ist Ashenden ein »kleines Zahnrad in einer riesigen und komplizierten Maschine« (Ashenden, 11), die mit nicht immer ganz einsichtigem Zweck vor sich hin läuft. So beschreibt er seine Tätigkeit im Herbst 1917 in atemloser Hektik:

Ashenden trank jeden Abend im Europa-Hotel eine Tasse Kakao mit Professor Z. und besprach mit ihm, wie seine vielen tschechischen Anhänger am besten einzusetzen wären. In Anastasias abgelegener Wohnung traf er sich mit allen möglichen anderen Personen. Pläne wurden entworfen, Maßnahmen getroffen. Ashenden argumentierte, überredete, versprach das Blaue vom Himmel herunter. Wankelmütigkeit bei den einen, stumpfer Fatalismus bei den anderen mußten überwunden werden. Ashenden mußte rasch beurteilen können, wer resolut bei der Sache und wer nur selbstgefällig war, wer es ehrlich meinte und wer ziellos dahintrieb. Er mußte seine Ungeduld mit der russischen Weitschweifigkeit zügeln, er mußte Haltung bewahren, wenn Leute stundenlang von allem Möglichen schwätzten, statt zur Sache zu kommen; er mußte schwülstiges Gerede und hohle Prahlereien mit verständnisvoller Miene über sich ergehen lassen. Er mußte sich vor Verrätern in acht nehmen. Er mußte eitlen Laffen zum Munde reden und der Ruhmsucht allzu Ehrgeiziger ausweichen. (Ashenden, 246 f.)

Doch all diese hochfliegenden Aktivitäten und weitreichenden Pläne werden durch den Putsch der Bolschewisten weggeblasen wie Hirngespinste. Ashenden erkennt seine Nutzlosigkeit: »Ich habe hier auch nichts mehr zu tun. Ich warte lediglich meine Instruktionen ab, und dann gehe ich ebenfalls.« (Ashenden, 249)

Zuweilen aber führt die »Maschine« auch zu nicht immer ganz lauteren Resultaten. Als Ashenden aufgefordert wird, die Sabotage einer österreichischen Munitionsfabrik anzuordnen, wobei unschuldige Menschen zu Schaden kommen, reflektiert er:

Aber mit solchen Sachen machten sich natürlich die großen Herren nicht gern die Finger schmutzig. Sie waren zwar emsig auf die Vorteile bedacht, die die Tätigkeit obskurer Agenten, von denen sie nie etws gehört hatten, ihnen verschaffte, schlossen aber beide Augen vor dem unsauberen Drum und Dran, legten die solchermaßen reingebliebenen Hände mit großer Geste aufs Herz und gratulierten sich, daß sie persönlich nie etwas getan hätten, was mit ihrer Ehre und Menschenwürde unvereinbar war. (Ashenden, 206)

Ambler hat später zustimmend das Urteil eines Rezensenten zitiert, demzufolge sein eigenes frühes Werk stark durch das Ashenden-Ethos beeinflußt gewesen sei, doch das »Verdienst des Durchbruchs« (Spionagegeschichten, 25) zu einem realistischen Spionageroman gehöre allein Maugham. Tatsächlich war Amblers Erstling anerkennend besprochen worden. Er verriet Originalität und Begabung ebenso wie offensichtliche Schwächen. Jetzt, durch *Ashenden* angeregt, versuchte er sich in seinem zweiten Roman, *Uncommon Danger (Ungewöhnliche Gefahr)*, an einer ernsthaften Erneuerung des Genres.

Brennpunkt Spanien

Den politischen Hintergrund hat er prägnant beschrieben:

> Es war 1936, das Jahr, in dem Italien über Abessinien hergefallen war, der Spanische Bürgerkrieg ausgebrochen war und Hitler den Einmarsch ins Rheinland befohlen hatte. Es war ein Jahr mit noch mehr Flüchtlingen und Scheinehen, die eingegangen wurden, um an einen Paß zu kommen. Es war auch das Jahr, in dem die Ohnmacht des Völkerbunds nunmehr zweifelsfrei feststand. (Ambler, 223)

Das Zitat charakterisiert drei Bereiche politischer Erfahrungen: der Kampf gegen den Faschismus und die Hoffnung, die Spanien verkörperte, das persönliche Elend der Flüchtlinge, und den Verlust des Vertrauens in überstaatliche Friedensmechanismen. Insbesondere der Putsch von General Franco im Juli 1936 gegen die republikanische Regierung in Spanien war weltweit zum Brennpunkt für eine ganze Generation geworden. Politik wurde unabweisbar, auch die Frage politischen Engagements. Es hat im 20. Jahrhundert kein Ereignis gegeben, das so symptomatisch verstanden wurde. Der britische Dichter Stephen Spender, der auf republikanischer Seite als Krankenwagenfahrer im Einsatz war, hat die Bedeutung wie folgt beschrieben:

> Binnen weniger Wochen war Spanien das Symbol der Hoffnung für alle Antifaschisten geworden. Es bot dem 20. Jahrhundert ein 1848 an: das heißt, die Zeit und den Ort, wo eine Sache, die einen größeren Grad an Freiheit und Gerechtigkeit als eine entgegengesetzte reaktionäre verkörperte, Siege errang. Es wurde möglich, den Kampf zwischen Faschisten und Antifaschisten als einen wirklichen Konflikt zwischen Ideen zu sehen und nicht bloß als Siege von Diktatoren, die

schwachen Gegnern die Macht entreißen. Aus einer jämmerlichen Katastrophe verwandelte Spanien das Schicksal der Antifaschisten zur höchsten Tragödie. (Spender 1991, 187)

Ambler geriet durch den Spanischen Bürgerkrieg in einen tiefen Zwiespalt: »Jahrelang habe ich den Spanischen Bürgerkrieg in mir ausgefochten – ich habe mich schuldig gefühlt, weil ich mich nicht den Internationalen Brigaden anschloß. Ich hatte keine wirkliche Lust darauf, aber eigentlich hätte ich trotzdem hinsollen.« (Whitley 1997, 45) Ähnlich widersprüchlich war sein Verhältnis zur Kommunistischen Partei.[24] Er gab immer freimütig zu, in diesen Jahren ein sympathisierender Mitläufer gewesen zu sein, wenn er auch einschränkte, nur einmal an einer offiziellen Versammlung der Kommunisten teilgenommen zu haben. Es handelte sich um ein Meeting zur Unterstützung der spanischen Republik, das im Sommer 1937 abgehalten wurde, nachdem die Auseinandersetzungen im republikanischen Lager zwischen Kommunisten und Trotzkisten auch zu Spannungen in der britischen Solidaritätsbewegung führten. Von Stephen Spender geleitet, arteten die Debatten für Ambler in »reinstes Kauderwelsch« aus. »Der glasige Blick, mit dem Spender die Versammlung beendete, brachte mich zu der Vermutung, daß auch er den Abend ein wenig anstrengend gefunden haben mochte. Ich kann mir nicht vorstellen, daß irgendwelche Zweifel zerstreut wurden.« (Ambler, 225) Diese distanzierte Wahrnehmung ging mit grundsätzlicheren Vorbehalten einher:

Ich bin niemals DER PARTEI beigetreten, weil ich mich nicht sonderlich für politische Parteien erwärmen kann. Sie beunruhigen mich alle. Ich war mal ein getreuer Wähler. Ich hab gedacht, ich sollte zu politischen Meetings gehen, und wußte nicht, welche ich abstoßender finden sollte – die rechten oder die linken. Es war erschreckend. Ich hab in diesem Jahr überhaupt nicht gewählt. Hab mich nicht dazu bringen können, aber theoretisch war ich wohl ein Sozialist. Auf jeden Fall war ich si-

cher ein Antifaschist, aber das war ja leicht. Jedermann kann ein Antifaschist sein. Für etwas zu sein, das ist schwierig. [...] Ich war sehr
stark gegen Mosley [britischer Faschistenführer], doch ich hab mich
ebenfalls aufgeregt, wenn ich zu kommunistischen Veranstaltungen
ging. Der Jargon und die Phrasen waren anders, aber es waren eben
auch Phrasen. Und die dialektische Geschichtsauffassung konnte ich
nur schwer schlucken, weil ich Geschichte nicht so verstanden habe.
Das mag zwar arrogant klingen, daß ich dachte, ich wüßte es besser als
Marx und Engels, aber das ist doch eine Frage des gesunden Men-
schenverstands. Marx und Engels haben ernsthaft und ausschließlich
über das England des 19. Jahrhunderts geschrieben, aber warum diese
Ansichten auf das technologische 20. Jahrhundert übertragen werden
sollten, ist mir immer noch ein Rätsel. (Hopkins 1975, 287)

In seiner Autobiographie schreibt Ambler, den einzigen überzeugenden kommunistischen Redner habe er im Hyde Park gehört.
Doch nimmt er dieses Lob wieder zurück, nachdem er den Redner und einen weiteren Zuhörer ins Café begleitet und sich der
dritte Mann als professioneller Einbrecher zu erkennen gegeben
hat. Der Kommunist kann das nur als Provokation der Geheimpolizei verstehen, während Ambler eine geheime Sympathie für
den »ehrenwerten Einbrecher« (Ambler, 228) entdeckt. Von ferne
klingt ein Echo an Amblers eigene ungebärdige Jugend und seine
Behauptung an, Autos gestohlen zu haben; wieder einmal scheint
die Boheme näherzuliegen als die organisierte Arbeiterklasse.

Es gibt in dieser Zeit eine Unverbindlichkeit von Amblers Le-
bensumständen, ein Provisorium, das den politischen Zuständen
entsprach. Zwar hatte er beruflich Karriere gemacht. Kollege
Alan Harvey hatte ihn gebeten, als Produktionschef in seine
Firma einzutreten, und als diese mit einer Agentur in Birmingham fusionierte, wurde Ambler im Oktober 1937 zum Vorstandsmitglied und Leiter der zusammengelegten Textabteilun-
gen ernannt.[25] Er verzichtete jedoch darauf, den sozialen Aufstieg
mit einem Umzug in eine angemessene Wohnung zu dokumentieren. Die Entscheidung, das Zimmer am Moreton Place beizu-

behalten, das seine Mutter »immer verachtet hatte« (Ambler, 234), schien, ähnlich wie beim Zeitgenossen George Orwell, einer milden Selbstkasteiung zu entspringen, dem Wunsch, der mittelständischen Herkunft und der Behaglichkeit der beruflichen Situation den Anschein des Bohemehaften abzutrotzen. Orwell steigerte diese Selbstkasteiung mit seinen Ausflügen als Tramp ins Londoner East End zum soziologisch-literarischen Experiment. Bei Ambler war es umgekehrt: Er nahm an literarischen Soireen und Debütantinnenbällen teil. Während sich Orwell vor seinen Exkursionen in der Wohnung einer Freundin als Tramp ausstaffierte, liest sich Amblers Beschreibung seiner Ausflüge zu den oberen Schichten wie eine ironische Fußnote dazu:

> Zu den Debütantinnenbällen ging ich nur, weil sie einen Vorwand für Wohlleben boten. Hätte ich mich zu Hause umgezogen, dann hätten meine Nachbarn bissige Bemerkungen gemacht oder mich beschuldigt, einem Kellner den Job wegzunehmen. Also packte ich einen Koffer, ließ mir bei Austin Reed einen Umkleideraum reservieren und nahm, bevor ich mich umzog, ein richtiges warmes Bad. (Ambler, 224)

Das Buch, das er während dieser Zeit schrieb, war vom Nobel-Kleidergeschäft Austin Reed weit entfernt.

Ungewöhnliche Gefahr

Gleich zu Beginn des zweiten Romans, *Ungewöhnliche Gefahr*, verdeutlichte Ambler die Politisierung seiner Absichten. Ein fingiertes Motto aus einer Wirtschaftszeitung weist auf die kommende Bedeutung weltweiter Auseinandersetzungen um Rohstoffe und insbesondere Erdöl hin; und im Vorspann versammelt sich in der City of London der Aufsichtsrat eines multinationalen Ölkonzerns. Der Vorstand berät die Erneuerung einer Bohrkonzession in Rumänien, gegen die im Innern opponiert wird.

Um sie zu überwinden, soll ein Spezialist eingestellt werden, der am besten »als Propagandist« (Gefahr, 18) bezeichnet werden könnte. In den ersten beiden Kapiteln werden die weiteren Protagonisten der Handlung eingeführt. Da ist zuerst der englische Journalist Desmond Kenton, der als freiberuflicher Korrespondent in Mitteleuropa arbeitet und im Zug von Nürnberg nach Linz einem sich als deutscher Jude ausgebenden Mitpassagier hilft, Dokumente aus Deutschland zu schmuggeln. Im zweiten Kapitel wird dann Andreas Zaleshoff, »inoffizieller Repräsentant der UDSSR in der Schweiz« (Gefahr, 35) samt Schwester Tamara vorgestellt. Die beiden Parteien, der Ölkonzern und die Sowjetunion, werden in der Folge aneinandergeraten, mit dem vermeintlich neutralen Engländer in der Mitte.

Ungewöhnliche Gefahr gleicht in seinem Aufbau in manchem Buchans *Die neununddreißig Stufen*[26], als habe sich Ambler wiederum in gezielter Abstoßung an der Erneuerung des Genres versucht. Einem Unbeteiligten werden von einem Zufallsbekannten geheime Dokumente anvertraut; wenig später ist der Mann ermordet, der unschuldige Unbeteiligte findet sich unter Mordverdacht und ergreift, von Polizei und von gedungenen Mördern gehetzt, die Flucht. Doch Ambler kehrt die Motive um hundertachtzig Grad um – nicht nur politisch. Bei Buchan sucht sich der Verfolgte mit Richard Hannay den geeigneten Mann aus, der über Geheimdiensterfahrung verfügt und den Fall als sportliche Herausforderung begreift. Amblers Kenton hingegen läßt sich auf das Schmuggeln der Dokumente nur ein, weil er beim Pokern all sein Geld verloren hat und auf die versprochene Entlöhnung angewiesen ist; zudem entpuppt sich die vermeintliche Hilfeleistung für einen verfolgten Menschen als etwas ganz anderes, nämlich als Beihilfe zum Schmuggeln gestohlener sowjetischer Verteidigungspläne.

Die »ungewöhnliche Gefahr«, die sich in der Folge enthüllt, war für einen damaligen Thriller tatsächlich ungewöhnlich: die

Zusammenarbeit der Großindustrie mit faschistischen Regimes. Schon im Vorspann ist dabei die Perspektive aufs Big Business kritisch. Der Vorsitzende des Ölkonzerns, Joseph Balterghen, wird als ebenso häßlich wie ruchlos charakterisiert. Die erhofften Ölgeschäfte sollen mit Mussolinis Italien abgeschlossen werden, das gerade eben vom Völkerbund wegen des Einmarschs in Abessinien verurteilt wurde. Selbst Balterghens Chauffeur und Sekretär wahren zynische Distanz zu ihrem Chef. Gleichzeitig gilt er aber in Finanzkreisen als »überaus solide« (Gefahr, 9), und ein englischer Lord im Aufsichtsrat seiner Firma dient ihm als politisches Feigenblatt.

Umgekehrt sind die Geschwister Zaleshoff vermutlich die ersten positiv dargestellten Sowjetagenten der britischen Literaturgeschichte. Allerdings sind sie nicht vollkommen in Weiß gezeichnet. Zu Beginn versucht Zaleshoff Kenton davon zu überzeugen, ihm die Dokumente auszuhändigen, und tischt ihm eine Geschichte auf, der zufolge diese der sowjetischen Regierung von trotzkistischen Agenten gestohlen wurden. In einem kleinen politischen Tour d'horizon rechtfertigt Zaleshoff die Moskauer Schauprozesse, orakelt dunkel, Trotzki hätte eher den Tod als nur das Exil verdient, und meint, die sowjetkritische »Horde machttrunkener Fanatiker« und »Giftschlangen« (Gefahr, 145) würde durch die Loyalität des sowjetischen Volkes zu seinem Regime vernichtet. Doch diese stalinistische Propaganda wird mehrfach lächerlich gemacht. Kenton, linker Sympathien durchaus nicht unverdächtig, weist sie als »bodenlosen Quatsch« (Gefahr, 146) zurück; Tamara wirft ihrem Bruder vor, die Sache vermasselt zu haben, weil er den Engländer wie einen Idioten behandelt habe; und die Geschichte über die Geheimdokumente stellt sich bald als Unsinn heraus. Damit ist die Frage abgetan; denn die Zaleshoffs werden zu Bundesgenossen gegen die faschistische Kriegsgefahr, ohne daß die sowjetische Politik weiter diskutiert werden müßte.

Im Zentrum steht allerdings die Entwicklung von Kentons Position. Der weiß von Beginn an, daß das Big Business die Politik bestimmt:

> Kenton hatte die Beobachtung gemacht, daß man sich kaum mit Außenpolitik beschäftigen konnte, ohne erkennen zu müssen, daß das Auf und Ab der internationalen Beziehungen nur sehr wenig mit politischen Ideologien zu tun hatte. Das Schicksal der Nationen wurde vom Big Business bestimmt, nicht von den Ratschlüssen weiser Staatsmänner. Die Außenminister der großen Mächte mochten die politische Linie ihrer Regierungen zum Ausdruck bringen, doch es waren die führenden Wirtschaftsbosse, die Bankiers, die Rüstungsfabrikanten, die Ölgesellschaften, die das Gesicht dieser Politik prägten. Das Big Business stellte die Fragen, die in seinem Interesse lagen, und lieferte die Antworten gleich mit. (Gefahr, 108 f.)

Freilich hat Kenton daraus bislang nur die Konsequenz englischer Nichteinmischung gezogen. »Seine Rolle war schon immer die eines Zuschauers gewesen, und so sollte es auch bleiben.« (Gefahr, 110) Aber dieser Vorsatz verflüchtigt sich, als er von den Schergen Saridzas, des »Propagandisten« im Dienst des Ölkonzerns, mit physischer Gewalt konfrontiert wird. »Das ganze Gebäude aus Unwillen, Zorn, Dickköpfigkeit und Trotz, das seine Vernunft eingerissen hatte, stand wieder da.« (Gefahr, 111) Mit dieser Mischung scheinen die sprichwörtlichen englischen Tugenden wiederhergestellt, die den patriotischen Spionageroman beherrscht hatten. Doch Ambler entkleidet sie von allem Heroismus. Starrköpfigkeit wird zum kleinsten gemeinsamen Nenner einer anständigen Haltung im Angesicht zunehmender Brutalität. Letztere zeigt Ambler unverhüllt, als klare Warnung vor der Faschisierung der Politik.[27]

Zaleshoff ist es vorbehalten, Kentons Haltung argumentativ zu untermauern. Nachdem sein erster Versuch, an Solidaritätsgefühle für den Sowjetstaat zu appellieren, jämmerlich gescheitert ist, liefert er eine schlüssigere Erklärung, warum ihm Kenton helfen sollte. Er schildert die rumänische Innenpolitik, die zwischen Neutralität und einem Bündnis mit Deutschland schwankt, wobei letzteres durch den Terror der sogenannten Eisernen Garde erzwungen werden soll. Aufgabe von Saridza sei es, mit der Veröffentlichung sowjetischer Verteidigungspläne im Streit ums benachbarte Bessarabien einen Zwischenfall zu provozieren, der die neutral gesinnte Regierung in Rumänien stürzen, ein deutschlandfreundliches Regime hervorbringen und zugleich die sozialistische Opposition gegen die erneuerte Ölkonzession ausschalten würde.

Kenton ist nur zur Hälfte überzeugt, wird aber einer moralischen Entscheidung enthoben, da er mittlerweile öffentlich wegen Mordverdachts gesucht wird. Gleichzeitig sind die geheimen sowjetischen Pläne Saridza in die Hände gefallen. Die enge Anbindung an die traditionelle Thrillerstruktur, die verlangt, daß die Hauptfigur sich aktiv in die Intrigen einmischt, stürzt Ambler an dieser Stelle in eine Motivationsnot. Zwar redet sich Kenton ein, er wolle Saridza nach- und diesem die Pläne wieder abjagen, um sie bei Zaleshoff gegen einen Beweis seiner eigenen Unschuld am Mord einzutauschen. Doch übersteigt dieser aberwitzige Entscheid das bisherige Figurenprofil.

Kenton beschließt, nach Prag zu entweichen, wo Saridza eine Kontaktperson treffen will. Die Flucht bietet Gelegenheit zu ein wenig Satire. Kenton reist per Bus an die österreichisch-tschechische Grenze und gerät dabei an einen englischen Handelsreisenden. Der hat ihn längst als gesuchten Mörder erkannt, hilft ihm aber widerwillig, »weil da noch eine Rechnung zu begleichen ist« (Gefahr, 195). Denn er hat auf dem Kontinent alle Greuel gesehen, »wenn die Volksseele kocht«:

Ich war 1925 im sonnigen Italien, als die Faschisten Jagd auf die Freimaurer gemacht haben. In Florenz. Nacht für Nacht Schießereien, Schlägereien und Schreie, bis einem schlecht wurde. Vierunddreißig war ich in Wien, als eine ganze Arbeitersiedlung mit Frauen und Kindern beschossen wurde. Die Männer, die sie anschließend aufknüpften, mußten zum Galgen getragen werden, weil sie wegen ihrer schweren Verletzungen nicht laufen konnten. Ich habe die Unruhen in Paris gesehen, bei denen die Bereitschaftspolizei in die Menge schoß und alle »Mort aux vaches!« brüllten. In Frankfurt habe ich gesehen, wie ein Mann von den Nazis totgetrampelt wurde. Nach dem ersten Tritt gab er keinen Laut mehr von sich. (Gefahr, 196)

Solche Grausamkeiten begreift der Handelsreisende aber nicht als Resultat sozialer Auseinandersetzungen, sondern als Ausdruck kontinentaleuropäischer Eigentümlichkeiten, und nach fünfzehnjähriger Arbeit in Ländern, die ihm letztlich fremd geblieben sind, steigert er sich in eine fremdenfeindliche Tirade, in der sich sozialkritische Einsichten mit geschäftlichem Konkurrenzneid und persönlichen Ressentiments mischen:

Alles nette Leute, nicht wahr? Munter und fröhlich, gescheit, denken viel logischer als wir. Gute Geschäftsleute obendrein. Ohne Schmiergeld läuft hier überhaupt nichts. Die Fabrikbesitzer behandeln die Arbeiter praktisch wie Schweine. Warum auch nicht? Es gibt immer irgendwelche armen Teufel, die so ausgehungert sind, daß sie zu allem bereit sind. Wer entlassen wird, erscheint auf einer Liste, die unter allen Fabrikbesitzern der Gegend zirkuliert. Reden Sie mal mit einem Büroangestellten hier. Die ganze Zeit hat er Angst, daß irgendein Kollege ihm den Arbeitsplatz wegschnappt. Das gefällt den Bossen. So verhindert man, daß die Leute höhere Löhne verlangen, und das bedeutet, daß sie immer mehr billige Massenware auf den Markt werfen können. Sie haben keine Berufsehre. Sie wissen nicht, was solides Handwerk ist. Es interessiert sie nicht. Sie wollen nur Geld verdienen. Warum auch nicht? Wollen wir ja alle. Aber sie liefern keine anständige Ware dafür. Sie denken nicht daran. Sie sind keine ehrlichen Geschäftsleute. Im Geschäftsleben wird ebensoviel betrogen wie in der Politik [...] Sie sprechen eine ganz andere Sprache als wir. Ich meine, natürlich sprechen sie Englisch, aber sie ticken anders. Sie sind wie Tiere (Gefahr, 196 f.)

So läßt der gesetzestreue Handelsvertreter den des Gesetzes-
bruchs Verdächtigen entkommen, in einer Starrköpfigkeit, die
Kentons eigene Haltung widerspiegelt.

Kenton gelangt im Wortsinn an die Grenze. Die politischen
Umwälzungen mit ihren vielen Gebietsverschiebungen machten
Grenzen zu einer drängenden Obsession der 1930er Jahre.[28] In
Amblers erstem Roman hatte der »dunkle Grenzbezirk« noch
genrebedingte Abenteuer verheißen und war zugleich als pseu-
dopsychologische Spekulation parodiert worden. Nun ist dieser
Grenzbezirk zur politischen Realität geworden. Kentons Abenteuer begann damit, daß er im Zug Dokumente über eine Grenze schmuggelte. Jetzt muß sich Kenton selber über eine Grenze
schmuggeln. Doch auch das scheint nichts Außergewöhnliches.
»Aus den Biographien von Männern wie Lenin und Trotzki, Ma-
saryk und Beneš, Mussolini und Béla Kun ging hervor, daß sie
und ihre Kampfgefährten, steckbrieflich gesucht und ohne einen
Paß in der Tasche, immer wieder illegal Grenzen überquert hatten.« (Gefahr, 201)

Kenton schafft den illegalen Grenzübertritt ebenfalls, wird
aber in Prag von Zaleshoffs Männern abgefangen. Dieser will mit
ihm eben jenes Geschäft abschließen, das Kenton vorhatte, allerdings zu anderen Bedingungen. Einen Augenblick lang verlaufen
ihre Interessen parallel. Sie planen einen Angriff auf Saridzas
Villa, werden aber von diesem überrascht und gefangengenommen. Kenton, der unerwartete Abenteuerlust entwickelt hat, wi-
dersteht jedem Bestechungsversuch: »Es ist nicht ganz leicht,
würdevoll auszusehen, wenn man zusammengeschnürt wie ein
dressiertes Huhn auf dem Boden liegt, aber irgendwie schaffte
Kenton es.« (Gefahr, 253) Zaleshoff und Kenton werden in einer
abgelegenen Fabrik in einen Vulkanisiertank gesteckt, können
sich aber daraus befreien, nehmen die Verfolgung von Saridza auf,
stellen ihn und bringen die Geheimdokumente nach einem
Schußwechsel in Sicherheit.

Wiederum gerät Ambler in diesen Passagen in ziemlich kon-
ventionelles Fahrwasser. Die Befreiung aus scheinbar hoffnungs-
loser Situation ist ein klassischer Topos der Abenteuerliteratur.
Buchan führt ihn zum Beispiel in *Mr. Standfast* vor, wo sich Hannay, der »ganze Körper von einer Art hölzernem Schraubstock am
Boden festgehalten« (Standfast, 323), seiner Pistole bemächtigen
kann und mit drei Kugeln einen Riegel des Foltergeräts so zer-
trümmert, daß er freikommt. Auch Ambler nimmt zu einer Un-
wahrscheinlichkeit Zuflucht, indem er Saridza Zaleshoff und Kenton nicht einfach umbringen, sondern langsam ersticken lassen
will; immerhin schildert er die Befreiung aus dem Vulkanisiertank
dank seiner technischen Fachkenntnisse sehr anschaulich.

Bis zum Schluß bleibt Kentons Motiv neben dem persönlichen
Starrsinn ein vages Bestreben, die Veröffentlichung der sowjetischen Verteidigungspläne zu verhindern, weil das »Millionen von
gläubigen und schicksalsergebenen Bauern in Angst versetzen
und mit Mißtrauen und Haß erfüllen« (Gefahr, 307) und damit
Kriegsgefahr bedeuten würde. Doch sein Engagement hat moralische Grenzen. Den entwaffneten Saridza, der ihn umbringen
wollte, läßt er laufen: »Es gibt wenige Dinge, die einem Menschen so sehr den Kampfgeist rauben wie der englische Humor,
Saridza. Leider besitze ich diese Art Humor. Sie können gehen.
Machen Sie schon! Verschwinden Sie!« (Gefahr, 316) Selbst Zaleshoff akzeptiert, daß Kenton Saridza hat entkommen lassen,
wenn nur die Dokumente sichergestellt sind: »›Schade‹, sagte er
nach einer Weile, ›aber eigentlich bin ich ganz froh. Sie hätten sich
Vorwürfe gemacht.‹« (Gefahr, 317)

Das glückliche Ende wird Kenton freilich etwas verdorben.
Zaleshoff eröffnet ihm nämlich, daß er einen Beweis, der Kentons
Unschuld am Mord zweifelsfrei belegt hätte, bewußt zurückge-
halten hat, um Kenton weiterhin unter Druck setzen und zur
Mitarbeit nötigen zu können. Kenton kündigt die Allianz mit
Zaleshoff in nur halb scherzhafter Empörung auf.

»Also, Zaleshoff«, sagte er schließlich, »ich habe Ihnen Unrecht getan mit meiner Bemerkung, daß Sie mir genauso unangenehm sind wie Saridza und Mailler. Sie schlagen die beiden um Längen!«

Zaleshoff machte die Augen auf. Sein Blick wanderte von Kenton zu seiner Schwester. Dann trat ein Lächeln auf sein Gesicht, und er schloß die Augen wieder. »Schwesterherz«, murmelte er schläfrig, »dieser Kenton ist ein sympathischer Kerl. Er hat Humor.« (Gefahr, 319)

Gleiches ließ sich von Ambler sagen. Ironie und politisches Bewußtsein gingen in *Ungewöhnliche Gefahr* eine Verbindung ein, die den Roman weit über die zeitgenössische Thrillerproduktion hinaushob.

Anlaß zur Unruhe

Noch bevor *Ungewöhnliche Gefahr* in England erschien, hatte sich für Eric Ambler ein zukunftsträchtiger Kontakt ergeben. Der amerikanische Verleger Alfred A. Knopf (1892–1984) hatte den ersten Ambler-Roman gelesen und angefragt, ob er das Manuskript des neuen Werks einsehen dürfe:

> Ich erinnere mich, wie aufregend ich Eric Amblers frühen Roman *Ungewöhnliche Gefahr* fand, den ich in einer sehr kalten Londoner Wohnung las, in der ich im März 1937 wohnte. (Die heroische anglo-amerikanische Politik der Nichteinmischung in den Spanischen Bürgerkrieg war damals in vollem Gang, so daß die morgendliche Zeitungslektüre die ungenügende Heizung der Wohnung halbwegs zu kompensieren schien.) Wir veröffentlichten das Buch später in jenem Jahr, und seither ist Eric seit fünfundzwanzig Jahren unser Freund, und wir sind seine Verleger. (Knopf 1965, 257)

1915 hatte Alfred A. Knopf nach kurzer Lehre im Verlagswesen seinen eigenen Verlag gegründet. Knopf wurde schon bald zum Synonym für anspruchsvolle Inhalte und gediegene Ausstattung. Alfreds Frau Blanche Knopf brachte vor allem zeitgenössische europäische Literatur in das wachsende Programm ein. Dabei blieb der Geschmack der beiden durchaus eklektisch und umfaßte auch jene Bereiche, die gemeinhin abschätzig als U-Literatur gehandelt wurden. So veröffentlichte Knopf 1929 den Erstling *Red Harvest (Rote Ernte)* des Groschenheftschreibers Dashiell Hammett und lancierte damit eine neue Epoche des Kriminalromans, zu der der Verlag durch Autoren wie James M. Cain und etwas später Raymond Chandler Klassiker beitrug.

Amblers *Ungewöhnliche Gefahr* paßte in dieses Programm literarisch anspruchsvoller Unterhaltung. Englische und amerikanische Ausgaben erschienen, mit unterschiedlichem Titel, zeitgleich im Herbst 1937 und bekamen gute Kritiken. Der Erfolg fiel mit einer Blinddarmoperation zusammen. Zur Erholung reiste Ambler mit Betty Dyson nach Tanger. Er arbeitete an einem neuen Buch, von dem er immerhin so viel wußte, »daß ich ihm einen Titel geben konnte – *Nachruf auf einen Spion*« (Ambler, 232). In einem späteren satirischen Text *Auf Agentensuche. Ein realistischer Wegweiser für den romantischen Touristen* hat er geschildert, wie er ein Strandcafé entdeckte, dessen Besitzerin einen weitläufigen, internationalen Bekanntenkreis aus allen Besatzungen der in Tanger anlegenden Schiffe besaß. Stundenlang hörte Ambler mit dem faszinierten Interesse des Schriftstellers den Erzählungen der Frau zu, die immer neue, noch phantastischere Versionen des gleichen Musters anbot. Bis er gewahr wurde, daß sie einem deutschen Matrosen eine ganz andere Geschichte auftischte.

In diesem Moment sah sie auf, und unsere Blicke trafen sich.

Sie wirkte verunsichert, aber nur für eine Sekunde. Dann machte sie, und ich vermute, aus ebendieser Verunsicherung heraus, einen Fehler: Sie vergewisserte sich rasch, daß der junge Deutsche nicht zu ihr hinsah, und grinste mir mit einem Augenzwinkern zu.

Nun sind Lügner aber nur dann zu ertragen, wenn sie unschuldig sind. Wie phantastisch ihre Story auch sein mag, sie müssen sie zum Zeitpunkt des Erzählens glauben. Nur dann ist das Spiel des Als-ob möglich. Die Regeln werden stillschweigend von beiden Seiten akzeptiert, und das Element der Berechnung existiert praktisch nicht. Stellt man aber plötzlich fest, sich als einziger an die Spielregeln gehalten zu haben, ja wie verrückt jemandem zugehört zu haben, der den pathologischen Lügner bloß sehr geschickt spielt – dann ist das ein schokkierendes Erlebnis. Was ist das für ein Mensch, der sich eine derartige Maske ausdenken kann? Und was muß da versteckt werden? (Begabung, 216)

Von der schockartigen Erkenntnis des bewußten Lügens fasziniert, forschte Ambler nicht weiter nach, was da versteckt wurde.
Erst später wurde ihm eröffnet, daß die Frau für eine Spionin
gehalten wurde, die Bewegungen ausländischer Schiffe an interessierte Geheimdienste verkaufte. Amblers Realitätssinn scheint
durch das Schreiben präokkupiert gewesen zu sein; andererseits
nahm das Schreiben die Realität in sich auf. *Nachruf auf einen
Spion* handelt davon, hinter welchen Masken sich ein Spion zu
verbergen vermag.

Als Ambler im Winter 1937 nach London zurückkehrte, hatte
er den Roman beinahe vollendet. Zudem hatte er sich entschieden, seinen Direktorenposten bei der Werbeagentur nach wenigen Monaten aufzugeben und sich als freier Schriftsteller zu versuchen. Der Schritt war ein kalkuliertes Risiko. Für sein erstes
Buch hatte er einen Vorschuß von 30 Pfund erhalten. In einigen
späteren Porträts ist das spöttisch als Trinkgeld und als Beleg für
die Kurzsichtigkeit der Verlagsbranche angeführt worden, die
Amblers wahren Wert nicht erkannt habe. Aber 30 Pfund, sechs
Durchschnittswochengehältern entsprechend, war damals der
übliche Vorschuß für unbekanntere Autoren; selbst Agatha
Christie hatte für ihre frühen Bücher nicht viel mehr bekommen.
Im übrigen hat Ambler auf eine mittelfristige Politik der damali-
gen Verlage hingewiesen:

> In jener Zeit interessierten sich die großen Verlagshäuser mehr für das
> Gesamtwerk, das sie von jungen Schriftstellern erwarten durften, als
> für deren Erstlinge. Von ersten Romanen erhofften sie sich zwar kei-
> nen Verlust, erwarteten aber auch keinen Gewinn. Autoren galten als
> Spekulationsobjekte, in die investiert zu haben sich später als lohnend
> herausstellen würde oder eben nicht. Erstlinge waren bestenfalls Weg-
> weiser. (Ambler, 220)

Als Ambler seinen Entschluß mit dem verantwortlichen Lektor
Leonard Cutts von Hodder & Stoughton diskutierte, konnte ihm

dieser nach Rücksprache mit der Verlagsleitung einen Vertrag über sechs Bücher anbieten, für die Ambler bei Ablieferung je einen Vorschuß von 100 Pfund erhalten würde:»Wenn ich zwei Bücher pro Jahr schriebe, dann würde es wohl gerade reichen. Ich war schon mit vier Pfund die Woche ausgekommen. Das wäre auch ein zweites Mal möglich.« (Ambler, 233) Zudem waren erste Übersetzungsrechte nach Schweden verkauft worden, und Cutts schanzte Ambler als Nebenverdienst das Lektorat eines Sachbuchs zu.

Dabei war das Verhältnis zwischen Autor und Lektor keineswegs unbelastet, weil weiterhin ziemlich strikt zwischen E- und U-Literatur beziehungsweise *highbrow*- und *lowbrow*-Kultur unterschieden wurde. Leonard Cutts war in erster Linie für die religiöse Abteilung bei Hodder & Stoughton zuständig und betreute Romanautoren nur nebenbei. »Wir gehörten, so pflegte er uns zu erklären, zu den niederen Weihen, wobei er manchmal mit launig gespielter Heftigkeit das Wort ›Abschaum‹ beifügte« (Rubbish, 8), erinnerte sich Ambler später.

Schwerer als solche elitären Anfechtungen lasteten auf ihm wiederauflebende Ängste aus der Weltwirtschaftskrise. Er konnte sich kaum an die neue Freiheit gewöhnen. Selbst sein Metzger argwöhnte angesichts ungewöhnlicher Einkaufszeiten Arbeitslosigkeit und sozialen Abstieg. In dieser Zeit muß sich bei Ambler ein neues Arbeitsethos durchgesetzt haben. Wenn er sich nicht täglich an den Schreibtisch setzte, fühlte er sich schuldig, und jedesmal, wenn er ein Buch beendet hatte, erkrankte er.

Die Entscheidung, sich aus bestehenden Bindungen zu lösen, hatte aber auch persönliche Gründe. In Tanger kühlte sich das Verhältnis zu Betty ab, die einen Großteil ihrer Zeit mit einem Offizier der französischen Kriegsmarine verbrachte. Wenige Wochen nach ihrer Rückkehr aus Tanger starb Bettys Vater, den Ambler als Mensch wie als Künstler geschätzt hatte. Am 21. Januar 1938 zeichnete Will Dyson seinen letzten Cartoon über den

Bombenangriff der Franco-Truppen auf Barcelona, den zwei Geier mit den Worten kommentieren: »Einst waren *wir* die hassenswertesten Flugobjekte!« (Jensen 1996, 38) Am folgenden Tag fand ihn Betty tot in seinem Atelier, einem Herzanfall erlegen. Betty selber beschloß kurz darauf, den bretonischen Adligen Baron Yves Chanteau zu heiraten. Somit hielt Ambler nur noch wenig in England. In Frankreich dagegen, so rechnete er sich aus, könnte er sich mit seinen Vorschüssen, dank des günstigen Wechselkurses für das Pfund, länger über Wasser halten. Im Frühjahr 1938 reiste er deshalb über Paris an die Mittelmeerküste; zur gleichen Zeit erschien *Nachruf auf einen Spion*, der bereits an der Côte d'Azur angesiedelt ist.

Ungewöhnliche Gefahr war gegenüber dem Erstling ein Fortschritt gewesen. Ambler hatte ein neues Thema und eine originelle Perspektive gefunden. Trotz dieser unübersehbaren Stärken wirkt der Roman heute etwas veraltet, nicht, wie einige Kritiker meinen, weil das Buch zu stark von einem Volksfrontethos durchtränkt ist, sondern weil es sich zu stark an die konventionelle Thrillerstruktur und -motive anlehnt. Der nächste Roman, *Nachruf auf einen Spion*, brachte den endgültigen Durchbruch von Amblers eigenständigem Stil.

Dabei ist dieser dritte Roman auf den ersten Blick nicht so spektakulär wie seine beiden Vorgänger. Doch er weist zwei bedeutsame Neuerungen auf. Erstmals verwendet Ambler die Form der Ich-Erzählung, die er später häufig und virtuos gebrauchte. Und erstmals geht es um einen direkt Betroffenen. Barstow und Kenton waren Unbeteiligte gewesen, die unversehens in politische Intrigen verwickelt worden waren und sich mehr oder weniger widerwillig darauf eingelassen hatten. *Nachruf auf einen Spion* rückt dagegen ein Opfer in den Mittelpunkt. Der Sprachlehrer Josef Vadassy ist durch die politischen Wirren nach dem Ersten Weltkrieg staatenlos geworden. Für den Umgang mit mißtrauischen Bürokratien hat er eine Erklärung parat:

Ich bin in Szabadka in Ungarn geboren. Nach dem Vertrag von Trianon 1919 fiel Szabadka an Jugoslawien. 1921 beschloß ich, in Budapest zu studieren. Zu diesem Zweck ließ ich mir von den jugoslawischen Behörden einen Paß ausstellen. Während meines Studiums wurden mein Vater und mein älterer Bruder von der jugoslawischen Polizei wegen einer politischen Sache erschossen. Meine Mutter war während des Kriegs gestorben, und ich hatte sonst keine Verwandten oder Freunde. Man riet mir, nicht nach Jugoslawien zurückzukehren. In Ungarn herrschten schlimme Verhältnisse. 1922 ging ich nach England. In der Nähe von London bekam ich eine Stelle als Deutschlehrer. 1931 wurde meine Arbeitserlaubnis dann nicht mehr verlängert. Vielen Ausländern wurde seinerzeit die Arbeitserlaubnis nicht mehr verlängert. Als mein Paß abgelaufen war, beantragte ich bei der jugoslawischen Gesandtschaft in London eine Verlängerung, die aber mit der Begründung abgelehnt wurde, daß ich kein jugoslawischer Staatsangehöriger mehr sei. Daraufhin stellte ich bei den englischen Behörden einen Antrag auf Einbürgerung, da ich aber keine Arbeitserlaubnis hatte, mußte ich mich anderswo nach Arbeit umsehen. Ich ging nach Paris. Ich durfte dort bleiben und bekam von der Polizei Papiere, mit der Maßgabe, daß man mich bei einer eventuellen Ausreise nicht wieder hereinlassen würde. Seitdem bemühe ich mich um Einbürgerung. (Nachruf, 17 f.)

Obwohl sich Vadassy nicht politisch betätigt, hat ihn seine Staatenlosigkeit zum Spielball politischer Willkür, ja, zur Nichtperson gemacht: »Was mit einem unwichtigen, staatenlosen Sprachlehrer passierte, interessierte kein Schwein. Keine Regierung würde sich schützend vor ihn stellen, kein Konsul sich für ihn verwenden, kein Parlament Anteil an seinem Schicksal nehmen. Offiziell existierte er nicht, er war eine Abstraktion, ein Geist.« (Nachruf, 28)

Diese Schutzlosigkeit wird gleich in den ersten Sätzen des Romans illustriert: »Am 14. August, einem Dienstag, traf ich, aus Nizza kommend, in St. Gatien ein. Am Donnerstag, den 16. August, um 11.45 Uhr wurde ich von einem Kriminalbeamten festgenommen und in Begleitung eines Polizisten auf das Kommissariat gebracht.« (Nachruf, 5) Verhaftet worden ist Vadassy während eines Ferienaufenthalts, weil sich auf einem Fotofilm, den er beim örtlichen Drogisten zum Entwickeln gibt, Aufnahmen französischer Festungsgeschütze finden. Vadassys Staatenlosigkeit macht ihn verdächtig, und obwohl sich im Verhör mit dem französischen Geheimpolizisten Beghin bald herausstellt, daß sein Fotoapparat vom wirklichen Spion verwechselt worden sein muß, macht sie ihn auch erpreßbar. So wird er dazu gezwungen, unter den Mitgästen in seinem Hotel den Spion aufzuspüren.

Nachruf auf einen Spion entspricht eher dem klassischen Detektivroman als einer Spionagegeschichte. Statt in wilde Verfolgungsjagden verwickelt wie in den ersten beiden Ambler-Büchern, findet sich der Leser an einem beschaulichen Badeort an der Côte d'Azur wieder; im Hotel versammeln sich, wie bei Agatha Christie, die Verdächtigen, und hier wird innerhalb von drei Tagen der Fall gelöst. Doch im Kontrast mit dem geruhsamen Ferienalltag wird der politische Akzent nur um so schärfer spürbar, damit auch Amblers origineller Ansatz.

Zur Detektivarbeit ist sein Held Vadassy vollkommen unbegabt. Dem Sprachlehrer fällt es trotz seiner Mehrsprachigkeit schwer, Konversation zu machen, und er eignet sich deshalb nicht fürs Aushorchen der Mitgäste. Alle seine Pläne schlagen fehl. In eine Falle, die er dem Spion stellen will, stolpert er selber. Anstatt daß er dem Spion auf die Schliche kommt, ist ihm dieser immer einen Schritt voraus. Vadassy wird niedergeschlagen, und in sein Zimmer wird eingebrochen; wenn er selber das Zimmer eines Verdächtigen durchsuchen will, wird er auf frischer Tat ertappt.

Dem Mißerfolg zugrunde liegt ein Wahrnehmungsproblem. Vadassy ist sich bewußt, daß Spionage zum Massengeschäft geworden ist: »Spione trugen ihr Gewerbe nicht zur Schau. Überall in Europa, auf der ganzen Welt gingen sie ihrer Tätigkeit nach, während die Ergebnisse ihrer Bemühungen von anderen Leuten in Amtsstuben ausgewertet wurden. [...] Die Welt bereitete sich auf einen Krieg vor. Für Waffenproduzenten und Spione liefen die Geschäfte gut.« (Nachruf, 72 f.) Das läßt die Frage offen, wie denn ein Spion aussieht, »schließlich durfte man nicht erwarten, daß ein Spion wie ein Spion aussah« (Nachruf, 72). Psychisch unter Druck, entdeckt Vadassy laufend neue Hauptverdächtige und denkt sich immer neue Argumente aus, um sich selber von seinem jüngsten Verdacht zu überzeugen. Doch Vorstellung und Realität klaffen auseinander:

> Einigermaßen überraschend wurde mir klar, daß nicht Schimler mein imaginärer Spion war. Nicht einmal Köche. Er war niemand aus dem Réserve. Es war eine miese Ratte von Mann mit einem bösartigen Gesicht, mit einem Revolver in der Gesäßtasche und einem Messer im Ärmel, eine verschlagene, widerliche Kreatur ohne die geringste positive Eigenschaft, ein hinterhältiger Kerl, den sogar seine Auftraggeber verachteten. (Nachruf, 107)

Wiederholt muß er sich zur Ordnung rufen, die scheinbar harmlosen Gäste mit mehr Mißtrauen zu betrachten. Allmählich gelingt es ihm, Gäste ins Gespräch zu verwickeln, werden Lebensläufe und Schicksale angedeutet. Einzelne Figuren erzählen ihm eine zusammenhängende Geschichte, anderes erschließt er sich. Ambler rückt in einer Episodenstruktur abwechselnde Figuren in den Vordergrund.[1] Die zehn Gäste und der Hotelmanager samt Frau ergeben ein kleines soziales und politisches Panorama. Motive werden aufgenommen und abgewandelt, ineinander gespiegelt. Hinter den Geschichten wird Politik sichtbar. Der Franzose Duclos wettert gegen soziale Unrast und Streiks; der Deutsche Schimler verliert sich in dunklen Andeutungen über einen bengalischen Kommunisten und dessen Kampf gegen die Ausbeutung.

Doch niemand ist ganz das, was er zu sein vorgibt. Selbst das so harmlos wirkende ältere Schweizer Ehepaar oder das sich so offen gebende junge amerikanische Geschwisterpaar hat etwas zu verbergen. Am einfachsten scheint der Fall beim Deutschen Schimler zu liegen, der sich unter einem anderen Namen als Schweizer eingetragen hat und deshalb als erster in Verdacht gerät. Umgekehrt ist er derjenige, dessen doppelte Identität am frühesten plausibel aufgeklärt wird. Als sozialdemokratischer Journalist von den Nazis ins Konzentrationslager geworfen, später freigelassen, hat er sich in Prag dem kommunistischen Untergrund angeschlossen, illegale Flugblätter nach Deutschland geschmuggelt und wird jetzt von einem Nazi-Agenten gejagt. Damit wird Vadassys Suche nach einem Spion durch diejenige nach einem Nazi-Agenten verdoppelt. Beides überfordert Vadassy; beinahe bis zum Schluß geraten ihm die beiden Fälle durcheinander, interpretiert er beispielsweise einen Bestechungsversuch unter falschen Prämissen. Umgekehrt wird auch er in unzutreffenden Rollen wahrgenommen, zuerst für einen sich tarnenden Journalisten gehalten, dann vom Hotelmanager als Dieb verdächtigt, schließlich durch eine provokative Aktion der Polizei öffentlich zum Spion gestempelt.

Als untergründiges Motiv zieht sich die zunehmende Polarisierung der sozialen Verhältnisse durch die Lebensgeschichten. Ironisch wird das vorgeführt am englischen Major, der zu Beginn als Muster steifer Rechtschaffenheit auftritt. Doch dann wird er von der Vergangenheit eingeholt und läßt sich öffentlich gegenüber einem unerwarteten Besucher zu einer Tätlichkeit hinreißen. Vadassy vertraut er an, er habe im Ersten Weltkrieg in Italien eine Gasvergiftung erlitten, danach seine italienische Pflegerin aus reichem Haus geheiratet; später sei er vom Schwager unwissentlich in illegale Waffengeschäfte verwickelt und vom Schwiegervater mit Schimpf und Schande verstoßen worden. Als die Fassade abbröckelt, muß er jede soziale Prätention aufgeben und alle Gäste reihum anpumpen.

Schimler hebt solche Erfahrungen auf eine philosophische Ebene. Beiläufig inszeniert Ambler an seiner Person eine weltan-

schauliche Debatte der 1930er Jahre, indem er Schimler Nietzsche lesen und erläutern läßt. Ambler hatte Nietzsche 1929 entdeckt, zusammen mit C. G. Jung und Oswald Spengler. Mit dem
Machtantritt der Nazis wurde Nietzsche auf der einen Seite
von diesen als Kronzeuge für das Übermenschentum und den
Willen zur Macht gebraucht, auf der anderen Seite von linken
Theoretikern wie Georg Lukács zum Vorreiter der »Zerstörung
der Vernunft« erklärt. Schimler, zu diesem Zeitpunkt von Vadassy immer noch als Spion verdächtigt, verwirrt diesen mit
einer komplexen Argumentation, die differenziert in die zeitgenössische Debatte eingreift. Er verteidigt den frühen gegen den
späten Nietzsche, indem er den Verfasser der *Geburt der Tragödie* als Vertreter einer Dialektik des Lebens preist: »[…] ansonsten ist der Widerspruch die Wurzel aller Bewegung. Ein Ding
bewegt sich nur, insofern es widersprüchlich ist, und nur insofern besitzt es Antriebskraft und Energie.« (Nachruf, 97) Im zeitgenössischen Kontext ist aber selbst dieses Lob des Wider-
spruchs problematisch geworden, weil sich einer der Gegensätze
mit Gewalt zum historischen Sieger zu erklären versucht. Seinen
vulgärphilosophischen Ausdruck im Figurenensemble des Romans findet dieser Aspekt im Franzosen Roux, der, jähzornig
und brutal über seine Geliebte verfügend, eine besondere Art
Mann ankündigt:

> Ich sage Ihnen, mein Freund: Alle Männer sind Feiglinge. Sie ertra-
> gen die Realität nur, wenn sie derart verpackt ist in Lügen und Ge-
> fühlsduseleien, daß sie sich an den scharfen Kanten nicht mehr weh
> tun können. Wenn ein Mann die Wahrheit sagt, können Sie davon aus-
> gehen, daß er gefährlich ist. (Nachruf, 233)

In besonders düsterer Stimmung übernimmt Vadassy Schimlers
Diagnose vom »Untergang Europas« (Nachruf, 267). Nicht nur
Europa ist angesteckt. Auch die beiden amerikanischen Geschwi-
ster sind einer arrangierten Ehe entflohen, die Geschäftsinteres-

sen und korrupte politische Machenschaften absichern sollte. Allerdings wird die damals weitherum, von links wie von rechts, verbreitete Diagnose mehr behauptet denn veranschaulicht.

In seiner Autobiographie hat Ambler Vadassy beiläufig als »paranoid« bezeichnet (Ambler, 250). Die Charakterisierung mag erstaunen: Vadassys Verfolgungswahn erscheint keineswegs pathologisch, sondern real begründet. Aber Ambler spricht damit einen weiteren Charakterzug an. Vadassy wirkt instabil, depressiv. Schon seine erste Reflexion über die Hilflosigkeit des Staatenlosen endet in einer Auflösungsphantasie: »Im Grunde konnte er sich nur das Leben nehmen, und zwar auf so anständige Weise, daß keine Leiche übrigblieb. In diesem Fall wäre Feuer vielleicht geeignet. Asche zu Asche, Staub zu Staub.« (Nachruf, 28) Seine Selbstkritik ist erbarmungslos; in einer erstaunlichen Szene läßt Ambler seinen Ich-Erzähler sich einmal in den Schlaf weinen; und schließlich lockt erneut das Meer als letzter Ausweg:

> Das Meer lag wie eine große, gewellte blaue Glasplatte in der Sonne. Es war unendlich friedvoll. Dort unten auf dem kühlen Grund würde man keine Angst mehr haben, keine Zweifel, keine Ungewißheiten. Ich konnte an den Strand gehen und in die Bucht hinausschwimmen, hinaus ins offene Meer, immer weiter, bis meine Arme zu müde waren, um mich wieder an Land zu bringen. Meine Bewegungen würden immer langsamer, angestrengter. Irgendwann würde ich einfach aufhören und untergehen. Das Wasser würde in meine Lungen dringen. Ich würde kämpfen, der Lebenswille würde sich melden – Leben um jeden Preis! –, aber ich hatte meine Vorbereitungen getroffen. Es gab kein Zurück. Ein kurzer Moment des Kampfes, dann würde ich sanft in Vergessenheit sinken. (Nachruf, 183)

Noch einmal rafft er sich allerdings auf, stellt sich dem Entscheidungskampf: »[...] ich mußte mich entscheiden – entweder meine Freiheit oder die eines anderen« (Nachruf, 185). Er entwirft eine Angriffstaktik:

Ich erkannte, daß es sinnlos war, das normale Verhalten dieser Leute zu studieren – es ist kinderleicht, eine Rolle zu spielen, wenn niemand an der Fassade kratzt. Vielmehr sollte ich davon ausgehen, daß jeder ein Lügner war, und alle zwingen, ihr wahres Gesicht zu zeigen. Ich sollte nicht mehr freundlich zu ihnen sein, sondern mich mit ihnen streiten. Ich sollte ihre Selbstdarstellung nicht akzeptieren, sondern in Zweifel ziehen, analysieren. (Nachruf, 215 f.)

Die Taktik funktioniert nur halb. Bei einer einzigen Person scheint Vadassy ein Blick hinter die Rolle zu gelingen. In Schimlers Gesicht hatte er schon früh etwas gesehen, »das ich seit Ungarn nicht mehr gesehen hatte: die Augen eines verzweifelten Menschen, der keine andere Hoffnung mehr hat als den Tod.« (Nachruf, 71) Die Erkenntnis solcher menschlicher Regung führt dazu, daß er Schimler schließlich glaubt, als dieser seine Geschichte von Verfolgung und Widerstand erzählt. Sie ist das politische Kernstück des Buchs. Doch sie bringt Vadassy nicht viel weiter. Als die ihm vom französischen Geheimagenten gesetzte Frist abgelaufen ist, hat er einzig Schimler und den mit diesem befreundeten Hotelmanager Köche als Verdächtige ausgeschieden. Ansonsten bleiben die Rollen-Masken auf den Gesichtern.

Vielleicht ist die Rollen-Metapher, Requisit des Thrillers von Edgar Wallace bis zu John Buchan, analytisch auch zu wenig aussagekräftig; so wie sie Ambler in Tanger in bezug auf die Cafébesitzerin auf halbem Weg stehenbleiben ließ. Jedenfalls vermag Vadassy weder Spion noch Nazi-Agent zu demaskieren. Nicht einmal den angeblichen Fabrikanten Duclos durchschaut er, der in einem nachgelieferten Satyrspiel als phantasiebegabter Lokalbeamter entlarvt wird. Vadassys ganze Detektivarbeit war vergebens; er wurde nur dazu benutzt, den Spion, der der französischen Geheimpolizei längst bekannt war, aufzuscheuchen.

Der Titel *Nachruf auf einen Spion* ist mehrdeutig. Der herkömmliche Spion, ob teuflischer Verräter oder patriotischer Hobbyagent, hat endgültig abgedankt. In einer Zeit, in der sich

Geschützfabrikanten auf einen Krieg vorbereiten, spioniert der eine für Geld und wird der andere zur Gegenspionage gezwungen. Amoralität findet sich auf beiden Seiten: Der französische Geheimagent ist bereit, den überforderten Vadassy unbekannten Gefahren auszusetzen, und gleicht sich damit den Methoden der totalitären Gegner an.

Dennoch geht für den Antihelden die Geschichte auf. Der Spion wird bei einem Fluchtversuch getötet, der Spionagering ausgehoben; zum Dank soll Vadassys Antrag auf französische Staatsbürgerschaft wohlwollend geprüft werden. Diese glückliche Wendung bleibt Schimler versagt, der von den Nazi-Agenten nach Deutschland zurückgezwungen wird, wo Frau und Kind als Geiseln zurückgeblieben sind. Es bleibt nur der schmerzliche Trost, daß sich sein Freund Köche dazu entschließt, Schimlers klandestines Werk weiterzuführen.

Nachruf auf einen Spion kam in England gut an und stärkte Amblers wachsenden Ruf. Die Innovationen des Romans wurden aber nicht überall geschätzt. Alfred A. Knopf beispielsweise zeigte sich enttäuscht, weil der neue Roman anders ausgefallen war als *Ungewöhnliche Gefahr,* und veröffentlichte ihn erst 1952, mit beträchtlichen Änderungen, die sowohl die Rahmenhandlung zurückdrängen als auch die zeitgenössischen politischen Bezüge abschwächen.[2] Doch bleibt *Nachruf auf einen Spion* eine eindrückliche Studie des unschuldigen Opfers, das knapp seine Haut zu retten vermag, eine Vergegenwärtigung der europäischen Flüchtlingskrise, wie sie Ambler in einer Anekdote zusammenfaßte:

Ich erinnere mich an eine Frau, 1939 in Frankreich, der ich geholfen habe, ein Visum nach Amerika zu bekommen. Die amerikanischen Antragsformulare waren merkwürdig grausam. Unter anderem wurde darin nach der Religion gefragt. Und die Frau schrieb »gentile«, also ›nichtjüdisch‹. Es war schwierig, ihr zu erklären, daß das nicht geht. Das ist nach unserm Verständnis keine Religion, und es verrät ihre jüdische Herkunft. Diese Art Dilemma hat mich immer beschäftigt. (Howald 1997, 56)

Amblers Leistung läßt sich ermessen, wenn man sie mit dem ein Jahr später erschienenen Roman *The Confidential Agent (Jagd im Nebel)* von Graham Greene vergleicht. Greenes Entertainment-Krimi *A Gun for Sale (Das Attentat)* war Amblers erstem Buch um ein Jahr vorausgegangen; dem Spionageroman wandte er sich dagegen später als Ambler zu. *Jagd im Nebel* stellt, in Anlehnung an und Auseinandersetzung mit Joseph Conrad, einen Geheimagenten, D. genannt, ins Zentrum. D. reist aus einem Land, das sich als spanische Republik identifizieren läßt, nach London, um für seine Regierung britische Kohlelieferungen sicherzustellen. Gegen seinen Willen wird der ehemalige unpolitische Universitätsgelehrte D. unerbittlich in den Bürgerkrieg hineingezogen. Von gegnerischen Agenten bedroht, traut er auch der eigenen Seite nicht, oder er traut ihr sogar zu, daß er im Fall eines Mißerfolgs seiner Mission liquidiert wird.

Der innerhalb von Greenes Gesamtwerk unterschätzte Roman ist im ersten Teil eine überzeugende Studie über allgegenwärtige Unsicherheit und Verrat, ähnlich wie *Nachruf auf einen Spion*. Doch dann gerät Greene, wie Ambler in *Ungewöhnliche Gefahr*, in den Sog der Gattungskonventionen. Die Ermordung eines jungen Dienstmädchens, das eine kindliche Anhänglichkeit an D. entwickelt hat, läßt diesen zum Aktionshelden und melodramatischen Rächer verkommen. Er entführt den Mörder, der tödlich verunglückt, entweicht, von Polizei und Gegnern gejagt, aus London und versucht, nach dem Verlust des Lieferkontrakts an seine Widersacher, in den englischen Kohlezechen die Arbeiter zum Solidaritätsstreik mit seinem Volk aufzurufen. Er scheitert; dafür läßt Greene D. mit der Stieftochter des Zechenbesitzers ein kurzes Glück auf hoher See finden.

Gegenüber einem solchen Zugeständnis ans Melodrama nimmt

sich der Schluß von *Nachruf auf einen Spion* geradezu klassisch unterkühlt aus: »Ich ging hinunter. Später, vom Zug aus, sah ich das Dach des Réserve. Ich war überrascht, wie klein es zwischen den Bäumen wirkte.« (Nachruf, 321)

Auf den Spuren der Boheme

Das Ziel seines Wegzugs von England im Frühling 1938, die Côte d'Azur, hat Ambler beiläufig als zufällige Wahl abgetan, als Ort, an dem er ungestört arbeiten konnte. Doch zugleich beschritt er traditionelle Wege angelsächsischer Literaten.[3] Einst, 1766, hatte Tobias Smollett mit seinen rüden Bemerkungen über die Bewohner von Nizza in *Travels Through France and Italy* den Zorn der Einheimischen hervorgerufen und zugleich die englische Aristokratie an die Mittelmeerküste gelockt. Gegen Ende des 19. Jahrhunderts folgten die Schriftsteller. Robert Louis Stevenson verbrachte 1873 ein Jahr in Menton und 1883 eines in Hyères, wo er den historischen Roman *The Black Arrow (Der schwarze Pfeil)* entwarf, den ein knappes halbes Jahrhundert später der Schüler Eric Ambler als langweilig abqualifizieren sollte. Henry James beschrieb 1885 in *A Little Tour in France* nicht nur Arles und Tarascon, sondern auch die Küste, um sich in den folgenden Jahren allerdings vorwiegend Paris zuzuwenden. Den umgekehrten Weg schlug Katherine Mansfield ein, die aus gesundheitlichen Gründen 1916 in Bandol und 1920 in Menton wohnte. Die 1920er Jahre brachten einen Aufschwung des mondänen Lebens. F. Scott Fitzgerald, der mit seiner Frau Zelda mehrfach die Sommerferien in Antibes und Cannes verbrachte, fing den extravaganten Lebensstil des Jetset in *Tender is the Night* (1934, *Zärtlich ist die Nacht*) ein. Im 1936 veröffentlichten Roman *The Rock Pool* von Cyril Connolly wird die Côte als eine Landkarte beschrieben, die von literarischen Namen übersät ist:

Entlang der ganzen Küste – von der Huxley-Landspitze über die Wharton-Festung bis zum Cap Maugham – hatten sich kleine Kolonien oder zornige Riesen niedergelassen: Campbell war in Martigues, Aldington in Le Lavandou, jeder, der eine Füllfeder halten konnte, in Saint-Tropez, Arlen in Cannes, und jenseits davon lagen Monte Carlo und das Oppenheim-Land. Er würde bei Nizza weitermachen und den verlassenen Platz von Frank Harris einnehmen. (Cunningham 1988, 344)

Connollys Schlüsselroman spielt im Jahr 1929, und die folgende Weltwirtschaftskrise hatte den Besucherstrom etwas eingedämmt. Dennoch fanden sich auch in den späten 1930er Jahren noch manche Schriftsteller in Südfrankreich ein, darunter Connolly selber, der in Sanary-sur-Mer Hof hielt. Selbst Virginia Woolf verbrachte gelegentlich Ferien in einem von Schwester und Schwager Vanessa und Clive Bell 1927 gekauften Haus in Cassis; 1935 stattete sie dem Kasino in Monte Carlo einen Besuch ab, den sie in ihrem Tagebuch abschätzig vermerkte. Auf der Flucht vor dem deutschen Faschismus zogen in dieser Zeit auch deutsche Schriftsteller wie Heinrich Mann, Lion Feuchtwanger, Hermann Kesten, Leonhard Frank und Joseph Roth zeitweilig an die Côte d'Azur. Offenbar lebte es sich hier angenehm und, abseits der mondänsten Ferienorte, einigermaßen erschwinglich; die französischen Massen begannen die Strände erst nach der gesetzlichen Einführung des bezahlten Urlaubs durch die Volksfrontregierung Blum ab 1936 für sich zu entdecken.

Was Ambler anzog, scheint ihn zugleich abgestoßen zu haben, denn in Nizza nahm er den Bus in die Alpes Maritimes, nach Peira-Cava, hoch über dem Meer im Forêt de Turini gelegen, weitab von jedem Glamour. Drei Monate lang arbeitete er dort, in einem unbeheizten Zimmer einer billigen Pension mit Familienanschluß, an seinem vierten Roman. Im Frühsommer reiste er nach London zurück, um das handschriftliche Manuskript abtippen zu lassen.

Bei diesem Aufenthalt kam er erstmals in Kontakt mit dem Filmbusiness. Seit den frühen Kinovorführungen in der Balham High Street hatte sich Ambler für die Filmkunst interessiert. 1936 hatte er den berühmten amerikanischen Dokumentarfilmer Robert Flaherty *(Nanook of the North)* kennengelernt, der wie Ambler bei Hodder & Stoughton seinen Romanerstling veröffentlichte, und Flaherty hatte Ambler mit John Grierson, dem Begründer der britischen Dokumentarfilmbewegung, bekannt gemacht.[4] Doch erst 1938 kam es zu einem beruflichen Engagement. Der ungarisch-britische Filmproduzent Alexander Korda, Begründer der London Film Productions und der Denham Studios, hatte den emigrierten deutschen Schauspieler Conrad Veidt unter Vertrag genommen und suchte jetzt Rollen für ihn.[5] 1937 hatte Korda mit Veidt den Film *Dark Journey*, nach einem Drehbuch von Lajos Biro und Arthur Wimperis, gedreht, eine ziemlich unwahrscheinliche Geschichte über französisch-deutsche Spionage und Gegenspionage. Auch Graham Greene schrieb zu dieser Zeit Drehbücher für Korda.[6] Ambler bekam von Korda den Auftrag, ein Drehbuch über die Notlandung eines englischen Flugzeugs an der französischen Grenze zu verfassen.

Ich kann mich lebhaft an Alex' erste Einweisung in den Denham Studios erinnern. Er sagte: »Wir haben da dieses Zivilflugzeug mit zahlreichen merkwürdigen Charakteren an Bord. Es stürzt über der Maginot-Linie ab. Machen Sie von da aus weiter.«

Später, als der Vertrag von Alex eintraf, in dem stand, daß es in der Liste der Mitwirkenden heißen würde: »nach einer Stoffidee von Alexander Korda«, protestierte meine Agentin Hettie Helton erfolgreich dagegen, daß ein Flugzeugabsturz über der Maginot-Linie eine Stoffidee darstelle. Die zahlreichen merkwürdigen Charaktere waren alle meine Erfindung, ebenso der Titel, und im übrigen findet der Absturz über der Siegfried-Linie statt.[7]

Ambler behagte das Projekt von Anfang an nicht, und es wurde zu seiner Erleichterung nicht realisiert. Veidt spielte dann nochmals die Rolle des pflichtbewußten deutschen Spions in einer weiteren Korda-Produktion, *The Spy in Black* (1939, *Der Spion in Schwarz*), bevor er bis zu seinem Tod 1943 in verschiedenen Hollywood-Produktionen, bis hin zu *Casablanca*, Nazis zu verkörpern hatte.

In Peira-Cava hatte Ambler eine türkische Familie kennengelernt, die als Angehörige der ehemaligen Oberschicht angesichts der Reformbestrebungen Kemal Atatürks nach Frankreich emigriert war. Der soziale und politische Umbruch in der Türkei war ein ebenso exotischer wie abenteuerlicher Stoff. Deshalb fuhr Ambler zurück nach Nizza und begann systematische Nachforschungen in der dortigen Türkenkolonie. Danach reiste er nach Paris und schrieb am nächsten Roman, mit dazwischengeschalteten Recherchen in London.

In Paris führte er kein so zurückgezogenes Leben wie in Peira-Cava, sondern verkehrte durchaus in den einschlägigen Stammlokalen der Literaturszene. So lernte er Jean Connolly kennen, die Frau von Cyril Connolly, die sich damals in London, Paris und Südfrankreich mit einem Hofstaat homosexueller Künstler umgab. Jean machte Ambler mit Brian Howard bekannt. Howard (1905–1958) hatte sich schon im College in Eton einen Ruf als frühreifer Literaturkenner, Essayist und Schönling erworben und sich in Oxford zum Prototyp des homosexuellen Ästheten stilisiert, Vorbild für Anthony Blanche in Evelyn Waughs späterem Roman *Brideshead Revisited* (1945, *Wiedersehen mit Brideshead*). Erste Gedichte versprachen Sensibilität und Wortgewalt, doch statt der erwarteten literarischen Werke produzierte Howard in der Folge nur Zeitungskritiken und Gelegenheitsarbeiten. In den 1930er Jahren bereiste er mit seinem Liebhaber Europa.[8] Er war längst zu jemandem geworden, dem »man besser aus dem Weg ging« (Ambler, 249), weil er einen ständig um Geld anpumpte.

Amblers Erinnerung an Howard stellt das Bild des beredten

Schnorrers in den Vordergrund. Aber die Anekdote berührt auch Amblers Verhältnis zur Homosexualität. Diese wird nirgends erwähnt und ist doch untergründig präsent. Nach einem Wochenende in einem kleinen Hotel, dessen Patron sich nicht darum kümmerte, wieviel seine Gäste tranken und »wo oder mit wem sie schliefen«, erfolgte Howards »erster Annäherungsversuch« (Ambler, 250). Howard machte sich, nachdem er seinen Freund rüde verabschiedet hatte, mit Ambler auf eine Zechtour. Nach dem Besuch verschiedener Bars unternahm er um zwei Uhr morgens eine gezielte Attacke. Die schien sich ausschließlich um Geld zu drehen, doch wird sie homoerotisch eingefärbt beschrieben. Nach Amblers Abfuhr meinte Howard: »Du bist wirklich ein stinknormaler kleiner Mann, stimmt's?« (Ambler, 251), was Ambler fröhlich bestätigte; am nächsten Tag flog er nach London.[9]

Bei den Londoner Aufenthalten kehrte er in dieser Zeit zu Mutter und Schwester in Shirley zurück. In seiner Autobiographie weist er beiläufig darauf hin, daß er damals seine Mutter finanziell immer noch unterstützt habe. Doch das Verhältnis zu ihr war weiterhin belastet. Zwar hatte er ihr sein zweites Buch, *Ungewöhnliche Gefahr*, gewidmet, doch äußerte er später die Vermutung, sie habe seine Bücher nie gelesen, und einmal, so erinnert sich seine Schwester Joyce, habe Eric Manuskripte auf dem Eßtisch ausgebreitet, worauf die Mutter ihn barsch aufgefordert habe, diesen »Mist« zusammenzupacken: »Der Satz hat Eric bis ins Alter verfolgt.«[10]

Nach Recherchen im Londoner Archiv der *Times* flog Ambler im September nach Paris zurück, als einziger Passagier auf einem normalerweise ausgebuchten Linienflug. Europa wartete auf den Ausgang der Münchner Konferenz zwischen Hitler, Mussolini, Chamberlain und Daladier; in Paris, wo Ambler sich mit Betty und Yves Chanteau traf, kursierten Gerüchte über einen bevorstehenden deutschen Luftangriff. Eben zu dieser Zeit erschien

Anlaß zur Unruhe. Ambler kokettierte gelegentlich damit, daß seine drei zwischen 1938 und 1940 veröffentlichten Romane immer zu den ungünstigsten Zeitpunkten erschienen seien, als die Menschen von weltpolitischen Krisen in Beschlag genommen waren und sich nicht um Thriller kümmern mochten. Aber das konkrete Timing für *Anlaß zur Unruhe* war durchaus nicht das schlechteste. Schon der Titel traf unmittelbar den Zeitgeist; und ein Thriller über die drohenden Kriegsgefahren durch eine verstärkte Zusammenarbeit zwischen Italien und Deutschland war eindeutig von aktuellem Interesse.

Ein Engländer in Italien

Anlaß zur Unruhe widerspiegelt zunächst die verschärfte soziale Situation. In *Nachruf auf einen Spion* sah sich der staatenlose Lehrer Josef Vadassy in Frankreich mit Arbeitslosigkeit bedroht. 1937, in jenem Jahr, in dem *Anlaß zur Unruhe* spielt, hat die Arbeitslosigkeit England erreicht. Die Hauptfigur von Amblers viertem Roman, Nick Marlow[11], verliert einen Tag, nachdem er seiner Verlobten einen Heiratsantrag gemacht hat, seinen Job als Ingenieur. In mittelständischer Selbstsicherheit erachtet er das nicht als besonderes Problem; aber die folgende Arbeitssuche konfrontiert ihn mit den Realitäten der Marktwirtschaft. Sein ehemaliger Vorarbeiter und andere Arbeitssuchende weisen ihn beiläufig auf deren Mechanismen hin, doch tut er ihre Hinweise über den Zusammenhang von Arbeitslosigkeit, gedrückten Löhnen und steigenden Unternehmensgewinnen als sozialistische Propaganda ab. Zweieinhalb Monate erfolgloser Bewerbungen zehren freilich an seinem Selbstwertgefühl. Deshalb nimmt er schließlich einen Job als Italien-Repräsentant der Maschinenfabrik Spartacus in Wolverhampton an und reist wenig später nach Mailand. Italien, das traditionelle Ziel so vieler englischer Reisen und Sehnsüchte, hat allerdings in Amblers Beschreibung allen Charme eingebüßt. Mailand wirkt grau und düster; Marlow lernt schon bald die Realität des Faschismus kennen, verwickelt sich in ein Netz aus Korruption, Spionage, Verfolgung und Mord.

Wiederum wählt Ambler die Form der Ich-Erzählung. Aber sie ist komplexer gestaltet als im geradlinigen *Nachruf auf einen Spion*. Der Ich-Erzähler Marlow legt seine Darstellung als einen nachträglichen Rechenschaftsbericht an und schließt Materialien wie Briefe und Zeitungsberichte ein. Die entsprechenden Passagen sind nicht immer überzeugend eingebaut, bieten aber den Vorteil, den Ich-Erzähler zu relativieren. Dessen ›authentische‹ Briefe an die Verlobte dokumentieren seinen anfänglichen Snobismus ebenso wie die politische Naivität; und an ihnen läßt sich Marlows Entwicklung unaufdringlicher demonstrieren als durch eine Selbstreflexion des Ich-Erzählers.

Zudem kann die Rolle des tatkräftigen Helden an eine andere Figur abgetreten werden. Übernommen wird sie von Andreas Zaleshoff, den Marlow kennenlernt, weil dessen Büro im selben Gebäude wie sein eigenes liegt. Zaleshoff gibt sich als amerikanischer Import-Export-Vertreter aus, doch Marlow hat bald Anlaß zur Vermutung, daß er in Wahrheit ein sowjetischer Agent sei, so wie Zaleshoffs Schwester Tamara. Seit dem ersten Auftritt des Geschwisterpaars in *Ungewöhnliche Gefahr*, auf den im neuen Roman keinerlei Bezug genommen wird, hat sich dessen Profil verändert. Der Status als Sowjetspion wird nicht mehr selbstverständlich vorgeführt, sondern bleibt bis zum Schluß umstritten. Die Fähigkeiten von Andreas haben sich von der handgreiflichen Tüchtigkeit des traditionellen Spions mehr auf die analytische, intellektuelle Arbeit verlagert; statt offensiv mit Schießwaffen umzugehen, erweist sich seine wahre Stärke darin, sich während einer langen Flucht der faschistischen Geheimpolizei zu entziehen.

Obwohl Zaleshoff Marlow dazu bringt, sich auf ein dubioses

Spionagegeschäft einzulassen, reichen die Gründe für die lebens-
gefährlichen Verwicklungen, in die Marlow deswegen gerät, weiter zurück, und zwar zu seiner gutbürgerlichen Anstellung als
Handelsvertreter einer Firma, die Maschinen für die Waffenproduktion herstellt. In England mag Marlow geschwankt haben,
den Job anzunehmen, doch seine Vorbehalte waren praktischer,
nicht moralischer Art. In Italien findet er sich nicht nur problem-
los mit seinem Beitrag zur Waffenproduktion einer faschistischen Diktatur ab, sondern auch mit der herrschenden Korruption. Zwar bewegen ihn nach dem ersten abgewickelten
Geschäft widersprüchliche Gefühle, doch rechtfertigt er seine
Haltung letztlich mit dem üblichen Argument, nur ein Mitläufer
zu sein:

> Diese Wochenendarbeit empfand ich einerseits als befriedigend, ande-
> rerseits stieß sie mich ab. Fitch [Vorarbeiter der Firma Spartacus in
> Wolverhampton] hatte mich gewarnt und sogar sorgfältig auf das
> Ritual der Auftragsannahme vorbereitet, doch die Wirklichkeit war
> dennoch verwirrend. Es machte einen enormen Unterschied aus, ob
> man mit selbstgefälligem Abscheu über Schmiergeld und Korruption
> redete oder ob man derjenige war, der das Schmiergeld bezahlte. Ich
> erinnerte mich daran, daß meine Rolle in diesem Spiel lediglich darin
> bestand, stillschweigend einzuwilligen. Diese Leute waren bereits
> korrupt. Es ging nur noch darum, wer sie schmierte – die Deutschen
> oder Spartacus. (Unruhe, 91f.)

Loyalität scheint Marlow zu diesem Zeitpunkt nur gegenüber
seiner Firma zu verspüren. Wenig später versucht ihn der
deutsch-jugoslawische Agent General Vagas als Spion anzuwerben. Zaleshoff erklärt Marlow nicht nur die Hintergründe der
Spionage zwischen angeblich befreundeten Diktaturen, sondern
bittet ihn auch, vordergründig mitzumachen; damit trage er dazu
bei, den Stahlpakt zwischen Italien und Deutschland zu hintertreiben und den Frieden zu sichern. Zaleshoff verknüpft das mit
einem Appell an Marlows praktisches Gewissen: »Wir Men-

schen, die guten Willens sind, müssen uns zusammentun, die Ärmel aufkrempeln und uns an die Arbeit machen, stimmt's?« (Unruhe, 166) Marlow reagiert darauf in eher ästhetischer als politischer Ablehnung, weil ihm der Appell als Schmierenkomödie erscheint.

Da öffnet ihm Vagas über einen korrupten Beamten den Weg zu einem größeren Geschäftsauftrag. Marlow läßt sich aus professioneller Pflichterfüllung gegenüber seiner Firma darauf ein, obwohl er weiß, daß Vagas eine Gegenleistung in Form geheimer Informationen erwartet. Bevor er sich dem Dilemma jedoch wirklich stellen muß, wird er von italienischen Geheimpolizisten, die ihn als Spion verdächtigen, zusammengeschlagen.

Erst jetzt trifft Marlow die Entscheidung, den Spionageauftrag auszuführen und so zur Spaltung zwischen den Achsenmächten beizutragen. Weder aus finanziellen noch aus politischen Gründen freilich, wie er Zaleshoff erklärt: »›Damit das von Anfang an klar ist, Zaleshoff: Ich werde von Ihnen kein Geld annehmen‹, sagte ich grimmig. ›Ich tue das nur, um meinen privaten Sinn für Gerechtigkeit zu befriedigen.‹« (Unruhe, 192) Von der beruflichen Loyalität an seine Firma verabschiedet er sich wenig später. »Und ich hatte beschlossen, bei Spartacus zu kündigen. [...] Ich hatte das Gefühl, unabhängig zu sein, als wäre ich im Urlaub. Was Zaleshoff da einfädelte, erschien mir fast wie ein Spiel.« (Unruhe, 208 f.) Der widerborstige englische Individualismus verbindet sich wieder einmal mit dem ebenso traditionellen Motiv vom englischen Sportsgeist. Bald aber entpuppt sich das Spiel als bitterer Ernst. Der deutsche Spionagering fliegt auf, und Marlow gerät in Gefahr, ebenfalls verhaftet zu werden. Für seine Flucht, ja, sein Überleben ist er auf Zaleshoff angewiesen, der ihn rechtzeitig zu warnen vermag und zusammen mit ihm nach Jugoslawien fliehen will.

Diese Flucht erstreckt sich über die letzten zwei Fünftel des Romans. Das Fluchtmotiv, Element des traditionellen Thrillers, hat durch die Zeitumstände verschärfte Bedeutung bekommen. Die 1930er Jahre sind eine Zeit der Flüchtlinge und Fluchten, gescheiterter und geglückter Grenzüberquerungen. Zaleshoff meistert eine besonders knifflige Situation, als die beiden Fliehenden auf einem Bahngelände aufgegriffen werden, indem er an die proletarische Solidarität eines Arbeiters appelliert, den er als klandestinen Kommunisten zu identifizieren vermag. Doch als Marlow und Zaleshoff den Grenzübertritt nach Jugoslawien versuchen, verirren sie sich in der klirrenden Kälte in den schneebedeckten Bergen; eine Reminiszenz an die Entstehungszeit des Romans, den Ambler Anfang 1938 in den Alpes Maritimes mit klammen Fingern geschrieben hatte.

Schließlich finden sie Zuflucht in einem einsamen Haus, das von einem pensionierten Professor und dessen Tochter bewohnt wird. Die Begegnung in diesem Haus nimmt das ganze Kapitel 17 ein, das unter dem Titel *Reductio ad absurdum* beinahe eine Kurzgeschichte für sich bildet. Alfred A. Knopf, dem das Kapitel nicht gefiel, strich es aus der amerikanischen Ausgabe. Tatsächlich wirkt es auf den ersten Blick wie ein Fremdkörper. Und doch widerspiegeln sich darin noch einmal die Themen des ganzen Romans.[12] Erzählt wird die Geschichte des Mathematikprofessors Beronelli, der seinen Lehrstuhl an der Universität verlor, weil er seine Wissenschaft nicht in den Dienst des faschistischen Regimes stellen wollte. In der Einsamkeit der vorzeitigen Pensionierung verstrickt er sich in endlose Forschungen und glaubt schließlich, die Formel für ein Perpetuum mobile entdeckt zu haben. Doch die entsprechenden Aufzeichnungen entpuppen sich in Marlows Augen als sinnlose Kritzeleien. Die Welt, so hat Beronelli am eigenen Leib schmerzhaft erfahren, achtet Rationalität und Verdienst nicht mehr, also hat er seinerseits den Glauben an die Naturgesetze verloren. Zaleshoff macht die umgekehrte Gleichung: Nicht Beronelli ist verrückt, sondern die angeblich Normalen sind es. Die Mehrheit ließe sich einreden, man könne

Frieden durch Krieg schaffen, die eigene Nation sei besser als alle anderen, Eigennutz regiere die Welt, und menschliche Solidarität sei unmöglich. »Beronelli ist verrückt. Armer Kerl. Es ist eine schockierende Tragödie. Er glaubt, daß die Gesetze der Thermodynamik allesamt falsch sind. Verrückt? Klar ist er verrückt. Aber wir sind noch verrückter. Wir glauben, daß die Gesetze des Dschungels richtig sind…!« (Unruhe, 379f.) Zehn Jahre später dreht George Orwell in seinem Buch *Nineteen Eighty-Four (1984)* die Motivschraube weiter und läßt ein totalitäres Überwachungsregime seinen Bürgern eintrichtern, daß die politische Ideologie den Gesetzen der Mathematik übergeordnet sei, und den Bürger Winston Smith unter Folter zur ›Erkenntnis‹ zwingen, daß zwei plus zwei fünf ergebe.

Marlow gelingt der Übertritt nach Jugoslawien und die Rückkehr nach England. Sein Alptraum scheint von außen wie ein flüchtiger Traum. In Wolverhampton beschwichtigt sein Chef jovial: »Ich hatte nie den Eindruck, daß es wirklich Anlaß zur Unruhe gab.« (Unruhe, 394) Der Zyniker hat insofern recht, als für die internationalen Waffengeschäfte nie ein Grund zur Besorgnis bestand. Mit seinem Buchtitel will Ambler gerade vor solchem Zynismus warnen. Doch auch Marlow führen seine Erlebnisse nicht zu einem politischen Engagement. Zwar kündigt er bei Spartacus, aber nur, um eine ruhigere Stelle als Ingenieur bei der Maschinenfabrik Cator & Bliss anzunehmen. In *Ungewöhnliche Gefahr* war Cator & Bliss jener Rüstungskonzern, dem die Hauptverantwortung für den drohenden Krieg zugeschrieben wurde. Das wird ihm im neuen Roman nicht mehr unterstellt, aber er bleibt weiterhin in die Waffenproduktion verwickelt und mit Spartacus verknüpft. Zum Schluß herrscht sowohl für die Rüstungsindustrie als auch für Marlow, der sich wieder auf den unpolitischen Sachverstand des Ingenieurs zurückzuziehen versucht, *business as usual.*

Das letzte Wort des Romans bleibt deshalb einem Zeitungsausschnitt vorbehalten, der eine Abkühlung zwischen Italien und Deutschland andeutet, aufgrund jener Geheiminformationen, die Zaleshoff über Marlow den Deutschen zuspielte. Daß ein vermutlicher Sowjet-Agent solche Friedenshoffnung befördert, entspricht einer Volksfrontideologie, wie sie Ambler damals zusammen mit Hunderttausenden vertrat. In einer Würdigung warf der Kritiker Clive James 1974 Ambler dies als naive Unterschätzung des Stalinismus vor, ein Vorwurf, der in jüngster Zeit erneuert worden ist.[13] Doch diese Kritik verkennt ihrerseits die historische Lage. Die stalinistische Diktatur forderte zwar im Innern unzählige Opfer; weltpolitisch gesehen aber ging die Kriegsgefahr zweifellos von den Achsenmächten aus.

Im übrigen ist Amblers Position durchaus differenziert. Das Profil der von ihm dargestellten Kommunisten verändert sich durch die verschiedenen Romane hindurch. In *Ungewöhnliche Gefahr* wurde Zaleshoff als »offizieller Repräsentant der UDSSR« eingeführt und war unwidersprochen das Sprachrohr für die politischen Analysen des Buchs. In *Anlaß zur Unruhe* weist er Marlows Anspielung auf seine Arbeit für die Sowjetunion bis zum Schluß zurück, und seine Erläuterungen werden von Marlow immer wieder bestritten. Dabei wirkt das Verfahren auf beiden Seiten; Zaleshoff und Marlow weisen sich im ironischen Widerspiel gegenseitig politische Naivität beziehungsweise Dogmatismus nach.

Ambler hat die unmittelbare Vorkriegszeit zwischen Kriegsangst, Hoffnung und Enttäuschung in seinen Erinnerungen sehr genau beschrieben. Während der Münchner Konferenz im September 1938 standen die Menschen auf den Champs-Elysées und auf dem Boulevard Saint-Michel und sahen in den Himmel, in Erwartung eines deutschen Bombenangriffs:

Als nach einer Stunde aber noch immer nichts passiert war, gingen die Leute wieder in die Cafés hinein. Zwei Stunden später hatte der *Paris-Soir* ein Extrablatt herausgebracht, in dem die Unterzeichnung des

Münchener Abkommens gemeldet wurde, der erste Schritt zu einer Verstümmelung der Tschechoslowakei. Alle waren sehr erleichtert. Über Verrat regten wir uns nicht mehr groß auf, und mit Hilfe der Nazis konnten wir uns sogar die entsprechenden Begründungen zurechtlegen. (Ambler, 257)

Ambler blieb in Paris, kam aber mit einem neuen Roman nicht wunschgemäß zurecht. Deshalb ergriff er die Gelegenheit, nach den USA zu reisen. Am 9. Januar 1939 startete er die Überfahrt nach Boston, von wo er nach New York weiterreiste. Dort wurde er vom Verlegerehepaar Alfred und Blanche Knopf begrüßt, das ihn in die New Yorker Literaturszene einführte.

Amblers Beschreibung seines ersten US-Aufenthalts zeigt jene spöttische Distanz, die ihn später auch in Hollywood zum amüsiert-kritischen Beobachter machen sollte. Begeistert war er hingegen von der Jazzszene; ein Autogramm des Drummers Zutty Singleton hielt er bis ins Alter hoch in Ehren. Auf der Rückreise nach England Ende Februar schrieb er am fünften Roman und konnte diesen schon bald beim englischen Verlag abliefern.

Doch es zog Ambler wieder nach Paris. Dort lernte er Louise Crombie, eine amerikanische Modezeichnerin, kennen. Nach einer unglücklichen Ehe und Scheidung war sie als Korrespondentin einer Agentur nach Paris gekommen, während ihre drei Kinder bei den Großeltern in den USA blieben. In Paris zeichnete sie bei den Modeschauen sogenannte Krokis, Skizzen der neuesten Modelle, die dann von den führenden amerikanischen Modezeitschriften als Vorlage für ihre Illustrationen verwendet wurden. Sie wohnte zur Untermiete bei einer älteren englischen Dame, Winifred Harle, die als Übersetzerin arbeitete. Eric und Louise machten Ferien in Agay, in jenem Hotel, das als Vorlage für den Schauplatz von *Nachruf auf einen Spion* gedient hatte, und planten ihre Heirat. Doch der Auszug von Louise aus ihrer Unterkunft und die Übersiedlung zu Eric ins Hotel ging nicht ohne Verletzungen ab:

Bald nach unserer Rückkehr nach Paris fuhr Louise in die Rue Marbeuf 19, um dort einen Koffer abzuholen, den sie bei der Concierge gelassen hatte. Das jedenfalls war die Begründung, die sie mir gab. Meine eifersüchtigen Anspielungen hat sie nie ernst genommen. Statt dessen amüsierte sie mich mit einer Schilderung der Szene, wie ihre Mutter Radclyffe Halls *Quelle der Einsamkeit*, das sie zum ersten Mal gelesen hatte, mit dem Kommentar abtat: »Ach, bei uns in Portland gibt's sowas nicht!« Wohl um zu beweisen, daß es das auch in der Rue Marbeuf nicht gegeben hatte, ging sie los, um sich mit Win Harle zu versöhnen. (Ambler, 273)

Der Roman *The Well of Loneliness (Quelle der Einsamkeit)* der englischen Autorin Radclyffe Hall (1883–1943) war 1928 wegen der offenen Darstellung lesbischer Beziehungen in einem berühmten Obszönitätsprozeß verboten worden. Amblers Schilderung ist tief ambivalent, ein Gegenstück zu seiner Begegnung mit Brian Howard. Welche »eifersüchtigen Anspielungen« konnte denn ein zukünftiger Ehemann in bezug auf die Beziehung zwischen seiner künftigen Ehefrau und deren früherer Hauswirtin äußern? Indem Louise mit einer Anekdote konterte, wie ihre Mutter die Existenz von »so was« leugnete, scheint sie auf ebendessen Existenz hinzuweisen. Und die versuchte Versöhnung mit Harle schlug ins Gegenteil um, denn diese wurde ausfällig und versuchte, die Heirat zwischen Louise und Eric zu hintertreiben. Auch Betty Dyson, längst mit Yves Chanteau liiert, äußerte plötzlich erneuerte Besitzansprüche gegenüber ihrem alten Verehrer.[14]

Solche privaten Verwicklungen der libertären Vorkriegsgesellschaft wurden von der Weltgeschichte überschattet. Am 23. August 1939 gaben Deutschland und die Sowjetunion den Abschluß eines Nichtangriffspakts bekannt. Ambler beschrieb mehrfach den Schock, den das Abkommen zwischen Hitler und Stalin ausgelöst hatte. Zum einen ging die moralische Hoffnung auf die Sowjetunion als Verteidigerin von Demokratie und Freiheit zuschanden, zum anderen wurde klar, daß ein Krieg unmittelbar bevorstand. Mit Müh und Not gelang es Eric und Louise, noch zwei Plätze auf einem Schiff nach England zu ergattern. Dort war gerade eben Amblers jüngstes Buch erschienen und in der *Daily Mail* zum Buch des Monats erklärt worden.

Verbrecher und Gesellschaft

The Mask of Dimitrios (Die Maske des Dimitrios)[15] wird von vielen Kritikern für Amblers bestes Werk gehalten; ohne Zweifel ist es sein ambitioniertestes und einflußreichstes. Es erschließt dem Thriller eine neue Dimension. Stärken, die Ambler in verschiedenen Werken getrennt entwickelt hatte, fügten sich zusammen: ein aktueller politischer Plot, eine komplexe literarische Form, eine überzeugende moralisch-ästhetische Reflexion.

Wie schon der allererste Roman, *Der dunkle Grenzbezirk*, thematisiert *Die Maske des Dimitrios* das Thrillerschreiben selbst, freilich ungleich eleganter und tiefgründiger. Charles Latimer, fünfzehn Jahre lang Dozent in politischer Ökonomie an einer kleinen englischen Universität und nebenher zum erfolgreichen Kriminalschriftsteller geworden, wird bei einem Urlaub in Istanbul mit der Geschichte eines realen Verbrechers namens Dimitrios konfrontiert. Spontan setzt er sich auf dessen Spur, die von der Türkei über den Balkan nach Frankreich führt. In seiner Autobiographie hat Ambler sarkastisch angemerkt, daß er, wäre er ein seriöser Schriftsteller gewesen, zur Recherche in die Türkei hätte fahren müssen; aber er sei eben nicht seriös gewesen und habe seine Erkenntnisse aus zweiter Hand gewonnen. Im Roman holt Latimer diese Recherchen in Form eines selbstironischen Kommentars für seinen Autor nach.

Wie in *Anlaß zur Unruhe* setzt Ambler den Roman aus verschiedenen Textformen zusammen, von der amtlichen Prozeßakte über mündliche Berichte verschiedener Figuren bis zur auktorialen Nacherzählung. Sie alle sollen das Leben von Dimitrios aus verschiedenen Perspektiven rekonstruieren. Dimitrios' Verbrechen ergeben umgekehrt ein Panorama Europas nach dem Ersten Weltkrieg: Raubmord während des griechisch-türkischen Kriegs 1922 und der Eroberung von Izmir; Attentatsversuch auf den bulgarischen Ministerpräsidenten 1923; Spionage in Jugoslawien 1926; Mädchen- und Drogenhandel in Paris 1928 bis 1931; Unterstützung terroristischer Aktivitäten in Bulgarien als Vorstandsmitglied einer Bank mit Geschäftsinteressen auf dem Balkan 1938. Jedem dieser Verbrechen ist ein eigenes Kapitel gewidmet, und jedes wird aus einer anderen Perspektive und in einer anderen Tonlage erzählt, etwa mit der durch Latimer gefilterten selbstverliebten Arroganz des ehemaligen Topagenten und Auftraggebers von Dimitrios in Jugoslawien, oder mit der rauhen, verschreckten Larmoyanz einer ehemaligen Freundin und jetzigen Nachtclubwirtin. Manche Kapitel sind gleichzeitig meisterhafte geschichtliche Exkurse und zeigen Ambler auf dem Höhepunkt seiner Kunst. Tod und Verderben im brennenden Izmir werden ebenso eindringlich veranschaulicht wie die Schmuggelpfade des Drogenhandels oder die Drogensucht; die Erzählung über Dimitrios' Spionageauftrag in Jugoslawien ist ein Kabinettstück darüber, wie soziale Umstände, unbefriedigter Ehrgeiz und lockendes Geld einen Beamten zu korrumpieren vermögen.

Zusammengehalten werden diese Episoden durch die Figur Latimers. Er ist der bis dahin facettenreichste Held Amblers, wenn auch nicht allwissend: Einige auktoriale Hinweise auf verdächtige Indizien, die ihm entgehen, wecken beim Leser Besorgnis um die Sicherheit der Identifikationsfigur. Dabei macht Latimer eine Entwicklung durch. Allmählich droht er der von Dimitrios ausgehenden Faszination zu erliegen.

Der Ausgangspunkt ist keineswegs vielversprechend. Der türkische Oberst Hakki präsentiert dem ihm als Kriminal-

schriftsteller bekannten Latimer zuerst ein schlechtes Romanmanuskript und dann gleichsam beiläufig eine Leiche. Darin versteckt sich eine regelrechte Herausforderung:

> Oberst Hakki spitzte die Lippen. »Wissen Sie, Mr. Latimer«, sagte er,
> »Mörder in einem Kriminalroman sind mir viel sympathischer als
> echte Mörder. In einem Kriminalroman gibt es eine Leiche, etliche
> Verdächtige, einen Detektiv und den Galgen. Das ist Kunst. Ein ech-
> ter Mörder ist kein Künstler.« (Dimitrios, 24)

Nachdem er den Lebenslauf des echten Mörders Dimitrios reka-
pituliert hat, bekräftigt Hakki den Gegensatz von Fiktion und
Realität: »Da haben Sie Ihre Geschichte. Unvollständig. Un-
künstlerisch. Kein Detektiv, keine Verdächtigen, keine verborge-
nen Motive. Nur eine miese kleine Geschichte.« (Dimitrios, 30)
Latimers professioneller Ehrgeiz ist damit geweckt, Hakkis be-
grenztes Kunstverständnis zu widerlegen. Romane, so führt Latimer ins Feld, bestünden nicht nur aus Motiven und Lösungen,
sondern vor allem aus Charakteren. Dimitrios nachzuspüren
ergäbe eine der »ungewöhnlichsten Biographien« (Dimitrios,
38).

Aber das ist nur ein Grund für sein Interesse an Dimitrios. Der
andere gleicht Hakkis geheimdienstlichem Auftrag:

> Im Grunde wäre es ein kriminalistisches Experiment. Man würde
> sicher nichts Neues entdecken. Aber selbst aus einem Mißerfolg wür-
> den sich wertvolle Erkenntnisse ergeben. All die Routineermittlun-
> gen, über die man in seinem eigenen Roman so beiläufig hinwegging,
> würde man selber anstellen müssen. (Dimitrios, 39)

Mit anderen Worten: Der Schriftsteller will praktischer Ermitt-
ler werden. Die Fiktion scheint Latimer nicht mehr zu genügen,
er wünscht sich den Kitzel der Realität. Dieses Motiv kann er sich
aber nur halbherzig eingestehen. Seine Selbstrechtfertigungen
oszillieren in der Folge zwischen den beiden Polen. Einmal ver-

gleicht er seinen Ehrgeiz mit dem eines Zoologen, der aus den Splittern eines versteinerten Knochens das vollständige Skelett eines prähistorischen Tiers rekonstruiert. Später orientiert er sich an einem näherliegenden Berufsbild: »Er war zufrieden mit sich. Er hatte Neues über Dimitrios herausgefunden, und zwar ganz allein. Gewiß, es war nur Routinearbeit gewesen, aber sie hatte, in bester Scotland-Yard-Tradition, Geduld und Beharrlichkeit verlangt.« (Dimitrios, 73)

In Sofia, wo ihm der griechische Journalist Marukakis bei den Recherchen hilft, legt sich Latimer seine Motivationen nochmals auseinander:

> Ich dachte mir, wenn ich mich ein einziges Mal als Detektiv betätigte, statt immer nur über andere Figuren zu schreiben, daß ich dann interessante Dinge herausfinden könnte. Mein Ziel war es, die Lücken der Akte zu schließen. Aber das war nur ein Vorwand. Ich wollte in dem Moment nicht wahrhaben, daß mein Interesse nicht kriminalistischer Natur war. Es ist schwer zu erklären, aber ich weiß jetzt, daß mein Interesse an Dimitrios eher das eines Biographen als das eines Kriminalisten war. Ein psychologischer Aspekt war auch dabei. Ich wollte mir Dimitrios erklären, wollte seine Handlungen, seine Denkweise verstehen. Ihn bloß als Verbrecher abzustempeln reichte mir nicht. Ich habe ihn nicht als Toten im Leichenschauhaus gesehen, sondern als einen Menschen, nicht als ein einzelnes Phänomen, sondern als Bestandteil einer sich auflösenden Gesellschaft. (Dimitrios, 93 f.)

Erstmals formuliert Latimer hier ein soziales Interesse. Aber diese Erklärung kauft ihm Marukakis nicht ab, der sie umkehrt und radikalisiert. »Sie machen sich etwas vor. In Wahrheit hoffen Sie, durch eine rationale Erklärung von Dimitrios auch die in Auflösung befindliche Gesellschaft erklären zu können, von der Sie gesprochen haben.« (Dimitrios, 94) Latimer weist den Vorwurf zurück; so wie er Marukakis' marxistische Analyse der herrschenden Wirtschaftsmächte als übertrieben abtut. Dabei hatte Latimer, bevor er mit Kriminalromanen erfolgreich wurde,

als Politologe eine Studie über die wirtschaftspolitischen Implikationen des faschistischen Rassentheoretikers Alfred Rosen-
berg verfaßt. Jetzt brechen verdrängtes politisches Interesse und
Engagement wieder durch.

Vorerst aber drängt sich die Realität in den Vordergrund. Latimers Hotelzimmer wird durchsucht, und drohend richtet sich
die Pistole des undurchsichtigen Mr. Peters auf ihn. Latimers bisherige Erfahrungen mit roher Waffengewalt waren rein theore-
tisch-schriftstellerischer Natur und erweisen sich der wirklichen
Situation als hoffnungslos unangemessen. Zuerst fühlt er statt
der erwarteten Furcht nur Ärger; und dann, als ihm die reale Bedrohung aufgeht, fühlt er mehr Furcht, als er sich je hatte vorstellen können. Der Initiator eines kriminalistischen Experiments
sieht sich plötzlich als dessen Objekt.

Dabei bleibt es nicht. Peters schlägt Latimer einen gewinn-
trächtigen Handel vor, der diesen zum Mittäter machen würde.
Latimer muß seine Lage und seine Möglichkeiten neu überdenken. Obwohl er verhindern will, daß sein Interesse an Dimitrios zur Obsession wird, muß er sich eingestehen, daß es längst
zwanghafte Züge angenommen hat. Zur Fiktion eines kriminalistischen Experiments kann er nicht mehr zurückkehren, da die
Geschehnisse ihm mittlerweile über den Kopf gewachsen sind.
Das von Peters angebotene Geld spielt, von Latimer nur un-
deutlich eingestanden, durchaus eine Rolle. Deshalb verfolgt er
eine weitere Fährte von Dimitrios und trifft sich anschließend
erneut mit Peters in Paris. Bei diesem Treffen versucht er Peters,
den er inzwischen als ehemaligen Komplizen von Dimitrios
enttarnt hat, handgreiflich unter Druck zu setzen, ist aber der
neuen Rolle nicht gewachsen und läßt sich von Peters übertöl-
peln.

In Umkehrung der Rollen wirft Peters Latimer moralischen
Voyeurismus vor, sowohl als Kriminalschriftsteller wie bei seinen gegenwärtigen Nachforschungen. In den Büchern jage er die

Mörder mit abstoßender Schadenfreude, und sein Interesse an Dimitrios rühre hautpsächlich daher, daß er über diesen schokkiert sei. Latimer schließt eine latente Faszination durch Dimitrios nicht vollkommen aus:

> Vielleicht haben Sie recht. Aber gerade weil ich schockiert bin, möchte ich ihn verstehen, ihn mir erklären. Ich glaube nicht an den unmenschlichen, teuflischen Verbrecher, von dem man in Kriminalromanen liest, und doch deutet alles, was ich über Dimitrios gehört habe, darauf hin, daß er sich unmenschlich verhalten hat, nicht bloß ein-, zweimal, sondern durchweg. (Dimitrios, 234)

Wie einst der Marxist Marukakis weist jetzt der Kriminelle Peters auf die soziale Symbolik von Dimitrios hin: »Dimitrios und der Typ des erfolgreichen, ehrbaren Geschäftsmannes unterscheiden sich nur in ihren Methoden – der eine bedient sich illegaler Mittel, der andere legaler. Jeder ist auf seine Weise rücksichtslos.« (Dimitrios, 234) Diese Parallele zwischen Verbrechen und Geschäftswelt wurde in den 1930er Jahren am eingängigsten in Bertolt Brechts Diktum zusammengefaßt, was denn ein Dietrich gegen eine Aktie und was der Einbruch in eine Bank gegen die Gründung einer Bank sei. Latimer wehrt die These von Peters vorerst entschieden ab; nur um später zur selben Ansicht zu kommen:

> Doch es nützte nichts, ihn [Dimitrios] mit Begriffen wie ›Gut‹ und ›Böse‹ erklären zu wollen. Das waren lediglich barocke Abstraktionen. Die Elemente der neuen Theologie hießen »gutes Geschäft« und »schlechtes Geschäft«. Dimitrios war nicht böse. Er war logisch und konsequent, so logisch und konsequent im europäischen Dschungel wie das Giftgas Lewisit und die Leichen von Kindern, die bei einem Luftangriff auf eine offene Stadt umkommen. Die Logik von Michelangelos David, von Beethovens Streichquartetten und Einsteins Theorien war durch die Logik des Börsenhandbuchs und Hitlers *Mein Kampf* ersetzt worden. (Dimitrios, 289)[16]

Latimer hält es zwar für hoffnungslos, grundsätzlich die Umstände und die Logik ändern zu wollen, denen Dimitrios entspringt; zumindest aber ließen sich die verbrecherischen Auswirkungen dieser Logik ein wenig eingrenzen, ließe sich insbesondere Dimitrios ausschalten.

Zu diesem Zweck muß Latimer eine Allianz mit Peters eingehen. Das setzt eine Abstufung des Verbrecherischen voraus. Wenn Dimitrios als dessen vollkommenste Verkörperung gilt, so hat Peters' verbrecherische Skrupellosigkeit Grenzen.[17] Zwar ist seine Rechtfertigung, er habe beim Drogenhandel nur den Kurier gespielt, sei also nicht für das Anfixen von Süchtigen verantwortlich, vergleichbar mit der fast kriminellen Blauäugigkeit Amblerscher Waffeningenieure und wird kritisch entlarvt. Auch wäre er bereit gewesen, seinen Komplizen Latimer zu betrügen. Doch man darf ihm glauben, wenn er sagt, er hätte Latimer nicht an Dimitrios verraten. Der entscheidende Unterschied zur rational verbrecherischen Logik von Dimitrios besteht darin, daß Peters einen Haß auf Dimitrios entwickelt hat. Paradoxerweise hätte gerade dieser Haß den Verrat eingegrenzt. Aus Haß erschießt der sterbende Peters zudem Dimitrios und erfährt damit zum Schluß eine halbe Absolution.

Latimer seinerseits ist bereit, zum Erpresser zu werden. Er rechtfertigt sich damit, nur so könne Dimitrios überhaupt bestraft werden. Doch wird auch persönlicher Ehrgeiz spürbar. Der scheint ins Verderben zu führen, als Latimer und Peters von Dimitrios überrascht werden. Dimitrios verletzt Peters schwer und richtet dann die Pistole auf Latimer:

> Dimitrios musterte Latimer. »Und jetzt Sie«, sagte er.
> In diesem Moment setzte Latimer zum Sprung an.
> Er wußte nicht, warum er genau in diesem Moment lossprang, nicht einmal, wieso er überhaupt losgesprungen war. Er vermutete, daß es ein instinktiver Versuch war, sich zu retten. Weshalb sein Selbsterhaltungstrieb ihn aber veranlaßte, direkt auf den Revolver zu-

zuspringen, den abzufeuern Dimitrios im Begriff war, ist unerklärlich. Aber er sprang, und das rettete ihm das Leben, denn als sich sein rechter Fuß in dem Bruchteil einer Sekunde, bevor Dimitrios abdrückte, vom Fußboden löste, stolperte er über einen Wulst von Mr. Peters' dicken Teppichen, so daß die Kugel über seinen Kopf hinwegflog und in die Wand einschlug. (Dimitrios, 335)

Der Überlebenstrieb wirkt selbstmörderisch eingefärbt. Dennoch gelingt es Latimer, Dimitrios zu entwaffnen und Peters die Waffe in die Hand zu drücken, während er angeblich Hilfe suchen will. Bewußt entscheidet er sich dafür, das Zimmer zu verlassen, damit der sterbende Peters Dimitrios erschießen kann. Latimer sanktioniert dessen Tötung, weist die direkte Verantwortung dafür aber einem anderen zu.

Latimer überlebt nicht nur als einziger, sondern ist auch der einzige, der über alle Informationen verfügt, um das ganze Leben von Dimitrios zu überblicken. Doch er will und kann damit nichts anfangen. Marukakis hingegen versucht in einem Brief an Latimer eine Erklärung:

> Jener besondere Typ von Verbrecher, wie er [Dimitrios] ihn verkörperte, kann nur unter besonderen Bedingungen gedeihen. Ich habe versucht, diese Bedingungen zu definieren – leider ohne Erfolg. Ich weiß nur, solange die Mächtigen bestimmen, was Recht ist, solange Chaos und Anarchie sich als Ordnung und Aufklärung ausgeben, werden diese Bedingungen herrschen. (Dimitrios, 347)

Latimer tut das nachsichtig als sympathische, aber überzogene Propaganda ab, denn er hat auf der Heimreise nach London dringendere Sorgen. Er muß sich für seinen Verleger einen traditionellen Krimi mit humorigen Einsprengseln ausdenken, weitab von der eben erlebten Realität. Und so endet Ambler den Roman mit knapper Ironie: »Noch zwei Tage Zugfahrt! In der Zeit müßte er eigentlich eine Geschichte skizzieren können. Der Zug fuhr in einen Tunnel.« (Dimitrios, 348) Ein einzelner Fall hat ein

Ende gefunden, nichts weiter; die Gesellschaft treibt blind in den Krieg.

Ambler hat dem Buch ein Motto aus der *Hydriotaphia* von Thomas Browne vorangestellt:

> Das Vergessen streut blind und ungerecht seine Saat aus und behandelt das Andenken der Menschen ohne Rücksicht auf Verdienst und Unsterblichkeit... Ohne bleibende Aufzeichnungen wäre der erste Mensch so unbekannt wie der letzte, und Methusalems langes Leben wäre seine einzige Chronik gewesen. (Dimitrios, 7)

Sir Thomas Browne (1605–1682), Arzt, hochgebildeter Kulturwissenschaftler und Naturphilosoph, nahm in der 1658 erschienenen *Hydriotaphia*, die als erste archäologische Studie in England gilt, kurz zuvor entdeckte antike Urnen zum Anlaß für weitreichende Reflexionen über Begräbnisriten und die Vergänglichkeit. Auch Cyril Connolly hatte sein 1938 veröffentlichtes und von Ambler im gleichen Jahr gelesenes Buch *Enemies of Promise* mit einem Motto von Browne eingeleitet: »Vergeblich hofft der Einzelne auf Unsterblichkeit oder auf ein Rezept gegen das Vergessen, auf eine Erhaltung diesseits der Gefilde des Monds, der Seligen« (Connolly 1996, 13). In diesem Motto geht es um die grundsätzliche Frage, ob Nachruhm möglich sei; Connollys Buch ist eine Reflexion über die Chancen und Gefahren eines Schreibens, das die Zeiten überdauern soll. Amblers Zitat differiert ein wenig: Es handelt von der Ungerechtigkeit des Nachruhms und von den Mitteln, ihn sicherzustellen. *Die Maske des Dimitrios* tritt an, jene bleibenden Aufzeichnungen zu liefern, die das Vergessen verhindern. In seiner Studie hatte Connolly eine differenzierte Auseinandersetzung mit der Notwendigkeit politisierten Schreibens geführt; so wie Connolly lieferte Ambler eine zeitgenössische, säkulare Antwort auf Thomas Browne. In jüngster Zeit ist Browne wieder aufgegriffen worden, und zwar von W. G. Sebald in dessen Buch *Die Ringe des Saturn* (1995), das er

mit *Eine englische Wallfahrt* untertitelt und in dem Brownes Ver-
gänglichkeitsthema in eine apokalyptische Perspektive gerückt
wird.[18]

Die Jahre kurz vor dem Zweiten Weltkrieg brachten einen
Umbruch für den Kriminalroman und den Thriller. 1938/39 erschienen vier zentrale Werke: Graham Greenes *Brighton Rock
(Am Abgrund des Lebens)*, Eric Amblers *Die Maske des Dimitrios*, Geoffrey Households *Rogue Male (Einzelgänger, männlich)* sowie Raymond Chandlers *The Big Sleep (Der große Schlaf)*.
Sie alle haben ihre besonderen Verdienste, Kriminalroman und
Thriller aus dem Glashaus, oder dem englischen Landhaus, in
die Realität gezerrt zu haben. Greene seziert die psychische Verfassung eines Mörders, Household verdichtet die Atmosphäre
einer unerbittlichen Hetzjagd, Chandler setzt den desillusio-
nierten Einzelnen gegen die korrupte Gesellschaft; Ambler aber
vertritt den umfassendsten Anspruch, indem er die Voraussetzungen eines in den Krieg stürzenden Europas zu erfassen
versucht.

Erzählerische Fingerübungen

Ambler widmete sein Buch dem befreundeten Ehepaar Alan und
Felice Harvey, mit dem er auch nach dem Ausscheiden aus der
Werbebranche weiterhin Kontakt pflegte.[19] Den Kriegsbeginn
erlebte er wieder in London. Am 5. Oktober 1939 heirateten Eric
und Louise in einer zivilen Trauung in Croydon. Mutter Ambler
machte keinen Hehl daraus, daß Erics Wahl nicht ihre unein-
geschänkte Zustimmung fand: Louise war mehrere Jahre älter als
ihr Sohn, Amerikanerin, geschieden, und, kaum eingestanden,
waren da auch noch Gerüchte und Vorurteile wegen ihres ne-
groiden Aussehens.[20]

Einige Jahre lang hatte Ambler der englischen Gesellschaft

kritisch gegenübergestanden. In seinen ersten Romanen hatte er die internationalen Waffenkonzerne für die kommenden Kriege verantwortlich erklärt. Diese Schuldzuweisung war in der Folge durch einen entschiedenen Antifaschismus differenziert worden; der Kniefall der Westmächte vor Hitlers Forderungen 1938 in München hatte Ambler mit Ekel erfüllt, ohne daß er sich politisch öffentlich engagiert hätte. Im September 1939 begrüßte er, wie die meisten kritischen Intellektuellen, ohne zu zögern die britischen Kriegsanstrengungen. Das entsprach dem endlich militant gewordenen Antifaschismus. Doch blieb dessen Beziehung zum Patriotismus zwiespältig. In beispielhafter Form veranschaulichte dieses Dilemma George Orwell. Orwell hatte sich noch kurz vor Kriegsbeginn gegen jede britische Kriegsvorbereitung gewandt, da er, linksradikaler als Ambler, den kommenden Krieg nur als Kampf rivalisierender imperialistischer Mächte begriff. Im September 1939 freilich stellte er sich uneingeschränkt hinter die britische Regierung, trat wenig später der Home Guard, der Bürgerwehr, bei und begründete seine neue Position im programmatischen Aufsatz *My Country Right or Left,* in dem er die für sich selber neu entdeckten patriotischen Tugenden höher als politische und soziale Differenzen in der britischen Gesellschaft stellte.[21]

Auch Ambler meldete sich zum Militärdienst, wurde aber abgewiesen. Als Beitrag zu den Kriegsanstrengungen schien vorerst nur die schriftstellerische Arbeit gefragt. So trug er mit einer Kurzgeschichte zu einem Buch bei, das zugunsten des Roten Kreuzes verkauft wurde. *The Army of the Shadows (Die Armee der Schatten)* drückt Amblers damalige politische Haltung am direktesten aus.

Ein englischer Arzt bleibt auf der Rückreise von einem Kongreß in Belgrad mit dem Wagen im Engadiner Schnee stecken. Auf der Suche nach Hilfe entdeckt er in einem abgelegenen Chalet eine Druckerpresse, die von deutschen Widerstandskämpfern zur Herstellung antifaschistischer Flugblätter gebraucht wird. Die Antifaschisten verdächtigen ihn als deutschen Spion und wollen ihn gefangennehmen; da erfahren sie, daß ein Kamerad beim illegalen Grenzübertritt in die Schweiz angeschossen worden ist. Aus »Berufskrankheit vermutlich« (Cole, 43) organisiert der Arzt die fachmännische Bergung des Verwundeten und operiert ihn. Der so Gerettete dankt ihm mit einer Rede:

> »England und das Dritte Reich«, sagte er, »werden bald Krieg gegeneinander führen. Aber Sie werden nicht gegen Deutschland kämpfen. Vergessen Sie das nicht, Herr Doktor. Nicht gegen Deutschland. Deutschland, das sind Menschen wie wir, und wir werden, auf unsere Weise, an der Seite Englands kämpfen.« (Cole, 50)

Die Geschichte ist, wie Ambler selbst eingestand, unter Zeitdruck zu simpel und direkt geraten. Immerhin wird in einer Rahmenhandlung, in der der Arzt als Erzähler seine Geschichte dem kritischen Urteil aussetzt, etwas ironische Distanz aufgebracht. Die bezieht sich allerdings nur aufs Pathos, nicht auf die vertretene Haltung, zwischen Hitler-Deutschland und dem deutschen Widerstand zu unterscheiden.

Zur gleichen Zeit schrieb Ambler sechs Erzählungen für eine Zeitschrift unter dem Haupttitel *The Intrusions of Dr. Czissar (Dr. Czissar mischt sich ein)*. Es sind Fingerübungen traditioneller Kriminalgeschichten. Jeder Fall nimmt sich einen Indizienbeweis vor und präsentiert gerichtsmedizinisches Wissen über Gifte, Einschußwinkel oder die Leichenstarre. Auch die Figur des Detektivs als Außenseiter, der alle Rätsel löst, wobei die offiziellen Vertreter von Scotland Yard milde verspottet werden, kann sich auf traditionelle Vorbilder berufen. Allerdings bekommt die Hauptfigur eine besondere politische Note. Aus dem skurrilen Ausländer Hercule Poirot ist ein politischer Flüchtling geworden, ein ehemaliger Angehöriger der tschechischen Kripo.

Die Figur ist zwei Bekannten nachgebildet, Flüchtlingen, die Ambler damals kennengelernt hatte. Eine gesellschaftskritische Komponente schwingt mit, wenn sich bei fünf von sechs Fällen Geld als Motiv des Verbrechens herausstellt.

Kurz nach Kriegsbeginn wollte Louise nach den USA zu ihren Kindern zurückfahren. Da Amblers Altersklasse noch nicht zum Militärdienst eingezogen wurde, beantragte er, mitreisen zu können. Das Außenministerium unterzog ihn einer Prüfung, ob er befähigt und vertrauenswürdig genug sei, Vorträge über die englisch-amerikanische Freundschaft halten zu können. Den USA-Aufenthalt zwischen März und Juni 1940 verlebte er zum Teil bei den Knopfs, zum Teil bei Louises Eltern. Doch die Nachrichten aus Europa, die Niederlage des britischen Expeditionskorps in Dünkirchen und der Fall von Paris, wirkten so bedrückend, daß Ambler im Juni 1940 nach London zurückreiste, während seine Frau bei ihren Kindern blieb. Wenige Tage später, am Tag von Frankreichs Zusammenbruch, erschien sein jüngster Roman *Journey into Fear (Die Angst reist mit)*.

Tür zu einer anderen Welt

Nach der Parforceleistung des *Dimitrios* hegte Ambler für *Die Angst reist mit* begrenztere Ambitionen. In der Konstellation kehrte er zu *Anlaß zur Unruhe* zurück. Der englische Rüstungsingenieur Graham wird nach dem anglo-türkischen Beistandspakt in die Türkei geschickt, um die dortige Marine mit neuen Geschützen auszurüsten. Kurz vor der Rückkehr nach England werden in einem Istanbuler Hotelzimmer Schüsse auf ihn abgefeuert. Graham wird vom türkischen Geheimdienstchef Oberst Hakki darüber aufgeklärt, daß bereits früher ein deutscher Attentatsversuch auf ihn habe vereitelt werden können. Statt mit dem Zug zurückzukehren, muß Graham aus Sicherheitsgründen auf einen Dampfer umbuchen, der nach Genua fährt, aber auf hoher See erkennen, daß nicht nur der auf ihn angesetzte Berufskiller, sondern auch ein deutscher Agent an Bord gelangt ist.

In der Literatur der 1930er galt der Hochseedampfer im Zeichen des technischen Fortschritts als beliebtes Transportmittel und darüber hinaus als Symbol kosmopolitischer Verbundenheit. »Die ganze Welt wird in einer Art verrückter Montage zur Schau gestellt«[22], beschrieb Graham Greene jenes Schiff, mit dem er 1938 von Mexiko zurückkreiste. Auch bei Ambler wird in den zehn Passagieren auf der *Sestri Levante* ein internationales Panorama vorgeführt: ein englischer Ingenieur, ein spanisch-serbisches Tanzpaar, ein deutscher Archäologe mit albanischer Frau, ein französisches Ehepaar, eine italienische Mutter mit Sohn, ein türkischer Tabakhändler. Aber die Bedeutung ist bereits umgekippt. Statt Szene aufregender Montage wird das Schiff zum Ort klaustrophober Bedrohung.

Zugleich konzentriert der geschlossene Schauplatz die darstellerischen Möglichkeiten. Der Roman beschäftigt sich intensiver als die vorangegangenen mit den Gedanken und Gefühlen seiner Hauptfigur, zeichnet auch die anderen Figuren schärfer. Graham wird zu Beginn als erfolgreicher, solider, selbstsicherer Ingenieur eines Waffenkonzerns eingeführt. Bei Kriegsausbruch analysiert er nüchtern, daß der Krieg mehr Arbeit bringen, ansonsten seine persönliche Situation nicht verändern werde. Seine Beziehung zu Waffen ist eine rein professionelle, technische:

Eine Kanone war eine Maschine, genauso wichtig oder unwichtig wie ein Staubsauger oder ein elektrischer Brotschneider, ohne Nationalität, ohne Loyalität. Sie war nicht ehrfurchtgebietend und symbolisierte ausschließlich die Finanzkraft ihres Besitzers. Denjenigen, die das Produkt seines technischen Sachverstands abfeuern mußten, hatte er stets ein ebenso distanziertes Interesse entgegengebracht wie denjenigen, die dieses Feuer erleiden mußten (und dank des unermüd-

lichen, weltumspannenden Engagements seiner Firma gehörten die
meisten Menschen in beide Kategorien). Obschon er wußte, welch
furchtbare Zerstörung eine Zehn-Zentimeter-Granate anrichten
konnte, schienen ihm seine Kanonen nur leblose Ziffern zu sein.
(Angst, 143)

Die Erkenntnis, Ziel eines Mordversuchs zu sein, muß Grahams
festgefügtes Weltbild erschüttern. Er sieht sich mit der eigenen
Angst und der Möglichkeit realen Schmerzes konfrontiert. Der
Roman folgt ihm in die Wechselbäder seiner Gefühle. Wie einst
Josef Vadassy muß Graham versuchen, hinter die möglichen
Masken der Mitreisenden zu blicken, um Verbündete oder
Feinde ausfindig zu machen. Deren sukzessive Enttarnung treibt
die Spannung des Buchs voran; doch im Vordergrund stehen
die Reaktionen Grahams. Nach der ersten Panik angesichts des
ebenfalls an Bord gelangten Killers Banat flüchtet er sich in einen
trotzigen Übermut und provoziert den Verfolger. Das stärkt
vorübergehend sein Selbstbewußtsein, verschlechtert aber ob-
jektiv seine Lage, weil er damit zu erkennen gibt, daß er Banat
identifiziert hat. Als sich der unscheinbare Tabakhändler als türkischer Agent entpuppt, der Graham beschützen soll, eröffnet
sich neue Hoffnung, nur um wieder zuschanden zu gehen. Grahams größter Fehler ist die Unterschätzung des als geschwätzi-
ger Archäologe reisenden Nazi-Agenten Möller. Doch letztlich
vermag er sich zu retten, weil er seinerseits unterschätzt worden
ist.

Das in *Die Maske des Dimitrios* so zentrale Thema von Fiktion und krimineller Realität klingt zuweilen als fernes Echo an.
Der Waffenexperte Graham, der doch nichts mit der bösen
Wirklichkeit seiner Waffen zu tun haben will, pflegt sich bei Kriminalromanen zu entspannen. Als er mit der Bedrohung der
eigenen Person konfrontiert wird, wirft er Oberst Hakki vor,
melodramatisch zu sein; worauf dieser mit dem Argument kon-

tert, die Wirklichkeit sei längst übers Melodrama hinaus. Tatsächlich helfen später auf dem Schiff Kriminalromane nicht einmal mehr zur Ablenkung von der bedrohlichen Wirklichkeit.

Allerdings ist auch Graham nicht ganz der, der er zu sein vorgibt. Eine Zweideutigkeit ergibt sich insbesondere in seinem Verhältnis zu Frauen. Graham ist der erste verheiratete Held von Eric Ambler, der selbst kurz zuvor geheiratet hatte; doch die Ehe wird mehr als harmonische Zweckgemeinschaft denn erfüllte Liebesbeziehung geschildert. Mit einer beiläufigen Bemerkung öffnet der Erzähler einen Riß zwischen Bild und Realität: »Für einen Mann seines Typs besaß Graham erstaunlich umfangreiche Kenntnisse von großstädtischem Nachtleben.« (Angst, 14) Die Erklärung, er werde auf ausländischen Geschäftsreisen von den Geschäftsfreunden immer in Nachtclubs eingeladen, klingt zunächst harmlos, obwohl er als Mann in seiner Stellung solche Einladungen ablehnen könnte. Doch trotz angeblichen Widerwillens läßt er sich in Istanbul vom ansässigen Firmenvertreter widerstandslos in den nächsten Club mitschleppen und verfällt dort sofort der lasziven Sinnlichkeit von Josette, der Tänzerin. Ohne Zögern folgt er dem Vorschlag seines Begleiters, Josette in deren Garderobe zu besuchen. Zwar benimmt er sich vorerst tadellos; anders, als sein Kollege und später auch Oberst Hakki das erwarten, geht er kein Techtelmechtel ein. Grahams Taten bleiben hinter Gedanken und Gefühlen zurück. Indem er alle Frauen mit der strahlenden, wiewohl kühlen Schönheit seiner Ehefrau vergleicht, braucht er sich, wie eine Erzählerreflexion verrät, »nicht einzugestehen, daß andere Frauen ihn nach wie vor interessierten.« (Angst, 26)

Auf dem Schiff freilich läßt er sich bald auf das zuvor ausgeschlagene Abenteuer ein, nicht zuletzt, um sich jemandem anvertrauen zu können und seine Todesangst zu beschwichtigen. Aber erotische Verlockung und drohende Gewalt werden auch anderweitig miteinander verknüpft: durch ein bestimmtes Metaphernfeld.²³ Erstmals wird es betreten, als sich Graham auf dem Schiff seine Situation vergegenwärtigt. In der Kabine angebrachte Anweisungen für den Notfall, die er normalerweise geflissentlich übersehen hätte, bekommen eine neue Bedeutung. Gefahr, so sinniert er, lauert überall und erinnert daran, »daß Zivilisation nur ein Wort war und man noch immer im Dschungel lebte.« (Angst, 78) Diese nicht eben originelle Metapher vom Dschungel wird in der Folge von José, Josettes Gatten und Tanzpartner, weitergesponnen und gleichsam mit den entsprechenden Dschungelbewohnern bevölkert. Josette erläutert die vulgäre, materialistische Gesellschaftsphilosophie ihres Mannes:

> Seiner Ansicht nach ist Gut und Böse von Leuten erfunden worden, die in Sicherheit waren und genug zu essen hatten, bloß um nicht an die Leute denken zu müssen, die Hunger haben und nicht in Sicherheit leben. Was ein Mensch tut, hängt von seinen Bedürfnissen ab. So einfach ist das. Sie sind kein Mörder. Sie sagen, man darf niemanden töten. José würde sagen, daß Sie genauso ein Mörder sind wie Landru oder Weidmann und daß Sie einfach Glück haben, wenn Sie niemanden umbringen mußten. Jemand hat ihm einmal erzählt, daß es ein deutsches Sprichwort gibt, wonach der Mensch ein Affe ist, auch wenn er sich in Samt und Seide kleidet. Er spricht immer wieder davon. (Angst, 121)

Er ist nicht der einzige. Das Motiv des Menschen als Affe wird im Roman mehrfach aufgegriffen.²⁴ Graham macht es sich vorerst negativ zu eigen, wenn er nach dem ersten Zusammentreffen mit Banat diesen als gefährliches Tier beurteilt, der wie ein Affe wirke. Später, als ihm der türkische Agent Kuvetli einen Ausweg anbietet, greift Graham Josés Gedankengang ausdrücklich auf; so wie einst Latimer sich Erwägungen von Peters zu eigen machte:

> Er wußte plötzlich, daß er sich nicht von Josette verabschiedete, sondern von einem Teil seiner selbst. Irgendwo in ihm ging eine Tür langsam zu – endgültig. Josette hatte sich beschwert, daß sie für ihn nur ein Teil der Reise von Istanbul nach London sei. Das war noch nicht

alles. Sie war Teil der Welt hinter der Tür: jener Welt, in die er getreten war, als Banat im Adler Palace die drei Schüsse auf ihn abgegeben hatte, der Welt, in der man den Affen unter dem Samt erkannte. Jetzt war er auf dem Weg zurück in seine eigene Welt, zu seinem Haus und seinem Auto und der freundlichen, liebenswürdigen Frau, mit der er verheiratet war. (Angst, 260 f.)

Erotische Verlockung und drohende Gewalt gehören beide zu dieser anderen Welt. Freilich täuscht sich Graham, wenn er meint, die Tür zu ihr habe sich geschlossen. Im Gegenteil: Wenig später findet man den ermordeten Kuvetli; sein Fluchtplan ist gescheitert, und er muß sich einen anderen Ausweg ausdenken. Der ist nicht ohne eigene Gewaltanwendung möglich. Einst, im scheinbar weit zurückliegenden Leben als Ingenieur, hatte Graham miterlebt, wie auf dem Schießstand eine Kanone bei einem Test explodiert war. Das Blut der dabei Getöteten hatte weggewaschen werden können. Jetzt, als er sich den Weg freischießt, sieht er aus nächster Nähe, in Banats Gesicht, was Waffen anrichten können.

Der Gewalt hat Graham widerstanden, indem er sich ihrer selbst bediente. Bleibt aus jener Welt hinter der Tür die Erotik. Im Zug nach Paris trifft er erneut auf Josette, der er eine gemeinsame Woche im Nobelhotel versprochen hatte. José rechnet vor, wieviel das Abenteuer kosten würde. Graham will zuerst die Käuflichkeit der Beziehung nicht erkennen, obwohl er sie sich schon lange eingestanden hatte, sieht dann aber in José die Logik der anderen Welt: »Das war die Stimme des Philosophen unter den verkleideten Affen.« (Angst, 294) Er kauft sich frei, ohne eine Gegenleistung zu verlangen, und kehrt zur Ehefrau zurück. Hat sich für ihn etwas geändert? Die Gefahr, so erkennt er, ist nicht gebannt. Der Blick aus dem Zug gleicht jenem »aus seinem Schlafzimmerfenster, wenn deutsche Flugzeuge am Himmel über der Nordsee auftauchten« (Angst, 299). Anders als Latimer wird Graham ihnen offenen Auges entgegensehen.

Die Nebenfiguren umgeben Graham wie ein Satyrspiel die Tragödie. Ebenso variieren sie frühere Figuren. Der Franzose Mathis beispielsweise hat jene marxistischen Analysen übernommen, die einst Zaleshoff von sich gab. Deren Ursprung ist freilich skurril. Mathis hat sich die Schlagworte angelesen, um eine Waffe im täglichen Kleinkrieg der Ehe in die Hand zu bekommen. Mittlerweile von seinen Ideen überzeugt, behalten die einen nicht ganz ernst zu nehmenden Unterton. Dennoch sind sie nicht bloß Rhetorik, sondern an die eigene Erfahrung als Frontsoldat im Ersten Weltkrieg zurückgebunden. Und Mathis ist zum Schluß derjenige der Passagiere, der Graham fraglos hilft.

Josette entspricht dem Frauentypus der Nachtclubbesitzerin in *Die Maske des Dimitrios,* gewinnt aber, anders als jene, trotz ihrer zuweilen aufgesetzten Schauspielerei ein eigenes Profil als desillusionierte Schönheit. Der deutsche Agent Möller tritt in der Rolle des Archäologen Haller in doppelter Brechung auf. Als Haller zitiert er, insgeheim den Faschismus kritisierend, Oswald Spengler, dessen Verfallstheorie des Abendlandes einerseits quer zum nazistischen Aufbruch ins Tausendjährige Reich stand, dessen Kulturmorphologie andererseits mit der Favorisierung des faustischen, germanischen Ich rassistischen Positionen zugearbeitet hatte. Selbst der türkische Sicherheitschef Oberst Hakki liefert eine Facette zum Spiel mit ideologischen Versatzstücken, wenn er Richard von Krafft-Ebings Psychopathologie des Verbrechers auf Banat anwendet. Solche Aufmerksamkeit fürs Detail macht *Die Angst reist mit* zum psychologisch bislang reichhaltigsten Buch Amblers.

Im urzeitlichen Sumpf

Zwischen 1936 und 1940 hatte Ambler sechs Bücher publiziert. Sie zeigen eine gemeinsame Grundhaltung, während künstlerische

Mittel und politische Aussage allmählich ausdifferenziert werden. Amblers Leistung, die drohende Kriegsgefahr durch die faschistischen Diktaturen in Thrillerform darzustellen, ist nicht immer gewürdigt worden. So hat kürzlich eine Studie von Jost Hindersmann Amblers Romane zusammen mit Geoffrey Households *Einzelgänger, männlich* unter den Zwischentitel »Die Fehleinschätzung des Faschismus« gestellt. Zwar billigt er Ambler zu, viel von der faschistischen Realität der 1930er Jahre widerzuspiegeln. Aber er wirft ihm vor, generell entsprächen seine Analysen »weitgehend der marxistischen Faschismustheorie. Faschistische Politiker sind für ihn nur Agenten des Großkapitals, Marionetten in den Händen von Bankiers, Schwerindustriellen und Waffenhändlern. Ambler geht von einem Primat der Wirtschaft aus, Politik wird nicht von den Politikern bestimmt.« (Hindersmann 1995, 50) Eine Determination durch die Wirtschaft in letzter Instanz behauptet Ambler tatsächlich, und nicht zu Unrecht. Differenziert wird freilich die Reichweite dieser Determination. In *Anlaß zur Unruhe* wird die englische Waffenfirma Spartacus moralisch als mitverantwortlich für die faschistische Aufrüstung gezeigt, aber dargestellt ist sie nicht mehr als der mächtige internationale Konzern wie noch in den früheren Romanen. Ambler interessieren mittlerweile mehr die alltäglichen Geschäfte und die alltäglichen Dilemmas von Durchschnittsmenschen. In *Anlaß zur Unruhe* entwickelt Zaleshoff zudem eine präzise Interpretation des Verhältnisses von Staat und Wirtschaft. Der faschistische Staat diene zwar »zur Stützung eines unsicheren Wirtschaftssystems« (Unruhe, 266), entwickle aber als absolute Gewalt eine eigene zwingende Macht über die ihm unterworfenen Individuen, die über die ökonomischen Verhältnisse hinausreiche.

Zur ökonomisch-politischen Erklärung gesellt sich eine kulturkritische. Sie drückt sich in einer speziellen Metapher aus: der Faschismus als Rückkehr zum urzeitlichen Sumpf.[25] Erstmals verwendet diesen Topos der Journalist Kenton in *Ungewöhnliche*

Gefahr. Angesichts eines Häschers, der ihn zu foltern droht, meint er: »Es ist nicht nur der Kampf zwischen Faschismus und Kommunismus oder überhaupt irgendwelchen Ismen. Es geht um den Kampf zwischen dem freien Menschen und den dumpfen brutalen Kräften eines urzeitlichen Sumpfs.« (Gefahr, 105) Das Motiv wird im *Nachruf auf einen Spion* wiederaufgenommen, wo es heißt, die Menschheit kämpfe gegen den »Urschleim [...], der aus ihrem Unterbewußtsein hervorquoll«. (Nachruf, 214) Am breitesten führt es Ambler in *Die Angst reist mit* aus. Hier gehört die Metapher zum oben dargelegten Dschungelmotiv, wird aber auch ausdrücklich verwendet, wenn der Berufskiller Banat die Schönheit einer Parade der italienischen Armee beschwört, deren Flugzeuge ihn an Gott denken ließen. Sein vorgesehenes Mordopfer Graham kommentiert das als »der Wahnsinn des Unterbewußten, der sich unverhüllt zeigt, eines geistigen Atavismus, der die Erhabenheit Gottes in Donner und Blitz sah, im Dröhnen von Bombenflugzeugen oder in der Detonation einer Fünfhundert-Pfund-Granate – der aus Ehrfurcht gespeiste Wahnsinn des urzeitlichen Sumpfs«. (Angst, 158)

Nun ist das Motiv der durch Urgründe gefährdeten Zivilisation nicht neu. Es taucht zum Beispiel auch bei John Buchan auf, der doch weltanschaulich auf einem Ambler entgegengesetzten Pol stand. In *Die drei Geiseln* formulierte er von einer konservativen Position gegen anarchistische und revolutionäre Bestrebungen: »Es quillt etwas aus Urgrundtiefen herauf, was sie [die Psyche des zivilisierten Menschen] trübt.« (Geiseln, 17) Und zeitgleich mit Ambler, 1937, schrieb er in einem Buch, das Kaiser Augustus mit Mussolini verglich: »Wieder einmal ist die Kruste der Zivilisation dünn geworden und läßt sich darunter das Geknister urzeitlicher Feuer vernehmen.« (Masters 1987, 34) Doch Ambler versteht den »urzeitlichen Sumpf« offensichtlich doppeldeutig: individualgeschichtlich als ungebändigtes Unbewußtes, sozialgeschichtlich als Rückkehr zu früheren Zuständen der Menschheit. Das entspricht Überlegungen, die Sigmund Freud unter dem Schock des Ersten Weltkriegs als Enttäuschung über das Versagen der zivilisierenden Kraft der Kultur formuliert hat.[26] Nicht Sigmund Freud taucht allerdings als Bezugspunkt bei Ambler auf, sondern eine Reihe anderer psychologischer und psychoanalytischer Autoren. So las er 1929 C. G. Jungs *Collected Papers on Analytical Psychology*, vergewisserte sich später dort über die Rolle der Homosexualität und erklärte spielerisch, in seinem ersten Roman die gespaltene Persönlichkeit à la Jung dargestellt zu haben. Als weitere Autorität wird Richard von Krafft-Ebing angeführt, wobei dessen Theorien in *Die Angst reist mit* an eine Nebenfigur delegiert werden. Freud wird dagegen in den früheren Romanen nie und in Amblers Autobiographie nur für das Jahr 1945 beiläufig erwähnt, wobei die Kenntnis seiner Theorien als selbstverständlich vorausgesetzt wird. In einem späteren Interview von 1988 hat er erklärt: »Ich weiß nicht, warum, aber Schriftsteller haben immer Jung Freud vorgezogen. Jung war ein Mann der Literatur – attraktiver. Freud war dogmatisch. An Jung gibt es nichts Dogmatisches.« (Kaiser 1988, 172) Das ist ein umstrittenes Urteil. Manche Schriftsteller würden wohl die umgekehrte Meinung vertreten, Freud als Mann der Literatur und Jung als dogmatisch bezeichnen. Im Falle von Ambler aber wirkt die Favorisierung von Jung und die Abwehr von Freud forciert; so, als solle ein untergründiger Einfluß durch eine falsche Fährte verdeckt werden.[27]

Amblers erste sechs Romane fanden durchaus kritische Beachtung, doch blieb sein Name in England weniger bekannt als der anderer zeitgenössischer Autoren seiner Generation. Das hat unter anderem einen chronologischen Grund. Eric Ambler trat relativ spät in die Literaturszene ein; und es fehlten ihm ein paar Schaffensjahre, um noch vor dem Zweiten Weltkrieg größeren Ruhm einzuheimsen. 1936, als sein erster Roman veröffentlicht wurde, war er 27 Jahre alt. Zu dieser Zeit hatte Evelyn Waugh, um sechs Jahre älter, schon vier Romane und drei Reisebücher publiziert. George Orwell, wie Waugh Jahrgang 1903 und wie Ambler ein Quereinsteiger, hatte vier Bücher veröffentlicht; von Graham Greene, fünf Jahre älter, lagen zu dieser Zeit gar acht Romane vor, und der mit Ambler gleichaltrige Stephen Spender war 1936 bereits ein angesehener Lyriker und Kritiker.

Anders lagen die Verhältnisse in den USA. Dort propagierte Alfred A. Knopf Ambler zusammen mit Raymond Chandler als Autor, der auch jenseits seines Genres ernst zu nehmen sei. In Amerika, dessen Buchproduktion keinerlei Einschränkungen unterlag, wuchs während des Kriegs Amblers Bekanntheit, gefördert durch 1941 einsetzende Verfilmungen seiner Bücher.

Für Amblers Schreiben hingegen bedeutete der Krieg eine Zäsur: Sein nächster Roman erschien 1951. Eine Nachwirkung in der englischen Literatur setzte erst in den späten 1950er Jahren ein. In Ian Flemings *From Russia with Love* (1957, *Liebesgrüße aus Moskau*) liest James Bond, der einen Spionageauftrag in der Türkei zu erfüllen hat, auf der Hin- wie auf der Rückreise *Die Maske des Dimitrios*.[28] Amblers politische Haltung wurde in Flemings Roman freilich ins Gegenteil verkehrt, und auch von seinem ambitiösen Programm, eine Gesellschaft in einem Individuum zu spiegeln, blieb bei Fleming nicht viel übrig.

Flak und Filmpropaganda

Amblers Rückreise nach England im Sommer 1940 verlief in nicht eben heiterer Stimmung.

> Das einzige, was mich bei meinem Eintreffen in England tröstete, war die Nachricht, daß meine Bücher noch immer den Dreh heraushatten, genau im unpassendsten Moment herauszukommen. *Die Angst reist mit* war vom ›Evening Standard‹ im Juli 1940 zum Buch des Monats erklärt worden, in jenem Monat also, in dem in Frankreich die Dritte Republik aufhörte zu existieren und in dem die Schlacht um England begann. (Ambler, 284)

Von Beginn der Rückfahrt, am 7. August 1940, bis zum 4. Mai 1941 schrieb er fast wöchentlich Briefe an seine in den USA zurückgebliebene Frau, die zärtliche Liebesbeteuerungen und genaue Berichte aus dem englischen Alltag zugleich waren. Am 15. August in London angekommen, zog er zu Mutter und Schwester Joyce nach Shirley und erlebte dort am folgenden Tag den ersten deutschen Bombenangriff. Sogleich meldete er sich als Bahrenträger zum Zivilschutz, mit zwei Nachtschichten pro Woche. Louise gegenüber betonte er die kämpferische Stimmung der Leute: »Ich bin kein Hurrapatriot, aber ich bin im Moment doch sehr froh, Engländer zu sein.«[1] Trotz der Ablenkung durch den Luftkrieg reiften Pläne für einen neuen Thriller, doch dann trat sein Lektor mit dem Vorschlag an ihn heran, die Geschichten um den tschechischen Kriminalbeamten Dr. Czissar auf Buchlänge auszubauen.

Erneut meldete sich Ambler zur Armee. Bei der medizinischen Musterung vom 2. September wurde er für diensttauglich, Stufe 2, erklärt, was den Dienst in der Infanterie ausschloß. Die folgenden Wochen zogen sich in gleichförmiger Routine hin: tagsüber Arbeit an den Czissar-Geschichten, unter Bedingungen, die durch zunehmende Bombenschäden immer komplizierter und zeitaufwendiger wurden; ab sieben Uhr abends Vorbereitung auf die erwarteten Bombenangriffe, mit wöchentlich sogar drei Nachteinsätzen für den Zivilschutz. Louise gegenüber formulierte er angesichts der neuen Erfahrungen unvermutet eine säkularisierte Zivilreligion: »Mein Glaube richtet sich auf Wahrheit und Vernunft und das grundsätzlich Gute im Menschen. [...] Ich glaube an das grundsätzlich Gute im Menschen sowie an seine Verherrlichung durch seine Einbindung in ein gemeinsames Schicksal.«[2]

Am 6. November traf der Einberufungsbefehl ein, und zwar als Kraftfahrer für ein Flakregiment. Die Ausbildung hat Ambler in der Autobiographie mit dem üblichen distanzierten Blick als Mischung absurden Dilettantismus, bürokratischer Pedanterie und patriotischen Pflichtgefühls beschrieben. Bei aller Distanzierung wird auch ein persönlicher Ehrgeiz spürbar, die ungewohnten Aufgaben erfolgreich zu bewältigen; dieser Ehrgeiz drückt sich in den Briefen an Louise ungefiltert aus. Ironischerweise war es nicht seine Tätigkeit als Schriftsteller, sondern sein Führerschein gewesen, der ihn in den Augen der Rekrutierungsbehörde zur Einberufung qualifiziert hatte: eine späte Genugtuung gegenüber dem Vater, der ihn mit seinem Autokauf traumatisiert hatte und dann selber so schlecht Auto gefahren war.

Am 15. November rückte Eric Ambler nach Blackpool ein und meldete sich in seinem nächsten Brief an Louise, ziemlich deprimiert, als »Gunner No 1713541«, dem jegliche intellektuelle Herausforderung fehlte und der obendrein zum seit Schulzeiten verhaßten Rugbyspielen gezwungen wurde.[3] Die Weiterarbeit an den Czissar-Geschichten geriet ins Stocken und wurde schließlich ganz aufgegeben. Die einzige Louise gegenüber geäußerte Hoffnung blieb die einer schnellen Beförderung. Während der

Ausbildung bewährte er sich als einer der wenigen nichtprofessionellen Fahrer unter den Lastwagen- und Taxichauffeuren und ließ sich sogar als Motorradfahrer ausbilden, obwohl jedermann wußte, daß dies gefährlich war und »man dafür nicht ausgesucht wurde, wenn man es nur richtig anstellte« (Ambler, 292). Hartnäckig und entschlossen meisterte er die Widrigkeiten eines zweiten Lehrgangs und wurde bereits Mitte Dezember zum Artillerieunteroffizier befördert. In den folgenden Briefen an Louise beschrieb er in einer Mischung aus Stolz und Beschämung, wie er gegenüber seinen ehemaligen Kollegen und neuen Untergebenen den Drillmeister herauskehren mußte. Im Gegenzug finanzierte er aus eigener Tasche eine Weihnachtsdekoration für den gemeinschaftlichen Schlafsaal.

Den kritischen Blick für feine soziale Unterschiede behielt Ambler bei. Als sein amerikanischer Literaturagent telegrafierte, eine Filmgesellschaft habe je 3000 Dollar für die Rechte zweier seiner Bücher geboten, feierte er das in einem gehobenen Restaurant mit einer guten Flasche Wein unter den mißbilligenden Blicken der anwesenden Offiziere. Bereits im Januar fanden erste Beförderungsgespräche und Spezialausbildungen statt, und am 18. Februar 1941 mußte er vor der Musterungskommission auftreten:

> Sie sahen mich jetzt alle gespannt an. Die Höhe meines Einkommens, das war der springende Punkt. Konnte man verantworten, einen Schriftsteller in ein Offizierskasino zu lassen oder nicht. Der niedrigste Rang am Tisch war ein Hauptmann. Dies bedenkend, antwortete ich: »So etwa fünfzehnhundert im Jahr.« Beifälliges Gemurmel erhob sich. Nichts Langhaariges oder Ungepflegtes bei fünfzehnhundert im Jahr. Es wurden keine weiteren Fragen mehr gestellt. (Ambler, 302 f.)

Auch wenn Ambler die Höhe aus taktischen Gründen leicht übertrieben haben sollte, so muß sein Einkommen in dieser Zeit dank des Verkaufs der Filmrechte beachtlich gewesen sein.[4] Peter

Ustinov, dessen Weg sich schon bald mit dem Amblers kreuzen sollte, hat in seinen Memoiren ebenfalls eine Anekdote überliefert, in der er von einem ihn begutachtenden Militärpsychiater einzig nach seinem Zivileinkommen befragt wurde. Anders als Ambler begnügte er sich nicht mit einer taktischen Antwort, sondern ließ sich auf eingehende Erläuterungen über die Unmöglichkeit ein, den genauen Wochenverdienst eines freiberuflichen Schauspielers und Schriftstellers zu beziffern, wobei ihn das sture und überhebliche Unverständnis des Psychiaters immer renitenter werden ließ.

Nach einem einwöchigen Urlaub in Shirley rückte Ambler Ende Februar wieder nach Blackpool ein und begann die fünfmonatige Ausbildung zum Flakoffizier. Das Training beschrieb er als »Mischung zwischen der Universität Oxford und dem berüchtigten amerikanischen Gefängnis Sing-Sing«⁵, beides Erfahrungen, die er selber nicht gemacht, sich aber zu unterschiedlichen Zeiten seines Lebens insgeheim erhofft hatte. Gleichzeitig mit ihm absolvierte auch Victor Canning die Ausbildung. Canning, 1911 geboren, hatte sich ab 1934 einen Namen als Verfasser von Humoresken und Abenteuergeschichten erworben. Eric und Louise Ambler hatten ihn im Herbst 1939 kennengelernt; und jetzt gingen er und Eric an freien Samstagabenden gemeinsam ins Kino und Theater. Ironischerweise sollte Canning, der sich nach dem Krieg auf Kriminalgeschichten spezialisierte, schon 1949 als Vertreter »der Neo-Buchan- und Nach-Ambler-Schule von Abenteuergeschichten« (Wakeman 1975, 272) bezeichnet werden.

Ambler büffelte hart und bestand die Prüfungen als einer der Besten. Im Spätsommer 1941 wurde er als Leutnant zum Stabszug einer leichten Flakbatterie abgestellt, wo er für Transportwesen, Verpflegung und die Schreibstube zuständig war. Die Batterie bekam die Aufgabe zugewiesen, Chequers zu bewachen, ein zwischen London und Oxford gelegenes Landhaus aus dem 16. Jahrhundert in Buckinghamshire, das seit 1917 als gelegentlicher Wochenendsitz des britischen Premierministers diente. In seiner Autobiographie karikiert Ambler die Mangelhaftigkeit, ja Absurdität der getroffenen Sicherheitsvorkehrungen. Die acht Fliegerabwehrkanonen waren so plaziert, daß sie Winston Churchill am Sonntag bequem seinen Gästen vorführen konnte; der Baumbestand um das Haus engte aber ihren Wirkungsradius derart ein, daß sie bei einem Fliegerangriff praktisch wirkungslos gewesen wären. Zudem war der Ablauf eines Fliegeralarms so bürokratisch organisiert, daß er sich als unpraktikabel erwies und auf Anraten von Churchills Adjutanten stillschweigend mißachtet wurde. Ähnlich wie in den in vielem parallel laufenden Erinnerungen von Peter Ustinov aus dieser Zeit ergibt sich in Eric Amblers Autobiographie das Bild einer britischen Nation, die mehr schlecht als recht durch den Krieg schlingert, deren Widerstandsgeist sich aber gerade in der flapsigen Ineffizienz bewährt.

Ambler wirft in mehreren Anekdoten Streiflichter auf Winston Churchill. So wurden die Offiziere der Bewachungseinheit zum Geburtstag des Premiers im November 1941 eingeladen, und Ambler, der bei der festlichen Filmvorführung unmittelbar neben dem Premierminister saß, konnte mitverfolgen, wie dieser, ohne den Blick von der Leinwand zu nehmen, den Rhythmus einer Rede einübte. Schließlich legte sich Leutnant Ambler gar mit dem Premierminister an. Churchill hatte den Offizieren, etwas voreilig, wie sich später herausstellte, zu Erfolgen an der nordafrikanischen Kriegsfront gratuliert.

»Wenn es Ihr Dienst erlaubt«, fuhr er leutselig fort, »dann müssen Sie unbedingt kommen und sich den Film ansehen, der nächste Woche gezeigt wird. Es ist *Bachelor Mother*, ein neuer Film mit Deanna Durbin.«

Bachelor Mother war kein neuer Film. Ich hatte ihn schon im vorangegangenen Jahr gesehen. Und er war auch nicht mit Deanna Durbin. Da ich nicht wollte, daß er irgendwie enttäuscht war, meldete ich mich törichterweise zu Wort.

»*Bachelor Mother* ist kein Film mit Deanna Durbin, Sir. Es handelt sich um Ginger Rogers.«

Er stierte mich an wie eine angriffslustige Bulldogge. »Deanna Durbin«, sagte er scharf. »Ich habe es gehört.«

Es muß der Whisky gewesen sein. Anstatt den Mund zu halten, machte ich weiter. »Ginger Rogers und David Niven, Sir.«

»Nun«, sagte er grimmig, nach einer unangenehmen Pause. »Wir werden sehen.« Aber so leicht sollte ich nicht davonkommen. Er stierte mich noch immer an. »Wieviel Schuß haben Sie pro Panzerabwehrkanone?« fragte er.

»Achtundvierzig, Sir.«

Er grunzte und wandte sich um.

»Ein Glück, daß Sie sich nicht geirrt haben«, sagte Fregattenkapitän Thompson ruhig. »Die Kenntnisse des Premierministers über Geschütze und Artillerie sind erstaunlich. Er hätte gewußt, wenn Sie falsch geantwortet hätten.«

»Schon, aber *Bachelor Mother* ist trotzdem ein Film mit Ginger Rogers.«

»Es ist ihm wohl lieber, wenn er ihn für einen weiteren Film mit Deanna Durbin halten kann.« (Ambler, 318 f.)

Anfang 1942 reiste Amblers Frau Louise nach London. Sie hatte sich bereits im vergangenen Herbst um eine Überfahrt bemüht, doch erst der amerikanische Kriegseintritt im Dezember 1941 baute einige bürokratische Hindernisse zwischen den Alliierten ab, erhöhte allerdings zugleich die Gefahr von deutschen U-Boot-Angriffen. Die amerikanische Marine hatte seit Mitte 1941 faktische Begleitschutzfunktion für britische Schiffe übernommen und sich ab September in Abwehrkämpfe mit U-Booten verwickelt, ohne daß die deutsche Heeresführung darauf offensiv reagiert hätte; aber seit der deutschen Kriegserklärung an die USA vom 11. Dezember war die Schlacht um den Atlantik erneut eskaliert.

Dennoch traf Louise Ambler wohlbehalten in England ein und mietete zuerst eine möblierte Wohnung, Cranley Gardens 1A, dann, im Sommer 1942, ein unmöbliertes Haus am Cavaye

Place 6, einer kleinen Seitenstraße der Fulham Road, am damals noch bescheideneren Ende des heute fast unerschwinglichen Viertels South Kensington, direkt hinter dem Kino Forum. Das Vier-Zimmer-Haus war billig zu haben, da viele wohlhabendere Londoner Familien bei Beginn der deutschen Bombardierung die Hauptstadt verlassen hatten.

Während des Urlaubs nach Abschluß der Offiziersausbildung, im Sommer 1941, hatte Eric den Filmproduzenten Sydney Box getroffen, der Amblers Dienstnummer an die Verantwortlichen einer damals im Aufbau befindlichen Abteilung für Filmproduktion des Heeres weitergegeben hatte. Dreiviertel Jahre später forderten sie Ambler als Mitarbeiter an. Zwar erklärte ihn sein vorgesetzter Offizier für unabkömmlich, doch machte Ambler nach Abschluß der Bewachungsaufgabe in Chequers die nächste Verlegung seiner Einheit nicht mehr mit, wurde für ein paar Wochen hin und her verschoben, übernahm aushilfsweise ein Ausbildungslager, um sich schließlich doch wieder seiner alten Einheit anzuschließen. Dort erreichte ihn im Sommer 1942 der Befehl, sich beim Army Kinematograph Service einzufinden.

Filmen für die Army

Die neuen Notwendigkeiten und Möglichkeiten der Propaganda reproduzierten sich im britischen Militär in byzantinischen Strukturen. Propaganda, Schulung und Erziehung überschnitten sich inhaltlich und organisatorisch; entsprechend unklar war, wer die Oberaufsicht innehatte, die von Mal zu Mal zwischen Informations- und Kriegsministerium ausgehandelt werden mußte. Jede der drei Abteilungen der Streitkräfte – Army (Heer), Navy (Marine) und RAF (Luftwaffe) – wollte ihre eigenen Einheiten aufbauen.[6] Im Filmbereich wirkten vor allem das Informationsministerium als Auftraggeber und die Crown Film Unit als Produzentin. Doch die Streitkräfte schufen schon bald je eine eigene und eigenständige Produktionsabteilung, die im Fall der Army sogar noch in Schulungs- und Dokumentarfilme unterteilt war. Bereits 1941 entstanden die ersten kommerziellen Filmproduktionen, die von Navy und RAF finanziert waren. *In Which We Serve (In der wir dienen)* von Noël Coward (Drehbuchautor und Hauptdarsteller) und David Lean (Regisseur) feierte die Überlebenden eines torpedierten Zerstörers bei der Schlacht um Kreta; *One of Our Aircraft is Missing (Eines unserer Flugzeuge wird vermißt)* von Michael Powell (Regie) und Emeric Pressburger (Drehbuch) handelte von einer abgeschossenen RAF-Bombercrew, die sich durch das von den Nazis besetzte Holland nach England durchschlägt. *In Which We Serve*, obgleich damals als realistisch und ungeschminkt gelobt, schilderte die britischen Sozialstrukturen und militärischen Tugenden gönnerhaft konservativ. Dagegen verwendete *One of Our Aircraft is Missing* differenziertere Charaktere und komplexere Erzähltechniken.

Angesichts des kritischen und kommerziellen Erfolgs beider Filme, auch in den USA, wollte die Army nachziehen. Im Frühjahr 1942 wurde der Regisseur Thorold Dickinson gebeten, eine Filmproduktionseinheit für den Army Kinematograph Service (AKS) aufzubauen. Der AKS unterstand dem Directorate of Army Kinematography (DAK) und bekam eine Produktionsstätte in den ehemaligen Studios der British-Fox-Filmgesellschaft in Wembley zugewiesen. Während die bereits bestehende Army Film Unit für Dokumentarfilme und Nachrichtensendungen zuständig blieb, wurde der AKS verantwortlich für die Herstellung von Schulungsfilmen. Er konnte keinerlei Projekte aus eigener Initiative starten, sondern war auf Aufträge anderer Militärdienststellen angewiesen.

Thorold Dickinson (1903–1984) hatte nach Dokumentarfilmen unter anderem über den Spanischen Bürgerkrieg 1939 den atmosphärischen Thriller *Gaslight (Gaslicht)* mit Anton Wal-

brook und Diana Wynyard gedreht, der von Filmkritikern über
die spätere Version aus dem Jahr 1944 von George Cukor mit Ingrid Bergman und Charles Boyer gestellt wird. Für seine Aufgabe als Leiter der Abteilung für Schulungsfilme hatte er sich mit
Next of Kin empfohlen, einer militärischen Auftragsarbeit über
Vorsichtsmaßnahmen gegenüber potentiellen Spionen. Dickinson hatte das ursprünglich als Dokumentarfilm geplante Projekt
zu einem Thriller ausgebaut, dessen realistisches Ende auf Veranlassung von Churchill abgeschwächt werden mußte. Der Film
lief im Juni 1942 mit großem Erfolg an. Um den AKS aufzubauen,
holte sich Dickinson eine Reihe erstklassiger Fachleute, darunter den Regisseur Carol Reed (1906–1976). Dieser hatte seit 1935
über ein Dutzend Werke für das Gainsborough-Studio gedreht,
von denen *Night Train to Munich* (1941, *Nachtzug nach München*) aufgrund eines Scripts der renommierten Drehbuchschreiber Frank Launder und Sidney Gilliat den größten Erfolg ver-
zeichnete.

Der erste Auftrag für AKS bestand darin, einen Lehrfilm über
Landungsoperationen zu drehen. Nach dem Überfall Nazi-
Deutschlands auf die Sowjetunion im Juni 1941 hatte diese bei
ihren westlichen Alliierten seit längerem auf die Errichtung einer
zweiten Front gedrängt. Im Mai 1942 reiste der sowjetische Außenminister Molotow nach London und Washington und erneuerte die dringliche Forderung. Amerikanische Militärs waren
geneigt, ihn zu unterstützen und das Dritte Reich frontal in
Frankreich anzugreifen; die britischen Militärs und Premierminister Churchill bevorzugten dagegen aus taktischen Gründen
eine Landung in Nordafrika, um Deutschland von den Flanken
her aufzurollen. Als Kompromiß wurden für den Spätsommer
1942 kleine Landungsunternehmen bei Cherbourg und Dieppe
geplant. Der AKS sollte für diese Landungsoperationen einen
Schulungsfilm vorbereiten. Dickinson und Reed richteten sich in
Troon in Schottland ein, wo im Juli 1942 auch Eric Ambler ein-

traf. Als vierter stieß wenig später der 21jährige, vielseitig talen-
tierte Peter Ustinov dazu, der sich bereits als Schauspieler und
Sketchschreiber einen Namen gemacht hatte. Ustinov, damals
gemeiner Soldat, beschrieb seine Ankunft folgendermaßen:

> In der tristen Umgebung eines halbverlassenen Badeortes, der an-
> scheinend eine besonders laute Möwenkolonie beherbergte, traf ich
> zum ersten Mal mit Carol Reed und Eric Ambler zusammen. Carol
> war Hauptmann und schien – nach seinem Verhalten zu schließen –
> den Krieg für eine besonders witzige Erfindung Evelyn Waughs zu
> halten. Er hatte einen sympathischen, herrlich unmilitärischen Hang
> zum Träumen und einen ausgeprägten Sinn für Humor. Eric war Ar-
> tilleriemajor und redete hektisch über Geschoßbahnen und Ballistik,
> als sei er der junge Napoleon. Er wirkte launenhaft und eitel, ein Ein-
> druck, der ganz und gar falsch war, denn sobald die Umstände ihn von
> seinem Spielzeug getrennt hatten, wurde er der freundlichste und
> rücksichtsvollste Mensch. (Ustinov 1978, 164)

Ustinov trifft mit dieser Charakterisierung eine Seite von Ambler, eine forcierte Haltung selbstbezogener Konzentration, die
ihm zuweilen als Arroganz ausgelegt wurde.[7] Amblers Interesse
an Waffen ging tatsächlich weit. Noch 1977 schrieb er an Len
Deighton nach der Lektüre eines von dessen Büchern, um ihm,
zwischen Ironie und kaum verhehltem Zorn schwankend, die
Unpraktikabilität des während des Zweiten Weltkriegs verwendeten Zielmechanismus der britischen Fliegerabwehrkanonen zu
schildern.[8]

Einen Monat lang erarbeiteten Ambler und Ustinov ein um-
fangreiches Manuskript und bereiteten erste Außenaufnahmen
vor. Doch dann mißglückte im August 1942 ein Landeversuch bei
Dieppe; die Hälfte der beteiligten Truppen wurde getötet oder
gefangengenommen. Daraufhin gab das Alliierte Oberkommando das Projekt einer zweiten Front auf dem europäischen
Kontinent für 1942 auf. Das Filmprojekt wurde gestrichen und
das Team nach London zurückbeordert. Dickinson lobte es

nachträglich in den höchsten Tönen und meinte, Ustinov habe
eine Figur geschaffen, »die unsterblich geworden wäre«:

> Wir entdeckten, daß in allen Landungen die Planierraupe das ent-
> scheidende Gerät war, und Ustinov spielte diesen Planierraupenfah-
> rer, der sich total mit seinem Fahrzeug identifizierte, ansonsten aber
> völlig desinteressiert war, humorlos, nie Zeitung las, etcetera. Mit sei-
> ner Planierraupe machte er die Übungen mit. Aber am Ende des Films
> passierte die richtige Landung, und der Fahrer dachte immer noch, es
> sei eine Übung. Während der Übungen wurde mit Platzpatronen ge-
> schossen, aber als ihn richtige Kugeln umschwirrten, wurde er wü-
> tend, wollte zurückfahren und melden, daß nicht die richtige Übungs-
> munition verwendet wurde, und die Leute brüllten ihn an: »Das ist
> doch der Ernstfall.« Er antwortete: »Ernstfall. Unsinn. Es ist bloß
> eine weitere Übung.« Bis zum Ende des Films merkte er nicht, daß es
> keine Übung war. (Richards 1986, 106)

Ambler dagegen meinte lakonisch, nur Dickinson habe dem Projekt ein paar Tränen nachgeweint, und Ustinov schilderte als
größte Leistung seines Aufenthalts in Troon, daß er bei einem
lokalen Talentwettbewerb gegen einen Elfjährigen den ersten
Preis im Gedichterezitieren gewonnen habe.

Zurück in London, wurde der AKS von der Abteilung für
Armeepsychiatrie um ein Filmvorhaben angegangen. Neu ein-
gezogenen Jahrgängen sollten filmisch der Übertritt aus dem Zivilleben, die Härten und Desillusionierungen während der Ausbildung vorgeführt werden. Psychologie und Psychiatrie in all
ihren Schattierungen wurden im Zweiten Weltkrieg fürs Militär
zunehmend bedeutsam. Der Erste Weltkrieg hatte der Armee
die Notwendigkeit neuer medizinisch-psychologischer Behandlungsmethoden für die Gasversehrten und Verschütteten aus den
Schützengräben vor Augen geführt; die Propagandaerfolge Na-
zi-Deutschlands in den 1930er Jahren zeigten die Bedeutung psychologischer Beeinflussung und Massensuggestion. In England
wurde die Wirkung amerikanischer Experimentalpsychologie

spürbar, zudem erhielt die bislang eher mißtrauisch abgewehrte Psychoanalyse durch eine Generation kontinentaleuropäischer Flüchtlinge neue Impulse, verstärkt durch die Übersiedlung des todkranken Sigmund Freud im Juni 1938 von Wien nach London.

Dennoch blieb die Armeepsychiatrie unter ständigem Legitimationszwang. Peter Ustinov, zuerst als Infanterist einberufen, dann nach dem Erfolg seines ersten Stücks *House of Regrets* als möglicherweise nützlicher Schriftsteller dem Direktorate of Army Psychiatry zugeteilt, das ihn dann an den AKS auslieh, hat von einer »merkwürdigen und unwirklichen Welt, in der sich diese brillanten Männer bewegten« (Ustinov 1978, 170), gesprochen und skurrile Anekdoten über Militärpsychiater kolportiert, die davor warnten, den Truppen unmittelbar vor einem Kampfeinsatz Filme zu zeigen, in denen sich Kanonen drohend auf Soldaten richteten, weil dies Kastrationsängste auslöse. Eric Ambler skizzierte ein nüchterneres Bild und billigte seinen Gesprächspartnern eine aufgeklärte, undogmatische Haltung zu, da sie ihm C. E. Montagues kritisches Buch *Disenchantment* über den Ersten Weltkrieg als Grundlektüre für den geplanten Film empfahlen, weil es genaue Beschreibungen der Frustrationen einfacher Soldaten enthalte.

Das Drehbuch zu *The New Lot* wurde gemeinsam von Ambler und Ustinov verfaßt und von Carol Reed mit einigen bereits halbwegs bekannten Schauspielern wie Stanley Holloway und William Hartnell verfilmt. Der 40minütige Film handelt von sieben Rekruten, die sich unter viel Genörgel zu einer militärischen Einheit zusammenraufen. In einer kleinen Szene gegen Schluß wird ihnen ein Film vorgeführt, in dem der bekannte Schauspieler Robert Donat einen Offizier mimt, der einen Sturmtrupp mit pathetischen Gesten ins Gefecht führt; und die Rekruten, die mittlerweile gelernt haben, daß die ihnen bevorstehende Wirklichkeit solchen Heroisierungen nicht entsprechen wird, schütten sich aus vor Lachen.

Der militärpsychiatrische Dienst zeigte sich über das Endprodukt erfreut, doch stieß der Film bei höheren Offizieren auf heftigen Widerstand, die ihn als »subversives, kommunistenfreundliches Zeug« verurteilten und die Psychiater als »Seelenklempner« (Ambler, 331) abqualifizierten. Neue Rekruten bekamen ihn nur selten zu Gesicht, auch wenn er nicht nur bei Militärpsychiatern, sondern auch im Informations- und Kriegsministerium viele Befürworter fand.[9]

Ähnliche Auseinandersetzungen fanden auch in anderen Armeeabteilungen statt, etwa in der Schulung und Ausbildung. Im September 1939 existierte das Army Education Corps nur noch auf dem Papier und stand kurz vor seiner Auflösung durch das Kriegsministerium.[10] Doch dann setzten die Befürworter sogar dessen Erweiterung durch, und im Winter 1943 wurden in der Armee nicht weniger als 110 000 Kurse, Vorträge und Schulungen organisiert. Schnell geriet das Army Education Corps in den Verdacht der Linkslastigkeit, da in seinen Reihen eine Anzahl linker Intellektueller diente und es sich auf Tradition und Ressourcen der Erwachsenenbildung berief, die vor dem Krieg eng mit der Arbeiterbewegung verbunden gewesen war. Eine neuere Untersuchung kommt aber zum Schluß: »Insgesamt war das Army Education Corps außergewöhnlich gemäßigt und verfolgte strikt bildungsmäßige Ziele, um jeder Kontroverse aus dem Weg zu gehen.« (Addison 1994, 146) Eine ähnliche Kontroverse entwickelte sich später um das Army Bureau of Current Affairs, das regelmäßig Bulletins zur außenpolitischen Lage veröffentlichte. Anstoß erregte auch hier nicht so sehr der Inhalt der vorsichtig und neutral abgefaßten Bulletins, sondern die grundsätzliche Tatsache, daß in der Armee überhaupt politisch informiert und diskutiert wurde, was konservative Kritiker, darunter auch Premierminister Winston Churchill, zu verschiedenen Zensurversuchen veranlaßte.

The Way Ahead

Trotz des Widerstands hoher Heeresstellen blieben die Anstrengungen Eric Amblers und des AKS mit *The New Lot* nicht vergeblich. Der armeepsychiatrische Dienst regte nämlich an, aus dem kurzen Schulungsfilm einen längeren Spielfilm zu machen. Dieser würde der Army endlich erlauben, den Filmen von Navy und RAF etwas Gleichwertiges entgegenzusetzen. Das AKS-Team fand einen wichtigen Verbündeten in Major David Niven (1910–1983). Niven hatte als junger Mann als Artillerist gedient, dann als Holzfäller gearbeitet, schließlich den Einstieg ins Filmgeschäft gefunden und war schon 1935 mit einem Vertrag für Goldwyn in die USA gereist. In Filmen wie *The Charge of the Light Brigade* (1936, *Der Verrat des Surat Khan*), *The Prisoner of Zenda* (1937, *Der Gefangene von Zenda*) und *Bluebeard's Eighth Wife* (1938, *Blaubarts achte Frau*) machte er sich einen Namen als verläßlicher Darsteller junger, schneidiger Helden zweiter Garnitur, um mit *Bachelor Mother* (1939, *Die Findelmutter*), *Wuthering Heights* (1939, *Sturmhöhe*) und *Raffles* (1940) zum Hauptdarsteller aufzusteigen. Bei Kriegsbeginn kehrte er jedoch, schon fast ein amerikanischer Star, aus Hollywood nach England zurück und trat als Major der Reserve in die Armee ein.

Niven wurde nicht nur wegen seiner militärischen Vergangenheit von den Militärs ernst genommen, sondern auch wegen seiner Kontakte zur privatwirtschaftlichen Filmproduktion, etwa zum Hohen Produzenten Filippo Del Giudice. Del Giudice (1892–1962), von Beruf Anwalt, als Antifaschist aus Italien geflüchtet, hatte 1937 zusammen mit einem befreundeten Emigranten die Filmgesellschaft Two Cities gegründet und erste Kostümdramen produziert. Bei Kriegsbeginn kurzfristig als ›feindlicher Ausländer‹[11] interniert, stellte er sich nach seiner Freilassung in den Dienst britischer Kriegsanstrengungen und fragte den Schriftsteller und Schauspieler Noël Coward an, ob er für ihn einen Film machen wolle. Aus dieser Zusammenarbeit entstand der höchst erfolgreiche Film *In Which We Serve*. Niven konnte führende Heeresstellen davon überzeugen, daß das Nachfolgeprojekt zu *The New Lot* an den Erfolg der Navy anknüpfen könne; sein Versprechen, selbst die Hauptrolle zu übernehmen, bewog Del Giudice, kommerziell einzusteigen. Peter Ustinov charakterisierte Niven als »ein Produkt, und dazu noch ein sehr typisches, jener Offiziersklasse, über die er sich scharfzüngig lustig machte. Er war einer der ihren, aber im Gegensatz zu ihnen sah er, wie komisch sie alle waren«. (Morley 1985, 257)

Trotz Nivens Garantie blieb in höheren Heeresstellen ein Mißtrauen gegenüber dem Team, das *The New Lot* mit dessen unmilitärischer Ironie verantwortet hatte. Deshalb versuchten die Verantwortlichen, den Gemeinen Ustinov zunächst vom Projekt fernzuhalten, und Eric Ambler erhielt den Auftrag, in einem Gebäude des Kriegsministeriums in der Curzon Street das erste Treatment zur Story zu schreiben – ohne Konsultation mit dem als Regisseur vorgesehenen Reed. Da aber Reed im nahe gelegenen Park Lane Hotel untergebracht war, schlich sich Ambler jeden Tag in Reeds Hotel und sprach das Manuskript mit ihm durch:

> Ich gab ihm einen inhaltsleeren, aber vage optimistischen Titel – *The Way Ahead (Der Weg vor uns)* – und ging ein-, zweimal schon vom reinen Treatment zum Dialog über. Die wichtigste Stelle war eine lange Rede, die der Sergeant des Films halten sollte. Er las den Soldaten seines Zuges gehörig die Leviten, indem er sie auf nicht sehr schmeichelhafte Weise mit den Soldaten des in Spanien gegen Napoleon kämpfenden britischen Heers verglich. Es war eine starke, packende, patriotische Rede (Ambler 334).

Diese Rede scheint denn auch bei etlichen Militärs den Ausschlag gegeben zu haben, das Filmprojekt aufgrund des von Ambler vorgelegten Entwurfs zu akzeptieren. Ustinov wurde zum Team beordert, und Ambler, Ustinov, Reed und Niven versammelten sich zu regelmäßigen Sitzungen.[12] Ustinovs Status als einfacher Soldat machte noch immer solche Probleme, daß er zum Zimmerburschen des mittlerweile zum Obersten beförderten Niven ernannt werden mußte. Als Projektleiter setzte Niven die Ziele fest:

1. Der Film darf nur ein einziges Ziel haben, und zwar muß er jedermann, der ihn sieht, entweder sagen lassen: »Sieh an, toll, was unsere Jungs machen« oder »Schaut her, wir Alten haben unseren Jungen doch einiges mitgegeben«, oder, im Fall eines amerikanischen Publikums: »Die britische Armee ist in Ordnung.«
2. Um das zu erreichen, muß der Film im großen Stil gemacht und darf kein Propagandafilmchen werden.
3. Das Kinopublikum, das in England, in den Dominionstaaten und in den USA zusammen 200 Millionen ausmacht, kann nach drei Kriegsjahren reine Propaganda von weitem riechen.
4. Deshalb muß der Film erstklassigen Unterhaltungswert bieten, und der Imagegewinn für die Army muß ganz natürlich aus der Story folgen. (Morley 1985, 241 f.)

Im Frühsommer 1943 begannen die Dreharbeiten im Denham-Studio, gefolgt von Außenaufnahmen in Buckinghamshire. Im September 1943 schiffte sich die Crew nach Nordafrika ein und drehte dort bis Januar 1944 Kampfhandlungen für den zweiten Teil des Films, der schließlich im Juni 1944 uraufgeführt wurde.

The Way Ahead ist wie *The New Lot* konventionell angelegt und schildert, wie sieben Soldaten, ein Unteroffizier und ein Offizier zu einer militärischen Einheit verschmelzen. Gegliedert wird der Film von Gesprächen zweier sogenannter Chelsea-Pensionäre, ehemaliger Soldaten, die in dem 1682 gegründeten Chelsea Hospital ihren Lebensabend verbringen. Diese kurzen Szenen, in denen der aktuelle Kriegsstand reflektiert wird, erfüllten offenbar Nivens Postulat, »Schaut her, wir Alten haben unseren Jungen doch einiges mitgegeben«. In einem im März 1939 angesiedelten Vorspiel werden die Hauptfiguren in ihren Zivilberufen eingeführt. Dann treffen sie sich auf dem Bahnhof, als sie im Mai 1941 einrücken müssen. Über die Hälfte des rund zweistündigen Films ist ihrer Ausbildung gewidmet, die sie zuerst mit einigem Widerwillen absolvieren und sogar eine Beschwerde gegen den unerbittlichen Sergeant einlegen. Ein Wendepunkt wird erreicht, als sie sich während eines Manövers vorsätzlich von der Gegenseite ›erschießen‹ lassen, um früher in die Kaserne zurückkehren zu können, wo sie allerdings von dem von David Niven gespielten Leutnant zusammengestaucht werden. Ein zweiter Teil von 25 Minuten schildert die Verschiffung der Truppe im Juli 1942 und die Evakuierung von dem vor der nordafrikanischen Küste torpedierten Transportschiff. Der letzte Teil von nochmals 25 Minuten zeigt den Stellungsbezug im März 1943 in einem Dorf in Französisch-Marokko, endlich, nach 105 Minuten, den ersten direkten Feindkontakt. Ein deutscher Angriff wird abgeschlagen, und der Zug sammelt sich zur Gegenattacke; die Kamera zeigt nochmals die einzelnen Soldaten, die durch Nebel und Pulverdampf voranschreiten, während statt »The End« »The Beginning« darüber eingeblendet wird.

Die Filmanlage ist stark schematisiert, und die propagandistische Absicht bleibt als einengende Rahmenbedingung spürbar. Dennoch hat der Film unbestreitbare Qualitäten. Humor und Ironie heben ihn im ersten Teil von anderen zeitgenössischen Produktionen ab, und der Realismus der Teile 2 und 3 verhindert eine allzu große Heroisierung.[13]

Die Hauptfiguren, obgleich typisiert, werden durch individuelle Eigenheiten charakterisiert und repräsentieren ein breites soziales Spektrum: Der Cockney-Heizer, der besorgte schottische Farmer, der snobistische höhere Angestellte, der pflichteifrige niedrige Angestellte, der gewiefte Reisevertreter, der unbekümmerte Draufgänger, der zurückhaltende Zivilbeamte; außerdem der zuerst allseits verhaßte Sergeant, der von allen nur das Beste hält, und der beargwöhnte Offizier, der von allen nur das Beste will. Dagegen bleiben die Frauenfiguren, mehrheitlich auf kursorische Zivil- und Urlaubsszenen beschränkt, blaß und klischiert.

Ein paar humoristische Motive punktieren das Ganze, etwa der Kompanieabend, bei dem den gelangweilten Soldaten zuerst ein ältliches Damenorchester und ein altmodischer Rezitator vorgesetzt werden, bevor sie sich entschließen, ihre eigenen künstlerischen Talente zu nutzen; oder die Einladung zum Tee durch eine junge attraktive Frau, die die Soldaten schnöde der Obhut ihrer Mutter überläßt, deren Haus dann zum Ort freier Aussprache werden kann. Carol Reeds technische Fähigkeiten zeigen sich besonders im zweiten Teil. Nach dem ersten, überraschenden Bombenangriff fällt Stille über das Schiff, bis ein Volltreffer hektische Rettungsversuche auslöst. Verglichen damit wirken die Schlachtszenen im dritten Teil künstlicher.

Peter Ustinov reagierte pikiert darauf, daß er aufgrund seines Aussehens keinen britischen Soldaten spielen durfte. In der Rolle eines italienischen Cafébesitzers in Französisch-Marokko gibt er dem Film jedoch eine zusätzliche skurrile Note; seine ebenso schillernde wie kommerziell erfolgreiche Filmkarriere fand hier ihren Anfang. John Laurie, der den mürrischen Schotten verkörperte, errang in den 1970er Jahren neue Beliebtheit durch die langjährige BBC-Serie *Dad's Army* über die sogenannte Home Guard, die bei allem nostalgischen Slapstick deutliche Kritik an der mangelhaften Kriegsvorbereitung übte. Und kurz nach Filmbeginn ist etwa 15 Sekunden lang in einer stummen Rolle als Kapellmeister der Schauspieler Eric Ambler verewigt.

Als *The Way Ahead* im Juni 1944 zur Uraufführung gelangte, nannte ihn C. A. Lejeune im Londoner *Observer* »einen ausgezeichneten Film, den besten des Jahres« (Moss 1987, 135); die englischen und amerikanischen Branchenmagazine stimmten später damit überein, und Bosley Crowther schrieb nach der amerikanischen Erstaufführung in der *New York Times*: »Dem britischen Infanteristen wird in einem hervorragenden Film ein herzlicher und anrührender Tribut gezollt« (Crowther 1945, 22). Die englische Premiere fiel genau auf den D-Day, den Tag der Landung der Alliierten in der Normandie. Doch die kommerzielle Auswertung dieser unerwarteten neuen Aktualität wurde behindert durch die wenige Tage später einsetzenden deutschen VI-Raketenangriffe auf London, die das öffentliche Leben nach Jahren der Normalisierung erneut durcheinanderbrachten; und als der Film in den USA im Sommer 1945, nach dem faktischen Ende des Kriegs in Europa, anlief, war das Publikum trotz der guten Kritiken an einer Darstellung über die britische Armee nicht mehr sonderlich interessiert. Entsprechend blieb der erhoffte große Gewinn aus, obwohl Del Giudice dank anhaltenden Interesses in England Ende 1945 seine Produktionskosten von 250 000 Pfund eingespielt hatte.[14]

Eric Ambler seinerseits hatte das Projekt noch vor Beginn der Dreharbeiten in Nordafrika unbefriedigt verlassen:

> In dieser Zeit stritt ich mich mit Carol [Reed] über die Frage herum, wer die lange Rede halten sollte, die ich für den Sergeanten geschrieben hatte. Ich hatte mich den Änderungen [die darauf hinausliefen, die Rede dem von David Niven verkörperten Leutnant in den Mund zu legen] mit allen Kräften widersetzt. Die Psychiater bedauerten, aber auf einen nunmehr kommerziellen Film hätten sie keinen Einfluß mehr. Überall machte ich mich unbeliebt, aber es war nutzlos. (Ambler, 338 f.)

Da kam es Ambler gelegen, daß die amerikanische Kriegsinformationsbehörde ihn für ein Projekt mit John Huston anforderte. Huston hatte als Drehbuchschreiber begonnen und 1941 mit *The Maltese Falcon (Die Spur des Falken)* seinen ersten Regieerfolg erzielt. Nach dem amerikanischen Kriegseintritt hatte er sich der Armee zur Verfügung gestellt und Anfang 1943 einen Dokumentarfilm über ein Bombergeschwader auf den Aleuten abgeliefert. Im Sommer wurde er beauftragt, einen Film über den Feldzug der Alliierten in Nordafrika zu drehen, doch ging das Originalmaterial von der Front verloren, und die nachgestellten Szenen erwiesen sich als ungenügend. Kurz zuvor hatte der schottische Dokumentarfilmer David MacDonald *Desert Victory* über den britischen Nordafrika-Feldzug gedreht, und im Rahmen der alliierten Zusammenarbeit wurde beschlossen, Material daraus für den amerikanischen Film zu verwenden. Im August reiste Hauptmann John Huston deshalb mit seinem Vorgesetzten, Oberstleutnant Frank Capra, nach London. Dort lernte er auf einer Party Ambler kennen. Das Projekt über Nordafrika wurde schließlich begraben, und Capra beauftragte Huston im Herbst 1943, in einem Film die italienische Befreiung zu dokumentieren. Da beim alliierten Oberkommando peinlich genau auf gedeihliche Zusammenarbeit zwischen den USA und Großbritannien geachtet wurde, gelangte Huston an Ambler mit der Bitte, ihn als »Vorzeige-Engländer« (Ambler, 339) zu begleiten, der dieser gern entsprach. Vor der Abreise im Dezember beförderte der britische DAK in weiser Voraussicht Ambler zum Hauptmann, um ihn rangmäßig Huston gleichzustellen.

Die Schlacht um San Pietro

Am 9. Juli 1943 waren britische und amerikanische Truppen auf Sizilien gelandet. Zwei Wochen später wurde Mussolini verhaftet und eine neue italienische Regierung ohne faschistische Mitglieder gebildet. Am 3. September setzten die Briten auf die Südspitze der italienischen Halbinsel über; am 9. September folgte eine amerikanische Großlandung bei Salerno. Einen Tag zuvor hatte der alliierte Oberbefehlshaber General Eisenhower den Abschluß eines Waffenstillstands mit Italien bekanntgegeben.

Daraufhin besetzten die deutschen Truppen, die sich zuvor auf eine Linie südlich von Rom zurückgezogen hatten, die italienische Hauptstadt und entwaffneten die regulären italienischen Truppen. Der italienische Feldzug schien für die Alliierten einen raschen Erfolg und die baldige Befreiung Italiens zu versprechen. Doch nur wenig nördlich von Neapel trafen Briten und Amerikaner auf heftigen Widerstand der verschanzten Deutschen. Anfang Dezember geriet die Offensive am Eingang zum Liri-Tal – auf halber Strecke zwischen Neapel und Rom – ins Stocken. Umkämpft wurden zuerst das kleine Dorf San Pietro, später der Monte Cassino mit der mittelalterlichen Benediktinerabtei. Frontalangriffe, teilweise mit geländeuntauglichen Panzern unternommen, führten zu horrenden Verlusten auf seiten der Alliierten und zur Zerstörung des Klosters. Zugleich blieb die grundsätzliche Taktik, Rom vom Süden her zu erobern und auf eine Landung in Norditalien zu verzichten, umstritten und stellte vor allem einen politischen Kompromiß zwischen der amerikanischen und der britischen Regierung sowie den persönlichen Ambitionen der entsprechenden Heeresführer dar.

Zusammen mit einer Filmcrew von sechs Mann trafen Ambler und Huston Anfang Dezember im amerikanischen Hauptquartier in Caserta nordöstlich von Neapel ein. Die beiden Männer müssen ein sehr gegensätzliches Paar abgegeben haben. Beide haben die Expedition in ihren Autobiographien beschrieben. Ihre Berichte gehen in Details wie in der grundsätzlichen Haltung weit auseinander. Huston konzentriert sich auf die militärischen Aktionen, Ambler auf den Kriegsalltag. Huston unterschlägt zwar die Schrecken und das Leiden des Feldzugs nicht, stellt aber den Heroismus der Streitkräfte, in die er sich selbstverständlich mit einschließt, in den Vordergrund; Ambler schildert dagegen gleichsam aus einer Perspektive von unten individuelle Pannen und die inkompetente Führung. Sehr unterschiedlich fällt auch die gegenseitige Wertschätzung aus. John Huston beurteilt Am-

bler wohlwollend, aber etwas herablassend; Eric Ambler beschreibt Huston mehrheitlich satirisch. Huston etabliert seine
herablassende Überlegenheit mit einem scheinbar harmlosen
Detail:

> Eric schnarchte lauter, als ich es je gehört hatte. Die Wirkung war ver-
> heerend. Sein Schnarchen drang durch die Säle bis in den Hof. Wir
> waren etwa 25 oder 30 Leute, die alle im selben Raum schliefen, und
> nach dieser Nacht, in der keiner ein Auge zugetan hatte, erhoben sich
> alle wie ein Mann und starrten mich an. Ich wußte, ich mußte Eric da
> rausbringen, und zwar schnell. (Huston 1981, 109)

Ambler hat das Kompliment erwidert und spröde zurückgegeben, es sei gut möglich gewesen, daß er geschnarcht habe, da Huston den ganzen Saal mit seinen nächtelangen Belehrungen über
Filmtechnik wach gehalten habe. Zwar flicht er gelegentlich ein
hohes Lob auf Hustons *The Maltese Falcon* ein, aber als Menschen hält er ihn für eitel, arrogant und töricht.

Während Hustons und Amblers Aufenthalt wurden alliierte
Attacken auf das massiv befestigte Dorf San Pietro eine Woche
lang blutig abgeschlagen, doch schließlich zogen sich die Deutschen unter dem überlegenen alliierten Artillerie- und Flugzeug-
beschuß zurück. Am 16. Dezember 1943 erging die Meldung, der
Feind habe San Pietro geräumt. Huston mobilisierte sofort seine
Crew, um die einrückenden amerikanischen Truppen vor Ort zu
filmen. Doch unterhalb des Dorfs gerieten sie in heftiges deutsches Artilleriefeuer und konnten sich nur mit knapper Not retten. Trotzdem unternahm Huston am 17. Dezember einen weiteren Versuch. In seiner Autobiographie vermeldet er stolz:
»Mein Team und ich waren, zusammen mit Eric und einem weiteren Offizier, die ersten, die das Dorf betraten, und wir konnten die Vorhut der amerikanischen Truppen beim Einzug ins
Dorf filmen.« (Huston 1981, 111) Ambler läßt keinen Zweifel
daran, daß er beide Unternehmen für unverantwortliche Selbst-

mordkommandos hielt. Tatsächlich gerieten sie im Dorf schon bald erneut unter Beschuß und beschlossen, sich zurückzuziehen. Unmittelbar vor ihrem Jeep wurde ein amerikanisches Fahrzeug durch einen Direkttreffer in die Luft geschleudert. Huston fährt fort:

> Wir fuhren die Straße hinunter und kamen zu einer Brücke, die aus zwei metallenen T-Trägern über einen Abzugskanal gebildet worden war. Die Träger waren so gelegt worden, daß Lastwagen problemlos darüberfahren konnten, aber die schmalere Achse des Jeeps führte dazu, daß dessen Räder an der erhöhten Innenkante der beiden Träger auffuhren. Der Lieutenant, der unseren Jeep steuerte, brachte ein Rad auf die erhöhte Kante – und dann blieb der Jeep stecken.
>
> »Mein Gott, Lieutenant«, sagte ich. »Haben Sie nicht gesehen, was gerade mit diesem Kommandowagen passiert ist? Bringen Sie uns um Himmels willen so schnell wie möglich weg.«
>
> Der Lieutenant wandte sich mir zu und sagte: »Möchten Sie vielleicht fahren, Captain?«
>
> Daraufhin drehte sich Eric zum Fahrer und meinte betont beiläufig: »Also wirklich, Lieutenant … das ist jetzt ziemlich heikel. Wir sollten so schnell wie möglich von dieser Brücke runterkommen.«
>
> Der Jeep saß weiter fest, und da wußte ich, daß es uns diesmal erwischen würde. Die Deutschen hatten sich so auf die Straße eingeschossen, daß sie ein Zehn-Cent-Stück treffen konnten, und mir schien es, sie hatten verdammt viel mehr Zeit, uns dranzukriegen, als sie für den Kommandowagen gebraucht hatten. Schließlich brachte der Lieutenant den Wagen wieder in Gang, und wir fuhren um eine Kurve und außer Sichtweite. (Huston 1981, 112 f.)

Ambler gibt dem Vorfall eine ziemlich sinistere Wendung:

> Die Schwierigkeiten fingen an, als wir im Jeep saßen und auf die Straße kamen. In diesem Moment fuhren mehrere Jeeps mit Karacho aus San Pietro, und der Jeep vor uns wurde von einer 88er Granate getroffen. Die Insassen wurden in die Luft geschleudert, und für einen kurzen Moment wandte Jules, der am Steuer saß, den Blick von der Straße. Wir befanden uns unmittelbar vor einer der provisorisch reparierten

Brücken. Anstatt hinüberzufahren, erwischten wir die T-Träger etwas schräg und saßen dann fest.

John beugte sich zu Jules hinüber und sagte leise, mit mehr oder weniger diesen Worten. »Na schön, du dreckiges Arschloch, bleib ganz ruhig. Fahr zurück, du verdammter Hurensohn, ganz ruhig.« Es folgte ein Schwall von Flüchen, die sich auf Jules' Religion, auf seine Eltern und auf seine persönlichen Eigenheiten bezogen.

Jules behielt die Nerven und brachte uns sicher den Berg hoch. [...]

In Venafro am Abend fragte ich, auf wessen Seite wir eigentlich kämpften – für die Alliierten oder für die Redaktion des *Stürmer*. Für einige der unverzeihlicheren Dinge, die John gesagt hatte, bat er Jules um Vergebung. Sie wurde ihm natürlich gewährt. (Ambler, 374 f.)

Es muß offenbleiben, welche Version zutrifft; aber es fällt auf, daß Huston den betroffenen Lieutenant Jules Buck, obwohl er im späteren Film von Huston als verantwortlicher Kameramann genannt ist, in seiner Autobiographie an keiner Stelle namentlich erwähnt.

Der Auftrag, in einem Film die Befreiung Italiens zu feiern, hatte längst dahingehend revidiert werden müssen, die verlustreichen Schwierigkeiten der Befreiung zu zeigen. Während Ambler das ganze Projekt zunehmend skeptisch beurteilte, sammelte Huston bis in den Januar hinein Material. Daraus entstand schließlich *The Battle of San Pietro*. Ambler hat den Film, wohl aufgrund seiner persönlichen Erfahrungen, eher abwertend beschrieben und nur zwei Szenen gelten lassen:

Das meiste davon waren nachgestellte, recht impressionistische »Kampf«-Szenen. Eine Sequenz war allerdings sehr beeindruckend. Man sah einen Trupp, der nach einem der so verlustreichen Frontalangriffe die Gefallenen bestattete. Die Toten wurden mit einem auffallenden Mangel an Zeremoniell in Armeeschlafsäcke gesteckt und in flache Gräber geworfen. Anschließend wurden zur Kennzeichnung der Stellen GI-Kreuze in den Boden geschlagen. (Ambler, 377)

An anderer Stelle weist er auf eine Passage hin, die lachende Soldaten einer texanischen Rangerskompanie während einer Gefechtspause zeigt: »Es war die einzige Passage, die mich anrührte, als ich den Film sah. Ich wußte, daß all diese lachenden jungen Leute längst tot waren.« (Ambler, 358)

Insgesamt wird Amblers zurückhaltende Skepsis dem Film nicht gerecht. Über weite Strecken stellt *The Battle of San Pietro* ein erschütterndes Dokument dar. Dabei mischen sich in ihm zwei Dokumentarfilmstile, eine eher traditionelle, autoritative Erzählhaltung, und formal neuartige Elemente, »die eng mit der Cinéma-vérité-Bewegung der 1950er und 1960er Jahre verbunden sind, zum Beispiel längere Einstellungen, von Hand gehaltene und bewegliche Kameras und spontane Interviews« (Edgerton 1993, 38). Was den Authentizitätsanspruch betrifft, so hat eine genauere Untersuchung des Rohmaterials gezeigt, daß einige Szenen tatsächlich nachträglich gedreht wurden. Dies betrifft vor allem Bilder der zurückkehrenden italienischen Bevölkerung. Die Mehrheit der Kampfszenen ist, entgegen Amblers Meinung, authentisch.[15]

Ambler diskutiert in seiner Autobiographie das Problem, daß nachgestellte Kriegsszenen zumeist eindrücklicher wirken als dokumentarische Bilder. Die rüde vorgetragenen Aufforderungen von Huston an seinen Kameramann, ihm dokumentarische Kampfszenen zu liefern, stellt er nicht nur als menschlich fragwürdig, sondern auch als ästhetisch sinnlos hin. Neuere Kriegsfilme, von Francis Ford Coppolas *Apocalypse Now* (1979) bis zu Steven Spielbergs *Saving Private Ryan* (1998), verschärfen die Frage, ob nachgestellte Bilder eindrücklicher wirken als Dokumentaraufnahmen. Aber gegen Amblers Skepsis sind zwei Einwände einzubringen. Erstens stehen im Mittelpunkt von *The Battle of San Pietro* nicht die Kämpfe, sondern deren Auswirkungen: zerstörte Panzer, tote und verwundete Soldaten, eine versehrte Landschaft, verstörte Zivilisten. Insgesamt zeigt sich in

Hustons Film eine Haltung, die für die militärischen Auftraggeber ungewohnt, ja schockierend wirken mußte: »Ein Tribut an
diese Soldaten, der den wirklichen Schrecken enthüllt, dem sie
sich stellen und den sie erleiden, und schließlich die Opfer, die sie
alle während des Kriegs erbringen mußten« (Edgerton 1993, 39).
Zweitens weist Ambler selber auf ein zusätzliches Element in unserer Rezeptionshaltung hin, nämlich den realen Kontext. Das
Wissen um das Schicksal der eben noch lachend gefilmten Soldaten reißt uns mit in die Tragödie ihres Tods.

Im übrigen bestätigt Ambler selber den überwältigenden Ein-
druck, den der Film hervorrief, wenn er schreibt, daß das US-
Kriegsministerium *The Battle of San Pietro* nicht freigeben
wollte, solange noch amerikanische Soldaten in Italien kämpften:
»Die Begründung des Verbots war simpel: Es sei nicht Sache des
Kriegsministeriums, Antikriegsfilme herzustellen.« (Ambler,
377) Doch dann setzte sich der Oberbefehlshaber der US-Armee,
General George C. Marshall, nach persönlicher Visionierung für
The Battle of San Pietro ein. Er verlangte von Huston allerdings
Schnitte, die dieser schließlich akzeptierte.[16] Die wesentlichen
Schnitte betrafen Bilder von neben ihren Panzern verkohlten
amerikanischen Soldaten sowie die Nahaufnahme eines Schuhs,
in dem noch ein halbes Bein steckte. Auch die Begräbnissequenz
mußte neu geschnitten werden. In der unzensierten Version
zeigte Huston einige der Gefallenen in Nahaufnahmen und legte
die Stimmen mit den Zukunftshoffnungen darüber, die dieselben
jungen Männer ein paar Tage zuvor während einer Gefechtspause geäußert hatten. Die veröffentlichte Fassung präsentiert
die toten Amerikaner in ihren Leichensäcken nur noch von hinten und ohne Voice-over; sie bleibt eindrücklich genug, gerade im
Kontrast mit den Gesichtern der in ihr zerstörtes Dorf zurückkehrenden italienischen Zivilisten, erloschener alter Männer, ab-
gehärmter Frauen und zu schnell gealterter Kinder.

Mitte 1945 wurde John Huston beauftragt, einen weiteren

Film unter dem Arbeitstitel *The Returning Psycho-neurotics* zu drehen. Dazu beobachtete er über eine längere Zeitspanne die Behandlung traumatisierter Soldaten in einer psychiatrischen Klinik der us-Armee; dem 1946 fertiggestellten Film gab er den optimistischeren Titel *Let There Be Light*. Er ist ein einmaliges Werk. Die Technik des Films wäre heute nicht mehr denkbar. Huston hatte ungehinderten Zugang zu allen Behandlungen und plazierte die Kamera bei den Aufnahmegesprächen neuer Patienten direkt über der Schulter des gesprächsführenden Psychiaters. So treten die Patienten dem Zuschauer ungeschönt, aber auch schutzlos entgegen. Ein Soldat, der bei einem Bombenangriff verschüttet wurde, blickt bei der Nacherzählung in blankem Entsetzen zum Himmel hoch. Ein anderer wird von nervösen Tics geschüttelt, als er vom Tod eines Kameraden berichten soll. Zumeist nehmen die Soldaten das Aufnahmeteam gar nicht wahr. Auf der anderen Seite verbindet sich die selbstverständliche, beinahe naive dokumentarische Neugier mit einem unverbrüchlich optimistischen Glauben an die Möglichkeiten der Therapie. Die Psychiater, deren Gesprächston von militärisch forsch bis zurückhaltend ermunternd reicht, wirken in einem Glauben geeint: Diesen Soldaten muß und kann geholfen werden. Dabei kommt es zu geradezu wundersamen Heilungen. Ein Soldat mit psychosomatischen Lähmungen erhebt sich während einer hypnotisch unterstützten Gesprächstherapie von seinem Bett und kann wieder gehen. Deutlich wird ausgesprochen, daß nur kurzfristige Lösungen für akute Symptome gegeben, nicht aber grundsätzliche Aufarbeitungen der Kriegstraumata geleistet werden können. Dieser erste Schritt jedoch wird eindrücklich getan.[17]

Eric Ambler war mit Huston bis über Neujahr 1944 in Italien geblieben und hatte in Neapel kurz Humphrey Bogart samt dessen damaliger Frau Mayo getroffen; die beiden befanden sich auf einer von Schwierigkeiten und Skandalen belasteten Tournee zur Unterhaltung der amerikanischen Truppen in Italien. Wenige

Tage später wurde Ambler nach London zurückbeordert, das er nach abenteuerlichen Irrfahrten erreichte. Für das DAK half er Carol Reed vorerst bei der Sichtung von Dokumentarmaterial für dessen Film *The True Glory* über das letzte Kriegsjahr in Europa.[18] Dann erteilte ihm Oberst David Niven den heiklen Auftrag, einen Film zu machen, der den britischen Soldaten Geschichte und Kultur der USA näherbringen sollte. Hilfestellung bekam Ambler vom renommierten Historiker Denis Brogan, Filmmaterial suchte er selber in den USA zusammen, und David Niven sprach den Kommentar.

In seiner Autobiographie hat Ambler die Abnahme des fertigen Films *United States* durch Vertreter der britischen und amerikanischen Regierungen sehr sarkastisch beschrieben. Heikelstes Problem stellte die Frage dar, warum die USA so spät in den Krieg eingetreten waren. Eine Rede des Atlantikfliegers Charles Lindbergh, die die naive, wenn nicht sogar nazifreundliche Position mancher isolationistischer Amerikaner illustrieren sollte, mußte auf Anweisung der amerikanischen Botschaft gestrichen werden; im Gegenzug konnte der britische Informationsminister erreichen, daß Chamberlains Münchner Kotau geschnitten wurde. Für den Film erhielt Ambler 1946 den amerikanischen Bronze-Star-Orden.

Im Herbst 1944 wurde Ambler anläßlich einer Reorganisation des DAK angefragt, ob er die Abteilung für Ausbildungs- und Informationsfilme übernehmen wolle, eine Stellung, die mit einer Beförderung zum Oberstleutnant verbunden war. Bis Herbst 1945 stellte die Abteilung 95 Filme her, zum Teil in Koproduktion mit unabhängigen Produzenten, zum Teil in den eigenen Studios in Wembley. Gut die Hälfte waren Kurzfilme, die neues Armeematerial vorstellten. Die andere Hälfte deckte ein weites Spektrum ab, das von einer Dokumentation über den Abschuß der letzten den Alliierten in die Hände gefallenen V2-Raketen bis zu Kurzfilmen reichte, die die Soldaten auf die Rückkehr ins

Zivilleben vorbereiten sollten. Für letztere wurden Elsie und
Doris Waters eingesetzt[19], zwei Schwestern, die sich beim Rundfunk einen Namen als komisches Musikduo gemacht hatten;
deren Bruder, Arthur Waters, hatte im April 1941 Amblers ver-
witwete Mutter geheiratet.

Gegen Kriegsende sah sich Ambler mit alten Bekannten konfrontiert. Im September 1944 hörte er auf Umwegen, daß Betty
und Yves Chanteau im befreiten Brest wegen angeblicher Kollaboration mit den Nazis verhaftet worden seien. Das Paar war
noch vor Kriegsausbruch nach Guadeloupe gereist, aber bald
nach Frankreich zurückgekehrt. Ambler, der die Verhaftung für
ein im Zusammenhang mit Betty nicht ganz unerklärliches Mißverständnis hielt, versuchte sich für die beiden einzusetzen. Sie
kamen nach kurzer Haft frei und reisten nach London. Doch die
Beziehung hatte sich abgekühlt: »Keiner von beiden zeigte sich
geneigt zu erklären, was tatsächlich passiert war. Das Thema war
erledigt.« (Ambler, 393) Nach diesem Treffen scheint Ambler
seine frühere Liebe aus den Augen verloren zu haben. Betty hingegen, die wiederum in Kensington Wohnsitz genommen hatte,
hielt weiterhin einen besitzergreifenden Blick auf den Jugendfreund gerichtet und erklärte gemeinsamen Freundinnen gegenüber, Amblers Ehefrau Louise sei nicht ganz zu Unrecht
eifersüchtig auf sie.[20] Doch sie hatte schon länger begonnen, ihr
Talent als Zeichnerin zu vernachlässigen; 1950 trennte sie sich
von ihrem Mann, heiratete den Jamaikaner Henry Othello Smith
und zog mit ihm nach Jamaika, wo sie, nach unglücklicher Ehe,
45jährig 1956 in Mona starb.[21]

Bessere Nachrichten kamen bei Kriegsende von Win Harle,
Louise Amblers ehemaliger Vermieterin in Paris. Deren Schick-
sal war umgekehrt zu dem von Betty verlaufen. Während der
deutschen Besetzung von Paris war Harle wegen Abhörens der
BBC von der Gestapo verhaftet und zum Tod verurteilt worden.
Auf englische Intervention wurde das Urteil in lebenslängliche

Haft umgewandelt und Harle in ein Frauengefängnis in Süddeutschland eingeliefert. Dort verbrachte sie drei Jahre, wurde 1945 von amerikanischen Soldaten befreit, arbeitete zuerst als Dolmetscherin für den amerikanischen Ortskommandanten und kehrte dann nach Paris zurück, um ihr Übersetzungsbüro wiederaufzubauen. »Die Nachkriegs-Win war ein reiferer Mensch als die Win, die wir von früher kannten. Sie war mit sich selbst ins reine gekommen und konnte freimütig von den alten Zeiten berichten« (Ambler, 407), und eine ihrer Erzählungen lieferte Ambler später den Anstoß zu seinem zweiten Nachkriegsroman.

Ambler-Verfilmungen

Seit dem Sommer 1942 hatte sich Eric Ambler als Militär immer intensiver ins Filmgeschäft eingearbeitet. Doch auch für den Schriftsteller hatte das Medium Film zunehmende Bedeutung erlangt. In den Kriegsjahren wurden vier Ambler-Bücher als amerikanische hard-boiled-Krimis verfilmt. *Die Angst reist mit*, sein bislang letztes Buch, wurde zuerst auf die Leinwand gebracht. Bereits im Januar 1941 bekundete MGM Interesse an den Filmrechten, und der renommierte Drehbuchautor Ben Hecht kaufte die Bühnenrechte. Dann schaltete sich die Produktionsfirma RKO ein, die für ihren neuen Star Orson Welles Projekte suchte. Im April erwarb die RKO die Rechte von Ambler für 20 000 Dollar und von Hecht die Nebenrechte, wobei Hecht im Gegenzug beauftragt wurde, ein Drehbuch zu schreiben.[22] Im Sommer 1941 übernahm Orson Welles für RKO drei Projekte, darunter auch die Verfilmung von *Die Angst reist mit*. Als Hauptdarsteller vorgesehen war Joseph Cotton, mit dem Welles schon mehrfach zusammengearbeitet hatte. Doch Welles paßte das vorhandene Material nicht, und er machte sich zusammen mit Joseph Cotton selber an ein neues Drehbuch. Gegenüber den Auftraggebern bei RKO erklärte er, die Story stärker in Richtung Komik entwickeln zu wollen. Vorbehalte von RKO gegen mögliche sexuelle Anspielungen und politische Rücksichtnahmen verlangten mehrfache Änderungen, die zentrale Motive in Amblers Geschichte betrafen.[23] Dann rückten für Welles andere Projekte, vor allem *The Magnificent Ambersons (Der Glanz des Hauses Amberson)*, in den Vordergrund, und er sah sich außerstande, die Dreharbeiten für *Die Angst reist mit*, die Anfang Januar 1942 endlich begonnen hatten, genügend zu überwachen. Seine Szenen als Darsteller des türkischen Geheimdienstchefs Oberst Hakki spielte er zumeist am Abend, nach einem anstrengenden Tagewerk an *The Magnificent Ambersons*. Die Dreharbeiten litten zudem unter technischen Schwierigkeiten; bei einer Aufnahme stürzte ein Stuntman zu Tode.

Angesichts der vorliegenden Stückwerke verlor man bei RKO die Geduld und ließ den Film schnell zusammenmontieren. Das Resultat stellte für alle Beteiligten eine Peinlichkeit dar. Im Herbst 1942 drehte Welles deshalb ein paar zusätzliche Szenen und versuchte, die schlimmsten Löcher im Handlungsablauf zu stopfen. Dennoch meinte er später, der Film sei durch den inkompetenten Schnitt ruiniert worden.[24] *Journey into Fear* kam im Februar 1943 in die Kinos, als »69minütiger Programmfüller« (Thomson 1996, 244). Der Kritiker der *New York Times* sprach nicht unfreundlich von »einer ungleichmäßigen, aber im allgemeinen phantasievollen und aufregenden Schreckensstory« (Anon. 1943, 15). Ambler sah das Endprodukt 1944 im Londoner Zweigstudio von RKO. Er wußte um die desaströsen Dreharbeiten, erhoffte sich nicht allzu viel und war vom Resultat entsetzt.

Zu Recht. Der Film torkelt unentschieden zwischen Thriller und Farce hin und her. Die Veränderungen an der Vorlage verzerren und entstellen Plot wie Charaktere. Zu Beginn wird der Waffeningenieur Graham zusammen mit seiner Frau in Istanbul gezeigt. Das soll offenbar die Affäre von Graham mit der Tänzerin Josette abschwächen und später zugleich einen Flirt mit bedrohlichen Untertönen zwischen Grahams Ehefrau und dem Geheimdienstchef Hakki ermöglichen; aber dadurch wird das zusammengestückelte Drehbuch noch unwahrscheinlicher. Der Nachtclubbesuch von Graham ist mit allerlei exotischen Ingredienzien angereichert, eingeschlossen dem Auftritt eines Zauberers, währenddessen das Attentat auf Graham erfolgt. Dagegen ist das psychologische Kammerspiel auf dem Schiff auf ein paar knappe Szenen zusammengekürzt, deren Logik unklar bleibt. Zum Schluß entkommt Graham in einer wilden Verfolgungsjagd samt Schießerei, während der sich Welles als Hakki nochmals in Szene setzen kann. Andererseits sind für einige Nebenfiguren ungekürzte Textpassagen aus dem Roman übernommen worden, die, ohne Einführung der Figuren, hohl vor sich hin klappern.

Zurück bleiben ein paar stimmungsvoll-expressionistisch ausgeleuchtete Kulissen und Gesichter, sowie zwei, drei eindrückliche Auftritte von Welles, »riesig, autoritär, unheilverkündend, aber auch unbeweglich, damit das Make-up keine Risse kriegt oder der Schauspieler über den dargebotenen Unsinn zu lachen beginnt« (Thomson 1996, 244). Gerade im Kontrast mit dem Kuddelmuddel des Films zeigt sich nochmals die elegante Ökonomie von Amblers Roman.

Die zweite Verfilmung, *Background to Danger*, 1943 von Warner Brothers herausgebracht, verzichtete von vornherein auf höhere Ansprüche. Es war ein B-Film, von Raoul Walsh schnell abgedreht; die historische Situierung in Amblers Buch, die akuten Spannungen zwischen den beiden Achsenmächten Deutschland und Italien, war zu einer nebulösen Spionagegeschichte verkommen. George Raft mimte ziemlich hölzern den unschuldigen Ingenieur, der durch das – in Hustons *The Maltese Falcon* eingeführte – Gespann Peter Lorre/Sydney Greenstreet in Intrigen verwickelt wird. Bosley Crowther fand in der *New York Times* ein paar nette Worte: »Insgesamt ist der Film nicht einer von

Warner Brothers' besten, aber er hat doch genügend Action, um einen wach und bei Laune zu halten.« (Crowther 1941, 11)

Die Maske des Dimitrios bildete eine größere Herausforderung: Wie sollte man den Verbrecher darstellen, der im Buch beinahe bis zum Schluß nur indirekt in Erzählungen Dritter und in den Auswirkungen seiner Untaten auftaucht? Drehbuchautor Frank Gruber und Regisseur Jean Negulesco umgingen das Problem geflissentlich. *The Mask of Dimitrios* von 1944 behielt zwar die Struktur der Rückblende aus dem Buch bei, ließ aber Dimitrios in der Gestalt des jungen, unbekannten Schauspielers Zachary Scott schon bald auftreten und vertraute ansonsten auf die üblichen atmosphärischen Aufnahmen im Halbschatten und auf das Schauspielerduo Lorre und Greenstreet. Selbst die freundliche *New York Times* mußte vermelden, die Verfilmung eines Ambler-Buchs durch die Spannungsspezialisten Warner Brothers habe das Prestige beider beteiligter Parteien nicht erhöht.[25] Für einmal stellte Peter Lorre als der Journalist, der sich auf die Fersen des Großverbrechers heftet, eine Fehlbesetzung dar, und nur Sydney Greenstreet lieferte in bewährter Manier joviale Bedrohlichkeit.

Weitaus schlimmer fiel 1944 die Verfilmung von *Nachruf auf einen Spion* aus, unter dem Titel *Hotel Reserve* von RKO mit James Mason in der Hauptrolle gedreht. Der Drehbuchschreiber John Davenport gestand Ambler gegenüber fröhlich ein, das Skript nur des Geldes wegen geschrieben zu haben, und auch James Mason setzte sich vom Endprodukt ab:

Obwohl ich später ein Freund und Nachbar von James Mason war, konnte er von *Hotel Reserve* nie ohne ein Schaudern sprechen. In seiner Autobiographie und in seinem Buch über das Filmschaffen hat er sogar versucht, es ganz zu unterschlagen. Es ist ihm auch fast gelungen. Ich konnte seinen Unwillen gut verstehen. Der Film hatte ein drittklassiges Drehbuch, war schwach in der Ausstattung und hatte einen ungeeigneten Regisseur. (Ambler, 337)

Mason nahm immerhin einen kleinen Teil der Schuld auf sich, weil er seine eigene Einsicht, wie die hilflosen Ambler-Helden zu spielen gewesen wären, nicht beherzigt habe: »Folglich ist mein Ambler-Held die hilfloseste und unsympathischste aller Filmversionen. Ich möchte mich dafür nachträglich bei Ambler entschuldigen.« (Hirschhorn 1975, 73) Womöglich aber waren Amblers frühe Bücher, zumindest *Nachruf auf einen Spion, Die Maske des Dimitrios* und *Die Angst reist mit*, literarisch allzu perfekt, so daß sie bei der Umsetzung ins Medium Film unweigerlich Schaden nehmen mußten; umgekehrt destillierte ja ein Regisseur wie Alfred Hitchcock seine meisterhaften Thriller vorwiegend aus mittelmäßigen Romanen. Eric Ambler jedoch bestärkten die schlechten Erfahrungen mit den Verfilmungen seiner Bücher in der Auffassung, er habe sich selber im privatwirtschaftlichen Filmgeschäft zu versuchen.

Das Geschäft des Drehbuchschreibens

Eric Ambler blieb bis Anfang 1946 beim AKS. Dabei verstärkte sich sein politisches Engagement. Besonders interessierte ihn die Situation in Italien, nachdem er die Befreiung Süditaliens selbst erlebt hatte. In der Autobiographie beschreibt er, wie schwer sich die alliierten Militärbehörden damit taten, politisch unbelastete einheimische Fachleute für die Aufrechterhaltung der Infrastruktur zu finden. »Was wir brauchen«, erklärte ihm der Chef der amerikanischen Gegenaufklärung in Venafro,

> ist jemand, der sich mit der Kanalisation auskennt. Er war ein prominenter Faschist? Und wenn schon. In den großen Städten ist es noch schlimmer. Der Schwarzmarkt funktioniert reibungslos. Die Militärpolizeistreife hält einen Zivilisten mit Auto an und will seine Benzinkarte sehen. Er zeigt seine deutsche. Oh, falsche Tasche! Dann zeigt er ihnen die AMGOT-Karte [der alliierten Militärregierung in den besetzten Gebieten]. Was sollen sie machen? Wenn sie den Mistkerl festnehmen, holt ihn AMGOT noch am selben Tag raus, binnen Stunden. Gebt mir einen Antifaschisten, der sich mit der Kanalisation auskennt. (Ambler, 347f.)

Britische Kritik an AMGOT wurde vor allem in der linken Londoner Wochenzeitschrift *New Statesman* formuliert[1], und einmal nahm Ambler an einem Pressegespräch mit Kingsley Martin, dem Chefredakteur des *New Statesman*, teil.[2] Ambler knüpfte auch andere politische Kontakte, etwa zum Journalisten, Publizisten und späteren Führer der Labour-Partei, Michael Foot. 1913 geboren, hatte sich Foot kurz vor dem Krieg einen Namen als scharfzüngiger Polemiker gemacht, rechnete 1940 als Mitverfasser des Pamphlets *Guilty Men* mit den konservativen Anpas-

sungspolitikern ab und vertrat zwischen 1942 und 1944 als Chef-
redakteur des Londoner *Evening Standard* einen kritischen
Patriotismus, der den Kampf gegen den Faschismus mit der
Hoffnung auf soziale Verbesserungen nach Kriegsende verband.
Ambler lernte Foot durch die gemeinsame Bekannte Connie
Ernst von der US-Botschaft kennen[3], und sie trafen sich gelegent-
lich im White Tower Hotel in der Percy Street 1, im Londoner
Fitzrovia-Viertel, einem bekannten Treffpunkt für Künstler und
Journalisten seit 1914, als Ezra Pound und Windham Lewis hier
die sogenannte Vortizismus-Bewegung gegründet hatten. Später
war das Hotel in Evelyn Waughs Roman *Vile Bodies* (1930, *Aber
das Fleisch ist schwach*) verewigt worden und hatten der Maler
Augustus John sowie der walisische Dichter Dylan Thomas hier
Hof gehalten[4]; während des Kriegs schließlich fanden sich amerikanische Journalisten, darunter Mary Welsh, die spätere vierte
Frau Hemingways, ein.[5]

1945 kandidierte Foot in seiner Heimatstadt Plymouth als La-
bour-Kandidat und lernte dabei die ein Jahr jüngere Filmema-
cherin Jill Craigie kennen, die damals den Dokumentarfilm *The
Way We Live* über den Wiederaufbau des kriegszerstörten Plymouth drehte; die beiden heirateten 1949 und lebten und arbei-
teten bis zu Craigies Tod 1999 zusammen. Craigie war seit
Kriegsbeginn im Filmgeschäft tätig, zuerst als Drehbuchschrei-
berin für Dokumentarfilme des British Council, dann für Filippo Del Giudices Two Cities Film, und mag dabei auch Ambler
kennengelernt haben. Ihre Wege kreuzten sich erst wieder Ende
der 1950er Jahre, als Craigie einen von Ambler früher behandelten Filmstoff aufnahm und ein neues Drehbuch herstellte.

Ambler hat Foot als seinen »Freund« (Cole, 153) bezeichnet,
der ihn mit Nye Bevan, dem feurigen Führer des linken Labour-
Flügels, zusammengebracht habe, und Michael Foot hat das nachträglich freundlicherweise bestätigt.[6] Aber der Kontakt scheint
doch eher lose gewesen zu sein. Als Foot 1947 zusammen mit Ian

Mikardo und Richard Crossman ein Positionspapier *Keep Left* verfaßte, das zur Basis der Keep Left Group wurde, die ihrerseits 1951 zur linken Opposition innerhalb der Labour-Partei mutierte, hatte sich Amblers parteipolitisches Interesse längst abgekühlt und er sich neuen beruflichen Herausforderungen zugewandt.

Noch während der Zeit beim AKS hatte er Pläne für einen Einstieg ins zivile Filmgeschäft entworfen. Für den Oktober 1945 organisierte der Produzent David O. Selznick *(Gone with The Wind)*, der auf Ambler als möglichen Drehbuchschreiber aufmerksam geworden war, ein Treffen zwischen diesem und dem aus den USA zurückkehrenden Alfred Hitchcock, das aber nicht zustande kam.[7] Dafür begann Ambler, für Filippo Del Giudice ein Drehbuch zu J. Sheridan Le Fanus Buch *Uncle Silas* vorzubereiten, dessen Verfilmung er selber produzieren wollte. Den jungen Regisseur Roy Baker, 1938 zweiter Assistent von Hitchcock bei *The Lady Vanishes (Eine Dame verschwindet)*, den Ambler 1944 beim AKS kennengelernt und mit dem er zunehmend zusammengearbeitet hatte, fragte er an, ob dieser Regie führen wolle.[8]

Roy Baker wurde in der Folge ein guter Freund der Amblers, ja, der sieben Jahre jüngere Baker fühlte sich bald als eine Art »jüngerer Bruder«[9] von Eric. Eine Mentorenrolle übernahm Ambler zu dieser Zeit auch gegenüber Sam Goldwyn Jr., dem damals zwanzigjährigen Sohn des berühmten Samuel Goldwyn, jenes Filmproduzenten, dessen Name untrennbar mit der Firma Metro-Goldwyn-Mayer verknüpft ist, obwohl sich Goldwyn schon 1922 mit den Mitgründern verkracht hatte, nur noch als passiver Teilhaber an der Gesellschaft beteiligt war und seit 1924 unabhängig produzierte. Sein Sohn Sam Goldwyn Jr. war 1944 als Achtzehnjähriger mit den amerikanischen Truppen nach Europa gekommen und 1946 in England demobilisiert worden. Auf Unabhängigkeit gegenüber dem Vater bedacht, stieg er bei J. Arthur Rank ins Filmgeschäft ein. Ambler lernte er über einen ge-

meinsamen Bekannten kennen, da er in der Nähe von Amblers
Wohnung am Cavaye Place untergebracht war.[10] Goldwyn verkehrte freundschaftlich mit dem Ehepaar Ambler, ohne je beruflich etwas mit Eric zu tun zu haben.

Zu dieser »Gang«[11] der beiden Amblers mit Baker und Goldwyn Jr. gehörten auch die Schauspielerin Kay Walsh, die ebenfalls
am Cavaye Place wohnte, sowie Alan Campbell. Campbell
(1904–1963) hatte in den USA als Schauspieler und Kurzgeschichtenschreiber begonnen und 1933 Dorothy Parker geheiratet. Die
Verbindung zwischen der unbestrittenen Königin der New Yorker Literaturszene und dem elf Jahre jüngeren, kaum bekannten
Campbell war bald von Klatsch umrankt.[12] 1937 heuerte Samuel
Goldwyn die beiden zum exorbitanten Wochenlohn von 5200
Dollar als Drehbuchschreiber an. Doch Dorothys außer Kontrolle geratener Alkoholismus beeinträchtigte zunehmend ihre
Schreibfähigkeit, ihre soziale Stellung und ihre Ehe. 1942 meldete sich Campbell zur Armee und kam im November 1943 im
Range eines Captain mit der Air Force Intelligence nach London, wo er Ambler und Sam Goldwyn Jr., den Sohn seines ehemaligen Arbeitgebers, kennenlernte. Während Campbell sich
in London, vom militärischen Dienst nur wenig beansprucht,
gewandt in verschiedenen Cliquen bewegte, beklagte sich Ehefrau Dorothy Parker in den USA unter den wenigen verbliebenen Freunden über ihren Mann und insinuierte homosexuelle
Affären.[13] Nach Campbells Rückkehr im November 1946 in die
USA folgte bald die Scheidung von Dorothy, doch heirateten die
beiden 1950 zum zweiten Mal.[14] Im gleichen Jahr stellte sich der
Kontakt mit Baker wieder her, der von 20th Century Fox angeheuert worden war[15], während der mit Ambler seit 1946 abgerissen
war. Sam Goldwyn Jr. seinerseits kehrte 1951 in die USA zurück; in
den späten 1950er Jahren, in Hollywood, sollte sich die Freundschaft mit Ambler erneuern und bis zu dessen Tod andauern.

Amblers finanzielle Situation schien angesichts der während

des Kriegs getätigten Verkäufe von Filmrechten einigermaßen gesichert. Louise war inzwischen Redakteurin für Strickmode bei *Harper's Bazaar* geworden. So gaben die Amblers ihr kleines Haus am Cavaye Place auf und zogen etwas weiter die Fulham Road hinauf, an den Pelham Crescent 16, im schickeren Teil von South Kensington. Auf dem Weg von Cavaye Place zum Pelham Crescent konnte Ambler seinen sozialen Aufstieg sinnfällig abschreiten. Ambler beschrieb das Haus am Pelham Crescent in einem Brief an seinen englischen Verleger, als dieser 1964 zufällig Amblers ehemaligen Wohnsitz erwarb.

Ich habe das Haus 1946 gekauft, als eine bombenverwüstete Hülle mit einem Beobachtungsposten gegen Luftangriffe im Keller. Es gab überall Trockenfäule. Die Versicherung für den Bombenschaden reichte nicht weit. Ich habe Zentralheizung und zusätzliche Badezimmer einbauen lassen (vorher gab es nur eins in der Garderobe gegenüber der Eingangstür!). Eines Tages muß ich dir über den abstrusen Kampf mit den Behörden über den Einbau eines Bidets im großen Badezimmer berichten (sofern es noch vorhanden ist). Den Kamin im Salon habe ich ebenfalls einbauen lassen, um ein viktorianisches Horrorstück zu ersetzen. Paß auf, daß sie den Aschekorb nicht wegwerfen. Er stammt aus dem 18. Jahrhundert und ist von sehr guter Qualität. […] Ich habe in diesem Haus zwölf Jahre gelebt und es 1958 verkauft (als ich in die USA zog), und zwar an einen vorzeitig pensionierten Commander der Royal Navy samt Familie. Ich habe dort drei Bücher und viele, viele Drehbücher geschrieben, es mag also immer noch eine der Literatur förderliche Atmosphäre vorhanden sein.[16]

Ambler fand in der kleinen, von eleganten Häusern mit Stuckfassade gesäumten Straße bereits einen bekannten Nachbarn vor, den Schauspieler und Schriftsteller Emlyn Williams (1905–1987), dessen Stück *Night Must Fall* ihn zehn Jahre zuvor tief beeindruckt hatte. Die beiden traten in eine freundschaftliche Rivalität, begründet im gemeinsamen Interesse am Theater und am Verbrechen, wobei sich jeder auf einem der beiden Gebiete als überlegene Autorität fühlen durfte.[17] Für Ambler allerdings beendete die Bekanntschaft seine Karriere als Dramatiker: »Emlyn Williams sagte einmal: ›Du schreibst nicht fürs Theater, weil du Angst davor hast.‹ Er hatte recht. Ich war mir nicht sicher, ob ich nicht Schiffbruch erleiden würde, und da meine Bücher halbwegs erfolgreich waren, wollte ich das nicht riskieren.« (Whitley 1998, 47)

Nach der ursprünglichen Renovation ließ Ambler in das vierstöckige Haus einen Speiseaufzug einbauen, der von der Küche ins Eßzimmer hinaufführte, wobei der Aufzugsschacht normalerweise unter einem Teppich verborgen war.[18] Die Einrichtung schien sowohl Amblers Bedürfnis nach Komfort als auch die zumeist gezähmte, gelegentlich aber durchbrechende Neigung des Thrillerschreibers zu geheimnisumwitterter Theatralik zu befriedigen. Ansonsten wurde die Einrichtung des Hauses dem Geschmack von Louise Ambler überlassen, wie sich Roy Ward Baker erinnert.

> Louise war eine bezaubernde und sehr herzliche Frau. Sie war eine gute Zeichnerin und konnte bei einer Modeschau in dreißig Sekunden ein Kleid skizzieren. Sie kochte ausgezeichnet, war in mancherlei Hinsicht sehr gebildet, sehr belesen und immer geschmackvoll gekleidet. Auf der anderen Seite hatte sie auch etwas von einem Heimchen an sich. Sie war eine gute Hausfrau. Pelham Crescent war ein großes Haus, und die Amblers besorgten sich dafür sehr nette Sachen, antike Möbel. Louise glänzte als Innendekorateurin und schuf ein wirkliches Heim.[19]

Louises älteste Tochter, Sue, hatte sich mittlerweile in den USA verheiratet, doch die jüngere Tochter Ann sowie Sohn Mike kamen nach Kriegsende nach London und lebten am Pelham Crescent. »Wir waren ein erfolgreicher und oft sehr fröhlicher Haushalt«[20], meinte Ambler im Rückblick.

Kleine Geschichte der britischen Filmindustrie

Von diesem Heim aus versuchte er, zu einem neuen Aufschwung der britischen Filmindustrie nach dem Zweiten Weltkrieg beizutragen. Deren erster Boom in den 1930er Jahren hatte sich mit dem extravaganten Alexander Korda (1893–1956) verknüpft. Der gebürtige Ungar hatte sich in Budapest, Wien, Berlin und Paris erste Verdienste in der Filmindustrie erworben, bevor er 1931 für Paramount-British sogenannte Quotenfilme zu drehen begann; Streifen von etwa 60 Minuten, die mit einem zumeist amerikanischen Hauptfilm zu den damals üblichen Doppelprogrammen zusammengestellt wurden. 1932 gründete Korda, dessen Enthusiasmus laut dem Zeugnis zahlreicher Zeitgenossen nur noch von seinem Charme und seiner Tollkühnheit übertroffen wurde, die London Film Productions. Deren dritter Film, *The Private Life of Henry VIII (Das Privatleben Heinrichs VIII.)* mit Charles Laughton, wurde 1934 zum Sensationserfolg in den USA, lancierte den britischen Film auf der Weltbühne und weckte in Korda Größenphantasien eines britischen Hollywood. Er baute die Denham Studios, wo eine kurze Blüte aufwendiger Produktionen begann. Korda machte Charles Laughton, Laurence Olivier, Robert Donat und Merle Oberon zu Stars, geriet jedoch, als sich in der Wirtschaftskrise 1937/38 einige seiner Financiers aus dem Filmgeschäft zurückzogen, bald in Geldschwierigkeiten und mußte sein Imperium stückweise verkaufen.

Parallel zu Kordas Aufstieg hatte sich eine andere, weit weniger glamouröse, aber nicht weniger einflußreiche Persönlichkeit in der britischen Filmindustrie engagiert. 1935 hatte J. Arthur Rank (1888–1972) seinen ersten Film produziert. Der strenggläubige Methodist und Erbe eines erfolgreichen Müllereikonzerns hatte dem tristen Zustand religiösen Filmschaffens abhelfen wollen. Sein Erstling wurde zwar von der Kritik wohlwollend begrüßt, aber nur von wenigen Kinos ins Programm genommen. So

begann Rank, ein eigenes Vertriebs- und Produktionsnetz aufzubauen, kaufte die General Film Distributors und gründete 1936
die Pinewood Studios. Die Krise 1937/38 machte auch ihm zu
schaffen, doch konnte er sich dank seiner finanziellen Reserven
aus dem Müllereigeschäft offensiv verhalten und erwarb Ende
1938 von Korda die Denham Studios sowie 1939 einen Teil der El-
stree Studios. Als Rank 1941 die Odeon-Kinokette aufkaufte, war
er endgültig zur dominierenden Figur in der britischen Filmindustrie geworden, mit Beteiligungen in allen Branchenzweigen
von der Produktion über die Distribution bis zur Filmvorführung.

Der Beginn des Zweiten Weltkriegs mit dem ›phony war‹,
dem waffenstarrenden Aufmarsch an der Westfront bis zum
deutschen Angriff auf Belgien im Mai 1940, tangierte die Filmindustrie zuerst nicht direkt, doch führte die Umstellung auf die
Kriegsproduktion zu einer generellen Stagnation der zivilen
Wirtschaft. Die ›Luftschlacht um England‹ im August/Septem-
ber 1940 und die deutschen Luftangriffe bis im Mai 1941 resultierten dann allerdings in der zeitweisen Schließung von Kinos
während der Abende; 1940 rückten in einer zweiten Rekrutie-
rungswelle viele Filmfachleute in die Armee ein. Ab Mitte 1941
etablierte sich eine militärische Filmproduktion, die sich organisatorisch und personell häufig mit der zivilen überschnitt. Während sich die zivilen Filme mehrheitlich auf unterhaltsamen
Eskapismus konzentrierten, bemühten sich einige militärische
oder gemischtwirtschaftliche Produktionen um ein Gleichgewicht zwischen patriotischer Propaganda und kritischem Realismus.[21]

1941 hatte J. Arthur Rank ein Gesuch des Duos Michael
Powell und Emeric Pressburger zur Finanzierung ihres Films
One Of Our Aircraft is Missing abgelehnt. Nach dessen unerwar-
tetem Erfolg zog Rank für einen Konzernbesitzer verblüffende
Konsequenzen, indem er seine Grenzen anerkannte: »Ich weiß,

daß ich kein Talent zum Filmemachen habe, aber ich kann euch helfen, das Geld dafür zu beschaffen.« (Macdonald 1994, 197) Das erste Projekt, an dem sich die neue Maxime bewähren sollte, war Powell/Pressburgers *The Life and Death of Colonel Blimp (Leben und Sterben des Colonel Blimp)*, die Geschichte eines Berufssoldaten von der Jahrhundertwende bis zum Zweiten Weltkrieg, die sprichwörtliche Figur des etwas lächerlich aufgeplusterten, alt gewordenen Offiziers in einer sich rapide verändernden Welt. Das Projekt wurde von höchster Stelle, auch von Winston Churchill, mißtrauisch verfolgt; doch das Endresultat, »ein wunderschöner Tribut an die englische Eigenart« (Thomson 1994, 598), beleuchtete die Figur mehr elegisch als satirisch und gestand dem alternden Haudegen einen Untergang in Würde zu.

Während das von Rank schon früh erworbene Gainsborough-Studio für billige Historienfilme und Krimis zuständig blieb, nahm Rank jetzt Leute wie Filippo Del Giudice mit dessen Firma Two Cities sowie Powell/Pressburger in seinen Dienst. Mit letzterem entwarf er ein neues Modell der Filmproduktion und Filmfinanzierung. Danach sollten Powell/Pressburger ihre Projekte künftig unter dem Schirm der neugegründeten Independent Producers Ltd. produzieren. Die Filme wurden von Rank finanziert, hergestellt und vertrieben; in redaktionelle Belange mischte er sich nicht ein. Dahinter steckte nicht nur mäzenatische Großzügigkeit, sondern durchaus eine Geschäftsstrategie. Wie einst Korda vor dem Krieg plante Rank, nach dem Krieg in den amerikanischen Markt einzubrechen, kalkulierte aber vorsichtiger als sein Vorgänger. Der Hauptteil der Produktion sollte weiterhin für den einheimischen Markt hergestellt werden, durch Gainsborough, Two Cities und andere Produktionseinheiten. Um in Amerika Fuß zu fassen, wollte er, anders als einst Korda, nicht direkt mit Hollywoods Großproduktionen konkurrieren, sondern sich eine Marktnische mit qualitativ hochstehenden, eigenständigen britischen Filmen suchen. Dafür waren die Independent Producers zuständig. 1944 bot Rank weiteren Regisseuren und Produzenten die Möglichkeit, sich der neuen Tochtergesellschaft anzuschließen.

Im gleichen Jahr ging er mit einem der letzten unabhängigen Filmstudios, in Ealing, eine Vertriebskooperation ein, so daß der Rank-Konzern Ende des Kriegs praktisch an allen britischen Filmen beteiligt war. Das war nicht nur kommerziell, sondern auch sozial bedeutsam: 1946 ging ein Drittel der Bevölkerung mindestens einmal pro Woche ins Kino.[22] Und ein paar Jahre lang sorgten die Independent Producers tatsächlich für eine künstlerische Blüte, neben Powell/Pressburger das Cineguild Team von Anthony Havelock-Allan, David Lean und Ronald Neame, das Duo Frank Launder und Sidney Gilliat, das unter dem Namen ›Individual‹ firmierte, sowie der Dokumentarfilmer Ian Dalrymple mit seinen Wessex Films.

Normalisierung des Verbrechens

Am 24. März 1946 wurde Eric Ambler offiziell aus der Armee ausgemustert; da er noch über 56 Urlaubstage verfügte, endete seine Dienstzeit faktisch am 27. Januar.[23] Wenig später bezog er ein Büro in den Denham Studios, wo Two Cities-Rank hauptsächlich drehte; die Dreharbeiten zu *Uncle Silas* sollten im November 1946 beginnen. Doch dann wurde aus kommerziellen Gründen entschieden, daß von Eric Ambler keine Bearbeitung, sondern ein Originaldrehbuch gefragt war.[24] Binnen kurzer Zeit verfaßte er *The October Man*. Für Roy Ward Baker, der bereits Besetzungsgespräche für *Uncle Silas* geführt hatte, bedeuteten die geänderten Pläne einen schweren Schlag, doch hatte er sich zu fügen, um nicht die Chance zu verlieren, seinen ersten Feature-Film abzudrehen. Ambler hat das Endprodukt später lakonisch abgetan: »*The October Man*, ein Originaldrehbuch, das ich schrieb und in Denham produzierte, kam weder Del [Giudice] noch sonst jemandem zugute.« (Ambler, 402) Baker hält den Film im Rückblick für recht gelungen, erinnert sich aber an schwierige Produktionsbedingungen. Reibereien zwischen Kamera- und Tonteam hätten zu technischen Einschränkungen geführt, was wiederum die Schauspieler einengte und zur Folge hatte, daß die angesetzte Drehzeit von zwölf Wochen um fünf Wochen überzogen wurde. Für Baker hatte das persönliche Konsequenzen. »Ich wußte, daß ich Erics Vertrauen verloren hatte.« (Baker 2000, 44)

Der Film wurde 1947 lanciert, mit bescheidenem Erfolg. Bosley Crowther begann seine Besprechung in der *New York Times* nicht eben ermutigend: »John Mills, ein ausgezeichneter britischer Schauspieler, ist in einem zweitklassigen Film gelandet«, schloß aber großzügig: »Es ist merkwürdig mit diesem Film: Die Story ist vollkommen klischiert, der Mörder gibt sich sehr schnell zu erkennen, von Spannung kann kaum die Rede sein. Nach allen Regeln des Melodramas trifft der Film weit neben das Ziel. Aber weil so genau und aufrichtig gespielt wird, schaut man ganz interessiert zu.« (Crowther 1948, 29)

Tatsächlich ist die Story nicht gerade originell. Der Chemiker Jim Ackland kehrt mit der kleinen Tochter von Freunden, die er auf den Jahrmarkt ausgeführt hat, mit dem Bus nach Hause zurück. Der Bus verunglückt, das Mädchen wird getötet, Jim selber wird schwer verletzt und versinkt in eine Amnesie. Ein einjähriger Spital- und Sanatoriumsaufenthalt stellt ihn oberflächlich wieder her, doch sind seelische Narben und Schuldgefühle zurückgeblieben. Zwar scheint sich Jim aufzuraffen, tritt eine neue Stelle in London an, und es keimt eine zarte Liebe zur jüngeren Schwester eines Arbeitskollegen. Dann wird eine Mitbewohnerin in Jims Pension im angrenzenden Park ermordet aufgefunden, und Jim gerät unter Verdacht. Als die Polizei seine Krankheitsgeschichte ausgräbt, beginnt Jim selber, sich der Tat in einem Augenblick der Umnachtung für fähig zu halten. Doch seine Freundin gibt ihm den Glauben an seine Unschuld zurück; mit ihrer Hilfe entzieht er sich der polizeilichen Verhaftung und stellt den wahren Schuldigen.

The October Man (Zwielicht) schwankt unentschieden zwischen Kriminalfall und Milieustudie. Vor allem zum Schluß macht der Film mit einer Verfolgungsjagd Konzessionen an das Genre des Krimis. Dies freilich ohne rechte Überzeugung, denn wie Crowther zu Recht bemerkt hat, wird der wahre Schuldige sehr schnell klar. Auf der anderen Seite ist die Sozialstudie nicht scharf genug ausgefallen. Dennoch weist der Film interessante Ansätze und Motive auf. Die Pension ist ein düsteres Haus am Clapham Common, auf der falschen, ärmeren Seite, wo wenige Jahre später Maurice Bentinck in Graham Greenes *The End of the Affair* (1951, *Das Ende einer Affäre*) seine Eifersucht auf die Geliebte auf der anderen, besseren Seite des Parks kultivierte. Bewohnt ist die Pension von verschiedenen mittelständischen Figuren, die einen ewigen Kampf um moralische Respektabilität und sozialen Status führen. In den Geruch rechtschaffener Säuerlichkeit mischen sich Enttäuschungen, unerfüllte Wünsche und ein Hauch Bedrohlichkeit.

Jim wird von Beginn an zum Außenseiter, als er sich dem abendlichen Bridgespiel in der Pension entzieht. Die andere Außenseiterin ist Molly, als leichtlebige junge Frau charakterisiert, mit einem verheirateten Freund in Birmingham und einem früheren Verehrer unter den Mitbewohnern. Auch mit Jim versucht sie sogleich zu flirten; da Jim sich freundlich, aber desinteressiert zeigt, entwickelt sich ein Verhältnis gegenseitiger Achtung. Molly ist es auch, die Jim die melancholische Haltung eines »October-Man« zuschreibt, die dem Film den Titel gegeben hat. Dabei wird ihre erotische Aggressivität als Mittel zur Selbstbehauptung deutlich. Den anderen Mitbewohnern sowie der Polizei wird die Beziehung nach Mollys Ermordung suspekt. Klatsch und gezielte Indiskretionen belasten Jim. Mollys verheirateter Freund aus Birmingham greift gar zur Selbstjustiz und schlägt ihn zusammen.

Die Szene kommt im eher gemächlich dahintreibenden Film als kleiner Schock. Wenn Gewalt so unerwartet in die Normalität einbricht, wird andererseits das Verbrechen beinahe zur normalen Begebenheit. *The October Man* steht damit in einer Reihe britischer Filme der 1940er Jahre.[25]

Der Krieg hatte Gewalt alltäglich gemacht. Obwohl sie unmittelbar erfahren wurde, blieb sie doch von außen, durch einen klar identifizierbaren Feind, herangetragen. Mit Kriegsende präsentierte sich Gewalt wieder, wie vor dem Krieg, in der hausgemachten Form des Verbrechens. Im Februar 1946 hatte George Orwell in seiner wöchentlichen Rubrik in der Zeitschrift *Tribune* das Thema aufgegriffen und über den *Niedergang des englischen Mords* räsoniert. Er verglich die Mordserie eines jungen Paars in seiner grausamen Zufälligkeit mit berühmt-berüchtigten Morden aus der ›goldenen Zeit‹ englischer Verbrechen. Orwells Text spielt ironisch mit Wahrnehmungen von Recht und Ordnung, aber er stellt eine ernsthafte These auf: In der viktorianischen Epoche seien Morde, die die Öffentlichkeit fasziniert hätten, von durchschnittlichen Bürgern begangen worden, die in finanziellen oder emotionalen Schwierigkeiten keinen anderen Ausweg mehr gesehen hätten; es seien raffinierte Morde gewesen, die nur durch unscheinbare Details aufgedeckt worden seien. Dagegen hätten die Erfahrungen eines grausamen Kriegs sowie die – von Orwell kulturpessimistisch verdammte – Amerikanisierung des Alltags und die Massenkultur zu beiläufiger, emotionsloser Grausamkeit geführt.

Tatsächlich schienen drei aufsehenerregende Mordfälle kurz nach Kriegsende Orwell recht zu geben. Neville Heath, George Haigh und Donald Hume waren in ihren Bluttaten entweder methodisch-seriell oder besonders brutal vorgegangen. Der Filmhistoriker Robert Murphy hat darauf hingewiesen, daß im Film gerade eine umgekehrte Bewegung einsetzte. »Je ausgefallener die wirklichen Morde wurden, desto zahmer wurden paradoxerweise die Filmmorde.« (Murphy 1989, 179)

Ambler hat 1963 den Fall Haigh in einer grundsätzlichen Reflexion über *Die Begabung zu töten* beschrieben. Haighs sechs Morde wurden allerdings erst nach der Fertigstellung von *The October Man* aufgedeckt. Für die Genese des Films bedeutsamer ist ein anderer, von Ambler ebenfalls zitierter Fall aus den 1930er Jahren, nämlich der von Alfred Arthur Rouse, einem mehrfachen Bigamisten.[26] Dieser beschließt, als die Schwiegereltern seiner jüngsten Braut mißtrauisch werden, »das Leben eines anderen [zu] stehlen« (Begabung, 35), um anschließend ein neues Leben anzufangen. Er tötet einen Stadtstreicher, steckt sein Auto mitsamt der Leiche in Brand und täuscht den eigenen Tod vor. Anstatt aber unterzutauchen, meldet er sich nochmals bei seiner Braut und wird schließlich gefaßt. Rouse war, wie Ambler berichtet, im Ersten Weltkrieg bei einer Granatenexplosion verletzt worden:

> Nach einem Jahr, das er in verschiedenen Krankenhäusern verbrachte, wurde er aus der Armee entlassen und bekam bis 1920 eine Kriegsinvalidenrente. Bei den regelmäßigen Untersuchungen, die in diesem Zeitraum stattfanden, klagte er über Anfälle von Schwindel und Gedächtnisverlust infolge seiner Kopfverletzung und über Schlaflosigkeit, da er immer wieder die Schrecken eines Bajonettangriffs, an dem er beteiligt gewesen war, erlebe. (Begabung, 31)

Das Motiv des Gedächtnisverlusts überträgt Ambler für *The October Man* ins Zivilleben und stellt anhand des Falls die Rolle der Psychiatrie zur Debatte. Ambler hatte während des Kriegs selber mit Psychiatern zusammengearbeitet; in seinem Drehbuch zeigt sich darüber hinaus die zeitgenössische Ambivalenz gegenüber dem zunehmenden Einfluß der Psychoanalyse.[27] Der Jim Ackland aus dem Sanatorium entlassende Arzt stellt eine Diagnose, die Jims Mitmenschen in die Pflicht nimmt: »Falls sich die Umwelt ihm gegenüber in den nächsten sechs Monaten positiv verhält, dann wird er es schaffen.« (Brittan 1948, 7) Später wird die Psychiatrie durch eine andere soziale Ordnungsmacht in Dienst genommen. Der Jim verhörende Detektiv erklärt diesem:

> Wir haben eine ziemlich klare Vorstellung vom gesuchten Mann. Wir glauben, es ist ein Mann, der schon mal psychische Probleme hatte... ein Paranoiker, der meint, die Welt habe sich gegen ihn verschworen, daß Leute Lügen über ihn erzählen, ihn Verbrechen überführen wollen, die er nicht begangen hat... Einer mit Verfolgungswahn... der manchmal nicht ganz zurechnungsfähig ist. (Brittan 1948, 58)

Die der Psychoanalyse zuweilen vorgeworfene Technik, die Ablehnung ihrer Thesen als verdrängende Bestätigung zu interpretieren, wird hier kaum verhüllt auf den Verdächtigen angewandt: Dessen Unschuldsbeteuerungen bestätigen nur das klinische Bild des Verfolgungswahns. Allerdings steht der Inspektor solchen Erklärungen letztlich ablehnend gegenüber, weil das daraus folgende Konzept der Unzurechnungsfähigkeit den Mord der juristisch-polizeilichen Zuständigkeit entzieht: »Die meisten Leute würden für einen solchen Mord hängen, aber dieser Mann nicht... nicht mit seiner Krankheitsgeschichte. Sie werden es einen ›unkontrollierbaren Impuls‹ nennen. Es wird einen Schuldspruch und zugleich die Zubilligung von Unzurechnungsfähigkeit geben.« Dennoch setzt der Inspektor die Technik ein, um Jim ein Schuldgeständnis zu entlocken: »›Ich hab es nicht getan‹, erklärte Jim heiser. ›Ich hab den Common überquert und...‹ – ›Sie sind nicht dafür verantwortlich ... meinen Sie das?‹« (Brittan 1948, 58)

Diese Debatte wird durch ein allzu aufdringlich eingesetztes Symbol entwertet. Jim hat in der anfänglichen Busfahrt für das wenig später tödlich verunglückende Mädchen aus einem Halstuch ein Kaninchen geknotet. Das wiederholt er in psychischen Streßsituationen unbewußt mit diversen Materialien und knüpft dann im Verhör sein Taschentuch zu einem Gebilde, das verdächtig einer Henkersschlinge gleicht. Die dem Genre geschuldete, aber aufgesetzt wirkende Amnesie überdeckt zudem ein konsequenter gestaltetes Motiv. Bereits nach seiner Entlassung aus dem Krankenhaus und dem Einzug in die Pension überkommen Jim Selbstmordgedanken, und auf dem Tiefpunkt seiner Schuldgefühle will er sich von einer Eisenbahnbrücke stürzen.

Die Entlarvung des wahren Schuldigen eröffnet die Möglichkeit für einen weit wichtigeren Sieg, dem über die eigene Depression. Die Kritikerin Marcia Landy meint dazu: »Wie in manchen Melodramen scheint auch hier das erlittene Trauma ein Ersatz für eine tiefer liegende Malaise.« (Landy 1991, 271) Fraglich bleibt, ob das tiefer liegendere Malaise gewichtiger ist als die Schuldgefühle wegen des Tods des Mädchens, aber zweifellos hat eine Verschiebung stattgefunden, in der Sexualität mitspielt. Ganz im Einklang mit den sozialen Konventionen ist Molly, die leichtlebige junge Frau, umgekommen. Jim ist offiziell ihrer Ermordung beschuldigt worden, doch hat seine Schuld womöglich auch der eigenen Einschätzung gemäß in einer nicht eingestandenen erotischen Attraktion durch Molly bestanden. Zum Schluß kann er sich von jedem Verdacht reinwaschen und damit auch von seiner Depression befreien. Er heiratet seine Verlobte, womit er jegliche unzulässige erotische Versuchung bannt.

Cineguild

1942 hatten Anthony Havelock-Allan, David Lean und Ronald Neame als Produzent, Regisseur beziehungsweise Kameramann für Filippo Del Giudice in Zusammenarbeit mit Noël Coward den Film *In Which We Serve (In der wir dienen)* gedreht. Dessen

Erfolg führte zu drei weiteren Produktionen auf der Grundlage von Coward-Drehbüchern: *This Happy Breed* (1944, *Wunderbare Zeiten*), *Blithe Spirit* (1945, *Geisterkomödie*) und *Brief Encounter* (1945, *Begegnung*). Dann geriet die Zusammenarbeit in einen Engpaß, wie Ronald Neame berichtet: »Nach *Geisterkomödie* haben wir Cineguild gegründet, und Noël hat sich sehr sarkastisch darüber geäußert. Er wollte, daß wir weiterhin Noël-Coward-Projekte machten, und wir – Tony, David und ich – wollten unsere eigene kleine Firma gründen, weil wir nicht immer bloß Coward-Sachen machen wollten.« (McFarlane 1997, 432) Deshalb schlossen sich die drei den Independent Producers von Rank an und legten 1946 als erstes eigenständiges Produkt für Rank eine Verfilmung von Charles Dickens' *Great Expectations (Geheimnisvolle Erbschaft)* vor; 1947 wurde an einer Verfilmung von *Oliver Twist* gearbeitet, zu der Ambler, mit Cineguild im Rank-Konzern vereint, eine kurze Szene schrieb.[28] Dabei wurde dem Cineguild-Trio bewußt, daß man über keinen professionellen Drehbuchautor verfügte, und so wurde Ambler Ende 1947 angefragt, ob er sich Cineguild anschließen wolle. In einem späten Interview von 1992 meinte Ambler ironisch, er habe das Angebot vor allem deshalb angenommen, weil die Drehbedingungen für *The October Man* im strengen Winter 1947 in den Denham Studios so unbequem gewesen seien und er sich von Pinewood ein besser geheiztes Büro erhoffte.[29]

Havelock-Allan hatte sich schon einmal um Ambler bemüht. 1939 war er der erste Produzent gewesen, der eine Ambler-Verfilmung in Angriff genommen hatte. Nachdem die Ealing Studios im November 1938 die Rechte für *Nachruf auf einen Spion* erworben hatten, konnten im Sommer 1939 Dreharbeiten in Frankreich anfangen, mit Anton Walbrook in der Hauptrolle. Doch der Beginn des Kriegs zwang die Crew schleunigst nach England zurück und brachte das Projekt zum Platzen.[30]

Ronald Neame, der sich nach Anfängen als Kameramann und

Produzent 1947 mit dem kleinen, bescheidenen Thriller *Take My Life (Das rettende Lied)* erstmals als Regisseur versucht hatte, suchte jetzt Stoff für ein neues Projekt, und zwar in Abkehr von den teuren Dickens-Verfilmungen für ein unaufwendigeres Kammerspiel, das an den Erfolg von *Brief Encounter* anknüpfen konnte. Als Vorlage fand er einen weniger bekannten Roman von H. G. Wells, *The Passionate Friends (Die große Leidenschaft)*. Bereits 1909 hatte Wells in *Ann Veronica* eine junge Frau gestaltet, die sich gegen ihre Herkunft und Umgebung auflehnt und eine Liebesbeziehung jenseits der verordneten Ehe verfolgt. 1913 erneuerte Wells, persönlich ein notorischer Schürzenjäger, mit *Die große Leidenschaft* die These, daß Leidenschaft in einer Institution wie der Ehe nicht überleben könne. Im Roman reflektiert der männliche Ich-Erzähler in Briefen an seinen Sohn die Beziehung zu einer verheirateten Geliebten, die sich angesichts des unlösbaren Zwiespalts zwischen sozialen Konventionen und Leidenschaft das Leben genommen hat.

Aus dieser Vorlage erarbeiteten Ambler und Neame gemeinsam ein Drehbuch, das Neame verfilmen sollte. Als Hauptdarstellerin war Ann Todd vorgesehen, die 1945 mit dem Erfolg von *The Seventh Veil (Der letzte Schleier)* zur »britischen Garbo« erkürt worden und soeben von der Arbeit an Hitchcocks *The Paradine Case (Der Fall Paradine)* mit Gregory Peck und Charles Laughton aus den USA zurückgekehrt war. Über die folgenden Ereignisse liegen abweichende Darstellungen von Neame und Ambler vor. Neame hat gegenüber dem David-Lean-Biographen Kevin Brownlow behauptet, der als Produzent vorgesehene Lean habe noch vor Produktionsbeginn bei einer überraschend anberaumten Sitzung das vorgelegte Manuskript mit scharfen Worten kritisiert und grundsätzliche Änderungen gefordert, und zwar in einem Ton, der sowohl Ambler wie ihn selber schockiert habe. In unerfreulichen Auseinandersetzungen sei ein Aufschub erreicht worden, worauf er, Neame, unglücklicherweise mit ersten Aufnahmen begonnen habe, bei denen sich nun auch Ann Todd quergestellt habe. Laut Neame war es Ambler, der schließlich ein Machtwort sprach und einen Rollenwechsel suggerierte: David Lean sollte die Regie übernehmen, Neame zum Produzenten werden; bei Ambler sollte die Verantwortung für das Drehbuch bleiben, obwohl Lean, wie bei allen seinen Filmen üblich, massiv ins Drehbuch eingriff.[31] Eric Ambler hat dagegen in einem Brief 1966 behauptet, die Schwierigkeiten hätten erst bei Produktionsbeginn im Frühherbst 1947 begonnen, und schiebt die Hauptschuld Ann Todd zu. Diese, »überängstlich und Argumenten unzugänglich«, habe von Beginn an gegen den unerfahrenen Neame rebelliert und ihn, Ambler, jeden Abend am Pelham Crescent heimgesucht, um sich ausschweifend über die angeblichen Demütigungen zu beklagen, denen sie tagsüber ausgesetzt gewesen sei. Einmal habe sie ihn und Ehefrau Louise mit einem dreieinhalbstündigen hysterischen Anfall traktiert, an den er sich noch 1966 »mit Schaudern« erinnerte. »Meine Frau ging mittendrin aus Protest ins Bett. Miss Todd hat es nicht mal gemerkt.«[32] Allein aufgrund ihres Verhaltens sei die Produktion im Januar 1948 gestoppt und Neame durch Lean ersetzt worden, der nun seinerseits Änderungen am Manuskript vorgenommen habe.

Wenn auch Chronologie und Kausalität der Ereignisse offenbleiben müssen, so scheint doch Ambler die Kritik am Drehbuch herunterzuspielen, obwohl er seine Erfahrung mit Lean durchaus negativ bewertet. In der Autobiographie bezeichnete er Lean im Verhältnis zu Carol Reed eher despektierlich als »pennälerhaft und beflissen« (Ambler, 336). Kevin Brownlow gegenüber meinte er 1992, während Neame an den Erfolg von *Brief Encounter* hatte anknüpfen wollen, habe sich Lean gerade davon distanzieren wollen. Lean und der als Assistent beigezogene Stanley Haynes hätten sich zudem in Analyse befunden und seien mehr daran interessiert gewesen, ihre eigenen Erfahrungen zu verarbeiten und zu sezieren, als ein Drehbuch zu schreiben; ja,

Lean sei zur Drehbucharbeit durchweg unfähig gewesen, weil er nur in Bildern gedacht habe. Er, Ambler, habe sich jedenfalls damals geschworen, nie mehr mit Lean zusammenzuarbeiten.[33] Ann Todd andererseits verliebte sich Hals über Kopf in den damals mit seiner früheren Hauptdarstellerin Kay Walsh verheirateten David Lean. Nach einer unter unerfreulichen Begleiterscheinungen durchgezogenen Doppelscheidung heirateten Todd und Lean bereits im Mai 1949; in ihrer Autobiographie konzentrierte sich Todd verständlicherweise ganz auf diesen Aspekt der Dreharbeiten.[34]

Trotz der prekären Produktionsbedingungen ist das Endprodukt durchaus interessant.[35] Der Film aktualisiert und vereinfacht den Plot des Romans. Mary Justin, die Frau eines reichen Bankiers, trifft in einem Bergdorf in den Alpen ein und merkt am nächsten Tag, daß das Zimmer neben ihr von Steven Stratton bewohnt wird, mit dem sie vor neun Jahren eine leidenschaftliche Affäre hatte. Mary und Steven erinnern sich in Gesprächen und Wanderungen an ihre ehemalige Beziehung, deren Wiederaufnahme Mary trotz aller Avancen von Steve ablehnt. Als ihr Mann eintrifft, verkennt er dennoch die Situation, beschuldigt Mary des Ehebruchs und verlangt die Scheidung. An dieser Stelle konfrontierte Wells' Roman Ambler erneut mit dem Motiv des Selbstmords, der aber letztlich als Lösung für den Film verworfen wird. Mary werden die Selbstmordgedanken ausgeredet, und das Ehepaar findet am Schluß wieder zusammen.

Ambler hatte sich Cineguild angeschlossen, als der Höhepunkt des unabhängigen Produktionsmodells bei Rank bereits überschritten war. Kritisch wurde die Beziehung 1948, als Havelock-Allan den Film *Blanche Fury* produzierte; sein Versuch, einen kommerziell erfolgreichen, gehobenen Kostümfilm zu machen, wurde von Lean und Neame nicht sehr geschätzt.[36] Der endgültige Bruch erfolgte laut Neame nach *The Passionate Friends*: »David wurde immer wichtiger als Regisseur und brauchte eigentlich keinen Produzenten mehr. Ich wäre von David so in den Schatten gestellt worden, daß es besser war, wir gingen getrennte Wege.« (McFarlane 1997, 432)

Neben internen Differenzen geriet Cineguild ab 1947 auch aus finanziellen Gründen in eine Krise. Ranks Prestigeproduktionen hatten sich trotz beachtlicher Anerkennung durch die Kritik auf dem amerikanischen Markt nicht durchsetzen können, und seine Großzügigkeit gegenüber seinen Produzenten tat ein übriges. Im Sommer 1947 brach zudem ein Handelskrieg mit Hollywood aus.[37] Die neue Labour-Regierung unter Clement Attlee hatte einen 75prozentigen Zoll auf importierte US-Filme beschlossen, worauf der Verband der amerikanischen Filmproduzenten mit einem totalen Boykott reagierte. Die englischen Kinos mußten auf alte, bereits gezeigte Filme zurückgreifen, was bei gleichbleibenden Ausgaben zu sinkenden Einnahmen führte. Der Zoll wurde im März 1948 kleinlaut aufgehoben, doch erhöhte der damalige Handelsminister Harold Wilson die vorgeschriebene Quote von einheimischen Filmen, die in den britischen Kinos gezeigt werden mußten, von 30 auf 45 Prozent. Damit verstärkte sich der Druck auf die englische Produktion; Ranks Produktionsmaschinerie, seit längerem auf Hochtouren laufend, geriet in Überhitzung. Kurz darauf wurde die Verfilmung von *Oliver Twist*, auf die große, auch kommerzielle Erwartungen gesetzt wurden, in den USA in eine Kontroverse verwickelt, indem Alec Guinness' Verkörperung des Fagin Antisemitismus vorgeworfen wurde. 1949 ließ sich die Tatsache nicht mehr leugnen: Der Rank-Konzern hatte seine Bankkredite um 16,2 Millionen Pfund überzogen und stand vor dem Bankrott.

In dieser Situation besann sich J. Arthur Rank auf seine methodistisch frugale Herkunft und seinen Geschäftssinn. Zusammen mit dem neu zum Firmenvorsitzenden ernannten John Davis ging er ans Sanieren des Konzerns. 1951 waren Ranks Schulden auf neun Millionen reduziert, 1954 auf vier Millionen.

Die finanzielle Sanierung bedeutete nicht nur massive Streichungen, sondern veränderte auch die Produktionsbedingungen. Rank begann, sich auf andere Unterhaltungssektoren zu konzentrieren und Film nur noch als ein Geschäft unter andern zu betrachten. Die Filmgeschichte handelt inzwischen John Davis als Buhmann, der die kurze kreative Blüte des englischen Films jäh geknickt habe. Doch arbeitete Davis durchaus im Einverständnis und in Arbeitsteilung mit J. Arthur Rank, der sich so sein Image als wohlwollender, aber leider den Marktmechanismen gegenüber ohnmächtiger Mäzen bewahren konnte.

Schmetterlingssammler und Erfinder

1948 hatte Amblers Arbeit einen solchen Umfang angenommen, daß er für ein paar Monate seine Schwester Joyce als Schreibkraft beschäftigte. Joyce war damals verlobt, und um auf die Hochzeit zu sparen, zog sie bei den Amblers am Pelham Crescent ein. Trotz aller geschwisterlichen Fürsorge wahrte Eric aber eine gewisse Distanz und hielt Joyce von seinen gesellschaftlichen Empfängen, etwa für Noël Coward, fern. »Eric war für mich immer eine Art höheres Wesen. Mein ganzes Leben lang habe ich seine Intelligenz respektiert, und er hat mir das auch immer zu spüren gegeben. Er hat mir einen Minderwertigkeitskomplex verschafft. Es war schwierig, mit ihm zu reden, er war ein komplexer Mensch, aufs Ganze gesehen sehr freundlich und liebenswert, aber zuweilen konnte er auch ein ziemliches Biest sein.«[38] Als sich Joyces Heiratspläne zerschlugen, zahlte Eric seiner Schwester die Überfahrt nach New Jersey, wo Joyce ein halbes Jahr lang bei Louises Eltern wohnte. Nach ihrer Rückkehr finanzierte Eric ihr eine kaufmännische Weiterbildung, die Joyce 1950 den Einstieg bei einer Fluggesellschaft ermöglichte. »Dafür werde ich ihm ewig dankbar sein, weil es meinem Leben eine ganz neue Richtung gab.«[39]

1992 erklärte Ambler in einem Gespräch mit dem Lean-Bio-
graphen Kevin Brownlow, er habe 1948 monatelang an einem
Drehbuch für David Leans neuen Film *Madeleine* gearbeitet, be-
vor er sich aus Krankheitsgründen vom Projekt zurückzog[40]; eine
Aussage, die im Widerspruch steht zur Absichtserklärung, nach
The Passionate Friends nie mehr mit Lean zusammenzuarbeiten.
Insgesamt dauerte die Mitarbeit von Ambler bei Cineguild kaum
ein Jahr und zeitigte nur bescheidenen Erfolg.[41]

An anderen Projekten fehlte es ihm zu diesem Zeitpunkt freilich nicht. 1949 kehrte er zum Romanschreiben zurück, zuerst
in Zusammenarbeit mit dem befreundeten australischen Schriftsteller Charles Rodda, dann auch allein.[42] Gleichzeitig blieb der
Film ein starker Anreiz. Im März 1950 nahm Ambler wieder
Kontakt zu Roy Ward Baker auf und gab ihm das Drehbuch zu
lesen, das er nach seinem ersten Roman *Der dunkle Grenzbezirk*
hergestellt hatte.[43] Die Wahl mochte angesichts von Amblers Urteil über sein Erstlingswerk überraschen, doch war dies der einzige Ambler-Roman, der für eine Bearbeitung noch zur Verfügung stand. Vier seiner bisherigen sechs Romane waren bereits,
mit mäßigem Erfolg, verfilmt, und für *Anlaß zur Unruhe* war
eine Option verkauft worden, die allerdings nicht wahrgenommen wurde.

Das neue Projekt entstand von Beginn an unter ungünstigen
Voraussetzungen. Schon der Roman hatte unentschieden zwischen Parodie und geradlinigem Thriller geschwankt. Das Drehbuch vermochte diese Zweideutigkeit nicht zu beseitigen, verstärkte sie im Gegenteil durch zwei einschneidende Änderungen.
Erstens mutierte der Held zu einer Frau, und zweitens wurde aus
der Atombombenproduktion in einem faschistischen Vorkriegs-
staat der Kampf um geheime biologische Waffen hinter dem Eisernen Vorhang. Die weibliche Hauptrolle in *Highly Dangerous
(Lebensgefährlich)* war Margaret Lockwood zugedacht, damals
der bekannteste Star des britischen Films, doch fand sie den spie-

lerischen Ton für die Rolle nicht, und die Ironisierung der Heldin geht noch weniger auf als im Buch. Selbst der grundsätzlich wohlwollend und positiv eingestellte Roy Ward Baker meinte, er sei mit dem Material nie zurechtgekommen.[44] Ambler bezeichnete den Film 1954 in einem Vortrag über die Kunst des Drehbuchschreibens als Tiefpunkt seiner Laufbahn als Drehbuchautor, und in der Autobiographie merkte er an: »Vielleicht darf ich hier daran erinnern, daß ich schließlich zwar ein guter Drehbuchschreiber wurde, daß es sich aber bei dem einzigen Mal, als ich eine Romanvorlage auf absolut laienhafte Weise für die Leinwand verpfuschte, um eines meiner eigenen Bücher handelte.« (Ambler, 401)

Im selben Jahr lieferte er ein Drehbuch, das sich in konventionelleren und erfolgreicheren Bahnen bewegte. *The Clouded Yellow (Auf falscher Spur)* basiert auf einer Originalgeschichte von Janet Green.[45] Der Film wurde von Betty Box (1920–1999) produziert, die sich nach einer Assistenz bei ihrem Bruder Sydney Box bei Gainsborough als erste englische Produzentin profilierte. Für ihren ersten unabhängigen Film tat sie sich mit dem Regisseur Ralph Thomas zusammen und nahm, um finanzielle Schwierigkeiten während der Dreharbeiten zu überbrücken, eine Hypothek auf ihr Haus auf.[46]

The Clouded Yellow ist ein Verschnitt gängiger Genres, mit ein paar eigenwilligen Details. Der arbeitslose ehemalige Geheimdienstler David Somers nimmt einen Job auf einem Landgut an, um die Schmetterlingssammlung von Gutsherr Jess Fenton zu katalogisieren. Neben Fenton und dessen Frau lebt auch noch Fentons Nichte Sophie auf dem Gut, die Somers als psychisch labil vorgestellt wird. Als der Farmarbeiter Hicks, der Sophie nachgestellt hat, getötet wird, gerät Sophie in Verdacht; aus Gerechtigkeitsgefühl und aus erwachender Liebe flieht Somers mit Sophie nach Newcastle und Liverpool, wo es zum Showdown mit dem Mörder kommt.

Ein paar Motive verraten Amblers kritische Handschrift. Somers kehrt zu Beginn nach einem mißglückten geheimdienstlichen Auftrag in Australien nach London zurück, wo er von seinem Vorgesetzten schnöde entlassen wird. Die Darstellung seiner Bemühungen, einen neuen Job zu finden, zehrt von Amblers Arbeit beim AKS, die Kriegsheimkehrer auf einen veränderten Alltag mit anderen Wertvorstellungen vorzubereiten. Die bisher so geschätzten Fähigkeiten von Somers sind im Zivilleben nicht gefragt. Andererseits kann er der Vergangenheit nicht entrinnen, da ihn der alte Kollege, der ihn im Club scheinbar aufmuntert, im Auftrag des Geheimdienstes beschattet. Auf der Flucht hilft Somers und Sophie ein deutsches Emigrantenpaar, aus Dank dafür, daß Somers ihm während des Kriegs in antifaschistischer Solidarität geholfen hat; der Name des Ehepaars lautet Czissar, wie der tschechische, von den Nazis gefolterte Redakteur in Amblers Czissar-Detektivgeschichten. In Liverpool schließlich wendet sich Somers für gefälschte Pässe an chinesische Unterweltfiguren; als einer seiner kriminellen Helfer von der Polizei verfolgt wird, bewerfen Kinder die Polizisten in einer spontanen Solidaritätsaktion mit Steinen. So demonstriert der Film beiläufig soziale und politische Brüche in der englischen Nachkriegsgesellschaft.

Der Mittelteil des Films mit der Verfolgungsjagd durch die ländlichen Midlands ist Hitchcocks Verfilmung von John Buchans *Die neununddreißig Stufen* nachempfunden, mit Trevor Howard und Jean Simmons an Stelle von Robert Donat und Madeleine Carroll. Verknüpft darin sind psychoanalytische Motive. Sophie leidet unter dem Trauma des Selbstmords ihrer Eltern und wird von Alpträumen heimgesucht, die keine lokalisierbare Ursache zu haben scheinen. Bis sich am Schluß ihr Onkel nicht nur als der Mörder des Farmarbeiters, sondern auch ihrer Eltern herausstellt, und sich mit dem Kriminalfall zugleich das Trauma löst.

The Clouded Yellow ist unterhaltsame Durchschnittsware, mit etwas Spannung, dem trockenen Humor von Trevor Howard und dem großäugigen Staunen von Jean Simmons. Ambler hatte sich damit binnen weniger Jahre als Drehbuchautor einen Namen gemacht. Im September 1950 schloß er mit Rank einen Vertrag ab, in dem er sich verpflichtete, innerhalb von zwei Jahren zwei Drehbücher für insgesamt 7000 Pfund abzuliefern.[47] Er steuerte einen Beitrag zu einer Verfilmung von Geschichten von Somerset Maugham, *Encore*, bei und wurde dann mit einem Prestigeprojekt betraut. Im Jahr 1951 wollte die Labour-Regierung in einem »Festival of Britain« mit Technologieausstellungen und Kulturveranstaltungen die Wiedergeburt der Nation nach den Entbehrungen des Kriegs feiern. Die Filmindustrie entschloß sich aus diesem Anlaß, den Erfinder der rollenden Kamera, William Friese-Greene (1855–1921), zu ehren, dessen Pionierleistung für die Filmentwicklung dargestellt werden sollte. Zahlreiche Stars, von Robert Donat bis Laurence Olivier, von Margaret Rutherford bis Margaret Johnston, von Michael Redgrave über Peter Ustinov bis zu einer jungen Maria Schell, stellten sich zum Teil für kleinste Nebenrollen und eine bloß nominelle Gage für *The Magic Box (Der wunderbare Flimmerkasten)* zur Verfügung.

Inhaltlich ergaben sich zwei Probleme: Erstens war der Anspruch auf Friese-Greenes Pionierrolle eher dubios, da seine Erfindung einer Reihe von Fotoaufnahmen auf einem perforierten Film technisch den Sprung zur Filmvorführung noch nicht garantiert hatte. Zweitens war Friese-Greene nach frühen Erfolgen verarmt und verkannt gestorben. Ambler, dessen Drehbuch auf einer Biographie von Ray Allister (alias Muriel Forth) basierte, konstruierte eine Rahmenstruktur, innerhalb deren episodische Rückblicke Licht und Schatten gleichmäßig verteilten, und setzte mit einem abschließenden beredten Vortrag des todkranken Friese-Greene vor einer Versammlung von britischen Filmern 1921 über die Chancen des neuen Mediums einen optimistischen

Schlußpunkt. Doch blieb das Dilemma, die kulturellen Errungenschaften Großbritanniens ausgerechnet mit einem Film über ein mehrheitlich erfolgloses Leben feiern zu wollen. *Sight and Sounds*, das Organ des British Film Institute, das sonst solche kommerziellen Produktionen eher vornehm ignorierte, fühlte sich wohl aus politischen Rücksichten verpflichtet, eine relativ wohlwollende Kritik zu liefern[48], was den Film aber auch nicht mehr retten konnte, zumal sich die Produktion verzögerte und der Film erst Ende 1951 in die Kinos kam, als das »Festival of Britain« offiziell beendet war.

An Rank gebunden

Mit der Arbeit an *The Magic Box* hatte sich Ambler endgültig im Filmgeschäft etabliert. Im Mai 1951 gründete er eine eigene Firma, Spartacus Productions Ltd., mit einem Büro in der Dover Street 25 und einer Teilzeitsekretärin. Nominell war die Firma in der Entwicklung von Filmprojekten tätig, ihre Haupttätigkeit bestand aber darin, Amblers Dienste als Drehbuchschreiber zu verkaufen. Seine Einnahmen aus dem Filmgeschäft waren so der niedrigeren Geschäftssteuer unterstellt, während er das Einkommen aus der schriftstellerischen Tätigkeit weiterhin als Privatperson versteuerte. Die Zusammensetzung des Verwaltungsrats von Spartacus dokumentierte Amblers Verbindungen in der Filmbranche, da ihm neben dem Rechtsberater Eric R. Summer auch Dennis van Thal von Kordas London Films und später Cecil G. Tennant, Direktor der Laurence-Olivier-Productions sowie Vertreter von MCA-London, angehörten.

Die 1950er Jahre zählten zu den arbeitsintensivsten in Amblers Leben. 1950 war er zum Romanschreiben zurückgekehrt, zuerst mit dem australischen Kollegen Charles Rodda, dann auch allein. Gleichzeitig war er vertraglich als Drehbuchschreiber an Rank

gebunden und verfolgte neben dem bis 1958 jährlich erneuer-
ten Vertrag mit Rank verschiedene weitere Filmprojekte. Dazu
kam eine ganze Reihe zum Teil größerer journalistischer Arbeiten.

Zu Beginn hegte Ambler durchaus Produzentenpläne über
England hinaus. So heuerte er 1951 Jean-Marie Connan an, um
durch Privatunterricht sein Französisch aufzubessern. Connan
übersetzte auch ein Ambler zugeschicktes Filmszenario von
Jean-Paul Sartre, ohne daß Ambler eine Option wahrgenommen
hätte.[49]

Bis Mitte 1952 hatte er seinem englischen Verlag Heinemann
einen neuen Roman zugesichert, und die Zusammenarbeit mit
Charles Rodda beanspruchte mehr Aufmerksamkeit als geplant.
1952 arbeitete er zudem an nicht weniger als vier Drehbüchern.
Seit Jahresbeginn beschäftigte er sich mit der Umsetzung des
400seitigen Bestsellers *The Cruel Sea* über den U-Boot-Krieg
im Atlantik in einen zweistündigen Film und schrieb das Drehbuch für *The Card*, das Ronald Neame verfilmen wollte. Um sich
eine weitere Verpflichtung vom Hals zu schaffen, ein Drehbuch
aus dem Thriller *Rough Shoot* von Geoffrey Household herzustellen, heuerte er für vier Wochen den Schreiberkollegen John
Lodwick an. Im Dezember 1952 lieferte Ambler schließlich ein
Drehbuch zum Buch *Campbell's Kingdom* von Hammond Innes
über den Ölboom im Kanada der 1930er Jahre.

Der hektische Arbeitsprozeß verlief nicht immer reibungs-
los. Die Anstellung und Unterbringung von John Lodwick
(1916–1959), der nach dem Krieg einen Kriegsbericht und zwei
mäßig erfolgreiche Kriminalromane veröffentlicht hatte, erwies
sich, wie Ambler später eingestand, als Fehler: »Ich hab mal für
eine kurze Zeit John Lodwick in der obersten Etage des Hauses
am Pelham Crescent beherbergt. Das war kein Erfolg. Er hat
nur leere Ginflaschen zurückgelassen – eine bemerkenswerte
Anzahl.«[50] Entsprechend mußte Ambler das Drehbuch selber

fertig schreiben. *Rough Shoot* (in Amerika *Shoot First*, deutsch *Ein Schuß im Dunkel*) wurde zu einer der vielen Fließbandproduktionen amerikanischer Studios, die das schwache Pfund und die vielen billigen Fachkräfte in England ausnützten. Robert Parrish, der seine Sporen als Assistent für John Ford und als Cutter abverdient hatte, führte Regie; Joel McCrea wurde als Star aus den USA eingeflogen, dazu kamen englische Charakterchargen wie Herbert Lom und Marius Goring, und der ganze Aufwand endete in einem Spionagefilm aus dem Zweiten Weltkrieg, der sich wie ein Abklatsch früher Hitchcock-Produktionen ausnimmt.

The Magic Box hatte Ambler, nach den Schwierigkeiten rund um *The Passionate Friends*, wieder mit Ronald Neame zusammengebracht, der den Film produzierte. *The Card* brachte eine noch engere Zusammenarbeit, da Neame damit seine Regiekarriere fortsetzte. Der Film basiert auf einer Erzählung von Arnold Bennett. Neame schilderte die Entstehungsgeschichte:

> *The Card* wurde für British Film Makers produziert, und das war das neue Geschäftsregime; im Auftrag des Rank-Konzerns unter Leitung von John Davis, und in Pinewood hergestellt. Ein Mann namens Robert Clark, Chef der Elstree Studios, besaß die Filmrechte an *The Card*, hatte aber nichts damit gemacht. Er besaß eine Option, die auslief, und ich ging zu den Rechteinhabern von Arnold Bennett und kaufte die Optionen, weil ich dachte, es sei eine perfekte Rolle für Alec Guinness. Ich schickte das Buch an Guinness, und er las es und sagte: »Ja, das mache ich.« Wir haben Eric Ambler mit dem Drehbuch beauftragt, und es war einer der zufriedenstellendsten Filme, an dem ich gearbeitet habe. (McFarlane 1997, 432 f.)

Entgegen Neames rosa gefärbtem Urteil ist *The Card* eines der belangloseren Drehbücher, das Ambler verfertigt hat. In seinen zahlreichen Romanen beschrieb Arnold Bennett (1867–1931) die sich langsam industrialisierende Keramikmanufaktur in Staffordshire halb ironisch, halb nostalgisch. Amblers Drehbuch bewahrte den freundlichen Ton des 1911 erschienenen Romans – was nicht weiter verwundert, da *The Card (Eine tolle Nummer)* der Lieblingsroman des Vaters und Vorbild für Amblers ersten Romanversuch gewesen war.

Buch wie Film schildern den Aufstieg des jungen Edward Henry ›Dendry‹ Machin, Sohn einer Waschfrau, zum Bürgermeister einer aufstrebenden Kleinstadt. Er ist ein erfinderischer Mann, der seiner Karriere mit ein paar nicht ganz legalen Tricks, die niemandem schaden, auf die Sprünge hilft. Dabei verguckt er sich in die Tanzlehrerin Ruth, die bald ihre eigenen Interessen und vor allem fremdes Geld verfolgt. Kann er sich noch rechtzeitig für die bescheidene, von Beginn an hingebungsvoll in ihn verliebte Nelly entscheiden? Ja, er kann.

The Card (Der Unwiderstehliche) baut ganz auf Alec Guinness, der nach seinen Triumphen in den Dickens-Verfilmungen von Cineguild mit den Ealing-Komödien *Kind Hearts and Coronets* (1949, *Adel verpflichtet), The Man in the White Suit* (1951, *Der Mann im weißen Anzug)* und *The Lavender Hill Mob* (1951, *Einmal Millionär sein)* als neuer Star gefeiert wurde. Diese Komödien hatten kritischen Biß besessen; *The Card* war dagegen ein Rückfall, und Guinness merkte das in einem Interview 1989 selber an: »Ich war nie überzeugt, ich sei der richtige Schauspieler, um Dendry in *The Card* zu spielen. Sie hätten jemanden haben sollen, der deutlich härter wirkt. Ich glaube, ich habe es zu leichthin angepackt, und ich habe mich nie ganz wohl mit Rollen gefühlt, die mir selber allzu ähnlich sind.« (McFarlane 1997, 262) Ein paar Jahre später milderte er sein Urteil allerdings etwas ab: »Ich hab den Film vor zwei Jahren gesehen, zum ersten Mal seit den Fünfzigern. Er war um einiges besser, als er mir im Gedächtnis geblieben war, und abgesehen von einem schrecklichen Versuch, den lokalen Dialekt nachzuahmen, hab ich mich gar nicht so schlecht gefunden. Tja, für einmal eine nette Überraschung.« (Guinness 1996, 74)

Guinness hätte seinem früheren Urteil trauen sollen.[51] Zu Beginn des Films wirft Ambler mit der Darstellung einer Schule »For Sons of Gentlemen«, in der der junge Henry seine Zeugnisnoten frisiert, einen kurzen autobiographischen Blick zurück. Danach geht die Geschichte ihren halbwegs amüsanten, vorhersehbaren Gang, mit einigen milde ironischen Seitenhieben auf den Gründerkapitalismus der Dienstleistungsgesellschaft. Beispielsweise schlägt Henry Kapital aus einem Schiffsunglück, indem er Bootsfahrten zur Unglücksstelle organisiert, oder er begründet einen Einkaufsclub für kaufkraftärmere Schichten und setzt Fußball als Mittel für seinen politischen Aufstieg ein. Aber die Darstellung ist behäbig und politisch konservativ. Eine Duchess ist nicht nur die mildtätige Patronin der Stadt, sondern auch eine gute und gutaussehende Kumpanin, die Henrys Ungezogenheiten wohlwollend beklatscht; wie überhaupt die Frauenfiguren beinahe unerträglich klischiert ausfallen. Pauline Kael, die berühmte Filmkritikerin des *New Yorker*, hielt den Film überraschend für eine »heitere, wunderbar befriedigende Komödie« (Kael 1993, 601). Aus heutiger Sicht aber ist er, wenn nicht gerade »unschlagbar anachronistisch« (Durgnat 1970, 32), so doch unbestreitbar nostalgisch.

Mochte Ambler nach dem Kinostart von *The Card* zwiespältige Gefühle hegen, so hatte er beim nächsten Projekt nicht einmal die Genugtuung, sein Drehbuch umgesetzt zu sehen: *Campbell's Kingdom* wurde erst 1957 von Regisseur Ralph Thomas mit einem nicht sehr überzeugenden Dirk Bogarde für Rank verfilmt, nach einem Drehbuch von Robert Estridge, und Amblers Vorarbeit fiel ganz unter den Produzententisch.

Mörderische See

Das Drehbuch, das Ambler Anfang 1952 am meisten beschäftigte, hatte er zu Beginn nur widerwillig begonnen. 1951 war
Nicholas Monsarrats Buch *The Cruel Sea (Mörderischer Atlantik)* über den Abwehrkampf der Royal Navy im Atlantik gegen
die deutsche U-Boot-Flotte erschienen und ein weltweiter Erfolg
geworden. Allein vier Millionen Britinnen und Briten lasen das
Buch. Michael Balcon, Chef der Ealing-Studios, erwarb kurz
nach Erscheinen die Filmrechte. Ealing hatte sich bislang vor allem mit den sprichwörtlich gewordenen Ealing-Komödien einen
Namen gemacht, sich aber bei Kriegsfilmen zurückgehalten und
war jetzt in der Verlegenheit, über keinen Drehbuchschreiber zu
verfügen, der mit dem Milieu vertraut war. Eric Ambler wies entsprechende Kriegs- und Filmerfahrungen auf und wurde von
Rank an die durch einen Vertriebsvertrag verbundene Konkurrenz in Ealing ausgeliehen. In einem Brief an Regisseur Charles
Frend skizzierte Ambler im Oktober 1951 die grundsätzliche
Stoßrichtung einer möglichen Bearbeitung des Buchs. Es könne sich nicht um einen heroischen Kriegsfilm handeln, da die
Hauptthemen des Romans Depression und Desillusionierung der
Schiffsbesatzung seien. Ambler schlug vor, die ausufernde Erzählung auf die neun wichtigsten Figuren zu konzentrieren und die
schwachen Passagen während verschiedener Landurlaube radikal
zu kürzen. Im Mittelpunkt müsse die Beziehung zwischen Kapitän Ericson und seinem ersten Offizier Lockhart stehen.[52] Später
hat Ambler erklärt, der Brief sei abschreckend gemeint gewesen.[53]
Aber die List verfing nicht, und Ambler engagierte sich zunehmend für sein Skript.

Ende 1951 begannen bereits Besetzungsgespräche, obwohl
noch kein Drehbuch vorlag. Die Rolle des Fregattenkapitäns
Ericson wurde an Jack Hawkins (1910–1973) vergeben, der nach
harter Kärrnerarbeit in B-Filmen mit *Mandy* eben zum Star auf-

gestiegen war. Für die zweite Hauptrolle, den Ersten Offizier Lockhart, wurden ausführliche Vorsprechproben durchgeführt. Schließlich entschied man sich für den 31jährigen Donald Sinden, der sich damals einen Namen als Bühnenschauspieler zu machen begann, aber keinerlei Filmerfahrung mitbrachte.

Für die Aufnahmen an Bord des Schiffes wurde eine nach dem Zweiten Weltkrieg der griechischen Marine abgetretene englische Fregatte zurückgekauft, die kürzlich zum Verschrotten bestimmt worden war; gedreht wurde zumeist in Devonport bei Plymouth. Autor Monsarrat sowie die beiden Hauptdarsteller Hawkins und Sinden haben die Dreharbeiten in ihren Memoiren ausführlich beschrieben.[54]

Wie einst *The Way Ahead* zeigt auch *The Cruel Sea (Der große Atlantik)* die Umwandlung von Zivilisten in kampferprobte Kriegsteilnehmer. Dabei konzentriert sich der Film auf die Offiziere an Bord der Fregatte *Compass Rose* und schwenkt nur gelegentlich auf die übrige Schiffsbesatzung.[55] Doch diese Offiziere sind keine Berufssoldaten, sondern rekrutieren sich aus verschiedenen Zivilberufen. Wie einst bei John Buchan für den Ersten Weltkrieg geht es darum zu zeigen, daß die Angehörigen des Mittelstands für den Kriegsdienst nötig und tauglich geworden sind, ohne daß sie sich allzu viel Kommandogewalt anmaßen. So wird ein kurzzeitig amtierender Erster Offizier lächerlich gemacht, da er, im Zivilleben bescheidener Reisevertreter, sich übereifrig einen schneidigen Kommandoton angewöhnt.

Der Film reiht sich zwar in die exzessive britische Beschäftigung mit dem Zweiten Weltkrieg in den 1950er Jahren ein, vermeidet aber eine Heroisierung. Statt spektakulärer Schlachtszenen wird der Alltag von Krieg und Bedrohung dargestellt. In jahrelangem Begleitschutz gelingt der Fregatte die Versenkung von gerade zwei deutschen U-Booten. Eine Zurücknahme erfolgt auch beim Feindbild. Getreu dem Titel *The Cruel Sea* beginnt der Film mit einer Einstellung auf das wogende Meer und einer Stimme aus dem Off, die nicht etwa die deutschen U-Boote, sondern das Meer zum einzigen Bösewicht der folgenden Geschichte erklärt. Man kann darin eine Konzession an die veränderte politische Großlage sehen, in der Deutschland als ehemaliger tödlicher Feind bereits zum – mißtrauisch beobachteten – Bündnispartner im Kalten Krieg avanciert war; entsprechend geraten erst wenige Minuten vor Schluß des Films deutsche Soldaten und Matrosen ins Blickfeld. Zwar gliedern den Film wiederholte Attacken, Rettungsaktionen und Verfolgungsjagden, der Feind bleibt jedoch unsichtbar.

Das läßt die ständige Bedrohung um so präsenter werden. Sinnfällig gemacht wird sie durch das Echolot, dessen beständiger Ton an den Nerven zerrt, obwohl dessen regelmäßiges Erklingen gerade Sicherheit garantiert, da erst sein Verstummen ein geortetes U-Boot anzeigt. Den dramatischen Höhepunkt erreicht der Film, als ein U-Boot unter einer Gruppe um ihr Leben schwimmender britischer Matrosen eines torpedierten Schiffs ausgemacht wird. Kapitän Ericson entscheidet, das U-Boot mit Sprengladungen anzugreifen, was auch für die britischen Matrosen den Tod bedeutet. Der Film zeigt eine kurze, folgenlose Auflehnung der Besatzung, als der Kapitän von einem Matrosen des eigenen Schiffs als »verfluchter Mörder« bezeichnet wird.[56]

Wie in seinem konzeptionellen Brief vom Oktober 1951 angedroht, konzentriert sich Ambler innerhalb der übergreifenden Kriegsthematik auf die Beziehung zwischen dem Kapitän, dem Berufsschiffer Ericson, und seinem unerfahrenen Ersten Offizier Lockhart. Unweigerlich spielt die Lehrer-Schüler-Beziehung ins Ödipale und Homoerotische hinüber. Als sich der Kapitän nach seiner Gewissensentscheidung, die das Leben britischer Matrosen gefordert hat, bis zur Bewußtlosigkeit betrinkt, wird er von Lockhart in die Kajüte gebracht. Heutigen Sensibilitäten, oder Überreiztheiten, mag die Szene, in der Lockhart Ericson die

Schuhe auszieht, ihn aufs Lager bettet und sich mit den Worten verabschiedet, das sei alles, was er für ihn tun könne, unfreiwillig komisch vorkommen. Zeitgenössisch wurde sie als offene Auseinandersetzung mit unterdrückten Gefühlen verstanden.[57] Hawkins schilderte später, wie er beim Drehen einer Szene, in der Ericson seine Schuldgefühle offenbart, von den eigenen Emotionen überwältigt worden und in Tränen ausgebrochen sei, worauf die Szene auf Anweisung des Produzenten neu gedreht werden mußte. Diese zweite Fassung, ohne Tränen, sei dann als zu emotionslos beurteilt worden und habe zu einer dritten Kompromißfassung mit nur ganz wenigen Tränen geführt, worauf am Ende, wie Hawkins befriedigt bemerkte, doch die erste Fassung verwendet wurde.[58] Diese bemerkenswerte Kreation eines tränenreichen Heroismus ist von einem Kritiker als typisch für Hawkins und einen bestimmten englischen Schauspielstil bezeichnet worden, als die »zitternde *stiff upper lip* – ein grotesker Kampf zwischen Gefühlsduselei und Totenstarre« (Thomson 1994, 321).

Alle anderen Emotionen sind dagegen zurückgedrängt. Obwohl Ambler richtig sah, daß die Szenen, die an Land spielen, im Buch schwach geraten sind, konnte er aus dramaturgischen Gründen nicht ganz darauf verzichten, vermochte sie aber kaum zu verbessern. Bei einem Landurlaub spinnt sich eine Beziehung zwischen einem Heizer und der Schwester des Chefingenieurs an. Letztere wird bei einem deutschen Bombenangriff auf Liverpool getötet, was allzu konstruiert wirkt. Die Frauengestalten bleiben auch im Film klischiert: Die Ehefrau des Zweiten Offiziers ist als glamouröse Schauspielerin zugleich ein gefühlloser Vamp, die sich mit Liebhabern die Zeit vertreibt, während ihr Mann auf See seine Pflicht fürs Vaterland tut; für den Ersten Offizier ist dagegen eine unschuldige Angehörige des weiblichen Marinedienstes vorgesehen, in die er sich verliebt und die bis zum Kriegsende auf ihn warten wird.

Der Krieg hatte die klassischen Geschlechterrollen sowohl bestätigt, indem sich die Männer als Kriegshelden bewährten, als auch untergraben, da Frauen in bisherige Männerdomänen eindrangen. Die Emanzipation der Frauen traf nach dem Krieg auf eine Gegenbewegung, der sich auch *The Cruel Sea* nicht entziehen kann, indem er den Krieg praktisch ausschließlich zur Männersache erklärt und die Heimfront, an der die Frauen ihren Mann standen, ausklammert. Donald Sinden fiel noch 1981 in seinen Memoiren in diesen anti-emanzipatorischen Affekt zurück, wenn er erzählte, Regisseur Charles Frend habe nach den ersten unbefriedigenden Aufnahmen des Kusses zwischen ihm und Virginia McKenna angedeutet, jemand müsse wohl Manns genug sein, der unerfahrenen Darstellerin über Nacht die Wonnen der Leidenschaft beizubringen.[59]

The Cruel Sea war ein durchschlagender Erfolg und beförderte die Filmkarrieren von Sinden, Denholm Elliott und Virginia McKenna. Amblers Drehbuch wurde für einen Oscar nominiert. Die Auszeichnung erhielt dann allerdings Daniel Taradash für *From Here to Eternity (Verdammt in alle Ewigkeit)*, einen Film, der wie *The Cruel Sea* während des Zweiten Weltkriegs spielt, aber eine skandalumwitterte, wiewohl hollywoodmäßig gezähmte Liebesgeschichte in den Vordergrund stellt. In Großbritannien wurde Ambler zum bekannten Namen: So träumte der junge Kingsley Amis 1953 davon, sein Erstling *Lucky Jim (Glück für Jim)* werde erfolgreich von Alfred Hitchcock verfilmt, mit einer Starbesetzung und einem Drehbuch von Eric Ambler.[60]

Schriftstellers Fluch

Die hektische Tätigkeit zu Beginn der 1950er Jahre schlug sich für Ambler auch finanziell nieder. Für das Finanzjahr 1951/52 versteuerte er allein über seine Firma Spartacus 10 450 Pfund. Dazu kamen 2000 Dollar von Knopf und ein entsprechender Be-

trag in Pfund vom englischen Verleger Hodder & Stoughton für
einen neuen Roman sowie 500 Pfund von Rank für die Filmrechte an einem erst skizzierten Buch.[61] Damit gehörte Ambler
in England zu den Spitzenverdienern. Die bis 1947 stagnieren-
de Lohnentwicklung hatte generell angezogen; 1951 betrug der
durchschnittliche Wochenlohn eines Mannes 8.30 Pfund, also rund 415 Pfund pro Jahr.[62] Amblers jährliche Einnahmen
schwankten allerdings beträchtlich. 1954/55 versteuerte er beispielsweise über Spartacus 3335 Pfund; doch lag er damit weiterhin in einer der obersten Steuerkategorien.[63] Jedenfalls konnte
sich Spartacus nicht nur eine Teilzeitsekretärin, sondern auch
einen Jaguar als Firmenwagen leisten, über den sich Ambler mit
dem Steueramt schon bald in einen Briefwechsel verwickelte. Er
versicherte dabei ebenso ironisch wie indigniert, das Auto werde
einzig für Berufszwecke gebraucht, da er privat nur Taxis und
die U-Bahn benütze. Sein Freund Roy Ward Baker, der Amblers
Geschäftssinn und Lebensstil bewunderte, bemerkte dazu:
»Eric wußte, wie man Geld machte. Er wollte mit Stil leben. […]
Schon früh lebte er wie ein Millionär.«[64]

Anfang 1953 begann Ambler, diesmal wieder für Rank, mit
einer weiteren Bearbeitung eines Buchs über den Zweiten Weltkrieg – dem 1947 erschienenen *The Purple Plain (Rückkehr ins
Leben)* von H. E. Bates.[65] Im März 1953 lieferte Ambler das Manuskript ab, mit einer Kopie für Gregory Peck, der schon damals
ein beachtlicher amerikanischer Star war und entschlossen, das
Bild des geradlinigen Helden, den er in den meisten Filmen
spielte, etwas anzukratzen. Peck weilte gerade in Europa, wo er
mit Ronald Neame den komödiantisch aufgezogenen, aber allzu
trockenen Film *The Million Pound Note (Sein größter Bluff)* nach
einem Drehbuch von Jill Craigie gedreht hatte.

Ambler hat seine Umarbeitung 1954 in dem Vortrag *The Film
of the Book* grundsätzlicher reflektiert.[66] Die Arbeit am Film zog
sich über vier Fassungen und ein ganzes Jahr hin; im Oktober be-

schwerte sich Ambler bei Rank über seinen Vertrag, der die zusätzliche Arbeit nicht angemessen entlöhne. Im Januar 1954 begannen die Dreharbeiten, Mitte 1954 kam der Film in England in die Kinos, in Amerika im Frühling 1955. Regie führte Robert Parrish, der schon *Shoot First* verfilmt hatte, und er forderte Gregory Peck einiges an körperlichen Strapazen ab. Peck spielte einen kanadischen Bomberpiloten in Burma während der japanischen Besetzung, der nach dem Tod seiner Frau aus einer uneingestandenen Todessehnsucht heraus gefährliche Aufträge ausführt, doch durch die Liebe zu einer Einheimischen bewogen wird, nach einem Flugzeugabsturz die Strapazen einer Rettungsaktion für den verletzten Kopiloten auf sich zu nehmen. *The Purple Plain (Flammen über Fernost)* ist heute praktisch vergessen, obwohl er in spezialisierten Filmstudien beträchtliche Wertschätzung genießt.[67] Im übrigen begründete er Amblers lebenslange Freundschaft mit Regisseur Robert Parrish.

Vertraglich an Rank gebunden, suchte Ambler ständig nach verfilmbarem Material und erbat sich Vorschläge von Claud Cockburn, der ihn einst für die Zeitschrift *Punch* anzuwerben versucht hatte; doch ein Exposé von Cockburn zu Oberst Redl und der berühmten österreichischen Spionageaffäre kurz vor dem Ersten Weltkrieg vermochte Ambler nicht zu überzeugen.[68] Rank suchte Ambler ein weiteres Kriegsbuch schmackhaft zu machen, *Eastern Approaches* von Brigadier Fitzroy MacLean; das Projekt wurde aber nach diversen Vorarbeiten aus Geldmangel beerdigt. Andere ihm zugeschickte Bücher lehnte Ambler seinerseits ab. Von all den Kriegsgeschichten ermüdet, suchte er eine neue Herausforderung und nahm sich für Ealing die Geschichte *Lease of Life* des methodistischen Pfarrers und Universitätsdozenten Frank Baker vor. Von der *Herald Tribune* später um eine Erklärung angefragt, warum er, der bekannte Thrillerautor, einen solchen Stoff bearbeitet habe, verfaßte er einen ironischen Text über eine neu entdeckte Krankheit, den »writer's bane« (Schriftstellers Fluch), die dazu führe, daß Schriftsteller mit dem immergleichen Genre geschlagen seien. Der Regisseur Charles Frend und der Produzent Michael Balcon, so erklärte er, hätten ihm die Vorlage zugeschickt.

> Da ich gar nichts über das englische Landleben, Pfarrer oder die Kirche wußte und zuvor nicht im Traum daran gedacht hatte, über solche Dinge zu schreiben, glaubte ich, daß *Lease of Life* in jenem Augenblick das ideale Thema für mich wäre. Weder Produzent noch Regisseur schienen diese Haltung abwegig zu finden, also packte ich's an.[69]

Die englische Uraufführung fand im Oktober 1954 statt, und nach der verzögerten amerikanischen Premiere lobte die *New York Times* doppelzüngig: »Es ist die Art Film, den ältere Leute und England-Fans bestimmt genießen werden« (Crowther 1956, 18) – was den Film nicht vorm Vergessen bewahren konnte.

Ein weiteres Projekt bestand 1954 in einer Bearbeitung des Buchs *Windom's Way* von James Ramsay Ullman (1907–1971). Ullman hatte eine interessante Karriere hinter und ein interessantes Leben vor sich. Nach journalistischen Anfängen wurde er Theaterproduzent in New York und arbeitete 1938 für das Federal Theatre der Roosevelt-Administration, einen Versuch, populäres Theater mit Maßnahmen zur Arbeitsplatzbeschaffung zu verbinden, an dem auch der junge Orson Welles beteiligt war.[70] Nach dem Krieg verfaßte Ullman vor allem Abenteuer- und Reisebücher. In einer autobiographischen Kurznotiz stellte er als die zwei prägendsten Erfahrungen seines Lebens die Teilnahme an der ersten amerikanischen Besteigung des Mount Everest 1963 und die Teilnahme am Marsch für Bürgerrechte in Montgomery, Alabama, 1965 nebeneinander.[71] *Windom's Way*, 1952 publiziert, spielt in Malaysia und handelt vom kommunistischen Guerillakrieg gegen die britische Kolonialherrschaft, die nach der japanischen Kapitulation 1945 wiederhergestellt worden war. Ranks Projekt folgte auf den 1952 gedrehten Film *Outpost in Malaya (Weiße Frau im Dschungel)* mit Jack Hawkins und Claudette Colbert nach dem Buch *The Planter's Wife* von S. C. George, mit dem, von konservativer Warte aus, die filmische Auseinandersetzung mit dem Zerbrechen des britischen Kolonialreichs begonnen hatte.[72]

Ambler, der in *Die Maske des Dimitrios* den Balkan aufgrund von Informationen aus zweiter und dritter Hand ebenso stimmungsvoll wie präzise beschrieben hatte, unternahm im November 1954 mit Produzent Anthony Havelock-Allan erstmals eine größere Erkundungsreise nach Bangkok, Singapur und Jakarta. Mitte Januar lieferte er sein Script ab, wieder mit Kopie an Gregory Peck; doch als Havelock-Allan im Februar Kritik an der grundsätzlichen Ausrichtung des Drehbuchs äußerte und meinte, er wolle auf einen ersten Entwurf von Carl Foreman aus dem Jahre 1953 zurückgehen, zog sich Ambler im Zorn von dem Projekt zurück.[73] Tatsächlich wurde der Film erst 1957 verwirklicht, nach einem Drehbuch von Jill Craigie. Als Ausgleich für den filmischen Mißerfolg hatte die Reise Amblers Interesse an der Dritten Welt sowie den neu entstandenen antikolonialen Befreiungsbewegungen geweckt und lieferte ihm Material für seinen nächsten Roman, *The Night-Comers*, der 1956 erschien.

Seine wachsende Bekanntheit hatte zuvor eine besondere Radio-Sendung angezeigt. Am 27. Januar 1955 war Eric Ambler Gast beim BBC-Programm *Desert Island Discs*, in dem seit 1942 wöchentlich eine prominente Persönlichkeit aus ihrem Leben erzählte und acht ausgewählte Musikstücke präsentierte. Amblers Auswahl mischte Vertreter der klassischen Moderne wie Strawinski und Ravel mit Jazzstücken von Benny Goodman und Fats Waller, und als den speziellen Gegenstand, der den Gästen für ihren fiktiven Aufenthalt auf einer einsamen Insel zugestanden wurde, wählte er einen Globus aus.[74] Zwar ließ sich Ambler um diese Zeit für eine PR-Fotografie neben einer Harfe ablichten;

aber die stand am Pelham Crescent nur zur Zierde, da Ambler seine aktive musikalische Tätigkeit längst aufgegeben hatte. Dagegen blieb er bis ins hohe Alter ein begeisterter Jazzfan.

Im April 1955 fragte Darryl F. Zanuck Ambler an, ob er den Bestseller *Island in the Sun* bearbeiten wolle. Zanuck, seit 1935 Chef der von ihm gegründeten 20th Century Fox, wollte sich nach 20 Jahren aus der Studioleitung zurückziehen und sich als freier Produzent betätigen. Er kaufte die Filmrechte an einem Dutzend erfolgversprechender Bücher, reichte sie in einem weiten Kreis von Drehbuchautoren herum und begann mit der Filmproduktion in Europa.[75] *Island in the Sun* von Alec Waugh (1898–1981), dem älteren Bruder des berühmteren Evelyn Waugh, thematisiert Geschlechterbeziehungen zwischen Menschen unterschiedlicher Rasse und Hautfarbe auf einer fiktiven Karibikinsel, im Spannungsfeld von britischer Verwaltung und erwachendem einheimischen Selbstbewußtsein.

Ambler antwortete auf die Frage gewohnt ungeschminkt. Das Buch, fand er, sei ein interessanter Beitrag zum Rassenkonflikt: »Die Menschen projizieren ihre inneren emotionalen Schwierigkeiten liebend gern auf eine passende Situation der Außenwelt, und der Rassenkonflikt ist eine ideale Projektionsfläche für jedwede psychotische Phantasien.«[76] *Island in the Sun* schwanke aber allzu stark zwischen Realismus und Melodrama. In einem zweiten Brief präzisierte er, das Buch beschäftige sich zwar mit dem Rassenkonflikt, drücke sich jedoch um den kolonialen Aspekt.[77]

Später war Ambler stolz darauf, dem autokratischen Zanuck Paroli geboten zu haben. Dessen Ambler gegenüber zugestandene Bedenken hielten allerdings nicht lange an. Er begann die Dreharbeiten aufgrund eines Drehbuchs von Alfred Hayes; Regisseur war Robert Rossen, der nach Anfängen als Drehbuchschreiber nach dem Krieg mit milde sozial engagierten Filmen ersten Erfolg errungen hatte, aber durch die antikommunistische

Hetzjagd 1953 aus den USA vertrieben worden war. Der 1957 lancierte Film *Island in the Sun (Heiße Erde)* bricht ein Tabu, da die Selbstzensur der amerikanischen Filmindustrie erst kurz vor Drehbeginn überhaupt Umarmungen zwischen Menschen verschiedener Rassen auf der Leinwand zugelassen hatte. Ansonsten tappt er genau in jene Falle, die Ambler vorgesehen hatte. Jegliche Ansätze zur sozialen Analyse werden von melodramatischen Liebesbeziehungen überwuchert.

Dem megalomanen Zanuck entkommen, handelte Ambler im Mai 1955 mit Rank einen neuen Vertrag aus, in dem er sich vorbehielt, pro Jahr ein amerikanisches Projekt weiterverfolgen zu können. Als erstes Script für Rank machte er sich an *Nightrunners of Bengal,* nach einem Buch von John Masters, über den sogenannten Sepoy-Aufstand indischer Garnisonen 1857, doch scheiterte die Verwirklichung an neuerlichen finanziellen Einschränkungen bei Rank. Die Filmoption wurde von der Bronsten Company aufgekauft, die kurz darauf bankrott ging. Zehn Jahre später, im November 1967, konnte Ambler das Projekt der Filmgesellschaft Columbia schmackhaft machen und lieferte termingerecht nach zwölf Wochen ein neues Drehbuch ab, das wiederum nicht realisiert wurde.[78]

Nightrunners of Bengal war Mitte der 1950er Jahre nicht der einzige Mißerfolg. Im Juni 1955 kaufte Ambler durch Spartacus eine Option für den Roman *Never Got Out* von John Whiting und wollte ihn mit Joseph Losey als Regisseur produzieren; doch als sich Whiting außerstande sah, innert nützlicher Frist ein Drehbuch zu liefern, zog sich Ambler zurück. Anfragen von Leslie Norman, ein neues Drehbuch für Ealing zu schreiben, lehnte er seinerseits ab. Im Februar 1956 gab es einen kurzen, ergebnislosen Kontakt mit Nicholas Ray, der 1954 mit *Johnny Guitar (Wenn Frauen hassen)* den ersten subversiven Western gedreht und im folgenden Jahr mit *Rebel Without a Cause (... denn sie wissen nicht, was sie tun)* die rebellische Unruhe einer jungen

Generation eingefangen hatte. Rank konferierte mit Ambler über ein Drehbuch zum Leben Johann Sebastian Bachs, über eine weitere Verfilmung eines Frank-Baker-Buchs und eines von Winston Graham.

Erfolgversprechend schien nur die Rückkehr zum Kriegsfilm. Der Journalist Lawrence Earl hatte in einer Reportage über einen relativ unbedeutenden Zwischenfall während des chinesischen Bürgerkriegs 1949 berichtet: Ein offiziell neutrales britisches Kriegsschiff – die HMS Amethyst – war auf dem Jangtsekiang von einer kommunistischen Garnison beschossen worden, auf Grund gelaufen und hatte unter dem Verlust einiger Menschenleben erst nach dreimonatiger Blockade entkommen können. Im Juni 1956 lieferte Ambler ein erstes Script für den Produzenten Herbert Wilcox, das mit Hilfe technischer Hinweise der Admiräle Alec Madden und Patrick Brind sowie Commander J. S. Kerans überarbeitet wurde; letzterer hatte die HMS Amethyst während eines Teils der fraglichen Zeit kommandiert. *Yangtse Incident*, in den USA unter dem ziemlich irreführenden Titel *Battle Hell* lanciert, beginnt mit einer zerrissenen englischen Flagge, die zu heroischen Klängen stolz im Wind flattert. In der Folge nimmt der Film solchen aufdringlichen Patriotismus deutlich zurück. Nach der anfänglichen Beschießung der HMS Amethyst verlagert sich die Spannung von Kampfhandlungen hin zur ungewissen Bedrohung und zur psychologischen Kriegsführung. Veranschaulicht wird ein unbehagliches Gleichgewicht, da der kommunistische Oberst davor zurückschreckt, das manövrierunfähige Schiff ganz in Stücke zu schießen, und Verhandlungen aufnimmt. In der Belagerungssituation gleitet die Kamera über Offiziere und Mannschaft. Richard Todd, der im Krieg als Fallschirmspringer die Landung in der Normandie mitgemacht und 1955 in *The Dam Busters (Die Dammbrecher)* – seines Erachtens »der beste Kriegsfilm aller Zeiten« (McFarlane 1997, 565) – schon Heroisches gezeigt hatte, gab den Kapitän mit hartem, aber nicht unbarmherzigem Blick, William Hartnell aktualisierte seine Rolle als Sergeant aus *The Way Ahead* diesmal als Erster Maat, und Akim Tamiroff spielte den kommunistischen Oberst angemessen schnarrend.

Yangtse Incident ist sauber gebaut; und Todd erinnerte sich auch nach fünfzig Jahren noch an die professionelle Zusammenarbeit mit Ambler.[79] Doch daß in *Yangtse Incident* das Entkommen eines einzigen lädierten Kriegsschiffs als Großtat gefeiert wird, zeigt, daß man in Großbritannien, nach dem Suez-Kanal-Debakel, die letzten Überbleibsel einer heroischen britischen Vergangenheit zusammenzukratzen versuchte.[80] Immerhin, der Produzent erhielt eine offizielle Belobigung des Ersten Seelords und Stabschefs der britischen Flotte, des Earl Mountbatten of Burma; und die offizielle Premiere am 1. April 1957 fand in Anwesenheit von Prinz Philip statt.

Bald schon sollte die Anerkennung, die Eric Ambler durch *The Cruel Sea* und *Yangtse Incident* zuteil geworden war, allerdings durch ein weiteres Schiffsdrama übertroffen werden.

Die letzte Nacht der Titanic

Im Oktober 1956 hatte Rank die Filmrechte an Walter Lords wenige Wochen zuvor erschienenem Buch über den Untergang der Titanic erworben. Bereits Ende Jahr hatte Produzent William MacQuitty ein Team versammelt, das Eric Ambler als Drehbuchschreiber wieder in Kontakt mit Roy Ward Baker brachte, der sich nach der Lektüre des Buchs selber als Regisseur empfohlen hatte.[81] Ranks John Davis höchstpersönlich beauftragte Baker, den Schauspieler Kenneth More auf den Bermudas zu überreden, die Hauptrolle zu übernehmen.[82] Die Dreharbeiten begannen freilich erst im Oktober 1957.

Die Geschichte der Titanic, deren Untergang zum Symbol

einer untergehenden Epoche geworden war, war zu diesem Zeitpunkt schon viermal verfilmt worden. Die letzte Fassung lag nur wenige Jahre zurück. *Titanic* von 1953, mit Barbara Stanwyck und Clifton Webb, veranschaulichte die hollywoodsche Überzeugung, daß selbst eine Katastrophe dazu dienen kann, eine zerrüttete Ehe zu kitten. Der Hobbyhistoriker Walter Lord hatte jedoch nach jahrelangen Recherchen und Gesprächen mit über sechzig Überlebenden neues Material gesammelt, das Ambler für sein Script verwertete. Laut Roy Ward Baker habe er, Baker, nach Lektüre der ersten Drehbuchfassung darauf gedrängt, den Passagieren der dritten Klasse mehr Gewicht einzuräumen.[83] Tatsächlich zeichnet die feine Beobachtung sozialer Unterschiede *A Night to Remember (Die letzte Nacht der Titanic)* aus. Der Film war damals Ranks bisher aufwendigste Produktion.[84] Die meisten Kulissen wurden in den Pinewood-Studios originalgetreu nachgebaut, darunter eine neunzig Meter lange und zwölf Meter hohe Seite des Schiffs, eine 4000 Tonnen schwere Stahlkonstruktion auf einer eigens errichteten Betonplattform. Das Modell für das sinkende Schiff war beinahe zwölf Meter lang. Da Pinewood über kein genügend großes Bassin verfügte, wurden die Außenaufnahmen im benachbarten Ruislip Lido gemacht. Während der Hälfte der zwanzig Drehwochen wurde nachts bei bitterer Kälte gedreht, vergleichbar dem Wetter, das am 14. April 1912 im Atlantik geherrscht hatte. Roy Ward Baker meinte, wenn je ein Film das Resultat gemeinsamer Anstrengungen gewesen sei, dann *A Night to Remember*[85]; und das ist nicht ein bloßes Lippenbekenntnis, denn ein kollektiver Ansatz zeigt sich durchgängig.

Der zeitgenössische Trailer betonte zwei Elemente: einerseits die dokumentarische Treue der Darstellung, andererseits die sozialen Differenzen, die sich beim Untergang eines als unsinkbar geltenden Luxusdampfers manifestierten. Tatsächlich baut der Film eine Spannung auf, die sich aus realen Details zusammensetzt und auf übertriebene Sentimentalität verzichten kann. Erreicht wird dies durch eine konsequente Episoden- und Montagestruktur. Viele kurze Szenen, kaum je länger als eine halbe Minute und fließend ineinandergeschnitten, ergeben ein Panorama sozialer und persönlicher Verhaltensweisen. Unauffällig strukturiert wird dies durch die Figur des Zweiten Offiziers Charles Lightoller, der häufiger auftritt als jede andere Figur und sich in der Katastrophe als tapfere, pflichtbewußte Führergestalt bewährt, ohne jedoch verherrlicht zu werden.

Der knapp zweistündige Film setzt mit der Jungfernfahrt der Titanic in Liverpool ein, die Produzent William MacQuitty 1912 als Junge miterlebt hatte und die mit Dokumentaraufnahmen festgehalten ist. Danach werden ein knappes Dutzend Passagiere vor der Abreise vorgestellt: ein adliges Paar sowie ein Bankier mit Familie für die erste Klasse, ein junges Hochzeitspaar für die zweite Klasse, irische Auswanderer für das untere Deck. Auf dem Schiff haben sich mittlerweile der verantwortliche Ingenieur Thomas Andrews sowie der Reeder Bruce Ismay eingefunden; dazu wird ein breites Spektrum der Besatzung präsentiert, vom Kapitän über Lightoller bis zum Steward und Orchesterleiter, immer wieder ergänzt durch Blicke in die Maschinenräume.

Am vierten Reisetag, dem nachmalig berühmten 14. April 1912, vergnügen sich die Passagiere klassenspezifisch im Ballsaal und unter Deck, als ein der Titanic vorausfahrendes Schiff, die California, per Telegraf vor Eisbergen warnt. Vorerst geht der Tanz weiter, im unteren Deck bahnen sich internationale Beziehungen zwischen einem Iren und einer Polin an, aus der Luxuskabine reckt sich verführerisch eine Hand zum erotischen Abenteuer; da erfolgt, nach dreißig Minuten Film, der Zusammenprall. Wasser und Verletzte im Maschinenraum, während oben die Nachtruhe kaum gestört wird.

Bald ist Kapitän und Ingenieur klar, daß das Schiff sinken wird. Für die Passagiere bedeutet der unvorhergesehene Stopp vorerst

nur eine Unbequemlichkeit, keine Beunruhigung. Die angeord-
neten Evakuierungsmaßnahmen – Frauen und Kinder zuerst –
werden in der ersten Klasse snobistisch als Zumutung emp-
funden; die Passagiere der dritten Klasse werden im dunkeln
gelassen. Allmählich nur schlägt Unruhe in Sorge, schließlich
Angst um. Während die Rettungsboote langsam in die eisige See
gelassen werden, bleiben die Gitter vor den Aufgängen für die
Passagiere des Unterdecks weiterhin geschlossen, ja, der Kapitän
läßt Waffen an die Besatzung austeilen, um die Ordnung aufrechtzuerhalten. Bis die Lage allen klar wird und die Panik soziale
Schranken einreißt. Jetzt setzt der Kampf um die Plätze in den
Rettungsbooten ein, oder der Kampf, überhaupt noch nach oben
zu gelangen, in klaustrophoben Schwarzweißbildern, die auf
spektakuläre Spezialeffekte verzichten können. In allen sozialen
Schichten zeigen sich unterschiedliche Verhaltensweisen, vom
Stoiker zum Feigling. Der Milliardär Guggenheim geht mit Stil
unter, der Reeder Ismay rettet sich feige schlotternd. Die Passagiere des Unterdecks helfen sich gegenseitig oder stoßen sich in
die Tiefe. Die Heizer trinken gemeinsam eine letzte Tasse Tee,
bevor jeder auf sich allein gestellt ist.

Ebenso differenziert ist die Schuldzuschreibung. Kein Zweifel
wird an der Hauptverantwortung der Reederei gelassen, die nur
die vorgeschriebene minimale, aber ungenügende Anzahl Rettungsboote an Bord und keine Vorbereitungen für einen Notfall
getroffen hatte. Im Verlauf der Katastrophe werden allerdings
sprechende Details dokumentiert: Eine Warnung über weitere
Eisberge geht in der Menge von Telegrammen unter, die die Passagiere erster Klasse von Bord schicken wollen. Auf der ganz in
der Nähe gestoppten California verkennt man leichtfertig die
Hilferufe von der Titanic. Die Ungläubigkeit des Kapitäns der
California ist das Gegenstück zur Überheblichkeit und Ignoranz
der Reedereiverantwortlichen.

Gegen Schluß, als die Evakuierung Trennungen unter Ehepaaren und Familien erzwingt, nimmt die Emotionalität einzelner Szenen zu. Aber auch hier bewährt sich die Montagetechnik, wird Mitgefühl auf zahlreiche Schicksale verteilt. Immer wieder wird der Blick auf tränende Gesichter durch einfache Mittel kontrastiert: die Pokerrunde, die sich nur widerwillig auflöst; der Steward, der seinen Platz auf dem Rettungsboot jemand anderem abtritt und sich langsam und würdevoll betrinkt; der verlassene Eßsaal, in dem der Chef de service, korrekt bis zum Untergang, einen Kellner wegen Zigarettenrauchens verwarnt; ein Schaukelpferd im Kinderzimmer, das sinnlos vor sich hin schaukelt.

Schließlich fliehen die letzten Passagiere an Bord verzweifelt zum Bug, und nach hundert Minuten Film geht die Titanic unter. Kurz lauschen die Passagiere in den Rettungsbooten den Schreien der Ertrinkenden, dann werden Hilfeversuche organisiert, durch die energische Molly Brown, die sich über Anweisungen eines Offiziers hinwegsetzt, und durch Lightoller, der ein gekentertes Boot über Wasser hält. Einigen unter den Geretteten ist der Klassendünkel immer noch nicht vergangen. So wird die Katastrophe unaufdringlich zum Abbild einer gespaltenen Gesellschaft und eines erschütterten Vertrauens: »Ich glaube nicht, daß ich mich je wieder sicher fühlen werde«, meint Lightoller nach seiner Rettung.

So skeptisch durfte der Film nicht enden. Deshalb wird dem Kapitän der Carpathia, der die Überlebenden eingesammelt hat, eine Absolution zumindest für die Rettungsaktion in den Mund gelegt: »Alles Menschenmögliche ist getan worden.« Im Abspann wird gar behauptet, das Opfer der Verstorbenen sei nicht umsonst gewesen, da die Sicherheitsvorkehrungen für die Atlantikschiffahrt seither verbessert worden seien. Dieses knappe Zugeständnis an ein positives Ende aber kann den starken Eindruck und die Gesamtleistung des Films nicht schmälern.

Die Galapremiere versammelte alles, was in Englands Filmindustrie Rang und Namen hatte, und fügte mit Bette Davis einen wirklichen Star hinzu. In England wurde der Film zum Hit. Auch die New Yorker Kritiker lobten ihn, Bosley Crowther nannte ihn »eindringlich und unvergeßlich« (Crowther 1958, 2), Pauline Kael charakterisierte seine Stärken: »Gut geschrieben, solide, ohne große Überraschungen. Man bekommt einen klaren Eindruck, was gemäß verläßlicher Belege tatsächlich geschehen ist. Und das stellt sich als viel aufregender heraus als die üblichen Erfindungen von Drehbuchschreibern.« (Kael 1993, 528) *A Night to Remember* hatte als einer der besten Filme des Jahres Oscar-Chancen. Doch dann verhinderte ein Streik die Auslieferung der amerikanischen Zeitungen, in denen diese Lobpreisungen verkündet wurden; dem amerikanischen Geschmack war das Ganze denn doch zu nüchtern, und statt dem großen kommerziellen Erfolg blieb den Machern einzig der Golden Globe für den besten ausländischen Film des Jahres.[86]

A Night to Remember kann heute noch bestehen, auch und gerade gegenüber dem Superhit *Titanic* von 1997. Der Größenwahn von *Titanic*-Regisseur James Cameron drohte zuerst, wegen eines massiv überzogenen Budgets von 120 Millionen Dollar, ein Studio in den Abgrund zu ziehen. Dank einer Werbekampagne bislang unbekannter Größenordnung konnte doch noch ein Hit erzielt werden, worauf der Regisseur dem Vorgänger beiläufigen Tribut zollte und meinte, ohne den Eindruck, den *A Night to Remember* bei ihm hinterlassen habe, hätte er sich nie an ein neuerliches Remake gewagt.[87]

Am Ende einer Beziehung

Noch ehe die Dreharbeiten zu *A Night to Remember* begannen, verfolgte Eric Ambler freilich weitere Projekte. Im März 1957 gab ihm Produzent Sam Zimbalist das Drehbuch zu *Ben Hur* zu lesen und bot ihm einen dreimonatigen Vertrag zur Verbesserung einzelner Szenen an, was Ambler ablehnte, weil er nicht an einem gelungenen Manuskript herumdoktern wollte.[88] Mit Rank diskutierte er Filmprojekte nach Biographien über den britischen Seehelden Lord Nelson und den Begründer der Pfadfinderbewegung Lord Baden-Powell, ja, sogar eine Studie über die britische Atomenergiekommission. Im April 1957 beauftragte ihn Carl Foreman, aus einem weiteren Buch über den Zweiten Weltkrieg, *The Guns of Navarone (Die Kanonen von Navarone)* von Alistair MacLean, ein Drehbuch herzustellen. Foreman (1914–1984) hatte nach dem Krieg in den USA als Drehbuchautor sozial angehauchter Filme begonnen. Den Höhepunkt seiner Karriere hatte *High Noon (Zwölf Uhr mittags)* von 1952 dargestellt, der den uramerikanischen Glauben feierte, Selbstverteidigung sei letztlich auf Waffengewalt angewiesen. Überraschend fiel Foreman nur wenig später unter antiamerikanischen Verdacht, geriet in Hollywood auf die schwarze Liste und ging nach England, wo er zunächst unter Pseudonym arbeitete. In der Branche bald wieder rehabilitiert, wurde er 1957 Produzent für Columbia in Europa »und entlarvte sich allmählich als schwerfälliger geistiger Normalverbraucher, besessen von langweiligen Ideen und strikt konventionellen Mitteln, diese auszudrücken« (Thomson 1994, 258). Ambler lieferte im September ein Manuskript zu *The Guns of Navarone* ab. Im Oktober meldete Foreman Vorbehalte an, die im April 1958 von Columbia bestätigt wurden. Später schrieb Foreman das Drehbuch selber und produzierte 1961 eine heroische Abenteuer-Verfilmung mit Gregory Peck, David Niven und Anthony Quinn.

Ambler packte jetzt monatlich neue Projekte an. Im Mai 1957 verfertigte er ein Drehbuch aus seinem eigenen, 1956 erschienenen Buch *The Night-Comers (Besuch bei Nacht)*. Wenig später erreichte ihn ein in mehrfacher Hinsicht schicksalhafter Brief aus Hollywood. Joan Harrison, Alfred Hitchcocks Fernsehproduzentin, lud Ambler ein, ein Drehbuch für die unter Hitchcocks

Namen laufende TV-Serie *Suspicion* zu schreiben; sie war es auch, die Amblers im Oktober abgeliefertes Manuskript *The Eye of Truth* mit Joseph Cotton produzierte. Ein Jahr später sollte Eric Ambler in einem neuen Land für ein neues Medium arbeiten und Joan Harrison heiraten.

Denn Louise und Eric hatten sich zunehmend entfremdet. Die persönlichen Turbulenzen wirkten sich auch beruflich aus. Die amerikanische Zeitschrift *Holiday*, für die Ambler seit 1953 im Jahresrhythmus glänzende ironische Artikel über berühmte angelsächsische Mordfälle geschrieben hatte, bestellte im April 1957 einen Text über den britischen Sport. Als Herausgeber Harry Sions sich vom gelieferten Resultat enttäuscht zeigte, schrieb Ambler zurück, er hasse jegliche Art von Sport, und brach, obwohl er die Kritik scheinbar akzeptierte, die Beziehung ab. Im November und Dezember 1957 unternahm er mit Louise eine große Schiffsreise und besuchte Singapur, Saigon, Manila, Hongkong, Bangkok und Colombo. Die Reise sollte Eric und Louise einander wieder näherbringen und zugleich einen Augenschein für die von Remus Films und Anthony Havelock-Allan geplante Verfilmung von *Besuch bei Nacht* ermöglichen. Im April 1958 lieferte Ambler ein überarbeitetes Drehbuch ab, doch wie bei *Windom's Way* zerschlug sich die weitere Zusammenarbeit.

Auch die Beziehung zu Rank gestaltete sich immer gereizter und fragiler. 1958 erwog man Verfilmungen der Rolls-Royce-Story und bürdete Ambler die Lektüre zweier weiterer Kriegsbücher auf, eines über den U-Boot-Krieg und eines über Dünkirchen, die er beide unwirsch zurückwies. Dann, im April 1958, unter vertraglichem Zeitdruck, willigte er ein, das Buch *The Richest Man in the World* zu bearbeiten – ohne Erfolg.

Im Juni verfertigte Ambler ein weiteres Drehbuch, nach einem Kriminalroman von Leigh Howard, in dem ein Diplomat seine Geliebte ermordet und den Mord seinem Nebenbuhler anzuhängen versucht. Der Plot war wenig überzeugend, doch ein anrüchiger Politiker als Hauptfigur traf kurz nach der Suez-Krise von 1956 und im Vorfeld des Profumo-Skandals von 1961 den Zeitgeist. Ambler verkaufte das Manuskript an Julian Wintle von Independent Artists, der sich mit Sydney Box zusammentat, welcher das Projekt seinerseits dem Regisseur Joseph Losey anbot.[89] Losey (1909–1984) war nach ersten unkonventionellen Kriminalfilmen in den USA auf die schwarze Liste gesetzt worden und im Januar 1953 nach England geflohen, wo er sich mehrere Jahre lang bei Rank unter verschiedenen Pseudonymen durchschlug. 1955 hatte Ambler mit ihm bereits ein Projekt diskutiert, das nicht verwirklicht wurde. Losey, dem es nicht an Selbstbewußtsein mangelte, äußerte sich später herablassend über *Blind Date (Die tödliche Falle)*: »Eigentlich hatte ich einen ganz anderen, größeren Film vor, der, weil ich auf der schwarzen Liste war, nicht zustande kam. Deshalb konzentrierte ich mich auf *Blind Date*, das ein sehr durchschnittliches Drehbuch war. Hardy Krüger [als Hauptdarsteller vorgesehen] und ich sowie die beiden Schreiber Ben Barzman und Millard Lampell hatten einen Monat Zeit, darin etwas zu finden, was uns hätte interessieren können.« (Losey 1967, 45) So wurde umgeschrieben, mit zwiespältigem Resultat.[90] Die britische Filmprüfstelle verlangte nach dem ersten Schnitt Abstriche bei den Sexszenen. Dennoch wurde im fertigen Produkt eine neue Handschrift sichtbar, und der Film war sogar finanziell erfolgreich, brachte Losey aber nach der amerikanischen Aufführung (unter dem Titel *Chance Meeting*) neue politische Schwierigkeiten ein.[91]

Für Eric Ambler jedoch hatte sich die Zusammenarbeit mit britischen Produzenten erschöpft. Im Sommer 1958 lagen vier Drehbücher von ihm in unterschiedlichen Entwicklungsstadien herum. Von Hollywood erhoffte er sich, paradoxerweise, mehr Freiheit. Er unterschrieb einen Vertrag mit MGM und zog nach Los Angeles zu Joan Harrison. Sein abschließendes Urteil über die Jahre mit Rank unter John Davis und J. Arthur Rank fiel sarkastisch aus: »Obwohl ich inzwischen Freunde in der Filmindustrie hatte, mit denen ich gern zusammenarbeitete, fühlte ich mich dem verwöhnten Buchhalter und seinem laienpredigenden Boss, der das Kommando zu führen versuchte, in keiner Weise verpflichtet.« (Cole, 151)

Waffenhändel

Im Ambler-Archiv in Boston liegt in einer speziellen Mappe ein ausgefranster, vergilbter Zeitungsausschnitt aus der Londoner *Times* vom August 1947. Unter der Überschrift *Petkov and Furlan* berichtet er über die Gerichtsverfahren gegen Nikola Petkow in Sofia und Boris Furlan in Ljubljana, die beide kürzlich wegen Hochverrats zum Tod verurteilt worden waren.

Der kurze Artikel stellt die Keimzelle des ersten Romans dar, den Eric Ambler nach dem Zweiten Weltkrieg, nach einer zehnjährigen Schreibpause, in Angriff nahm. Das gewählte Thema war aktuell und zugleich eine Abrechnung mit Amblers eigener politischer Vergangenheit. 1947 begannen die kommunistischen Parteien Bulgariens und Jugoslawiens in den Prozessen gegen Petkow, Furlan und weitere Mitangeklagte die bürgerliche Opposition in ihren Ländern auszuschalten. Ambler sah sich gezwungen, seinen in den 1930er Jahren geprägten Antifaschismus, die Volksfrontpolitik, die Hoffnung auf sowjetische Agenten und kommunistische Genossen, die den Weltfrieden bewahren helfen, kritisch zu überdenken.

In *Ambler by Ambler* und in späten Interviews setzte er seine politische Ernüchterung mit der Unterzeichnung des Nichtangriffspakts zwischen Stalins Russland und Hitler-Deutschland im August 1939 an. Dagegen meinte er in Interviews aus den 1970er Jahren gelegentlich, erst die sowjetische Nachkriegspolitik gegenüber Jugoslawien habe ihn zu einer Kurskorrektur veranlaßt: »Meine sukzessive Desillusionierung begann vermutlich mit Jugoslawien, das ich später für *Schirmers Erbschaft* benützte. 1948 wurden wirklich unsere letzten Illusionen zerstört, und die russische

Haltung gegenüber Jugoslawien entpuppte sich als monströs.«
(James 1974, 67) An anderer Stelle wiederholte er: »Die ersten
Schwierigkeiten kamen, als Rußland nach dem Krieg versuchte,
Jugoslawien zu kassieren, was aber nicht gelang. Damals hat dieser besondere Gott für uns seine Autorität verloren.« (Eue/Weg-
mann 1982, 569) An beiden Interpretationen fällt auf, daß sie sich
auf außenpolitische Positionen der Sowjetunion beziehen. Bei
allen eingestandenen linken Sympathien wurde Ambler von der
Sowjetunion nie als sozialer Hoffnung angezogen, sondern nur als
antifaschistischer Bastion. Für seine Vorstellung sozialer Gerechtigkeit war er weder auf einen parteikommunistischen Marxismus
noch auf ein fremdes Vorbild angewiesen. Umgekehrt konnte er
die Mängel der Sowjetunion, so verurteilenswert sie sein mochten,
als deren innere Angelegenheiten vernachlässigen. Erst als das
Land seine antifaschistische Außenpolitik offenkundig aufgab,
mußte es als Hoffnungsträger verabschiedet werden.

In der Einleitung zu einer Neuausgabe dreier seiner Romane
nannte Ambler 1965 nicht nur politische Gründe, warum er erst
1949 zum Romanschreiben zurückgefunden habe. Zum einen
habe er in der Armee die Fähigkeit verloren, langsam und kontinuierlich an einem Buch zu arbeiten. Auch habe ihn die Filmindustrie stärker als erwartet in Beschlag genommen. Zum anderen
habe sich in ihm selber eine Entwicklung vollzogen: »Die Innenwelt, der die früheren Bücher so zuversichtlich entsprungen
waren, hatte sich so erheblich verändert, daß sie neu erforscht
werden mußte«.[1] Tatsächlich setzte sich Ambler, indem er aktuelle Geschehnisse in Osteuropa aufgriff, auch mit den eigenen
Vorkriegsromanen auseinander.

Judgment on Deltchev (Der Fall Deltschev) erschien 1951 und
nahm Handlungsort sowie einige Motive von Amblers 1936 pu-
bliziertem Erstling *Der dunkle Grenzbezirk* wieder auf. Ein Ich-
Erzähler, der englische Dramatiker Foster, erhält von einer amerikanischen Zeitung den Auftrag, über einen angekündigten

Schauprozeß in einer fiktiven Volksrepublik in Osteuropa gegen den ehemaligen Widerstandskämpfer, Exministerpräsidenten und jetzigen Oppositionsführer Jordan Deltschev zu berichten. Der zuerst neutrale Beobachter Foster verwickelt sich bald in gefährliche oppositionelle Aktivitäten. Damit macht er dieselbe Entwicklung durch wie der amerikanische Journalist Bill Casey in *Der dunkle Grenzbezirk*. Doch anders als in Amblers erstem Roman geht nach dem Zweiten Weltkrieg die Hoffnung auf eine bessere Gesellschaft zuschanden.

In seiner Autobiographie wies Ambler darauf hin, daß er über den Petkow-Prozeß Informationen aus erster, oder zumindest zweiter, Hand erhalten habe, so zum Beispiel von dem französischen Diplomaten und Schriftsteller Romain Gary, der als Beobachter Frankreichs am Prozeß teilnahm: »Später in Paris berichtete er mir, mit welchen Methoden der Staatsanwalt die Angeklagten beeinflußt und unter Druck gesetzt hatte. Einer von ihnen war Diabetiker. Auf Anordnung des Staatsanwalts wurde diesem Häftling während des Prozesses von der Gefängnisverwaltung das Insulin vorenthalten.« (Ambler, 408) Ambler wußte diese Informationen bei den Gerichtsszenen im ersten Teil des Romans effektvoll einzusetzen.

Schauprozesse

Die Mechanismen stalinistischer Schauprozesse sind zuerst von Arthur Koestler in seinem 1940 erschienenen Werk *Darkness at Noon (Sonnenfinsternis)* beschrieben und analysiert worden.[2] Darin denkt der ehemalige sowjetische Volkskommissar Nicolas Rubaschow nach der Verhaftung und in Erwartung des bevorstehenden Schauprozesses über seine eigene Geschichte und die der Revolution nach. Koestler (1905–1983) hatte selber während des spanischen Bürgerkriegs als KP-Mitglied in einer Todeszelle der

Franco-Regierung gesessen und war, auf internationalen Druck freigelassen, abgeschoben und danach als unerwünschter Ausländer durch französische und englische Gefängnisse gereicht worden.

Schonungslos beschreibt Koestler die Gefängnisroutine. Noch unerbittlicher ist die Abrechnung mit der stalinistischen Zweckmoral. Rubaschow verkörpert die alte Garde der Bolschewisten, die alle Wendungen der internationalen kommunistischen Politik mitgemacht haben. Drei Schlüsselepisoden seiner eigenen Verantwortlichkeit suchen ihn quälend heim: Als Kominternfunktionär schloß er nach der Machtübernahme der Nazis in Deutschland einen jungen Arbeiter aus einer illegalen KPD-Zelle aus, weil dieser Flugblätter verteilt hatte, die entgegen der Parteilinie ungeschminkt von einer Niederlage der Arbeiterbewegung sprachen; Rubaschow lieferte den Jungen, indem er ihm die Unterstützung des illegalen Widerstandsnetzes entzog, praktisch der Gestapo aus. Wenig später setzte er den Sekretär einer Hafenarbeitergewerkschaft in einer belgischen Hafenstadt ab, weil dieser sich mit seinen Stauern weigerte, sowjetische Erzlieferungen an das faschistische Italien zu löschen; der Sekretär erhängte sich. Und schließlich half Rubaschow seiner Sekretärin und Geliebten nicht, die anläßlich der politischen Säuberung einer Sowjet-Gesandtschaft im Westen in die Sowjetunion zurückbeordert und in einem Moskauer Gefängnis erschossen wurde.

Koestler beschreibt den eigentlichen Prozeß nur ganz zum Schluß, indirekt, in einem Zeitungsbericht, der einem ehemaligen Kampfgefährten Rubaschows von der Tochter zur Abschreckung vorgelesen wird. Die zugrunde liegenden Denk- und Verhaltensweisen zeigt er um so ausführlicher in den Verhören Rubaschows sowie dessen Selbstreflexionen im Gefängnis. Selbst als er von den eigenen Genossen mit der Erschießung bedroht ist, vermag Rubaschow seine früheren Handlungen, die Menschen in den Tod führten, als historisch notwendig zu rechtfertigen. Zwar ist er sich über die mörderische Politik von Genosse Nummer eins längst im klaren. Dennoch ringt er sich zu einem Geständnis der absurden Anschuldigungen durch, um sich noch einmal im Dienst der Einheit der Partei zu opfern.

Koestler hat in einem späteren Nachwort gemeint, die Geständnisse in den Moskauer Schauprozessen seien »das große Rätsel unserer Zeit« (Sonnenfinsternis, 256) gewesen. Die jahrzehntelang eingeübte Maxime, alles der angeblich naturwüchsig garantierten Verwirklichung des politischen Ziels unterzuordnen, habe hier ihre letzte Konsequenz gefunden. Im Verlauf der Anschuldigungen gegen ihn wird Rubaschow immer wieder mit eigenen früheren Zitaten konfrontiert, in denen er mit dem Zweck alle Mittel heiligte: »Für uns ist die Frage der subjektiven bona fide ohne Interesse. Wer unrecht hat, muß zahlen; wer recht behält, dem wird die Schuld erlassen. Dies ist unser Gesetz.« (Sonnenfinsternis, 220) Ja, selbst die Entwürdigung durch einen Schauprozeß hat Rubaschow vorwegnehmend als Propagandamaßnahme gerechtfertigt: »Es ist notwendig, den Massen jeden Satz durch Vergröberung und Vereinfachung in die Köpfe zu hämmern. Was als richtig dargestellt wird, muß wie Gold glänzen, was als falsch dargestellt wird, muß schwarz angestrichen werden. Für den Massenkonsum müssen politische Vorgänge bunt angestrichen werden wie Lebkuchenherzen auf dem Jahrmarkt.« (Sonnenfinsternis, 221)

In der abschließenden Rede Rubaschows vor dem Gericht faßt dieser nochmals zusammen und bestätigt die Ausstreichung des Ich im Angesicht der unabänderlichen Gewalt der Geschichte:

»Bürger Vorsitzender«, erklärte der Angeklagte Rubaschow, »ich spreche hier vielleicht zum letztenmal in meinem Leben. Die Opposition ist geschlagen und vernichtet. Wenn ich mich heute frage: ›Wofür stirbst du?‹, finde ich mich dem absoluten Nichts gegenüber, und es gibt nichts, wofür es sich zu sterben lohnte, wenn man ohne Reue und unversöhnt mit der Partei und der Bewegung stürbe. Deshalb beuge ich an der Schwelle meiner letzten Stunde mein Knie vor dem Land, vor den Massen, vor dem ganzen Volk. Der politische Mummenschanz, der Mummenschanz der Diskussionen und Verschwörungen, ist vorbei. Wir waren politisch tot, lange bevor der Bürger Staatsanwalt unseren Kopf verlangte. Wehe den Besiegten, die die Geschichte in den Staub tritt! Ich habe nur eine Rechtfertigung vor Ihnen, Bürger Richter: daß ich es mir nicht leichtgemacht habe. Eitelkeit und die letzten Reste von Stolz flüsterten mir zu: *Stirb und schweige*, sage nichts, stirb mit einer edlen Geste, mit einem rührenden Schwanengesang auf deinen Lippen; lasse dein Herz überströmen und fordere deine Gegner heraus. Das wäre für einen alten Revolutionär wie mich leichter gewesen, aber ich habe die Versuchung überwunden. Damit ist meine Aufgabe beendet. Ich habe bezahlt; meine Rechnung mit der Geschichte ist beglichen. Sie um Gnade zu bitten, wäre Hohn. Ich habe nichts mehr zu sagen.« (Sonnenfinsternis, 234 f.)

Auch die beiden Untersuchungsrichter sind unentrinnbar in die Maschinerie eingespannt. Der erste, Iwanoff, wie Rubaschow ein Mitglied der alten Garde, gibt diesen preis, läßt seinen Zynismus durchscheinen und wird ebenfalls liquidiert. An seine Stelle tritt Gletkin, Vertreter der neuen Generation, dem die Treue zur Partei zur zweiten Natur geworden ist. Aus armer Bauernfamilie, denunziert er die geschulten Reflexionen Rubaschows als Ausdruck von dessen sozial besserer Herkunft. Bis ins Erwachsenenalter ohne Uhr aufgewachsen, kann er die Disziplinierung der Bauern zum industriellen Zeitdiktat als Notwendigkeit des wirtschaftlichen Aufbaus begreifen. Sozialer Aufstieg und technokratische Autoritätsgläubigkeit fallen bei ihm zusammen. So wird ein Schlaglicht auf die trotz allem Terror weiterhin vorhandene Massenattraktivität des Stalinismus geworfen.

Koestler zielt in seinem Buch aber weniger auf soziale als auf ideologietheoretische Erklärungen des Stalinismus. Deshalb billigt er Rubaschow einen letzten Schritt zu. Nach dessen öffentlichem Geständnis, in der Nacht vor der Hinrichtung, verwirft Rubaschow seine Absage ans Ich, das er bislang nur als »gram-

matikalische Fiktion« begriffen hat, und formuliert eine grundsätzliche Absage an seinen politischen Glauben: »Es war ein Fehler im System; vielleicht lag er in dem Satz, den er bisher für un-
widerlegbar gehalten hatte, in dessen Namen er andere geopfert
hatte und selbst geopfert wurde: in dem Satz, daß der Zweck die
Mittel heilige. Dieser Satz war es, der die große Fraternität der
Revolutionäre getötet hatte und sie alle Amok laufen ließ.« (Sonnenfinsternis, 243)

Das Thema einer durchideologisierten Gesellschaft wurde
wenige Jahre nach Koestler, 1949, von George Orwell in seinem
Roman *1984* aufgenommen. Breiter im Anspruch, eine totalitär
strukturierte Gesellschaft zu zeigen, fand Orwell mit Big Brother, dem allgegenwärtigen Staats- und Parteiführer, ein Symbol,
das bis heute nachwirkt, noch in der postmodernen Umkehrung
zur voyeuristischen Fernsehshow. *1984* schildert den Alltag einer
Gesellschaft, die durch einen ständigen, undurchschaubaren
Krieg in Alarmbereitschaft und durch ideologische Herrschafts-
instrumente wie Neusprach und Doppeldenk konform gehalten
wird. Jene Passagen im letzten Teil, die im engeren Sinn den
Schauprozeß beschreiben, der dem auffällig gewordenen Bürger
Winston Smith gemacht wird, stützen sich auf das Werk des mit
Orwell befreundeten Koestler, bleiben aber in ihrer ästhetischen
Konsequenz hinter *Sonnenfinsternis* zurück.

Das Dilemma des Liberalismus

Anders als *Sonnenfinsternis* behandelt Amblers *Der Fall Deltschev* nicht die Selbstzerfleischung der kommunistischen Bewegung, sondern die Ausschaltung der nichtkommunistischen, liberalen Opposition. Die historisch gesehen in den Moskauer
Schauprozessen vorangegangenen, in den osteuropäischen Volksrepubliken erst ab 1949 mit dem Prozeß gegen den ehemaligen

ungarischen KP-Chef Laszlo Rajk einsetzenden innerkommunistischen Verfolgungen nimmt das Buch allerdings in seinem Plot voraus: Der Schauprozeß gegen Deltschev wird von verschiedenen Fraktionen innerhalb der herrschenden Staatspartei zur gegenseitigen Abrechnung benützt.

In einem namenlosen Balkanstaat wird der nur mit seinem Nachnamen benannte Ich-Erzähler Foster vom einheimischen Vertreter seiner amerikanischen Zeitung, Georghi Paschik, betreut. Trotz dessen Vorbehalten tritt er in Kontakt mit dem ehemaligen Sekretär von Deltschev, Petlarow, sowie mit der unter Hausarrest stehenden Gattin Deltschevs. Im Schauprozeß vermag der Angeklagte vorerst kleine propagandistische Erfolge zu erzielen, doch kontert die Anklage mit belastenden Indizien, die Deltschev auch gegenüber Neutralen plötzlich in einem verdächtigen Licht erscheinen lassen. Dann überstürzen sich die Ereignisse. Beim Versuch, einen angeblichen Liebesbrief der Tochter Deltschevs abzuliefern, stößt Foster auf eine Leiche. Mitarbeiter des Geheimdienstes beginnen sich für ihn ebenso zu interessieren wie der undurchsichtige Paschik und der Informationsminister Brankowitsch.

Die meisten auftretenden Personen sind mittleren Alters, zwischen 40 und 60, Erben der politischen Auseinandersetzungen der 1930er Jahre. Die nachfolgende Generation, vertreten durch die beiden Kinder Deltschevs, ist von den politischen Ränkespielen maßlos überfordert. Bis in den Wortlaut hinein formuliert Ambler, daß hier eine früher gehegte Hoffnung überprüft und verworfen wird. Als Foster sich nach dem ersten Prozeßtag überlegt, wie er das Gerichtsverfahren schildern könnte, empfindet er plötzlich, »daß es hier um etwas anderes ging als um den unfairen Prozeß, der einem Politiker von seinen mächtigen Gegnern gemacht wurde. Hier war, auf eine Formel gebracht, der ewige Kampf zwischen der Würde der Menschheit und der stupiden Roheit des Sumpfes.« (Deltschev, 80) Damit greift Ambler ein

Motiv auf, das er in den meisten Vorkriegsromanen durchgespielt hatte.[3] Zwar wird dieses Urteil vom Ich-Erzähler Foster formuliert, der als Theaterautor einen etwas unglücklichen Hang zum Melodrama hat. Dennoch wird durch das Motiv hindurch unzweideutig der Autor Ambler sichtbar.[4] Der urtümliche Sumpf, in den 1930er Jahren mit dem Faschismus identifiziert, kehrt als pervertierter Sozialismus wieder.

Foster ähnelt Charles Latimer in *Die Maske des Dimitrios*. Wie jener ist er ein Schriftsteller, der sich plötzlich mit einer Realität konfrontiert sieht, die ihm nicht vertraut ist. Wie wir später erfahren, hat er den journalistischen Auftrag, über den Prozeß zu berichten, angenommen, weil er beim Schreiben seines jüngsten Theaterstücks steckengeblieben ist. Zuweilen läßt sich Foster von seiner Phantasie mitreißen und zieht vorschnelle Schlüsse. Auf andere Menschen reagiert er sofort mit Sympathie oder Antipathie, was zu verhängnisvollen Fehlurteilen führt. Als Schriftsteller neigt Foster dazu, politische Vorgänge mit Metaphern aus dem Bereich des Theaters zu beschreiben, etwa den Prozeß als schale und wirkungslose Inszenierung abzutun. Aber das unterschätzt die Strategie der Anklage, ihre absurden Beschuldigungen um einen realen Kern herum aufzubauen. Auch in Koestlers *Sonnenfinsternis* hatte sich zwischen Rubaschow und dem Untersuchungsrichter »eine stillschweigende Übereinkunft« herausgebildet: »Falls es Gletkin zu beweisen gelang, daß ein gegebener Punkt der Anklage einen Kern von Wahrheit enthielt, dann stand ihm das Recht zu – selbst wenn dieser Kern einen bloß formal-logischen Charakter hatte –, die fehlenden Daten frei zu ergänzen.« (Sonnenfinsternis, 210) Im Fall Deltschev wird, ohne gegenseitige Übereinkunft, die gleiche Taktik versucht.

Paschik warnt Foster, ebenfalls mit einer Theatermetapher: »Sie sind Theaterschriftsteller und schaffen die Welt nach Ihrem Bilde. Aber seien Sie vorsichtig. Gehen Sie nicht selbst auf die Bühne. Sie könnten die Erfahrung machen, daß die Mitspieler nicht das sind, was sie spielen.« (Deltschev, 51) Doch Foster hält sich nicht an die Warnung. Sein Glaube, über die Wirklichkeit wie über seine Theaterstücke zu verfügen, wird in der Folge mehrfach ironisiert. Nach einer fast konspirativen Begegnung mit Frau Deltschev fällt ihm auf dem Rückweg ins Hotel plötzlich die Lösung für den dritten Akt des Theaterstücks ein, an dem er in London erfolglos herumlaboriert hat. Die Schreibhemmung hat sich gelöst; die überschaubare Fiktion lässt die unübersichtliche Realität verschwinden: »Vergessen waren die Familie Deltschev und die Rätsel, die sie mir aufgab. Ich hatte soeben mein Theaterstück vollendet. Jetzt war mir leicht und froh ums Herz. Ich beschleunigte meine Schritte.« (Deltschev, 217) Im nächsten Augenblick wird er von der Wirklichkeit wieder eingeholt, da er verfolgt und beschossen wird. Dem Anschlag entkommen, entziffert er eine verwickelte Verschwörung, die unvermutet die Schwierigkeiten beim eigenen Schreiben evoziert: »Die ganze Geschichte war wie eine dilettantische Intrige, wie ein miserabler dritter Akt« (Deltschev, 244). Die Abqualifizierung verkennt wiederum die Wirklichkeit, die sich als noch verwickelter erweist.

Ambler deutet für seine Figur einen emotional komplexeren Hintergrund an, ohne ihn auszuleuchten. Beiläufig erfahren wir, daß Fosters Frau während des Zweiten Weltkriegs bei einem Bombenangriff in London umgekommen ist und er selber lebensgefährliche Militäreinsätze durchführte. Trotz seiner Versicherung, ein friedfertiger Mensch zu sein, vermag er das Kaliber der Pistolen, aus denen er beschossen wird, am Klang der Schüsse zu erkennen. In die Enge getrieben, scheint er unerwarteter Dinge fähig zu sein. Als er nach dem mißglückten Attentat den amerikanischen Journalisten Sibley bittet, ihn sicherheitshalber ins Hotel zurückzufahren, schlägt dieser das Ansinnen zuerst ab. »Aber in meiner Angst«, bekennt Foster, »hatte ich insgeheim beschlossen, ihn zu töten, wenn er mich zwingen wollte, zu Fuß zu gehen, und das muß er wohl gemerkt haben.«

(Deltschev, 259) Fosters Bereitschaft, Kurierdienste für Deltschevs Tochter zu übernehmen und Oppositionspolitiker zu
treffen, deutet, weniger eingestanden als bei Charles Latimer, auf
das Bedürfnis hin, selbst Handelnder zu werden.

Den historischen Hintergrund zum Fall Deltschev liefert ein
Dossier, das Paschik Foster zur Vorbereitung auf den Prozeß zur
Verfügung stellt. Darin wird Deltschev nicht zum bloßen Opfer
erklärt, sondern werden seine Rolle und seine Motive kritisch be-
leuchtet. Der ehemalige Anwalt hat sich im Zweiten Weltkrieg
mutig gegen die reaktionäre, mit Deutschland verbündete Regierung gestellt und ein Komitee der Nationalen Einheit geschaffen,
aus dem nach Kriegsende eine Provisorische Regierung entsteht.
In ihr gehen Deltschevs Agrarsozialisten und die aufkommende
Volkspartei, die man sich als kommunistisch zu denken hat, eine
fragile Allianz ein. Immerhin funktioniert die Koalition so gut,
daß sowohl sowjetische Militärbesatzung wie westliche Regie-
rungskreise stillschweigend signalisieren, die provisorische Regierung brauche sich nicht an das abgegebene Versprechen freier
Wahlen zu halten. Bis Deltschev eine mit niemandem abgespro-
chene dramatische Erklärung verliest und Parlamentswahlen
ausruft. Seine Agrarsozialisten spalten sich in eine Pro- und eine
Kontra-Fraktion, die Volkspartei gewinnt an Boden und bereitet
einen Putsch vor, mit dem sie die Macht an sich reißt. Deltschev,
dem ein Posten im Kabinett der Putschisten angeboten wird,
denunziert nach anfänglichem Zaudern die neue Regierung als
tyrannisch; kurz darauf wird er verhaftet und unter die Anklage
gestellt, die auf »Verrat und Vorbereitung einer terroristischen
Verschwörung zur Ermordung des Staatsoberhaupts« (Deltschev, 8) lautet.

Die Kritik an Deltschev im Dossier richtet sich gegen seine
kurzsichtige politische Strategie, was sein ehemaliger Freund
und Sekretär Petlarow später im Gespräch mit Foster bestätigt:
»Indem er unnötigerweise die Novemberwahlen veranlaßt hat,

hat er politischen Selbstmord begangen und zugleich alle Menschen verraten, die ihm treu waren.« (Deltschev, 63) In der Folge muß sich Foster freilich fragen, ob sich nicht ein Körnchen Wahrheit in den Anschuldigungen verbirgt, Deltschev sei Mitglied einer Verschwörung der sogenannten »Bruderschaft des Offizierskorps« gewesen. Diese rechtsextreme Gruppe verübte in der Zwischenkriegszeit zahllose Morde, kollaborierte während des Kriegs mit den Deutschen und wurde nach dem Krieg von Deltschev zerschlagen. Diesen jetzt der Mitgliedschaft in der Bruderschaft zu beschuldigen scheint grotesk, und dennoch speist sich der kriminalistische Gehalt von Amblers Roman zu wesentlichen Teilen aus dieser Frage. Der gewiefte Propagandaminister Brankowitsch versucht, Deltschev durch historische Parallelen zur italienischen Geheimgesellschaft der Carbonari zu diskreditieren. Einst wurde der Polizeichef, der die Carbonari angeblich erfolgreich bekämpfte, als deren Mitglied entlarvt, der Teile der Bewegung opferte, um ihre Position insgesamt zu stärken. So soll auch die Bekämpfung der Bruderschaft durch Deltschev diesen gerade verdächtig machen. Das entspricht der paranoiden Logik, in deren Namen wenig später die Revolution ihre eigenen Kinder auffressen wird.

Doch die Logik findet wiederum einen Ansatzpunkt in der Realität. Tatsächlich ist die Bruderschaft klandestin wiederbelebt worden – nicht durch Deltschev, sondern durch dessen politisch unbedarften Sohn, der sich in die Vorbereitung eines Attentats auf den Staatspräsidenten verwickelt.

Auch Deltschevs Gattin spielt eine andere Rolle als die, die sie vorgibt. Durch die Erzählungen verschiedener Zeugen setzt sich allmählich das Bild einer Politikerin zusammen, die die Karriere ihres Mannes aufgebaut und im Hintergrund die Fäden gezogen hat. Die Figur besitzt klischeehafte Züge und erinnert an die Gräfin von Ixania aus *Der dunkle Grenzbezirk*; doch sie spiegelt auch Fosters eigenes Problem als Schriftsteller. So wie Foster glaubt, seine Figuren im Griff zu haben und die Wirklichkeit entsprechend beeinflussen zu können, so glaubt Madame Deltschev, ihren Mann steuern zu können. Bis dieser aus eigenem Antrieb in jener fatalen Rede zu Wahlen aufruft und damit die Ereignisse in Gang setzt, die schließlich zu seiner Hinrichtung führen.

Neben den politischen Verwicklungen wirft Ambler nur beiläufige Seitenblicke auf die soziale Situation des fiktiven Balkanlandes. Graue Einförmigkeit beherrscht den öffentlichen Alltag. Während den auswärtigen Journalisten Kaviar und Champagner serviert wird, muß sich die Bevölkerung mit Rationierungskarten herumschlagen. Doch konzentriert sich die Kritik auf die Repressionen. Diese werden als hausgemachte beschrieben. Die sowjetische Besatzungsmacht wird zwar erwähnt, einen direkten Einfluß übt sie aber nicht aus. Die nationale KP versichert in vorauseilendem Gehorsam der Sowjetunion die unverbrüchliche Solidarität des Volks und setzt die Gleichschaltung der Gesellschaft durch.

Ambler zieht in seinem Roman die historischen Ereignisse zweier Balkanländer zusammen: Bulgarien, dessen Vaterländische Front unter Georgi Dimitroff 1947 die oppositionelle Bauernpartei zerschlagen und deren Führer Petkow hingerichtet hatte, und die Tschechoslowakei, das einzige Ostblockland, in dem, im Februar 1948, ein eigentlicher kommunistischer Staatsstreich stattfand. Amblers Konzentration auf die innenpolitischen Auseinandersetzungen ist historisch berechtigt. Bis 1947 verhielt sich die Sowjetunion in dem durch die Rote Armee gewonnenen und garantierten Machtbereich durchaus zögerlich und ließ nationale Abweichungen in der jeweiligen Politik zu, wodurch sich auch die von der UDSSR favorisierten Koalitionsregierungen national unterschiedlich ausgestalteten. Der Osteuropa-Spezialist Mark Mazower faßt zusammen: »Einige Koalitionen waren in der Tat nur Attrappen, hinter denen sich eine kommunistische Kontrolle versteckte, wie in Polen und Jugoslawien Anfang 1945; andere hingegen leisteten über Jahre hinweg echte Regierungsarbeit, wie in Ungarn und der Tschechoslowakei. Rumänien und Bulgarien lagen irgendwo dazwischen.« (Mazower 2000, 370). Das änderte sich ab Mitte 1947. Im Zeichen einer verschärften West-Ost-Konfrontation, öffentlich gemacht am 12. März 1947 durch den amerikanischen Außenminister Harry S. Truman mit seiner sogenannten Truman-Doktrin, lehnte Stalin eine Beteiligung am Marshallplan ab, zwang die Regierungen in Polen und der Tschechoslowakei, ihre Zusage zu Vorverhandlungen rückgängig zu machen, und gründete im September die Kominform als Nachfolgeorganisation der Komintern. Erst damit wurde die Stalinisierung der osteuropäischen Volksrepubliken konsequent begonnen.

Neben Amblers unzweideutiger Kritik an der Repressionspolitik der Volkspartei steht ein anderes politisches Dilemma im Zentrum, nämlich das einer wahrhaften liberalen Politik. Soll Jordan Deltschev die als notwendig erkannte, aber nicht demokratisch legitimierte provisorische Regierung weiterführen, oder verrät er damit seinen Liberalismus? Spiegelverkehrt ist es dasselbe Dilemma, mit dem Koestlers Rubaschow konfrontiert ist: Heiligt der Zweck die Mittel? Rubaschow bejahte das Prinzip und fiel ihm selbst zum Opfer. Deltschev lehnt es ab und scheitert ebenfalls.

Foster sieht die Gründe von Deltschevs Verhalten im Kampf gegen die Hybris. Seine ruhmreiche Rolle während des Befreiungskampfs hat Deltschev beim Volk den Beinamen »Väterchen« eingetragen. Die schmeichelhafte, aber in gefährlicher Nähe zu »Väterchen Stalin« angesiedelte Würdigung macht ihn mißtrauisch den eigenen Motiven gegenüber. Eine »grausame, verächtliche, anklagende, strafende Stimme« meldet sich im Selbstgespräch zu Wort:

Ihr Diktatoren seid doch alle gleich! Ihr winselt, daß alles, was ihr tut, nur zum Besten des Volks geschehe, und ihr bettelt beim Volk um Liebe und Vertrauen. Doch wenn sich euch eine Möglichkeit bietet, diese Liebe und dieses Vertrauen auf die Probe zu stellen, dann findet ihr Gründe – oh, ausgezeichnete Gründe! –, warum ihr das nicht dürft. Und die Gründe lauten immer so: Es ist zum Besten des Volks. Das, mein Freund, ist die Spirale der Korruption, aus der du nicht mehr entkommst. (Deltschev, 317)

Die politische Frage ist zur moralischen geworden, und schon die Versuchung wird zur Sünde erklärt. Zu Prozeßbeginn wollte Foster das Schicksal von Deltschev mit dem Prozeß der Athener gegen Sokrates parallel setzen und hielt Deltschev zugute, sich dem Verfahren und damit dem Gesetz nicht entzogen zu haben. Jetzt findet er ein anderes Zitat aus Platons *Kriton*-Dialog angemessener: »Aber, ihr Herren, es könnte sein, daß das Problem nicht darin liegt, vor dem Tod zu fliehen, sondern vor der Schuld. Denn die Schuld ist schneller als der Tod.« (Deltschev, 318) Noch einmal klingt darin Koestler an, der als Motto seines Buchs Saint-Just zitiert: »Niemand kann regieren, ohne schuldig zu werden.« (Sonnenfinsternis, 7) Die Schuld Deltschevs besteht offensichtlich darin, vor der Verantwortung für die politische Entwicklung seines Landes geflohen zu sein; auch durch Nichtregieren kann man schuldig werden. »›Meine Hände sind rein‹, hatte er gesagt. Es war, als habe er durch die Vernichtung seines Glaubens und seiner Interessen und des Glaubens und der Interessen anderer ehrlicher Männer sich Absolution erteilt für eine unaussprechliche Sünde.« (Deltschev, 318) Indem diese Haltung mit dem Schuldbegriff verknüpft wird, deutet sich eine Kritik der reinen Moral an, wie sie Jean-Paul Sartre 1948 in seinem Theaterstück *Les mains sales (Die schmutzigen Hände)* thematisiert hatte.

In seiner Autobiographie beschreibt Eric Ambler, wie er sich als Junge nach der Lektüre des Erbauungsbuchs *Eric or Little By*

Little in Selbstanklagen erging, die er schließlich durch die Lektüre einer religionskritischen Schrift überwand. Nach dem Krieg kehrten die Selbstanklagen zurück, diesmal auf der politischen Ebene, als Vorwurf, einen allzu einseitigen Antifaschismus vertreten zu haben. In einem Fernsehinterview Mitte der achtziger Jahre kurz nach Erscheinen seiner Autobiographie meinte Ambler, die Figur Deltschev sei »ein Aspekt meiner selbst, von jemandem, der seine politische Position geändert und dabei seine Identität verloren hatte« (Omnibus). Hinweise auf autobiographische Anteile in seinen Antihelden tauchen bei Ambler gelegentlich auf, zumeist mit einem ironischen Augenzwinkern; das Bekenntnis, in Deltschev seine nach 1939 verlorene politische Identität dargestellt zu haben, wirkt jedoch glaubhaft.

Ambler variiert Deltschevs Dilemma zwischen Politik und Moral zusätzlich in einer anderen Figur, dem Journalisten Georghi Paschik. Dessen Lebensgeschichte zeichnet das tragikomische Bild eines Mannes, der sich den amerikanischen Idealen von Freiheit und Wohlstand verschrieben hat und sie unter persönlichen Risiken, aber unpassenden Bedingungen zu verwirklichen versucht. Zugunsten von Deltschev hat er sich in die Bruderschaft eingeschleust, um sie liquidieren zu helfen; und zugunsten von Frau Deltschev und der liberalen Opposition will er die von verschiedener Seite instrumentalisierte Verschwörung ausnützen. Er entscheidet, ob das geplante Attentat gelingen soll. Sein Dilemma ist es, daß er zu diesem Zweck einen Mitverschwörer töten muß. Das Leben eines Mannes steht gegen eine mögliche Liberalisierung der herrschenden Volkspartei. Aber Paschiks Entscheidung führt nicht zum erhofften Resultat. Um den kompromittierten jungen Deltschev zu retten, läßt er zu, daß das vorbereitete Attentat auf den Staatspräsidenten von diesem zur Ermordung des Informationsministers und Rivalen Brankowitsch umfunktioniert wird. Damit gewinnt die ruchlosere Parteifraktion die Oberhand, was jeglichen Kompromiß mit der Opposition ausschließt. Am Ende sind alle Verhaltensweisen diskreditiert. Das Nietzsche-Zitat, das Ambler seinem Roman als Motto vorangestellt hat, thematisiert denn auch die bösen Folgen der Taten der Gutmenschen: »Vieles an euren Guten macht mir Ekel, und wahrlich nicht ihr Böses. Wollte ich doch, sie hätten einen Wahnsinn, an dem sie zugrunde gingen, gleich diesem bleichen Verbrecher!« (Deltschev, 5)

In Großbritannien wehrten sich manche linke Zeitgenossen gegen diese kritische Auseinandersetzung und beschimpften Ambler in persönlichen Zuschriften: »Ich sei ein Verräter im Klassenkampf, ein titoistischer Lakai und ein Handlanger der amerikanischen Imperialisten. Eine Botschaft bestand bloß aus einem benutzten Stück Klopapier. Dieses Stück Papier hatte, wie ich fand, etwas Feinfühliges. Es zeugte von langer, sorgfältiger Planung.« (Ambler, 409) Im linken *New Statesman* wurde Ambler zwar bescheinigt, er habe ein »klarsichtiges und ansprechendes Buch« (Scott 1951, 211) geschrieben, doch wurde dessen politische Botschaft mit dem Argument abgewehrt, es handle sich leider nur um einen Thriller ohne tieferen Wirklichkeitsgehalt.

Während Amblers Roman in Großbritannien in politische Auseinandersetzungen der sich spaltenden Linken geriet, so wurde in den USA das Publikum, das sich Ambler mit seinen Vorkriegsromanen erworben und das sein Verleger Knopf mit regelmäßigen Neuauflagen gepflegt hatte, durch das allzu aktuelle politische Thema verwirrt und abgeschreckt. Im Dezember 1952 wurde die im Sommer 1951 erschienene US-Erstausgabe bereits verramscht.[5] Andere Kritiker, etwa Graham Greene, störten sich an strukturellen Schwächen des neuen Buchs: »Der Fall wird nicht sehr überzeugend gelöst. Die Gewalttaten am Schluß sind verwirrend und wirken seltsam matt.« (Wolfe 1993, 91) Tatsächlich verwendet Ambler im zweiten Teil des Buchs bei der Darstellung der komplizierten Verschwörung Kolportageelemente, die

die Glaubwürdigkeit des Plots strapazieren. Auch Paschiks Lebensgeschichte, die neues historisches Material liefert, ist nicht so elegant eingebaut wie entsprechende Passagen in *Die Maske des Dimitrios*.

Wenn Greene in *Der Fall Deltschev* zu viel Kolportage sah, so benützte Raymond Chandler den Roman umgekehrt dazu, um Amblers allzu starke Intellektualisierung des Thrillers zu rügen:

> Ich möchte meinen, daß Eric Ambler sich zwischen zwei Stühle gesetzt hat und einer Gefahr erlegen ist, der alle Intellektuellen ausgesetzt sind, wenn sie den Versuch machen, einen Thrillerstoff zu behandeln. [...] Ich finde, es ist ein riesiger Unterschied, ob man beim Schreiben bewußt nach dem Geschmack des Publikums geht (was immer mit einem Reinfall endet), oder ob man das, was man schreiben will, in eine Form bringt, die das Publikum zu akzeptieren gelernt hat. Bei Ambler ist das Dilemma nicht, daß er etwa zu intellektuell geworden wäre; er hat sich's nur zu deutlich anmerken lassen. (Chandler 1975, 69)

Nicht ganz einsichtig ist, warum *Der Fall Deltschev* »intellektueller« als etwa *Die Maske des Dimitrios* sein soll; womöglich meint Chandler mit »intellektuell« auch einfach »zu politisch«. Auf die Kritik angesprochen, erwiderte Ambler in einem Interview 1975:

> Einmal abgesehen davon, daß ich sehr bequem zwischen zwei Stühlen gesessen habe, [...] möchte ich sagen: erstens, daß ich Gescheitheit [...] nicht als einen Defekt empfinde, und zweitens, daß ich sie mir nur insofern anmerken lasse, als es unerläßlich ist. Ich glaube, Chandler verwechselt da meine wissenschaftliche Ausbildung, also daß man an Präzision gewöhnt wird und ein Mißbehagen empfindet, wenn man nicht alles ganz klar ausgedrückt hat, mit Gescheitheit. Ich bin ja fürs Understatement, und ich glaube, alle meine Bücher beweisen das, aber man darf's ja auch nicht untertreiben. Und wenn ich die Wahl habe, ein gescheiter Mensch zu sein oder ein dummer, dann bin ich lieber ein gescheiter. (Hertenstein 1975, 142)

1977 rehabilitierte der Kritiker James Fenton das Buch und bezeichnete *Der Fall Deltschev* als antistalinistischen sozialistischen Roman, was Ambler als »eine durchaus schmeichelhafte Beschreibung« wertete (Ambler, 408).

Spätere Aufarbeitungen der Schauprozesse durch andere Autoren griffen zumeist auf Arthur Koestler zurück. Koestler hat bestätigt, daß Rubaschows Geständnis vor dem Gerichtshof der Rede von Nicolai Bucharin beim dritten großen Moskauer Schauprozeß im März 1938 nachgebildet war. Seither haben sich zwei literarische Werke mit dieser Rede als »letztem Mittel der Sklavensprache« (Weiss 1975, 298) auseinandergesetzt. Peter Weiss in seinem Roman *Die Ästhetik des Widerstands* (1975–1981) und Stefan Heym in *Radek* (1995).[6] Eine ironische Abwandlung fand das Thema zudem 1992 im Roman *The Porcupine (Das Stachelschwein)* von Julian Barnes.[7] *Das Stachelschwein* fiktionalisiert den Prozeß gegen Todor Schiwkow, von 1954 bis 1989 Parteichef der bulgarischen KP, ab 1962 Staatschef, 35 Jahre lang unumschränkter Herrscher Bulgariens, bis er 1989 zusammen mit den übrigen realsozialistischen Regimes gestürzt wurde. Barnes bringt ihn, kaum verschlüsselt als Stojo Petkanow, vor das Gericht der neuen Republik, in einem Fall, in dem sich alte Korruption und Fragen der neuen Legitimität auf beunruhigende Weise mischen, in dem politische Erfordernisse wiederum den Lauf der Gerechtigkeit zu dominieren drohen und sich auch die neue Generation von Politikern der Frage moralischer Korrumpierbarkeit stellen muß.

Eine Schreibgemeinschaft

Ambler hat wiederholt betont, wie schwer ihm die Rückkehr zum konzentrierten Romanschreiben fiel. Anekdotisch sprach er Noël Coward das Verdienst für seine Rettung zu: »Der Cowardsche Zeigefinger hatte sich unter meiner Nase mahnend hin- und herbewegt. ›Vergiß mal die Drehbücher‹, sagte er. ›Schreib mehr Bücher. Du glaubst, du wirst immer zum Brunnen zurückgehen können. Mag schon sein, aber vergiß eines nicht: Wenn du zu lange wegbleibst, wirst du eines Tages merken, daß der Brunnen ausgetrocknet ist.‹« (Ambler, 402) Ambler hatte Coward während der Arbeit beim Armeefilmdienst kennengelernt, und Coward ermahnte ihn nicht nur, zum Romanschreiben zurückzukehren, sondern vermittelte ihm auch einen Ort zum Schreiben. Kurz nach dem Krieg hatte Coward eine Reihe von fünf Bungalows in St. Margaret's Bay bei Dover entdeckt, und eines übernahm Ambler zur Miete.[8] Hier begann Ambler 1948 und 1949 drei Romane, die zu nichts führten, und arbeitete er sich durch fünf Fassungen zu *Der Fall Deltschev* hindurch. In der Schreibhemmung, die den Ich-Erzähler Foster in sein osteuropäisches Abenteuer stürzt, schwingt Amblers eigener Kampf vernehmlich mit.

Zur gleichen Zeit ging Ambler eine Arbeitsgemeinschaft mit dem australischen Schriftsteller Charles Rodda ein. Rodda (1891–1978) stammte aus Port Augusta in Südaustralien und hatte schon früh als Musik- und Theaterkritiker gearbeitet. 1919 zog er nach New York, 1926 nach London. Hier begann er, zuerst unter eigenem Namen, dann unter dem Pseudonym Gavin Holt, Action-zentrierte Kriminalromane zu veröffentlichen.[9] Ambler lernte ihn vermutlich 1938 über den Verlag Hodder & Stoughton kennen, bei dem Rodda seit Anfang der 1930er Jahre publizierte. Nach dem Krieg fand Rodda keine Stoffe mehr für neue Bücher. Ambler, der als Drehbuchschreiber und Filmproduzent die Fähigkeit entwickelt hatte, aus dem Stegreif eine spannende Geschichte zu erzählen, schien als Stofflieferant prädestiniert. So einigten sie sich darauf, daß Ambler die Story-Ideen liefern und Rodda für das Schreiben zuständig sein sollte.

Roddas Vorkriegskrimis verraten routiniertes handwerkliches Können und eine leichte Hand, aktuelle Stoffe zu integrieren. *Ivory Ladies* von 1937, einer seiner erfolgreicheren Titel, der 1951 als billige Taschenbuchausgabe neu aufgelegt wurde, kombiniert verschiedene zeitgenössische Motive, sowohl aus der Politik wie auch aus gängigen Kriminalromanen. Im Mittelpunkt steht der müßiggängerische Privatdetektiv Sherrett York, sozial etwas tiefer angesiedelt als Lord Peter Wimsey von Dorothy L. Sayers, aber kaum weniger snobistisch. Auf seinen Abenteuern begleitet ihn die attraktive Gracie McCoy, Mitglied der *haute volée*, die zwischen einer Karriere als Tennisspielerin und der Heirat mit dem vielversprechenden, aber ein wenig unzuverlässigen York schwankt.

York wird von einem Antiquitätensammler angeheuert, um eine verschwundene chinesische Göttinnenfigur zu finden. Da der Raub offenbar mit einem Mord verknüpft ist, sieht er sich bald veranlaßt, mit einem eigenwilligen Scotland-Yard-Inspektor zusammenzuspannen. Chinoiserien begleiten die Ermittlungen, angefangen mit chinesischen Gedichten, die als vermeintliche Geheimbotschaften dienen, bis hin zu gewalttätigen innerchinesischen, in London ausgetragenen Abrechnungen. 1900 hatte in China als Reaktion auf die imperialistischen Forderungen der westlichen Großmächte ein Aufstand der fremdenfeindlichen Boxer-Geheimgesellschaft begonnen, was im Westen die Bilder mysteriöser östlicher Ränkeschmiede und bedrohlicher Bösewichter hervorrief. Insbesondere Edgar Wallace (1875–1932) bevölkerte seine zahllosen Romane mit heimtückischen Orientalen, weshalb sich der Theologe und Kriminalschriftsteller Ronald A. Knox 1929 bemüßigt sah, in seinen *Zehn Geboten für den Detektiv* zu dekretieren: »Kein Chinese darf in der Geschichte auftreten« (Mandel 1987, 156).

Rodda bediente sich des umstrittenen Gattungselements, indem er es mit aktuellen politischen Entwicklungen anreicherte. So beginnt *Ivory Ladies* mit der Ermordung eines russischen Emigranten durch einen chinesischen Killer. Der von der Polizei rekonstruierte Lebenslauf des Toten zeigt, wie sich dieser als professioneller Betrüger und Söldner durch die Wirren nach dem

Ersten Weltkrieg schlug. Als ehemaliger zaristischer Offizier kämpfte er in verschiedenen weißrussischen Armeen, immer auf persönliche Bereicherung aus, und setzte sich dann nach China ab, um sich dort einem lokalen General anzuschließen, dem der Kampf gegen aufständische Kommunisten als Vorwand zur Ausplünderung der Bauern diente. Als die Kriegsbeute verschwindet, gerät der ehemalige General Yen mit seinem ehemaligen Quartiermeister in London tödlich aneinander.

Im Lebenslauf des exotischen Emigranten ist ein ferner Vorhall der Karriere von Amblers Dimitrios zu vernehmen. Doch gerade die Parallelität macht den Qualitätsunterschied deutlich. Was bei Ambler tiefgründig erforscht wird, ist bei Rodda Versatzstück. Das gilt auch für die Auflösung des Falls. Der brutale General Yen wird seinerseits von der berückenden Eurasierin Anna Sue verfolgt, die ihre Motive wie folgt erklärt: »Ich gehöre zu einer Gruppe, die für China arbeitet, für Einheit und Frieden und das Wohlbefinden des Volkes. Wir sind die Feinde von Yen und seinesgleichen.« (Holt 1937, 215) Allerdings bleibt diese politische Motivierung Platitüde, verbrämt mit sexuell eingefärbtem Exotismus, da York in den berückenden Augen von Anna einen kurzen Augenblick lang das ewige China aufblitzen sieht.

Auch der Stil der beiden Mitglieder des Autorenduos hätte kaum unterschiedlicher sein können. Während Ambler auf Genauigkeit und Knappheit der Mittel setzt, schreibt Rodda weitschweifig, geradezu geschwätzig, auf der Suche nach dem aparten Einfall und dem ausgefallenen Adjektiv. Entsprechend ergaben sich bei der strikt arbeitsteilig gedachten Zusammenarbeit sofort Komplikationen: »Kaum hatte Charles Rodda mir sein Typoskript zum Lesen gegeben, da griff ich auch schon zum Stift und fing an zu redigieren. Dann schrieb ich alles noch mal um. Charles schien eher amüsiert als beleidigt auf dieses anmaßende Verhalten zu reagieren« (Ambler, 405).

Das erste gemeinsame Werk erschien unter dem Pseudonym

Eliot Reed als Titel *Skytip* 1950 in den USA und 1951 in England. Es ist, wie Ambler selbst eingestand, eine alte Story mit ein paar neuen Requisiten und einem neuen Schauplatz. Ambler schlachtete dafür hemmungslos eigene Werke aus. So teilt der Held seinen Nachnamen mit der Hauptfigur aus *The October Man*. Die Ausgangssituation von *Skytip* ähnelt der von *Der Fall Deltschev* und *Der dunkle Grenzbezirk*: Der Architekt Peter Ackland wird von seinem Arzt auf Erholungsurlaub nach Cornwall geschickt und in einen Politfall verwickelt, der ihn aus dem gewohnten Leben reißt und ihm neue Fähigkeiten aufzeigt. Wie in *Der Fall Deltschev* wird dem Helden durch eine mit skurrilen, ja lächerlichen Zügen ausgestattete Nebenfigur geholfen, die ihre aufrechte Gesinnung mit dem Leben bezahlt. Der in Cornwall lebende Rodda steuerte das Lokalkolorit bei, insbesondere die von bizarren Schlackenhalden der Keramikindustrie durchsetzte Landschaft, die dem Buch den Titel gab.

Gleich zu Beginn seines Urlaubs stößt Peter Ackland wiederholt auf die dubiose National League of Patriots (NLP) und deren charismatischen Führer Arthur Lamorak-Britt. Henry Braddock, ein Journalist mit antifaschistischer Vergangenheit, der neben Acklands Feriendomizil wohnt, munkelt von einer neuerlichen Bedrohung für England; im Ort trifft Ackland auf Jessica Task, in der er einen Jugendkader der NLP erkennt; und zwei merkwürdige Fremde lassen Braddock ihr Interesse für seine Ermittlungen handgreiflich spüren. Als dieser verschwindet und sein Haus durchsucht wird, reist Ackland nach London und trifft dort bei einer Zeitung, der Braddock Enthüllungen über Lamorak-Britt versprochen hatte, erneut auf Jessica Task. Sie führt ihn widerwillig zu ihrem Parteiführer. Als dessen Fassade zusammenbricht und sich der Verdacht bezüglich Braddocks Ermordung verdichtet, schlägt sich Jessica auf Acklands Seite. Die Jagd nach den kompromittierenden Dokumenten führt zurück nach Cornwall und zum dramatischen Showdown mit den beiden NLP-Schlägern.

Skytip reicht weder sprachlich noch von der Handlungsführung her an Amblers Werke heran. So wird die reale Bedeutung der National League of Patriots nie richtig klar, und das Gemunkel über das Aufleben autoritärer, faschistischer Tendenzen in England um 1950 liest sich wie ein lauwarmer Aufguß der in den 1930er Jahren ausgefochtenen Kämpfe. Die Behauptung, daß der Blutzoll des Zweiten Weltkriegs die emotionale Atmosphäre Nachkriegsenglands vergiftet habe, wird ungenügend veranschaulicht. Insbesondere der Figur von Peter Ackland fehlt es an Glaubwürdigkeit. Weder wird seine Unruhe, die ihn zum Detektivspielen verführt, hergeleitet, noch ist plausibel, warum er sich einst selber für die NLP interessiert hat. Als Stärke gegenüber den frühen Ambler-Romanen kann dagegen gelten, daß einzelne Frauen, wie schon in den Rodda/Holt-Krimis, zu Hauptfiguren mit größerer Eigenständigkeit avanciert sind.

Auch das zweite Gemeinschaftsprodukt, 1951 in den USA unter dem Titel *Tender to Danger* und 1952 in England als *Tender to Moonlight* veröffentlicht, hat eine oberflächliche Ähnlichkeit mit Amblers damals geplantem Buch *Schirmers Erbschaft*. In beiden Büchern wird auf dem Balkan nach einer Kriegsbeute aus dem Zweiten Weltkrieg gejagt, wobei deutsche Exsoldaten eine prominente Rolle spielen. Der schottische Augenarzt Andrew Maclaren kehrt nach dreijähriger Mission für das Internationale Komitee vom Roten Kreuz aus Griechenland nach London zurück. Bei einem ungeplanten Zwischenhalt in Brüssel lernt er einen jugoslawischen Reisenden kennen, der wenig später von zwei deutschen Söldnern getötet wird. Maclaren hält Informationen über seinen toten Zimmergenossen vor der belgischen Polizei zurück und tut sich mit der attraktiven Bildhauerin Ruth Meriden zusammen, die ebenfalls nach London fliegt und die ihm von einem in Jugoslawien zusammengestohlenen Schatz erzählt, der sich auf einem Boot befindet, das sie von ihrem Onkel geerbt hat. In einer aufgegebenen Mühle werden Maclaren und

Meriden von ihren Gegnern überrascht und gefesselt, können sich aber mit knapper Not befreien. Die Gefahr bringt sie einander näher, und die deutschen Söldner werden wegen eines Motorschadens ihres Fluchtboots am Ende gefaßt.

Deutlicher als *Skytip* versucht *Tender to Danger*, sich mit dem Nachkriegsklima in Europa auseinanderzusetzen. ›Displaced persons‹, entwurzelte Menschen, bevölkern den Roman. Dieser scheitert jedoch an sprachlichen Klischees sowie strukturellen Schwächen.

Bereits Mitte 1952 beschwerte sich der englische Verleger über die abnehmende Qualität der Eliot-Reed-Krimis. Ambler, der die Kritik berechtigt fand, wollte sich von dem Unternehmen distanzieren; Rodda gegenüber schützte er jedoch nur Zeitdruck als Grund vor, weshalb er ihm die Mitarbeit für den nächsten Roman *The Maras Affair* aufkündigte. In der Tat steckte Ambler mitten in der Überarbeitung eines eigenen Buchs. Deshalb veranlaßte er seinen Agenten, Roddas Anteil an den Tantiemen für *The Maras Affair* von 50 Prozent auf zwei Drittel anzuheben und für das 1954 erscheinende vierte Eliot-Reed-Buch *Charter to Danger* auf 75 Prozent zu erhöhen.[10] 1965 verzichtete Ambler ganz auf die Rechte an den Eliot-Reed-Romanen, und sein Name durfte künftig bei Neuauflagen nicht mehr genannt werden.[11]

Dabei ist der Plot des dritten Eliot-Reed-Thrillers stärker denn je einem Ambler-Roman nachgebildet, und zwar dem kurz zuvor erschienenen *Der Fall Deltschev*. Ein Journalist berichtet am Vorabend einer Revolution aus einem Balkanstaat, verstrickt sich in eine romantische Affäre mit der Tochter eines ehemaligen Helden des antifaschistischen Widerstands, der wegen seiner Sympathien für den Westen beim neuen sowjetfreundlichen Regime in Ungnade gefallen ist. Wie in *Der Fall Deltschev* trifft der Held auf einen aufdringlichen Berufskollegen sowie einen unscheinbaren Helfer, der in Erfüllung seiner Pflicht umkommt; auch hier wird bei einer öffentlichen Kundgebung der Staatschef ermordet. Anders als *Der Fall Deltschev* vermag *The Maras Affair* dieses Material allerdings nicht zu einem Zeitbild zu verdichten.

Zum vierten Eliot-Reed-Thriller, *Charter to Danger* von 1954, trug Ambler nichts mehr bei. Rodda versuchte das Unternehmen 1958 mit einem letzten Titel, *Passport to Panic*, wiederzubeleben, jedoch ohne Erfolg, worauf er zu seinem ursprünglichen Pseudonym zurückkehrte und bis Mitte der 1960er Jahre Gavin-Holt-Krimis produzierte. Sie alle sind, wie er selbst auch, in Vergessenheit geraten.[12]

Während die Eliot-Reed-Titel alle bei Hodder & Stoughton erschienen, glaubte sich Ambler für seine Romane durch die Werbung von Hodder & Stoughton allzusehr in der Nachfolge von John Buchan positioniert und wechselte deshalb nach *Der Fall Deltschev* zu William Heinemann.[13] 1890 gegründet, hatte sich Heinemann schon bald einen Namen mit zeitgenössischen englischen Autoren wie Robert Louis Stevenson, Rudyard Kipling, H. G. Wells, Joseph Conrad und W. Somerset Maugham gemacht sowie zahlreiche kontinentaleuropäische Autoren übersetzt. Amblers Verlagswechsel bedeutete eine Anerkennung seiner literarischen Qualitäten jenseits der Genregrenzen. Eine zentrale Rolle spielte dabei der Heinemann-Verlagsleiter A. S. Frere. Alexander Stewart Frere (1892–1984) hatte in Cambridge die damalige Studentenzeitschrift *The Granta* herausgegeben, Vorläuferin des heutigen Literaturmagazins *Granta*, und war 1923 bei William Heinemann eingetreten.[14] 1926 zum Direktor ernannt, wirkte er von 1932 bis 1940 als Geschäftsführer und übernahm 1945 den Aufsichtsratsvorsitz. 1933 hatte er Patricia Caldecott, die Tochter des Thrillerautoren Edgar Wallace, geheiratet, die kurz darauf Leiterin der Drehbuchabteilung bei Rank wurde. Durch Pat kam auch Ambler zwanglos in Kontakt mit Frere, der einen ausgedehnten Bekanntenkreis pflegte. Ende der 1940er Jahre mieteten Eric und Louise Ambler zusammen mit den Freres ein Ferienhaus in Südfrankreich und besuchten W. Somerset Maugham in dessen legendärer ›Villa Mauresque‹. Ambler hat amüsante Anekdoten über ein von Frere in London organisiertes Abendessen überliefert, an dem neben Ambler und Frere auch Coward, Maugham und J. B. Priestley teilnahmen, wobei sich die Debatten vor allem um das Verhältnis von Maugham zu Hugh Walpole drehten, den Maugham in seinem Roman *Cakes and Ale (Rosie und die Künstler)* karikiert hatte.[15]

Um sich aus dem Vertrag auszukaufen, dem zufolge er Hodder nach *Der Fall Deltschev* noch drei weitere Romane schuldete, trat Ambler seinem alten Verlag die Commonwealth-Rechte für zwei seiner frühen Bücher ab. Frere seinerseits bot ihm äußerst großzügige Bedingungen. Im Oktober 1952 unterschrieb Ambler einen Vertrag über drei Bücher, wonach er mit 17,5 Prozent fast das Doppelte der branchenüblichen Tantiemen kassierte. Später sprach Ambler A. S. Frere das Verdienst zu, ihn nach dem Krieg als Autor wieder aufgepäppelt zu haben[16], und hielt ihm auch die Treue, als Frere unter unerfreulichen Umständen seinerseits den Verlag wechselte.

Nachwirkungen des Kriegs

Die Rückkehr zum Thrillerschreiben und eine wachsende Anerkennung wurden 1952 mit der Aufnahme in den illustren Detection Club bestätigt, der, 1928 von zwanzig führenden Vertreterinnen und Vertretern des britischen Kriminalromans wie G. K. Chesterton, Dorothy L. Sayers, Agatha Christie, Anthony Berkeley und Margery Allingham gegründet, regelmäßig zu Essen und zu Debatten in der Londoner Gerrard Street zusammenkam. Ausgeklügelte Rituale wurden mehr oder weniger spielerisch befolgt, und Ronald A. Knox verfaßte seine berühmten *10 Gebote für den Detektiv*, die Neueintretenden feierlich als

Gelübde abverlangt wurden.[17] Insbesondere Dorothy L. Sayers scheint die Sache ziemlich ernst genommen zu haben. Ambler kommentierte seine Aufnahme in den Club später mit einer Spitze gegen die einstige Kollegin aus der Werbebranche: »Zum Glück für mich erschien Miss Sayers nicht mehr zu den Sitzungen. Ich kann mir nicht vorstellen, daß wir uns in irgendeiner Sache einig gewesen wären.« (Cole, 236) Tatsächlich machten Sayers' militantes Christentum, politischer Konservatismus, sozialer Snobismus und geschmäcklerischer Literaturbegriff sie geradezu zu Amblers Antithese.

Im Juli 1952 lieferte er seinem amerikanischen Verlag Knopf das Manuskript des nächsten Romans ab, doch bereits zwei Wochen später hatte Ambler die ersten 150 Seiten von sich aus überarbeitet, und im Oktober lag eine vollständig korrigierte neue Fassung vor. Blanche Knopf äußerte sich, nach dem enttäuschenden Verkauf von *Der Fall Deltschev*, begeistert, setzte allerdings einen Anwalt auf das Manuskript an, um die umfangreichen juristischen Erörterungen über amerikanische Erbschaftsregelungen auf ihre Genauigkeit hin zu überprüfen. Der Anwalt zeigte sich in einem Brief an den Verlag beeindruckt von Amblers Sachkenntnis und regte nur wenige Detailkorrekturen an.[18] Ambler übernahm diese gleichzeitig für die englische Ausgabe, die wie die amerikanische im Juni 1953 erschien.

Ambler zufolge geht *Schirmers Erbschaft* auf Nachkriegserzählungen von Louise Amblers ehemaliger Schlummermutter Win Harle zurück, mit der Ambler inzwischen wieder freundschaftlichen Umgang pflegte:

> Unter anderem erzählte sie uns, wie sie in den 1930er Jahren an der Suche nach einer verschollenen Person beteiligt war, die in Amerika eine Erbschaft antreten sollte. Win war von einem amerikanischen Anwalt namens Starr als dreisprachige Dolmetscherin engagiert worden, die ihm bei der Prüfung von Erbschaftsforderungen helfen und in ganz Europa vertrauliche Recherchen anstellen sollte. Bei diesen, zum Teil

recht komplizierten, Nachforschungen mußten manchmal offizielle
Urkunden aus napoleonischen Zeiten hinzugezogen werden. Anwalt
Starr war gestorben, bevor ein rechtmäßiger Erbe ausfindig gemacht
werden konnte. Sie meinte, die Nazis seien hinter dem Geld herge-
wesen, und fragte sich, ob die Suche jemals wieder aufgenommen
würde.
Ich wußte, daß sie wieder aufgenommen würde, allerdings in Ro-
manform und von mir. Win reagierte amüsiert, als ich ihr davon erzählte. Wir hatten unseren Frieden geschlossen. Ich durfte ihr Fragen
über die Suche stellen, und sie berichtete mir detailliert über einige der
Probleme. (Ambler, 407 f.)

So bereitwillig er diesen Anstoß einräumte, so stolz beharrte er
andererseits darauf, über die historischen Fakten der napoleonischen Kriegszüge schon früher verfügt zu haben, so daß sich zusätzliche Recherchen erübrigt hätten.[19]

Der Fall Deltschev war in der Nachkriegszeit eine Abrechnung
mit den politischen Fragen gewesen, die Ambler vor dem Krieg
umgetrieben hatten. *Schirmers Erbschaft* handelt von den Nachwirkungen des Kriegs. Oder mehrerer Kriege.

Der Roman beginnt mit einer Parforceleistung, einem 15seiti-
gen Prolog über die Abenteuer des deutschen Dragonerwacht-
meisters Franz Schirmer in den Napoleonischen Kriegen. 1807 in
der Schlacht von Preußisch-Eylau in der Nähe von Königsberg
verwundet, setzt sich Schirmer ab, findet Unterschlupf bei der
jungen polnischen Bäuerin Maria, die ihn auf ihrem geplünder-
ten Hof gesund pflegt, weil er ihr sein Pferd als Nahrungsmittel
anbieten kann. Schirmer bleibt bei ihr und bebaut das kleine Gut.
Als nach dem Frieden von Tilsit die russische Grenze näher
rückt, will er nicht nochmals Spielball der politischen Ereignisse
werden und schlägt sich mit Maria nach Mühlhausen im heutigen Thüringen durch, wo er zum angesehenen Pferdehändler
aufsteigt. 1815, als Mühlhausen durch den Pariser Frieden preu-
ßisch wird, ändert er, da er in Preußen noch immer wegen Desertion gesucht werden könnte, seinen Namen in Schneider: »Der

Namenswechsel bereitete dem Wachtmeister niemals auch nur die geringste Sorge oder Unannehmlichkeit. Was sich an Sorgen und Unannehmlichkeiten daraus ergab, hatte über hundert Jahre später Mr. George L. Carey auszubaden.« (Schirmer, 24) Denn ein angeblich erbenlos hinterlassenes amerikanisches Vermögen von Amelia Schneider-Johnson setzt Carey, Juniorpartner einer angesehenen Rechtsanwaltsfirma in Philadelphia, auf historische Spuren. Carey geht zuerst die Akten der abgewiesenen Ansprüche durch und stößt dabei auf verschlüsselte Aufzeichnungen seines pensionierten Vorgängers. Als er diesen, neugierig geworden, aufsucht, erfährt er die Geschichte von Franz Schirmer und wird nach Europa geschickt, um die Recherche dort aufzunehmen, wo sie sein Vorgänger 1939 abgebrochen hatte.

Franz Schirmers Erbschaft steht in mehrfacher Hinsicht im Mittelpunkt der Ereignisse. Sowohl Anfang des 19. Jahrhunderts, als Franz in dem durch die Napoleonischen Kriege versehrten Europa umherirrte, als auch 1950, da sein Nachfahre gesucht wird, geht es um den Wiederaufbau von Gesellschaft und einzelnen Leben. Alle Protagonisten des Romans bleiben an den Krieg gebunden. Carey ist als US-Bomberpilot über Deutschland geflogen und kennt dessen Städte als Ziel seiner Angriffe. Sein Vorgänger hat die Erkenntnisse seiner Recherchen verschwiegen, weil er als Vater eines von der ss getöteten Kriegsgefangenen verhindern wollte, daß Schirmers Erbe einem Deutschen anheimfiel. Die von Carey angeheuerte Dolmetscherin Maria Kolin erklärt, warum sie als gebürtige Serbin die Deutschen haßt: »›Die Deutschen haben meinen Vater als Geisel genommen und erschossen‹, sagte sie knapp. ›Sie haben meine Mutter und mich zur Arbeit in eine Fabrik in Leipzig geschickt. Meine Mutter ist dort an einer Blutvergiftung gestorben, weil man sich geweigert hat, die infizierte Wunde zu behandeln. Was mit meinen Brüdern passiert ist, weiß ich nicht genau, nur daß sie schließlich in einer ss-Kaserne in Zagreb zu Tode gefoltert worden sind.‹« (Schirmer, 88)

Von Deutschland führt die Spur schließlich ins mazedonische Griechenland, wo der deutsche Fallschirmjäger und Feldwebel Franz Schirmer 1944 gefallen sein soll. In Griechenland sind die Wunden des Kriegs noch nicht vernarbt, ist der Krieg selbst noch kaum beendet. Nachdem Ambler in *Der Fall Deltschev* die Auswirkungen des Kriegs im kommunistischen Machtbereich gezeigt hatte, lieferte er nun in *Schirmers Erbschaft* das Pendant für den Westen. In Griechenland, von Stalin als westliche Einflußsphäre anerkannt, halfen britische und amerikanische Truppen zwischen 1947 und 1949 einen kommunistischen Aufstand blutig niederzuschlagen. Ambler streift diese Geschichte nur knapp, denn mehr als für die gesamtgriechische Situation interessiert er sich für den nordgriechischen, mazedonischen Fall.

Die Lage in Mazedonien beschäftigte Ambler von Anbeginn seiner Karriere als Thrillerschreiber und diente ihm als Paradigma für den ganzen Balkan. Insbesondere das Motiv mazedonischer Geheimgesellschaften durchzieht sein Werk[20], wird jedoch erst in *Schirmers Erbschaft* historisch konkret benannt:

> Im Sommer 1896 nahmen sechzehn Männer an einem Treffen in Saloniki teil. Dort gründeten sie eine politische Vereinigung, die in späteren Jahren zur gefährlichsten geheimen Terroristenorganisation werden sollte, die der Balkan, ja ganz Europa je gekannt hat. Sie nannte sich Innere Mazedonische Revolutionäre Organisation, kurz IMRO. Ihr Glaubensbekenntnis hieß »Mazedonien den Mazedoniern«, ihre Fahne zeigte einen roten Totenschädel mit gekreuzten Knochen auf schwarzem Grund, ihr Wahlspruch lautete »Freiheit oder Tod«. Ihre Argumente waren das Messer, das Gewehr und die Bombe. Ihre Streitkräfte, die in den Hügeln und Bergen Mazedoniens lebten und den Dorf- und Stadtbewohnern IMRO-Gesetze und IMRO-Steuern aufzwangen, wurden ›Komitadschis‹ genannt. [...] Für die Sache der Unabhängigkeit Mazedoniens brachte man Türken und Bulgaren, Serben und Walachen, Griechen und Albaner um. Für dieselbe Sache brachte man auch Mazedonier um. Zur Zeit des ersten Balkankrieges war die IMRO eine ernst zu nehmende politische Kraft, die imstande war, beträchtlichen Einfluß auf die Ereignisse auszuüben. Der maze-

donische Komitadschi mit seinen Patronengurten und seinem Gewehr wurde zur legendären Gestalt, ein heldenhafter Verteidiger von
Frauen und Kindern gegen die Grausamkeit der Türken, ein Ritter der
Berge, der den Tod der Unehre vorzog und seine Gefangenen mit
Höflichkeit und Milde behandelte. Daß die Grausamkeiten der Türken, wie zynische Beobachter immer wieder hervorhoben, im allgemeinen als Vergeltungsmaßnahmen für die Greuel der Komitadschis
begangen wurden und das ritterliche Verhalten nur dann an den Tag
gelegt wurde, wenn die Möglichkeit bestand, ausländische Sympathi-
santen damit zu beeindrucken, tat der Legende offenbar keinen Ab-
bruch. Sie hielt sich erstaunlich lange und hält sich bis zu einem gewissen Grad noch heute. (Schirmer, 165 f.)

Schirmers Spur führt den amerikanischen Anwalt in eines der
Bollwerke der IMRO, nach Florina, 15 Kilometer südlich der damaligen griechisch-jugoslawischen Grenze. In Florina versucht
Carey, Angehörige jener kommunistischen Widerstandsgruppe
aufzuspüren, die den Lastwagenkonvoi des Feldwebels Frank
Schirmer in die Luft sprengte, wobei dieser angeblich umkam.
Doch inzwischen sind die ehemaligen Sieger zu Opfern des Bürgerkriegs geworden, sind umgekommen, gefangengenommen
worden oder untergetaucht. Carey will die Suche schon abbrechen, als er von einem Mittelsmann in einen Stützpunkt hoch
oben in den Bergen geführt wird, wo ihm Franz Schirmer persönlich gegenübertritt.

In dessen Erzählung, wie er 1944 den Angriff überlebte, sich
nach Saloniki durchschlug und sich dann zur Desertion entschloß, wiederholt sich die Geschichte seines Vorfahren, des
Dragoners Franz Schirmer von 1807. Auch die äußerliche Ähnlichkeit wird betont: »Da war die gleiche markante Kraft in den
Gesichtern, die gleiche Entschlossenheit um die Mundpartie, die
gleiche aufrechte Haltung« (Schirmer, 267). Doch gibt es Unterschiede. Der Wachtmeister wurde damals von einer polnischen
Bäuerin gerettet, die er heiratete. Der Feldwebel hingegen wird
in Saloniki von seiner griechischen Geliebten an die Kommuni-

sten verraten; da er seinerseits die Frau verrät, wird diese un-
barmherzig liquidiert. Die Inhumanität hat zugenommen, der
Krieg ist total geworden und verschont die Zivilisten noch weniger als früher.

Der Titel *Schirmers Erbschaft* zielt sowohl auf das Geld als
auch auf die Blutsverwandtschaft. Für den Feldwebel zählt letztere mehr, wie er in einem Abschiedsbrief an Carey erklärt, nachdem er sich aus Mazedonien abgesetzt und auf das Geld verzichtet hat. »Mein wahres Erbe ist das Wissen um meine Herkunft
und um mich selbst, das Sie mir gebracht haben.« (Schirmer, 292)
Ambler aber ist weniger am biologischen Erbgut als am sozialen
Typus des Kriegers, des Söldners interessiert, der den Wachtmeister und den Feldwebel über eineinhalb Jahrhunderte hinweg
verbindet. Der Wachtmeister war mit seinem Regiment mehrfach
verkauft worden und hatte gekämpft, »weil man sie entsprechend
gedrillt hatte, weil sie auf Kriegsbeute hofften und weil sie die
Folgen des Ungehorsams fürchteten«. (Schirmer, 6) Für den
Feldwebel liegt die Sache nur wenig komplizierter. Er war aus
Opposition gegen den als schwächlich empfundenen Vater der
Hitlerjugend beigetreten und machte dann Karriere in der Wehrmacht. Mehr denn überzeugter Nazi ist er ein überzeugter Soldat, wie sich zeigt, als er mit dem Fallschirm über ungeeignetem
Gelände abspringt und sich die Hüfte bricht: »Das Gericht hatte
den Feldwebel ausdrücklich dafür belobigt, daß er den von ihm
für falsch gehaltenen Befehl zwar nicht weitergegeben, aber
selbst befolgt hatte.« (Schirmer, 116) Auch während der Besat-
zungszeit in Griechenland verachtet er seine zusammengewür-
felte Einheit und gibt dennoch sein professionell Bestes. Wie beim
Urahnen hat das soldatische Pflichtgefühl pragmatische Grenzen.
Vor die Wahl gestellt, erschossen zu werden oder seine Fähigkeiten den Kommunisten zur Verfügung zu stellen, schließt er sich
diesen an und dient den neuen Herren ebenso effizient wie früher
den alten.

Ambler ergänzt das Porträt des Söldners Schirmer durch dessen Adjutanten, den Briten Arthur:

> Arthur hatte zu einer britischen Spezialeinheit gehört, die ein deutsches Hauptquartier in Nordafrika überfallen hatte. Er war verwundet und gefangen genommen worden. Der deutsche Befehlshaber hatte sich über den allgemeinen Befehl hinweggesetzt, dem zufolge gefangene Angehörige von Spezialeinheiten zu erschießen waren, und Arthur in einen Schub anderer britischer Gefangener gesteckt, die über Griechenland und Jugoslawien nach Deutschland transportiert werden sollten. In Jugoslawien war Arthur geflohen und hatte bis Kriegsende bei den Partisanen Titos gekämpft. Er hatte es nicht eilig gehabt, nach England zurückzukehren, und war einer der Ausbilder gewesen, die Tito zu Markos' [dem Führer der kommunistischen Aufstandsregierung in Nordgriechenland] Unterstützung abstellte. (Schirmer, 241 f.)

Arthur und Schirmer erkennen sich gegenseitig als Berufssoldaten, ohne ideologische Bindungen. Arthur kann Schirmer den pragmatischen Nutzen politischer Phrasen und geschmeidiger Anpassung erklären, so daß sie beide in der Markos-Armee Karriere machen. Der Politik vermögen sie sich aber nicht ganz zu entziehen. Sie tritt ihnen als Verrat entgegen. 1949 zeichnet sich die Niederlage der kommunistischen Gegenregierung ab, als Tito die Grenze zu Jugoslawien schließt. Schirmer und Arthur setzen sich ab; sie benützen in der Folge alte Mitgliederlisten der KP, erpressen ehemalige Genossen, die mittlerweile in Banken und Großfirmen arbeiten, um Insiderinformationen und überfallen dann die entsprechenden Unternehmen. »Sie waren«, erläutert Ambler, »einem alten Muster gefolgt. Wenn geschlagene Revolutionsarmeen sich auflösten, wurden die Soldaten, die aus politischen Gründen nicht heimzukehren wagten oder kein Heim hatten, zu dem sie zurückkehren konnten, zu Briganten.« (Schirmer, 248)

Der Historiker Eric Hobsbawm hat der Sozialform des Briganten oder Banditen eine eigene Studie gewidmet und die Osmose zwischen Banditentum und politischer Sozialbewegung beschrieben, wobei er die IMRO mehrfach erwähnt.[21] Hobsbawm bestätigt die besondere Fruchtbarkeit fürs Sozialbanditentum in Mazedonien, in dem sich zahlreiche Ethnien überlagerten. Um die Jahrhundertwende, so schätzt er, waren in einem Gebiet mit einer Million Einwohnern rund 2000 Banditen aktiv. Hobsbawm zitiert ausführlich das Beispiel des mazedonischen Bandenführers Kota Christow, der erst für die Türken, dann für die IMRO und schließlich für die Griechen kämpfte. Hobsbawm betont allerdings den bäuerlichen Ursprung des Phänomens und unterstreicht, daß sich die Banditen zumeist auf eine ihnen freundlich gesinnte soziale Basis stützen konnten. Ambler dagegen schwankt in der Zuordnung. Zuweilen bezeichnet er die IMRO als eine »sehr balkanische Institution« (Schirmer, 166); ja, die Geheimgesellschaft wird zum Paradigma politischer Machenschaften auf dem Balkan. In den früheren Büchern, *Der Fall Deltschev* eingeschlossen, werden die Geheimgesellschaften eindeutig als reaktionär und faschistisch bezeichnet. Jetzt, in *Schirmers Erbschaft*, herrscht genereller Ideologieverdacht. Die IMRO hat sich »mit schöner Unparteilichkeit sowohl an die Faschisten als auch an die Kommunisten verkauft« (Schirmer, 166), und die Kommunisten scheinen sich der gleichen Mittel von Raub und Erpressung zu bedienen.

Die Frauenfiguren bildeten eine Schwachstelle in Amblers frühen Romanen, in denen sie zumeist als Klischees oder Projektionen der Männer auffallen. Die Zusammenarbeit mit Charles Rodda schien dieses Defizit stärker ins Bewußtsein gerückt zu haben. In *Schirmers Erbschaft* wird der männlichen Hauptfigur erstmals eine weibliche Helferin beinahe gleichberechtigt beigestellt. Doch gibt die Figur der Maria Kolin, Careys Dolmetscherin, das größte Rätsel des Buchs auf. Durchgängig wird ihre Attraktivität beschrieben. Allen männlichen Avancen vermag sie vorerst mit selbstsicherem Lächeln und unerschütterlicher Trinkfestigkeit Paroli zu bieten. Zu Careys Verblüffung absorbiert sie jede Menge Alkohol, ohne die Kontrolle über sich zu verlieren; zugleich scheint sie mit dem vielen Alkohol etwas betäuben zu müssen. Nur einmal zeigt sie eine Gemütsregung, als sie einem griechischen Militär zuhört, der die Tötung deutscher Soldaten beschreibt: »Sie trug zwar weiterhin ihr leicht herablassendes Lächeln zur Schau, aber ihr Gesicht zeigte noch etwas anderes – einen Ausdruck der Lust.« (Schirmer, 144) Nachdem Schirmer seine Geschichte samt dem Verrat an der griechischen Geliebten geschildert hat, kann sich Maria gegenüber Carey nicht mehr zurückhalten:

> »Wie viele Opfer gibt es noch?« Ihre Stimme hob sich. »Es ist immer dasselbe mit diesen Bestien – sie morden und foltern und vergewaltigen, wo sie auch hinkommen. Was wissen die Amerikaner und die Briten schon von ihnen? Eure Armeen kämpfen nicht in ihrem eigenen Land. Fragen Sie die Franzosen nach den Deutschen auf ihren Straßen und in ihren Häusern. Fragen Sie die Polen und Russen, die Tschechen, die Jugoslawen. Diese Männer sind ein dreckiges Geschmeiß in den Ländern, die unter ihnen leiden. Dreck! Sie prügeln und foltern, prügeln und foltern, drücken mit ihrer Gewalt alles nieder, bis sie… bis sie…«
> Sie brach ab und starrte mit leerem Blick geradeaus, als hätte sie vergessen, was sie hatte sagen wollen. Dann plötzlich brach sie mit einem heftigen Weinkrampf zusammen. (Schirmer, 261).

Ihr Versuch, den griechischen Behörden den Aufenthaltsort Schirmers zu verraten, wird entdeckt, und Schirmer schlägt sie brutal zusammen. »Sie hat es so haben wollen, und jetzt kriegt sie's« (Schirmer, 271), meint Arthur gleichmütig, und das scheint sich auf das Risiko zu beziehen, das Maria mit ihrem Verratsversuch eingegangen ist. Doch bewahrheitet sich die Einschätzung in weitaus anderer Hinsicht. Carey muß, im Nebenzimmer eingesperrt, mit anhören, wie sich der Feldwebel zu seiner Gefangenen begibt und mit ihr zu sprechen beginnt:

Ihre Stimmen klangen merkwürdig nach Plauderton. George verspürte ein seltsames Unbehagen, und sein Herzschlag beschleunigte
sich.

Mittlerweile waren die Stimmen verstummt, aber bald darauf begannen sie von neuem, und zwar leise, als wollten die Sprecher nicht
belauscht werden. Dann war es lange Zeit still. Er legte sich wieder auf
die Matratze. Minuten vergingen; dann hörte er Miss Kolin in die
Stille hinein einen durchdringenden, leidenschaftlichen Schrei aussto-
ßen. (Schirmer, 277)

Die Leidenschaft des Weinkrampfs ist zur erotischen Leidenschaft geworden. Gegenüber Carey erklärt Arthur nach einer
weiteren Nacht die Situation bezüglich Miss Kolin: »Aufgeschla-
gene Lippe natürlich und ein, zwei blaue Flecken, aber sie strahlt
wie eine Braut. [...] Ich hab Ihnen doch gesagt, sie hat es so haben wollen, oder? Tja, und nun hat sie's gekriegt, und dazu noch
auf sehr nette Art. [...] Ich gehe jede Wette ein, daß sie noch Jung-
frau war [...] oder jedenfalls so gut wie.« (Schirmer, 278 f.) Trotz
Arthurs etwas vulgärer Londoner Ausdrucksweise haben wir
keinen Grund daran zu zweifeln, daß Maria Kolin tatsächlich auf
einen Mann gewartet hat, der sie sich gewaltsam unterwirft, und
daß sie ihre neue Bestimmung darin sieht, ihrem Mann viele Kinder zu gebären, wie Schirmer in seinem Abschiedsbrief an Carey
versichert.

Nun basiert das Buch ja auf Informationen von Win Harle,
und Ambler überschreibt einige Details von Harle auf Maria Kolin, etwa deren Mehrsprachigkeit oder die Tatsache, daß sie als
Dolmetscherin bei den Nürnberger Kriegsverbrecherprozessen
arbeitete. Ambler meinte, er habe sich nach dem Krieg mit Harle
ausgesöhnt. Daß die selbstbewußte Maria in masochistischer
Unterwerfung endet, mag ein unbewußt fortbestehendes Res-
sentiment gegen ihr Vorbild anzeigen.[22]

Auf psychoanalytischer Spur

Solche biographischen Rückschlüsse sind nicht ganz abwegig. *Schirmers Erbschaft* ist Sylvia Payne gewidmet. Die Zueignungen früherer Ambler-Romane bezogen sich auf den engsten Bekanntenkreis: Das erste Buch war seiner ersten Liebe Betty Dyson gewidmet, das zweite der Mutter, das fünfte dem Geschäftspartner und Freund Alan Harvey sowie dessen Frau Felice, und das sechste der Ehefrau Louise.

Die Widmung an Sylvia Payne, eine renommierte britische Psychoanalytikerin, fällt aus dem Rahmen. Sylvia May Payne (1880–1976) hatte die London School of Medicine for Women besucht, dann als Chirurgin gearbeitet und während des Ersten Weltkriegs ein Rotkreuzspital in Torquay geleitet.[23] In den 1920er Jahren ließ sie sich in Berlin und London zur freudianischen Psychoanalytikerin ausbilden und wurde 1924 Mitglied der British Psychoanalytical Society (BPAS). Ab 1929 war sie Ehrensekretärin der BPAS, bis die rund 30 aktive Mitglieder starke britische Freud-Gesellschaft Ende 1943 in eine Krise geriet, die beinahe zu deren Spaltung führte. Ausgangspunkt waren zunehmende Unstimmigkeiten zwischen Anna Freud und Melanie Klein, deren rivalisierende Forschungen im Bereich der Kinderpsychologie sich zu grundsätzlichen Divergenzen über Theorie und Therapie der Psychoanalyse auswuchsen. Zwischen den etwa gleich starken Klein- und Freud-Fraktionen versuchten die Gemäßigten unter Sylvia Payne, die Differenzen in außerordentlichen Sitzungen der BPAS auszuräumen. Die Freud-Klein-Kontroverse wurde zudem durch Auseinandersetzungen über die Mitwirkung freudianischer Psychoanalytiker innerhalb der britischen Armeepsychiatrie überlagert. Im Juli 1944 sistierten Anna Freud und weitere Mitglieder ihre Mitarbeit. In dieser Situation erklärte sich Sylvia Payne bereit, die Präsidentschaft zu übernehmen, und versuchte in den folgenden Jahren eine Aussöhnung der Lager. 1946 gelang es ihr tatsächlich, Anna Freud zur BPAS zurückzuführen. »Es ist weitgehend ihr zu verdanken, daß die Einheit der psychoanalytischen Bewegung in Großbritannien gewahrt blieb« (King/Steiner 1991, XVIII), meinen heutige Beobachter. 1948 trat Payne nach erfolgreicher Mission vom Posten als Präsidentin zurück, um ihn zwischen 1954 und 1956 nochmals einzunehmen.

In einem Fernsehinterview bekannte Ambler 1986, er sei zur Zeit von *Der Fall Deltschev* in psychoanalytischer Behandlung gewesen.[24] Roy Ward Baker bestätigt das: »Ich wußte, daß er sich ernsthaft in Analyse befand; bei einer Frau, und zwar einer führenden Analytikerin.«[25] Bei dieser Analytikerin handelte es sich mit großer Wahrscheinlichkeit um Sylvia Payne.[26] Vermutlich ist Ambler durch Militärpsychiater, mit denen er beruflich zusammenarbeitete, an Payne verwiesen worden.[27]

Die Tatsache einer Analyse bei Payne ist jenseits biographischer Neugier von Bedeutung. Erstens wirft sie neues Licht auf Amblers Auseinandersetzung mit Freud und Jung.[28] Zweitens macht sie plausibel, warum in Amblers Nachkriegsromanen psychologische Motive eine größere Rolle zu spielen beginnen. Für seine Schwierigkeiten, nach dem Krieg zum Schreiben zurückzufinden, hat er sowohl in der Einleitung zu einem Sammelband von 1965 wie auch in der Autobiographie von 1985 in praktisch gleichlautenden Formulierungen eine grundsätzliche Veränderung seiner »Innenwelt« verantwortlich gemacht. Dies schien vor allem die erschütterten politischen Gewißheiten zu betreffen. Doch in der früheren Einleitung hatte er beigefügt: »Ich mußte mit einigen neuen und merkwürdigen persönlichen Entdeckungen zu Rande kommen.« (Intrigue, 6) Und in unveröffentlichten autobiographischen Aufzeichnungen bestätigte er die Bedeutung persönlicher psychischer Veränderungen ebenso wie die Bedeutung der Psychoanalyse: »Es dauerte lange, bis mir klar wurde, daß die Fähigkeit zum Geschichtenerzählen, die ich wiederherzustellen versuchte, nicht mehr einfach so vorhanden war. Eine

Psychoanalyse setzte eine Veränderung in Gang, beschleunigte sie aber in meinem Fall nicht besonders.«[29]

Eine dieser »merkwürdigen persönlichen« Entdeckungen mag sich womöglich in der merkwürdigen Beziehung zwischen Franz Schirmer und Maria Kolin niedergeschlagen haben. Gleichzeitig zeigt *Schirmers Erbschaft,* wie sich die Hauptfigur, George L. Carey, vor solchen allzu weit gehenden Entdeckungen schützt. Wie frühere Amblersche Antihelden lernt der Amerikaner Carey in Europa eine neue Realität kennen, die ihm die Entwicklung bislang ungeahnter Fähigkeiten erlaubt. Auch ihn bedroht die Sexualität, die bei Maria Kolin in so problematischer Form zum Durchbruch kommt. Doch für Carey bleibt die Bedrohung eingegrenzt, als bloße Versuchung, ähnlich wie einst für Graham in *Die Angst reist mit.* Den Annäherungsversuchen anderer Männer an Miss Kolin steht er scheinbar gleichmütig gegenüber. Nach der von ihm belauschten Liebesszene zwischen dem Feldwebel und Maria meint Carey, er beginne Miss Kolin zu verstehen; nur, um sich wenig später über Arthurs Interpretation einer heißentflammten Liebe als »abwegig« (Schirmer, 279) zu ereifern.

Careys Recherchen hatten eine dunkle Episode im Leben von Franz Schirmers Großvater zutage gefördert, und dessen Beichtvater erklärte Carey, er habe belastendes Material verbrannt. Erst wenig später geht Carey auf, daß der Beichtvater pornographische Fotos meint, und Ambler betont, geradezu umständlich: »George begriff. ›Ach so‹, sagte er ausdruckslos. ›Ach so, ich verstehe.‹ Er lächelte. Er verspürte das starke Verlangen, laut loszulachen.« (Schirmer, 112) Carey rettet sich in ein verlegenes Lächeln und unterdrückt ein offenes Lachen. Befreit loslachen kann Carey erst, nachdem er Schirmers Abschiedsbrief gelesen hat und sich anschickt, den griechischen Behörden ebenso wie seinen Vorgesetzten die Ereignisse zu erklären: »Deshalb fragte sich George auch, weshalb er in einem fort vor

sich hin lachte, während er auf die Grenze zumarschierte.«
(Schirmer, 293) Carey hat etwas hinzugelernt: Er wird den Behörden trotzen, und auch der Spuk sadomasochistischer Sexualität ist verflogen.

Konkurrenten

Schirmers Erbschaft läßt sich auch als originelle Abwandlung der
archetypischen Schatzsuche lesen. Wie originell, zeigt sich im
Vergleich mit einem Roman, der zehn Jahre später erschien und
mehr als nur oberflächliche Ähnlichkeiten aufweist: *Brothers of
Silence* von Frank Gruber. Der Amerikaner Gruber (1904–1969),
ein vielschreibender Bestsellerautor, kannte Amblers Werk, da er
1944 das Drehbuch zur Warner-Verfilmung *The Mask of Dimitrios* verfaßt hatte.[30] *Brothers of Silence* von 1962 nimmt sich die
Schatzsuche in *Schirmers Erbschaft* zum Vorbild, mit ein paar
Einsprengseln aus *Die Maske des Dimitrios*. Der Roman spielt im
kommunistischen Jugoslawien und beschreibt einen kroatischen
Bösewicht, dessen Lebenslauf von der Kollaboration mit den Nazis bis zur Ernennung als Sicherheitschef Titos halbwegs parallel zu dem von Amblers Franz Schirmer verläuft.

Als *Schirmers Erbschaft* 1953 publiziert wurde, traf der Roman
auf dem englischen Buchmarkt freilich auf eine andere Konkurrenz: James Bond. Im Sommer 1949 hatte Ambler sein Sommer-
haus bei Dover dem Journalisten Ian Fleming abgetreten, mit
dem er bis zu dessen Tod 1965 befreundet blieb. Anfang 1952
schrieb Fleming einen Thriller mit einer neuen Art von Held. Im
April 1953 erschien *Casino Royale* und lancierte James Bond in
eine ahnungslose, aber empfängliche Welt. In Flemings Haus-
blatt, der *Sunday Times*, meinte der unter Pseudonym schrei-
bende Moskau-Korrespondent: »Falls Mister Flemings nächstes
Buch nur halb so zügig ist wie das jetzige, ebenso herb im Ton-

fall und vielleicht noch etwas plausibler ausfällt, dann können wir sicher sein, daß er der beste neue Thrillerautor seit Ambler ist.« (Lycett 1995, 243) Ambler selber entwickelte sich allerdings bereits in eine andere Richtung.

Entkolonialisierung

Im April 1954 kündigte er Blanche Knopf ein neues Buch für den Herbst mit dem Titel *Breach of Faith* an.[31] Das Projekt fiel jedoch der hektischen Tätigkeit für Rank zum Opfer. Im November 1954 reiste Eric Ambler für ein Filmprojekt nach Ostasien, nach Bangkok, Singapur und Djakarta. Die Reise verschaffte ihm zum Teil unbeabsichtigt neuen Stoff für einen Roman. »Auf Java wurde ich einmal durch den Bürgerkrieg in einer kleinen Provinzstadt festgehalten. Die Weltgesundheitsorganisation hatte dort eine Klinik zur Schwangerschaftsfürsorge eingerichtet, und ich hörte stundenlang der für die Klinik verantwortlichen irischen Schwester zu, die mir von ihrem Job und den Leuten in der Stadt erzählte.« (Keating 1982, 104)[32] Nicht so sehr die Job- als vielmehr die Menschenbeschreibungen gingen in den nächsten Roman ein, den Ambler im Februar 1956 beendete und der Mitte 1956 bei Heinemann unter dem Titel *The Night-Comers* sowie bei Knopf als *State of Siege (Besuch bei Nacht)*[33] erschien.

Die Publikation fiel mit einer nicht unwichtigen Veränderung von Amblers publizistischen Umständen zusammen. Bislang waren seine Buchrechte von der Literaturagentur Curtis Brown betreut worden, doch hatte es dort Kompetenzstreitigkeiten zwischen den Filialen in England und Amerika gegeben. Ambler ermutigte den jungen Peter Janson-Smith, der sich bei Curtis Brown um die Übersetzungsrechte kümmerte, eine eigene Agentur aufzubauen, und half ihm mit einem Darlehen.[34] Janson-Smith blieb Amblers Agent bis Mitte der 1970er Jahre.

Amblers *Besuch bei Nacht* spielt auf der fiktiven Insel Sunda, deren Geschichte auf eine Insel des indonesischen Archipels hindeutet. Nach dem Abzug der holländischen Kolonialmacht kommt es zu Auseinandersetzungen zwischen verschiedenen Fraktionen der nationalistischen Bewegung; ein britischer Ingenieur wird in einen Putsch und dessen blutige Niederschlagung verwickelt. Damit ist *Besuch bei Nacht* eine der ersten Darstellungen der Schwierigkeiten bei der Befreiung vom Kolonialismus.[35]

Bis Ende des 19. Jahrhunderts hatte sich der anglo-indische Roman (Romane von Engländerinnen und Engländern über Indien) auf exotisierende Romanzen oder gönnerhafte Reiseberichte beschränkt. Doch um 1900, während Joseph Conrad das Herz der Finsternis in Afrika und zugleich im kolonisierenden weißen Mann entdeckte, entstanden Romane, die das Bild auch für Indien differenzierten.[36] Flora Annie Steels *On the Face of the Waters: A Tale of the Mutiny* (1896) anerkannte erstmals implizit die Berechtigung eines indischen Standpunkts; Rudyard Kipling, der in seinen Erzählungen und Gedichten oft als Apologet westlich-männlicher Überlegenheit auftrat, ermöglichte in seinem Roman *Kim* von 1901 durch die Wahl eines jugendlichen Helden, der zwischen den Kulturen steht, einen unvoreingenommeneren Blick auf Indien; und Maud Divers Buch *Far to Seek: A Romance of England and India* von 1921 brachte erstmals das Schicksal der eurasischen Bevölkerungsgruppe zur Sprache.

Während in einigen von W. Somerset Maughams Erzählungen und Stücken wie *The Circle* (1921) der Ferne Osten als Hintergrund aufscheint, wurde mit E.M. Forsters *A Passage to India* (1924, deutsch zuerst *Indien*, später *Auf der Suche nach Indien*) ein neues literarisches Niveau erreicht, verband sich eine Kritik am englischen Kolonialismus mit der Darstellung eines breiten Figurenspektrums, alltäglicher Personen und ambivalenter Charaktere. Die britischen Kolonialattitüden werden zumeist der Sa-

tire preisgegeben, doch sind auch die indischen Figuren nicht
ohne Makel dargestellt und die Gegensätze zwischen islamischer
und hinduistischer Bevölkerung schmerzhaft klargemacht. Forster kann der der eigenen Darstellung entspringenden Skepsis
nur die Hoffnung auf eine humanistische Versöhnung entgegen-
setzen; gleichzeitig sieht er, obwohl er auf direkte politische Hinweise verzichtet, die indische Unabhängigkeit als ebenso unvermeidlich wie wünschenswert an. Noch schärfer in Satire und
Kritik fiel 1935 George Orwells Roman *Burmese Days (Tage in
Burma)* aus, der auf Orwells Erfahrungen als englischer Kolo-
nialpolizist in Burma basiert, das damals dem indischen Subkon-
tinent zugerechnet wurde und verwaltungstechnisch dem Indian
Department unterstand. So unzweifelhaft die Position durchschlägt, daß die Engländer in Burma eigentlich nichts verloren
haben, und so scharfsinnig die psychischen Verheerungen gezeigt
werden, die der Kolonialismus unter den Weißen anrichtet, so
negativ werden andererseits auch die burmesischen Protagonisten beschrieben; das Unverständnis für die einheimische Bevölkerung ist bei aller Faszination durch die exotische Landschaft
im Vergleich mit Forster eher wieder gestiegen.

Nightrunners of Bengal heißt jener Roman, den Ambler 1955
für einen Rank-Film bearbeitete, parallel zur Arbeit an seinem
eigenen Roman über das Ende der niederländischen Kolonialherrschaft. Der Autor des Romans, John Masters (1914–1983), in
Kalkutta als Sohn einer anglo-indischen Familie geboren, war
nach militärischer Ausbildung im englischen Sandhurst Offizier
in der indischen Armee geworden, bis zum Brigadegeneral aufgestiegen und Anfang 1948, im Alter von 34 Jahren, pensioniert
worden.[37] Er siedelte in die USA über und begann zu schreiben. In
der ersten Hälfte 1948 verfaßte er *Nightrunners of Bengal*, das im
Januar 1951 in den USA und im Mai in England erschien; nach
sechs Monaten waren 300 000 Exemplare verkauft.[38] Sein Buch
thematisiert den sogenannten Sepoy-Aufstand im Jahre 1857, als

islamische Garnisonen der anglo-indischen Armee in Zentral-
indien meuterten, ihre britischen Offiziere ermordeten und von
Sikh-Hilfstruppen aus dem Pandschab ihrerseits massakriert
wurden. Es ist als historische Abenteuergeschichte angelegt, mit
vielen militärischen Aktionen und etlichen mehr oder minder
plausiblen Liebesgeschichten. In den Aufstand der Sepoy wird
die Rebellion einer indischen Fürstin im fiktiven Fürstentum
Kishanpur verwoben. Captain Rodney Savage von der 13ᵗʰ Rifles,
Bengal Native Infantry, entkommt der Meuterei seiner eigenen
Truppeneinheit, wird von Dorfbewohnern versteckt und kann
in eine Garnisonsstadt flüchten. Kurz vor der Attacke durch die
Meuterer und die Armee des Fürstentums werden die unzuverlässigen Sepoy-Truppen in der Garnison von englischen Einheiten in einem dramatischen Showdown entwaffnet. Die folgende
mörderische Schlacht wird entschieden, als sich das letzte bewaff-
nete Regiment einheimischer Elitetruppen auf seinen Fahneneid
zur englischen Krone besinnt und gegen die Sepoy eingreift.

Diese martialische Darstellung enthält ein paar Elemente,
die einer einfachen Schwarzweißgeschichtsschreibung zuwider-
laufen. So gibt es Gründe für den Sepoy-Aufstand: harsche, un-
verständige englische Offiziere und Korruption bis in höchste
Etagen der anglo-indischen Zivilverwaltung. Im Verlauf seiner
Abenteuer beurteilt Savage den Verrat etwas milder, und der rebellischen Fürstin wird zugestanden, daß auch sie von ihrem
Standpunkt her das Verhalten der loyal zu England stehenden indischen Truppen als Verrat empfinden muß. Im letzten Gespräch
mit der Fürstin setzt Savage seine Hoffnung auf eine neue Generation: »Sie und ich werden uns nie verstehen, aber vielleicht werden es unsere Kinder.« (Masters 2000, 371)

In Südafrika hatte sich, ermöglicht durch die Widersprüche
zwischen britischem Imperialismus und burischem Rassismus,
etwa zeitgleich mit Forsters *Auf der Reise nach Indien* eine kritische englischsprachige Literatur herausgebildet.[39] Als deren er-

folgreichstes Beispiel gilt *Turbott Wolfe* (1926) von William Plo-
wer. Der Roman attackierte die herrschende Heuchelei sexueller
Sitten, die schwarze Geliebte und Bastarde zur Selbstverständlichkeit machte, aber deren gesellschaftliche Anerkennung ausschloß, und plädierte für gemischtrassige Ehen auf der Basis
menschlicher Toleranz, was einen Sturm der Entrüstung entfachte. Zwanzig Jahre später machte Alan Patons Welterfolg *Cry,
the Beloved Country (Denn sie wollen getröstet werden)* aus liberaler Perspektive auf die Unmenschlichkeit der geplanten separa-
tistischen Entwicklung der Rassen aufmerksam, sah sich aber zu
einem versöhnlichen Schluß genötigt. Dieser liberale Antirassis-
mus wurde von der in Rhodesien aufgewachsenen Doris Lessing
verschärft.[40] Ihr 1950 erschienener Erstling, *The Grass is Singing
(Afrikanische Tragödie)*, zeigt in der Geschichte der weißen Far-
mersfrau Mary Thurner, die sich in einen tödlichen Zweikampf
mit ihrem schwarzen Diener verwickelt, wie der Widerspruch des
Kolonialsystems selbst gutmeinende Menschen in Gewalt und
Gegengewalt zwingt. Der 1952 erschienene erste Band des fünf-
teiligen Romanzyklus *Kinder der Gewalt*, *Martha Quest*, beschreibt den ersten Emanzipationsschritt der achtzehnjährigen
Martha aus familiären und sozialen Zwängen des rassistischen
Rhodesien, der vorläufig im Nichts endet. Die Fortsetzung von
1954, *A proper marriage (Eine richtige Ehe)*, setzt die autobiographisch fundierte Entwicklung fort und bietet eine Politisierung an, die freilich wenig später ebenfalls scheitern sollte. Im
Kontrast damit behandelte Laurens van der Posts *Flamingo Fea-
ther* (1955, *Flamingofeder*) die Aufdeckung einer kommunistischen Verschwörung in Südafrika aus konservativer Sicht, obwohl
der Ich-Erzähler immerhin die zunehmende afrikanische Unruhe
in existenzieller Perspektive als Versagen des Westens wertet.

Afrika hatte auch den Schauplatz für verschiedene Werke von
Graham Greene geliefert, ohne daß er den Kolonialismus intensiver thematisiert hätte. Bezeichnenderweise wurde er in einer an-

deren Region in seiner Kritik deutlicher. *The Quiet American (Der stille Amerikaner)*, 1955 erschienen, spielt im letzten Jahr der französischen Kolonialherrschaft in Vietnam und führt die Figur des im Hintergrund wirkenden amerikanischen Diplomaten Pyle ein, der im Namen eines dritten Wegs zwischen abgewirtschafteter französischer Kolonialherrschaft und Kommunismus Terroranschläge für eine dubiose Freiheitspartei organisiert. Das Buch ist in der antiwestlichen Kritik unmißverständlich, sowohl gegen die Franzosen, die mit ebenso halbherzigen wie grausamen Mitteln einen Krieg führen, von dem sie wissen, daß er nicht mehr zu gewinnen ist, als auch gegen die Amerikaner, die im Namen der Freiheit neue Unmenschlichkeiten in Kauf nehmen. Allerdings rückt, wie bei Greene üblich, ein Beziehungsproblem in den Vordergrund. Ein vietnamesisches Mädchen zieht als Konkubine in Saigon zuerst mit einem britischen Reporter und dann mit Pyle zusammen, und die Frage von Eifersucht, Liebe und Besitznahme, von den beiden männlichen Protagonisten ausladend diskutiert, legt sich über die Darstellung des Kolonialkriegs.[41]

Besuch bei Nacht

Amblers *Besuch bei Nacht* weist eine oberflächliche Ähnlichkeit im Figurenensemble mit dem ein Jahr zuvor erschienenen *Der stille Amerikaner* auf. Auch hier werden ein britischer Ich-Erzähler und ein einheimisches Callgirl vom Strudel der politischen Ereignisse erfaßt. Zu Beginn des Buchs plant der Ingenieur Steve Fraser, nach Ablauf seines dreijährigen Vertrags für ein Entwicklungsprojekt in Nordsunda das Land zu verlassen. Gleich im ersten Kapitel skizziert er die kurze Geschichte der Unabhängigkeit Sundas in einem Exkurs, der mit auktorialer Autorität dargeboten wird:

Sunda war früher ein Teil Niederländisch-Ostindiens. 1942 wurde es von den Japanern besetzt. Als drei Jahre später die Holländer zurück-kamen, sahen sie sich einer sundanesischen »Befreiungsarmee« ge-genüber und standen vor der Forderung nach Unabhängigkeit, der sie schließlich nachgeben mußten. 1949 wurde Sunda eine Republik.

Der Augenblick der größten Schwierigkeit für alle revolutionären Führer scheint der Augenblick des Erfolgs zu sein; der Augenblick, in dem sie – eben noch Rebellen im Konflikt mit den Herrschenden – selber plötzlich die Herrschenden geworden sind; in dem die Kämp-fer, die den Sieg herbeigeführt haben, erwartungsvoll und ungeduldig ihre Belohnung einfordern. Es ist leichter, eine Befreiungsarmee zu rekrutieren, als sie zu entwaffnen und aufzulösen. (Besuch, 8 f.)

Die Unzufriedenheit unter den Offizieren der aufgelösten Be-freiungsarmee führt zu einem Aufstand im zentralen Hochland unter einem Exobersten, der als General Sanusi die Nationale Freiheitspartei gründet, einen muslimischen Gegenstaat errich-tet und der Regierung den Heiligen Krieg erklärt.[42] Zugleich wird eine Verschwörung innerhalb der Armee aufgedeckt. Schwarz-markt, Korruption und Rechtsunsicherheit grassieren.

Das Entwicklungsprojekt wird davon ebenfalls betroffen, da überflüssig gewordene Offiziere als ›Spezialberater‹ zu ihm ab-gestellt werden. Die Versuche der Offiziere, sich persönlich zu bereichern, können vom weißen Management nur sehr vorsich-tig bekämpft werden. Denn der Zorn auf die ehemaligen hollän-dischen Kolonialisten kann sich jederzeit auf alle Fremden entla-den. So hat die Polizei angeordnet, daß weiße Autofahrer, die in einen Verkehrsunfall verwickelt sind, sicherheitshalber vom Un-fallort wegfahren dürfen, da sie sonst womöglich gelyncht wür-den. Tatsächlich wird ein holländisches Farmerpaar in der Nähe des Staudammprojekts ermordet, und die Entwicklungshelfer können einen weiteren Pflanzer nur durch einen jämmerlichen Kompromiß schützen; später berichtet Frasers Begleiterin über die Ermordung ihres holländischen Vaters, der von jungen Sol-daten unter »Freiheit«-Rufen zu Tode gequält wurde.

Historisch gesehen verlief die Entkolonialisierung von Nieder-
ländisch-Ostindien besonders kompliziert, da letztlich die holländische Fremdherrschaft nur mit Hilfe einer anderen, nämlich
der japanischen Fremdherrschaft, abgeschüttelt werden konnte.[43]
Die um 1910 entstandene, von Holland seit Mitte der 1920er Jahre
massiv unterdrückte nationalistische und antikoloniale Bewegung
reagierte auf die holländische Kapitulation und die japanische
Besetzung vom Frühling 1942 unterschiedlich. Während die
Kommunisten und der linke Flügel der Nationalisten unter Sutan
Sjahrir in den Untergrund gingen, nahmen die Mehrheitsführer
Kusno Sosro Sukarno und Mohammed Hatta, die von den Japanern aus achtjähriger holländischer Verbannung befreit worden
waren, eine vorsichtige Zusammenarbeit mit Japan auf. Im September 1944 erklärte Japan, das militärisch in die Defensive geraten war, seine Absicht, die ehemals holländischen Kolonien in die
Unabhängigkeit entlassen zu wollen. Damit hatte die nationalistische Bewegung ein klares Ziel vor sich, das im Falle einer japanischen Niederlage jede Rückkehr unter holländische Herrschaft
ausschloß. Deshalb riefen Sukarno und Hatta, die unter den
Druck radikaler Gruppierungen geraten waren, nach der japanischen Kapitulation am 17. August 1945 die unabhängige Republik
Indonesien aus und begannen mit dem Aufbau einer Zivilverwaltung sowie einer Armee, die sich mehrheitlich aus einstmals von
Japan ausgerüsteten paramilitärischen Verbänden rekrutierte.

Der niederländische Kolonialismus hatte seit über einem Jahrhundert als Juniorpartner des britischen Empire funktioniert, das
holländische Besitznahmen denen Frankreichs oder Spaniens
vorzog. Nach Ende des Zweiten Weltkriegs erwartete Holland
zwar die Rückkehr der früheren Kolonien unter seine Oberho-
heit, sah sich aber, durch die langjährige deutsche Besetzung aus-
geblutet und traumatisiert, außerstande, die Macht direkt zu ergreifen. Auf der anderen Seite wollte auch Großbritannien, schwer
verschuldet und mit den eigenen Kolonien beschäftigt, nur zö-

gernd Ordnungsfunktionen wahrnehmen. Dennoch trafen Anfang Oktober britische Truppen auf Java ein, mit der Aufgabe, die auf Java und Sumatra verbliebenen japanischen Truppen zu entwaffnen und heimzuführen. Zuerst wurden die Engländer von der Bevölkerung willkommen geheißen, doch als in ihrem Gefolge holländische Kolonialtruppen zurückkehrten, änderte sich die Lage. Indonesische Milizen begannen Scharmützel nicht nur mit holländischen, sondern auch mit britischen Truppen. Andererseits lehnte die neu konstituierte holländische Regierung jegliche Verhandlungen mit Sukarno und Hatta ab.

Von holländischer wie indonesischer Seite unter Druck, beschränkten sich die britischen Truppen auf die beiden javanischen Städte Jakarta und Surabaya und erklärten diese zu Sicherheitszonen. Trotzdem kam es im November 1945 in Surabaya zu dreiwöchigen Gefechten, mit schweren Verlusten vor allem unter der Zivilbevölkerung. Im März 1946 spitzte sich die Lage in Bandung auf Sumatra zu, von wo weitere japanische Gefangene zurückgeführt werden sollten, wobei die Angriffe indonesischer Milizen dazu führten, daß die britischen Truppen mit den kriegsgefangenen Japanern zusammen ihre Position verteidigen mußten.

Nach dem vollständigen Abzug der Briten im November 1946 sahen sich die Holländer genötigt, mit der Führung der Republik Indonesien in langwierige Verhandlungen einzutreten. Diese erwiesen sich bald als rein taktisches Manöver: Im Juli 1947 begannen holländische Truppen mit einem Überraschungsangriff die militärische Eroberung von West- und Ostjava sowie größerer Gebiete auf Sumatra. Die Truppen der Republik zogen sich ins Landesinnere um die Hauptstadt Yogyakarta zurück und starteten einen Guerillakrieg, unterstützt von der internationalen Öffentlichkeit, die die holländische Aggression verurteilte. Im Dezember 1948 erfolgte ein zweiter holländischer Angriff auf die indonesische Regierung in Yogyakarta; die Stadt wurde erobert und die gesamte indonesische Regierung gefangengesetzt.

Ironischerweise beschleunigte gerade dies das Ende des holländischen Kolonialreichs. Die zweite niederländische Militäraktion wurde nicht nur von der UNO, sondern auch von den USA verurteilt. Die USA, in diplomatischen Verhandlungen um eine Lösung der Indonesienfrage bislang eher auf seiten der Holländer, konnten sich Ende 1948 aus geopolitischen Gründen plötzlich mit der Idee einer indonesischen Regierung anfreunden, nachdem diese ihrerseits im September und Oktober 1948 in ihrem Kerngebiet den kommunistisch inspirierten Madiun-Aufstand niedergeschlagen hatte. Unter massivem internationalen Druck mußte Holland deshalb Verhandlungen mit der freigelassenen Regierung Sukarno zustimmen, die zur Freigabe Niederländisch-Ostindiens führten. Am 27. Dezember 1949 wurde die holländische Flagge eingeholt und die Republik der Vereinigten Staaten von Indonesien ausgerufen.[44]

Die scheinbar objektive Darstellung in *Besuch bei Nacht* durch den britischen Ich-Erzähler Steve Fraser wird dadurch eingefärbt, daß dieser kurz vor der Abreise aus Sunda steht. Er referiert die nachkolonialen Probleme Sundas sachlich, aber ohne persönliches Engagement. Bereits beginnt er sich von seinen Erfahrungen zu distanzieren: »Und nun saß ich zum letztenmal bei Gedge [dem Projektmanager] im Büro, hörte mir an, was gesagt wurde, und wußte dabei ganz genau, daß das, was ich hörte, mir in weniger als drei Stunden so weit entfernt vorkommen würde wie ein Traum.« (Besuch, 32) Distanz kennzeichnete schon seine frühere Haltung. Beim Staudammprojekt verrichtete er seine Arbeit als Profi, trat gegen Korruption und Bürokratie und später gegen tätliche Bedrohungen auf, ohne sich um persönliche Kontakte mit Einheimischen zu bemühen. Die waren ihm anständig zu behandelnde Arbeitskräfte oder sich vom Leib zu haltende Irritationen.

So erlebt Fraser auch die letzten Tage in der Hauptstadt Selampong vorerst mit amüsierter oder resignierter Zurückhaltung.

Der australische Pilot Roy Jebb dagegen, der Fraser bis zu dessen endgültiger Abreise seine Wohnung zur Verfügung stellt, äußert sich um einiges krasser über seine vorübergehende Wahlheimat und das »komische Völkchen« (Besuch, 41) der Sundanesen. Die korrumpierende Macht der westlichen Konsumgesellschaft ist ihm vor allem Anlaß zur Verblüffung:

> Zum Beispiel all diese Dinge, die sie jetzt kriegen – Autos, Kühlschränke, Radios und so weiter –, das betrachten sie nicht als etwas, was man benutzt. Sie *tragen* das wie Amulette. Ob diese Dinge irgendeinen Nutzen für sie haben oder nicht, ob sie überhaupt funktionieren, spielt gar keine Rolle für sie. Sie müssen sie einfach haben, um sich wohl zu fühlen. Abdul hat in einem Film einen Amerikaner mit einer goldenen Uhr gesehen, also mußte er auch eine haben. Er hat drei Monate gehungert, um sich so ein Ding kaufen zu können. Warum? Er guckt nie auf die Uhr, zieht das Scheißding nicht auf und ist nicht mal besonders stolz darauf. Nur daß es eben *ihm* gehört. (Besuch, 41 f.)

Roy vermag allerdings der nachkolonialen Situation ihre angenehmen Seiten abzugewinnen. Er ist Habitué in einschlägigen Clubs und kennt sich mit den Arrangements bezüglich einheimischer Mädchen aus. Auch für Steve Fraser besorgt er eine Begleiterin, Rosalie, eine Eurasierin. Anders als sein Kollege vermag sich Steve mit den Gestalten der verblichenen kolonialen Herrlichkeit im Club nicht zu befreunden. Diese Welt ist ihm keinerlei Alternative zum chaotischen Sunda. Dafür beginnt er sich für seine Begleiterin zu interessieren. In ihrer Beschreibung betont er eine ethnische Ambivalenz:

> Es ist schwer, Eurasierinnen genau zu beschreiben. Beim ersten Eindruck überwiegen bestimmte rassische Merkmale immer so sehr, daß man alle anderen dabei praktisch übersieht; bei näherer Bekanntschaft scheint dieser erste Eindruck dann immer ins Gegenteil umzu-

schlagen. [...] In einem europäischen Kleid kann dieselbe Frau einmal mehr und einmal weniger asiatisch aussehen; wann das kippt, weiß man nicht – es ist wie bei diesen optischen Täuschungen, wo man einmal eine Pyramide massiver Kuben sieht, und beim nächsten Hinschauen sind es dann plötzlich leere Würfel. (Besuch, 49)

Auch sozial gesehen ist Rosalie nicht eindeutig zu fassen. Einerseits ist sie eine Edelprostituierte, die ihre Gunst verkauft; andererseits behält sie sich für ihre Kunden eigenständige Auswahlkriterien vor, die das einfache Tauschprinzip durchbrechen.

Das Fluktuierende ihrer Person beeinflußt Steves Wahrnehmung. Die Menschen rücken ihm näher, und zugleich wird sein Urteil über sie unschärfer, weniger klar umgrenzt. Er selber läßt sich durch den taxierenden Blick von Rosalie in Frage stellen: »Hin und wieder sah ich aus einem Augenwinkel, wie sie mich abwägend prüfte. Daß mich das überhaupt nicht störte, war eine überraschende Entdeckung für mich.« (Besuch, 51)

Postmoderne und postkoloniale Literaturanalysen betonen die Dezentrierung des westlichen Subjekts. Ambler führt dies anhand Steve Frasers sich langsam ändernder Wahrnehmung vor: Die Menschen und ihr Verhalten können nicht als selbstverständlich hingenommen werden. Die Konfrontation zwischen den Kulturen macht neue Kommunikationsformen nötig. Bedeutungen und Reaktionen müssen aus den Umständen und kulturellen Codes erschlossen werden. Charaktere sind probeweise zu ergründen.

So erkundet Rosalie sorgfältig die Wohnung, in die Steve sie führt, und er läßt sie fraglos gewähren. Die beiden finden sich für eine Nacht, aus der sie jäh erwachen, als schwerbewaffnete Soldaten auf ihrem Balkon auftauchen. Die Soldaten gehören zu den in die Stadt eingedrungenen Rebellen und haben sich die leer geglaubte Wohnung zum Hauptquartier erwählt, weil sie in einem der wenigen soliden Hochhäuser der Hauptstadt liegt, in dem auch der nationale Rundfunksender untergebracht ist. Major

Suparto, einer der Verbindungsoffiziere, die Steve vom Damm-projekt her kennt, hat sich mit den Rebellen verbündet und ihnen logistische Informationen geliefert. Statt die unerwartet angetroffenen Steve und Rosalie als unliebsame Mitwisser auszu-schalten, schützt er sie durch einen Hausarrest im Schlafzimmer der Wohnung. Im angrenzenden Wohnzimmer finden später die Beratungen zwischen Rebellengeneral Sanusi und dessen Stab statt.

Von diesem Zeitpunkt an wird die Interpretation kultureller Signale überlebenswichtig. Als Steve von dem Wachtposten et-was zu essen erbittet, stößt dieser ihm, da er ihn nicht versteht, die Maschinenpistole in den Bauch. Dem herbeigeeilten Offizier will Steve erklären, daß er nicht zu fliehen versuchte. Die Ver-ständigung scheitert nicht nur an mangelnden Sprachkenntnis-sen, sondern auch an unterschiedlichen Wertvorstellungen. »An seinen Augen las ich ab, daß er mich nicht verstanden hatte. Hätte ich auf malaiisch wiederholt, was ich gesagt hatte, so hätte er gewußt, daß ich das wußte, und folglich das Gesicht verloren. Es war besser, nichts zu sagen.« (Besuch, 93) Steve in-terpretiert das vorerst mit alten Rastern: Weil er sich zuvor »ein paar Minuten wie ein vernünftiger Europäer fühlen konnte, hatte ich den Fehler gemacht, mich auch wie ein solcher zu be-nehmen«. (Besuch, 93) Europäische »Vernunft« wird in der Folge von Steve mehrmals eingeklagt. Aber er übersieht, daß »vernünftig« hier keine Frage europäischen oder asiatischen Verhaltens ist, sondern der von Macht und Gewalt überformten Beziehung.

Rosalie, zwischen den Kulturen hin- und hergerissen, erinnert sich an die Ermordung ihres Vaters; auch sie löst die Erfahrung einseitig auf: »Was meinst du, warum ich dir von den *permoedas* [jungen Soldaten] erzählt habe, die meinen Vater umbrachten? Ich kenne diese Leute. Meistens sind sie ruhig und sanft. [...] Sie lächeln viel und lachen und scheinen glücklich, obwohl sie auch

traurig und verängstigt sind. Aber manche sind wie diese unbekannten Wahnsinnigen, in denen Teufel lauern. Und wenn Gewehre da sind zum Schießen und Menschen zum Umbringen,
dann kommen die Teufel raus. Ich habe das gesehen.« (Besuch,
95) Die Erklärung ist zirkulär, erklärt das Erklärungsbedürftige
durch das Unbekannte – den Wahnsinn – oder durch das scheinbar nur allzu Bekannte – die Teufel –, das gerade dadurch unbe-
kannt bleibt.

Wenig später muß denn auch Steve Rosalies hoffnungsvolle
Interpretation korrigieren, ihre Lage habe sich verbessert. Einer
der Soldaten bringt Steve Lebensmittel und begleitet dies mit
einer makaberen Pantomime, daß Menschen, denen die Hälse
durchgeschnitten werden, keine Lebensmittel mehr brauchen.
Rosalie sieht nur die freundliche Geste. »Die Tatsache, daß sie
sich an meine Bitte erinnert hätten, sagte sie, bedeute, daß sie sich
für ihr früheres Benehmen schämten, und das wiederum bedeute, daß sie uns doch nicht so sehr haßten. Ich sagte ihr nicht,
daß ich meine Bitte um die Früchte und das Wasser noch einmal
wiederholt hatte; auch den kleinen Scherz des neuen Wachtpo-
stens erzählte ich ihr nicht.« (Besuch, 114) Ebenso wehrt Steve
Rosalies positive Interpretation ab, nachdem er einem bei einem
Luftangriff verletzten Soldaten geholfen hat und dessen Kamerad freundlicher zu den Eingesperrten wird. »»Das machen die
Bomben‹, sagte ich, ›und weil wir alle genauso von Staub bedeckt
waren wie er. Er ist keine Bombenangriffe gewohnt. Er hat Angst
gehabt, und jetzt, weil er nicht tot ist, fühlt er sich großherzig und
freundlich und möchte reden. Daß ich seinen Freund verbunden habe, hat nichts damit zu tun. Das ist immer so.‹« (Besuch,
115f.) Steve greift dabei auf seine eigenen Erfahrungen während
des Zweiten Weltkriegs zurück: Todesangst und Tötungstrieb
durchbrechen die kulturellen Vorprägungen.

Trotzdem muß er auch deren Wirksamkeit anerkennen. Obwohl er gegenüber der erschreckten Rosalie versichert, der Re-

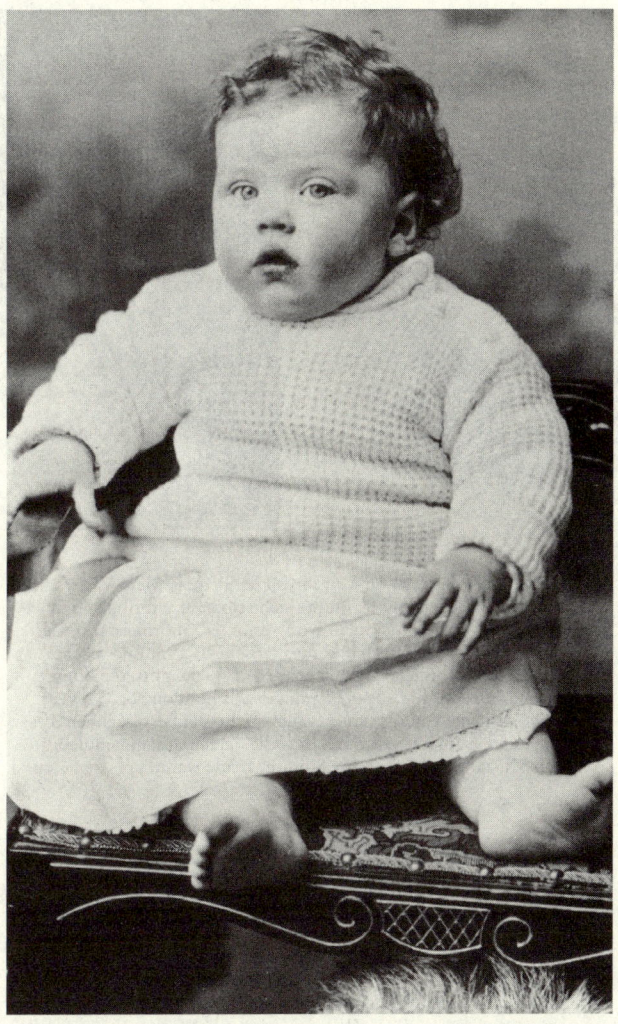

1 »Ich 1909. Für mich deutet dieses Porträt schon warnend
eine Entwicklung des zukünftigen Mannes an – eine gewisse Verdrieß-
lichkeit und eine Neigung zur Rundlichkeit.«

2 »Meine Eltern etwa zur Zeit ihrer Heirat 1906. Mein Vater kam
mit zwölf aus der Schule, mußte sich selbst durchbringen und
war weitgehend Autodidakt; ein wohlgesinnter Chormeister förderte
immerhin sein beträchtliches musikalisches Talent und machte
ihn zu einem tüchtigen Organisten, der für Geld auftreten konnte.
Meine Mutter traf er, als die Familie nach London zog. Sie war
gebildeter als mein Vater, wenn ich auch nicht glaube, daß ihnen dieser
Umstand je aufgefallen wäre. Was die beiden zusammenhielt,
waren Musik und der Sinn für Humor. Beide waren besessen vom
Theater.«

3   »Meine Eltern auf der Bühne. Sie traten als Reg und Amy Ambrose
    auf. Mit dieser Photographie machten sie bei Theateragenten
    Reklame für ihre ›Lebende-Marionetten‹-Show. Diese einst in England
    populäre Kunst ist heute ganz verschwunden. Das Gesicht
    gehörte einem Schauspieler, und die Marionette selber wurde vom
    Besitzer des Gesichts durch Schlitze in einem schwarzen
    Vorhang geführt. Reg Ambrose war ein Pionier dieser Technik und
    erfand einen Hintergrund, der unbewegt schien, wenn sich
    die Marionette seitlich verschob (sie wurde mit Rollen betrieben), und
    er baute Marionettenhände mit Gelenken, die es ihm erlaubten,
    auf der Bühne eine Zigarette anzuzünden oder auf einem Miniatur-
    klavier zu spielen.«

4   »Eine weitere Theateranzeige. Als die ›Lebenden Marionetten‹
aus der Mode kamen, verlegten sich meine Eltern auf die Durchführung
von ›Concert-Parties‹. Schauspieltruppen boten gegen ent-

sprechendes Entgelt Vaudeville-Unterhaltung an, in einem kleinen Saal
oder einem Theater, für einen Abend, eine Woche oder eine
ganze Saison. Dieses Bild (circa 1917) zeigt eine der Truppen meines
Vaters, die sich ›The Whatnots‹ nannte. Meine Mutter, die
Soubrette, sitzt auf dem Klavier. Der Mann, der schelmisch an ihrer
Haarschleife zupft, ist der Komödiant, mein Vater. Rechts
und links stehen der ›straight man‹ (Baßbariton) und die ›straight
woman‹ (Kontraalt). Die übermütige Pianistin ist eine höchst
gescheite Frau mit einem Hang zur Insubordination. Die humorvolle
Strenge, mit der mein Vater gewöhnlich die Disziplin
aufrechterhielt, war ihrem kecken Witz meist nicht gewachsen.«

5 »Familienbildnis 1920. Wenn man in jenen Tagen vom Strandphoto-
graphen angewiesen wurde zu lächeln, dann lächelte man.
Dieser bestimmte Photograph muß allerdings von ausnehmender Über-
zeugungskraft gewesen sein, denn meine Mutter, eine Frau
mit starkem Willen und hitzigem Temperament, unterwarf sich nicht
gerne Regieanweisungen von Fremden. Vielleicht sieht man,
daß ihr Lächeln doch nicht ganz bis zu den Augen reicht. Der Knabe
zu ihren Füßen ist mein Bruder Maurice. Meine Schwester war
noch nicht geboren.«

6 »Als Universitätsstudent, achtzehnjährig. Die Schau, die ich hier abziehe, war darauf angelegt, das Mädchen hinter der Kamera zum Lachen zu bringen. Ich schie[...] damals viel Zeit darauf zu verwenden, Mädchen zum Lachen zu bringen. Möglicherweise weil ich damals glaubte – irrtümlich, wie ich seither weiß –, wenn man Mädchen zum Lachen bringe könne man sie leichter dazu überreden, mit einem ins Bett zu gehen.«

7 Kurz nach Abschluß des ersten Theaterstücks *White te[...] Harvest* am Strand, vermutlich 1931 in Positano, wo Ambler seinen Freund und Kollegen John French besuchte. »In den frühen dreißiger Jahren war Positano noch ein unbekannter und recht primitiver Küstenort mit ein paar Fischerbooten, die nachts zum Tintenfischfang ausliefen.« Auf der Rückreise nach England sah er mit French in Rom eine Ausstellung faschistischer Monumentalmalerei und hatte seine erste handgreifliche Erfahrung mit dem italienischen Faschismus.

8 Eric mit Mutter und Schwester 1932, wenige Jahre nach dem Tod des Vaters, im Garten des Reihen-Einfamilienhauses am Valley Walk in Shirley/Südlondon, als Ambler in der Werbeagentur Dorland Fuß faßte.

9 Die Künstlertochter Betty Dyson, Amblers erste große Liebe, um 1928, siebzehnjährig, frühreif, in Australien: »Wie konnte dieser niedliche Blondschopf, der so ein intelligentes Gesicht hatte, einen so verwirrend anlächelte und so klare Augen hatte, nur so ordinäre Ausdrücke verwenden!«

10 »Schluß mit den Faxen. Der Schriftsteller-Novize im Alter von
27 Jahren will ernstgenommen werden. Welch ein sensibles
Gesicht! Aber wo kommen all die Haare her? Und wohin sind sie
entschwunden?«

11 Englische Originalausgabe von Amblers im Frühling 1938 erschienenem dritten Roman *Epitaph for a Spy (Nachruf auf einen Spion);* der Roman wurde vom ›Daily Express‹ für 135 Pfund in Fortsetzungen abgedruckt, was Ambler in seinem Entschluß bestätigte, sich von nun an als freier Schriftsteller zu versuchen.

12 Brief Eric Amblers während seiner Rückreise aus den USA von Bord der ›Britannic‹ im August 1940 an seine erste Frau Louise Crombie, die vorerst mit ihren Kindern in Nutley/New Jersey zurückblieb: »Es war ein bedrückender Abschied.«

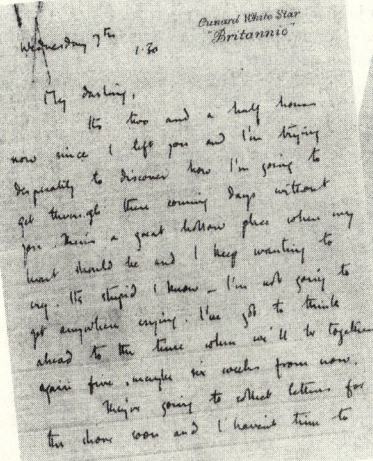

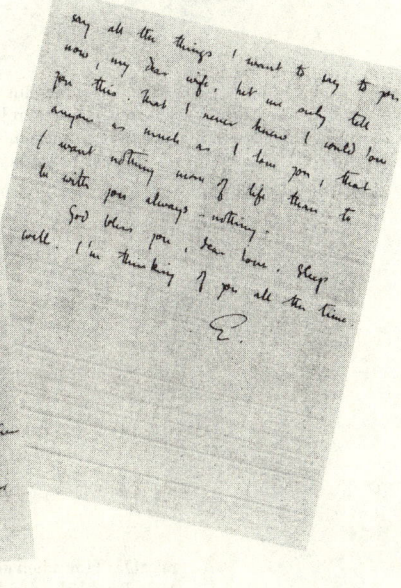

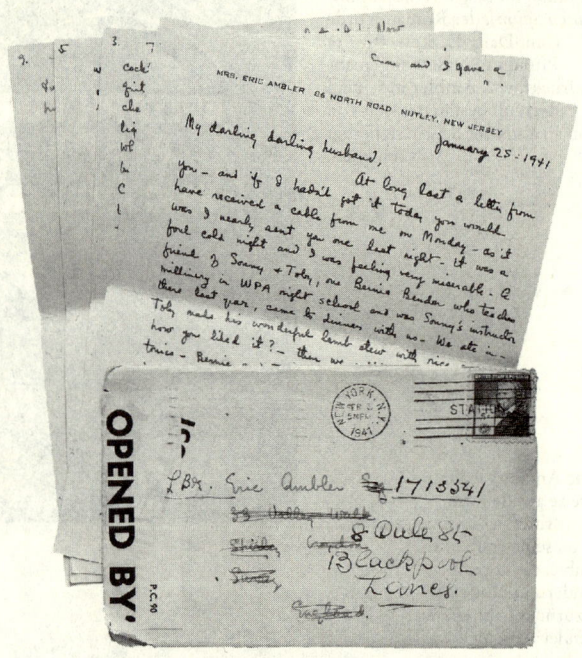

13 Brief Louise Crombies aus Amerika an ihren nach England
zurückgekehrten Mann vom Januar/Februar 1941; der Brief
an den in Blackpool stationierten »Gunner No 1713541« wurde von
der Kriegszensur geöffnet.

14 Das Häuschen am Cavaye Place, das die Amblers nach Louises
Rückkehr aus Amerika Mitte 1942 mieteten. »Das meiste, was
wir an Möbeln brauchten, kaufte Louise in einem mit alten Sachen
vollgestopften Trödelladen in der Nähe der Blackfriars Bridge.

15   Ambler (links) mit John Huston (Mitte) und Kameramann Leutnant Ibba, während der Dreharbeiten zu *The Battle of San Pietro*
in Italien 1943. Während sich Huston später über Amblers Schnarchen
mokierte, warf Ambler dem Regisseur vor, in unverantwortlicher
Weise mit seiner Cameracrew in das militärisch noch nicht gesicherte
italienische Dorf San Pietro eingezogen zu sein und damit das ganze
Team gefährdet zu haben.

16   Peter Lorre (als Latimer)
überblickt die finale Ver-
wüstung: Standfoto aus *The
Mask of Dimitrios (Die
Maske des Dimitrios,* 1944)
in der Verfilmung von
Jean Negulesco, mit Zachary
Scott, Sydney Greenstreet
und Peter Lorre. »Ich hatte
nicht erwartet, mich zu
amüsieren, aber auch keinen
Leinwand-Dimitrios er-
wartet, bei dem ich Magen-
krämpfe bekam. Sie
waren ziemlich heftig.«

18   Ambler auf dem Balkon von Pelham Crescent 16
im Londoner Stadtteil Kensington, Wohnhaus der
Amblers von 1946 bis 1958, einem eleganten weißen
Stuckhaus von 1830, das die Amblers 1946 als eine
»bombenverwüstete Hülle« gekauft, sorgfältig restauriert hatten und bis 1958 bewohnten.

Eric Ambler (links) und der 23jährige Peter Ustinov, 1943, bei
ı Arbeiten am Drehbuch zum britischen Armee-Informationsfilm
e *Way Ahead,* in ständiger Auseinandersetzung mit militärischen
erarchievorstellungen und mißtrauischen Vorgesetzten sowie in
undschaftlicher Rivalität um die gelassenste Pose.

19   Aufwühlende Gefühle in den Schweizer Alpen: Standfoto
von *The Passionate Friends (Die große Leidenschaft)* nach dem gleichnamigen Roman von H. G. Wells, den David Lean (mit
Ann Todd, Claude Rains und Trevor Howard in den Hauptrollen)
1949 nach einem Drehbuch von Ambler verfilmte.

20   Eric Ambler, hier 1952, und die Autos. Als junger Mann hatte er
     sich zurückgesetzt gefühlt, als sein Vater wegen eines Autokaufs
     den Universitätsbesuch des Sohnes nicht finanzieren konnte. Doch
     bald schon erwarb er eigene, relativ luxuriöse Modelle.

21   Eric Ambler mit Hauptdarsteller Jack Hawkins auf dem Set von
The Cruel Sea (Der große Atlantik), 1953 von Charles Frend
nach einem Drehbuch von Eric Ambler verfilmt, für das Ambler eine
Oscarnominierung erhielt.

22   Eine frühe Liebe zwischen verschiedenen ethnischen Kulturen:
Standfoto mit Gregory Peck und Win Min Than in
The Purple Plain (Flammen über Fernost/Staffelkapitän Forester,
1954). Regie: Robert Parrish. Drehbuch: Eric Ambler,
nach einem Roman von H. E. Bates.

23   Werbeplakat für *The Cruel Sea (Der große Atlantik);* der Film
festigte den Ruf von Hawkins und startete die Karrieren
verschiedener englischer Schauspieler wie Donald Sinden, Denholm
Elliott und Virginia McKenna.

24 »Meine Schwester Joyce und mein Bruder Maurice. Sie ist vierzehn
Jahre jünger als ich, verheiratet mit einem höheren Angestellten
einer Fluggesellschaft und hat ihre eigene Laufbahn in einer multinationalen Gesellschaft. Mein Bruder war als Photojournalist sehr
erfolgreich, bis er in mittleren Jahren alles aufgab, um lutherischer
Pfarrer zu werden. Der Ausdruck fröhlicher Zuversicht und
sein Glaube ist nicht aufgesetzt.«

25 Ambler rauchend, 1953. *The Schirmer Inheritance*
(*Schirmers Erbschaft*) war gerade erschienen, ein Roman über den
Balkan und den »makedonischen Fall« am Ende des
Zweiten Weltkriegs, der gleichzeitig mit Ian Flemings erstem
James-Bond-Roman, *Casino Royale,* erschien.

26 Drehaufnahme von *A Night to Remember* (*Die letzte Nacht
der Titanic,* 1958), unter der Regie von Roy Baker nach einem
Drehbuch von Eric Ambler. Die Außenaufnahmen mit dem zwölf
Meter langen Schiffsmodell wurden bei teilweise bitterer Kälte in
einem Freibad gedreht.

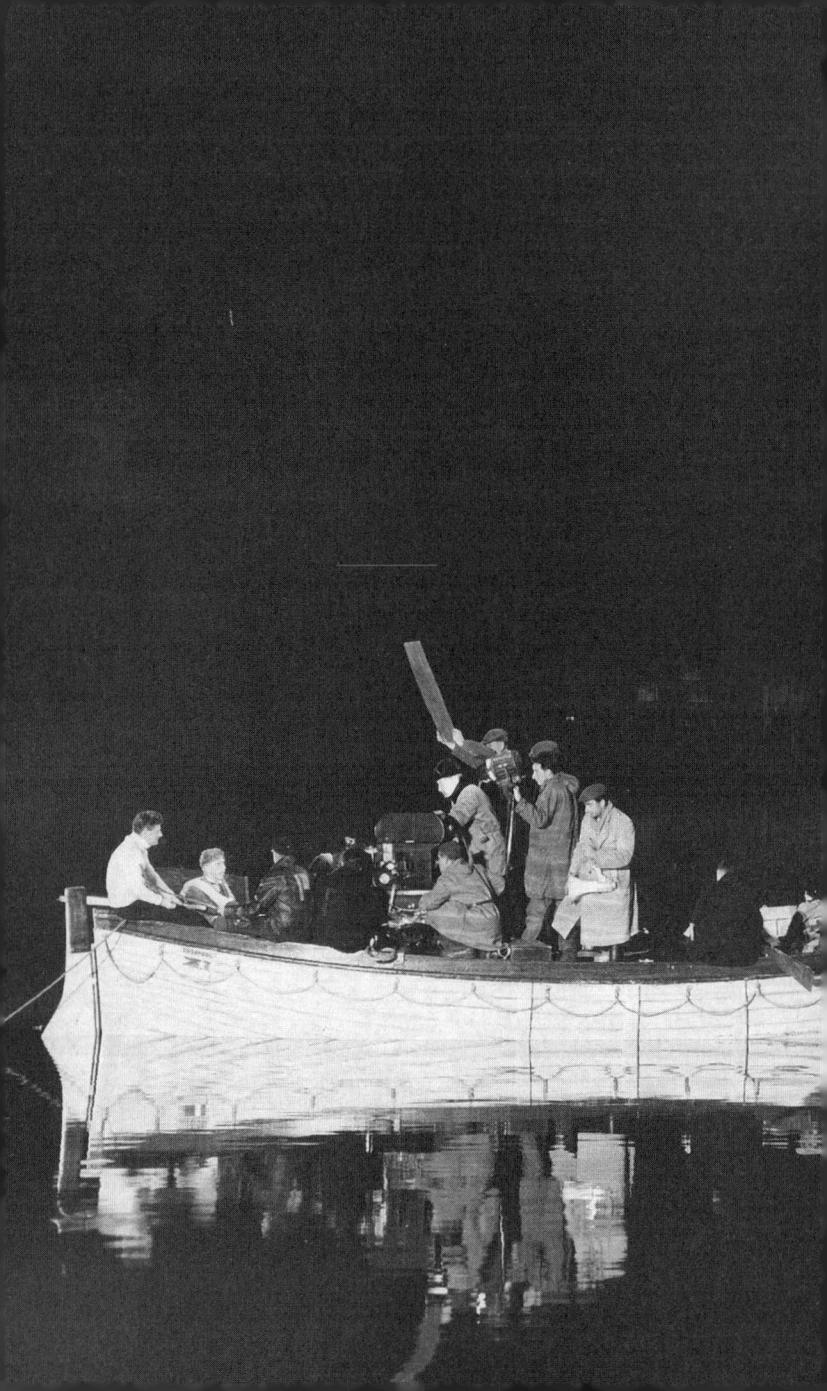

27   Eric Ambler und Joan Harrison
vor dem Standesamt am 11. Oktober
1958 in San Francisco; Alfred
Hitchcock inszenierte die Trauung als
öffentliches Ereignis, »so raffiniert,
als wären wir Cary Grant und Ingrid
Bergman«.

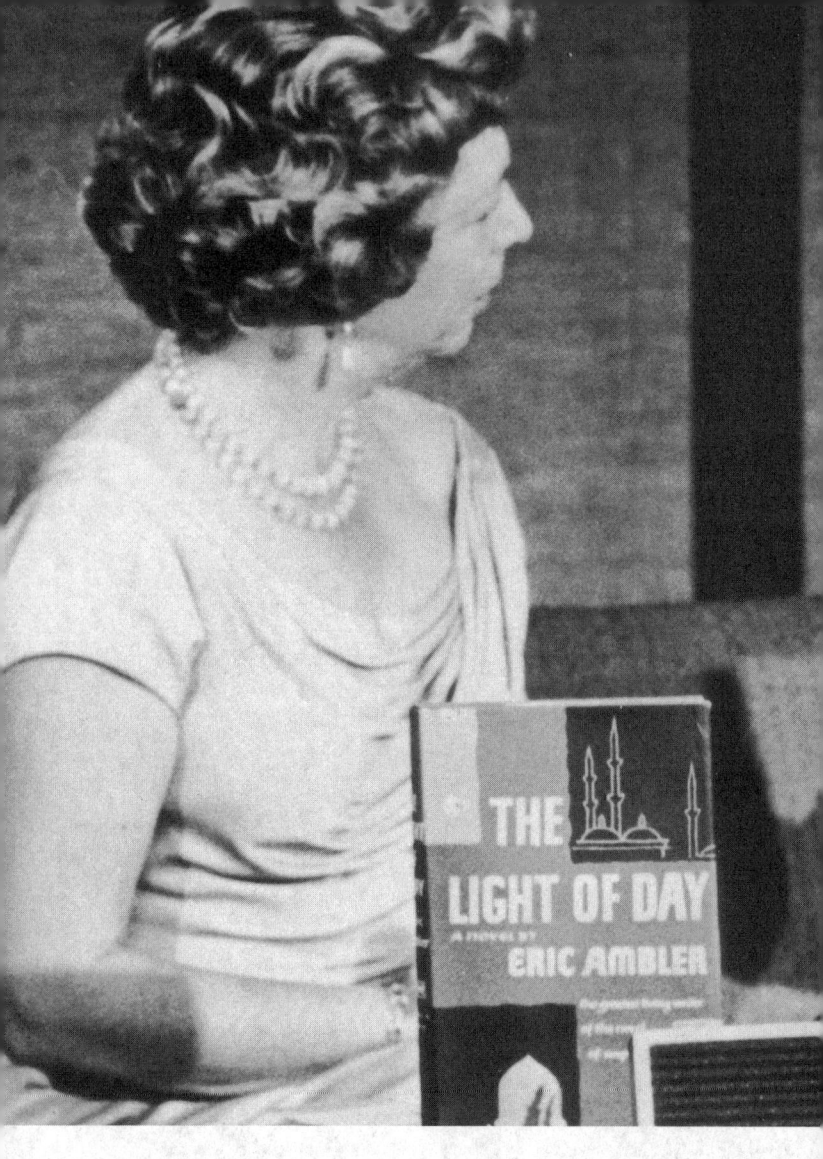

28   Friedensrichter Gerald Levinin (ganz links), Alma Hitchcock,
Eric Ambler, Joan Harrison und Alfred Hitchcock bei der an einem
Samstagnachmittag durchgeführten Trauung. »Der Richter war,
wegen der entgangenen Golfpartie, bei seinem Eintreffen ausgesprochen
schlechtgelaunt. Seine Stimmung besserte sich jedoch, als er Hitch
erkannte und die vielen Photographen sah.«

ERIC AMBLER

29 »Im amerikanischen Fernsehen. Der Ausdruck von Bestürzung der
Interviewerin ist verständlich. Es war keine Aufzeichnung,
sondern eine Live-Sendung. Die Frage war, warum ich einen so wider-
wärtigen Kerl wie Arthur Abdel Simpson geschildert hatte,
Zuhälter, Pornograph, Dieb. Ich setzte ihr hier mit aller mir zu Gebote
stehenden Überzeugung auseinander, daß der Simpson-Roman
Topkapi in der Tat autobiographisch ist.«

30   Jack Hawkins, Eric Ambler und Nicholas Monsarrat bei der
Weltpremiere des Films *The Cruel Sea (Der große Atlantik)*, der 1953
nach dem Roman von Monsarrats gleichnamigem Bestseller mit
Jack Hawkins in der Hauptrolle des Lt Commander Ericson nach
einem Drehbuch von Ambler gedreht wurde.

31 Joan Harrison (links), Eric Ambler und seine Schwester
Joyce Fowle 1966 am Taranto Way in Los Angeles, zwischen englischen
Stilmöbeln und amerikanischem Trompe-l'œil.

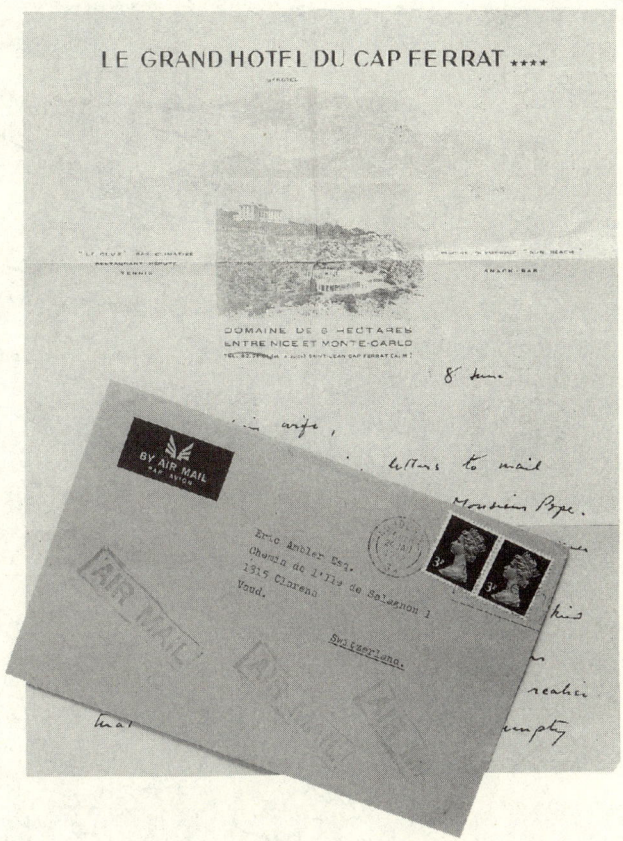

LE GRAND HOTEL DU CAP FERRAT ★★★★

33 Brief Amblers an Joan, im Juni 1968, aus Frankreich, während die
Übersiedlung nach der Schweiz vorbereitet wurde und Ambler
um die Form für seinen neuesten Roman *The Intercom Conspiracy*
(*Das Intercom-Komplott,* 1970) rang.

Eric und Joan am Swimmingpool am Taranto Way; Ambler
versuchte sich dem amerikanischen Lebensstil sogar mit einer gelegentlichen Partie Golf anzupassen, ohne Erfolg.

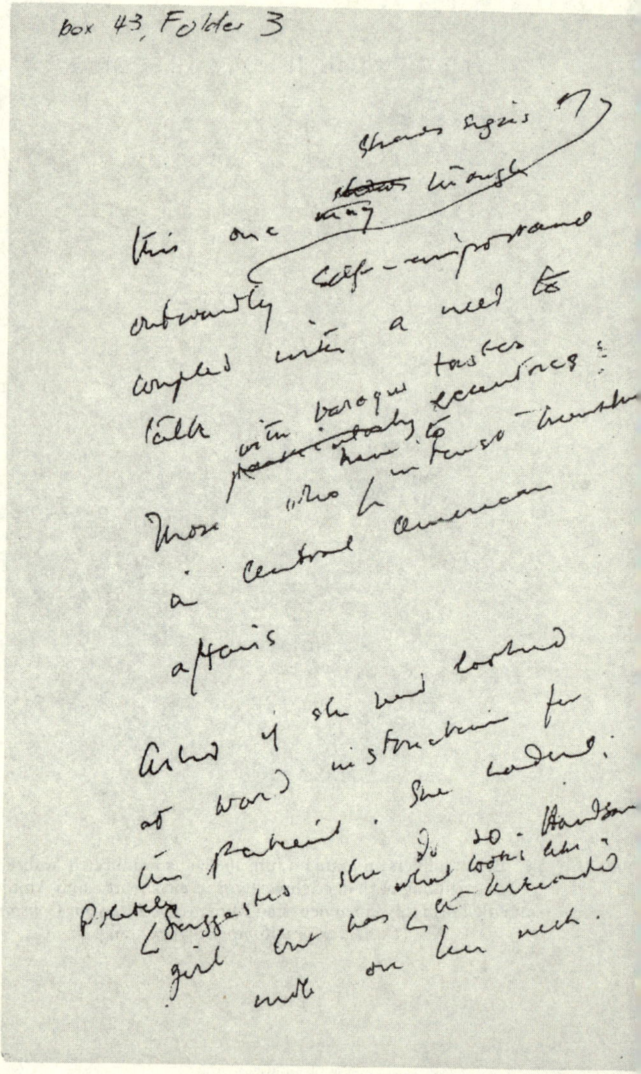
box 43, Folder 3

34 Seite aus einem Tagebuch, in dem Ambler während einer Reise nach Guadeloupe und Martinique mit Joan im November 1973 erste Motive zu *Doctor Frigo* (*Doktor Frigo,* 1974) notierte. »Obwohl Saint-Paul, wie Martinique, Guadeloupe und die anderen Inseln der französischen Antillen, rasant ›entwickelt‹ wird, sind nur

wenige der jüngsten Errungenschaften von Saint-Paul – der
Industriekomplex (›Plan Fünf‹), das Handelszentrum, die billigen
Sozialblocks, die neue Grundschule, der Supermarkt ›Alizés‹
und das Hotel Ajoupa – bis zum alten Hafen von Fort Louis und zu
den weiter oberhalb gelegenen Straßen vorgedrungen.«

35   Eric und Joan Ambler im
        Februar 1973 vor dem
      Taj Mahal; die Reise führte
     nach Hongkong, Singapur,
Bangkok, Delhi und Teheran.

Mit Patricia Highsmith beim Jubiläumsfest des Diogenes
Verlags 1977 in Zürich: Zwei im öffentlichen Auftreten eher zurückhaltende Meister ihres Fachs teilen ein Geheimnis.

37   Ambler 1980 am
Schreibtisch bei der Nie-
derschrift seines im Jahr
darauf erscheinenden
letzten Romans *The Care
of Time (Mit der Zeit);*
alle seine Romane schrieb
Ambler zuerst in einer
bereits sehr weitgehend
ausformulierten hand-
schriftlichen Fassung
und korrigierte dann ver-
schiedene maschinen-
schriftliche Versionen
aufs sorgfältigste.

38 Handschriftliche Notizen zu *The Care of Time (Mit der Zeit):*
»An der Abzweigung stand ein kleines Schild mit der hand-
gemalten Aufschrift UMLEITUNG, allerdings ohne einen Hinweis, wohin
man zu fahren hatte. Nur ein Stück Pappe mit einer kleinen
Skizze war darunter angebracht, die so aussah, als hätte sich ein Vier-
jähriger im Malen mit Fingerfarben geübt.«

39   Ein Gentleman und Perfektionist: Eric Ambler bei einer Lesung im
April 1980 im Hechtplatz-Theater, Zürich.

Ambler um 1980 am Genfersee: »(...) eine Ansichtskartenaussicht, wir meist ignorierten. Näher und viel interessanter waren Vorgänge im Hafen, die Segelboote, ihre Besitzer und die Vögel.«

41   Die Wohnung der Amblers am Chesham Place in Belgravia/ London, wohin das Ehepaar nach dem Ausbruch von Joan Harrisons Krankheit und einem schweren Autounfall Amblers aus der Schweiz gezogen war.

Frederick Forsyth

Kingsley Amis

Ted Allbeury

Eric Ambler

A Birthday Tribute

to

Eric Ambler

Miles Tripp

Julian Symons

Gavin Lyall

John le Carré

Len Deighton

Anthony Price

H. R. F. Keating

John Gardner

Lionel Davidson

PATIENCE ROOM   Friday, 29th June, 1984

42   Speisekarte mit Unterschriften zum 75. Geburtstag am 29. Juni
1984 im Kreis von zwölf Freunden und Kollegen (von oben
nach unten und von links nach rechts): Frederick Forsyth, Kingsley
Amis, Ted Allbeury, Miles Tripp, Gavin Lyall, Julian Symons,
John le Carré, Anthony Price, Len Deighton (der den Lunch organisierte), H. R. F. Keating, John Gardner, Lionel Davidson.

MENU

La Terrine de Saumon à l'Oseille

*

La Salade Meli-Melo

*

Le Baron d'Agneau Roti Nouvelle Saison

Les Légumes sur le Plat

Les Pommes Dauphinoise

*

La Tulipe de Sorbet aux Framboises

*

Les Friandises

La Bombe Pralinée

Le Café Savoy

43 1977, in London,
aufgenommen von Lord Snowdon.

MERES
ENTERTAINMENT

SHORT BUT NOT SWEET

The Thirties

1.

When I began writing for a living the short story was still an substantial source of income for popular novelists...

44 Anfang der 1990er Jahre begann Ambler mit einer Fortsetzung seiner Autobiographie *Here Lies Eric Ambler (Ambler by Ambler)*, entschied sich dann aber dazu, seine gesammelten Kurzgeschichten mit autobiographischen Einleitungen zu verbinden. Dies ist der handschriftliche Entwurf zum Kapitel ›Anfang‹ des Bandes, der 1993 als *The Story So Far (Wer hat Blagden Cole umgebracht?)* erschien.

bellengeneral Sanusi wirke ganz vernünftig, akzeptiert er, daß
dieser die Eurasierin Rosalie für verachtenswerter hält als selbst
ihn, den Weißen: »Ich hatte gehört, wie ihre Stimmen einen anderen Ton bekamen, als Suparto ihnen von ihr erzählte. Für diese
Männer mit ihrem verzweifelten Rassenstolz und ihrem Haß auf
Europäer war sie bereits die Verkörperung von Verrat; und die
Tatsache, daß sie mit mir zusammen war, machte die Schande ihres Daseins doppelt obszön. Uns beide zu töten mochte ihnen
wie ein Akt der Läuterung erscheinen.« (Besuch, 105 f.) Immerhin weiß er, daß solche Gefühle vom Zweckdenken bestimmt
bleiben: »Alles hing eigentlich davon ab, wie notwendig solch ein
Akt für sie werden könnte.« (Besuch, 106)

So schwanken die Einschätzungen. Nichts ist verbindlich und
fest. Das gilt auch für die Gegenseite, insbesondere Major Suparto. Er wird von vornherein als intelligentester und tüchtigster
all jener Offiziere hervorgehoben, die das Entwicklungsprojekt
heimsuchten. Sein Mitmachen bei den Rebellen kommt als Überraschung. Nur ihm verdanken es die beiden Gefangenen, daß sie
noch am Leben sind. Beiläufig versucht er zu erklären, warum er
Fraser schätzt. Ohne Zweifel habe sich Fraser über sein, Supartos, arrogantes Auftreten anläßlich der Ankunft beim Damm-
projekt geärgert.

Sie haben keinen Hehl daraus gemacht. Aber *wie* Sie das gemacht
haben, *das* hat mich beeindruckt. Sie haben sich nicht gesagt: »Wieder
so einer von diesen ermüdenden kleinen braunen Männern, diesen
rührenden kleinen Emporkömmlingen in Uniform, den ich scheiß-
freundlich behandeln muß, damit er nicht denkt, ich hielte ihn für
einen minderwertigen Menschen.« Sie waren nicht gönnerhaft wie
Mr. Gedge und nicht taktvoller als nötig. Sie sind rückhaltlos offen
zu mir gewesen, genauso wie unter denselben Umständen zu einem
Europäer, und in Ihrem Verhalten war nichts Berechnendes. Sie haben mich nicht behandelt wie einen Hund und auch nicht wie einen
zahmen Affen, der vielleicht beißt. Und das hat mir gefallen an Ihnen.
(Besuch 129 f.)

Aber Suparto macht sich etwas vor, sowohl über die damalige rückhaltlose Offenheit von Fraser wie über seine eigene Wertschätzung von Fraser. Nur ein paar Minuten später greift er seinen eigenen Vergleich unbewußt auf und sagt, beinahe hätte er Fraser wie einen Hund erschossen.

Tatsächlich verläßt sich Fraser nicht auf Supartos Freundschaft, sondern auf ein kühles Kosten-Nutzen-Kalkül. Aus verschiedenen Indizien folgert er, daß Suparto ein doppeltes Spiel betreibt, indem er weiterhin im Dienst der Regierung steht und den vorsichtigen Rebellengeneral Sanusi mit seinen Fehlinformationen dazu verlockt hat, das uneinnehmbare Hauptquartier im Hochland zu verlassen und nach Selampang in eine Falle zu laufen.

Als Doppelagent im feindlichen Generalstab muß Suparto seine Schachzüge besonders vorsichtig bedenken. Der Schutz, den er Steve und Rosalie angedeihen läßt, ist eng begrenzt. Da trifft es sich günstig, daß Steves professionelle Fähigkeiten gebraucht werden, als der den Rundfunksender betreibende Generator durch einen Bombenangriff beschädigt wird. Widerstrebend verpflichtet General Sanusi Fraser zur Reparatur und verspricht als Gegenleistung, ihn und seine Freundin zu schützen. Er liefert den sozialen Hintergrund dafür, warum die revolutionäre Befreiungsarmee auf einen weißen Ingenieur angewiesen ist:

> Wir haben keine großen Männer. Unter den Holländern konnte im öffentlichen Dienst kein Sundanese mehr werden als ein drittklassiger Schreiber in einem Bürovorzimmer. Und so wird unsere Verwaltung jetzt von drittklassigen Büroschreibern geführt, und unsere Regierung besteht aus kleinen Dieben und Schauspielern. Wir sind korrupt, und nur Disziplin kann uns vor den Folgen retten. […] Daß wir von Europäern und Ungläubigen Hilfe erbitten müssen, ist demütigend für uns, aber wir sind keine selbstgefälligen Menschen. (Besuch, 123)

Die Einschätzung über das verheerende Erbe des Kolonialismus wird auch von Major Suparto geteilt, der dennoch Sanusi in den Rücken fallen wird. Die Meinungen scheiden sich an den Mitteln, die gegen Unwissenheit und Korruption angewandt werden sollen. Sanusi hält islamische Disziplin für das einzig Richtige und Notwendige. Dagegen versucht Suparto, Fraser sein Festhalten an der Nasjah-Regierung zu erklären:

> Mr. Fraser, die Nasjah-Bande ist mir ebenso zuwider wie Colonel Roda. Sanusi hat recht in einigen Dingen. Wir haben unsere Unabhängigkeit nicht von den Holländern errungen. Sie ist durch die Gewalt der Umstände in Hände gegeben worden, die nicht bereit waren, sie zu empfangen. Aber wir *sind* nun mal nicht soweit. Eine Revolution ist deshalb zwecklos. Was diese Nation haben muß, ist Zeit, um das Regieren zu lernen. Vorerst können wir nur zwischen zwei Übeln wählen. Die Nasjah-Regierung ist korrupt und unfähig, und das Ausland lacht uns aus deswegen. Aber Sanusi haben Sie ja auch gehört. Er selber ist kein übler Mann. Als Feldherr ist er ausgezeichnet. Als Propagandaminister könnte er nützliche Dienste leisten. Aber was hat er als Führer einer Nation anzubieten? Mehr Moscheen in Selampang? Ausgezeichnet. Aber was sonst? Nur den Drill von Männern wie Roda, Männern, die nach Macht hungern. Da ist mir die Nasjah-Bande lieber. Sie ist schwach, aber wenigstens läuft die repräsentative Regierungsmaschinerie, und ein allmählicher Wandel ist möglich. Schließlich wird, sofern die Amerikaner und ihr Engländer euch nicht einmischt, eine gesunde, neue Saat aufgehen. Aber wir müssen Zeit haben und Geduld. (Besuch, 172 f.)

Es ist die alte politische Debatte zwischen Reform und Revolution, wobei die Revolution hier nur als Form einer islamischen Revolution von oben gedacht werden kann, wie Suparto erklärt: »Die Kommunisten? Das ist euer Alptraum, nicht unserer. Ach ja, ich weiß. Ihr seht die Propaganda in den *kampongs*. Aber das ist alles, was ihr seht, und alles, was es gibt. Wenn ich glauben könnte, daß es unter all den einfachen Menschen von Sunda genügend entschlossene Männer gäbe, die fähig wären, in einem Viertel auch

nur eine politische Organisation, egal welcher Richtung, wirkungsvoll auf die Beine zu stellen, wäre ich schon froh.« (Besuch,
173) Man mag Suparto in dieser Meinung subjektive Ehrlichkeit
zubilligen, aber das mangelnde Vertrauen in die »einfachen Menschen« hat auch, wie bei jedem autoritären Regime, Rechtferti-
gungscharakter.[45] Jedenfalls nimmt Suparto mit seinem kleineren
Übel in Kauf, daß die Regierungsarmee rücksichtslos in Wohn-
viertel schießt, um wirkliche oder vermeintliche Rebellenstellun-
gen anzugreifen. Der Kampf wird zwischen den professionellen
militärischen Kadern geführt, ohne Bezug zur Bevölkerung. Die
kommt nur gelegentlich als Zuschauerin oder Opfer ins Bild.

Immerhin werden einigen der einheimischen Protagonisten
moralische Dilemmas zugestanden, insbesondere Major Suparto. Kurz vor dem Zuschnappen der Falle setzt er sich ins Re-
gierungslager ab. Nachdem Fraser als Beobachter mit einem
Offizier der Rebellen zu Kapitulationsverhandlungen eingetroffen ist, setzt sich Suparto für Frasers Befreiung aus den Händen
der Rebellen ein. Doch dieser lehnt ab, die eigene Haut zu retten,
solange seine Gefährtin in Gefahr ist. Suparto will das nicht verstehen, worauf der Rebellenoffizier bitter bemerkt: »Vielleicht
hat Mr. Fraser Skrupel, diejenigen zu verraten, die ihm vertrauen« (Besuch, 206). So stark Suparto seinen doppelten Verrat
mit objektiven Gründen rechtfertigen mag, so bleibt doch die
subjektive Seite für ihn ein Stachel. Stellvertretend sühnt er seinen Treuebruch vermittels Fraser, indem er diesen beim Sturmangriff auf das Hauptquartier der Rebellen zu schützen sucht und
ihm nach der Befreiung hilft, das Land so schnell als möglich zu
verlassen.

Würde ist das einzige, was den Aufständischen übrigbleibt.
In dem zum Schluß, als schon alles verloren ist, auftauchenden
Stabsoffizier Aroff ist sie am ehesten verkörpert. Fraser fragt ihn,
ob er die Kapitulationsbedingungen annehmen würde: »Müde
zuckte er mit den Schultern. ›Wenn ich zu entscheiden hätte,

würde ich gar nicht erst versucht haben zu verhandeln. Ich fürchte mich nicht so sehr vor dem Tod. Jetzt haben wir das Gesicht verloren und werden in Schande sterben.‹ Er zögerte kurz und entließ mich dann mit einer leichten Verbeugung. ›Ihre Gesellschaft war mir ein Vergnügen, Mr. Fraser.‹« (Besuch, 208) Seine persönliche Würde bleibt intakt, weil er das, was nach seinen kulturellen Vorstellungen als Schande erscheint, persönlich ehrenhaft durchstehen wird. General Sanusi dagegen verfängt sich in Phantasien unbedingten Gehorsams und richtet seinen Stellvertreter wegen angeblichen Verrats eigenhändig hin. Im Angesicht des Todes gewinnt jedoch selbst sein dogmatischer Glaube an Größe. Vor dem letzten Sturmangriff der Regierungstruppen bereitet er sich durch das Rezitieren einer Koransure auf den Tod vor. Die 86. Sure handelt von jenem nächtlichen Besucher, der der englischen Buchausgabe den Titel *The Night-Comers* gegeben hat und der wahlweise den Morgenstern oder den Propheten selbst bezeichnet, der beim Jüngsten Gericht an den Ursprung der Menschen und deren Auferstehung erinnert.

Für Sanusi und seine Anhänger kann der nächtliche Besucher nur Trost im Jenseits spenden. Für Steve und Rosalie hat sich dagegen in der Todesgefahr etwas anderes entwickelt: ein neues Vertrauen und eine neue Hingabe ans Leben. Das kann sich als sexuelles Begehren äußern, wie Rosalie erkennt und Steve zu ironisieren versucht, geht aber in eine tiefergehende Zuneigung über.

Dennoch muß Steve zum Schluß abreisen. Da er zuviel über die Hintergründe des Putschs und dessen Niederschlagung weiß, würde sein Verbleib Rosalie und ihn gefährden. Rosalie verknüpft Liebe und Realitätsprinzip:

»Wir lieben einander«, sagte sie.
»Ja.«
»Aber wir sind auch klug.«

»Ich denke schon.«
»Ja.« Sie lächelte. »So werden wir immer in Liebe aneinander zu-
rückdenken.« (Besuch, 249)

Diese in Amblers Werk bislang zärtlichste und sinnlichste Liebesbeziehung kommt nach *Schirmers Erbschaft* überraschend.
Oder auch nicht: Indem sie sich genau spiegelverkehrt zur Beziehung zwischen Schirmer und Maria Kolin verhält. Dort hatte
sich Liebe als Unterwerfung erwiesen. Hier läßt die gegenseitige
Wertschätzung den beiden Figuren ihre Selbständigkeit.

Nightrunners of Bengal von John Masters, *Flamingofeder* von
Laurens van der Post, Graham Greenes *Der stille Amerikaner*
und Eric Amblers *Besuch bei Nacht* sind vier Versuche, Mitte der
1950er Jahre die Krise des Kolonialismus und die Entkolonialisierung darzustellen. Im Vergleich zeigt sich nicht nur Amblers
politische Differenziertheit, sondern auch seine literarische Qualität. In knappen Skizzen entwirft er ein Land und seine sonnen-
durchglühten Landschaften. Die Handlung rollt präzise, ohne
ein überflüssiges Wort ab. Die Darstellung technischer und militärischer Vorkommnisse zehrt von eigenen Erfahrungen. Die
Reparatur des Generators, der Bombenangriff auf das Hauptquartier der Aufständischen, die folgende Panzerattacke und
schließlich der Häuserkampf werden ebenso kompetent wie
spannend beschrieben. Die Bücher von Masters und van der
Post sind kaum als literarische Produkte, sondern eher als sozial-
geschichtliche Dokumente interessant. Aber auch gegenüber
Greenes Roman weist Ambler unbestreitbare Stärken auf. Insbesondere haben die einheimischen Figuren an Profil und Gewicht
gewonnen. Zudem erweist sich einmal mehr die Funktionalität
der Mittel als ein zentrales Charakteristikum von Amblers Werk.
Besuch bei Nacht ist eine elegante, atemberaubende Fallstudie.

Ian Fleming reagierte mit einer begeisterten Kritik in der *Sunday Times* und nannte das Buch »ein glänzendes Stück Literatur«

(Lycett 1995, 278). Gewichtiger noch erwies sich eine erste große Besprechung im *Times Literary Supplement*, die Ambler bescheinigte, nicht nur das Thrillergenre erneuert, sondern die Literatur generell bereichert zu haben. Der ganzseitige Artikel würdigte die Vorkriegsromane, insbesondere *Die Maske des Dimitrios*, wandte dann kritisch gegen *Der Fall Deltschev* und *Schirmers Erbschaft* ein, Ambler habe damit noch keine neue Haltung gefunden, und sah *Besuch bei Nacht* als interessanten Aufbruch: »Mit *Besuch bei Nacht* vollzieht Ambler einen Schritt in Richtung reiner Literatur, in der Spannung nur ein Beiwerk zum grundsätzlichen Thema ist. Mr. Ambler könnte der Graham Maugham oder der Somerset Greene der 1960er Jahre werden, ein Romanschriftsteller, dessen Werk die gewalttätigen Ereignisse unserer Zeit in einem direkten, nüchternen Stil kommentiert, mit einer Unvoreingenommenheit, die hoffentlich nicht zum Zynismus verkommt.« (Anon. 1956, 434)

Waffenschmuggel

Im November und Dezember 1957 unternahm Ambler, diesmal zusammen mit Louise, eine zweite Reise nach Südostasien und besuchte Colombo im damaligen Ceylon sowie Singapur, Bangkok, Saigon, Manila und Hongkong. »Auf einem Dampfer des Rotterdamsche Lloyd, der mit holländischen Kolonialflüchtlingen aus Java vollgestopft war, kehrten wir zurück« (Cole, 152), berichtete er später. Die Reise fand ihren unmittelbaren Niederschlag im nächsten Buch, das 1959 erschien. *Passage of Arms* *(Waffenschmuggel)* setzt fort, was *Besuch bei Nacht* begonnen hat, und zeigt die Nachwirkungen der Entkolonialisierung in Südostasien. Im Mittelpunkt steht diesmal ein Einheimischer, Girija Krishnan, indischer Aufseher einer Gummiplantage in Malaya Mitte der 1950er Jahre. Wegen des lang andauernden kommunistischen Aufstandsversuchs der chinesischen Minderheit in den nördlichen Regenwäldern Malayas herrscht im Land seit 1948 der Ausnahmezustand.[46] Gleich zu Beginn des Buchs wird eine kommunistische Guerillaeinheit von einer malayisch-britischen Patrouille überrascht und getötet. Krishnan folgert aus bestimmten Indizien, daß die Einheit eine Nachschubkolonne gewesen und irgendwo im Dschungel ein Waffenlager versteckt sein muß. Geduldig macht er sich auf die Suche und nimmt anschließend Kontakt zu einem Mittelsmann auf, der die Waffen verkaufen könnte. Der Chinese Tan, Besitzer eines malayischen Transportunternehmens, verspricht Hilfe und spannt seine zwei Brüder in Manila und Singapur ein.

Nach der knappen, präzisen Ich-Erzählung von *Besuch bei Nacht* erprobt Ambler in *Waffenschmuggel* eine episch breitere, panoramaartige Technik. Im dritten Kapitel schwenkt der Blick auf den amerikanischen Unternehmer Greg Nilsen und seine Frau Dorothy, die sich auf einer Kreuzfahrt durch Südostasien befinden und teilweise der Route folgen, die das Ehepaar Ambler 1957 eingeschlagen hatte. Damit ändert sich das Milieu, und das Buch wird zur milden Satire, wenn es die psychologischen Beziehungsnetze auf einer langen Ferienreise schildert. Erst nach hundert Seiten werden die beiden Erzählstränge miteinander verknüpft: In Hongkong versucht Jimmy, ein Mitglied der ausgedehnten Tan-Familie, Nilsen als Strohmann für die Legalisierung der Waffensendung zu gewinnen. Der junge Jimmy nutzt die Schwächen des Amerikaners geschickt aus und spricht dessen Abenteuerlust sowie Antikommunismus an, indem er ihm vorspiegelt, die aus kommunistischen Beständen stammenden Waffen würden in ausgleichender Gerechtigkeit an antikommunistische indonesische Aufständische verkauft. Nilsen stimmt dem scheinbar harmlosen Ansinnen zu, die Waffen in seinem Namen in einem Zollfreilager in Singapur in Empfang zu nehmen, wird jedoch in eine Intrige mit dubiosen Händlern und zwielichtigen Agenten verwickelt, die ihm zusehends über den Kopf wächst. Schließlich soll er die Transaktion auf Sumatra mit islamischen Aufständischen abschließen, wird aber zusammen mit seinem Verhandlungspartner Major Sutan von Regierungstruppen verhaftet. Das Gefängnis, in das Greg und Dorothy Nilsen verbracht werden, wird seinerseits von Aufständischen attackiert, die Major Sutan befreien, wobei Greg und Dorothy mit knapper Not, dank eines vom amerikanischen Konsul arrangierten Kuhhandels zwischen Aufständischen und Regierung, entkommen. Nach solchen dramatischen Geschehnissen kehrt das Buch im kurzen letzten Kapitel zum Schauplatz des Anfangs zurück. Es kommt zum Tag der Abrechnung in der Familie Tan, nachdem ein Bruder versucht hat, die anderen übers Ohr zu hauen. Krishnan aber steckt seinen Erlös aus dem Waffenhandel in ein Bustransportunternehmen, wie er es sich seit früher Jugend erträumt hatte.

Ähnlich wie in *Die Maske des Dimitrios* ist der Schauplatz von *Waffenschmuggel* nicht ein einzelnes Land, sondern ein ganzer Kontinent. Anders als in *Die Maske des Dimitrios*, wo der Spur des Verbrechers Dimitrios gefolgt wird, ist es in *Waffenschmuggel* der Waffenfund, der die vielen Figuren und verschiedenen Handlungsorte miteinander verbindet. Gesellschaftliche Verhältnisse haben sich versachlicht und globalisiert.

Andererseits zeigt sich in der Unterteilung der Kapitel in unterschiedlich lange Unterkapitel Amblers Arbeit als Drehbuchschreiber.[47] Der Einfluß der Filmarbeit ist nicht nur positiv: Verschiedene Figuren werden wie in einem Filmscript mit einer knappen Charakterisierung eingeführt, und etlichen von ihnen wird danach keinerlei Entwicklung zugestanden.

Der Kritiker Peter Lewis hält *Waffenschmuggel* mehr für eine Charakterkomödie als für einen Politthriller.[48] Aber der komödiantische Ton ist ungleichmäßig, und zuweilen verirrt sich Ambler in selbstgenügsamen Anspielungen.[49] Generell wirkt die Charakterisierung der Figuren plumper als in *Besuch bei Nacht*. Der Ge-

heimdienstler Colonel Soames sowie der Waffenhändler Captain
Luckey sind als relativ oberflächliche Parodien auf menschliches
Treibgut des British Empire angelegt. Zum Teil mag dies auch an
dem autobiographischen Hintergrund der Geschichte liegen: jener Südostasienreise, die Ambler mit Louise unternahm und die
nicht zur Versöhnung, sondern zur endgültigen Trennung führte.
Im Roman geht das Ehepaar Greg und Dorothy Nilsen freundlich genug miteinander um, bis sich die Figur der Arlene Drek-
ker, einer allein reisenden, aufdringlich selbstbewußte Frau, zwischen die beiden drängt und mit Dorothy eine weibliche Allianz
gegen Greg aufzubauen sucht. Allerdings wird die so prominent
eingeführte Figur nach hundert Seiten schnöde fallen- und auf
dem Kreuzfahrtschiff im Stich gelassen.

Immerhin wird sichtbar, wie das koloniale – britische wie holländische – Erbe in verdinglichter Form alle nachkolonialen Beziehungen durchdringt: Das Waffenarsenal verknüpft entlegene
Ereignisse und Personen miteinander; der von Krishnans Vater
einst erworbene Katalog einer englischen Busfirma hat sich beim
Sohn als hartnäckig verfolgter Wunschtraum niedergeschlagen;
und die Stadt Labuanga auf Sumatra wird durch die Ölleitun-
gen eines multinationalen Konzerns geprägt, was Ambler in eine
wenig gelungene Metapher faßt: »Das Zentrum von Labuanga
gleicht einer holländischen Matrone, die vom Dschungel verführt
wurde und sich in eine Eingeborene verwandelt hat.« (Waffenschmuggel, 220) Gerade die Passagen auf Sumatra fallen denn
auch – literarisch wie politisch – hinter die sundanesischen Passagen in *Besuch bei Nacht* zurück. Die Darstellung der wechselnden Koalitionen zwischen Nationalisten, Islamisten und Kommunisten hat etwas Mechanisches, ein einheimischer Protagonist
wie der Stadtkommandant General Iskaq wird nicht nur als grausam, sondern auch als abgrundtief häßlich geschildert, und im
erfolgreichen Eingriff des amerikanischen Konsuls in die inner-
indonesischen Kämpfe wird bei aller Distanz, mit der Ambler

das prinzipienlose Schachern beschreibt, letztlich doch die westliche Überlegenheit wiederhergestellt.[30]

Greg Nilsen ähnelt dem Waffeningenieur Graham in *Die Angst reist mit*. Anders als Graham ist er weniger ein unschuldiges Opfer als vielmehr ein Geschäftsmann, der aus Langeweile allzu unvorsichtig und waghalsig wird. Am Ende übt er sich zerknirscht in Selbstkritik. Die Lust nach Abenteuern ist ihm gründlich vergangen. »Na, und für einen ewigen Pfadfinder, wie ich einer bin, kann schon eine kurze Bekanntschaft mit der beunruhigenden Wirklichkeit schrecklich ungemütlich werden.« (Waffenschmuggel, 321). Auch seine politische Position ist ihm fragwürdig geworden: »Ich erhielt Gelegenheit, beide Seiten dieses faszinierenden kleinen Kriegs ein wenig näher kennenzulernen. O ja, einen kommunistischen Bluthund habe ich angetroffen, das stimmt – und er tat genau das, was man von einem solchen Burschen erwartet hätte. Aber einen faschistischen Bluthund habe ich dort ebenfalls getroffen.« (Waffenschmuggel, 321)

Es bleibt dem Vertreter der alten Kolonialmacht Großbritannien, Colonel Soames, vorbehalten, eine zynisch-abgeklärte Schlußfolgerung zu ziehen:

»Heutzutage«, sagte er, »hört man den Ausdruck ›Händler des Todes‹ nur noch selten. Es ist alles sehr traurig. Die Idee, daß der Waffenhändler ganze Völker in Kriege stürzen könnte, die sie nicht gewollt haben, diese Idee hat einer kritischen Untersuchung niemals wirklich standgehalten, nicht wahr? Aber es machte sich gut, einen schönen Butzemann mit Zylinderhut vorzuweisen, dem man alle Schuld zuschieben konnte. Ärgerlicherweise haben wir seit 1939 das eine oder andere dazugelernt. Jetzt können wir nicht einmal mehr den Politikern die Schuld geben – jedenfalls nicht im Brustton der Überzeugung. Das wahre Schreckgespenst ist vor Millionen von Jahren mit unseren Vorfahren aus dem Schlamm gekrochen. Nun, wir alle haben davon ein Stück in uns, und wenn wir anfangen, die Stücke zusammenzubringen, dann passiert dasselbe wie bei diesen nuklearen Spaltungsgeschichten – sobald die Masse einen kritischen Punkt erreicht hat, beginnt eine Kettenreaktion und – wumm!« (Waffenschmuggel, 325)

Hier setzt sich Ambler erneut mit eigenen Positionen vor dem Krieg auseinander. In *Ungewöhnliche Gefahr* hatte er noch das Big Business für die Kriegsgefahr verantwortlich gemacht. Der »Urschlamm«, aus dem die Gespenster krochen, war mit dem Faschismus identifiziert worden. In *Der Fall Deltschev* dehnte er seine Kritik auf den Kommunismus aus. In *Waffenschmuggel* wird nun die Verantwortung dem atavistischen Erbe der Menschheit generell zugeschoben. Colonel Soames schlägt vor, statt einer an hehren Grundsätzen orientierten Ethik so etwas wie einer persönlichen Moral zu folgen, die sich am konkreten Fall ausrichtet: Da der Rebellenmajor Sutan das Abkommen eingehalten habe, dank dessen Greg und Dorothy freigekommen sind, solle Greg seinerseits das Abkommen einhalten und dafür sorgen, daß der Major doch noch zu seinen bereits bezahlten Waffen komme. Damit könnte auch eine persönliche Rache an den Tan-Brüdern geübt werden, die Greg mit Fehlinformationen in den ganzen Schlamassel gestürzt hätten.

Greg hält den Vorschlag vorerst für »kleinlich« und teilt des Colonels »bläßliche Vorstellungen von ausgleichender Gerechtigkeit« (Waffenschmugel, 330) nicht. Dennoch befolgt er dessen Rat. Ambler versucht den Widerspruch zu lösen, indem er Greg unterstellt, dieser habe durch die Abenteuer und die folgende Selbstkritik »plötzlich sein eigenes Gesicht erkannt« (Waffenschmuggel, 330). Diese Auskunft vermag nicht zu überzeugen. Die Hilfskonstruktionen, mit denen die Figur von Greg zum Schluß gestützt werden muß, zeigen eine strukturelle Schwäche des Buchs an: Die interessanteste und plastischste Figur, Girija Krishnan, wird nach dem vierten Kapitel preisgegeben. Zwar stehen Krishnan im zehnten, abschließenden Kapitel das letzte

Wort und der letzte Blick auf den englischen Autobus zu, der in Singapur für seine Busfirma eingetroffen ist. Seine Geschichte aber ist längst zugunsten der Fährnisse des unschuldig-schuldigen Westlers in der Dritten Welt zurückgestellt.[51]

Waffenschmuggel ist verglichen mit *Besuch bei Nacht* thematisch konventioneller, doch breiter, teilweise auch komödiantischer angelegt. Das trug zum beträchtlichen Erfolg des Buchs bei. Bereits einen Monat nach Erscheinen der englischen Ausgabe mußte eine zweite Auflage nachgeschoben werden, und Ambler wurde mit dem Preis für den besten Thriller des Jahres 1959 durch die Crime Writers Association of Great Britain ausgezeichnet.[52] Da war sein Leben schon in eine neue Phase getreten.

8

Vom Tiefpunkt der Verzweiflung

Mitte 1957 trat Joan Harrison mit dem Angebot an Eric Ambler heran, ein Drehbuch für die Hitchcock-Fernsehserie *Suspicion* zu schreiben. Ambler, der gerade in Weymouth an der englischen Südküste Carl Foreman und Carol Reed bei Dreharbeiten zum Film *The Key* (1958, *Der Schlüssel*) besucht hatte, willigte ein. Im September 1957 unterzeichnete er einen Vertrag über 7500 Dollar für ein sechzigminütiges Fernsehspiel mit dem Titel *The Eye of Truth*[1] und reiste im Oktober nach Los Angeles, wo die Sendung mit Joseph Cotton aufgenommen wurde.[2] Dabei mag es zu einer näheren Bekanntschaft mit Joan Harrison gekommen sein.[3] Roy Ward Baker zufolge zog Ambler schon im Oktober 1957, als die Dreharbeiten zu *A Night to Remember* begannen, aus der ehelichen Wohnung aus; im Mai 1958 erfolgte nach achtzehnjähriger Ehe die Scheidung von Louise. »Es war eine ›einvernehmliche‹ Scheidung, das heißt, wir waren uns der guten Zeiten ebenso bewußt wie der Tatsache, daß wir uns verändert hatten« (Cole, 152), meinte Ambler. Tatsächlich hielt er mit Louise über Jahrzehnte freundschaftlichen Kontakt und zahlte ihr bis in die 1970er Jahre beträchtliche Unterhaltskosten.

Um Louises Abfindung zu finanzieren und ausstehende Einkommenssteuern zu bezahlen, verkaufte Ambler sowohl den 1957 erworbenen Porsche 356b – eine Rarität im damaligen England – als auch das Haus am Pelham Crescent. Louise kehrte nach New Jersey zurück; Ambler blieb vorübergehend in einer möblierten Wohnung. Schließlich nahm er ein Angebot von MGM an, als Drehbuchschreiber nach den USA zu kommen.

Angesichts seiner ernüchternden Erfahrungen im Dienst des

Rank-Konzerns wird nicht ganz klar, was er sich von dem Umzug beruflich erwartete. Seinen Empfang in der amerikanischen Traumfabrik schilderte er mit der für ihn üblichen Ironie. Offensichtlich trugen persönliche Gründe zur Übersiedlung in die USA bei, denn in Los Angeles zog er im August 1958 sogleich mit Joan Harrison zusammen in ein Haus am Camden Drive. Dabei kam es zur unerwarteten Erneuerung einer alten Bekanntschaft. Sam Goldwyn Jr., der seit 1955 in Hollywood Präsident der Samuel Goldwyn Company war, kannte Joan Harrison seit längerem. »Sie kam gelegentlich zu uns zum Abendessen, und eines Tages fragte sie, ob sie jemanden mitbringen dürfe. Natürlich, sagte ich, und zur Tür herein trat Eric!«[4]

Joan Mary Harrison war am 20. Juni 1909 in Guildford in Südengland geboren und dort aufgewachsen. Ihr Vater arbeitete als Direktor eines Regionalblattes, des *Surrey Advertiser*. Joan studierte in Oxford und Paris Literatur und Philosophie. 1935 bewarb sie sich als eine von 200 Bewerberinnen erfolgreich um die Stelle als Sekretärin für Alfred Hitchcock. Bald stieg sie zum Scriptgirl, dann zur Dialogschreiberin und schließlich zur Szenaristin auf.[5] Erstmals als Koautorin eines Drehbuchs wurde sie in *Young and Innocent* (1937) und *Jamaica Inn* (1939, *Riffpiraten*) erwähnt. Da war sie für Hitchcock bereits unentbehrlich geworden. Joan, 160 Zentimeter klein, zierlich, blonde Haare, blaue Augen, entsprach Hitchcocks weiblichem Idealbild. Dem Drehbuchschreiber Charles Bennett gestand er, daß er in seinem Leben nur zwei Frauen hätte heiraten können: Alma Reville, mit der er 1926 getraut wurde, und Joan.[6]

Als Hitchcock 1939 mit seiner Familie nach Hollywood ging, begleitete ihn Joan Harrison. Obwohl sie Ehefrau Alma in der Gunst Hitchcocks als engste Mitarbeiterin ablöste, scheint Harrison eine der wenigen Blondinen im Umkreis von Hitchcock gewesen zu sein, die seiner verqueren Mischung von Verehrung und Unterwerfungsgelüsten eine gleichberechtigte Arbeitsbeziehung abzutrotzen vermochte. Zwar konnte sie seine weitergehenden Gefühle schwerlich ignorieren, war aber jederzeit darauf bedacht, die Beziehung strikt beruflich zu lassen. In Hollywood zeichnete Harrison mit Robert E. Sherwood verantwortlich für das Drehbuch zu Hitchcocks erstem US-Film *Rebecca* (1940, *Rebecca*), schrieb das Drehbuch zu *Foreign Correspondent* (1940, *Mord*) und war an *Suspicion* (1941, *Verdacht*) sowie *Saboteur* (1942, *Saboteure*) beteiligt, wobei ihr *Rebecca* und *Foreign Correspondent* Oscar-Nominierungen einbrachten.

1943 wurde ihr die symbiotische Arbeitsbeziehung mit Hitchcock zu eng, und sie begann als unabhängige Produzentin bei RKO. Dort verantwortete sie mehrere bemerkenswerte Filme, etwa *Phantom Lady* (1944, *Zeuge gesucht*), einen klassischen Thriller und ersten US-Erfolg von Regisseur Robert Siodmak, sowie eine Trilogie des Regisseurs Robert Montgomery, *Ride the Pink Horse* (1947, *Reite auf dem rosa Pferd*), *Once More, My Darling* (1949) und *Eye Witness* (1950), schließlich *Circle of Danger* (1951, *Der dreizehnte Gast*) des subtilen Horror-Spezialisten Jacques Tourneur. In dieser Zeit lernte sie auch Clark Gable kennen, der sie mehrere Jahre lang umschwärmte und seiner wachsenden Zahl von Eroberungen beifügen wollte.[7]

Doch dann übernahm Howard Hughes das RKO-Studio und stellte ein Ultimatum, das offiziell an alle freien Produzenten, in Wirklichkeit aber an Joan Harrison gerichtet war, wie Ambler später erläuterte: »In Zukunft, so Hughes, würde es in allen RKO-Filmen nur noch zweierlei geben, Sex und Gewalt. Frauen in Führungspositionen konnte er nicht leiden. Joan hatte den Wink verstanden und ging als Fernsehproduzentin nach New York.« (Cole, 159) Bis heute steht Harrisons Arbeit als Produzentin im Schatten ihrer berühmteren männlichen Regisseure, doch bemerkt eine heutige Filmkritikerin: »Alle Harrison-Filme haben folgende Qualitäten gemeinsam: hervorragende Frauenfiguren, die häufig unerschrocken auf Gefahr und Tod reagieren; untergründige, subtile Andeutungen von Gewalt statt ausdrücklicher Blutrünstigkeiten; und eine gediegene Ausstattung, mit schönen Kulissen und modischen Kostümen.« (Basinger 1998, 181)

Nachdem MCA Universal aufgekauft hatte, lud Hitchcock Harrison ein, zurückzukommen und seine Fernsehproduktionen zu übernehmen. Sie startete 1955 als Associate Producer neben Hitchcock für dessen Produktionsfirma Shamley und trug von Beginn an die Hauptverantwortung für die wöchentliche halbstündige Sendung *Alfred Hitchcock Presents*, die im Auftrag von CBS hergestellt wurde.[8] 1957 zog sich Hitchcock auch nominell zurück; Harrison wurde Produzentin, der Schauspieler und Regisseur Norman Lloyd wurde Associate Producer. Im gleichen Jahr wurde Harrison zudem verantwortlich für die 60-Minuten-Serie *Suspicion*, in der Amblers Beitrag erschien, die sie jedoch nach einem Jahr aus Arbeitsüberlastung einstellen mußte.

Alfred Hitchcock Presents lief unter Harrisons Leitung von 1955 bis 1962. Hitchcock trat persönlich in jeder Folge zu Beginn und zum Schluß kurz auf, begutachtete die Manuskriptvorschläge sowie erste Rohfassungen, überließ aber alles andere Harrison. Bis 1962 wurden insgesamt 265 Folgen produziert; die Sendung erwies sich alljährlich als eine der populärsten TV-Shows.[9] Dann wurde sie bis zur Einstellung 1965 unter dem Titel *Alfred Hitchcock Hour* zu einer einstündigen Sendung ausgebaut. Harrison beschäftigte Drehbuchschreiber wie Henry Slesar, Roald Dahl, Ray Bradbury und Stanley Ellin; gleichzeitig wurde die Serie zu einer Talentschmiede für junge Regisseure, die ihren Weg ins Filmgeschäft machten, darunter Robert Altman, William Friedkin, Arthur Hiller und Sydney Pollack. Norman Lloyd, der als Schauspieler beim berühmten Mercury Theatre von Orson Welles begann und in verschiedenen Hitchcock-Filmen mitspielte, hat Joan Harrison ein Denkmal gesetzt:

> Eine klassische englische Schönheit, eine erwachsene Alice im Wunderland [...] Charme, diplomatisches Geschick und ein eiserner Wille ermöglichten ihr, erfolgreich mit Drehbuchschreibern und Regisseuren zusammenzuarbeiten. Die Crewmitglieder schätzten und verehrten sie. Auf dem Set erschien sie jederzeit geschmackvoll gekleidet und perfekt frisiert. Die Crew war stolz, mit ihr zusammenzuarbeiten. (Lloyd 1990, 176)

Als Ambler gegen Ende 1958 die langjährige Mitarbeiterin heiratete, mußte Hitchcock seine Hoffnungen in bezug auf Joan endgültig begraben. Sein Scheitern mag ihm dadurch erleichtert worden sein, daß er mittlerweile verschiedene andere zierliche Blondinen seinen Obsessionen ausgesetzt hatte: Grace Kelly in *Dial M for Murder* (1954, *Bei Anruf – Mord!*), *Rear Window* (1954, *Das Fenster zum Hof*) und *To Catch a Thief* (1955, *Über den Dächern von Nizza*), Vera Miles in *The Wrong Man* (1957, *Der falsche Mann*) und Kim Novak in *Vertigo* (1958, *Aus dem Reich der Toten*). Allerdings ließ er es sich nicht nehmen, die Hochzeit zwischen Joan und Eric am 11. Oktober 1958 in San Francisco als öffentliches Ereignis zu inszenieren, und zwar »mit Blick auf den potentiellen Unterhaltungswert so raffiniert, als wären wir Cary Grant und Ingrid Bergman« (Cole, 162). Ambler war damals, wie Sam Goldwyn Jr. meint, eher indigniert über die Usurpation durch Hitchcock[10], hat der Episode aber nachträglich ein paar ironische Glanzlichter abgewonnen.

Bei MGM gab Julius Blaustein Ambler den Auftrag, ein Drehbuch aus dem Roman *The Wreck of the ›Mary Deare‹* von Hammond Innes zu verfertigen.[11] Ambler hatte sich schon einmal an einer Innes-Bearbeitung versucht, und zwar 1952 an *Campbell's Kingdom*. Der Roman über einen Versicherungsbetrug mit dem Schiff Mary Deare war durch mehrere Hände gegangen. 1957 hatte Alfred Hitchcock den Roman gelesen und MGM veranlaßt, die Rechte zu erwerben.[12] Hitchcock setzte den renommierten Drehbuchautor Ernest Lehman (*Sabrina; Sweet Smell of Success*) auf das Projekt an. Im Frühling und Sommer trafen sich die beiden regelmäßig, doch war Hitchcocks Enthusiasmus deutlich geschwunden, und statt dessen begannen sie die Arbeit am dereinst berühmten *North by Northwest* (*Der unsichtbare Dritte*). Erst als *North by Northwest* sich der Vollendung näherte, wurde *Mary Deare* an MGM zurückgegeben, von wo der Stoff, vermutlich über Joan Harrison, an Ambler gelangte.[13]

Die Verfilmung unter der routinierten Regie von Michael Anderson, mit dem Ambler schon bei *Yangtse Incident* zusammengearbeitet hatte, wies eine starke Besetzung auf, mit Gary Cooper und Charlton Heston in den Hauptrollen, ergänzt durch englische Schauspieler wie Michael Redgrave, Amblers ehemaligem Nachbarn Emlyn Williams sowie Virginia McKenna. Doch das Resultat *The Wreck of the Mary Deare* (1959, *Die den Tod nicht fürchten*) fiel ernüchternd aus. Ambler gab Gary Cooper die Schuld, der aufgrund eines Prostataleidens nicht mehr den nötigen Biß für die Hauptrolle aufgebracht habe, während die *New York Times* einige der Schwächen auch im Drehbuch begründet fand, das sich allzu stark an die Vorlage gehalten und die Gerichtsszenen zu stark ausgewalzt habe.[14] *The Wreck of the ›Mary Deare‹* sollte Amblers letztes verwirklichtes Filmdrehbuch bleiben, obwohl er beinahe zehn Jahre weiter in Hollywood arbeitete.

Durch die Gewinne von *Ben Hur* beflügelt, der 1959 Oscars als bester Film, für die beste Regie und für Charlton Heston als besten Hauptdarsteller gewonnen hatte, kündigte MGM an, weitere historische Epen und frühere Hits neu verfilmen zu wollen. Den Auftrag, den Rudolph-Valentino-Stummfilmklassiker *The Four Horsemen of the Apocalypse* (*Die vier apokalyptischen Reiter*) in den Zweiten Weltkrieg zu verpflanzen, schlug Ambler aus. Dafür ließ er sich auf das Remake eines anderen Seefahrerfilms ansetzen: *The Mutiny on the Bounty* (*Die Meuterei auf der Bounty*), die Geschichte der Besiedlung einer einsamen Pazifikinsel durch

eine meuternde englische Schiffsbesatzung. In der ersten Verfilmung von 1935 hatten sich Charles Laughton als Kapitän Bligh
und Clark Gable als Erster Offizier Christian Fletcher ein denk-
würdiges Duell geliefert. In seinen autobiographischen Aufzeichnungen hat Ambler die Erfahrungen mit der Neuverfil-
mung kurz und bündig als »Chaos« (Cole, 166) abgetan, aus dem
er sich rechtzeitig gerettet habe; doch Nicholas Wapshott hat in
einer Carol-Reed-Biographie aufgrund längerer Gespräche mit
Ambler dessen Beteiligung detailliert beschrieben.[15] Sol C. Siegel,
neuer Boß von MGM, hatte das Projekt für Marlon Brando vorgesehen, der nach seinen spektakulären schauspielerischen Leistungen in *The Wild One* (1953, *Der Wilde*) und *On the Water-
front* (1954, *Die Faust im Nacken*) zu einem Kassenmagneten
geworden war. Ambler stimmte unter der Bedingung zu, daß er
Zeit für historische Studien erhalte. Als Regisseur sollte Carol
Reed solide Qualität garantieren und das Ego von Marlon
Brando im Zaum halten.

Ambler stellte einen Mitarbeiter an, der im Londoner Marine-
archiv neue Fakten zutage förderte. Danach war Kapitän Bligh
entgegen früheren Darstellungen ein erfahrener Seemann, der
mit James Cook gesegelt war, aber wegen einer Nichtbeförde-
rung Ressentiments gegen die Marinehierarchie entwickelte; andererseits war Christian Fletcher schon vor der Reise auf der
Bounty mehrmals klaglos unter Bligh gesegelt. Ambler legte im
Januar 1960 ein Drehbuch vor, das die Konfrontation der beiden
Männer nicht in einfaches Schwarz-Weiß zu fassen versuchte.
Doch bei den ersten Gesprächen mit Brando wurde schnell klar,
wie die Verhältnisse lagen. Für die *Meuterei auf der Bounty* war
diesem ein Honorar von 500 000 Dollar und ein Vetorecht über
die Produktion zugesichert worden. Brando versuchte sofort, die
von ihm verkörperte Rolle von Christian Fletcher aufzuwerten
und insbesondere den auf der Südseeinsel spielenden Schlußteil
zu verlängern. Im Frühling 1960 begannen erste Rekognoszie-

rungen auf Tahiti und der Nachbau der Bounty.[16] Im November 1960 reiste die Crew nach Honolulu, Ambler eingeschlossen, da wegen der ständigen Änderungswünsche von Brando noch kein akzeptiertes Drehbuch vorlag.[17] Ambler bekam 100 000 Dollar Grundhonorar sowie 3000 Dollar pro Woche, aber die täglichen Umschreibungen zehrten an seinen Nerven. Vierzehn Fassungen häuften sich schließlich im Hotelzimmer, worauf er die Konsequenzen zog. Carol Reed warf ihm vor, das gemeinsame Projekt und ihn persönlich im Stich zu lassen, und appellierte zuletzt sogar an Amblers Patriotismus, indem er ihn dazu überreden wollte, den amerikanischen Zumutungen mit echt britischem Stoizismus zu trotzen. Aber Ambler hatte genug: »Wir werden diesen Schweinehund [Brando] niemals zufriedenstellen. Ich will aus dem Unternehmen raus« (Wapshott 1990, 313), meinte er gegenüber Reed.

Er sollte recht behalten. Auf Ambler folgten neun weitere Drehbuchautoren, die im Dezember 1960 auf Tahiti begonnenen Dreharbeiten gerieten bald außer Kontrolle, und im Februar 1961 wurde Carol Reed als Regisseur entlassen. Das ursprüngliche Budget von 12 Millionen Dollar war auf mehr als das Doppelte angewachsen. Als der Film 1962 in die Kinos kam, spielte das dreistündige Kuddelmuddel mit Brandos falschem englischen Akzent und Postkartenaufnahmen aus der Südsee nur zehn Millionen Dollar ein, ruinierte MGM beinahe und läutete zusammen mit dem ein Jahr später gedrehten, ebenso extravaganten Flop *Cleopatra* von 20th Century Fox das Ende des Starsystems ein.[18] Für Ambler aber stellte die Erfahrung, nach kaum drei Jahren in Hollywood, die erste große Ernüchterung dar.[19]

Erfolgreicher war er 1960 mit der Fernsehserie *Checkmate* für CBS, in der zwei Privatdetektive sowie ein Kriminologe Verbrechen nicht nur aufzudecken, sondern auch zu verhindern suchen.[20] Obwohl Ambler nur die ursprüngliche Idee für die Serie sowie einzelne Handlungsabrisse, nicht jedoch die Drehbücher für die 70 Sendungen lieferte[21], beklagte er sich 1962 gegenüber seinem amerikanischen Verleger Alfred A. Knopf, sein Name sei jetzt in der amerikanischen Öffentlichkeit stärker mit dieser Serie als mit seinen Büchern oder gar seinen Filmdrehbüchern verbunden, und hoffte, *Checkmate* komme bald an ein Ende.[22] Im Mai 1961 verfaßte er für *Alfred Hitchcock Presents* einen Beitrag, *Act of Faith*, nach einer Erzählung von Nicholas Monsarrat.[23] Insgesamt aber war das Verhältnis zu Hitchcock gespannt. Zur direkten Zusammenarbeit kam es nie.[24] »Hitch hat mich nie gefragt, also hab ich auch nie ablehnen müssen – er wußte, daß ich nicht nach seiner Pfeife tanzen würde. Er hat als Schriftentwerfer für Zwischentexte in Stummfilmen begonnen, wissen Sie, deshalb war er kein bißchen am Drehbuch interessiert, nicht mal an den Schauspielern – nur daran, was die Kamera sah. So wollte ich nicht, daß mein Text behandelt wird.« (Whitley 1997, 47) Sam Goldwyn Jr. bestätigt, daß weder Hitchcock noch Ambler bereit gewesen wären, die Kontrolle über ihr jeweiliges Produkt aufzugeben, und faßt ihre Beziehung in einem Satz zusammen: »Sie verabscheuten sich gegenseitig.«[25]

Im ersten Morgenlicht

1960 hatten sich Joan und Eric ein Haus im Bel-Air-Viertel von Los Angeles gekauft. 1961 begann Eric nach einer Griechenland- und Türkeireise die Arbeit an einem neuen Roman. Auf Anraten eines Bekannten hatte er sich angesichts der Waldbrandgefahr in Südkalifornien einen feuerfesten Geldschrank angeschafft, in dem er seine Manuskripte verwahrte. Bis zum 6. November 1961 lagen drei Kapitel des neuen Buchs im Safe. Dann fegte ein Flächenbrand über Bel Air hinweg und äscherte das Haus der Amblers zusammen mit 483 anderen Häusern ein.

Der Brand nimmt in jenem Sammelband, der im Untertitel *Le-*

bens- und Kriminalgeschichten verspricht und als zweiter Band von Amblers Autobiographie gelten kann, eine zentrale Stellung ein. *The Day of the Fire* wurde zu Beginn sogar als Titel einer Fortsetzung der Autobiographie erwogen.[26] Der Hausbrand war ohne Zweifel ein einschneidendes Erlebnis. Ein halbes Jahr zuvor, am 12. Mai 1961, hatte Aldous Huxley sein Haus und seine Manuskripte bei einem ähnlichen Flächenbrand verloren.[27] Amblers Beschreibung des Feuers, vor allem aber des Versuchs, sein Manuskript zu retten, ist ein Kabinettstück:

Der Safe, der sich im oberen Geschoß befunden hatte, war durch das Erdgeschoß bis unter die Stahlträger des Fundaments gefallen. Der Schlüssel, den ich im Safe hatte stecken lassen – das Ding sollte ja Schutz vor Brand, nicht vor Diebstahl sein –, war während des Sturzes abgebrochen. Der Safe selbst war intakt. Unser Verwalter meinte, daß man die Safeknacker holen müßte.

Zwei Tage später kamen sie. Sie waren ein eindrucksvolles Team, ernste Männer in makellos sauberen, himmelblauen Overalls, auf denen, vorn und hinten, in weißen Buchstaben das Wort BONDED über dem Firmennamen prangte. Auch ihre Fahrzeuge waren eindrucksvoll: gepanzerte Kleintransporter, von denen der eine einen Kompressor zog, der andere einen Generator, der mit seiner Energie Eisenbeton binnen Sekunden zu Butter schmelzen konnte. Die Fahrzeuge und die Geräte waren tipptopp, die Männer nicht weniger. Zwei liefen mit mir zu den Ruinen hoch, und ich zeigte ihnen den herabgestürzten Safe.

»Was ist drin?« fragte der Ältere. »Irgendwas Schweres?«

»Papiere.«

Mit Hilfe von zwei Tragegurten hievten sie ihn, mit der Tür nach oben, auf die Veranda. Der Ältere untersuchte das abgebrochene Schlüsselende, nickte dann seinem Kollegen zu, der zum Lieferwagen ging und Geräte herbeiholte – Geräte zum Aufbrechen von Schlössern, wie ich hoffte –, doch er brachte bloß ein langes Brecheisen und einen Vorschlaghammer. Das Brecheisen setzte er an der Scharnierseite der Tür an. Der Ältere nahm den Hammer und versetzte dem Eisen einen kräftigen Schlag. Die Safetür flog auf, und wir sahen eine Masse von grauer Asche, die sich bei Berührung in feinen Staub ver-

wandelte. Der einzige erkennbare Gegenstand war mein britischer
Paß. Der blaue Deckel war schwarzbraun, aber mein Name war noch
lesbar.

»Es hieß, er sei feuersicher«, beschwerte ich mich.

»Nein«, sagte der Safeknacker und wies auf eine Codenummer, die
auf dem Firmenschild eingeprägt war. »Das bedeutet feuerfest. Dieser Kasten kann eine halbe Stunde lang fünfhundert Grad aushalten.
Der hier war mehr als sechs Stunden lang tausend Grad ausgesetzt.
Schauen Sie mal, der Stahlträger dort. Er ist ganz krumm, fast ge-
schmolzen.

Diese Papiere haben nicht gebrannt – dafür war nicht genügend
Luft drin –, sondern vor sich hin geschwelt.« (Cole, 176 f.)

Der Text spielt mit herkömmlichen Vorstellungen von Safeknak-
kern als Kriminellen und erlaubt sich mit der Aufschrift auf den
Overalls der Angestellten einen kleinen Scherz mit dem vom
Freund Ian Fleming geschaffenen erfolgreichsten Agenten der
Literaturgeschichte. Das Bild vom Manuskript als »Masse von
grauer Asche« symbolisiert die Ängste jedes Schriftstellers und
läßt zugleich die Hoffnung auf die Wiedergeburt des Phönix
zu.

Eric und Joan nahmen vorübergehend Zuflucht in einem
Mietshaus, und Ambler beantragte einen neuen Paß. Aber das
Erlebnis war nicht nur einschneidend, sondern auch traumatisch.
Ambler erlitt wenige Tage nach dem Feuer einen verzögerten
Schock, und während einer Party, als ihm ein wohlmeinender
Schriftstellerkollege ein Synonymwörterbuch als Grundstein für
eine neue Bibliothek schenkte, brach er in Tränen aus. In dieser
angespannten Situation reiste das Ehepaar über Weihnachten
nach London. Hier griff Ambler das so unheroisch in Asche auf-
gegangene Romanprojekt wieder auf. Er beschrieb die Neuauf-
nahme ganz bewußt als Selbsttherapie:

Natürlich suchte ich nach einem Schuldigen, nach jemandem, den ich
bestrafen konnte. Ich fand nur mich selbst, den Dummkopf, der an

Märchen glaubte, den Clown, der feuerfeste Safes kaufte. Nun gut! Der Clown muß die Schmach ertragen, die er verdient hat. *Topkapi* würde wieder auferstehen, aber es würde ein autobiographischer Roman werden, schlimmer noch, eine Komödie. [...] Natürlich bin ich nicht der erste Schriftsteller, der sich, indem er Komödien schreibt, aus seinen Depressionen herauszieht (Cole, 181).

Die Erklärung, so offen und selbstkritisch sie sich gibt, ist doch merkwürdig unbestimmt. Unklar bleibt, was die Depressionen auslöste. Der Verlust des Wohnhauses war zweifellos eine dramatische Erfahrung. Aber drei Kapitel eines Buchs, die er schon mehrfach bearbeitet hatte, wären vom Profi Ambler leicht zu rekonstruieren gewesen. Auch die Selbstkasteiung als Clown wegen seines Glaubens an feuerfeste Safes wirkt wie ein Ablenkungsmanöver. Bezüglich seiner Situation als Schriftsteller scheint der Brand nur ein Symptom gewesen zu sein. Viel eher steht zu vermuten, daß seine Position als Lohnschreiber in Los Angeles und die erfolglose Drehbucharbeit längere Schatten warfen.

Der Trick wirkte trotzdem. Ambler entwarf sehr schnell eine handschriftliche Fassung, der ebenso schnell zwei maschinenschriftliche Versionen mit handschriftlichen Korrekturen folgten; bereits im April 1962, nach vier Monaten, lag eine druckfertige Fassung vor.[28] Dieses Muster von vier Fassungen sollte von nun an für praktisch alle Ambler-Romane gelten, wobei allerdings die Schreibzeit variieren mochte und die handschriftlichen Vorarbeiten gelegentlich zunahmen.[29] Im Oktober 1962 erschien der Roman unter dem Titel *The Light of Day* bei Heinemann und Anfang 1963 bei Knopf in den USA. Wenig später unter dem Titel *Topkapi* verfilmt, läuft die deutsche Ausgabe seither unter dem gleichlautenden Titel.

Topkapi wird, wie zuletzt *Besuch bei Nacht*, von einem Ich-Erzähler erzählt. Aber der Ton ist sofort und entschieden ein anderer. Der Ich-Erzähler Arthur Abdel Simpson versucht sich für etwas zu rechtfertigen, was dem Leser vorerst durchaus unklar bleibt, und enthüllt dabei mehr von sich als jede andere Figur Amblers. Allerdings sind seine Aussagen über sich selber, wie überhaupt alles, was er sagt, mit Vorsicht zu genießen. So betont er gleich zu Beginn: »Ich bin Brite bis ins Mark. Selbst mein Werdegang ist typisch britisch.« (Topkapi, 6) Dabei ist er Mischling, Sohn eines britischen Unteroffiziers und einer Ägypterin. Das prägt ihn und macht seinen Werdegang entgegen seinen Beteuerungen gerade nicht typisch britisch. In früheren Werken Amblers waren Eurasierinnen als Nebenfiguren aufgetaucht; mit Arthur wird die Mischlingsexistenz erstmals ins Zentrum gerückt.

In seinem Rechenschaftsbericht unterschlägt Arthur Simpson gelegentlich für ihn unangenehme Tatsachen. Dabei macht er auch sich selber etwas über seine eigenen Fähigkeiten und Handlungen vor. Eine Fehleinschätzung setzt die Mißgeschicke in Gang, die Arthur im Verlauf des Romans zustoßen. Als zwielichtiger Reiseführer kleinen Betrügereien nicht abgeneigt, hält er einen in Athen eintreffenden Reisenden für einen harmlosen Touristen, der sich finanziell ausnehmen ließe. Doch der erweist sich Arthur mehr als gewachsen, ertappt ihn beim Einbruch im Hotelzimmer mit gestohlenen Reiseschecks in den Händen und erpreßt ihn, einen Lincoln von Athen nach Istanbul zu fahren. Zwar wittert Arthur eine krumme Sache, kann aber bei einer Untersuchung des Autos nichts Verdächtiges feststellen. Dafür entdeckt wenig später der türkische Zoll in der Wagentür ein ganzes Waffenarsenal. Vom türkischen Geheimdienstoffizier Major Tufan wird Arthur nun in die Pflicht genommen, den vermuteten politischen Anschlag auszuspionieren.

Man läßt ihn nach Istanbul fahren, um über die sich dort in einer Villa versammelnde Gruppe von Verschwörern zu berichten, die neben dem Deutschen Harper den gewalttätigen Österreicher Fischer, den geheimnisvollen Belgier Miller und die attraktive Schweizerin Miss Lipp umfaßt. Arthur versucht sich als Fahrer unentbehrlich zu machen, bewegt sich aber auf dünnem Eis, weil er gleichzeitig Informationen an den türkischen Geheimdienst liefern muß. Als Fischer bei einem Streit vom jähzornigen einheimischen Koch verletzt wird, fordern die anderen Bandenmitglieder Arthur auf, einzuspringen und an einem Einbruch in den Serail, den Topkapi-Palast, teilzunehmen. Dessen Juwelenschätze und nicht ein politischer Anschlag sind das Ziel der Bande; die geschmuggelten Waffen dienen dazu, in einem Scheinangriff und Ablenkungsmanöver die Flucht aus dem Serail zu decken. Mit viel Glück zieht sich Arthur noch einmal aus der Affäre und wird zum Schluß vom türkischen Geheimdienst sogar mit einer kleinen Belohnung nach Athen zurückgeschickt.

In Arthur Abdel Simpson sind Züge mehrerer anderer Ambler-Figuren eingegangen. Mit Arthur in *Schirmers Erbschaft* teilt er den Namen und wettert er gegen die scheinheiligen Bürger, die seine nicht ganz sauberen Machenschaften moralisch verurteilen. Mit Paschik in *Der Fall Deltschev* teilt er einen fatalen Mundgeruch, der zu falschen Schlüssen bezüglich seines Charakters führt. Wie Captain Luckey in *Waffenschmuggel* versucht er, bei seinen Gaunereien das Bild vom britischen Gentleman aufrechtzuerhalten. Ohne gültigen Paß, wie der staatenlose Josef Vadassy in *Nachruf auf einen Spion*, wird auch Arthur von einem Sicherheitsdienst unter Druck gesetzt, für diesen zu arbeiten und jeweils über seine Fortschritte Bericht zu erstatten. Aber Simpsons unklare Staatszugehörigkeit ist nicht wie bei Vadassy das Resultat politischer Umstände, sondern seiner unklaren familiären Herkunft; und beim Spionieren macht er sich besser als Vadassy, zumal er aufgrund seiner kleinkriminellen Aktivitäten die Pläne der Betrügerbande schneller durchschaut als der türkische Geheimdienstoffizier.

Ambler bezeichnete Arthur Abdel Simpson nachträglich als sein »Double für die Rolle des Clown-Helden« sowie als »Zuhälter, Kuppler, Fremdenführer, Pornograph und kleiner Dieb«

(Cole, 181). Diese Charakterisierung gehört zur Selbsttherapie Amblers. Tatsächlich verwendet er für die Figur autobiographische Einzelheiten, baut sie aber in ein vielschichtiges Porträt des pikaresken Schelms ein.

Für die Karriere als Kleinkrimineller gibt es soziale Gründe. Arthur wuchs als uneheliches Kind und zwischen den Kulturen auf. Sein Vater starb, als er sieben Jahre alt war, und danach stand er der Mutter für eine neue Beziehung im Weg. Mit neun Jahren wurde er zu Verwandten des Vaters nach England abgeschoben; in Lewisham, in Südlondon, besuchte er, wie einst Ambler, eine Grammar School. Mit den anderen Jungen, meint Arthur, »kam ich ganz gut zurecht. Weil ich in Ägypten geboren bin, nannten sie mich natürlich ›Kameltreiber‹, aber da ich wie mein Vater helle Haare hatte, machte mir das nichts aus.« (Topkapi, 10) Die hellen Haare bewahrten ihn jedoch nicht vor dem rassistischen Spitznamen, und es gab genügend Situationen, in denen er zum verspotteten Außenseiter wurde.

Es sind aber vor allem die von den Lehrern verabreichten Schläge, die ihn den Haß lehrten und das Bedürfnis zurückzuschlagen. An den Schulerfahrungen mißt er auch sein jüngstes Abenteuer. »Meine Haltung Harper gegenüber war die gleiche. Er hatte mir ›Prügel‹ gegeben; aber anstatt in Selbstmitleid zu schwelgen, begann ich zu überlegen, wie ich zurückschlagen konnte.« (Topkapi, 43) Der türkische Geheimdienstoffizier erinnert Arthur gelegentlich an seinen ehemaligen Schulleiter: »Er hörte sich an wie ›Die Borste‹ in leutseliger Stimmung.« (Topkapi, 108, siehe auch 134) Zuweilen regrediert Arthur auch: »Ich erwachte mit dem üblen Gefühl, das ich immer hatte, wenn ich in der Schule meine Hausaufgaben am Abend zuvor nicht ordentlich gemacht hatte.« (Topkapi, 177) Und als ihm Major Tufan zum Schluß nahelegt, doch noch ein ehrlicher Mensch zu werden, zitiert er für sich den Ausspruch des Schulleiters: »An die Arbeit, Simpson, denn es wird Nacht.« (Topkapi, 303)

Schon in der Schule beginnt Arthur, sich gegen Lehrer zu wehren, indem er sie anonym irgendwelcher Verfehlungen beschuldigt.

> Ich habe niemals Prügel vergessen oder vergeben. Nicht, ehe ich sie dem betreffenden Lehrer heimgezahlt hatte. War er verheiratet, schrieb ich an seine Frau einen anonymen Brief, in dem ich behauptete, er hätte versucht, sich an kleine Jungen heranzumachen. War er Junggeselle, schickte ich den Brief als Warnung an die Eltern eines anderen Jungen. In den meisten Fällen erfuhr ich natürlich nichts über die Wirkung. Aber in zwei Fällen erfuhr ich immerhin, daß die Eltern ihre Jungen verhört und meine Briefe an »Die Borste« weitergeleitet hatten. Ich habe nie jemandem davon erzählt. Ich wollte keine Nachahmer; und da ich meine Schrift sehr gut verstellen konnte, wußten die Lehrer nie mit Sicherheit, wer es gewesen war. Solange sie einen Verdacht hegten, ohne ihn beweisen zu können, war ich zufrieden. Sie wußten, daß ich zurückschlagen konnte, daß ich ein guter Freund, aber auch ein gefährlicher Feind sein konnte. (Topkapi, 43)

Der Zirkel von Unrecht und Rache ist ihm seither zur Lebenshaltung geworden. 1956 denunziert er einen Engländer bei den ägyptischen Behörden als Spion, weil sein einträglicher Pornographieschmuggel an die britischen Behörden verraten worden ist. Von Major Tufan nach seinen Motiven befragt, ist Arthur um eine Antwort verlegen:

> Ich wußte nicht, was ich antworten sollte. Wie konnte ich diesem Mann erklären, daß ich die Prügel zurückzahlen wollte, die sie mir gegeben hatten! Ich sagte nichts.
> »Taten Sie es, weil Sie den ägyptischen Behörden irgendwie beweisen mußten, daß Sie antibritisch eingestellt waren? Oder weil Sie den Mann nicht leiden konnten? Oder weil Sie wirklich antibritisch eingestellt waren?«
> Wohl aus allen drei Gründen; ich weiß es selbst nicht genau. Ich antwortete, beinahe ohne nachzudenken. »Meine Mutter war Ägypterin. Meine Frau starb bei einem britischen Bombenangriff. Warum sollte ich nicht wirklich antibritische Gefühle haben?«

> Es war die beste Antwort, die ich bisher gegeben hatte; es klang, als
> sei es wahr, wenn es auch nicht ganz stimmte. (Topkapi, 83 f.)

Die Stelle ist symptomatisch für Arthurs Selbsttäuschung. Zu
Beginn hält er an der Stilisierung fest, alle seine Taten ließen sich
aus dem einst an ihm begangenen Unrecht rechtfertigen. Durch
die Suggestion des Offiziers gerät er allerdings nahe an eine
Selbsterkenntnis und anerkennt verwickelte Gründe für seine
Tat. Doch das wird sogleich wieder überlagert durch seine öffentliche Antwort, die er »beinahe ohne nachzudenken« gibt und
die ihm die beste scheint, weil sie am besten wirkt. Dabei ist sie
eine krasse Lüge: Seine Frau ist keineswegs bei einem britischen
Bombenangriff umgekommen, sondern mit einem anderen
Mann durchgebrannt.

Einstmals Opfer, sucht er in der Welt noch schwächere Opfer,
die er seinerseits betrügen kann.[30] Der Zyklus von Unrecht und
Rache scheint ihm nicht mehr aufbrechbar und wird ganz persönlich interpretiert.

Rachegedanken treiben ihn auch in seinem jüngsten Abenteuer
voran, nachdem er ein Gespräch zwischen Harper und Miss Lipp
belauscht, in dem letztere ihn ein »störrisches Schaf« (Topkapi,
199) nennt und sich über seinen Mundgeruch lustig macht. Tatsächlich hat sich Arthur zuvor öfter um seine sensible Verdauung gesorgt, und schließlich reflektiert er: »Das Äußere des Kör-
pers läßt sich von Schweiß und Schmutz reinwaschen; aber im
Inneren gibt es Veränderungsprozesse, aus denen andere Stoffe
entstehen. Manche davon riechen. Wie befreit man sich von ihnen?« (Topkapi, 201) Das gilt oberflächlich für den Mundgeruch,
der schlechten Verdauungsprozessen entspringen mag, aber es
trifft ebenso auf den Haß zu, der im Innern an Arthur nagt.

Miß Lipps Bemerkung erinnert Arthur zudem an eine Schlüs-
selszene seiner Jugend, als er ebenfalls ein Gespräch belauschte,
in dem ein Mädchen erklärte, ihre Freundin weigere sich, weiter

mit Arthur auszugehen, weil dieser ein »kleiner, widerlicher Kerl« (Topkapi, 200) sei; was Arthurs zuvor großspurig verkündete sexuelle Abenteuer mit Mädchen jäh stoppte. Arthurs Stellung als Außenseiter war schon früher an Sexualität gekoppelt, die ihrerseits in rassistische Wahrnehmungen verwickelt ist. Sein Vater berichtete einst von einem Korporal, der Entschuldigungen verkaufte, die wegen ihres Erfindungsreichtums meist keine Bestrafung nach sich zogen. Einmal kaufte der Vater, als er sich beim Einrücken verspätete, die Geschichte, er habe eine englische Dame vor den Belästigungen eines Einheimischen beschützen und sie nach Hause begleiten müssen. Die Konstellation von englischer Dame und Einheimischem wirft bezüglich der ethnischen Herkunft die Beziehung zwischen Arthurs Eltern spiegelbildlich zurück, gibt ihr aber einen rassistischen Dreh, da der Einheimische zum Attackierenden gemacht wird, während Arthurs ägyptische Mutter sich glücklich schätzen mußte, einen britischen Mann gefunden zu haben. Doch die rassistische Verwerfung kehrte bald zurück. Kurz nach dem Tod des Vaters »erwischt« Arthur laut eigener Formulierung seine Mutter mit einem anderen Mann im Bett. Der über 50jährige Arthur formt den frühen kindlichen Schock über den Verrat der Mutter in ein ästhetisch-moralisches Urteil um, in dem eine rassistische Komponente mitschwingt: »Mr. Hafiz war in der Gastronomie tätig und fett wie ein Schwein. Es war ekelhaft, daß ein Mann in seinem Alter mit meiner Mutter im Bett lag.« (Topkapi, 7)

Die vorzeitige Aufklärung ging nach der Verstoßung durch die Mutter weiter, als der damals Neunjährige auf der Überfahrt nach England von geschlechtskranken Soldaten »eine Menge Nützliches und Wissenswertes« (Topkapi, 7) aufschnappte. Seine ersten Erfahrungen mit Mädchen während der Schulzeit beschreibt er in betont forschem Ton. Aber seine Eroberungen scheinen nicht ganz so erfolgreich gewesen zu sein, wie er vorgibt. Wenig später verkauft er unter seinen Mitschülern ein pornographisches Gedicht. Es schildert den Blick eines erwachenden Schläfers durch ein Astloch in eine Nebenkammer, in der ein Mädchen und ein Jüngling zur detailliert beschriebenen Sache gehen.[31]

Der Blick des Voyeurs ist Arthurs eigener Blick geworden. Nach der Schulzeit nach Ägypten zurückgekehrt, wird er Drukker und Verleger pornographischer Schriften. Seine erste Frau brennt mit einem anderen Mann durch, weil sie Arthur Sterilität vorwirft – vielleicht ist der von Arthur energisch bestrittene Vorwurf aber auch ein Euphemismus für Impotenz. Inzwischen ist er mit einer Bauchtänzerin verheiratet, die halb so alt ist wie er und die ihn, mit seinem Wissen, regelmäßig mit Freiern betrügt. Frauen ordnet er zwei Altersstufen zu: »Wenn sie sehr attraktiv, aber offensichtlich keine jungen Mädchen mehr sind, schätze ich sie immer auf achtundzwanzig. Wenn sie sich ein bißchen gehengelassen haben, aber durchaus noch nicht alt sind, auf fünfundvierzig. Aus irgendeinem unerfindlichen Grund denke ich nie an ein Alter dazwischen – oder jenseits davon –, außer natürlich mein eigenes.« (Topkapi, 114) So sind die Bilder von geschlechtsreifer Frau oder Mutter in seinem Blick archetypisch festgefroren.

Miss Lipp hat seine Begierde geweckt, die, wie er sich selber eingesteht, unerfüllt bleiben wird. Doch beim Versuch, die Geheimnisse der Bande auszuspionieren, wird Arthur in Harpers Arbeitszimmer überrascht und hört mit an, wie Harper und Miss Lipp im Nebenzimmer miteinander schlafen.

> Zwei Minuten klammerte ich mich noch an die Hoffnung, sie würden einen Mittagsschlaf halten. Dann fingen sie an, sich zu bewegen. Nach einer Weile hörte ich sie atmen, aber das war nicht das Atmen Schlafender. Weitere Minuten verstrichen, und neue Geräusche waren zu hören. Dann legte das Tier mit den zwei Rücken los und gab gleich darauf sein übliches Ächzen, Stöhnen und Keuchen von sich. Ich stand wie ein Schwachsinniger hinter der Tür, stellte mir ihre langen Beine und schmalen Schenkel vor und zerbrach mir verzweifelt den Kopf, wie ich hier wieder herauskam. (Topkapi, 210 f.)

Die Szene wiederholt jene aus *Schirmers Erbschaft,* in der Carey zum Ohrenzeugen des Liebesspiels zwischen Franz Schirmer und Maria Kolin wird. Für Arthur stellt sie zugleich die peinlich-wollüstige Umsetzung jenes Gedichts dar, das er einst als Jugendlicher vertrieb.

In den früheren Ambler-Romanen enthüllen sich die Charaktere der Figuren in den Ereignissen, denen sie ausgesetzt sind, wobei sie unerkannte Fähigkeiten offenbaren. In *Topkapi* steht erstmals von Beginn an ein Charakter im Vordergrund, mit seinen Eigenheiten und seiner Geschichte. Die Ereignisse, denen er sich ausgesetzt sieht, vermag er ebenso wenig zu steuern.

Arthur ist eine zutiefst zweideutige Figur.[32] Einerseits wird er der Lächerlichkeit preisgegeben, durch den Unterschied zwischen Selbstwahrnehmung und seinen die Selbsteinschätzung widerlegenden Mißgeschicken. Andererseits entlarvt sein respektloser ›Blick von unten‹ die pompöse Amoralität seiner Mitmenschen und der gesellschaftlichen Verhältnisse. Mit zwielichtigen Mitteln, immer auf den eigenen Vorteil bedacht, sucht er sich in dem Dschungel zu behaupten, als den er den Alltag erlebt. Er ist ein Schwejk, ins Kleinkriminelle abgeglitten. Auf die Bosheit der Umwelt reagiert er ebenso böse. Moral ist ihm längst fragwürdig geworden; und als pikareskem Antihelden gesteht ihm Ambler ein moralisch neutrales Ende zu, mit Straffreiheit und sogar einer kleinen finanziellen Belohnung.

Auch die anderen, gradliniger dargestellten, Figuren geraten letztlich an eine Grenze ihrer vermeintlichen Kontrolle über die Ereignisse. Die professionelle Planung des Einbruchsquartetts wird durch den gewalttätigen Ausbruch des betrunkenen Kochs über den Haufen geworfen. Ihr Gegenspieler Major Tufan konzentriert seine Überlegungen ganz auf ein politisches Attentat und übersieht die naheliegendere Interpretation eines herkömmlichen Einbruchs.

Tufans Verdacht hat durchaus einen realen historischen Hin-

tergrund. 1960 hatte das türkische Militär gegen die Zivilregie-
rung Bayar-Menderes geputscht und frühere Minister hinrichten
lassen. Soziale Unrast führte bis 1963 zu gelegentlichen Attenta-
ten. Doch bleiben Hinweise darauf in *Topkapi* oberflächlich. In
einer einzigen Szene, als Arthur zu einem Gespräch an einen Sitz
der türkischen Geheimpolizei verfrachtet wird, erläutert ihm ein
untergeordneter Offizier, »warum es Pflicht der Armee gewesen
sei, das Rattennest auszuräuchern und das Komitee der Nationalen Union zu bilden« sowie die »Notwendigkeit, alle ohne Gnade
niederzuschießen, die versuchten, die Arbeit des Komitees zu-
nichte zu machen, besonders diejenigen Mitglieder der Demokratischen Partei, die sich der Gerechtigkeit von seiten der
Armee entzogen hatten« (Topkapi, 127). Den unpolitischen
Kleinkriminellen Arthur vermag das nicht zu interessieren; er
wertet es als eine der üblichen Machenschaften der Mächtigen.
Indem Ambler das vermeintliche Attentat zum Einbruch verkehrt, liefert er ein ironisches Gegenstück zu seinen früheren
Romanen mit ihren dezidiert politischen Handlungen. Geblieben ist die sprachliche Eleganz. Der Einbruch in den Serail durch
das unbewachte Dachfenster wird mit Amblers üblicher An-
schaulichkeit und Präzision beschrieben.[33] Als Therapie mochte
Topkapi gewirkt haben, und als pikaresker Roman liest er sich
vergnüglich genug; vom politisch-intellektuellen Anspruch her
markierte er jedoch eine Krise in Amblers Werk.

Im übrigen entstand daraus die erfolgreichste Verfilmung
eines Ambler-Buchs. Bereits Mitte 1962 hatte Ambler die Filmrechte für 100 000 Dollar verkauft. Mit einer Verfilmung für
United Artists wollte der Regisseur Jules Dassin an seinen Er-
folgskrimi *Du rififi chez les hommes (Rififi)* von 1955 anknüpfen.
Ein erstes Drehbuch von Michael Wilson fiel unbrauchbar aus,
und der Publizist Monja Danischewsky wurde mit einer zweiten
Fassung beauftragt.[34] In seiner amüsanten Autobiographie gestand Danischewsky ein, er habe 1962 den Auftrag, *Topkapi* zu

retten, vor allem aus finanziellen Gründen angenommen.[35] In einem längeren Brief äußerte Ambler im August 1963 vorsichtige Detailkritik an dem ihm zugeschickten Drehbuch, schien dem Unternehmen aber generell positiv gegenüberzustehen.[36] Danischewsky, begabt vor allem als Anekdotenerzähler, hatte sich in seinen früheren Drehbüchern eher an einzelnen Gags als an strukturellen Entwicklungen interessiert gezeigt, was seine satirischen Absichten weitgehend verpuffen ließ. Im Zusammenspiel mit dem künstlerischen Narzißmus von Dassin wurde diese Tendenz noch verstärkt.

Topkapi, im September 1964 uraufgeführt, wollte möglichst viele Geschmäcker ansprechen und setzte deshalb auf eine breite europäische Besetzung: von Dassins damaliger Ehefrau Melina Mercouri über Peter Ustinov, Maximilian Schell und Robert Morley bis zu Akim Tamiroff. Das von Dassin erstmals erprobte Technicolor-Verfahren läßt den Film mit unglaublichen Farben und ebenso unglaublichem Kitsch explodieren. Amblers psychologische Studie eines Kleinkriminellen wird in eine Reihe skurriler Vignetten aufgelöst. In der Rolle der zur zweiten Hauptfigur erklärten Miss Lipp gibt Melina Mercouri die Travestie einer sinnlichen Südländerin.[37] Ustinov, gelegentlich ebenfalls in die Schmiere abgleitend, erhielt für die Rolle von Arthur Simpson einen Oscar als bester Nebendarsteller, und der kurzfristige Erfolg des Films brachte Ambler einen erneuten Durchbruch als Autor in Frankreich und Italien.

Der Roman kehrt zum Schluß zum Ausgangspunkt zurück und macht Arthurs Motive für seinen Rechtfertigungsversuch deutlich, als der der ganze vorangegangene Roman zu lesen ist. Anstelle seines abgelaufenen britischen Passes, der all den überstandenen Verwicklungen zugrunde lag, hat ihm das britische Generalkonsulat in Istanbul auf Ersuchen des türkischen Geheimdienstes ein provisorisches Reisedokument ausgestellt, mit dem er nach Athen zurückfliegen kann. Im Flugzeug überlegt er sich die leidige Sache mit seiner umstrittenen Staatsbürgerschaft:

> Ich zog das Reisedokument heraus und studierte es eingehend. Auch darin wurde ich als Brite bezeichnet. Und dennoch hatten sie mich ein Papier unterzeichnen lassen, in dem stand, daß ich keiner sei. Das Reisedokument konnte somit als Bestätigung meines Anspruchs betrachtet werden. Das Papier war unwichtig, weil ich es unter Druck unterzeichnet hatte. Man kann einem Mann nicht seine Nationalität nehmen, indem man sich weigert, sein Recht darauf anzuerkennen. Das Gesetz von 1948 sagt das ganz klar. (Topkapi, 305)

Arthurs vorangegangene Geschichte hat freilich deutlich gemacht, daß sein Fall keineswegs so klar ist, wie er sich einzureden beliebt. Aber bereits ist er wieder zu seiner großspurigen Selbsttäuschung und seinen Rachephantasien für die erlittenen Prügel zurückgekehrt:

> Wenn nötig, werde ich meinen Fall vor die Vereinten Nationen bringen. Sie haben die Briten nach der Suez-Affäre geprügelt; in meinem Fall können sie sie wieder prügeln. Es ist möglich, daß ich ein Schaf bin; und vielleicht paßt gewissen Leuten mein Atem nicht; aber ab jetzt bin ich nicht mehr nur störrisch. Jetzt bin ich ärgerlich.
> Ich warne die britische Regierung. Ich weigere mich, weiterhin als Anomalie zu leben. Ist das ganz klar?
> *Ich, Arthur A. Simpson, weigere mich!* (Topkapi, 305 f.)

Dieser Schluß kündigt eine Fortsetzung der Abenteuer von Arthur A. Simpson an, die Ambler in der Tat im Anschluß an *Topkapi* vorhatte. Sie scheiterte jedoch zunächst an einem Disput, in den sich Ambler mit seinem englischen Verlag verwickelte.

Verlagswechsel

1952 hatte sich Ambler von seinem Vorkriegsverlag Hodder & Stoughton getrennt und war unter Mitwirkung von A. S. Frere zu Heinemann gekommen, der die folgenden vier Romane veröffentlichte. 1960 geriet Heinemann unter Übernahmedruck einer branchenfremden Firma, wodurch auch die Position A. S. Freres gefährdet wurde. Graham Greene, ebenfalls ein Heinemann-Autor, organisierte die Verteidigung seines Verlegers, indem er die wichtigsten Heinemann-Autoren in seiner Wohnung versammelte. Ambler hat den Ablauf der Sitzung geschildert: »Greene erklärte, der einzige Vermögenswert eines Verlegers seien seine Autoren, und wir alle sollten Bücher für einen anderen Verlag schreiben – für Bodley Head, zu dem er in Verbindung stand. Ich erwiderte, daß ich vertraglich an Heinemann gebunden sei. Er antwortete sofort, das sei er auch, aber das gelte nur für Romane, und er werde bei Bodley Head ein schmales Buch mit zwei Reisetagebüchern veröffentlichen.« (West 1997, 182 ff.)

The Bodley Head stand damals unter der Leitung des 1915 geborenen Max Reinhardt. Dieser, als Ökonom ausgebildet, hatte 1947 einen kleinen Verlag aufgekauft und ihn ein Jahr später in die Max Reinhardt Ltd. umgewandelt. 1956 kaufte er The Bodley Head, von John Lane 1887 gegründet, und wurde Geschäftsleiter des Unternehmens, das in den 1960er und 1970er Jahren weiter expandierte. Greene hatte sich finanziell an The Bodley Head beteiligt, was er seinen Mitstreitern aber vorläufig verschwieg.

Tatsächlich erschien im Herbst 1961 in der Fachpresse eine Bodley-Head-Anzeige, in der nicht nur Graham Greene und Walter de la Mare neue Bücher ankündigten, sondern auch Eric Ambler mit dem Titel *The Ability to kill* (*Die Begabung zu töten*) vertreten war.

Es handelte sich um eine Sammlung von Reportagen, die Ambler mehrheitlich in den 1950er Jahren verfaßt hatte. Im Ok-

tober 1952 hatte ihn die Redaktion der amerikanischen Publikumszeitschrift *Holiday* um einen Artikel über Scotland Yard
gebeten, den er im folgenden Juli für 1500 Dollar abgeliefert
hatte. Danach hatte er in etwa jährlichen Abständen sechs weitere Texte geschrieben, die in Form von Vorträgen vor einer fiktiven Gesellschaft der Amerikanischen Mordfreunde e.V. berühmte Mordfälle in Großbritannien und Frankreich aufrollten.
Für Recherchen zu den gruselig-witzigen Artikeln hatte Ambler
gelegentlich eine Mitarbeiterin beschäftigt, die ihm später auch
bei der Wiederbeschaffung verbrannter Materialien zu *Topkapi*
half. Sechs dieser Artikel bildeten das Mittelstück des geplanten
Sammelbandes; den Auftakt machten drei Berichte über Mordprozesse, denen Ambler unter anderem für *Life* beigewohnt
hatte; dazu kamen verschiedene Texte vor allem zur Filmindustrie, die nicht ganz dem Titel der Sammlung entsprachen, dem
Band jedoch etwas mehr Umfang verliehen.

Das Buch, als Warnung für die Heinemann-Usurpatoren gedacht, geriet in eigene unerwartete Schwierigkeiten. Nachdem
bereits die Fahnen vorlagen, weigerte sich im April 1962 die
Schreibwarenkette W. H. Smith, die eine gewichtige Position im
Buchhandel einnahm, das Buch ins Sortiment aufzunehmen.
Stein des Anstoßes bildete ein Prozeßbericht über den Arzt John
Bodkin Adams, der ab 1956 wegen des Tods von rund 40 reichen
Patientinnen in Verdacht geraten, in einem Fall des Mords angeklagt, aber wegen Mängeln in den polizeilichen Ermittlungen
freigesprochen worden war. Obwohl sich Amblers Bericht auf
die offiziellen Gerichtsprotokolle stützte und den Freispruch
nicht direkt anzweifelte, meinten die Anwälte von W. H. Smith,
der Einschluß des Artikels unter dem Obertitel *Die Begabung zu
töten* sei ehrverletzend. Ambler, der gerade über den letzten Seiten von *Topkapi* saß, zeigte sich über den Zensurversuch von
W. H. Smith schockiert, wollte am Text unter dem gewählten
Buchtitel festhalten und sicherte Max Reinhardt von Bodley

Head zu, im Falle einer Strafklage höchstpersönlich die Kosten
für die Verteidigung zu übernehmen.[38] Doch Reinhardt hatte den
Text inzwischen vorsorglich dem wieder praktizierenden John
Adams zukommen lassen, der auf keinerlei Anpassungen eingehen wollte, sondern einen Verzicht auf den ganzen Artikel verlangte. Auf Rat seines eigenen juristischen Gutachters beugte
sich Reinhardt dem Ansinnen. Damit war das ganze Buchprojekt
gefährdet, da nur mit großem finanziellen Mehraufwand ein
totaler Neusatz hergestellt werden konnte.

Jn dieser Situation zeigte sich Amblers Professionalismus. Obwohl er nach dem Abschluß des *Topkapi*-Manuskripts die Verfertigung eines neuen Drehbuchs für MGM übernommen hatte[39],
sandte er im August 1962 nicht nur eine umgearbeitete Einleitung zum Sammelband, sondern auch einen neuen Text über den
Mordprozeß James Hanratty, der zeilengenau den gestrichenen
Artikel ersetzte.[40] Im Oktober lagen die neuen Fahnen vor, die
jetzt die Hürde eines weiteren juristischen Gutachtens nahmen;
das Buch erschien mit beinahe einjähriger Verspätung im Februar 1963.

Der einleitende Text, *Die Begabung zu töten*, den Ambler laut
einer späteren Einführung »zu meiner eigenen Belehrung und
Beruhigung« (Begabung, 16) schrieb, beschäftigt sich mit einer
Tat, die Ambler in seinem sonstigen Werk nicht in den Vorder-
grund rückt: Gründe und Motive eines absichtlichen Mords.
Zuerst versichert er, Mordwünsche seien nichts Seltenes, aber die
Fähigkeit, sie umzusetzen, »besitzen nur erstaunlich wenige«
(Begabung, 21). Nach einer juristischen Erörterung und etlichen
historischen wie aktuellen Beispielen versucht er sich an einer in-
dividualpsychologischen Erklärung:

Tod, Geld und Gewalt sind bei uns allen die Anfangselemente der
gleichen oral-analen Phantasien. Zuweilen aber dauern die primitiven,
infantilen Wertvorstellungen mehr oder weniger unverändert fort und

prägen dann den Charakter des Erwachsenen. Die daraus entstehenden Konflikte sind im allgemeinen, ein Mindestmaß an Anpassung vorausgesetzt, für die betreffende Person höchstens ein Mißgeschick, psychologisch gesprochen. Es gibt jedoch Fälle, in denen neurotische Reaktionen keine Lösung sind und gewisse infantile Mechanismen unverändert übernommen werden.

Das Gefährliche an einer solchen Persönlichkeitsstruktur ist die Tendenz zur Regression. Ob dieser Mechanismus einsetzt oder nicht, wird von Zeit und Umständen bestimmt. Wenn er aber einsetzt, dann hört er so schnell nicht auf. Mord ist nicht zwangsläufig das Ergebnis, muß es vielleicht nie sein, aber am Ende liegt er im Bereich des Möglichen. Der amerikanische Psychiater Paul Schilder schreibt: »Das Kind stellt sich den Tod im wesentlichen als Verlust vor. Es glaubt, daß dieser Verlust, wie jeder andere Verlust auch, rückgängig zu machen sei.« Und über diejenigen, die töten, sagt er: »An ihren eigenen Tod denken sie genausowenig wie ein Kind. Es sieht fast so aus, als neigten diese ›normalen Mörder‹, die ansonsten gar kein gebrochenes Verhältnis zur Realität haben, zu besonders infantilen Reaktionen auf Leben und Tod. Man kann vielleicht sagen, daß sie töten, weil sie nicht ermessen können, welchen Verlust sie anderen damit zufügen.«

Stiehl oder werde bestohlen; töte oder werde getötet. (Begabung, 29 f.)

Diese Passage ist ein deutliches Indiz für den Einfluß, den die Freudsche Psychoanalyse auf ihn ausübte – auch wenn Ambler immer wieder das Gegenteil beteuerte.[41] Der Sammelband endet mit dem Vortrag *Der Schriftsteller und die Filmindustrie*, den Ambler bei der Buchausstellung der *Sunday Times* 1955 und später während der Edinburgher Festspiele 1956 vor der British Film Academy gehalten hatte.[42] Scharfsinnig und witzig analysiert er darin das schwierige Verhältnis zwischen Roman und Film, skeptisch, aber nicht ganz ablehnend gegenüber den Anforderungen der Schwarzen Kunst. Der Text schließt mit einer impliziten Bezugnahme auf die Regression, die er als Grund der »Begabung zu töten« ausgemacht hatte:

Das Problem des Schriftstellers in der Filmindustrie ist vielmehr das Problem des Regisseurs, des Schauspielers, des Produzenten und aller anderen, die kreativ an der Herstellung beteiligt sind. Es ist das Problem, zu einer Kooperation zu finden, ohne sich selbst zu verlieren. Die Anstrengung, dieses Problem zu lösen, ist im Grunde genommen die Anstrengung, erwachsen zu werden. Wie schmerzhaft diese Anstrengung auch sein mag, sie wird sich wohl immer lohnen, und nicht nur in der Filmindustrie. (Begabung, 277)

Topkapi war 1962 vertragsgemäß noch bei Heinemann erschienen. Mit *Die Begabung zu töten* begann 1963 Amblers Verbindung zu Bodley Head. Greenes Verteidigungsaktion hatte die Änderung der Besitzverhältnisse bei Heinemann nicht verhindern können. Als A. S. Frere auf einen belanglosen Ehrenposten befördert wurde, kündigte er und wechselte seinerseits zu Bodley Head. Ambler folgte ihm sofort mit seinen Romanen.

Der Verlagswechsel in England verlief parallel mit einem Verlagswechsel in den USA. Ambler hatte sich seit längerem unzufrieden über die Betreuung durch Knopf gezeigt. In seiner Autobiographie hat er Alfred A. Knopf ehrend gedacht, indem er auf dessen Bemühungen hinwies, seine Romane während des Kriegs in der amerikanischen Öffentlichkeit präsent zu halten, und hat ihn als einen der letzten »echten Verleger« (Ambler, 341) bezeichnet. Aber Knopfs Begeisterung für Ambler hatte sich nach *Der Fall Deltschev* abgekühlt; Ambler beurteilte Eingriffe, die Knopf in den politischen Passagen der Vorkriegsromane vorgenommen hatte, mittlerweile als Zensur[43]; außerdem hatte Knopf 1960 eine Zusammenarbeit mit der übermächtigen Konkurrenz, Random House, begonnen. Deshalb hatte Ambler schon für *Topkapi* versucht, aus dem langjährigen Vertrag auszusteigen, was Knopf abgelehnt hatte. Nach Ablauf seiner vertraglichen Pflicht nahm Ambler das Angebot des jungen Verlegers Mike Bessie an und wechselte zu Atheneum, was nicht der Pikanterie entbehrte, da Atheneum von Knopf-Sohn Alfred Knopf Jr. mitbegründet worden war.

Die neue Verlagssituation schuf freilich ein unerwartetes Problem. Ambler brannte darauf, die Abenteuer von Arthur A. Simpson weiterzuführen. Sowohl Bodley Head wie Atheneum wollten ihren neuen Autor aber nicht mit der Fortsetzung eines in einem anderen Verlag erschienenen Werks lancieren. Ambler konnte sich diesem Argument nicht verschließen und wandte sich vorerst einem neuen Stoff zu, während sein Zuhälter, Kuppler, Fremdenführer, Pornograph und kleiner Dieb bis zum übernächsten Roman in der Versenkung verschwand.

Eine neue Art von Zorn

Im März 1963 schloß Ambler mit Bodley Head einen Vertrag über einen neuen, vorläufig noch titellosen Roman ab, zu denselben ausgezeichneten Tantiemen wie vorher bei Heinemann. Im Januar 1964 informierte er Max Reinhardt über »grundsätzliche Änderungen im Charakter der Hauptfigur«.[44] Mitte Mai sandte er ein fertiges Manuskript nach London. Den Juni verbrachte er selbst zur Hälfte in London und zur Hälfte in Cap Ferrat an der Côte d'Azur. Ab Juli begann er, zurück in Los Angeles, mit den Fahnenkorrekturen. *A Kind of Anger (Eine Art von Zorn)* erschien im Oktober 1964; aufgrund der guten Vorbestellungen stockten sowohl Bodley Head als auch Atheneum die Erstauflage von je 15 000 Exemplaren durch eine zweite Auflage von 5000 Exemplaren auf.

Eine Art von Zorn war keine Ersatz- oder Verlegenheitslösung zur Fortsetzung von Arthur Simpsons Abenteuern, aber der Roman stellte doch einen Kompromiß dar. Als aktuellen politischen Hintergrund wählte Ambler die Auseinandersetzungen im Irak und die Kurdenfrage, die Anfang der 1960er Jahre neue Dringlichkeit bekommen hatte. Für den Schauplatz der Handlung griff er auf die französische Mittelmeerküste zurück, die er schon im

Nachruf auf einen Spion beschrieben hatte, angereichert mit autobiographischem Material aus Peira-Cava, wo er 1938 *Anlaß zur Unruhe* verfaßt hatte.[45] Die psychische Konstellation, in der Ambler die Arbeit in Angriff nahm, hatte sich seit *Topkapi* allerdings kaum geändert und prägte, wiewohl in abgewandelter Form, auch die Hauptfigur des neuen Romans.

Die politische Aktualität wurde durch ein Medium gefiltert, das zugleich ein weiteres Thema des Buchs wurde: die Presse. *Der dunkle Grenzbezirk* war einst im zweiten Teil von einem Journalisten erzählt worden, und Kenton, die Hauptfigur von *Ungewöhnliche Gefahr*, war ebenfalls Journalist gewesen. In beiden Fällen hatte das der Exposition der Handlung gedient, während die Medienbranche nicht thematisiert worden war. Danach waren die Schriftsteller aufgetreten, Charles Latimer in *Die Maske des Dimitrios* und Foster in *Der Fall Deltschev*. An letzterem war die Anmaßung des Dramatikers ironisiert worden, der glaubt, eine politische Prozeßberichterstattung seinen dramaturgischen Gesetzen unterwerfen zu können.[46] Erst in *Eine Art von Zorn* findet eine Auseinandersetzung mit dem Medienbetrieb statt.

Piet Maas, der Ich-Erzähler, arbeitet als Journalist beim Pariser Büro des *World Reporter*, einer amerikanischen Wochenzeitschrift im Stil von *Time* oder *Newsweek*. Der Roman beginnt mit der Beschreibung des Chefredakteurs von *World Reporter*, der von New York aus seine Untergebenen in den diversen Korrespondentenbüros mit Vorschlägen für Geschichten auf Trab hält, die der Erzähler als »abwegig, unlogisch und pervers« (Zorn, 7) abqualifiziert – und welcher Journalist würde darin nicht die Gestalt seines eigenen profilneurotischen Chefredakteurs erkennen.

An einem trüben Februartag setzt Chefredakteur Cust die Pariser Filiale auf die Geschichte des ehemaligen irakischen Geheimdienstchefs Oberst Arbil an, der, einst wegen Sympathien für die kurdische Unabhängigkeitsbewegung ins Schweizer Exil geflüchtet, in seiner Villa am Zürichberg ermordet aufgefunden worden ist. Dessen Geliebte, die angesichts am Tatort verbliebener Fotos von der Boulevardpresse als »Mädchen im Bikini« gehandelt wird, befindet sich seither auf der Flucht. Cust, wiewohl der Senilität und der Paranoia gegen kommunistische Unterwühlung sowie europäische Integrationsbestrebungen verdächtig, besitzt nützliche Kontakte zu hohen amerikanischen Regierungsstellen und kann den Tip vermitteln, die Verschwundene habe vor einiger Zeit mit einem französischen Betrüger namens Patrick Chase alias Phillip Sanger zusammengearbeitet und diesen bei ihrer Flucht womöglich um Hilfe angegangen. Auf solch wackliger Grundlage soll Piet Maas erreichen, was die Polizei und Dutzende von Journalistenkollegen in wochenlanger Arbeit nicht geschafft haben, nämlich Lucia Bernardi, die geheimnisvolle Schöne, aufzuspüren.

Wider alles Erwarten gelingt es Maas, Phillip Sanger an der französischen Mittelmeerküste zu finden, ihm unter Androhung einer Enthüllungsgeschichte den Aufenthaltsort von Lucia Bernardi zu entlocken und mit dieser ein Exklusivinterview zu führen. Darin berichtet sie, wie Oberst Arbil wegen seiner klandestinen Arbeit für die kurdische Sache um sein Leben fürchtete, wie sie selber vom Nebenzimmer aus den grauenhaften Mord an Arbil miterlebte, doch entkommen konnte. Vom Bürochef unter Druck gesetzt, auch den Mittelsmann preiszugeben, entscheidet sich Maas, ein Sanger abgegebenes Versprechen zu halten und die Loyalität mit seiner Zeitung aufzukünden. Er warnt Sanger und will dafür die Zusicherung, weiter mit Lucia Bernardi Kontakt halten zu können. Bei einem zweiten Treffen gesteht ihm Lucia, sie habe nach Arbils Ermordung aus dessen Villa kompromittierende Unterlagen über die kurdische Exilszene mitgenommen und wolle sie jetzt an interessierte Stellen verkaufen. Das Zeitungsinterview habe sie gezielt gewährt, um ihre Verkaufsabsicht öffentlich zu machen. Von Lucia in mehrfacher Hinsicht in Bann geschlagen, wird aus dem Enthüllungsjournalisten Maas in der Mitte des Buchs ein Komplize.

Im ersten Teil des Buchs dominiert die Darstellung des Zeitungsmilieus; die Recherchetechniken, mit denen Maas der geflohenen Lucia auf die Spur kommt, werden mit einer Debatte über journalistische Ethik verknüpft. Im zweiten Teil rückt das psychologische Profil der beiden Hauptfiguren Piet Maas und Lucia Bernardi in den Vordergrund, während sich das letzte Drittel auf traditionelle Spannungselemente mit raffinierten Täuschungsmanövern und halsbrecherischen Verfolgungsjagden konzentriert.

Wie *Topkapi* ist *Eine Art von Zorn* aus der Sicht eines Ich-Erzählers geschrieben. Anders als Arthur Simpson zeigt sich Piet Maas nicht als komisch-pikareske, sondern als ironisch-melancholische Figur. Eingeführt wird er durch eine Charakterisierung seines amerikanischen Chefs, der ihn als »deutschen Psychopathen« (Zorn, 12) bezeichnet. Die Umwandlung des Holländers Maas in einen Deutschen ist dem ignoranten Anti-Europäertum Custs geschuldet, während Maas für den anderen Teil der Abqualifizierung wenig später selber die Auflösung liefert. Eine Geschichte über die Transvestitenszene in Hamburg hatte er mit milder Sympathie geschrieben, was den erzkonservativen Chefredakteur veranlaßt hatte, Erkundigungen über ihn einzuziehen:

> Sicher hatte er erwartet und wahrscheinlich sogar gehofft herauszufinden, daß ich homosexuell sei. Homosexuelle sind ihm ein Dorn im Auge. Statt dessen hatte er erfahren, daß ich Herausgeber und Miteigentümer von *Ethos* gewesen war, einem neuartigen internationalen Nachrichtenblatt, das Pleite gemacht hatte, und daß ich im Anschluß an einen Selbstmordversuch mehrere Monate in einer französischen Nervenklinik verbracht hatte. Die Ermittler, eine Pariser Detektei, hatten der Anstaltsleitung sogar aus der Nase gezogen, daß ich mit Elektroschocks behandelt worden war.
>
> Wie sich herausstellte, ist Mr. Custs Einstellung zu Bankrott und Geisteskrankheit ebenso rabiat wie zur Homosexualität. Ich war erledigt. (Zorn, 16f.)

Tatsächlich sind die Wunden des Selbstmordversuchs bei Piet Maas keineswegs vernarbt. Schlaf findet er einzig mit Hilfe von Schlafmitteln, wobei er darauf achtet, nur wenige Tabletten in seiner Nähe zu haben, um nicht nochmals in Versuchung zu geraten. Als Phillip Sanger, der Erkundigungen über den ihn belästigenden Journalisten eingezogen hat, Maas auf die Gründe für den Selbstmord anspricht, reflektiert dieser:

> Was sollte ich darauf antworten? »Ganz einfach, Mr. Sanger. Es war nicht bloß die Zeitschrift. Ich kam gerade an dem Tag früher nach Hause und fand die Frau, mit der ich zusammenlebte, mit einem anderen Mann im Bett. Ich wollte ihn umbringen, und ich brachte es nicht fertig. Im Gegenteil, er schlug mich bewußtlos. Drei Fehlschläge waren zu viel für einen Tag. Also habe ich noch einen draufgesetzt.« Das wäre keine ehrliche Antwort, würde sich aber erst mal so anhören. Dann allerdings käme die unvermeidliche nächste Frage: »Es gibt sicher viele Menschen, die schlimmere Demütigungen erduldet haben, ohne deshalb Hand an sich zu legen. Wieso ging das bei Ihnen nicht?« Darauf gab es zwei höfliche Antworten; eine, die mildere, in der aseptischen Sprache der Psychiatrie, die andere in der Sprache des Moralisten. Meine ganz persönliche Antwort konnte nur sein: »Scheren Sie sich zum Teufel!« (Zorn, 87f.)

Die Sprache des Moralisten wäre die Verurteilung als Feigling, wie es sein Chefredakteur vorexerziert hatte. Maas macht sich diese moralische Abqualifizierung zuweilen selbst zu eigen und warnt Lucia: »Aber ich will lieber von vornherein klarstellen, daß ich ein hochneurotischer moralischer und physischer Feigling bin.« (Zorn, 192)

In einem Interview antwortete Ambler auf die Frage, warum verschiedene seiner Figuren Selbstmord erwägen oder gar zur Tat schreiten:

> Selbstmord ist sehr oft die einfachste Lösung für eine Situation, die man für unerträglich hält. Im wesentlichen schreibt ja jeder Schrift-

steller über sich selber. Ich möchte Selbstmord keineswegs empfehlen. Ich sage nur, daß es meines Erachtens Situationen gibt, in denen Selbstmord als ein möglicher Ausweg erscheint. Natürlich besteht ein großer Unterschied zwischen dem Gedanken daran und der eigentlichen Tat. Die meisten Leute, die Selbstmordversuche unternehmen, wollen damit vermutlich auf ihre Notlage aufmerksam machen. (Hopkins 1975, 288)

Im gleichen Interview berichtete er seinem Gesprächspartner, Raymond Chandler habe ihm einst einen mißglückten Selbstmordversuch mit einem Revolver gestanden, was er dann in *Eine Art von Zorn* verwendet habe.[47] Im Roman wird das Beispiel allerdings nicht auf Piet Maas überschrieben, sondern von Phillip Sanger als Anekdote über einen Bekannten erzählt. Tatsächlich ist es Sanger, der sich am direktesten mit dem Thema auseinandersetzt. Piets Bürochef in Paris teilt zwar die moralische Verurteilung durch Chefredakteur Cust nicht direkt, doch ist ihm die »Vorgeschichte« (Zorn, 14) Piets nicht ganz geheuer, und er versucht, sie weitgehend aus ihrer Beziehung auszuklammern. Sanger hingegen kommt unverblümt auf Maas' Suizidversuch zu sprechen. Sein Interesse ist nicht nur berechnend, sondern populärpsychologischer Natur. So kommentiert er den mißglückten Selbstmordversuch seines Bekannten dahingehend, dieser habe offensichtlich eine »kathartische Wirkung« (Zorn, 88) gehabt, weil sein Bekannter danach keinen zweiten Versuch unternommen habe. Typischerweise interessiert sich der amoralische Pragmatiker vor allem für mögliche Folgen des Selbstmordversuchs und nicht so sehr für die Gründe.

Anders Lucia. Sie reagiert unerwartet, als Piet ihr von seinem Suizidversuch erzählt:

»Sollte das mißglücken, oder war es ein Zufall?« fragte sie.
    Das verriet mir eine Menge über sie. Die meisten Leute möchten nur wissen: »Warum? Was hat Ihnen das Leben so unerträglich ge-

macht, daß Sie es beenden wollten?« Einige, die mit der Fachliteratur
vertraut sind, forschen scharfsinnig in Richtung Selbsthaß. Die wenigsten kennen den Tiefpunkt der Verzweiflung aus eigenem Erleben. Sie
lassen die kuhäugigen Fragen weg und beschränken sich auf die entscheidende: »Wollten Sie sich *wirklich* umbringen?« (Zorn, 155)

Nun ist die Bezeichnung »Tiefpunkt der Verzweiflung« ein un-
ausgewiesenes Zitat, wie Ambler in seiner Autobiographie beiläufig offenbarte. Es stammt von dem englischen Literaten John
Middleton Murry (1889–1957), dem Ambler in seiner Autobiographie ein sehr persönliches Denkmal setzt:

> Ich wußte, daß Murry von sehr klugen Leuten verachtet wurde und
> daß der vielgepriesene Aldous Huxley ihn als Burlap in *Kontrapunkt
> des Lebens* durch den Kakao gezogen hatte, doch ich war ihm dank-
> bar für eine einzige Beschreibung und Beobachtung. Er beschrieb
> Depression. Er bezeichnete sie als den »Tiefpunkt der Verzweiflung«
> und schien zu wissen, wovon er sprach. Im Grunde sagte er, daß man,
> wenn man ganz tief unten angekommen sei, nur noch so viel Kraft be-
> nötige, um die Augen zu öffnen. Danach würde es nichts mehr geben
> in der leeren Finsternis, wovor man sich fürchten müßte. Ich fand, es
> war unfair, jemanden zu verspotten, der solche Dinge schreiben
> konnte oder der mit Katherine Mansfield verheiratet gewesen war.
> (Ambler, 186)

Die »Sprache der Psychiatrie«, die derjenigen der Moral entge-
genstand, hätte wohl in Piets mißglücktem Selbstmordversuch
eine Depression gesehen. In den autobiographischen Aufzeichnungen in *Wer hat Blagden Cole umgebracht?* hat Ambler gemeint, er habe sich mit *Topkapi* aus seinen Depressionen heraus-
gezogen. Doch scheinen sie ihn weiter beschäftigt und auch das
auf *Topkapi* folgende Buch geprägt zu haben.

Denn nicht nur Piet Maas, auch Lucia Bernardi kennt offenbar
den Tiefpunkt der Verzweiflung. Ihre Geschichte weist mehrere
Parallelen zu der von Maas auf. Dieser verlor seine Eltern bei
einem Bombenangriff auf Rotterdam und kam als Kriegswaise

nach England; ein Geschäftsfreund seines Vaters finanzierte ihm das Studium, doch das ererbte kleine Vermögen ging beim Bankrott des von Piet gegründeten Politmagazins verloren. Dieser Mißerfolg hat nicht nur das Verlusttrauma aktualisiert, sondern zudem Schuldgefühle gegenüber dem verstorbenen Vater erzeugt.[48] Auch Lucia ist Waise, da ihre Eltern vor ihrer Volljährigkeit bei einem Autounfall ums Leben gekommen sind. Der Vater, ein Arbeiter, der es als Elektrohändler zu Wohlstand gebracht hatte, arbeitete sich nach einem Bankrott erneut hoch, doch blieben Eltern wie Tochter in der Folge vom Gefühl sozialer Unsicherheit geprägt. Nach dem Tod der Eltern wurde Lucia von einer Tante das Ethos selbstgenügsamer Rechtschaffenheit eingebleut. Ein bei Erreichen der Volljährigkeit ausbezahltes kleines Erbe steckte sie in ein Modegeschäft, das wie Piets Unternehmen Bankrott machte. Darauf setzte sie sich ins Ausland ab und verwickelte sich in hochfliegende, aber dubiose Beziehungen und Geschäfte.

Die parallelen Lebensläufe haben zu unterschiedlichen Reaktionen geführt. Während die 24jährige Lucia ihre Depression scheinbar überwunden hat, gelingt dies dem 34jährigen Piet erst im Verlauf des Romans. Wie im Minneroman, mit dessen Form Ambler ironisch spielt,[49] ist der Held verschiedenen Versuchungen ausgesetzt. Einen Bestechungsversuch durch Sanger, diesen ganz in Ruhe zu lassen, lehnt Piet vorerst ab; doch warnt er Sanger wenig später vor weiteren Nachstellungen des *World Reporter*. Sanger versucht, sich dieses ungewohnte Verhalten zu erklären:

Mir ist noch immer nicht ganz klar, warum Sie das tun. Daß Sie Ihr Wort halten möchten, kann ich verstehen. Und ich brauche Ihnen nicht zu sagen, wie dankbar ich dafür bin. Aber ist es wirklich so einfach? Ein Mann, der für dreißigtausend Dollar nicht zu kaufen war, behauptet, er hätte keine Berufsehre. Sie tun Ihre Arbeit, als wäre sie Ihnen wichtig, sagen aber, daß Sie hoffen, sie zu verlieren. Was ist das bei Ihnen, Maas? Noch immer Selbstzerstörung, oder gärt da eine neue Art von Zorn? (Zorn, 130f.)

Maas antwortet vorerst ausweichend, liefert aber später eine Erklärung nach: »Sie haben nach meinen Motiven gefragt. Die sind gar nicht so unklar. Ich habe nichts zu verlieren als einen Job, an dem mir nichts liegt, und ich bin voller Neugier, die befriedigt werden will. Was braucht man mehr?« (Zorn, 134) Das kann dem Hobbypsychologen Sanger nicht genügen. Deshalb interpretiert er die »neue Art von Zorn« vorerst auf eine ihm nur zu vertraute Weise, indem er meint, Piet Maas sei der erotischen Attraktion von Lucia erlegen.

Dies wiederum liefert Piet den Anlaß, das Interesse von Lucia zu wecken, da sie das Bild des aufrichtigen, altruistischen Journalisten als heuchlerische Fassade ablehnt. Er referiert Sangers Ansicht, sich davon distanzierend und zugleich damit flirtend. Lucia beißt halbwegs auf den Köder an:

»Was ist die neue Art von Zorn?«
   »Sanger führt ihn offenbar auf Sie zurück.«
   »Zorn auf mich? Weshalb?«
   »Nicht *auf* Sie, sondern *wegen* Ihnen. Der Drachentöter läßt alles stehen und liegen, um der Schönen aus ihrer Not zu helfen.«
   »Das ist doch kindisch.«
   »Es ist Sangers Erklärung, nicht meine. Er denkt auch, daß ich Ihren Reizen erlegen sei.«
   Sie sah belustigt aus. »Typisch Patrick, immer denkt er gleich an das. Ein unverbesserlicher Romantiker.« (Zorn, 156)

In Absetzung vom Romantiker Sanger kann sich Piet der Realistin Lucia gegenüber ebenfalls als Realist ausgeben, der sich für eine spannende Geschichte interessiert und zugleich einen Vorwand sucht, wegen eines besseren Angebots mit seiner Zeitung zu brechen. Aber das erklärt natürlich nicht, worauf er sich schon eingelassen hat und sich weiter einlassen wird. Die moralische Erpressung, mit der er Sanger zur Mitarbeit zwang, konnte er noch journalistisch im Interesse einer ertragreichen Geschichte rechtfertigen, und in der Folge forderte ihn sein Vorgesetzter geradezu auf, das Sanger abgegebene Versprechen zu brechen. Doch dann läßt Piet solche journalistische Doppelmoral weit hinter sich und ist bereit, sich in atemberaubende Abenteuer und gefährliche Betrügereien zu verwickeln.

Denn mittlerweile interessieren sich drei Parteien für die Unterlagen Arbils: die irakische Regierung, kurdische Exilpolitiker, sowie ein italienisches Erdölkonsortium, das an einem möglichen Machtwechsel im Irak interessiert ist. Während die irakische Regierung und die Italiener gegenseitig den Preis hochtreiben, haben Oberst Arbils einstige kurdische Mitstreiter tödlichere Absichten, da sie die Aufdeckung ihrer Verschwörung fürchten müssen. Zusammen mit Lucia meistert Piet alle Fährnisse und steht am Ende des Buchs mit einem beträchtlichen Geldbetrag da. Auch Sanger sieht ein, daß seine Erklärung vom Drachentöter zu kurz gegriffen hat. Die Veränderung, die Maas durchgemacht hat, scheint ihm jetzt Ausdruck einer tiefer verwurzelten Anlage:

> »Ich dachte, ich wüßte, was Sie antreibt. ›Eine neue Art von Zorn‹, dachte ich. Welch ein Irrtum! Ihr Zorn ist so alt wie die Berge. Sie haben ihn nur all die Jahre unterdrückt – genau wie der Mann, der Polizist statt Gauner wird. Oder ist das Sublimierung? Ganz egal. Tatsache ist, daß Sie eine Neigung zum Diebstahl haben. Das liegt Ihnen. Von wegen Therapie!« Er begann zu kichern. »Wissen Sie, was die hätten tun sollen, statt Sie mit Elektroschocks zu traktieren? Die hätten Sie auf Bankraub schicken sollen!« (Zorn, 316)

Ironisch wird hier mit populären Begriffen der Freudschen Psychologie gespielt. Die Rückführung von Maas' anarchischem Ausbruch aus der bürgerlichen Beengtheit auf eine »natürliche Begabung« (Zorn, 325) für moralisch anrüchige Aktionen dient nicht zuletzt Sangers Selbstrechtfertigung. Zweifellos trifft sie ein nonkonformistisches Motiv bei Piet; aber auch diese Erklärung verfehlt in ihrer Eindimensionalität dessen vielschichtige Antriebe. Im übrigen ist Piets Zorn nicht so sehr Selbstzweck, sondern dient der Wiedergutmachung einer als traumatisch empfundenen Niederlage.

Lucia kann Depressionen verstehen, erklärt ihre eigenen jedoch entschieden für überwunden. Ihren Bankrott hat sie mit einem Lehrsatz aus dem kapitalistischen Unternehmenshandbuch bewältigt: »Ein kleines Geschäft lohnt sich nur noch, wenn genügend Kapital dahintersteht, damit es wachsen kann.« (Zorn, 184) Wenn sie die Geschäfte ihres ermordeten Liebhabers schildert, kommt ein »entrückter Ausdruck« in ihre Augen, der auch Piet fesselt: »Sie sah wunderschön aus, während sie das sagte, so als hätte sie ein äußerst anrührendes Kunstwerk beschrieben.« (Zorn, 184)

Das Bedürfnis, die wiederholt erlebte soziale und finanzielle Unsicherheit durch viel Geld zu kompensieren, prägt auch ihr Verhältnis zu Männern. Auf dieser Basis hat sie mit Oberst Arbil eine emotional durchaus befriedigende Zeit verbracht, wie sie sich und Piet nüchtern klarmacht: »Ich war glücklich mit Ahmed. Er brachte mich zum Lachen, er hat mir das Gefühl gegeben, eine Frau zu sein, und er war großzügig. Zwischen uns gab es keine Mißverständnisse. Es war eine abgemachte Sache, daß er eines Tages zu seinem Volk zurückkehren würde [...] Eine französische Katholikin als Ehefrau wäre undenkbar gewesen, selbst wenn ich konvertiert wäre.« (Zorn, 182 f.)

Ihr Verhältnis zu Piet macht mehrere Phasen durch, von der versuchten Instrumentalisierung über die Ablehnung bis zur Komplizenschaft samt Liebesaffäre. Aber das sind schon große Worte für vielleicht gar nicht so große, sondern eher pragmatische Gefühle, wie sie sie einst gegenüber Arbil hegte. Lucia versteht Piets Selbstmordversuch, doch wie ihre eigenen Depressionen will sie ihn resolut ignorieren. Nur zögernd besorgt sie ihm Schlafmittel; als Piet scherzt, sie sei den Umgang mit seelischen

Krüppeln nicht gewohnt, reagiert Lucia heftig: »Sie wurde rot vor Ärger. ›Wenn Sie sich als Krüppel bezeichnen und dabei lächeln können, muß man annehmen, daß Sie sich entweder nicht wirklich dafür halten oder daß es Ihnen Spaß macht, sich zu demütigen. Auf keinen Fall ist es anziehend.‹« (Zorn, 208) Deutlich gibt sie ihre Strategie zu verstehen, durch Verdrängung zu überwinden:

> Sie sagten, Sie seien ein Feigling, jetzt bezeichnen Sie sich auch noch als seelischen Krüppel. Können Sie sich denn nur an die schlechten Zeiten erinnern und sich selber runtermachen? Warum? Dummheit kann's nicht sein. Aber vielleicht meinen Sie, wenn ein Mensch vor vielem Angst hat, muß er ein Feigling sein. Vielleicht glauben Sie, weil Sie ständig an die Kränkungen denken, die Ihnen widerfahren sind, sind Sie ein für allemal ein Krüppel. [...] Erwarten Sie nur nicht, daß ich das Spielchen mitmache. Für mich sind Sie ein Mann. Vielleicht kein glücklicher, aber das ist Ihre Angelegenheit. Ich habe keine Lust, Ihnen gegenüber so zu tun ›als ob‹. Ich möchte Ihnen gegenüber überhaupt nicht ›so tun‹. Am wenigsten gedenke ich so zu tun, als ob Sie ein Krüppel wären. Ich habe Mißbildungen noch nie gemocht. (Zorn, 209)

Ambler beschließt diese Szene, indem er Piet urteilen läßt: »Unsere gegenseitige Abneigung war beinah vollkommen.« (Zorn, 210) Das wirkt übertrieben, von den Figuren wie vom Plot her, der unübersehbar auf eine Affäre zwischen den beiden zuläuft. Im Detail ist Ambler denn auch genauer. Geld, so zeigt er, geht in Sex über, nachdem Lucia den Verhandlungen über den Verkauf der Geheimdokumente am Telefon zugehört hat:

> Wir hatten uns auf Englisch unterhalten, eine Sprache, die Lucia nicht sehr gut verstand. Dennoch hatte sie ihren Kopf gegen meinen gedrängt, um das Gespräch mitzubekommen.
> »Was ist? Bezahlen sie?« fragte sie atemlos, als ich auflegte.
> »Ja. Die zweihunderttausend.«
> Sie schlang mir die Arme um den Hals und küßte mich.

> Ich erwiderte den Kuß.
>
> Nach einer Weile sagte sie: »Was hat er noch gesagt?«
>
> »Ach, es ging nur um die Verabredung morgen. Ich soll ihn um sechs anrufen.«
>
> Sie stellte keine Fragen mehr. Mit einemmal hatten wir beide das Interesse an Mr. Skurleti und ich glaube sogar an den zweihunderttausend Franc verloren. Unsere Körper begannen ein näherliegendes Interesse zu entdecken. (Zorn, 255)

Bei Piet war es umgekehrt. Neugier und Verliebtheit waren die ursprünglichen Motive für sein Engagement gewesen, und das viele Geld, das ihm einen Neustart seines Magazins ermöglichen würde, bringt seine »Motive wirklich durcheinander« (Zorn, 185). Anders als für Lucia dient für ihn das Geld zu einem ganz bestimmten Zweck, nämlich »einen Verlust wettzumachen« (Zorn, 195). Indem er nachträglich sein Magazinprojekt doch noch zu einem Erfolg machen will, trauert er auch über den Tod der Eltern, deren Erbe er verschwendet hat. Und der Entscheid, sich zusammen mit Lucia auf ein gefährliches Doppelspiel einzulassen, konfrontiert ihn erneut mit einer existentiell radikalen Situation:

> Ich gab die Antwort im vollen Bewußtsein, daß ich mich damit auf eine Handlungsweise festlegte, vor der ich eine Heidenangst hatte. In gewisser Hinsicht war es wie der Moment, in dem ich die Schlaftabletten genommen hatte. Das Schlucken, das Hinunterspülen mit Cognac und Wasser war fast von selbst geschehen, als ob Hände und Kehle unabhängig von dem Körper, zu dem sie gehörten, handelten, um ein Urteil zu vollstrecken. (Zorn, 285)

Nur daß er sich diesmal nicht zum Tod, sondern zur Aktivität verurteilt. Indem die Entscheidung wiederholt wird, kann das Trauma durchgearbeitet werden.

Tatsächlich setzt Piet in der Folge jene Sanger später so verblüffende Wandlung fort. Doch wird er von den handelsüblichen

Praktiken seiner neuen Geschäftspartner eingeholt, da Sanger, den Piet und Lucia in der kitzligen Situation um Hilfe bitten müssen, die beiden um einen Teil des Profits aus dem Geschäft mit der irakischen Regierung prellt. Andererseits hat ihm das Paar erfolgreich das bereits abgeschlossene Geschäft mit dem italienischen Konsortium verheimlicht. So bringen am Ende beide Parteien ihr Schäfchen ins Trockene. Gemeinsam fahren Piet und Lucia in eine rosige Zukunft. Es ist das positivste Romanende, das wir von Ambler kennen[50], auch wenn der Autor keinen Zweifel daran läßt, daß die Verbindung zwischen den beiden Hauptfiguren nur so lange andauern wird, wie sie den gemeinsamen Interessen dient.[51]

Piets Entwicklung vollzieht sich vor dem Hintergrund und in Absetzung von der gesellschaftlich sanktionierten Moral. Diese erfährt eine eigentümliche Ausprägung in der journalistischen Ethik, wie sie beim *World Reporter* vertreten wird. Chefredakteur Cust wird von Piet als »eifersüchtiger Gott« (Zorn, 17) geschildert, womit ihm nicht nur die Macht zur Verkündung moralischer Grundsätze, sondern auch die zu deren Festsetzung zugeschrieben ist. Entsprechend verlangt der Pariser Bürochef von Piet trotz aller eigenen Vorbehalte gegen die chefredaktionellen Weisungen unbedingte Loyalität und schreckt auch vor moralisch anrüchigen Taktiken nicht zurück, um an eine süffige Story heranzukommen.

Doch der Journalismus ist nicht nur in seiner Moral, sondern auch in seinen konkreten Ausdrucksformen ein Thema des Buchs. Schon der Mord an Oberst Arbil wird mittels der ebenso phantasievollen wie blutigen Berichterstattung eines französischen Sensationsblattes dargestellt. Später wird vorgeführt, wie der *World Reporter* das Interview mit Lucia aufbereitet hat, dann werden ausführlich die Rundfunknachrichten zitiert, die ein nicht eben schmeichelhaftes Charakterbild von Piet Maas entwerfen. Die satirischen Seitenhiebe auf eine so personalisierte

Berichterstattung gehen möglicherweise auf persönliche Erfahrungen Amblers zurück. Im Oktober 1963 hatte das amerikanische Magazin *The Reporter* in einem Artikel über *The would-be-writer industry* in einer Aufzählung von Schriftstellern, die sich einer dubiosen Weiterbildungsfirma zur Verfügung gestellt hatten, auch Eric Ambler als »Mietschreiberling« genannt. In Hollywood um seinen Ruf besorgt, hatte Ambler einen Anwalt eingeschaltet, der den aufgrund eines einzigen Auftritts von Ambler an einer Universität erhobenen Vorwurf scharf zurückwies, worauf sich das Magazin im Februar 1964 zu einer ziemlich gequälten Richtigstellung herabließ.[52]

Allerdings ist Amblers Darstellung der Medien nicht durchgehend negativ. So zitiert er einen Rundfunkkommentator, der Piet Maas in Schutz nimmt und der Polizei Pflichtversäumnis vorwirft. »Natürlich hatte er das Herz auf dem rechten Fleck, aber er bereitete mir großes Unbehagen, und das in mehr als einer Hinsicht« (Zorn, 237), anerkennt Piet. Denn Piets Motive sind ja längst nicht so uneigennützig, wie ihm der Kommentator unterstellt hat. Der Vorurf seines direkten Vorgesetzten, Verrat am *World Reporter* betrieben zu haben, vermag Piet angesichts von dessen journalistischer Doppelmoral gelassen zu ertragen; doch der Rundfunkkommentator, ein »verbitterter Mensch«, dessen Stimme »vor Verachtung« trieft, erinnert Piet bei aller Distanz etwas schuldbewußt an eine andere Art Journalismus, dessen Engagement für die ernsthafte Wahrheitssuche im Namen von Piets Magazin, *Ethos*, hatte anklingen sollen.

Noch stärker im Zeichen des Verrats steht der politische Aspekt der ganzen Affäre. Oberst Arbil, ehemaliger Direktor des irakischen Sicherheitsdienstes, hat sich aus dem Irak abgesetzt, nachdem die Regierung General Kassems 1961 einen kurdischen Aufstand in Mosul niederschlug, mit dem Arbil sympathisiert hatte. Im Schweizer Exil hat er sich mit einem Komitee zur Erringung der kurdischen Unabhängigkeit eingelassen; doch als er entdeckt, daß innerhalb des Komitees eine klandestin arbeitende Gruppe versucht, sowjetische Unterstützung für einen neuen Aufstand zu gewinnen, wechselt er erneut die Fronten. Er schleust sich in die Gruppe ein und nimmt gleichzeitig wieder Kontakt mit der irakischen Regierung auf, um die Mitverschwörer zu verraten. Ein möglicher Einfluß der Sowjetunion auf kurdische Angelegenheiten erscheint ihm so kompromittierend, daß er die kurdische Unabhängigkeit zugunsten des irakischen Staatsinteresses zurückstellt – worauf er brutal ermordet wird.

Die kurdisch-irakische Politik ist ähnlich dargestellt wie die mazedonische in *Schirmers Erbschaft:* als unendlicher Kreis von Intrigen.[53] Die kurdischen Verschwörer werden von dem Agenten Skurleti, der für das italienische Erdölkonsortium tätig ist, unzweideutig beschrieben:

> »In meinem Beruf«, fuhr er sinnend fort, »begegnet man vielen Menschen, die man lieber hinter Gitter sehen würde – den Gittern einer Gefängniszelle oder eines Zirkuskäfigs. Wenn man altmodisch ist, findet man sie schlecht. Heutzutage spricht man von ›Psychopathen‹. Wohler ist mir damit auch nicht. Schlecht oder verrückt – in Gegenwart solcher Menschen überläuft es mich kalt. Aber eines kann ich Ihnen sagen. Selten habe ich ein so mulmiges Gefühl gehabt wie im Umgang mit diesem Kurdenkomitee und den Leuten, die jetzt dafür tätig sind. Das sind schlaue, gefährliche, ganz widerwärtige Tiere.« (Zorn, 280)

Natürlich dient das auch der Selbstrechtfertigung. Seine Auftraggeber und sich selber kann Skurleti im Gegensatz zum Kurdenkomitee als seriöse Geschäftsleute ausgeben. Was ihn nicht daran hindert, sich mit den Mördern einzulassen und denen arbeitsteilig die Dreckarbeit zu überlassen.

Es bleibt allerdings eine Schwäche des Buchs, daß die politischen Protagonisten keine eigene Stimme erhalten, politische Fragen nur aus zweiter Hand referiert und nicht handlungstragend gemacht werden. Oberst Arbil ist zu Romanbeginn bereits tot und wird nur in Presseberichten sowie in der Charakterisierung durch Lucia vergegenwärtigt; die Kurden und ihre tschechischen Helfershelfer bleiben schattenhafte Killer und »Tiere«. Als Ermittlungsroman liest sich *Eine Art von Zorn* flüssig und spannend, und er eröffnet im Werk Amblers psychologisches Neuland. Aber die Verknüpfung der verschiedenen Motivstränge, der satirischen, politischen und psychologischen, ist nicht ganz überzeugend geraten.

Die Reaktionen darauf fielen zwiespältig aus. Der renommierte *New-York-Times*-Kritiker Anthony Boucher meinte anerkennend, der Roman liefere eine »erfreulich unmoralische Lösung zu Fragen psychischer Erkrankung, großspurigem Journalismus, nationalistischer Politik und anderen Übeln unserer Zeit« (Boucher 1964, 39). Andere Stimmen reagierten negativer. Auch in der aktuellen Kritk ist *Eine Art von Zorn* jenes Ambler-Buch, an dem sich die Meinungen am schärfsten scheiden. Doch wer in ihm ein grundsätzliches Loblied auf den anarchischen Individualismus sehen will[54], verkennt, daß Piet Maas' Revolte gegen die gesellschaftliche Moral nur für die Dauer dieses einen Falles gilt.

Die mit *Topkapi* angezeigte Krise des Thrillers war auch mit *Eine Art von Zorn* nicht überwunden. In Arthur Abdel Simpson hatte Ambler einen Schelm geschaffen, der sich keinen Deut um Politik schert. An Piet Maas wird eine differenziertere Psychoanalyse betrieben. Was das politische Engagement betrifft, so liefert aber auch Maas nur den vagen Hinweis auf ein neuartiges Nachrichtenmagazin, dessen Name *Ethos* sich durchaus ironisch lesen läßt, ermöglicht durch ein beinahe märchenhaftes, wenn auch vermutlich nur kurzfristiges privates Happy-End.

Nebenpfade und Sackgassen

Während der Schlußphase von *Eine Art von Zorn* arbeitete Ambler parallel an einem weiteren Sammelband für Bodley Head. Bereits im September 1963 hatte ihm Max Reinhardt vorgeschlagen, eine Sammlung von Spionagegeschichten zusammenzustellen. Das Thema schien kommerziell vielversprechend. Der erste James-Bond-Film hatte Ende 1962 verstärktes Interesse am Genre entfacht. Im Juni 1963 flog die Profumo-Affäre auf, die gleichzeitige Beziehung des Callgirls Christine Keeler mit dem britischen Heeresminister und einem sowjetischen Botschaftsattaché. Sie führte im Oktober zum Sturz der konservativen Macmillan-Regierung und ließ die sprichwörtliche Gefahr von den Roten unter den Betten zu einer Gefahr von Roten in den Betten werden.

Ambler griff die Anregung auf. Schon bald hatte er eine Textauswahl getroffen: Neben den Vorkriegsklassikern John Buchan, W. Somerset Maugham und Compton Mackenzie versammelte er Texte der Zeitgenossen Graham Greene, Ian Fleming und Michael Gilbert. Auf Wunsch des Verlegers sollte im Band auch ein Beitrag von Ambler enthalten sein, doch da er nie eine eigenständige Spionagegeschichte geschrieben hatte, wählte er das thematisch passende neunte Kapitel aus *Die Maske des Dimitrios* aus. Vor allem aber machte er sich hinter eine kenntnisreiche Einleitung zur Entwicklung des Spionageromans. Darin beschrieb er die historischen Bedingungen für die Entstehung des Genres am Ende des 19. Jahrhunderts und skizzierte ein Psychogramm des Spions:

Spionage ist einsame und oftmals niederdrückende Arbeit. Freundschaften kann der Spion nur mit großer Vorsicht und nur mit Berufskollegen schließen. Seine Neigungen und Schwächen, selbst die kleinsten, muß er der strengsten Selbstbeherrschung unterwerfen. Er muß imstande sein, während langer Zeitspannen unter außergewöhnlicher Nervenbelastung zu leben, ohne unter ihr zusammenzubrechen. Vor allem muß er, was die Interessen seines Arbeitgebers betrifft, ein

Mann von absoluter Redlichkeit sein. Er stellt in der Tat einen ganz besonderen Typ des Staatsbeamten dar. Aber so vortrefflich er auch nach Charakter und Rechtschaffenheit sein mag, bleibt doch die Tatsache bestehen, daß der Spion in seiner beruflichen Eigenschaft ipso facto ein Lügner und ein Dieb ist. Er kann sogar noch etwas Ärgeres sein. Es kann seine Aufgabe sein, andere Menschen zu bestechen und zu korrumpieren und mit voller Berechnung ihre Schwächen auszubeuten, um sie zu Verrätern zu machen. Die Tatsache, daß seine Beweggründe nicht die des gemeinen Verbrechers sind, fällt dabei nicht ins Gewicht. (Spionagegeschichten, 13 f.)

Der Band *To Catch A Spy (Mehr Spionagegeschichten)* erschien im August 1964 in England und Anfang 1965 in den USA und erhielt wohlwollende Kritiken.

Ambler verwahrte sich zeitlebens dagegen, als Verfasser von Spionageromanen schubladisiert zu werden – zu Recht. Doch gab es Züge in seinem Charakter, die durchaus auf das Geheimnisumwitterte, Theatralische des Spionagegeschäfts ansprachen. Roy Ward Baker erinnert sich, wie Ambler ihn nach dem Krieg zu einem Gespräch über die beiderseitigen Berufspläne verschwörerisch in den Hyde Park bat, abseits aller, eher unwahrscheinlicher, Lauscher. Als Ambler viel später, 1982, seine künftige Assistentin Patricia Gaynor einstellte, ließ er sie anonym einer Musterung wie aus dem Handbuch eines Geheimdienstes unterziehen. In einem Artikel für die amerikanische Zeitschrift *Holiday*, den er im Sammelband *Die Begabung zu töten* wieder abdruckte, hatte Ambler den Vorschlag eines Agentenreservats auf der Ile du Levant gemacht, und als ein Kolumnist der Londoner *Sunday Times* die Idee aufgriff, reagierte er in einem Leserbrief mit sichtlichem Vergnügen. In seinen Romanen hütete sich Ambler vor genrespezifischen Klischees. Die befriedigte er dafür zuweilen im Leben. In seinem Nachlaß befindet sich ein Buch mit ausgehöhltem Innenraum, wie es Gefangene zum Schmuggeln von Zigaretten oder Feilen zu benutzen pflegten, zumindest in Romanen. Len Deighton überliefert ein Treffen mit

Ambler: »Einmal speisten wir mit Eric in der Schweiz in einem seiner bevorzugten Lokale. Es war ein düsterer kleiner Ort am Ende des Genfersees. Spitzenbesetzte Gardinen verdunkelten die Fenster, eine ausgetretene Steintreppe führte zur Eingangstür hinunter, die sich zu laut schepperndem Gebimmel öffnete. Das Lokal steckte voller Einheimischer. Ich erblickte Eric durch einen Schleier aus Rauch von einem Holzofen, Kochdämpfen und Tabakrauch. Wie die Szenerie eines seiner Bücher.«[55]

Kurz vor der Publikation von *Mehr Spionagegeschichten*, am 12. August 1964, war Ian Fleming gestorben, und Ambler änderte für die zweite Auflage die Einführung zu dessen Text ab. Eric Ambler hatte Fleming fünfzehn Jahre lang gekannt und ihn als Freund betrachtet; doch zugleich war Fleming ein Rivale geworden. Ian Fleming, ein Jahr älter als Ambler, war, als ihm Ambler 1949 sein Strandhaus in der Nähe von Dover abtrat, Redakteur bei der *Sunday Times*, mit gleichzeitigen Managementaufgaben bei der Kemsley-Verlagsgruppe, gewesen. Nachdem die Bekanntschaft hergestellt war, trafen sich die beiden gelegentlich zum Lunch. 1952 vermittelte Ambler Fleming auf dessen Anfrage die Dienste seines Finanzberaters; 1955 wies er ihn auf die neu gegründete Literaturagentur von Peter Janson-Smith hin, und Fleming, mit den Lizenzabschlüssen seines Verlags unzufrieden, wechselte zu Janson-Smith.[56] Damit begann eine weltweit erfolgreiche Arbeit mit dem Namen Bond, die Flemings Tod weit überdauerte. Fleming revanchierte sich, indem er Ambler einlud, die Rede zur Eröffnung der National Book Exhibition 1955 der *Sunday Times* zu halten. Amblers Vortrag galt dem Verhältnis von Schriftsteller und Film, berührte also das gemeinsame Interesse des Thrillers nicht.

Dann setzte allmählich Flemings Bestseller-Erfolg ein, und die Beziehung wurde komplizierter. Peter Janson-Smith bestätigte, daß auf seiten Amblers auch kommerzielle Eifersucht mitgespielt habe: »Er war aufgebracht über Flemings Erfolg«.[57]

Dabei klafften die Auflagen der Bücher der beiden Autoren in den ersten Jahren nicht allzu weit auseinander. Unterschiedlich war freilich ihr Produktionsrhythmus. Ab 1953, als sein erster James-Bond-Roman *Casino Royale* veröffentlicht wurde, publizierte Fleming jedes Jahr ein Buch, das er jeweils zum Jahresanfang während eines dreimonatigen Aufenthalts auf Jamaika innerhalb weniger Wochen beendete. Von 1953 bis zu seinem Tod 1964 erschienen zwölf Bond-Titel, im gleichen Zeitraum jedoch nur fünf Ambler-Romane. Von Flemings erstem Buch verkauften sich, dank viel Gratiswerbung zahlreicher Journalistenkollegen, innerhalb eines Jahres in drei Auflagen gut 10 000 Exemplare.[58] 1961, mit dem neunten Titel *Thunderball (Feuerball)*, betrug die Erstauflage bereits 32 000, um beim folgenden Buch *The Spy Who Loved Me (Der Spion, der mich liebte)* von 1962 auf 28 000 zurückzugehen.[59] Das entsprach noch halbwegs der Größenordnung von Amblers Verkaufserfolg, dessen *Eine Art von Zorn* in England in 20 000 Hardcover-Exemplaren aufgelegt wurde. Unterschiedlich verkauften sich allerdings bereits zu diesem Zeitpunkt die Taschenbücher, bei Fleming 300 000 bis 400 000 pro Titel, bei Ambler um die 100 000 Exemplare.

Der Quantensprung für Hardcover wie Taschenbücher vollzog sich mit den Bond-Verfilmungen. Im Oktober 1962 entstieg Ursula Andress in *Dr No (James Bond – 007 jagt Dr. No)* den karibischen Wellen, und als im Frühling 1963 das nächste Bond-Buch erschien, *On Her Majesty's Secret Service (Im Dienste Ihrer Majestät)*, wurde die Erstauflage auf 42 000 Exemplare erhöht; unterstützt vom Medieninteresse für die nächste Bond-Verfilmung, *From Russia With Love (Liebesgrüße aus Moskau)*, hatten sich im April bereits 60 000 und Ende Jahr 75 000 Exemplare verkauft, und die Taschenbuchausgaben der beiden verfilmten Bücher näherten sich der Millionengrenze.[60] Der Bau der Berliner Mauer 1961 und die Kuba-Krise Ende 1962 schienen politische Schwarzweißmalereien im Weltmaßstab zu rechtfertigen.

Anfang 1964 wurde die Erstauflage für den nächsten Bond-Titel *You Only Live Twice (Du lebst nur zweimal)* auf 62 000 Exemplare festgelegt, ein absoluter Rekord für Flemings Verlag Jonathan Cape. Zur Zeit seines Todes im August 1964 hatte Fleming weltweit 30 Millionen Bücher verkauft; allein 1965 folgten weitere 27 Millionen.[61]

So hatten sich die Erfolgskurven von Ambler und Fleming gekreuzt. Bei seinem ersten Buch war Fleming in einer Gefälligkeitsbesprechung als möglicher Ambler-Nachfolger gefeiert worden, und mit dem dritten Bond-Titel, *Moonraker (Mondblitz)*, hatte sich das bereits als Klischee in kleineren Blättern niedergeschlagen.[62] Fleming zollte Ambler Tribut, als er Bond im fünften Titel, *Liebesgrüße aus Moskau*, während dessen Istanbul-Aufenthalt *Die Maske des Dimitrios* als Bettlektüre wählen ließ, so wie Fleming es selber während seines Istanbul-Aufenthalts gemacht hatte.[63] 1961 meinte er in einem Magazin-Interview, er würde gern einen klassischen Thriller hinterlassen, »eine Mischung aus Tolstoi, Simenon, Ambler und Koestler, mit einer Prise fein gemahlenem Fleming« (Lycett 1995, 391). Und in einem Artikel von 1962 über das Thrillerschreiben erwähnte er eine Reihe anspruchsvoller Autoren, deren Niveau er anstrebe und die folgende Namen umfasse: »Edgar Allan Poe, Dashiell Hammett, Raymond Chandler, Eric Ambler und Graham Greene«.[64]

Amblers öffentliche Stellungnahmen blieben vorsichtig freundlich. In der Vorbemerkung zum Ausschnitt aus einem Fleming-Roman in der ersten Auflage von *Mehr Spionagegeschichten* erwähnte er als besondere Stärke Flemings, uns mit unerwarteten und, wie der eher ironische Ton vermuten läßt, vielleicht nicht ganz lebenswichtigen Informationen zu versorgen, und schloß dann etwas überraschend an: »Kritiker bemerken selten, wie gut geschrieben die James-Bond-Geschichten sind. Vermutlich setzt man bei einem so kultivierten und unterhaltsamen Menschen wie Ian Fleming guten Stil als selbstverständlich voraus.« (Spy, 153)[65]

In einem späteren Interview führte er an, Flemings Bücher seien »das genaue Gegenteil« von seinen eigenen, und fuhr dann fort: »Aber ich mochte Fleming, als er noch lebte. Er war ein Freund. Wenn man allerdings einmal aufhört, Bond zu lesen, dann kommt man schwer wieder rein [...] Einige der Bond-Bücher sind gar nicht so schlecht. Sie sind gut geschrieben, anspruchsvoll, mit einigen technischen Fehlern, aber wen kümmert das schon.« (Hopkins 1975, 291)

Es kümmerte zum Beispiel Eric Ambler. Wiederholt hat er Fleming vorgehalten, das Goldene Horn bei Istanbul mit dem Bosporus verwechselt zu haben: »Und dann ist da der wirklich unverzeihliche Fehler, als er Bond das Goldene Horn von Europa nach Asien überqueren läßt. Er ist doch selber in Istanbul gewesen. Aber Ian hat die Bücher in drei Monaten runtergeschrieben.« (Amory 1975, 32)[66] Dient hier der Vorwurf faktischer Fehler als Vorwand, um nicht Grundsätzlicheres kritisieren zu müssen? Unzweifelhaft stellt James Bond ja einen Rückfall in jenen Thrillertypus dar, zu dessen Überwindung Ambler einst angetreten war.

Auf der anderen Seite führte das Bond-Fieber auch zu gesteigertem Interesse an den frühen Ambler-Romanen, die sich eher als seine Produktion in den 1960er Jahren dem Spionagegenre zuordnen ließen. Sowohl sein erster englischer wie auch sein erster amerikanischer Verlag gaben 1965 Sammelbände heraus: Knopf veröffentlichte einen Sammelband mit vier Romanen; Hodder & Stoughton faßte *Die Maske des Dimitrios, Die Angst reist mit* und *Der Fall Deltschev* unter dem Titel *Intrigue* zusammen. 1966 folgte bei Bodley Head eine Neuausgabe von *Nachruf auf einen Spion.*[67]

Anfang 1963 hatten die Amblers in Los Angeles ein neues Haus erworben, am Taranto Way. Es entsprach Hollywoodschem Standard, mit Swimmingpool und einer künstlichen bukolischen Szenerie im großen Eßzimmer. Eingerichtet war es dagegen mit

antiken englischen Möbeln, Regency und Sheraton, sowie Bildern
englischer Maler der Zwischenkriegszeit wie John Piper.[68] Mindestens zwei Monate im Jahr, zumeist im Sommer, verbrachten die
Amblers in Südfrankreich und London, wo sie im Connaught abstiegen. Anfang des 19. Jahrhunderts am damaligen Grosvenor
Square erbaut, 1896 als Coburg Hotel totalrenoviert, wurde das
Hotel 1914, als auch die englische Monarchie ihre deutschen Ursprünge durch eine Namensänderung verleugnete, in The Connaught umgetauft. Bis 1939 galt das Connaught als bevorzugter
Aufenthaltsort des ländlichen Adels, der dort ganze Suiten als
Stadtsitz mietete. Im Zweiten Weltkrieg als Hauptquartier von
General de Gaulle etwas profaniert, gewann es danach seinen Ruf
als exklusives, vornehm zurückhaltendes Hotel zurück, das sein
Image, ungleich Emporkömmlingen wie dem Ritz Hotel, nicht
neureicher Protzigkeit verdankte.

Joan hatte 1963 ihre Produzentinnentätigkeit für Hitchcock
aufgegeben und sich vermehrt unabhängigen Produktionen zugewandt. Wie einst zu Beginn ihrer Bekanntschaft versuchten die
Amblers, beruflich zusammenzuarbeiten. Eric verfertigte ein
Script *Love Hate Love* nach dem Buch *The Color of Green* von
Lenard Kaufman, das Joan für ihre eigene Firma Tarantula produzieren wollte. Im September 1963 kam es zu mehrwöchigen
Konferenzen mit dem Drehbuchautor Robert Summerfield,
doch das Projekt zerschlug sich vorerst, ebenso wie eine Wiederaufnahme im Herbst 1966.[69] Ein weiterer Plan bestand in einer
Fernsehproduktion von *Die Angst reist mit*. Im Oktober 1965
wurde das Projekt verschiedenen Sendern unterbreitet: *A New
One Hour Action-Suspense-Adventure-Romance television series, created by Eric Ambler. Greenway productions in Association with 20th-Century-Fox Television Inc. Pilot script by Eric
Ambler, Executive Producer William Dozier, Producer Joan Harrison, Director Robert Stevens.* Die erste Folge sollte einführend
zeigen, wie der unschuldige Ingenieur Graham von einer Kon-

taktagentin für die CIA angeworben wird.[70] Fernsehtauglich ge-
dachte *adventure* und *romance* hatten über die Vorlage die Oberhand gewonnen. Vielleicht muß man dankbar sein, daß das Projekt nicht verwirklicht wurde.

Im Januar 1965 waren Joan und Eric nach Surinam, Guyana
und Venezuela gereist. In der guyanischen Hauptstadt Georgetown nahmen sie an einem Theaterabend teil, für den unter anderem ein Stück des früheren Nachbarn Emlyn Williams auf gu-
yanische Verhältnisse umgesetzt worden war und eine soziale
Malaise anzeigte: »Jeder mit Wurzeln in Georgetown wollte
fort« (Cole, 184). Der Rest des Jahres war mit nicht sehr produk-
tiver Fernseharbeit ausgefüllt, doch Anfang 1966 setzte sich Ambler an ein neues Romanprojekt, das unter dem Titel *Gentleman
from Abroad* lief, mit *Blood Bargain* als erwogener Alternative.
Erstmals wählte er als Handlungsort Lateinamerika und verarbeitete Eindrücke der Reise von 1965. Anfänglich ging die Arbeit
zügig voran, und Max Reinhardt hoffte, das Buch im Herbst 1966
publizieren zu können. Doch im April, als hundert Seiten vorlagen, kündigte Ambler eine radikale Umarbeitung an, nur um das
Projekt wenig später ganz aufzugeben.[71] Im Herbst verfertigte
er ein Drehbuch nach dem Roman *Doll* von Ed McBain, der 1965
erschienen war.[72] Doch auch dieses Drehbuch wurde nicht verfilmt.[73]

Schmutzige Geschichte

Es muß mit einem Gefühl der Desillusionierung, aber auch Erleichterung gewesen sein, als Ambler Ende 1966 endlich zu seinem Arthur Abdel Simpson zurückkehrte. Ende Januar 1967
wurde der Vertrag mit Bodley Head abgeschlossen. Das Manuskript über Arthurs weitere Abenteuer war bereits im März beendet, im April lieferte Ambler Bodley Head kleinere Korrektu-

ren nach, und Ende September erschien *Dirty Story (Schmutzige Geschichte)*. Ambler kam für eine Woche voller Interviews nach London, einen eintägigen Abstecher nach Amsterdam eingeschlossen.

Er legte Wert darauf, den Fortsetzungscharakter zu betonen, und gab dem Buch den Untertitel *A Further Account of the Life and Adventures of Arthur Abdel Simpson*.[74] Die Anlage der Geschichte stand in groben Zügen seit längerem fest. Ende 1963 hatte Ambler gegenüber Peter Ustinov eine Weiterführung von *Topkapi* skizziert: Simpson gerate ins Pornofilmgeschäft und komme dann als unfreiwilliger Söldner zu einem Einsatz in Syrien.[75] Bei der Ausarbeitung 1967 wurde jedoch der Kontinent gewechselt. Statt von Athen aus im Mittelmeer zu verbleiben, verschlägt es Arthur durch den Suezkanal zuerst nach Djibouti am Roten Meer und dann nach Zentralafrika. Die Idee mit Afrika wurde ohne Zweifel durch aktuelle politische Ereignisse im Verlauf der Entkolonialisierung angeregt, insbesondere durch die Kongo-Krise.[76]

In *Schmutzige Geschichte* treffen wir Arthur Simpson wieder in Athen, wo er als Reiseführer und Schlepper für eine neue Chefin arbeitet. Sein Paß- und Nationalitätenproblem hat sich verschärft. Zehn Tage hat er Zeit, um die griechische Aufenthaltsgenehmigung zu erneuern, doch sein ägyptischer Paß ist abgelaufen, und ein britischer Konsulatsbeamter erklärt ihm schneidend, warum jeder Antrag auf einen neuen britischen Paß abgelehnt würde. Arthurs Wortgefecht mit dem Beamten liefert eine knappe Zusammenfassung seiner bisherigen Geschichte und etabliert zugleich seine typische Haltung kasuistischer Selbstrechtfertigungen. Arthur ist Produkt sozialer Umstände, die er zu seinem eigenen Unglück geschmiedet hat. Seiner Außenseiterexistenz zugrunde liegt eine ambivalente Haltung der britischen Behörden gegenüber den unehelichen, ethnisch gemischten Kindern britischer Offiziere in den ehemaligen Kolonien; zu dieser Außenseiterexistenz trägt er zusätzlich bei durch eine Reihe krummer Dinger, die er seit früher Jugend gedreht hat.

In seiner Notlage leistet Arthur eine Anzahlung für einen auf zwei Jahre befristeten Paß, den ihm der korrupte Botschafter eines lateinamerikanischen Landes anbietet. Der Versuch, von seiner Arbeitgeberin mit einer rührseligen Familiengeschichte das fehlende Geld zu erschnorren, scheitert jämmerlich. Da trifft es sich günstig, daß der Mittelsmann, der ihm den Paß verschaffen will, einen Mann sucht, der als einheimischer Organisator für einen Pornofilm eingesetzt werden kann. Über seine Kontakte im Athener Milieu verpflichtet Arthur willige Darstellerinnen. Doch als Goutard, der französische Assistent des Filmregisseurs, versucht, mit den angeheuerten Prostituierten einen kleinen Nebenerwerb aufzuziehen, erstattet die Bordellbesitzerin Anzeige. Um einen Skandal zu vermeiden, der die Dreharbeiten auffliegen lassen könnte, werden Goutard und Arthur bei Nacht und Nebel auf ein Schiff verfrachtet, das sie über Port Said nach Djibouti bringt. Dort verkrachen sie sich mit dem Kapitän und werden an Land spediert.

Glücklicherweise trifft der ehemalige Fallschirmjäger Goutard einen früheren Bekannten, von dem er sich zusammen mit Arthur und drei weiteren in Djibouti gestrandeten Weißen als Sicherheitspersonal einer französischen Bergbaufirma für den Einsatz in einem afrikanischen Land anheuern läßt. Von Djibouti fliegt die Gruppe nach Juba im Südsudan. Statt von dort wie erwartet in den Tschad weiterzureisen, landet man schließlich in der Republik Mahindi. Diese ist mit dem Nachbarstaat in einen Grenzkonflikt verwickelt, dessen friedliche Lösung durch die Entdeckung wertvoller Bodenschätze in Frage gestellt wird. Die Söldnertruppe, mit Arthur als unwilligem, aber erstaunlich erfindungsreichem Mitglied, erobert in einem blutigen Handstreich das umstrittene Stück Land. Nach dem Sieg muß sich Ar-

thur, der auf Anstiftung eines anderen Söldners zwischenzeitlich
mit der Gegenseite paktiert hat, unter Verdacht absetzen, kann
sich aber mit einem kleinen Profit aus der ganzen Affäre ziehen.

Arthur berichtet seine Abenteuer zu Beginn ausführlich, ohne
besondere Hast, und sie scheinen auf nichts Spektakuläres hin-
zusteuern. Der schmutzige Krieg der Söldnertruppe beginnt erst
weit nach der Hälfte des Buchs, wird jedoch durch Arthurs bis-
heriges Schicksal vorbereitet, das von Pech und Selbstverschul-
den, von Stümperhaftigkeit und Findigkeit geprägt ist.

Arthurs Lebensphilosophie hat sich seit seinem ersten Auftritt
nicht verändert. Noch immer glaubt er, sich immer und überall
durchwursteln zu können; noch immer schiebt er allen anderen
die Schuld zu; noch immer erweisen sich seine Schulerfahrungen
als prägend. Die meisten Interpreten haben diese Vorhersehbar-
keit von Arthurs Charakter gerügt und den Roman als einen billigen Abklatsch von *Topkapi* bezeichnet.[77] Dies ist in dreierlei
Hinsicht ein Mißverständnis. Erstens ist Amblers Komödie eine
von Situationen, nicht von Charakteren. Arthurs Charakter
dient als Katalysator, der den Ereignissen ihre Absurdität und
Amoralität entlockt. Zweitens reagiert dieser Charakter auf verschiedene Situationen unterschiedlich, so daß sich in Arthurs
Verhalten durchaus eine Veränderung zeigt, nicht als gradlinige
Weiterentwicklung, sondern den Umständen entsprechend. Drit-
tens ist die Komödie zur Groteske und Satire verschärft. Insofern
stellt *Schmutzige Geschichte* eine verbesserte Neuauflage von
Topkapi dar. Während sich *Topkapi* allzu stark auf Arthur konzentrierte, zielt die Satire jetzt auch auf andere Figuren, und die
Ereignisse, denen sich Arthur ausgesetzt sieht, werden zum politischen Lehrstück.

Von Beginn an bewegt er sich in einer Welt der Doppelmoral.
Das beginnt auf niedriger Ebene. Der Pornofilmproduzent
rechtfertigt sein Projekt mit dem Hinweis auf Beschreibungen
dionysischer Orgien in der *Bibliotheca Classica* des Enzyklopä-

disten John Lemprière.[78] Die Bordellbesitzerin leiht ihre Mädchen willig aus, solange sie eine Kommission kassieren kann, erhebt aber Anklage wegen Verführung zur Unzucht, als eine unliebsame Konkurrenz zu entstehen droht. Der Schiffskapitän
nimmt die inkriminierten Arthur und Goutard für gutes Geld als
blinde Passagiere auf und fälscht die Gehaltslisten, nur um später zu versuchen, sie billig loszuwerden – für Arthur Anlaß zu einer Jeremiade:

> Es ist wirklich wahr, die einzigen Ausländer, die man in den meisten
> zivilisierten Ländern heutzutage noch freundlich empfängt, sind Tou-
> risten, Geschäftsleute, die kaufen oder investieren wollen, oder Tech-
> niker, deren Gehirne man ausquetschen kann, oder Amerikaner, die
> irgendwelche Hilfsgelder zu verteilen haben. Glücksritter mit meinen
> Kenntnissen und meiner Erfahrung sind unerwünscht. Das gute alte
> liberale Prinzip des »Leben und Lebenlassen« ist ausrangiert worden.
> Erwünscht sind nur Leute, die man ausnutzen kann. Und wenn man
> nicht zu dieser Sorte gehört, lassen sie einen nicht hinein. (Geschichte,
> 70 f.)

Arthur hat recht, wenn man an die Einwanderungs- und Asylpo-
litik des Westens, bis hin zur Festung Europa, denkt. Doch die
richtige Kritik dient immer auch der Selbstrechtfertigung. Das
von Arthur beschworene liberale Prinzip möchte er sich persönlich zunutze machen, um andere übers Ohr hauen zu können. Zudem war er als Glücksritter bislang nicht sehr erfolgreich. Ganz
kurz hat er »die feste Absicht, [sich] umzubringen« (Geschichte,
71). Doch verwirft er die Idee sogleich wieder. Der Tiefpunkt der
Verzweiflung ist dem Zweckoptimisten fremd. Tatsächlich spürt
er gleich danach, »daß es wieder aufwärtsging« (Geschichte, 72).

Dies dank seiner größten Gabe, seiner Anpassungsfähigkeit.
Als Goutard von militärischen Abenteuern zu erzählen beginnt,
versucht Arthur mitzuhalten und erfindet sich eine militärische
Identität, zusammengesetzt aus Erzählungen des Vaters und auf-

geschnappten Kenntnissen während seiner eigenen vielfältigen Beschäftigungen. Er weiß, daß das, was er erzählt, nicht stimmt, läßt sich aber von seinen eigenen Geschichten mitreißen. »Wenn man sich nämlich als etwas Bestimmtes fühlt und nicht sehr genau aufpaßt, kann man sich plötzlich vergessen und eine Weile tatsächlich glauben, das zu sein, als was man sich fühlt.« (Geschichte, 86)

Die Fiktion wird bald schon zur Realität und Arthur als Söldner angeheuert. Wiederum stolpert er durch seine eigenen Flunkereien in Umstände, die er nicht zu kontrollieren vermag. Aufgrund von Arthurs Aufschneidereien hat Goutard den ehemaligen britischen Abwehroffizier Arthur Simpson für die Söldnertruppe empfohlen. Arthur fühlt sich durch seinen Kumpan so unter Druck gesetzt, daß er kapituliert: »Und es war tatsächlich ein schönes Gefühl, während wir weitertranken.« (Geschichte, 117)

Als Einsatzort erfand Ambler, wie in *Besuch bei Nacht*, ein Land, das stark auf die Realität zurückverweist. Die Republik Mahindi wird als eine 1960 unabhängig gewordene Kolonie Französisch-Äquatorialafrikas beschrieben. Geographisch gesehen entspricht sie am ehesten der Zentralafrikanischen Republik, aber die politische Situation ist offensichtlich durch die Ereignisse im benachbarten Belgisch-Kongo beeinflußt. Dort hatte Moise Tschombé im Juli 1960 wenige Tage nach der Unabhängigkeit des ehemaligen Belgisch-Kongo als Republik Kongo (Kinshasa) die Sezession der von ihm regierten Bergbauprovinz Katanga erklärt. Mit stillschweigendem Einverständnis belgischer Bergbaukonzerne und mit Hilfe weißer Söldner behauptete sich Tschombé in einem blutigen Bürgerkrieg gegen wechselnde Zentralregierungen; im Januar 1961 ließ er den ehemaligen Ministerpräsidenten Patrice Lumumba ermorden[79], und im September 1961 kam der damalige UN-Generalsekretär Dag Hammarskjöld während einer Vermittlungsmission bei einem Flugzeugabsturz zwischen Léopoldville (Kinshasa) und Ndola unter ungeklärten

Umständen ums Leben. 1963 setzte sich die Zentralregierung mit Hilfe von UN-Truppen durch. Tschombé floh ins Exil, wurde aber wenig später von Staatspräsident Joseph Kasavubu zurückgerufen und zum Premier erklärt. Tschombés folgender Wahlsieg führte zum Zerwürfnis mit Kasavubu und zum konstitutionellen Patt, bis Armeechef Sese Seko Mobutu im November 1965 die Macht an sich riß und damit begann, das 1971 in Zaire umgetaufte Land auszuplündern.

Im fiktiven Mahindi geht es nicht um einen so großen Einsatz, spielt sich alles in kleinerem Maßstab ab. Aber die Konstellation ist ähnlich. In der Provinz Kundi herrscht ein autokratischer Emir, der »äußerst freundschaftliche Beziehungen« (Geschichte 141) zum französischen Unternehmen Société Minière et Métallurgique de l'Afrique Centrale (SMMAC) unterhält. Eine geplante Begradigung der willkürlichen kolonialen Grenze mit dem Nachbarstaat Ugazi stößt plötzlich auf Schwierigkeiten, als auf dem von Ugazi abzutretenden Land seltene Rohstoffe entdeckt werden. In einem militärischen Coup will die SMMAC das Gebiet besetzen, um ein Fait accompli für den Landabtausch zu schaffen, doch stößt der Vormarsch auf Widerstand einer vom amerikanisch-deutschen Konsortium Ugazi Mining and Development Corporation (UMAD) angeheuerten gegnerischen Söldnertruppe.

Amblers Darstellung des militärischen Handstreichs ist, wie in *Besuch bei Nacht*, meisterhaft. Ergänzt wird sie durch die vielfältigen sozialen und ethnischen Interessenskonflikte unter den Beteiligten. Die SMMAC muß im öffentlichen Auftreten politische Rücksicht auf den Emir nehmen und versucht, in den Anweisungen an die Söldner den Anschein aufrechtzuerhalten, die einheimische Kultur zu respektieren. Die Söldner drücken ihren Rassismus mehr oder weniger offen aus, während Arthur eine Zwischenposition einnimmt, wie er an der Frau eines der Söldner merkt: »Wenn Leute in Rassenfragen eine bestimmte Meinung haben, kommt man gegen sie doch nicht an. Dabei war ich überzeugt, daß Mrs. Willens auch mich als Levantiner entlarvt hatte und mich nur erduldete, weil ich Englisch sprach.« (Geschichte, 202)

Der grundsätzliche Rassismus besteht allerdings in der Unterwerfung der afrikanischen Landschaft und Kultur durch die westliche Industrie- und Militärtechnologie[80]; zuerst durch den geplanten Abbau von Titan und Niob für die Weltraumforschung und Atomreaktoren, dann durch den Einsatz schwerer Waffen, denen vorwiegend die einheimischen Hilfssoldaten zum Opfer fallen. Dabei entwickelt die Gewalt eine Eigendynamik, fangen sich sowohl die schwarzen Soldaten wie auch Arthur im Selbstlauf des Kämpfens und Tötens. Als Arthur mit Goutard ein vom Gegner verteidigtes Verwaltungsgebäude stürmen soll, kommt es zum Häuserkampf, wie er einst von Steve Fraser auf Sunda geschildert und erlebt wurde. Die blutige Tragödie gerät mit Arthurs Zutun allerdings gelegentlich zur Groteske, so zum Beispiel, als er Goutard folgt:

> Wir stiegen aus, und er fing an, seinen Brotbeutel mit Handgranaten vollzustopfen. In jede seiner Hosentaschen kamen gefüllte Uzi-Magazine. Automatisch machte ich es ihm nach. Es war, als hätte ich keinen eigenen Verstand mehr. Ich kann mich nicht einmal genau erinnern, was in den nächsten Minuten passierte. Ich weiß nur, daß ich ausgesprochen dringend aufs Klo mußte und es schwierig war, an irgend etwas anderes zu denken. (Geschichte, 263)

Arthur muß seine Waffen nicht einsetzen; alles Notwendige hat Goutard für ihn erledigt. Auch kann er nach der Eroberung schnell wieder an anderes als an seine Verdauung denken. Er beginnt, das Verwaltungsgebäude zu durchsuchen, und packt sechzehn Pässe ein, angeblich um zu verhindern, daß sie in unbefugte Hände fallen.

Überhaupt läßt sich Arthur bei aller Jämmerlichkeit, ja, selbst eingestandener Angst, eine gewisse Kaltblütigkeit nicht absprechen. Jederzeit auf den eigenen Vorteil bedacht, rechnet er sich immer wieder seine Chancen aus und erweist sich als der genaueste Beobachter unter seinen Kollegen. Schon früh fällt ihm das merkwürdige Verhalten eines anderen Söldners auf, der tatsächlich für die gegnerische Seite arbeitet. Loyalität ist in dieser Welt eine bloße Frage des Geldes und der Gelegenheit zum Verrat. Entsprechend versucht sich Arthur, nach beiden Seiten abzusichern. Natürlich fliegt das Doppelspiel schließlich auf, doch kann er seinen Kopf aus der Schlinge ziehen. Dazu muß er im entscheidenden Moment mit seiner MP Goutard niederschlagen, was ihn nachträglich mit Stolz erfüllt:

> Viel wichtiger war, daß der »kleine Arthur«, der weiße *macaque*, der »fette Trottel« nicht »in einer Ecke gestanden und in die Hosen gemacht hatte«, als der entscheidende Augenblick kam. Er war mit seiner Maschinenpistole in der Nähe gewesen und hatte den nötigen Schneid besessen, das Ding auch zu gebrauchen. (Geschichte, 287)

Die Beziehung zwischen Arthur und Goutard hat Ambler mit einem merkwürdigen Motiv verknüpft. Als Goutard sich in Djibouti mit dem Schiffskapitän anlegt, beschimpft er diesen: »Du willst es dir also erst überlegen, was, du besoffener Drecksack? Dann überlege, aber schnell, Kapitän Sindbad, weil ich dir nämlich im Nacken sitze und dich nicht mehr loslasse.« (Geschichte, 104 f.) Arthur kommt die Verwendung des Namens Sindbad durch Goutard merkwürdig vor, und wenig später hat er sich eine Erklärung zurechtgelegt: »Es konnte bedeuten, daß er ein Mann war, der in seinem Leben einen Sindbad brauchte. In diesem Fall war es allerdings mehr als wahrscheinlich, daß ich, ohne es zu merken, für diese Rolle bereits auserkoren war. Der Gedanke, daß Goutard für mich der ›alte Mann vom Meer‹ war, wollte mir nicht gefallen.« (Geschichte, 117) Der alte Mann vom Meer ist in den Erzählungen aus *Tausendundeiner Nacht* eine Figur, die

Sindbad, dem Seefahrer, mehrere Tage und Nächte buchstäblich
auf dem Buckel hockt, bis dieser sich von ihm befreit, indem er
ihn betrunken macht; im Englischen wird der alte Mann vom
Meer sprichwörtlich für eine unbequeme Last oder lästige Person gebraucht. Arthur denkt sich aufgrund des von Goutard
wohl kaum in Kenntnis der Sindbad-Erzählung verwendeten
Namens eine Beziehung aus, die die wahren Machtverhältnisse
verkehrt. Goutard mag Arthur als Zuhörer und Bewunderer seines Wagemuts gebrauchen, doch während des militärischen
Abenteuers in Mahindi ist eher Arthur eine Last für Goutard als
umgekehrt. Damit Arthur die Metapher weiter verwenden kann,
um seinem Selbstwertgefühl zu schmeicheln, muß er Umdeu-
tungen vornehmen. »Der ›alte Mann‹ nahm von Sindbad keine
Befehle entgegen« (Geschichte, 191), meint er beispielsweise
resigniert, als Goutard ihn einmal mehr herumkommandiert.
Dennoch erweist sich Arthurs Metapher zum Schluß als beinahe
prophetisch, da er sich von Goutard mit einem Schlag der MP befreit: »Jetzt hatte der ›alte Mann vom Meer‹ einen Brummschä-
del, und Sindbad war wieder frei.« (Geschichte, 287)

Zuweilen greifen Arthurs Reflexionen und Rationalisierungen
nicht etwa zu hoch, sondern zu kurz. Als er eine plötzliche Einge-
bung hat, wie sich ein vom Gegner verteidigtes Gebäude erobern
ließe, kommentiert er die Tatsache, daß die eingesetzten Mörser die
gegnerischen Soldaten zerfetzt haben: »Natürlich tat mir das leid,
aber im Krieg ist kein Platz für Gefühl und halbe Sachen. Wie mein
Vater zu sagen pflegte. ›Aufgabe des Soldaten ist es, den Feind zu
bekämpfen und ihn nicht bloß anzufurzen.‹« (Geschichte, 255)
Die Prahlerei scheint eher einer Hilf- als einer Gefühllosigkeit geschuldet. Die Umstände haben Arthur zum Söldner gemacht, der
sich seiner Aufgabe mehr oder weniger erfolgreich entledigt. Die
ihm zur Verfügung stehenden Mittel führen zu tödlichen Konsequenzen. Wenn sich die Umstände wieder ändern, werden auch
seine Taten wieder zur Kleinkriminalität schrumpfen.

Das zeigt sich zum Schluß. Zentralafrika glücklich entronnen, verkauft Arthur die sechzehn entwendeten Pässe, wobei ihm die grandiose Erleuchtung kommt, ein Unternehmen aufzuziehen, das im Namen eines fiktiven Staates Pässe ausstellt. Die mit humanitären Phrasen über eine selbstlose Hilfe an staatenlose Menschen verbrämte Idee wird zweifellos in eher erbärmlichen Anstrengungen und groteskem Mißerfolg enden. Nicht Arthur geht als der große Sieger aus der schmutzigen Geschichte hervor, sondern die beiden Bergbaukonzerne. SMMAC und UMAD werden sich, so erläutert die Frau eines Söldners zynisch, auf ein Abkommen einigen, das eine für beide Seiten profitable Ausbeutung der neuen Bodenschätze garantiert. Arthur markiert Empörung. »Nach allem, was ich durchgemacht hatte, brachte die Vorstellung, daß diese Hunde in aller Gemütsruhe in einem Genfer Büro saßen und sich die Beute teilten, mein Blut zum Kochen.« (Geschichte, 291) Seine Empörung ist rein persönlich begründet. Doch kann sie, wie der Buchtitel anzeigt, verallgemeinert werden. Zu Beginn des Romans hatte der britische Konsulatsbeamte zu Arthur gemeint, dessen Leben sei »nichts anderes als eine lange schmutzige Geschichte« (Geschichte, 18). Später wurden schmutzige Geschichten im Pornogeschäft verheißen.[81] Zum Schluß erweist sich der westliche Neokolonialismus als die wahre schmutzige Geschichte.[82]

Schmutzige Geschichte ist ein weithin unterschätzter Roman, der ein politisches Lehrstück mit Groteske und Spannung verbindet. Peter Lewis hat beiläufig auf eine Parallele zu Joseph Conrads *Herz der Finsternis* hingewiesen, da in beiden Werken die moralische Fäulnis des westlichen Imperialismus dargestellt werde.[83] Eric Ambler selber erwähnte in der kurz vor *Schmutzige Geschichte* geschriebenen Einleitung zum Band *Mehr Spionagegeschichten* Conrads *Der Geheimagent* kursorisch. In einem privaten Brief drückte er allerdings sein Unverständnis für Conrads Afrika-Buch aus. »Für mich stammt *Herz der Finsternis* von jemandem, der in Adjektive und Adverbien verliebt ist und darauf besteht, mir seine Träume in allen Details mitzuteilen. Frank Raymond Leavis hat einmal gesagt, Conrad ›beabsichtigt, eine Tugend daraus zu machen, nicht zu wissen, was er sagen will‹. Ich fürchte, das ist eine gute Zusammenfassung.«[84] Tatsächlich ist Conrads metaphysische und metapsychologische Zerfaserung der Realität weit von Ambler entfernt.

Auf der anderen Seite des literarischen Spektrums erschien wenige Jahre nach Amblers Buch ein erfolgreicher Bestseller, der das Motiv des Söldnereinsatzes in Afrika aufnimmt: Frederick Forsyths *The Dogs of War* (1974, *Die Hunde des Krieges*). In einem kurz nach dessen Veröffentlichung gegebenen Interview wies Ambler auf eine von Forsyths Schwächen hin und benannte zugleich indirekt die Stärke seiner eigenen Methode. Forsyths Buch handle »hauptsächlich davon, wie man Söldner anwirbt. Ich fürchtete schon, nie zur eigentlichen Geschichte vorzustoßen, weil sie in so viel journalistische Information gehüllt ist. Informationen ja, aber nicht in großen abgeschlossenen Blöcken. Und nur, solange sie für die Geschichte unentbehrlich sind.« (Amory 1975, 32)

Ambler in Deutschland

Schmutzige Geschichte errang weder bei der Kritik noch beim Publikum den von Ambler erwarteten Erfolg. Bis Ende 1967 hatte Bodley Head rund 14 000 Exemplare verkauft, und für das erste Halbjahr 1968 wies eine Aufstellung gar 568 Remittenden auf, so daß die Abrechnung in die roten Zahlen geriet. In den USA vertrieb Atheneum bis Ende 1967 18 000 Exemplare.[85]

Andererseits war *Schmutzige Geschichte* jenes Buch, mit dem eine der international erfolgreichsten Ambler-Wirkungsgeschichten begann. Es war der erste Roman, der 1968 im deutschen Sprachraum vom Diogenes Verlag übernommen wurde; seither hat Diogenes Ambler stetig gepflegt.

Nach dem Zweiten Weltkrieg waren auf Deutsch etliche Ambler-Bücher veröffentlicht worden, doch erschienen sie zum Teil viele Jahre nach der Originalausgabe und auf nicht weniger als acht verschiedene Verlage verstreut. Den Anfang hatte 1948 *Anlaß zur Unruhe* (unter dem Titel *Grund zur Besorgnis*) beim Wiener Schönbrunn-Verlag gemacht, gefolgt 1949 von *Die Maske des Dimitrios* bei der Amsterdamer Republiek de Letteren. Die Übersetzung von Mary Brand wurde wenig später in einer Taschenbuchausgabe im Nürnberger Nest-Verlag wieder aufgelegt. Der Nest-Verlag war von Karl Anders-Naumann (1907–1997) gegründet worden, einem Kulturpolitiker, der Traditionen der Weimarer Republik nach in Großbritannien verbrachten Exiljahren in die Bonner Republik einbrachte.[86] Als Kurt Wilhelm Naumann in Berlin geboren, zum Polsterer, dann zum Gartenbautechniker ausgebildet, politisierte sich Naumann in der Jugendbewegung und trat nach dem ›Blut-Mai‹ von 1929 in die KPD ein, für die er Regionalleiter in Berlin wurde und nach 1933 in den Untergrund ging. 1934 floh er in die Tschechoslowakei, im April 1939 nach Polen, dann nach England. Dort vorerst interniert, schloß er sich der Gruppe Neu Beginnen an; nach der Internierung konnte er bei der BBC unter dem Namen Karl Anders bis Kriegsende Sendungen für deutsche Arbeiter betreuen. Nach der deutschen Kapitulation reiste er ins zerstörte Deutschland und begann, als Korrespondent für die BBC zu berichten.

1946 gründete er in Nürnberg den Nest Verlag, der in den folgenden zwei Jahren wichtige politische und belletristische Bücher deutscher Emigranten wie Richard Löwenthal, Theodor Plivier und Oskar Maria Graf sowie englischer Intellektueller wie Victor Gollancz und Julian Huxley veröffentlichte. Doch durch die Währungsreform vom Juni 1948 brach der Markt für Sachbücher zusammen, worauf Anders, im englischen Exil mit

Krimis vertraut geworden, im Nest-Verlag mit Kriminalromanen die Krähen-Reihe startete. Als Krähen-Bücher erschienen ab 1950 die ersten deutschen Ausgaben von Dashiell Hammett und Raymond Chandler, dazu Titel von Nicholas Blake, Geoffrey Household, Dorothy L. Sayers, Rex Stout und vielen anderen, ebenso wie zwei Titel von Eric Ambler.

Anläßlich einer seiner Reisen zwischen Deutschland und England nach dem Krieg muß Anders Ambler über einen anderen deutschen Emigranten, Heinrich Fischer, der ebenfalls bei der BBC arbeitete und ein Nachbar von Ambler war, persönlich kennengelernt haben.[87] Anders legte *Die Maske des Dimitrios* neu auf und veröffentlichte *Der Fall Deltschev*. Doch die Krimireihe setzte sich, auch wegen des vehementen Widerstands kulturpessimistischer Sittenwächter im Verein Deutscher Volksbibliothekare, kommerziell nicht durch. Mitte der 1950er Jahre begann für Anders nach eigener Aussage der »Rückzug ins Politische« (Mayer-Ebeling 1997, 109). Er wurde Geschäftsführer bei der *Frankfurter Rundschau*, Berater für die Büchergilde Gutenberg und 1962 Wahlkampfleiter der SPD, in der er schließlich von 1971 bis 1974 als Mitglied der Grundwertekommission wirkte.

1959 hatte Anders seine Anteile am Nest-Verlag aufgegeben, der seit etlichen Jahren wegen seines Rückzugs aus der praktischen Verlagsarbeit gekränkelt hatte. Die Krähen-Bücher wurden vom Gebrüder-Weiß-Verlag in Berlin ein paar Jahre weitergeführt, bevor die alten Rechte verkauft wurden. Ein Opfer dieses Niedergangs war auch Ambler geworden, der nach dem ersten Versuch bei Nest nicht mehr kontinuierlich gepflegt wurde. 1955 erschien zwar *Schirmers Erbschaft* beim Fischer-Verlag, der aber erst 1963 mit *Nachruf auf einen Spion* (unter dem Titel *Die Stunde des Spions*) einen zweiten, frühen Ambler folgen ließ. In der Zwischenzeit hatte sich 1958 der Günther-Verlag in Stuttgart mit *Besuch bei Nacht* (unter dem Titel *Ungebetene Gäste)* versucht. 1963 publizierte auch Rowohlt einen Ambler, und zwar

Waffenschmuggel; wenig später stieg noch Lichtenberg mit *Top-kapi* (unter dem Titel *Im ersten Morgenlicht)* ein.

Erst der Auftritt von Diogenes beendete die Zersplitterung und ermöglichte eine systematische Betreuung. Verlagsgründer Daniel Keel war durch einen Freund und Mitarbeiter auf die Romane von Ambler aufmerksam gemacht worden. »Für mich wurde darin, wie Ambler es selbst einmal formuliert hat, das Funktionieren der Welt anschaulich gemacht. Seine Bücher er-klärten Politik amüsant, intelligent und spannend.«[88] *Schmutzige Geschichte* wurde 1968 relativ schnell nach der englischen Origi-nalausgabe veröffentlicht; 1969 beziehungsweise 1970 übernahm Diogenes die früheren Ausgaben von *Topkapi* und *Waffen-schmuggel.* Das entsprach der Politik von Daniel Keel, wenn er sich einmal für einen Autor entschieden hatte, diesen mit seinem Gesamtwerk zu betreuen und zu veröffentlichen. In der Folge er-schienen die neuen Ambler-Romane ausschließlich bei Diogenes, und 1974/75 wurden die meisten der bislang nicht übersetzten Frühwerke nachgeliefert. Ambler wurde in Deutschland zum Begriff; Helmut Heissenbüttel überbrückte die traditionelle Kluft zwischen E- und U-Literatur und nannte Ambler »nicht eine Randfigur der neueren Literatur, sondern ein Vorbild, an dem neue Maßstäbe erst zu entwickeln wären.« (Heissenbüttel 1975, 85)

Rückzug in die Schweiz

Im Juli 1967 erreichte Ambler in Los Angeles eine merkwürdige Flaschenpost aus London, die an vergangene Zeiten erinnerte und die Problematik seiner gegenwärtigen Situation aufscheinen ließ. Eine Weinfirma informierte ihn, daß sie 22 Flaschen der Champagnermarke Krug 49 für die Firma Spartacus in Aufbe-wahrung halte, die nächstens getrunken werden sollten.[89] Über

Spartacus waren einst Amblers vielfältige Drehbuchaktivitäten verrechnet und der Firmenwagen war stolz paradiert worden, doch in den letzten Jahren hatte die Firma nur noch ein Schattendasein geführt.

Trotz der zunehmenden Desillusionierung mit Hollywood und dem Filmgeschäft machte sich Ambler im Herbst 1967 an ein weiteres Drehbuchprojekt und griff eine alte, Mitte der 1950er Jahre verfolgte Idee auf, John Masters' Roman *Nightrunners of Bengal* zu verfilmen. Er vermochte Paramount für das Projekt zu interessieren und schloß im Dezember einen auf zwölf Wochen befristeten Vertrag ab. Im Februar 1968 lieferte er ein fertiges Treatment, in dem das Material modernisiert war, die Hauptfigur interessanter sowie selbstkritischer und die Frauenfiguren aufgewertet wurden.[90] Erneut blieb es beim Projekt.

Nicht viel besser erging es zwei Drehbüchern zu eigenen Romanen. Im März 1968 schlug der Autor und Regisseur Delmer Daves vor, Filmvorlagen nach *Waffenschmuggel* und *Eine Art von Zorn* zu verfertigen. Daves (1904–1977) war ein Branchenveteran, der seit 1930 Drehbücher verfaßt und seit 1943 auch Regie geführt hatte, am erfolgreichsten bei *Broken Arrow* (1950, *Der gebrochene Pfeil*) mit James Stewart in der Hauptrolle und *3:10 to Yuma* (1957, *Zähl bis drei und bete*) mit Glenn Ford. Das Honorar für die beiden Drehbücher wurde auf 150 000 Dollar festgesetzt, das zwischen Ambler und Daves geteilt werden sollte.[91] Auch diese Pläne wurden nie realisiert.

Im Januar 1968 hatte sich Max Reinhardt in einem Brief leicht befremdet gezeigt, daß Ambler die Arbeit an einem neuen Roman zugunsten eines Drehbuchs zurückgestellt habe. Ambler antwortete etwas unwirsch, er brauche das Geld für die geplante Übersiedlung von Los Angeles in die Schweiz.[92] Der Plan muß schon länger erwogen worden sein. Im März 1968 boten die Amblers ihr Haus auf dem Markt an.[93] Eric hatte sich in Hollywood, nach der ersten Euphorie, nie wohl gefühlt. Zwar hatte er sich in den Vorstand des Writers Guild of America (West) wählen lassen und nahm bis 1964 an deren monatlichen Sitzungen teil. Für den Frühling 1962 finden sich in seiner Agenda sogar zwei Verabredungen zu einer Partie Golf.[94] Umgekehrt behielt er in der Kleidung die englische Förmlichkeit bei. Kaum je ging Eric Ambler ohne Anzug aus, und die bestellte er sich jährlich bei Anderson & Sheppard an der Londoner Savile Row, in klassisch konservativem Stil, marineblau, zuweilen mit einem Paar zusätzlicher Hosen, zu liefern ans Connaught, von wo Ambler die Maßanzüge dann in die kalifornische Sonne mitnahm.[95]

Doch die Filmindustrie war Joans Betätigungsfeld gewesen, und sie hatte auf dem gesellschaftlichen Parkett geglänzt. Amerikanische Freunde nannten sie Pollyanna, nach der Titelfigur eines Romans von Eleanor H. Porter aus dem Jahr 1913, die in allen Lebenslagen den gleichen energischen Optimismus ausstrahlt. Patricia Gaynor, Eric Amblers Assistentin während seiner letzten fünfzehn Lebensjahre, erlebte die unterschiedlichen Erfahrungen und Auffassungen in anekdotischer Form, als sich Eric einmal über Joans früheren Verehrer Clark Gable lustig machte: »›Ihr habt euch doch geistig nie verstanden‹, feixte er. Worauf Joan zurückgab: ›Nein, aber in allem anderen.‹«[96]

Im öffentlichen Auftreten konnten die beiden nicht verschiedener sein: Ambler zurückhaltend, beinahe scheu, mit knapper Selbstironie, Joan lebhaft, pausenlos redend, ohne falsche Zurückhaltung. Einst, als sich Anna Keel bei einem Essen nach Amblers erster Frau erkundigte und ihr die Formulierung entschlüpfte, ob diese, im Gegensatz zu Joan, eine graue Maus gewesen sei, gab Ambler trocken zurück: »Nein, die graue Maus in der Familie bin immer ich gewesen.«[97]

1965 war *Alfred Hitchcock Presents* beziehungsweise die *Alfred Hitchcock Hour* nach zehn Jahren ausgelaufen. Dabei scheint es, wie schon 1943, zu einem Zerwürfnis zwischen Joan und Hitchcock gekommen zu sein, wie Ambler gegenüber Anna Keel erläuterte. »Von einem Tag auf den anderen, ohne wirkliche Auseinandersetzung oder gar Streit, sondern wegen eines halben Satzes, habe Hitchcock Joan die kalte Schulter gezeigt. Sie hat jahrelang darunter gelitten.«[98]

Folglich suchte sie ihre Arbeit zunehmend in Europa.[99] Im April 1968 schlossen ABC-TV und 20th Century Fox mit dem englischen Horrorspezialisten Hammer Films einen Vertrag zur Herstellung von 17 einstündigen Fernsehproduktionen unter dem Titel *Journey to the Unknown* ab. Das 3-Millionen-Dollar-Projekt sollte in England gedreht werden; der alte Kollege Norman Lloyd wirkte als Produzent für Fox, und ABC schickte Joan Harrison als Produzentin nach London.[100] Harrison bot Amblers alten Freund Roy Ward Baker zu einer dringlichen Besprechung auf.[101] Baker willigte ein, ihr zu helfen, doch führte er schließlich nur bei einem einzigen der siebzehn einstündigen Beiträge Regie.[102]

Amblers Jahre in den USA, wiewohl finanziell einträglich und nicht ohne künstlerische Erfolge, waren von Enttäuschungen geprägt. Die Drehbucharbeit erwies sich als ein ebenso lukrativer wie frustrierender Mißerfolg. Der voreingenommene Hitchcock verkündete Sam Goldwyn Jr. zufolge mehrfach sein vielleicht nicht ganz unberechtigtes Urteil über Ambler: »Nicht wirklich ein Mann des Films.«[103] Die Erfahrung, gesellschaftlich als Anhängsel seiner bekannteren Ehefrau behandelt zu werden, mag die Unzufriedenheit verstärkt haben. Während seiner ganzen Zeit in Hollywood wurde Ambler nur zweimal, im März 1965, zu Vorträgen eingeladen, am Long Beach College und vor der Book Chamber of Ebell.[104] Die Unterschiede seiner Agendaeinträge für den Alltag in Los Angeles und die jeweiligen Besuche in London sind eklatant: Während London mit täglichen Treffen ausgefüllt war, schien sich Los Angeles in der Einsamkeit des Schreibtischs abzuspielen.

Dieses Bild mag ein wenig täuschen. Ambler verfügte durchaus über amerikanische Freunde wie etwa Sam Goldwyn Jr. Doch in späten Erinnerungen von 1993 hat er die Ambivalenz gegenüber der Traumfabrik beschrieben: »Ich bin kaum je nach Hollywood gegangen – nur in die Filmstudios. Es war ein guter Ort für Autoren, weil es nichts zu tun gab außer arbeiten. Ich bin nur zu Parties im kleinen Kreis gegangen, wo man gescheite Gespräche erwarten durfte.« Als seine engsten Freunde nannte er »die Leute, mit denen ich gearbeitet habe. Norman Lloyd, Oscar Levant – ein sehr witziger Mann, der zuweilen auch ganz und gar nicht witzig war. Die Hitchcocks.«[105] Sam Goldwyn Jr. hat neben Oscar Levant noch Gore Vidal erwähnt[106], nicht so ganz verblüffend, wie es auf den ersten Blick scheint, da Vidal unter dem Pseudonym Edgar Box in den 1950er Jahren drei Kriminalromane veröffentlicht und dann in der Filmindustrie gearbeitet hatte. Doch in einem Interview von 1982 faßte Ambler knapp zusammen: »Ich habe mich lange dagegen gesträubt, nach Hollywood zu gehen. Ich war dort fehl am Platz.«(Eue/Wegmann 1982, 580)

Die traumatisch erlebte Zerstörung von Haus und Buchmanuskript 1961 war nur das sichtbarste Symptom für tiefergehende psychische Probleme. Eine erneute psychoanalytische Behandlung wird von verschiedener Seite bestätigt. Aber Ambler beschäftigte sich auch mit Randgebieten psychotischer Erfahrungen. Im Ambler-Archiv liegen verschiedene Aufsätze von Sidney Cohen zum Thema LSD und Psychotherapie.[107] Cohen (1910–1987) war ab Mitte der 1950er Jahre einer der führenden Drogenfachleute, Chef der psychosomatischen Medizin an einem Krankenhaus für Kriegsveteranen in Los Angeles und veröffentlichte 1964 die erste Geschichte des LSD. Patricia Gaynor gegenüber erklärte Ambler, daß er einmal mit LSD experimentiert habe: »Es fand offensichtlich im Rahmen eines klinischen Experiments statt. ›Ich habe dabei zwei Tage meines Lebens verloren‹, hat er mir gesagt. Trotzdem fand er es ein lohnendes Experiment. ›Obwohl Joan in die Luft ging, als ich es ihr berichtet habe.‹‹[108] Tatsächlich hat Ambler laut Agendaeinträgen Sidney Cohen zweimal, im April und Mai 1963, getroffen. Eine weitere Begegnung kam im August 1963 zustande. Womöglich hatte Ambler dem Psychiater den Kontakt zu seinem Verlag Atheneum vermittelt, und Cohen zeigte ihm jetzt das Manuskript, wobei Ambler vor einer allzu euphorischen Darstellung der LSD-Erfahrungen warnte.[109] Cohens 1964 bei Atheneum publiziertes Buch *The Beyond Within. The LSD Story*, das 1966 bereits in vierter Auflage erschien, ist denn auch relativ nüchtern gehalten, präsentiert Fallstudien, vergleicht LSD-Erfahrungen sowohl mit Fällen von Schizophrenie wie mit mystischen Visionen und diskutiert den LSD-Einsatz in der Psychotherapie.[110]

Patricia Gaynor hält den Hollywood-Aufenthalt für Amblers düstere, depressive Jahre: »Er wußte, daß er mehr Bücher hätte schreiben müssen. Er blieb nur wegen Joan.«[111] Doch Ende 1968 verkaufte das Ehepaar sein Haus am Taranto Way in Los Angeles und zog in die Schweiz, nach Clarens am Genfersee. In Amerika zurück blieb das Ambler-Archiv in der Mugar Memorial Library der Boston University. Im Juni 1964 hatte deren initiativer Leiter Howard B. Gotlieb angefragt, ob Ambler bereit wäre, einige seiner Manuskripte der neu ausgebauten Bibliothek zu verkaufen. Ambler fühlte sich geschmeichelt, und im Februar 1965 verkündete eine offizielle Pressemitteilung, daß in der Bibliothek eine Eric-Ambler-Collection eingerichtet worden sei.[112] Danach schickte Ambler regelmäßig Material nach Boston, wo mittlerweile ein umfassender Nachlaß für Forschungszwecke zur Verfügung steht.

Kompetente Kriminelle

Bereits im April 1968 hatten die Amblers eine Wohnung in Clarens, einer Waadtländer Gemeinde am nordöstlichen Ende des Genfersees, zwischen Vevey und Montreux, besichtigt und einen Mietvertrag auf den 1. Mai unterzeichnet. »Clarens, wunderschönes Clarens!« (Marchand 1976, 97), hatte Lord Byron am 18. September 1816 ausgerufen, als er dem Genfersee entlang Richtung Berner Oberland reiste; wenig später diente das Dorf einigen bekannten Persönlichkeiten als Alterssitz.[1] Die Gemeinde rühmte sich zudem zu Recht der 1906 fertiggestellten Villa Karma, des ersten vom Wiener Architekten Adolf Loos gebauten Hauses. Nach dem Zweiten Weltkrieg wurde Clarens, wie andere Gemeinden am Schweizer Ufer des Genfersees, zum günstigen Steuerdomizil. Charles Chaplin wohnte seit 1953 nebenan in Corsier-sur-Vevey, der Bestsellerautor A.J. Cronin (1896–1981) im benachbarten La-Tour-de-Peilz, James Mason ab 1963 in Corseaux auf der anderen Seite von Vevey und von 1964 bis zu seinem Tod 1973 zeitweise auch Noël Coward.

Die Wahl der Schweiz war aus Steuergründen erfolgt, und wie schon während der Zeit in Los Angeles lebten die Amblers auch jetzt zwei Monate pro Jahr in London, wo sie zumeist im Connaught abstiegen und in späteren Jahren eine Zweitwohnung mieteten. In Clarens quartierten sie sich am Chemin de l'Île de Salagnon 1 ein, einer kleinen Zufahrtsstraße am westlichen Ende des Dorfes, die von der Hauptstraße zum Genfersee hinunterführt. Nebenan, am Quai des Villes du Bochet, befanden sich ältere Villen mit ausladenden Gärten, darunter auch die Villa Krüger, wo der Burenführer Paul Krüger nach der Niederlage der

Burenrepublik 1902 seine letzten Lebensjahre verbracht hatte, und um das Gewicht der damit verbundenen, nicht immer erfreulichen Geschichte auszugleichen, brachte der Besitzer der benachbarten Villa, womöglich ein englischer Scherzbold, an seiner Gartentür eine Aufschrift an: »1897 ist hier gar nichts passiert.«

Aus praktischen Gründen entschieden sich die Amblers für einen Neubau direkt am See. Die Fünfzimmerwohnung[2] im zweiten Stock mit abgeschrägten Decken wurde mit Möbeln im traditionell englischen Stil eingerichtet, zumeist bei einem lokalen englisch-schweizerischen Fachgeschäft eingekauft. Amblers Arbeitszimmer präsentierte sich nüchtern und funktional, mit vielen Buchregalen und einem großen Schreibtisch.[3] Er hat den Blick auf den Genfersee sowie die gegenüberliegenden Savoyer Alpen als »Ansichtskartenaussicht« beschrieben, die sie zumeist ignoriert hätten. »Näher und sehr viel interessanter waren die Vorgänge im Hafen, die Segelboote, ihre Besitzer und die Vögel: Schwäne, Stockenten, Bläßhühner und Bonaparte-Möwen mit schwarzen Dreiecken auf dem Kopf, die aussahen wie der Hut, den der Kaiser bei der Schlacht von Marengo getragen hatte.« (Cole, 219) Faszinierender noch als die Ornithologie war die Schweizer Geschichte, und Ambler interessierte sich besonders für die Animositäten zwischen den Kantonen Waadt und Bern, die durch Bonaparte, den Sieger der Schlacht von Marengo, zwangsgeschieden worden waren. »Die Waadtländer schlagen bis heute die alten Schlachten, ein bißchen ähnlich wie die Iren. Sehr seltsam und sehr interessant« (Born 1998, 50), meinte er später und faßte zusammen:

Ich mag die Schweiz. Aber sie ist Außenstehenden unglaublich schwierig zu erklären. Wie die Kantone funktionieren, wie graduelle Veränderungen durch Volksabstimmungen möglich sind. Die Zurückhaltung der Schweizer, ihr merkwürdiges Geschichtsverständnis. (Howald 1997a, 56)

Der Umzug in die Schweiz ging mit einem erneuten Verlagswechsel einher. Die relativ enttäuschenden Verkaufszahlen von
Schmutzige Geschichte bewogen Ambler, Max Reinhardt im
März 1969 eine Erneuerung des Vertrags mit The Bodley Head
zu verweigern und die Zusammenarbeit für beendet zu erklären.[4]
Reinhardt reagierte verständlicherweise bestürzt. Doch die Verbindung war von Beginn an durch verschiedene Umstände belastet gewesen. Ambler, der durch Graham Greene zu The Bodley
Head geführt worden war, hatte sich laut seinem Literaturagenten Peter Janson-Smith irritiert gezeigt, als nachträglich Greenes
finanzielles Interesse am Verlag bekannt wurde.[5] Dazu kam, daß
A.S. Frere, dem Ambler mit seinem Wechsel die Treue halten
wollte, bei Bodley Head keinerlei berufliche Beziehung mit ihm
aufrechterhielt.[6] Auch hatte Max Reinhardts übergroße Vorsicht
während des Wirbels um die erste Auflage von *Die Begabung zu
töten* Ambler etwas verstimmt. Laut Janson-Smith sah sich Ambler in dem eher kleinen Verlag als einziger Thrillerautor isoliert;
zudem war Bodley Heads finanzieller Spielraum beschränkt.

So evaluierte Peter Janson-Smith verschiedene andere Interes-
senten. Ein erstes Treffen zwischen Ambler und Vertretern von
Jonathan Cape ließ das gegenseitige persönliche Verständnis ver-
missen. Dagegen harmonierte Ambler mit Tony Godwin von
Weidenfeld and Nicolson auf Anhieb: »Eric hat nie einen Lektor
gehabt. Seine Manuskripte trafen meist perfekt beim Verlag ein.
Vorschläge für Änderungen hat er eher ungnädig aufgenommen.
Godwin verstand und respektierte das«[7], erklärte Janson-Smith.
Auch die finanzielle Seite mag geholfen haben. Branchengerüch-
ten zufolge garantierte Weidenfeld and Nicolson aufsehenerre-
gende 20 000 Pfund Vorschuß für drei Bücher.[8]

Swiss Connection

Den ersten Roman für Weidenfeld and Nicolson schrieb Ambler bereits in der Schweiz, und er erschien 1970 unter dem Titel *The Intercom Conspiracy (Das Intercom-Komplott)*. Wie bei anderen Romanen Amblers, etwa *Der Fall Deltschev*, gibt es auch für den Plot von *Das Intercom-Komplott* eine zugrunde liegende Urszene. Im Ambler-Archiv in Boston findet sich in einer Schachtel mit bunt gemischtem Material eine Nummer der Zeitschrift *Stamp Collecting* vom Februar 1967. Darin wird der Fall des belgisch-mexikanischen Briefmarkenfälschers Raul Charles de Thuin geschildert, dessen gefälschte Marken samt Druckstöcken im Dezember 1966 von der American Philatelic Society aufgekauft worden waren, um einen Preiszerfall in den von den Fälschungen betroffenen Sammelgebieten zu verhindern.[9] Der Fall wird im *Intercom-Komplott* nacherzählt, und er dient zwei unzufriedenen Mitgliedern westlicher Geheimdienste als Vorbild für eine Erpressung: Sie bringen sowohl den KGB wie die CIA dazu, sie dafür zu bezahlen, daß sie bestimmte geheime Informationen nicht an die Öffentlichkeit gelangen lassen.

Die Durchführung des Komplotts verlegt Ambler nach Genf.[10] Die Schweiz als Schauplatz ausländischer Politintrigen und der Spionage war schon von Joseph Conrad in *Under Western Eyes* (1911, *Mit den Augen des Westens*) und vom bewunderten Somerset Maugham in *Ashenden* (1928) eingeführt worden. Die Wahl des Schauplatzes fiel mit Amblers Entscheidung zusammen, sich erstmals direkt mit dem Ost-West-Konflikt zu beschäftigen, der mittlerweile die Thrillerszene beherrschte.

Das Intercom-Komplott ist mit seiner vielfältig verschachtelten Erzählform Amblers erzähltechnisch komplexestes Werk. In einem Vorwort gibt sich »Eric Ambler« als Herausgeber eines vom Kriminalschriftsteller Charles Latimer nachgelassenen Romanfragments aus, das vom Journalisten Theodore Carter ergänzt und zu Ende geschrieben wurde. Die nicht ganz originelle Form einer solchen Einbettung bekommt bei Ambler zwei präzise Funktionen. Erstens kündigt er darin ein Rätsel um den verschwundenen Autor Charles Latimer an, treibt also die im eigentlichen Komplott erzählten Geschehnisse eine Spiraldrehung weiter. Zweitens lenkt er die Aufmerksamkeit auf die Tatsache, daß das nachfolgend abgedruckte Manuskript eine erste Fassung darstellt, die einem Zensurversuch der Geheimdienste entgangen ist. Es enthalte wichtige Hinweise, die in der überarbeiteten Fassung gestrichen worden seien, »um die Schuldigen zu schützen« (Intercom, 14) – womit die Aufmerksamkeit des Lesers geschärft wird sowie die Geheimdienste unter Verdacht geraten.

In dem auf das Vorwort folgenden Manuskript werden, wie einst in *Die Maske des Dimitrios*, verschiedene Erzähl- und Dokumentationsformen verwendet: Sogenannte »narrative Rekonstruktionen« von Latimer stehen neben Tonbandtranskriptionen von Aussagen Carters und dessen Tochter Valerie sowie ergänzenden Stellungnahmen eines Polizisten und eines Psychiaters. Latimers Rekonstruktionen basieren ihrerseits angeblich auf dessen Gesprächen mit einem der beteiligten Geheimdienstler – was dieser allerdings später gegenüber Carter bestreitet. So wird die Geschichte mehrfach gebrochen und die einfache Glaubwürdigkeit untergraben. Die Frage nach der historischen Wahrheit war schon in *Die Maske des Dimitrios* ein Thema gewesen, und tatsächlich greift *Das Intercom-Komplott* auch im Personal aufs frühe Meisterwerk zurück, indem es dessen Erzähler, Charles Latimer, nach dreißig Jahren wiederbelebt.

Allerdings ist die Rolle des renommierten Kriminalschriftstellers nun nicht mehr so zentral wie im früheren Werk, da er nicht mehr der einzige Erzähler ist und er seine Recherchen vom sicheren Schreibtisch aus führt, ohne direkt in die Geschehnisse verwickelt zu sein. Auf seinem Alterssitz in Mallorca hat er den von ihm Oberst Jost genannten ehemaligen Geheimdienstchef eines kleinen NATO-Landes kennengelernt und rekonstruiert das Intercom-Komplott, das Jost zusammen mit seinem Kollegen Brand, Geheimdienstchef eines zweiten kleinen NATO-Landes, ausgeheckt hat; die Erzählung wird ergänzt durch den kanadischen Journalisten Theodore Carter, der unwissentlich in den Strudel des Komplotts hineingezogen worden ist.

Jost wie Brand hatten im Widerstand gegen die faschistische Besetzung ihrer Länder gekämpft und sich während des kalten Kriegs in ihren jeweiligen Geheimdiensten hochgearbeitet. Anfang der 1960er Jahre gerät ihre Karriere ins Stocken, und die Bedeutung ihrer Länder in der NATO sinkt. Ihre im Krieg erworbene Haltung des Guerillakämpfers gegen einen übermächtigen Feind mutiert zum Skeptizismus gegenüber den Supermächten:

> Sie hatten den seinerzeit so allmächtigen Riesen Deutschland kennengelernt und geholfen, ihn zu Fall zu bringen. Jetzt befanden sie sich in privilegierter Position und hatten Gelegenheit, den russischen und den amerikanischen Riesen zu beobachten und einzuschätzen. Das Urteil, zu dem sie schließlich kamen, war nicht schmeichelhaft. Was sie am meisten beeindruckte, war nicht die Kraft dieser Riesen und noch weniger die lauten, drohenden Geräusche, die sie von sich gaben, sondern ihre Unbeholfenheit. (Intercom, 44)

Als Titel des Buchs erwog Ambler unter anderem *To Kill A Giant* und *The Giantkillers*.[11] Mit dieser Akzentsetzung reagierte er auf Veränderungen im weltpolitischen Klima. 1966 war Frankreich aus der NATO ausgetreten. Die US-Intervention in Vietnam und die sowjetische Besetzung der Tschechoslowakei 1968 erschütterten das Ansehen beider Supermächte. Die entsprechende Legitimationskrise verschärfte die ideologische Systemkonkurrenz. In Amblers Darstellung entsteht daraus zusammen mit der vergrößerten Bedeutung neuer Kommunikationsmittel eine

Überfülle an Informationen, die den Geheimdiensten zugehalten werden:

> »Papierfabriken« nannten er und seine Kollegen die zahllosen Gruppen, die sich der politischen Kriegführung und Propaganda verschrieben hatten und die internationalen Nachrichtenagenturen mit Fehlinformationen versorgten. Manche dieser Papierfabriken erhielten Regierungszuschüsse, andere wurden von Emigrantenverbänden und Separatistenbewegungen finanziert; einige der kleineren, verdeckt operierenden Papierfabriken – beispielsweise jene, die sich auf die Herstellung von gefälschten Dokumenten spezialisiert hatten – warfen einen Gewinn ab. Da die Produktion dieser Unternehmen beobachtet werden mußte – immerhin konnte man den Fehlinformationen, die der Gegner ausstreute, Hinweise auf seine wahren Absichten entnehmen –, war der Arbeitsaufwand für die Geheimdienste erheblich. (Intercom, 59)

Daraus resultiert ein Mechanismus, wonach die ideologischen Gegner einander symbiotisch zuarbeiten und die weitere Vergrößerung ihrer jeweiligen Apparate vorantreiben. Kaum verhüllt erklärt Brand das Spionagegeschäft, realistisch betrachtet, für obsolet:

> Ein Realist [...] ist in diesem Zusammenhang jemand, der annimmt, daß die meisten Geheimnisse, die wir so eifrig bewachen, den anderen längst ebenso bekannt sind wie uns die meisten ihrer Geheimnisse. Er versteht jedoch, daß man sich an die Konventionen halten und den Schein wahren muß, damit Außenstehenden unsere Dummheit verborgen bleibt. Er weiß, daß beide Seiten einen gemeinsamen Feind haben: den kleinen Jungen, der gesehen hat, daß der Kaiser nackt ist. (Intercom, 40f.)

Die Systeme konvergieren im gemeinsamen Interesse, den wahren Zustand zu vertuschen. Auch Josts und Brands Zynismus ist nicht systemverändernd; im Gegenteil, sie nützen die interne Kenntnis der Apparate zu ihrem persönlichen Vorteil aus und

planen, geheime Unterlagen, die gar nicht so geheim sind, mit
»nuisance value« (Lästigkeits-Wert) (Conspiracy, 37) anzureichern. Ihre Chance bietet sich, als der pensionierte US-General
und ›Kommunistenfresser‹ Luther B. Novak stirbt, der als Besitzer des Wochenblättchens *Intercom* paranoide Bedrohungsphan-
tasien propagiert hat. Nach dessen Tod kaufen Jost und Brand
über einen Strohmann das von Theodore Carter in Genf redi-
gierte Blättchen auf und plazieren darin vertrauliche Informationen, um abwechselnd die amerikanische und die russische Seite
zu blamieren. Carter gerät ins Fadenkreuz beider Geheimdienste, die mit mehr oder weniger handgreiflichen Mitteln versuchen, an seinen Auftraggeber heranzukommen; schließlich kauft
jemand die Firma für ein beträchtliches Schweigegeld auf und
schließt die Zeitung sofort.

Das *Intercom-Komplott* enthüllt diesen Coup zügig und prä-
zis, mit schadenfreudigem Brio. Die erzähltechnischen Brechun-
gen erlauben es, beiläufig die politische Situation zu erläutern
und psychische Konstellationen aufzubauen. Unaufdringlich
führt Ambler seine Auseinandersetzung mit der Psychoanalyse
fort. Früh beklagt sich Carter über die Bevormundung durch
seine Tochter Valerie, was er auf deren neuen Freund, einen
Psychiater, zurückführt. Bei diesem handelt es sich, wie sich herausstellt, just um jenen Krankenhauspsychiater, der Carter nach
einem Autounfall untersucht hat. Valerie behandelt diesen Arzt
zuerst mit Mißtrauen, verliebt sich dann aber in ihn. Valerie und
der Arzt schildern die gleichen Vorkommnisse aus ihrer jeweiligen Sicht, so wie die Texte von Carter und Latimer sich gegenseitig kommentieren.

Besondere Aufmerksamkeit schenkt Ambler den schweizerischen Wirtschaftsinstitutionen. In den diversen Transaktionen
der Intercom-Aktien spielen Schweizer Bankiers und Anwälte
eine wichtige Rolle, gelegentlich im Vorder-, zumeist im Hintergrund. 1970, als die Schweiz trotz Orson Welles' Ausfälligkeiten

in *Der dritte Mann* immer noch mit beinahe blütenweißer Weste
dastand, mag Amblers Bild seiner neuen Wahlheimat »bemerkenswert unvorteilhaft« (Lewis 1990, 152) gewirkt haben. Aus
heutiger Sicht dagegen wirkt das Bild der Schweiz im *Intercom-
Komplott* bemerkenswert vorteilhaft. Der Schweizer Polizei-
kommissar bekommt die Gelegenheit, sich zu rechtfertigen, und
korrigiert seinen Fehler, Carters Geschichte ursprünglich nicht
ernst genommen zu haben. Bezüglich des Bankgeheimnisses
weist Amblers Buch überraschenderweise die übliche Deutung
und Kritik der Schweizer Banken zurück:

> Über das Schweizer Bankgeheimnis wird eine Menge Unsinn geredet
> und geschrieben. Es stimmt zwar, daß ein Schweizer Bankangestellter,
> der seine Schweigepflicht verletzt, mit einer Geld- oder Gefängnis-
> strafe rechnen muß. Er kann sogar verurteilt werden, wenn er ohne
> Einwilligung des Inhabers auch nur die Existenz eines Kontos bestä-
> tigt. Dieses Bankgeheimnis ist jedoch keineswegs unverletzlich. Wenn
> der begründete Verdacht besteht, daß der Inhaber eines Kontos sich
> eines Verbrechens schuldig gemacht hat, das nach dem Schweizer
> Strafgesetz verfolgt wird, kann die Bank durch richterliche Verfügung
> von ihrer Schweigepflicht entbunden werden.
>
> Es ist so gut wie sicher, daß die Beamten des Schweizer Sicherheits-
> dienstes in der Woche nach dem Verkauf der Intercom-Anteile eine
> solche richterliche Verfügung beantragt und erhalten haben; und als
> ebenso sicher kann gelten, daß Dr. Schwob den Ermittlern den Na-
> men des Käufers der Intercom-Anteile genannt hat. (Intercom, 246)[12]

Schon zuvor ist in einem Seitenhieb auf angelsächsische Ver-
mögensverwalter die persönliche Risikobereitschaft Schweizer
Privatbankiers hervorgehoben worden: »Die Tätigkeit eines
Schweizer Privatbankiers hat große Ähnlichkeit mit der eines
Londoner oder New Yorker Investmentbankers. Der hauptsäch-
liche Unterschied zwischen beiden besteht darin, daß ein Schweizer Privatbankier keine Kapitalgesellschaft gründen und so einer
lediglich beschränkten Haftung unterliegen kann. Vielmehr haf-

tet er für seine Entscheidungen mit seinem Privatvermögen.«
(Intercom, 133)

Allerdings stammen beide Passagen aus erzählerischen Rekonstruktionen von Charles Latimer. Wie dieser das Komplott
von Jost und Brand gegen die Geheimdienste der Supermächte
als Riesentötung zu würdigen weiß, so scheint er auch die
Schweiz gegen Anschwärzungen der Großmächte in Schutz
nehmen zu wollen. Er verteidigt sogar die Verhaftung von Carter durch den Schweizer Sicherheitsdienst, die zum Schutz der
Schweizer Neutralität verständlich, ja notwendig gewesen sei. Im
übrigen sei Carters Aussagen, obwohl sie unwahrscheinlich wirken mußten, letztlich geglaubt worden, da keine Anklage gegen
ihn erhoben worden sei. Allerdings wird in dieser Beschreibung
ein Vorbehalt gegenüber Carter sichtbar, dem Latimer vorwirft,
dessen Empörung erscheine »ungerechtfertigt und geheuchelt«
(Intercom, 239), und seine »Bereitschaft, zur Aufklärung des
Falls beizutragen, ließ zu wünschen übrig.« (Intercom, 241)

Tatsächlich verschiebt sich das Gewicht der beiden Protagonisten im Verlauf des Romans. Zu Beginn, im ersten Brief an Latimer, der nach dem Vorwort das eigentliche Manuskript eröffnet,
plustert sich Carter als einziger aussagebereiter Zeuge und größ-
tes Opfer der ganzen Affäre auf, der bei einer Kooperation mit
Latimer entsprechend entlöhnt werden müsse. Latimers Ant-
wortbrief rückt Carters Selbstdarstellung ironisch zurecht und
läßt ihr in der anschließenden erzählerischen Rekonstruktion
eine wenig schmeichelhafte Gegendarstellung aus dem Mund
von Oberst Brand folgen, wonach der kanadische Journalist nach
dem Scheitern seiner Ehe vorübergehend im Alkoholismus ver-
sackte, eine gutbezahlte, prestigeträchtige Stelle verlor und seither als zynisch-illusionsloser *Intercom*-Redakteur sein Leben
fristete.

In eine geheimdienstliche Intrige verstrickt, die den Verschwö-
rungstheorien seines Blattes entstammen könnte, kommen bei

Carter verschüttete Fähigkeiten wieder zum Vorschein. Er erweist sich als guter Beobachter und durchschaut den Besuch eines amerikanischen Journalisten von einem bekannten Nachrichtenmagazin samt Begleiter sofort als ersten Kontaktversuch durch den amerikanischen Geheimdienst.[13] Die zunehmend handgreiflicher werdenden Druckversuche verunsichern ihn zwar, machen ihn aber laut eigener Einschätzung auch »störrisch« (Intercom, 197). Beiläufig stattet Ambler seine Figur mit charakteristischen Eigentümlichkeiten aus. Bei der Durchsuchung von Carters Büro ist der Safe geöffnet worden. »Der General hatte darauf bestanden, einen Safe für wichtige Dokumente anzuschaffen, in dem ich dann allerdings nur unsere Rechnungsbücher verwahrte, und da es ein billiges Modell war, das den Inhalt eher vor Feuer als vor Dieben schützte, ließ ich meist den Schlüssel stecken.« (Intercom, 201) Genau so war einst Ambler in seinem Haus in Bel Air verfahren. Der angeblich feuersichere Safe hatte den Verlust seines Manuskripts im November 1961 nicht verhindern können, und Ambler würde sich dafür später, in seiner Autobiographie, als Clown schelten. Carter ist mit seinen Vorsichtsmaßnahmen erfolgreicher oder glücklicher: Die von den Einbrechern gesuchten Manuskripte befinden sich unversehrt auf dem Bürotisch seiner Sekretärin.

Dennoch ist er, verständlicherweise, durch die sich verstärkenden Druckversuche auf ihn überfordert. In der nachträglichen Rekonstruktion, die das Buchmanuskript darstellt, bricht seine auftrumpfende, rechthaberische Haltung allmählich zusammen und macht einer Mischung aus Selbstmitleid und Selbstkritik Platz:

> Ich weiß, ich weiß, Mr. L. – Sie finden, daß ich mich wie ein Idiot benommen habe.[14] [...] Sie sollten nicht vergessen, Mr. L., daß dieser Tag für mich einigermaßen traumatisch gewesen war. Innerhalb weniger Stunden hatte man mich entführt, verhört, in die Mangel genommen, bedroht, überfallen und mit Gas außer Gefecht gesetzt. Nach dieser

Art von Behandlung neigt man zu betont pragmatischen Reaktionen, und wenn dann etwas auftaucht, das auch nur entfernt so aussieht, als könnte es noch mehr Schwierigkeiten machen, denkt man nicht lange nach. Man rennt.

Also rannte ich. (Intercom, 203 f.)

Erst in jenem Nachwort, das er Latimers unvollendetem Manuskript anhängt, findet Carter zu einem gelasseneren Ton, dem zugleich eine aktive Haltung zugrunde liegt. Er hat die von Latimer aufgegebene Spur wiederaufgenommen, Jost in Mallorca aufgespürt und einen Handel mit ihm abgeschlossen: zusätzliche Informationen gegen das Versprechen, sie nur so zu verwenden, daß Jost daraus keine Gefahr erwächst. Jost stellt zum Abschied fest, Carter habe sich verändert: »Sie sind ein anderer Mensch als vor einem Jahr, als ich Sie kennenlernte. Damals waren Sie erschöpft und haben Ihre Arbeit verachtet. Sie mochten sich selbst nicht mehr. Jetzt spüre ich bei Ihnen ein neues Selbstvertrauen. […] Außerdem sind Sie mit sich selbst ins reine gekommen.« (Intercom, 278)

Umgekehrt wird die Figur Latimers im Verlauf der Affäre fragwürdiger. Seine erzählerischen Rekonstruktionen sind zu Beginn souverän in ihrem Überblick und ihrer lebhaften Vergegenwärtigung der Ereignisse, während Carters kritische Anmerkungen dazu nörglerisch wirken. Doch allmählich stellt sich heraus, daß die Wahrheit nicht so einseitig verteilt ist. So behauptet Jost zum Schluß – vermutlich zu Recht –, manche Passagen von Latimers Manuskript seien bloße Mutmaßung oder gar Erfindung gewesen. Die olympische Distanz des Erzählers Latimer schrumpft zusammen. Plötzlich rücken ihm die Geschehnisse auf den Leib. In seinem Manuskript hat er die Identität der beiden Geheimdienstchefs zwar verschlüsselt und falsche Spuren gestreut; aber die möglichen Vorbilder in kleineren NATO-Ländern lassen sich an den Fingern einer Hand abzählen. Die literarische Rekonstruktion wird wie einst in *Die Maske des Dimitrios* zum Spiel mit dem eigenen Leben. Wie Latimer einst von Dimitrios bedroht wurde, so sieht er sich jetzt mit Oberst Brand konfrontiert; und diesmal scheint Latimer nicht mehr entkommen zu sein, sondern wie in einem Mafiafilm im Zementfundament einer Autobahnbaustelle geendet zu haben.

Für dieses tödliche Ende besitzen wir freilich nur das Wort Josts, als Meister der Intrige nicht gerade der verläßlichste Zeuge. Wie dem auch sei: Unbestritten ist Latimers Verschwinden, das weder von der Polizei noch von Carter noch vom »Herausgeber« Eric Ambler aufgeklärt werden kann. Ein ziemlich schnöder Abgang für eine Figur, die Ambler so wichtige Dienste geleistet hatte. Bemerkenswerterweise kommen in Amblers Gesamtwerk die Schriftsteller, und insbesondere die Kriminalschriftsteller, schlechter weg als etwa die Journalisten.

Das *Intercom-Komplott* geht im völligen Verzicht auf herkömmliche Moral noch weiter als *Eine Art von Zorn*. Über weite Strecken sind die beiden Geheimdienstchefs mit Sympathie gezeichnet, obwohl sie bereit sind, Carter einem »kalkulierten Risiko« (Intercom, 62) auszusetzen. Jost kommt aus dem Komplott mit einem dicken Schweizer Bankkonto und einem sonnigen Alterswohnsitz samt junger Geliebter davon. Sogar ein Mord bleibt ungesühnt.

Selbst Carter verspürt, als er Jost endlich von Angesicht zu Angesicht gegenübersteht, keinerlei Zorn, sondern nur Neugier. Zum Schluß macht er sich, wie George Carey in *Schirmers Erbschaft,* befreit aus der Höhle des Löwen davon, verläßt das Treffen mit Jost und schreitet als veränderter Mann an Latimers Villa vorbei in eine hoffnungsvollere Zukunft: »Nachdem ich das Tor zu Latimers Anwesen passiert hatte, genoß ich den Spaziergang zurück zu meiner Pension.« (Intercom, 280) Uneingeschränkt positiv läßt sich dieser Schluß nicht lesen, da Carters Gefühle noch einmal die ganze Skala von Angst und Hoffnung abdecken: Befreiung mag sich erst einstellen, nachdem er die weiterhin bedrohliche Gegenwart Josts und Latimers Schatten definitiv abgeschüttelt hat.

Spione aus der Kälte

Das *Intercom-Komplott* ironisiert nicht nur die heroischen Abenteuer à la James Bond mit ihren comicbuchartigen Schwarz-weißzeichnungen, sondern stellt das ganze Genre des Thrillers im Zeichen der Ost-West-Konfrontation in Frage. Die Kritik zielt auch auf jene Bücher, die sich ab Mitte der 1960er Jahre um eine realistischere, moralisch ambivalentere, pessimistischere Darstellung des Spionagegeschäfts bemühten, dieses dabei jedoch indirekt erneut zum Mythos erhoben. Als deren wichtigster Vertreter darf John le Carré gelten.

Mit seinen ersten Romanen wurde John le Carré Anfang der 1960er Jahre schon bald als Nachfolger von Ambler gefeiert, um ihm in den 1970er Jahren in der Gunst des Publikums wie der Literaturkritik den Rang abzulaufen. Le Carré hat Ambler mehrfach großzügig Tribut gezollt: »Er war derjenige, der die Spionagegeschichten in den Alltag zurückholte – man fühlte, mein Gott, das könnte ja ich sein, und er schrieb mit dieser wunderbaren Einfachheit und Klarheit – ich habe immer gedacht, er sei insgeheim ein großartiger Stilist.« (Whitley 1997, 45) Und er faßte sein Urteil in die zitierfähige Sentenz zusammen: »Amblers Werk ist die Quelle, aus der wir alle schöpfen« (Symons 1989, 16). In Studien zu le Carré oder zum Spionageroman wird Ambler noch heute pflichtschuldig als Vorläufer und Vorbild angeführt. Dabei bleibt die Beziehung durchaus oberflächlich; auch kann kein Zweifel bestehen, daß le Carrés Erfolg Amblers Werk in den Hintergrund gedrängt hat.[15]

Zumindest im englischsprachigen Raum gilt heute le Carré und nicht etwa Ambler als führender Vertreter des anspruchsvollen Thrillers. Das scheint mir ein Fehlurteil, denn entgegen der landläufigen Meinung, le Carré habe den Thriller auf ein höheres literarisches Niveau gehoben, bin ich umgekehrt der Ansicht, daß seine Thriller weder Amblers thematische Spannbreite noch dessen künstlerische Qualität besitzen.

John le Carré, 1931 als David Cornwall geboren, veröffentlichte, noch während er diplomatisch, sprich nachrichtendienstlich in Deutschland tätig war, seine ersten Werke. Der überragende Erfolg seines dritten Buchs, *The Spy Who Came in from the Cold (Der Spion, der aus der Kälte kam)*, ermöglichte ihm, 1964 seinen Brotjob aufzugeben und sich als freier Schriftsteller zu etablieren. Bereits die zwei vorangegangenen Romane hatten freilich die grundlegende Konstellation sowie zahlreiche Motive der späteren Werke eingeführt. *Call for the Dead (1961, Schatten von gestern)* stellt auf den ersten Seiten le Carrés berühmteste Schöpfung vor, George Smiley, Geheimagent im Dienste Ihrer Majestät. Er ist das entschiedene Gegenbild zu Ian Flemings James Bond; eine äußerlich lächerliche Figur, dicklich, mit Brille, mehrfach mit einem Frosch verglichen, bedient sich Smiley nicht roher Muskeln und scharfer Waffen, sondern seines Intellekts und Einfühlungsvermögens. Die Geheimdiensttätigkeit ist ihm moralisch fragwürdig geworden.

Damit knüpfte le Carré an die von Maughams *Ashenden* begründete Tradition an, die das Spionagegewerbe illusionslos betrachtet. Verglichen mit Bond und seinen Nachahmern im kalten Krieg ist das hoch differenziert. Smileys Loyalitäten schwanken zwischen abstrakter Pflicht und persönlichen Sympathien. Daß das Ehepaar Samuel und Elsa Fennan, der Spionage für die DDR verdächtig, als jüdische Emigranten antifaschistisches Engagement und kommunistische Ideen vertritt, wird als verständlich geschildert. Umgekehrt werden Vertreter der britischen Staatsbürokratie als anmaßend und pompös beschrieben; zudem reitet le Carré ein paar Attacken gegen die Heuchelei und Kulturlosigkeit der englischen Mittelklasse. Und doch werden solche Differenzierungen im Schwarzweißschema letztlich wieder eingeebnet. Das kommunistische Engagement erscheint als Kinderkrankheit (bei Samuel Fennan), als fehlgeleiteter Idealismus (bei Elsa Fennan) oder als faustische Überheblichkeit (beim ostdeutschen Oberspion Dieter Frey). Beim Showdown zwischen Smiley und Frey, den Smiley von seinem Einsatz vor dem Krieg in Deutschland her kennt, zögert Frey um der alten Freundschaft willen, Smiley zu erschießen, und wird deshalb von diesem tödlich getroffen. Smiley bleibt voller Schuldgefühle, wenn auch im Wissen zurück, daß die Tötung des ehemaligen Freundes nötig war.

Mit dem zweiten Roman, *A Murder of Quality (Ein Mord erster Klasse)*, wandte sich le Carré 1962 vorübergehend dem traditionellen Detektivroman zu. Erst mit der Rückkehr zum Spionagemilieu gelang ihm allerdings der kommerzielle Durchbruch. Der Bau der Berliner Mauer und die Kuba-Krise ließen den Kalten Krieg beinahe zum heißen eskalieren. *Der Spion, der aus der Kälte kam* zeigte 1963 einen veränderten Stil, kühl, knapp, mit viel direkter Rede. Wiederum geht es freilich um das Problem gespaltener Loyalitäten zu zerfallenden Institutionen und um die Frage des Verrats aus den eigenen Reihen. Der britische Agent Alec Leamas wird mit einem Auftrag in der DDR betraut, über dessen verwickelte Mechanismen und endgültige Ziele er im unklaren gelassen wird. Letztlich werden er und seine Freundin zum Abschuß freigegeben, damit ein DDR-Doppelagent in britischen Diensten nicht auffliegt; als Leamas die Chance erhält, zu fliehen, beschließt er, sich angesichts des Verrats seiner Vorgesetzten, von den DDR-Grenzwachen neben seiner Freundin erschießen zu lassen. Smiley, der diesmal als Figur kaum auftaucht, arbeitet wieder beim Geheimdienst und zieht im Hintergrund die Fäden. Eigentlich verabscheut er die Machenschaften des Geheimdienstes und will nichts mehr mit der Operation zu tun zu haben, sieht aber ihre Notwendigkeit ein und begleitet sie deshalb bis zum bitteren Ende.

Der Spion, der aus der Kälte kam wirkt atmosphärisch unbestreitbar bezwingend und etablierte le Carré zu Recht als ein
neues Talent. Jenseits der moralischen Ambivalenzen des Buchs
ist der handlungstreibende Konflikt allerdings durchaus eindeutig und grell angelegt. Der ostdeutsche Doppelagent, der durch
die verschlungenen Intrigen und den Tod zweier jüdischer Mitstreiter gedeckt werden soll, ist ein alter Nazi und kaltblütiger
Killer; dennoch unterwirft sich selbst Leamas der Logik des höheren Interesses und verzichtet darauf, ihn bei Gelegenheit zu
töten.

Ambler, aufmerksam geworden, besprach den nächsten Roman von le Carré, *The Looking-Glass War (Krieg im Spiegel)*,
1965 für die amerikanische Zeitschrift *Life*. Er unterstrich, das
Buch sei spannend geschrieben, wandte aber ein, einige Details
seien unrealistisch geraten, und zuweilen sei sich der Autor un-
sicher über den Einsatz seines grotesken Humors. Alles in allem
klopfte Ambler dem neuen Kollegen freundschaftlich auf die
Schulter: *Krieg im Spiegel*, wiewohl nicht so gelungen wie der
vorangegangene Welterfolg, beweise doch, daß es sich bei le
Carré nicht um eine Eintagsfliege handle.[16]

Als Ambler sich zehn Jahre später wieder zu einem Roman
von le Carré äußerte, hatten sich einige der von ihm milde gerüg-
ten Züge in le Carrés Werk verstärkt. Die knappe, kühle Prosa
von *Der Spion, der aus der Kälte kam* war längst einer ausladenden stilistischen Gebärde sowie dem neuen Anspruch gewichen,
die Machenschaften der Geheimdienste als Abbild ihrer Länder
und der weltpolitischen Situation zu verstehen. Ambler stichelte
gegen den zunehmend erfolgreicheren Rivalen und wies als einer
der ersten darauf hin, daß *Tinker, Taylor, Soldier, Spy (1974,
Dame, König, As, Spion)* auf dem Fall des als sowjetischer Doppelagent entlarvten Kim Philby basiere und insbesondere Informationen des sowjetischen Überläufers Konstantin Volkow von
1946 auswerte.[17]

Tatsächlich machten jene drei le-Carré-Bücher, die zwischen 1974 und 1979 erschienen und später als Trilogie unter dem Titel *The Quest for Karla* oder auch *Smiley versus Karla* veröffentlicht wurden[18], le Carré zum unbestrittenen Exponenten des Spionageromans. Sein Erfolg veränderte zugleich das Feld des Thrillers. Politik wurde jetzt wieder mit dem Ost-West-Konflikt gleichgesetzt; Amblers Ausweitung in die Dritte Welt sowie sein Aufgreifen der Wirtschaftskriminalität wurden marginalisiert.

Anfang der 1980er Jahre waren le Carrés Beschreibungen des britischen Geheimdienstes, des sogenannten Circus, sprichwörtlich geworden und galten als zutreffendes Abbild einer bislang geheimen Welt. Authentizität erzielte er vor allem mit zwei Techniken. Erstens warteten seine Bücher mit beiläufigen, aber bedeutungsvoll eingestreuten wirklichen und erfundenen Fachtermini des Spionagegeschäfts auf, die das Publikum in seltsame, aber bedeutsame Rituale einzuweihen schienen. Zweitens forcierte er die Komplexität der nachrichtendienstlichen Abläufe, gleichzeitig darauf bedacht, diese gelegentlich als bürokratisch und byzantinisch zu kritisieren, was ihre angebliche Glaubwürdigkeit zu erhöhen vermochte.

Bereits 1968 hatte le Carré im Vorwort zu einem Dokumentarband über Kim Philby diesen als Spion bezeichnet, der eine ganze Generation und deren Ideale verraten habe. In der Trilogie wird dieses Urteil mit zusätzlicher Bedeutung aufgeladen. Der Fall des an höchster Stelle sitzenden Verräters Bill Haydon ist nicht nur zum Sündenfall des britischen Geheimdienstes geworden, dessen Geschichte sich mittlerweile in eine Zeit vor und eine nach dem Fall teilt, sondern auch zum Ausdruck des generellen Niedergangs des britischen Empire.

Le Carré spart nicht mit Kritik am Westen. Die auf den alten Geheimdienstchef Control folgenden neuen Männer des Circus werden ebenso wie die britischen Regierungsvertreter scharf satirisch beschrieben, mit den arroganten Marotten einer abgelebten Klasse von Privatschul- und Oxbridge-Absolventen ausgestattet. Die amerikanischen Cousins sind prahlerische, grobschlächtige Emporkömmlinge, die nicht nur über russische, sondern gelegentlich auch britische Leichen gehen.

Zwar scheint dadurch die scharfe Trennung zwischen westlichen und östlichen Geheimdiensten aufgehoben und das Spionagegeschäft generell in Verdacht zu geraten. Eine der wenigen treuen Helferinnen von Smiley, die Rußland-Spezialistin Connie Sachs, meint einmal: »Halb-Engel kämpfen gegen Halb-Teufel. Niemand weiß, wo die Front verläuft. Alles grau in grau.« Doch diese Demutsgeste täuscht. Letztlich besteht kein Zweifel, wer die Halb-Engel sind und wo die Frontlinie ihres gerechten Kampfes gegen die Halb-Teufel verläuft. Die Frontstellung des Kalten Kriegs ist nicht aufgehoben, nur verschoben. So stehen die wenigen letzten Aufrechten wie Smiley und seine Leute gegen den Rest der Welt, der in abgestufter Form der allgegenwärtigen Korruption und Verrohung unterlegen ist.

Anders als James Bond, aber auch die meisten seiner eigenen Mitstreiter, kämpft Smiley durchaus mit Gewissensbissen. Bemerkenswerterweise überwindet er sie jedesmal. In jedem der Bücher, in denen Smiley zentral auftritt, verzweifelt er über die Dreckarbeit, die sein Job verlangt – um sie dennoch zu erledigen. Das Credo vom Zweck, der die Mittel heiligt, wird von ihm zutiefst beargwöhnt – und dennoch befolgt. Als Smiley den Erzrivalen Karla, den Chef der sowjetischen Auslandspionage, mit dessen eigenem Mittel der Erpressung endlich besiegt hat, fühlt er sich beschmutzt, von Karlas Fluch eingeholt. Doch letztlich bleiben seine Skrupel für die Handlungen unerheblich, tut Smiley, was der Staat verlangt. Letztlich setzt le Carré sein Vertrauen darin, daß der Geheimdienst von innen her gesäubert werden kann. Letztlich bleibt ein – gereinigter und zugleich ideologisch gerechtfertigter – Geheimdienst für le Carré eine Notwendigkeit.

Denn insgesamt ist le Carrés Kritik eine konservative. Smiley überschreitet grundsätzlich nie seine Position als »ein Außenseiter innerhalb des Establishments«.[19] Die Hauptkritik le Carrés richtet sich durchgängig gegen die Regierungsmaschinerie in Whitehall, die den Geheimdienst und die wahren Patrioten wie Smiley an effizienter Arbeit und Pflichterfüllung hindert. Diese Kritik verstärkt sich im Verlauf der Trilogie. Zum Zeitpunkt ihrer Niederschrift versuchte eine neue Labour-Regierung vorsichtige Schritte zur Zurückstufung des Geheimdienstes. Le Carré hat sich denn auch Ende der 1970er Jahre in Interviews als Gegner der damaligen Entspannungspolitik zu erkennen gegeben.[20]

Mehrfach hat er bekräftigt, daß der Geheimdienst seiner Romane nur der paradigmatische Ausdruck für den Zustand der Gesellschaft, ja der Welt sei. Die Literaturkritik hält diesen Anspruch in erstaunlichem Maße für erfüllt.[21] Doch die Bedeutungsübertragung zwischen Geheimdienst und Gesellschaft geschieht in die andere als die von le Carré behauptete Richtung. Einsichten in die britische Gesellschaft bleiben eng begrenzt; dafür wird der Geheimdienst nobilitiert.

Die Wertschätzung, die le Carrés Romane mittlerweile auch in wissenschaftlichen Studien genießen, mag weitgehend das Ergebnis eines umgekehrten Snobismus sein: Man zeigt sich erstaunt darüber, daß ein Thrillerautor einen so weit gehenden Anspruch erhebt, und räumt ihm großzügig einen Bonus ein. Insgesamt aber sind le Carrés Bücher der 1960er und 1970er Jahre mit ihrer kalkulierten Komplexität, problematisierten Moral und den bildungsbürgerlichen Reminiszenzen Beruhigungspillen für den Mittelstand, der weiß, daß die Welt nicht mehr so einfach ist, wie es noch Ian Fleming vorgegaukelt hatte, und trotzdem Gewißheiten braucht.

Rückkehr in die Levante

Seine schriftstellerische Karriere hatte Ambler einst mit Theaterstücken begonnen; doch seit den Anfängen als Thrillerautor hatte er sich an keinerlei anderem literarischen Genre versucht. Dann, im Sommer 1970, tat er sich mit dem amerikanischen Komödienautor Leonard Spigelgass (*I Was a Male War Bride*, 1948, *Ich war eine männliche Kriegsbraut; Gypsy*, 1962, *Gypsy – Königin der Nacht*) zusammen, den er schon 1944 beim Armeefilmdienst kennengelernt hatte, und bearbeitete mit ihm John Updikes Roman *Bech: A Book* fürs Theater. Unter dem Titel *Bech Takes Potluck* boten sie das Stück Laurence Olivier am National Theatre in London an. Doch der lehnte es als allzu amerikanisch und akademisch ab.[22] Ambler erwog einen Versuch am Off-Broadway, ließ die Sache dann aber ruhen. Dafür reaktivierten Joan und er die Pläne zu *Love Hate Love*, die sie Mitte der 1960er Jahre verfolgt hatten; die TV-Verfilmung mit Ryan O'Neal wurde am 9. Februar 1971 ausgestrahlt.[23]

In der Zwischenzeit hatte auch ein neuer Romanstoff in Ambler Form angenommen. Bereits im März 1970 hatte er Israel besucht. Sein Verleger George Weidenfeld hatte Kontakte vermittelt, unter anderem zum Bürgermeister Jerusalems, Teddy Kollek. In späteren Äußerungen meinte Ambler, diese offizielle Betreuung habe sich zu Beginn eher hinderlich ausgewirkt. Erst als er sich einer Bustour mit US-Touristen anschließen konnte, habe er die Situation ungeschönter gesehen. Zugleich äußerte er einen bösen Verdacht: »Ich glaube immer noch, die Israelis haben diese Busse in der Hoffnung losgeschickt, daß die PLO sie mit Handgranaten bewirft.«[24] Der israelisch-arabische Konflikt bildete die Folie für den neuen Thriller, den Ambler in den üblichen vier Fassungen erarbeitete. Ende 1971 lag ein druckfertiges Manuskript vor, im Januar 1972 gingen letzte Korrekturen an den englischen und den amerikanischen Verlag. Das Buch mit dem

Titel *The Levanter* (Der Levantiner) erschien im Juni. Ende August hatte Atheneum über 25 000 Exemplare ausgeliefert, und die dritte Auflage war beinahe ausverkauft.[25] Dann, am 5. September 1972, wurden während der Olympischen Spiele in München elf israelische Sportler bei einem Überfall palästinensischer Freischärler getötet. Unvermutet gewann Amblers Buch höchste Aktualität.[26]

Dabei enttäuscht *Der Levantiner* Erwartungen auf einen unmittelbar politischen Roman über den Nahost-Konflikt. Zwar beginnt das Buch mit einer Skizze des Kampfs um Palästina, dreht sich der Plot um einen versuchten palästinensischen Terroranschlag in Israel und beschreibt Ambler eine Freischärlergruppe, deren Politisierung und radikale Ideologie präzise den Münchner Attentätern entspricht. Doch das dramatische Geschehen wird durch den syrisch-zypriotischen Unternehmer Michael Howell gefiltert. Der Buchtitel ist nicht zufällig gewählt: Der Roman liefert über die Auseinandersetzung mit dem israelisch-arabischen Konflikt hinaus eine Fallstudie über den levantinischen Menschentypus im Spannungsfeld von Politik und Wirtschaft.

Der Orient – die Türkei und der Nahe Osten – hatte Ambler früh fasziniert. In einem Interview begründete er sein Interesse mit einem beiläufigen Hinweis auf Lokum, jene Süßspeise, die ihm einst vom Großvater Ambler nahegebracht worden war.

> Ich hab das Barocke immer gemocht. Ich hab eine Schwäche dafür. Es ist wie Lokum – klebrig süß und geleeartig, und man kann nicht aufhören, davon zu essen. Am Nahen Osten mag ich, wie nahe das Schäbige beim Schönen liegt. Natürlich gibt es beides auch in anderen Städten, aber normalerweise vermischt es sich nicht. Im Nahen Osten existieren das Schöne und das Abschreckende Seite an Seite – sozusagen im gleichen Ladenlokal. (Hopkins 1975, 287f.)

Diese Koexistenz gilt ästhetisch wie moralisch. Von Dimitrios über Arthur Simpson bis zu Theodore Carter ziehen sich Figuren mit unterschiedlichen Anteilen von Faszinierendem und Abschreckendem durch Amblers Werke.

In der Tat ist *Der Levantiner* in mancher Hinsicht eine Wiederbelebung von Arthur Abdel Simpson. Der eher erbärmliche Kleinkriminelle wird freilich durch den erfolgreichen Unternehmer ersetzt. Wie *Topkapi* und *Schmutzige Geschichte* stellt *Der Levantiner* eine Art Rechtfertigungsschrift dar. Doch während Arthur einen Privatkrieg vor einem vage bleibenden Publikum führte, muß die neue Hauptfigur Michael Howell gegen die öffentliche Meinung antreten, die ihn als Schwerverbrecher abstempelt, der wahlweise im Dienst des Zionismus oder des arabischen Terrorismus steht. Wie Simpson ist Howell ein Mischling, mit Einsprengseln aus den Überresten des britischen Empire.

> Mein Name, Michael Howell, mag angelsächsisch aussehen und klingen, aber mit einer armenischen Großmutter aus dem Libanon und einer zypriotischen Mutter bin ich nur zu einem Bruchteil Engländer. Familien wie unsere – arme und reiche – gibt es unzählige im Nahen Osten. Meine Schwestern und ich könnten ethnisch meines Erachtens durchaus zutreffend als »ostmediterran« eingestuft werden. Ich persönlich ziehe dem die simplere, wenngleich meist im abfälligen Sinn benutzte Bezeichnung »levantinischer Mischling« vor. Mischlinge sind nicht selten intelligenter als ihre achtbaren Vettern; es fällt ihnen leichter, sich fremdartigen Umweltverhältnissen anzupassen; und unter extrem harten und widrigen Lebensbedingungen zählen sie zu denen, die mit größter Wahrscheinlichkeit überleben. (Levantiner, 49)

In dieser Selbstcharakterisierung zeigt sich bereits ein Unterschied zu Arthur Simpson, der sich darauf versteift hatte, ein waschechter Brite zu sein. Howell hingegen versucht, die Mischlingsexistenz ins Positive zu wenden. Dabei sind Gemeinsamkeiten nicht zu übersehen. Auch Michael Howell hat eine englische Internatserziehung hinter sich, ja, wie ein fernes Echo von Arthurs Erfahrungen klingen in einer Streßsituation einmal unerfreuliche Erinnerungen an: »Ich fühlte mich, als sei ich wieder in

der Schule und sollte anderntags Prügel beziehen; nicht schlimmer als das, zugegeben; immerhin aber merkwürdig, in meinem
Alter ein solches Gefühl zu haben.« (Levantiner, 353) Doch während Arthur auf den Prügelerfahrungen seine ganze spätere Lebensphilosophie aufbaut, sieht Howell die Jugenderinnerungen
nüchterner und anerkennt, daß er sich nicht ständig auf sie rück-
beziehen kann.

Auch psychische Konstellationen aus Amblers eigener Lebensgeschichte werden in erstaunlich gelassener Form auf Michael übertragen. Michaels Vater nötigte ihn einst, nach dem Internat ein technisches Studium »in einem neuen Technikum in
einer der trostlosesten Gegenden Londons« anzuhängen – mit
der unzutreffenden Drohung, andernfalls werde Michael wegen
seines britischen Kolonialpasses in den englischen Militärdienst
eingezogen. Die väterlichen Mittel werden mittlerweile spöttisch
als gerechtfertigt anerkannt: »Das sind nicht gerade feine Methoden eines liebenden Vaters dem eigenen Sohn gegenüber, ich
weiß; aber ich gebe zu, daß ich als Geschäftsmann nie Anlaß
hatte zu bedauern, daß ich damals auf ihn hereingefallen bin.«
(Levantiner, 51)

Ebenso wird das Motiv, wie sich Arthur an die Schwejkschen
Sprüche seines Vaters klammert, der seine militärische Existenz
durch unmilitärische Lebensweisheiten bis an die Grenzen te-
stete, in der Beziehung Michaels zu seinem Vater ironisiert. So
erzählt Michaels Mutter gern eine Anekdote, wie ihr Ehemann
einst ein Handbuch zur Infanterieausbildung der britischen Armee gefunden habe. »Dein Vater las das Buch, und über einen
Satz, auf den er darin gestoßen war, amüsierte er sich so sehr, daß
er ihn mir laut vorlas. ›Gar nichts tun‹, sagte das Kriegsministerium, ›heißt sicher das Falsche tun.‹ Wie dein Vater darüber lachen mußte! ›Kein Wunder‹, meinte er, ›daß die britische Armee
sich so schwer tut, ihre Kriege zu gewinnen.‹« (Levantiner, 78)[27]
Die Verspottung dieser offiziellen Maxime hätte auch den Beifall

von Arthurs Vater mit dessen Lebensphilosophie vom Durchwursteln gefunden. Michael dagegen entscheidet sich in einer zugespitzten Situation gegen den Rat seines Vaters; zwar gerät er dadurch in gravierende Schwierigkeiten, vermag sie aber zu überwinden.

Die Figur Michael Howells wird zudem durch die formale Anlage des Buchs aufgewertet und objektiviert. In vereinfachter Abwandlung des vorangegangenen *Intercom-Komplott* werden Howells vier längere Berichte, die den Hauptteil des Romans ausmachen, in eine Art Rahmenhandlung eingebettet, die vom amerikanischen Journalisten Lewis Prescott erzählt wird, sowie angereichert durch ein Kapitel von Howells Assistentin Teresa Malandra. Beide ergänzen und korrigieren sie Howells Eindrücke in Details, bestätigen aber im großen und ganzen dessen Zuverlässigkeit als Berichterstatter in fremder wie eigener Sache.

Prescott, von Howell als Zeuge der Verteidigung herangezogen, soll zu Beginn jene Figur vorstellen, deren Weg sich mit demjenigen Howells kreuzt: den palästinensischen Guerrillaführer Salah Ghaled. Der amerikanische Journalist erfüllt die ihm zugedachte Aufgabe nur zögernd, aber wirkungsvoll. Mit unverhüllter Abneigung beschreibt er den Lebensweg Ghaleds und das Interview, das ihm dieser gewährte, um in einer PR-Initiative unmittelbar bevorstehende militärische Aktionen anzukünden. Ghaled wird als Person eher klischiert dargestellt, doch seine ihm zugeschriebene Entwicklung steht stellvertretend für ein extremes Segment des palästinensischen Widerstands. 1948 mit seiner Familie aus Haifa geflohen, engagiert sich Ghaled schon als Jugendlicher politisch, schließt sich den ägyptischen Fedajin an, um nach jahrelangen Guerillaaktionen in ein Komitee der PLO berufen zu werden. 1966 wird er von der PLO-Führung wegen seiner radikalen politischen Positionen zurückgebunden und agitiert später in Jordanien gegen den Haschimidenkönig Husain II.

Der schwarze September 1970 – die Zerschlagung palästinen-

sischer Einheiten durch die jordanische Armee – radikalisiert ihn
weiter; Ghaled löst sich von der als verräterisch eingestuften PLO
und gründet ein eigenes palästinensisches Aktionskommando,
das von Syrien aus im Untergrund operiert und von der kaum
weniger zimperlichen PFLP als sektiererisch geächtet wird. Die
Aktionen des Kommandos bestehen laut Prescotts Zusammenfassung in ein paar abschreckenden Hinrichtungen, um die richtige Linie durchzusetzen, und sinken dann ins Banditentum ab,
wie es Ambler in *Schirmers Erbschaft* für die mazedonische Unabhängigkeitsbewegung beschrieben hatte. Zum Zeitpunkt, in
dem Ghaled Prescott ein Interview gewährt, sucht er sich öffentlich zu profilieren, damit ihn die PLO wieder als ernst zu neh-
mende Kraft anerkennen muß.

Diesem Lebensweg im Zeichen von Politik und Gewalt wird
im zweiten Kapitel derjenige des 40jährigen Technikers und Un-
ternehmers Michael Howell gegenübergestellt, seines Zeichens
Generaldirektor der Agence Commerciale et Maritime Howell,
die von seinem Großvater in den 1920er Jahren gegründet worden
war. Großvater Howell hatte in der syrischen Provinz Latakia,
die damals zum Osmanischen Reich gehörte, Süßholz und Tabak
angebaut sowie dem türkischen Sultan Maklerdienste geleistet.
Nach dem Zusammenbruch des Osmanischen Reichs übertrug
er angesichts der weniger entgegenkommenden französischen
Kolonialbeamten seine Handelsgeschäfte sukzessive auf Tochter-
gesellschaften. Michaels Vater machte zuerst Zypern zum Haupt-
sitz des Unternehmens, verlagerte ihn nach dem Zweiten Weltkrieg nach Alexandria und dann zurück nach Beirut, um die
neuen Handelsmöglichkeiten auszunützen. Während die Trans-
portgeschäfte der zypriotischen Tochtergesellschaft weitgehend
krisenfrei liefen und durch die Generalvertretung europäischer
und amerikanischer Fertigwaren neue Märkte im Nahen Osten
erobert werden konnten, wurden die ursprünglichen Ländereien
des Konzerns in Syrien 1958 vom neuen Regime der Ba'ath-Par-

tei verstaatlicht. Zwar erhielt die Firma Howell eine Entschädigung, die sie aber nicht ausführen durfte. 1963, als Michael von seinem im Vorjahr verstorbenen Vater die Geschäftsführung übernahm, sah er sich in Syrien mit einem neuen nationalrevolutionären Regime konfrontiert.

Diese levantinische Geschichte wird, anders als etwa die kurdische in *Eine Art von Zorn*, nicht von außen, als dürre Lektion, dargeboten, sondern mit der Lebensgeschichte des erzählenden Michael Howell verknüpft und damit anschaulich gemacht. In der Krisensituation 1963 boten sich Michael drei Möglichkeiten: »Ich konnte mich den Gegnern des Regimes anschließen. Ich konnte durch hinhaltendes Taktieren Zeit zu gewinnen versuchen. Oder ich konnte die Grauzonen zukünftiger Kompromisse erkunden und herausfinden, welche Absprachen sich treffen ließen.« (Levantiner, 55) In weiser Voraussicht beginnt er, mit dem Staat »kooperative Unternehmungen« zu gründen. Er entwickelt Pläne für eine gezielte Industrialisierung, die einen Mittelweg zwischen Kunsthandwerk und Massenproduktion sucht. Das Geschäft, das er den Regierungsstellen vorschlägt, lautet: Freigabe der blockierten Gelder für staatlich sanktionierte Pilotprojekte, die von der Firma Howell auf eigenes Risiko betrieben werden; falls sie sich als erfolgreich erweisen, folgt der Ausbau zur regulären Produktion. Der syrische Staat kann sich so ohne eigene Kosten der Schaffung von Arbeitsplätzen und Unternehmen rühmen, während Howell die Exklusivvertretung der hergestellten Produkte im Ausland eingeräumt wird.

Michael Howells industrielle Pläne, die sich auf Amblers technisches Fachwissen stützen können, berücksichtigen das Problem, aus Bauern und Handwerkern geschulte Arbeitskräfte für die neuen Fabriken zu rekrutieren. Angesprochen wird damit die Krux jeder rapiden Industrialisierung, deren Mittel von der Auflösung der Allmenden und der entsprechenden Expropriation der englischen Landbevölkerung im 18. Jahrhundert über

die stalinistischen Zwangsumsiedlungen bis zur scheinbar naturwüchsigen Verslumung der Städte in der Dritten Welt reichen.

Ebenso plastisch wird beschrieben, wie Dr. Hawa, Howells
Ansprechpartner beim syrischen Regime, sich den revolutionären Militärs als unpolitischer Fachmann andient. Für seine zu-
rückgestellten politischen Ambitionen findet Hawa eine Ersatz-
befriedigung im gekonnten Einsatz von PR und Massenmedien.
Doch gerät er zunehmend unter Zugzwang, ständig neue Unternehmungen und Produkte zu lancieren. Dieser Druck führt
dazu, daß er ein Projekt zur Herstellung von Trockenbatterien
begeistert aufgreift, das Howell nur als Diversifizierung einer
nicht ganz ausgelasteten Fabrik und zur Verwertung eines Rest-
postens von Rohmaterialien gedacht hat.

Die von Howell für unklug gehaltene wirtschaftliche Entscheidung gerät an dieser Stelle in den Sog der politischen Ereignisse. Howells und Ghaleds Wege kreuzen sich. Der Freischärler
hat sich eine Howellsche Fabrik für die Herstellung von Spreng-
stoffen zunutze gemacht. Von Howell entdeckt, bedroht er diesen und zwingt ihn durch ein falsches Geständnis in den Dienst
der revolutionären Sache. Howell, der einen Ausweg sucht, muß
erkennen, daß Ghaled von Kreisen des syrischen Geheimdienstes gedeckt wird. Im Widerstreit zwischen eigenen kommerziellen Interessen, wirtschaftlichem Druck von Hawas Ministe-
rium und gewalttätiger Nötigung durch Ghaled kommt Howell
dem Plan des letzteren allmählich auf die Spur. In Israel plazierte
Bomben sollen von einem von Howells Schiffen aus ferngesteu-
ert gezündet werden, zugleich soll ein zweites Schiff Tel Aviv
beschießen. Howell nimmt insgeheim Kontakt mit dem israelischen Geheimdienst auf, der seine Hinweise anfänglich mißver-
steht und ihn indirekt dazu veranlaßt, beim Überfallkommando
persönlich anwesend zu sein. Wohl kann Howell den Anschlag in
letzter Minute verhindern, sieht sich aber zum Schluß öffentlich
zwischen allen Fronten.

Die Konstellation zwischen Howell und Ghaled als Macht-
kampf zweier Individuen orientiert sich an früheren Romanen
Amblers, insbesondere an *Ungewöhnliche Gefahr* und an *Die
Angst reist mit*, in dem sich der Ingenieur Graham auf einem
Schiff gegen einen ruchlosen Killer zu behaupten hat. Die Parallele zu Ende gedacht, entspräche der zeitgenössische palästinensische Terror der damaligen faschistischen Gefahr, die von Amblers zögerlichen Helden gekämpft wird. Aber Ambler stellt in
Ghaled eine Extremposition dar und nimmt nicht grundsätzlich
gegen die palästinensische Sache Stellung[28]; tatsächlich wirft
Howell zum Schluß der israelischen Seite schnöde Undankbar-
keit vor, da sie seine heroische Anstrengung mit keinem öffentlichen Wort gewürdigt habe. Eher gilt wohl, daß Ambler der israe-
lisch-palästinensische Konflikt gar nicht zentral interessiert.
Vielmehr greift er das alte Thema vom Verhältnis zwischen Wirtschaft und Politik wieder auf. In den Vorkriegsromanen galt ihm
die politische Gewalt als Ausfluß der Machenschaften internationaler Konzerne. In *Der Levantiner* zeigt Ambler am konkreten Fallbeispiel, wie sich ein politisch desinteressierter Unternehmer gegen die politische Gewalt zu behaupten sucht. Der
deutsche Schriftsteller und Kritiker Helmut Heissenbüttel charakterisierte Amblers Interesse: »Hier wird dem arabisch-israe-
lischen Konflikt ein gegenpolitisches Handeln gegenübergestellt, das sich aus vielfältiger historischer Erfahrung addiert hat.
Die Psychologie des Levantiners besteht aus jahrhundertealter
Reaktion auf Politik.« (Heissenbüttel 1975, 81)

Seiner Heimsuchung begegnet Howell mit Schläue und Findigkeit.[29] Vielseitige Findigkeit hat Howell schon früh als historische Grundvoraussetzung für den Mischling bezeichnet. Seine
Assistentin und Geliebte Teresa liefert dafür eine einprägsame
Beschreibung:

Wenn es – besonders Journalisten – schwerfällt, Michael zu begreifen, so liegt das daran, daß er keine Einzelperson, sondern ein ganzes Komitee verschiedenster Personen in Personalunion ist. Da gibt es zum Beispiel den griechischen Geldwechsler, dessen flinke magere Finger die Kugeln des Abakus, mit dem er seine Blitzkalkulationen anstellt, unablässig hin- und herschieben; des weiteren den dumpf vor sich hin brütendenden armenischen Basarhändler mit dem todtraurigen Blick, der immer so tut, als sei er schwer von Begriff, in Wirklichkeit aber unaufrichtig und abgefeimt bis dorthin ist; es gibt den nüchternen, langweiligen Engländer mit Ingenieurdiplom; ferner den umgänglichen jungen Geschäftsmann, der rohseidene Anzüge trägt und um die treublickenden großen hellen Betrügeraugen herum Lachfältchen hat; außerdem den ewig defensiven Generaldirektor der Agence Howell mit seiner Mutterbindung, seiner Neigung zu Sentenz und wortreicher Rede; und es gibt den Michael, den ich besonders gern habe, der – aber wozu die Aufzählung fortsetzen? Das Michael-Howell-Komitee tagt in Permanenz, und wenngleich die Aufgabe, seine Beschlüsse in die Tat umzusetzen, für gewöhnlich jeweils nur einem einzigen Mitglied übertragen wird, so kann man doch die Stimmen der anderen zumeist weiterhin im Hintergrund flüstern hören. (Levantiner, 212 f.)

Das heißt nicht, daß Howell völlig unkritisch dargestellt ist. Seine privaten Verhältnisse werden von ihm in eindeutiger Zweideutigkeit gelassen. Eine Zukunft gibt es nicht so sehr mit der Mutter seiner Kinder als mit Teresa. Über seine kommerziellen Motive besteht sowieso nie der geringste Zweifel. Aber selbst der kalkulierende Geschäftsmann muß in der eigenen Seele mit dem Fachmann und dessen Berufsstolz rechnen. So vermischen sich die Motive. Unzulänglich ist nur die Eindeutigkeit.

Auch die Eindeutigkeit des Pazifismus. Ziemlich früh formuliert Howell, daß Ghaleds Gewalt vermutlich bloß mit Gewalt zu begegnen sei.

Ich wußte schon damals, daß die einzige Möglichkeit, mit ihm fertig zu werden, für mich darin bestand, ihn umzubringen. Ich rechnete jedoch nicht damit, dazu jemals Gelegenheit zu bekommen; und für ebenso ausgeschlossen hielt ich es, daß der Geschäftsmann Howell ernsthaft erwägen könnte, eine solche Gelegenheit, selbst wenn sie sich ihm böte, auch beim Schopf zu packen. Ich bin nun einmal kein Freund von Gewalttätigkeit. (*Levantiner*, 168 f.)

Und dennoch wird er beim Showdown auf dem Schiff vor Tel Aviv die Gelegenheit ergreifen. Dreimal schießt er auf die Fernsteuerung, mit der die Bomben gezündet werden sollen. Zwei der Kugeln treffen Ghaled tödlich, bevor das Schiff von einem israelischen Patrouillenboot aufgebracht wird. Vor israelischem Gericht wird der Vorfall als Versuch der Piraterie durch die überlebenden Mitglieder von Ghaleds Aktionskommando behandelt und der politische Sachverhalt möglichst heruntergespielt. Auf eine spätere Frage von Prescott, ob Howell Ghaled gezielt erschossen habe, will Howell Teresas Meinung einholen:

»Teresa sagt, manchmal bin ich kein einzelner Mann, sondern ein Komitee. Warum fragen wir nicht sie?« Er drehte sein Lächeln in ihre Richtung. »Teresa, meine Liebe, ist dir unter den Komiteemitgliedern jemals ein Mörder aufgefallen?«
Sie erwiderte sein Lächeln, aber ich glaubte in ihren Augen einen nachdenklich-abschätzenden Ausdruck wahrzunehmen. »Nein, Michael. Nein, ich kann nicht behaupten, jemals einen Mörder unter ihnen bemerkt zu haben.« (*Levantiner*, 401)

Alle drei Gesprächsteilnehmer wissen, daß damit die Frage nicht beantwortet ist. Michael mag kein Mörder sein, aber er hat zur tödlichen Gewalt gegriffen. Die will er gleich wieder verdrängen: »Mr. Prescott, für mich war es eine ganz neue Erfahrung, eine Erfahrung, die ich nicht zu wiederholen gedenke.« (*Levantiner*, 403 f.)

Der unmittelbaren Bedrohung entronnen, holen Howell die politischen Nachwirkungen dennoch ein. Der israelische Geheimdienst hat in der Zwischenzeit die nach Israel geschmuggelten Bomben hochgehen lassen und dabei in den Ruinen des samt

Bombenlegern in die Luft gesprengten Hauses Aufkleber von Howells Trockenbatterien gefunden. Die syrische Regierung distanziert sich schleunigst von Howell, und der syrische Geheimdienst veröffentlicht das einst von Ghaled erpreßte Geständnis, Howell habe als israelischer Agent gearbeitet. Der arabischen Presse gilt er damit nicht nur als potentieller Mörder des zum Märtyrer erklärten Ghaled, sondern auch als hinterlistiger Verräter; in westeuropäischen Zeitungen wird er dagegen als arabischer Terrorist verdächtigt.

Doch weist der wirtschaftliche Instinkt noch einmal einen Weg zum Überleben. Nachdem ihm der arabische Markt nicht mehr offensteht, versucht Howell den Einstieg in den italienischen und damit den Gemeinsamen Markt, und zwar durch Ländereien, die Teresa im Mezzogiorno erworben hat: »Steuernachlässe, niedrig verzinste Entwicklungsanleihen, günstige Amortisationsabsprachen – es ist alles zu haben, einschließlich der Arbeitskräfte.« (Levantiner, 399) Die Politik hat den kapitalistischen Unternehmer ein paar Wochen lang in Atem gehalten; jetzt hat ihn die profitträchtige Normalität wieder.

So wie sich die literarischen Wege von Eric Ambler und John le Carré schon verschiedentlich gekreuzt hatten, veröffentlichte le Carré ein Jahrzehnt nach Ambler, 1983, ebenfalls einen Roman, der sich mit dem Palästina-Konflikt auseinandersetzt. *The Little Drummer Girl (Die Libelle)* erregte einiges Aufsehen wegen der kritischen Sicht auf die israelische Politik und die vergleichsweise freundliche Haltung gegenüber dem palästinensischen Widerstand. Le Carré lag der Roman besonders am Herzen; er bekannte, daß er ihn, wie *Der Spion, der aus der Kälte kam*, in einem Zug niedergeschrieben habe. Dabei ist die Einschätzung einer angeblich propalästinensischen Haltung von le Carré ein Mißverständnis. Zwar wendet *Die Libelle* die Indignation, die le Carré bislang für den Niedergang der britischen Gesellschaft reserviert hatte, gegen die Mittel, die der israelische Staat zu sei-

ner Selbstverteidigung benützt; zwar beschreibt er eindringlich
den Alltag in einem palästinensischen Flüchtlingslager. Doch
bleibt die Perspektive des Romans: Die Taten des israelischen Geheimdienstes sind höchst fragwürdig, aber letztlich gerechtfertigt.[30]

Kühler Arzt

Anfang 1973 kehrte Ambler zur Drehbucharbeit zurück und entwarf eine sechsteilige Fernsehserie. Im April hatte er ein ausge-
arbeitetes Konzept von über hundert Seiten fertiggestellt. Unter
dem Titel *Venus with Arms* waren »sechs Geschichten über den
illegalen Antiquitätenhandel« geplant.[31] Das Konzept erläuterte
den aktuellen Hintergrund des internationalen Schmuggels mit
geraubten Kulturgütern, skizzierte die sechs Geschichten, legte
einen detaillierten Entwurf für die Eingangssequenz vor und
charakterisierte die wichtigsten Figuren, eine attraktive Kunst-
wissenschaftlerin und deren Komplizen.

Doch die Realisierung des Projekts platzte mitten in einen
Streik der Writers Guild of America (West). Ambler, der trotz
des Schweizer Wohnsitzes Mitglied der WGA (w) geblieben war,
fühlte sich sowohl im gewerkschaftlichen Solidaritätsgefühl wie
auch im allgemeinen Pflichtbewußtsein angesprochen und wandte
sich an die britische Schwesterorganisation Writers Guild of
Great Britain um Rat.[32] Deren Sekretär versicherte Ambler, sein
Manuskript sei, da vor Streikbeginn beendet, vom Boykott nicht
betroffen; die künftige Arbeit am Projekt hänge davon ab, ob es
vor allem in England oder in den USA produziert werde. Dennoch
geriet das Vorhaben ins Stocken, und die überarbeitete Fassung,
die Ambler zusammen mit dem Drehbuchautor James Mitchell
im Dezember vorlegte[33], landete schließlich auf dem zunehmend
überfüllten Friedhof nicht verwirklichter Drehbücher.

Zu diesem Zeitpunkt hatte sich für Ambler allerdings ein neues Buchprojekt in den Vordergrund geschoben. Im November 1973 hatten Eric und Joan eine Reise in die französische Karibik unternommen, nach Guadeloupe und Martinique.[34] Noch während der Reise notierte sich Ambler Stichworte in ein kleines Notizbuch. Sie betrafen die karibische Atmosphäre sowie Architektur und Stimmung einiger Hotels, führten aber auch schon eine Figur mit Namen Elisabeth ein, der probeweise historische Anspielungen auf das Habsburgerreich in den Mund gelegt werden.[35] Tatsächlich lieferte die Reise Handlungsort und Kolorit für das neue Buchprojekt.

Im Stoff griff Ambler freilich auf ältere Projekte zurück. Nach der Zentralamerikareise 1965 hatte er mit einem Roman unter dem Titel *Gentleman from Abroad* begonnen, das Manuskript aber in fortgeschrittenem Stadium aufgegeben. 1969 hatte er auf Anfrage eines englischen Lektors das erste Kapitel zu einer eigenständigen Geschichte ausgebaut, die 1970 in einem Sammelband unter dem Titel *The Blood Bargain (Der Kuhhandel)* erschien und 1993 auch in den Band mit »Lebens- und Kriminalgeschichten« *Wer hat Blagden Cole umgebracht?* aufgenommen wurde. Erzählt wird darin die Geschichte des zentralamerikanischen Präsidenten Fuentes, der durch rechtsgerichtete Offiziere gestürzt wird. Von den Putschisten handelt er sich gegen den Verzicht auf einen Appell an seine Anhänger einen ehrenvollen Abgang aus und kann so die während seiner Herrschaft zusammengestohlenen Gelder auf westlichen Konten in Sicherheit bringen. Der Text ist eine Fingerübung, eine leicht geschriebene, satirische Darstellung über einen »geordneten und verantwortungsbewußten Machtwechsel« (Cole, 204).

In einem Interview von 1975 erwähnte Ambler dieses unvollendete Romanprojekt als ursprünglichen Antrieb für das 1973/74 geschriebene Buch, legte aber die Betonung auf einen ganz anderen Aspekt:

Als ich in Kalifornien lebte, arbeitete ich sechs Monate an einem Buch über die Beziehung zwischen einem Arzt und einem Patienten, der ein Staatsoberhaupt oder ein ehemaliges, immer noch in der Politik mitmischendes Staatsoberhaupt war. Ich schrieb ungefähr 40 000 Wörter, und dann, wie es mir schon öfter passiert war, kam ich an einen Punkt, an dem ich merkte, daß es nicht funktionieren würde, und das Projekt aufgab. Denn es gibt nichts Schrecklicheres, als an etwas weiterzuarbeiten, von dem man weiß, daß es nur zweitklassig wird. Ich gab es auf, aber ich vergaß es nicht ganz. Zehn Jahre später las ich ein medizinisches Buch über die Krankheiten von Menschen in verantwortlichen Stellungen und welche Schwierigkeiten sich daraus ergaben. Da hat mich die alte Lust wieder gepackt. Ich habe mich im großen und ganzen an den ersten Versuch erinnern können, was aber nicht viel geholfen hat. Ich habe wieder von vorn angefangen, und diesmal ging's, weil ich um die Fallstricke wußte. (Hopkins 1975, 287)

Fünfzehn Jahre später lieferte er eine leicht abweichende Darstellung, die ein weiteres Element einführte:

Es hat als etwas anderes begonnen. Ich habe mich gefragt, wie man sich als Sohn eines verurteilten Kriegsverbrechers fühlen und wie man sich damit arrangieren würde. Dann ist aus dem Kriegsverbrecher eine andere Art Krimineller geworden, jemand, den man nicht sehr liebt, aber den man respektieren könnte. Und ich wollte etwas über die Gesundheit unserer großen Männer schreiben und wie das politische Ereignisse beeinflussen kann. Das ist ein anderes wichtiges Element der Story geworden. (Symons 1989, 16)

Das Thema einer politischen Umwälzung hatte im September 1973 durch den blutigen Putsch von General Pinochet gegen die Regierung Allende in Chile neue Aktualität bekommen. Ende 1973 hatte Ambler die diversen Motive zu einem Handlungsgerüst gebündelt: Die Arzt-Patient-Problematik wurde ergänzt durch eine Vater-Sohn-Beziehung im Schatten politischer Machenschaften; das Thema eines Machtwechsels in einem zentralamerikanischen Staat wurde durch Schilderungen der gesellschaftlichen Situation auf den französischen Antillen ergänzt. Die Arbeit ging jetzt zügig voran. Bereits Ende März 1974 lieferte Ambler das Manuskript bei seinen beiden Verlagen ab; *Doctor Frigo (Doktor Frigo)* erschien im November des gleichen Jahres.

Die vielschichtige Anlage signalisierte Ambler, indem er dem Roman, einmalig in seinem Gesamtwerk, gleich drei Motti voranstellte. Sie spannen ein geschichtliches Bezugsfeld von den Florentiner Medici über Friedrich den Großen bis zum unglückseligen Kaiser Maximilian von Mexiko auf und verweisen ironisch auf die Komplexität und Unvorhersehbarkeit historischer Ereignisse.

Doktor Frigo ist als Ich-Erzählung angelegt. Anders als bei Arthur Abdel Simpson oder Michael Howell handelt es sich nicht um nachträgliche Rechenschaftsberichte, sondern um tagebuchartige Aufzeichnungen während eines turbulenten Monats. Der Ich-Erzähler, der Arzt Ernesto Castillo, beginnt die Aufzeichnungen, als er sich in eine politische Intrige verwickelt sieht, deren Gründe und Konsequenzen er noch nicht zu überblicken vermag, die ihm aber doch so bedrohlich erscheint, daß er zur persönlichen Absicherung eine Niederschrift der Ereignisse für nötig erachtet. Indem Ambler Notizen suggeriert, die unmittelbar während der sich entfaltenden Wirren verfaßt werden, steigert er die Unvorhersehbarkeit des Plots und erlaubt sich zugleich ein paar amüsante stilistische Pointen eines Stils, der sich ändernden Umständen angemessen ist.

Ernesto Castillo, 31jährig, arbeitet als mehr geachteter denn geliebter Arzt in einem Krankenhaus der (fiktiven) französischen Antilleninsel Saint-Paul-les-Alizés. Zwölf Jahre zuvor ist sein Vater, Clemente Castillo, Führer der Demokratisch-Sozialistischen Partei einer zentralamerikanischen Kaffeerepublik, bei einem Putsch ermordet worden. Der Sohn hat sich in der Folge den Erwartungen seiner Mutter ebenso wie denen zahlreicher Anhänger, er werde die Nachfolge des Vaters antreten, entzogen, sich im Exil von jeder Politik ferngehalten und sich, nach einem Medizinstudium in Paris in die Kabrik zurückgekehrt, in seinen Beruf gestürzt. Der ihm von Kollegen verliehene und von ihm halbwegs akzeptierte Übername »Doktor Frigo« charakterisiert seine Distanziertheit, ja Gefühlskälte.

Diese unbeteiligte Haltung wird allerdings auf die Probe gestellt, als Manuel Villegas, einer der Exilführer der Demokratisch-Sozialistischen Partei von Castillos Heimatland, aus Mexiko nach Saint-Paul-les-Alizés kommt und die Dienste des Sohns seines ehemaligen Kampfgefährten in Anspruch nehmen will – vordergründig nur in dessen Funktion als Arzt, unausgesprochen jedoch zur Absicherung des Anspruchs auf die Führung der in mehrere Fraktionen zersplitterten Exilpartei. In der Figur von Ernesto Castillo wird das Thema der verlorenen Unschuld im Angesicht der Politik angeschlagen. Amblers frühere Hauptfiguren hatten im Verlaufe von Ereignissen, in die sie unvermutet gerieten, halbwegs politische Positionen entwickelt; Castillo dagegen, durch seine Abkunft von Jugend an mit Politik konfrontiert, versucht umgekehrt, sich mit allen Mitteln ihrem Schatten zu entziehen. Gleich zu Beginn der Aufzeichnungen distanziert er sich von den Hoffnungen, die in eine Regierung unter seinem Vater gesetzt worden sind: »Eine Regierung Castillo hätte nach außen hin vielleicht ein besseres Bild abgegeben, ein liberaleres Image präsentiert, aber das wär's dann schon gewesen. Die Probleme meines Landes, wie diejenigen anderer Kaffeerepubliken, die einst spanische Kolonien waren, sind historisch bedingt und nicht durch ein glänzendes Erscheinungsbild zu lösen, auch nicht durch bedeutungslose Opportunisten mit allzu simplen Reformvorschlägen.« (Frigo, 16) Seinen gewählten Aufenthaltsort sieht er ebenfalls mit eher sarkastischem Blick:

Obwohl Saint-Paul, wie Martinique, Guadeloupe und die anderen Inseln der französischen Antillen, rasant »entwickelt« wird, sind nur

wenige der jüngsten Errungenschaften von Saint-Paul – der Industriekomplex (»Plan Fünf«), das Handelszentrum, die billigen Sozialblocks, die neue Grundschule, der Supermarkt »Alizés« und das Hotel Ajoupa – bis zum alten Hafen von Fort Louis und zu den weiter
oberhalb gelegenen Straßen vorgedrungen. Innerhalb des Talkessels,
der von den Festungsmauern auf der Landspitze, der Hafenmole und
den Hügeln des Grand Mamelon begrenzt wird, sieht es noch immer
wie im neunzehnten Jahrhundert aus. Zwar gibt es auf dem Dach der
Zitadelle neben dem Flaggenmast inzwischen auch große Fernmelde-
schüsseln, Jumbo-Jets heben donnernd von der verlängerten Startbahn
ab, und draußen auf der anderen Seite der Bucht, auf den grünen Hängen von La Pointe de Christophe, schießen wie Giftpilze die Betonma-
sten des neuen Club Nautique aus dem Boden, aber Fort Louis selbst
hat sich kaum verändert. Die Stadt ist noch immer häßlich, übervölkert,
laut, heruntergekommen und ein einziges Dreckloch. (Frigo, 25 f.)

So rational begründet diese Urteile auch daherkommen, entsteht
zugleich der Verdacht, daß die emotionale Unverbindlichkeit, die
Castillo mit der Rolle des Doktor Frigo kultiviert, auch eine Reaktion auf übergroße Erwartungen darstellt. Die Bindungslosig-
keit macht seine Lage freilich prekär. Sozial in selbst gewählter
Isolation verharrend, ist er juristisch als fremder Staatsangehöriger auf das Wohlwollen seiner neuen Wahlheimat angewiesen.
Wie einst Josef Vadassy wird er vom französichen Geheimdienst
mit der Drohung, man werde ihm sonst die Arbeitsbewilligung
entziehen, zwangsverpflichtet. Castillo soll die Stelle als Arzt
von Villegas annehmen und zugleich als Informant für die
Sicherheitskräfte wirken. Die entstehende Arzt-Patient-Bezie-
hung ist damit von vornherein ins Zwielicht eines möglichen Ver-
trauensmißbrauchs getaucht. Sie verkompliziert sich wegen hart-
näckiger Gerüchte, wonach Castillo senior durch Verrat aus den
eigenen Reihen ums Leben kam und auch Villegas nicht von jedem Verdacht freigeblieben ist.

Castillos Freundin, die belgisch-österreichisch-französische
Kunsthändlerin Elisabeth Martens, liefert ihm wenig später

einen Hinweis auf den Hintergrund von Villegas' Ankunft in der Karibik. Von einem Kunden hat sie erfahren, daß vor der Küste von Castillos Heimat liegende Erdölvorkommen neu sondiert werden sollen. Die seit längerem bekannten, bislang wegen ihres begrenzten Umfangs nicht ausgebeuteten Vorkommen sind durch die, im Roman erwähnte, 1973 erfolgte Verknappung der Erdölförderung durch die OPEC-Staaten plötzlich lukrativ geworden, und ein Konsortium von Erdölmultis erhofft sich dafür Bohrkonzessionen. Schon in *Ungewöhnliche Gefahr* hatte Ambler 1937 thematisiert, wie internationale Ölfirmen Weltpolitik mitbestimmen können. Jetzt nimmt er, im Zeichen der aktuellen Erdölkrise, dieses Motiv wieder auf, mit charakteristischen Veränderungen.

Sehr schnell wird klar, daß verschiedene Interessengruppierungen für den zentralamerikanischen Staat eine neue Regierung unter dem aufgeklärten, modernen Villegas der verknöcherten Herrschaft der oligarchischen Großgrundbesitzer vorziehen würden, die nach dem Militärcoup wieder restauriert worden war. Villegas hat eine heterogene Koalition versammelt: ein Bauernpriester, der die verelendeten Massen zu mobilisieren versteht, selbst aber längst in Korruption und Trunkenheit verkommen ist; der ebenso ruchlose wie smarte El Lobo, Anführer einer marxistisch-leninistischen Stadtguerilla; der Erziehungsminister der gegenwärtigen Regierung, der die radikale Studentenschaft hinter sich hat und zum Fahnenwechsel bereit ist. Mit tatkräftiger Unterstützung von Ölkonsortium und französischer Diplomatie sowie stillschweigender Billigung der Amerikaner wird ein mehr oder weniger unblutiger Putsch vorbereitet; Villegas werden im Austausch für die Bohrkonzessionen ein paar soziale Zugeständnisse an die breiten Volksmassen zugebilligt. Robert L. Rosier, mit verschiedenen Wassern gewaschener Agent im Auftrag von Versicherungen und Ölmultis, beschreibt die neue Politik, mit der das allzu plumpe westliche Vorgehen nach den

Vietnam- und Watergate-Desastern abgelöst werden soll: »Der Staatsstreich neuen Stils, rationalisierte Buchführung, hat es jemand mal genannt. Der Deal wird im voraus arrangiert – symbolische Demonstration von Stärke, minimale Gewaltanwendung, maximale Höflichkeit, keine Schikanen, ein Flugzeug zum selbst gewählten Bestimmungsort – nirgendwo eine Überraschung, denn Überraschungen bedeuten schlechte Planung.« (Frigo, 161)

Doch ergibt sich eine unerwartete Komplikation. Castillo, durch eine Sprachhemmung von Villegas beunruhigt, vermutet in dieser erste Anzeichen von Alzheimer und besteht auf weiteren Untersuchungen. Sie bestätigen, daß Villegas an einer schwerwiegenden Krankheit leidet, einem unheilbaren Muskelschwund, der ihn schon bald als politische Figur außer Gefecht setzen, ja, seinen frühen Tod herbeiführen wird. Der französische Geheimdienst, von Castillo widerwillig informiert, besteht darauf, daß der Arzt Villegas so lange funktionsfähig hält, bis der Putsch erfolgreich durchgeführt ist und sich die neue Regierung installiert hat. Zunehmend gerät Castillos medizinische Ethik unter den Druck politischer Erwägungen. Zunehmend beginnt ihn aber auch die Frage nach den Mördern seines Vaters, die er so lange verdrängte, zu beschäftigen.

Inmitten des Widerstreits von Verantwortung für seinen Patienten, erwachendem politischen Instinkt und Forderungen des Geheimdienstes beschließt er, Villegas und dessen Entourage die Krankheit vorerst zu verheimlichen, ihn aber auf dem Flug zurück in die Heimat zu begleiten, wo inzwischen die Slumbewohner zusammen mit revolutionären Guerilleros und radikalen Studenten den Aufstand begonnen haben.

Damit beschleunigen sich nach vier Fünfteln des Romans dessen Ton und Tempo. Wiederum werden die folgenden Ereignisse ausschließlich aus der Sicht Castillos geschildert, der die alte Heimat kaum wiedererkennen mag:

Die Flughafenstraße war, seit ich sie zuletzt gesehen hatte, auch nicht besser geworden. Zuckerrohrfelder auf der einen Seite, Dschungel auf der anderen, jede Menge Schlaglöcher und überall dort, wo es einen tödlichen Unfall gegeben hatte, also in jeder Kurve am Straßenrand, ein Betonklotz, auf den man zur Warnung ein verrostetes Autowrack gehievt hatte. Ich hatte diese ausgeweideten Karosserien schon ganz vergessen. Sie müssen im Lauf der Jahre bestimmt mehrmals ersetzt worden sein. In diesem Klima frißt sich der Rost rasch durch, und außerdem eignen sich die Türverkleidungen kaputter Autos hervorragend zum Ausbessern undichter Hausdächer.

Aber auch noch andere Dinge hatte ich vergessen: den Gestank der Slums am Stadtrand, die elenden Quartiere, in denen die Leute hausen, die Schweine, die sich dort im Dreck suhlen. Ich hatte die Frauen vergessen, die ihren Kindern die Brust geben, Kindern, deren Überlebenschance fünfzig zu fünfzig war, und diejenigen, die überlebt hatten, starrten einen mit dem Finger im Mund und mit großen Augen an. Ich hatte die offene Kanalisation vergessen. Männer waren kaum zu sehen. Diejenigen, die eine Arbeit hatten, waren offenbar schon gegangen.

Und dann die Stadt selbst, stellenweise fast malerisch, mit blühenden Bäumen und Allamandabüschen, überwiegend jedoch häßlich und heruntergekommen. Selbst die paar modernen Gebäude wie das Hotel Allianza (benannt nach der »Allianz für den Fortschritt«), deren Betonfassaden vom Rost der Fensterrahmen und Balkongitter ganz streifig sind, sehen verwahrlost aus. Unkraut wächst durch die Asphaltritzen der Parkplätze und wuchert auf dem zusammengekarrten Bauschutt auf den benachbarten verwaisten Grundstücken. Nur die viel älteren Steingebäude scheinen so etwas wie Würde bewahrt zu haben. Daß ich sie heute nicht ganz so eindrucksvoll finde wie in meiner Jugend, wundert mich nicht. Ich bin ihren Anblick nicht mehr gewohnt. Die Palmen jedoch sehen unverändert aus – wie müde, ungepflegte Frauen. (Frigo, 319 f.)

Der Putsch stößt zwar auf etwas mehr Widerstand als erwartet und fordert etwas mehr Opfer, ist dennoch nach kurzer Zeit erfolgreich. Kaum an die Herrschaft gelangt, beginnt die heterogene Koalition auseinanderzufallen. Villegas, der Volkstribun, entdeckt plötzlich Gefallen an der Macht, argwöhnisch von El

Lobo belauert. Von Erinnerungen überwältigt, wird der politisch unbedarfte Castillo von einem Berater des päpstlichen Nuntius zu einem Besuch am Grab seines Vaters überredet; die anderntags veröffentlichten Pressefotos, die Castillo an der Seite des Kirchenvertreters zeigen, werden als Distanzierung von dem von der offiziellen Kirche verstoßenen Bauernpriester interpretiert. El Lobo seinerseits, der sich noch auf Saint-Paul-les-Alizés die Unterstützung von Castillo junior sichern wollte, präsentiert diesem den in einem geheimen Versteck gefangenen General Escalon, der die Verantwortung am Tod Castillos senior und Villegas' Mitschuld gestanden hat.

Zum Staatspräsidenten, väterlichen Freund und Patienten zurückgekehrt, kommt es bei Castillo junior zum jähen Gefühlsdurchbruch: »Bei meiner Rückkehr stellte ich fest, daß ich zitterte. Je schneller ich diesen Patienten loswerde, desto besser. Meine Abscheu vor diesem Mann ertrage ich nur, weil ich Mitleid mit dem Kranken habe. Daß er auch noch imstande ist, mir angst zu machen, hatte ich nicht erwartet.« (Frigo, 386) Die Furcht ist nicht unbegründet. Tatsächlich hat die Entführung des Generals den neuen Staatspräsidenten vor möglichen unliebsamen Enthüllungen gewarnt. Bevor Villegas aber etwas gegen seine bedrohlich werdenden Mitstreiter unternehmen kann, wird er wie einst Clemente Castillo auf den Stufen vor einem öffentlichen Gebäude erschossen. Die Beschreibung des Attentats ist von lakonischer Knappheit:

Die Schüsse klangen überhaupt nicht wie Schüsse. Es war nur ein lautes Knirschen zu hören, als hätte einer der Fahrer, weil er zum zehnten Mal nach der Nummer seines Wagens gefragt worden war, aus Verzweiflung plötzlich angefangen, die Gangschaltung seines Autos kaputtzumachen.

Im selben Moment schrie Doña Julia laut auf.

Die Schüsse trafen Don Manuel in die Brust. Er fiel nach hinten, dann schlug sein linker Arm vor dem rechten auf die Stufen, so daß

er zur Seite kippte. Während ich ihm entgegenlief, rollte er langsam die Treppe herunter. Ich blieb stehen und hielt ihn an der linken
Seite fest.

In all dem Durcheinander war es der Generalstaatsanwalt, der die
Nerven behielt. Er wußte, wo die Telefone waren.

Trotzdem dauerte es sieben Minuten, bis ein Krankenwagen eintraf. Ich konnte im Grunde nur versuchen, das Blut zu stillen und dafür sorgen, daß die Umstehenden ihn nicht wie einen Sack anhoben
und zu einem Auto trugen.

Er starb im Krankenwagen, ohne das Bewußtsein wiedererlangt zu
haben. (Frigo, 388)

Die Ermordung kommt wie gerufen. Sie beschert dem neuen Regime einen Märtyrer und löst die Verlegenheit, die Villegas' tödliche Krankheit darstellte. Der ehemalige Erziehungsminister
garantiert als neuer Staatspräsident Kontinuität, El Lobo wird als
Minister in die Verantwortung eingebunden, der Bauernpriester,
zum Sündenbock und Attentäter erklärt, wird wenig später nach
seinem angeblichen Selbstmord tot aufgefunden, womit die un-
berechenbaren Volksmassen ihres Organisators beraubt sind.
Dr. Ernesto Castillo aber vermag sich nach aufreibenden Verwicklungen zum Schluß den Zumutungen der Politik doch noch
zu entziehen. Kurzfristig zum Erziehungsminister in der neuen
Regierung ernannt, erhält er vom französischen Geheimdienst
einen vordatierten französischen Paß, und da die neue Verfassung
der Republik fremden Staatsangehörigen keine Regierungsämter
erlaubt, kann Castillo umgehend demissionieren und nach Saint-
Paul-les-Alizés zurückfliegen.

Von den Kritikern ist *Doktor Frigo* zumeist als willkommene
Rückkehr von Ambler zu einem Thrillerstil mit stärkerem poli-
tischem Profil gewertet worden.[36] Das wird weder den vorangegangenen Werken noch *Doktor Frigo* gerecht. Präziser ist wohl
Aurel Schmidts Beobachtung, daß Politik allen Romanen Amblers zugrunde liege, sie aber nur selten direkt, in den Handlungen von Politikern, dargestellt werde wie in *Doktor Frigo*. Das

Ergebnis, fährt Schmidt fort, sei für die Politik vernichtend. Durch einen auf die Spitze getriebenen Zynismus entlarve der Moralist Ambler die grundsätzliche »Unehrenhaftigkeit« (Schmidt 1979, 109) der Politik.

Nun lassen sich allerdings Moral und Zynismus schlecht vereinen. Vor allem behindert Zynismus zuweilen eine genaue Analyse. Tatsächlich wirkt Amblers Beschreibung des Putsches bei aller technischen Brillanz etwas mechanisch. Nur ansatzweise werden den Handelnden Motive zugebilligt.[37] Der marxistisch-leninistische Stadtguerillero El Lobo wird zuerst mit fasziniertem Ekel beschrieben, entpuppt sich aber schließlich als relativ einfach käuflicher Pragmatiker der Macht; die Ehrenrettung für den korrupt gewordenen Bauernpriester kommt ausgerechnet von jenem reaktionären Kirchenvertreter, der soziale Unruhen eindämmen will. Ambler war eine allzu zynische Interpretation seines Romans selber nicht ganz geheuer und hielt es deshalb im Gespräch mit Aurel Schmidt für gefährlich, »Politik als eine schmutzige Affäre zu betrachten, weil man sie dann jenen überlasse, die bereit seien, noch Schlimmeres zu tun oder zuzulassen«. (Schmidt 1979, 109f.) Auch in einem späteren Gespräch hat er diese Position bestätigt: »Es ist sehr gefährlich, die Politik den Politikern zu überlassen. Jeder sollte wählen und vorsichtig und wohlüberlegt wählen. Ich weiß, das klingt schrecklich nach Pfadfinder-Geschrei, aber wenn wir auf die Politiker nicht aufpassen, könnten sie denken, daß es uns egal ist, und sie werden das machen, was sie für das Beste halten. Das ist immer sehr gefährlich.« (Kaiser 1988, 163)

Im übrigen ist die Politik in *Doktor Frigo* nur ein Motiv unter anderen. Sowohl die Arzt-Patient-Problematik wie die Vater-Sohn-Beziehung besitzen ein überraschendes Eigengewicht. Eric Ambler hat sich immer etwas auf seine medizinischen Kenntnisse zugute getan, und seine Bibliothek war reichhaltig bestückt mit medizinischen Nachschlagewerken, die der Selbstdiagnose dienten.[38] Über weite Strecken lebt *Doktor Frigo* von der Spannung, ob und wie Dr. Castillo die Krankheit von Villegas zu diagnostizieren vermag. Deren Symptome und kurzfristig wirksame Therapien sind detailliert beschrieben, ebenso wie die Arbeitsabläufe und Hierarchien in einem Krankenhaus. Dahinter liegt die Frage nach der medizinischen Verantwortlichkeit. Ausführlich und in verschiedenen Konstellationen wird die Auskunftspflicht eines Arztes gegenüber Patienten und Drittpersonen thematisiert.

Castillos medizinische Ethik bestimmt auch seine Haltung gegenüber der Politik. In diesen moralischen Konflikt mischt sich die Verantwortlichkeit gegenüber dem Vater. Dessen politisches Erbe hat Castillo, wie er gleich zu Beginn der Aufzeichnungen klarstellt, als unzulänglich abgelehnt, da es der komplexen Situation nicht gerecht werde. Die Frage nach den Mördern seines Vaters hat er, da sie ebenfalls mit politischer Bedeutung beladen war, verdrängen können. Mit dem Auftauchen von Villegas wird sie akut, mit dem Auftauchen belastender Dokumente unabweisbar. Doch der Sohn will sich dem Kreislauf von persönlicher Rache und Gewalt entziehen, den er seinerseits als Element der unseligen politischen Geschichte Lateinamerikas begreift. El Lobo fragt Castillo, was mit General Escalon zu geschehen habe:

»Soll er sterben oder freigelassen werden? Was ist Ihnen lieber?«
»Hat er Kinder?«
»Nicht von seiner Frau. Drei uneheliche von einer Frau, die auf seiner Finca arbeitet. Das älteste ist acht.«
»Zahlt er für sie?«
»Er liebt sie abgöttisch. Beweist nur, welche Energie noch in dem alten Knacker steckt!«
»Was würden Sie tun?«
»Ihn nach Hause schicken. Er hat seine Strafe bekommen. Aber er hat natürlich nicht meinen Vater umgebracht.«
»Schicken Sie ihn nach Hause.« (Frigo, 367)

Villegas kann nicht so emotionslos beurteilt werden, wie Castillo gegenüber dem französischen Agenten Delvert zugesteht: »Der Mann ist ja ohnehin todkrank. Zugegeben, ich würde ihn am liebsten nicht mehr sehen und nicht mehr anfassen, wenn es sich irgendwie einrichten ließe. Ich verabscheue ihn und fühle mich nicht mehr verpflichtet, für ihn etwas zu tun, außer einen kompetenten Nachfolger mit dem Fall vertraut zu machen. Ihn konfrontieren? Wozu?« (Frigo, 371 f.)

Im Dreieck von Politik, Sohnespflicht und medizinischer Ethik kommt letzterer das stärkste Gewicht zu, wie Castillos Sorge darum verrät, dem mörderischen, todkranken Villegas trotz allem einen kompetenten Betreuer zu organisieren. Nicht zufällig erfolgt Castillos schärfste moralische Infragestellung durch Dr. Torres, den Leiter des örtlichen Krankenhauses, der Castillo vorwirft, die medizinische Ethik zugunsten politischer Erwägungen zurückzustellen; nicht zufällig bringt Castillo Dr. Torres als einzigem seiner Landsleute echte Wertschätzung entgegen und veranlaßt diesen sogar, sich zu überlegen, Gesundheitsminister in der neuen Regierung zu werden.

Castillos Rollenprobleme und Konflikte werden von Ambler auf einer zweiten, historischen Ebene gespiegelt. Castillos Freundin, hinter deren offiziellem Namen Elisabeth Martens sich der glanzvollere Titel Maria Valeria Modena Elisabeth von Habsburg-Lothringen Martens Duplessis verbirgt, ist angeblich mütterlicherseits eine direkte Nachfahrin der österreichischen Kaiserin Maria Theresia, und sie beglückt ihre Umgebung ständig mit historischen Parallelen zum Habsburgerreich.[39] Der Kunstgriff hat Tücken: Er verleitet Ambler dazu, die historischen Anspielungen brillant zu polieren, zugleich aber die übrige Charakterisierung der Figur zu vernachlässigen. Anders als etwa in *Schirmers Erbschaft* wird die geschichtliche Dimension nicht in die Gegenwartshandlung integriert, wird der Vergleich zwischen dem Villegas-Putsch im zentralamerikanischen Staat und der

Herrschaft von Kaiser Maximilian in Mexiko (1864–1867) beiden Ereignissen nicht gerecht. Zumal Castillo letztlich nichts aus dem Vergleich lernt. Auf dem Rückflug nach Saint-Paul-les-Alizés probiert er alle historischen Rollen durch, die ihm Elisabeth zugeschrieben hat, die tragischen ebenso wie die lächerlichen, und wählt für sich schließlich die eines habsburgischen Generals, der wohl viele, aber doch nicht ganz alle Schlachten verloren hat. Ein ironischer Witz, mit dem Castillo sich weiterhin im politisch-militärischen Bereich ansiedelt und damit in die Falle der Politik tappt.

Hinter dem Motiv des historischen Vergleichs scheint sich ein geschichtsphilosophischer Anspruch zu verbergen, jene Frage nämlich, die Ambler in einem Interview formulierte: welche Konsequenzen die Krankheiten wichtiger Funktionsträger auf den Verlauf der Geschichte hätten. Die Antwort im Roman lautet: Kranke Männer können ersetzt werden. Aber auch: Sie müssen ersetzt werden. Diese geschichtsphilosophische Aussage entspricht Amblers eigener Position. Im Fragebogen der *Frankfurter Allgemeinen Zeitung* antwortete er auf die Frage, was er am meisten verabscheue: »Ein Vakuum.« (Haffmans 1989, 210)

Darin steckt allerdings die Problematik, ob die Menschen ihre eigene Geschichte machen. In seinem Porträt von Ambler meinte der Journalist Aurel Schmidt: »Das ist eine Frage, die ihn, wenn man sie ihm stellt, in Erstaunen versetzt: ›Aber die macht er ja‹, sagte er mir einmal. Nun wird es klar, er meint es im negativen Sinn: Geschichte des Menschen zu seinem Unheil.« (Schmidt 1979, 110) In diesem Pessimismus kommt nun tatsächlich eine Moral zum Vorschein: Verantwortung für den erbarmungswürdigen Zustand der Welt, für Unrecht, läßt sich festmachen, auch wenn wir nicht wissen, wie der Lauf der Dinge zu verbessern wäre.

Doktor Frigo steht thematisch deutlich in Beziehung zu Graham Greenes Roman *The Honorary Consul (Der Honorarkon-*

sul), der ein Jahr zuvor erschienen war.[40] Greenes Buch schildert eine politische Entführung in einem lateinamerikanischen Land, der statt des amerikanischen Botschafters irrtümlicherweise der englische Honorarkonsul zum Opfer fällt. Ähnlichkeiten zu Ambler ergeben sich vor allem in der Figur eines emotional zugeknöpften Arztes, Geliebter der Ehefrau des Honorarkonsuls. Durch das Schicksal des Honorarkonsuls erschüttert, gibt er seine kühle Distanz auf und kommt in vergeblichem Heroismus um.

Als sein amerikanischer Verleger bei Ablieferung des Manuskripts von *Doktor Frigo* den Vorschlag äußerte, ein werbeträchtiges Zitat von Graham Greene einzuholen, umriß Ambler ironisch seine Beziehung zu Greene.

Meine Arbeiten und seine »Unterhaltungsromane« sind von Rezensenten so oft in einem Atemzug genannt worden, daß ich bezweifle, ob er für diese Aufgabe viel Enthusiasmus aufbringen kann, selbst wenn er mein neues Buch mag. […] Im übrigen ist er auf Taschenbuchausgaben (nicht nur englischsprachigen) so häufig mit seiner Aussage zitiert worden, ich sei »unser bester Thrillerautor«, daß er womöglich die Gelegenheit ergreifen würde, sein Urteil zu revidieren, zumal ich inzwischen seinen Verlag Bodley Head verlassen habe. »Unser großspurigster Thrillerautor«: Das wäre die Position, die *ich* in vergleichbaren Umständen einnehmen würde. Mein Zahnarzt hier sagt mir übrigens, daß Graham nächstens sein Gebiß von einem unglaublich teuren französischen Zahnarzt total neu aufpeppen läßt, so daß er womöglich nur allzu gern jedermann, der ihm in den Weg kommt, zwischen den Zähnen zermalmt.[41]

Zwei Wochen nach der Veröffentlichung von *Doktor Frigo* erschien ein Artikel von Ambler in der Samstagsausgabe der Londoner *Times*, in dem er sich grundsätzlich zur Situation des zeitgenössischen Thrillers äußerte. Der Text basierte auf einem Vortrag, den er im Jahr zuvor gehalten hatte. Darin hatte er sich mit möglichen Genrebezeichnungen wie *intrigue, mystery, sus-*

pense und *crime* für seine Arbeiten auseinandergesetzt und
schließlich entschieden: »Meine Bücher sind Abenteuergeschichten für Erwachsene«, und ein Roman wie *Das Intercom-Komplott* sei »eine Abenteuergeschichte für Erwachsene, in der zufällig ein Spion vorkommt«. Was die guten unter solchen Büchern
beträfe, so seien die wenigsten geschrieben worden, um politisch
Stellung zu beziehen: »Sie wurden als Geschichten geschrieben,
die die Leser unterhalten sollten.«[42]

Die gedruckte Version in der *Times* trieb das Definitionsspiel
weiter und bot eine neue Fassung an: »Der Thriller ist eine Variante des Märchens: ein Melodrama, das mittels verschiedener
Kunstgriffe im Leser die Illusion schafft, die erzählte Geschichte,
so unwahrscheinlich sie auch daherkommt, könnte wahr sein.«
Auch diese Definition wurde wieder verworfen, weil sie ebenfalls
auf Klassiker wie *Jane Eyre* zutreffe, womit Ambler seinen Hauptpunkt zu unterstreichen vermag, daß Unterhaltung Bestandteil aller guten Literatur sei und umgekehrt. »Was den Leser an einem
guten Thriller packt, ist dasselbe, was ihn in jedem anderen guten
Roman packt, nämlich die Originalität und Interessantheit der Vision und Gedankenwelt des Autors« (Rubbish, 8). In einem Gespräch von 1975 mit dem Journalisten Reinhardt Stumm griff Ambler das Thema mit Bezug auf Graham Greene erneut auf:

> Ich finde je länger, je mehr, daß es eine Grauzone gibt zwischen dem
> Roman mit literarischem Anspruch und dem Trivialroman. In dieser
> Zone liegen zum Beispiel einige der Romane von Graham Greene. Es
> ist ganz interessant: In den ersten Ausgaben stand unter dem Titel je
> weils noch »an entertainment«, eine Unterhaltung. In der neuen eng
> lischen Ausgabe ist diese Einschränkung weggefallen. Es sind jetzt
> Romane, sonst nichts. Ich weiß, daß das Wort ›Unterhaltung‹ im
> Deutschen einen schlechten Beigeschmack hat und daß es für einen
> Schriftsteller kaum etwas Schlimmeres gibt, als wenn man ihn zum
> Unterhaltungsschriftsteller erklärt. Ich finde das nicht so ganz rich
> tig. Man müßte da doch etwas genauer unterscheiden. Allein der Um
> stand, daß ein Buch spannend ist, macht es noch nicht schlechter als

ein anderes, das diese Spannung nicht hat. Ich bin überhaupt der Meinung, daß gute Bücher immer auch spannend sind. Ist *Die Brüder Karamasow*, ist *Krieg und Frieden* vielleicht langweilig? Natürlich, wenn ein Buch gar nichts anderes mehr hat als Spannung, dann ist es indiskutabel, dann ist es auf die Ebene des Comic strip abgerutscht.

Die Frage ist doch, ob man Kriminalromane als Literatur ansehen kann. Machen denn die Begrenzungen, denen das Medium Kriminalroman unterliegt, literarische Qualität unmöglich? Ich meine: Können die Gegenstände eines Kriminalromans nicht ernsthafter Natur sein? Der Thriller oder die Kriminalgeschichte, das wird ja immer gegen den ernsthaften, den anspruchsvollen Roman ausgespielt. Wie gesagt, ich stelle mir meine Bücher gern in jener bezeichneten Grauzone vor.[43]

Das klingt überraschend defensiv, im Gebrauch des Worts »Grauzone« vielleicht sogar ein wenig kokett. Dabei hatte *Doktor Frigo* Ambler gerade eben die seit 1954 verliehene Auszeichnung eines Grand Master der Mystery Writers of America und auch im deutschsprachigen Raum den endgültigen Durchbruch gebracht. Bereits anläßlich von *Der Levantiner* war von Kritikern wie Hans C. Blumenberg, Helmut Heissenbüttel und Aurel Schmidt auf Ambler als ernsthaften zeitgenössischen Schriftsteller aufmerksam gemacht worden.[44] Mit *Doktor Frigo* setzte eine qualitativ neue Breitenwirkung ein, gefördert durch die gleichzeitige Neuauflage älterer Ambler-Romane.[45] Wiederum Helmut Heissenbüttel, als Verfasser und Exponent avantgardistischer Gegenwartsliteratur bekannt, meinte in der Züricher *Weltwoche* vom April 1975, Ambler sei »nicht eine Randfigur der neueren Literatur, sondern ein Vorbild, an dem neue Maßstäbe erst zu entwickeln wären.« (Heissenbüttel 1975, 85) In der *Frankfurter Allgemeinen Zeitung* zog Jürgen Busche im Juni mit einem ganzseitigen Artikel nach, und im Oktober war auch das Magazin *Der Stern* auf Ambler aufmerksam geworden. Im November 1975 weilte Ambler erstmals zu einer Lesetournee im deutschsprachigen Raum, darunter am 14. November bei seinem Verleger Da-

niel Keel in Zürich. Aus diesem Anlaß gab er verschiedene Interviews[46] und bezauberte alle mit seinem zurückhaltenden Charme
und trockenen Humor: A Gentleman Abroad.

Wirtschaftskriminalität

An der publizistischen Front war der Erfolg freilich nicht unge-
trübt, da Ambler die Zusammenarbeit mit dem amerikanischen
Verlag Atheneum beendete. Als sich Verleger Mike Bessie darüber
schockiert zeigte, zählte ihm Peter Janson-Smith in einem Brief
Amblers Beschwerden auf, die von unabgesprochenen Textände-
rungen über unvorteilhafte Verkäufe von Taschenbuchrechten bis
zu ungenügender PR-Arbeit reichten.[47] Ambler wechselte – allerdings nur für ein Buch – zu Random House.[48] Eine Woche später,
im November 1974, unterzog er sich einer medizinischen Untersuchung, die eine krankhafte Veränderung der Halswirbelsäule,
insbesondere zwischen dem sechsten und siebten Wirbel, zeigte
und eine generelle Osteoarthritis diagnostizierte.[49] Die Hände
waren zeitweise so schlimm betroffen, daß er nicht mehr fähig
war, auch nur die erste Fassung seines nächsten Werks von Hand
zu schreiben, und mit über 65 Jahren noch auf einer Schreibmaschine tippen lernen mußte.

An Weihnachten 1974 starb Amblers Mutter Amy kurz nach
ihrem 88. Geburtstag. Ambler erwähnte den Tod später in den
autobiographischen Aufzeichnungen von *Wer hat Blagden Cole
umgebracht?* beiläufig, als Teil einer Pechsträhne, »als wäre die
Pest über uns hereingebrochen« (Cole, 225). Selbst ihr Tod
scheint Ambler nicht mit seiner Mutter versöhnt zu haben. In der
Autobiographie rückte er sie deutlich in den Schatten des Vaters.
Bei Recherchen für die Autobiographie hatte er 1983 Elsie Waters
aufgesucht, die Schwester von Amy Amblers zweiten Ehemann,
und sich von ihr bestätigen lassen, daß Amy seine Bücher nie ge-

lesen hatte: »›Sie sagte, sie lägen ihr nicht so besonders. Man sollte meinen, daß sie sich ein bißchen bemüht hätte. Hat sie bestimmt auch.‹« (Ambler, 93) Zwei Episoden verfolgten ihn bis ins Alter: Wie seine Mutter ein Hilfsangebot von ihm nach dem Tod des Vaters zurückgewiesen und wie sie eines seiner Manuskripte als »Mist« vom Eßtisch gewischt hatte. Noch 1998 faßte Ambler seine Gefühle in einem Interview in einem lakonischen Satz zusammen: »Ich habe meine Mutter nicht besonders gemocht.« (Born 1998, 54)

Im April 1975 hielt er die Dankesrede für den ihm verliehenen Grand Master am Jahresdiner der Mystery Writers of America. »Ich spüre ein Unbehagen, wenn ich nicht jeden Tag arbeite« (Hertenstein 1975, 145), erklärte er wenig später einem Interviewer, und so nahm er hartnäckig ein neues Projekt in Angriff. Die Arbeit ging freilich verhältnismäßig langsam voran. Im März 1976 lag ein neuer Roman erst zur Hälfte vor. Ambler begann jetzt, seine Aktivitäten zu reduzieren. Im Mai gab er den offiziellen Rücktritt aus der Writers' Guild of Great Britain bekannt, da er schon seit längerem keine Drehbücher mehr schreibe.[50] Aber es ging auch um ein finanzielles und politisches Prinzip. »Der Austritt erfolgte nach einem Streit über meine Weigerung, Stempelgebühren zu zahlen, die aufgrund weltweit eingenommener Tantiemen sowie rein nomineller Drehbucheinnahmen berechnet wurden. Ich bin der Meinung, daß meine Interessen am besten durch die Society of Authors repräsentiert werden, bei der ich seit 1936 Mitglied bin.«[51]

Das Eingeständnis, die Zeit seiner Drehbucharbeit sei endgültig vorbei, ließ ihn konzentrierter am Roman arbeiten. Im Oktober 1976 lag ein fertiges Manuskript vor. Anfang 1977 unternahm Eric mit Joan eine längere Reise in die USA, wie einst während des Zweiten Weltkriegs auf einem Schiff. Mitte Jahr wurde der neue Roman ausgeliefert. Wieder einmal konnten sich englischer und amerikanischer Verlag nicht auf einen Titel einigen. Während

Weidenfeld and Nicolson den hintergründigen Ambler-Vorschlag *Send No More Roses (Bitte keine Rosen mehr)* akzeptierte, verlangte Random House etwas Knalligeres und veröffentlichte den Roman schließlich als *The Siege of the Villa Lipp*.

Nachdem er in *Doktor Frigo* die Karibik erkundet hatte, kehrte Ambler in *Bitte keine Rosen mehr* nach Europa zurück. Die Handlung spielt, wie in *Nachruf auf einen Spion* und *Eine Art von Zorn*, hauptsächlich an der französischen Mittelmeerküste. Die Thematik liegt noch etwas näher, passend zur neuen Wahlheimat Schweiz: Steuerhinterziehung und Wirtschaftsbetrug.

Das Thema hatte auch einen ganz persönlichen Hintergrund. Noch vor dem Umzug in die Schweiz war Ambler mit einer Züricher Anwaltskanzlei in Kontakt getreten. Wenig später verließ der ihn betreuende Mitarbeiter die Kanzlei und eröffnete sein eigenes Büro. Ambler, den er als Klienten mitnahm, empfahl er, für die Verwaltung der Tantiemen eine Schweizer Firma zu gründen.[52] Mitte 1968 wurden Eric Ambler und Joan Harrison Anteilseigner der Firma Firman S. A. Die Gesellschaft schloß mit Atheneum im November 1968, mit Weidenfeld im Juli 1969 und mit Diogenes im September 1969 Verträge für Amblers jüngsten Roman *Das Intercom-Komplott* ab und kaufte zudem von H. R. F. Keating die Filmrechte zu dessen Kriminalroman *Ghote Hunts the Peacock*.[53] Doch dann überprüfte Amblers Steuerberater die Rechtslage und merkte, daß die Gründung der Schweizer Firma Ambler teuer zu stehen kam, weil damit dessen ausländische Tantiemen in der Schweiz ebenfalls steuerpflichtig wurden. Profitiert hatte dank beträchtlicher Beraterhonorare vor allem der Züricher Rechtsanwalt. Im Januar 1970 forderte Ambler diesen deshalb ultimativ auf, alle Unterlagen der bisherigen Verträge an die Fides Treuhandgesellschaft in Lausanne zu schicken.[54] Die Fides leitete sogleich die Liquidation der Firman S. A. ein und konnte sich nach längeren Verhandlungen mit diversen Schweizer Steuerämtern darauf einigen, daß Ambler insgesamt ›nur‹

mit Steuerschulden von 45 000 Franken belastet wurde.[55] Über
die genauen Umstände des Falls schwieg sich Ambler später aus,
doch deutete er nicht nur ungeschickte Beratung, sondern auch
kriminelle Machenschaften an und mußte sich über die Maßen
darüber geärgert haben[56], dies um so mehr, als er sich bislang zu
Recht etwas auf seine kluge Anlagepolitik zugute gehalten hatte.

Bitte keine Rosen mehr erkundet die Grauzone von Steuerumgehung, Steuerbetrug und Wirtschaftskriminalität im großen Stil.
Der Ich-Erzähler des Romans versucht, seine Person öffentlich
reinzuwaschen, die in einer kriminologischen Fallstudie über den
»kompetenten Kriminellen« als Paradebeispiel gebraucht worden
ist. Die Sachlage wird dadurch kompliziert, daß der vom Ich-
Erzähler verwendete Name Paul Firman eingestandenermaßen
nicht dessen richtiger ist, sondern daß »Firman« über verschiedene Identitäten verfügt; und in der Fallstudie wird behauptet, es
sei gerade die Aufdeckung der verschiedenen Decknamen gelungen.[57]

Indem der Ich-Erzähler ein durch eine kritische Veröffentlichung entstandenes negatives Image korrigieren will, befindet
er sich in derselben Position wie Michael Howell, der sich ebenfalls gegen negative Presseberichte zur Wehr zu setzen suchte.
Erzähltechnisch entspricht *Bitte keine Rosen mehr* aber eher den
beiden Simpson-Romanen, denn abgesehen von einem kurzen
Nachwort von fremder Hand müssen wir uns allein auf die Version des Ich-Erzählers stützen. Wie der ägyptisch-britische Arthur Abdel Simpson und der Levantiner Michael Howell betont
Paul Firman seine Herkunft aus dem Spannungsfeld verschiedener Kulturen.

> Ich bin in Argentinien geboren, in eine der vielen dort ansässigen Fa-
> milien britischer Abstammung und mit typisch britischem Namen. In
> unserem Fall hatte es, auch wegen der Religion, lange gedauert, bis wir
> uns durch Einheirat sukzessive in die spanischstämmige Mehrheit
> eingliederten. Bei meiner Geburt war unser Name, obschon wir seit

mehr als hundert Jahren im Land lebten und uns eher als Argentinier denn als Briten fühlten, immer noch frei von dem Beinamen spanischer Seitenlinien, und meine Geburt wurde ordnungsgemäß nicht nur bei der Stadtverwaltung, sondern auch auf einem britischen Konsulat registriert. Alles sehr schizoid. (Rosen, 104 f.)

Firman räumt zu Beginn mit einer kalkulierten Demutsgebärde ein, daß man seine Lebensgeschichte auch ganz anders erzählen könnte; anders als bei Simpson wird seine Version freilich nicht durch eine Kluft zwischen Worten und Taten untergraben, sondern erscheint, bei allen möglichen Vorbehalten, als kohärent. Während der kleine Schelm und Betrüger Simpson mit seinen Tricks fast immer schnell auffliegt, richtet Firman finanziell mit der großen Kelle an und ist bislang nicht erwischt worden. Seine Cleverness steht außer Zweifel, und von allen Amblerschen Romanhelden besitzt er die profitträchtigsten Talente. Ambler überschreibt Firman nicht nur die eigene Größe von 178 Zentimetern, sondern auch eigene Erfahrungen während des Italienfeldzugs im Zweiten Weltkrieg. Bezüglich der Figur von Arthur Abdel Simpson betonte Ambler wiederholt mit listigem Vergnügen, daß er darin geheime Charakterzüge von sich abgebildet habe. In der Haltung sachlicher Distanziertheit, mit der Firman seine anrüchigen Geschäfte betreibt, läßt dieser allerdings eine größere Wahlverwandschaft zu Ambler spüren.

In der Tat setzte sich Ambler mehrfach anekdotisch mit dem Verhältnis zu staatlicher Autorität und ihrer uns unvermeidlich entgegentretenden Agentur, der Steuerbehörde, auseinander. In *Ambler by Ambler*, acht Jahre nach *Bitte keine Rosen mehr* erschienen, erzählte er, wie er kurz nach Eintritt ins Erwerbsleben wegen Steuerschulden eine Gerichtsvorladung erhielt. Der junge Ambler war sich, da er keine Steuerrechnung erhalten hatte, keines Vergehens bewußt, fand sich aber, obwohl er für diese Lebensphase von sich das Bild eines halbkriminellen Taugenichts entwarf und obwohl ihm ein Buchhalter zu einer rüden schriftlichen Antwort an die Steuerbehörden riet, pflichtbewußt vor Gericht ein; nur um zu merken, daß er von 150 Vorgeladenen als einziger persönlich erschienen war. Die Mißachtung gegenüber den Steuerbehörden erstreckte sich damals bis in den staatlichen Justizapparat hinein. »Der Richter hat für die Steuerleute nicht viel übrig« (Ambler, 197), versicherte der wachhabende Polizist dem jungen Eric, und so endete die Episode mit einer merkwürdigen Volte: »Der Richter am Amtsgericht Marlborough Street wurde mir immer sympathischer. Sich im Einklang mit den Gesetzen zu befinden war ein unbekanntes Gefühl. Erstaunt stellte ich fest, daß es ein angenehmes Gefühl war.« (Ambler, 198) Im Einklang mit den Gesetzen meint hier: Antipathie gegen die gesetzlichen Steuern. Die schließlich doch seufzend bezahlt wurden.

Später, während des Kriegs, erhielt Ambler wegen eines unbeabsichtigten Verstoßes gegen die Devisenvorschriften einen Verweis der Bank of England. Da ihm ein militärischer Vorgesetzter mitfühlend den normalerweise benützten illegalen Weg zur Umgehung der Vorschriften erläuterte, sah sich Ambler zur Einsicht veranlaßt: »Mit den Jahren ist mir aufgefallen, daß Devisenvorschriften bei einigen Menschen den gleichen Effekt haben wie exorbitante Steuern – man ist sofort entschlossen, sie zu umgehen.« (Ambler, 307) Wegen der »exorbitanten Steuern« des bankrotten britischen Staats sah er sich in der unmittelbaren Nachkriegszeit genötigt, seine finanztechnischen Fähigkeiten zu entwickeln und sich »aus Steuergründen in zwei sich windende Teile«[58] aufzuspalten. Der Umzug 1958 in die USA wurde durch die weniger strikte amerikanische Steuergesetzgebung erleichtert, und der Entscheid, aus den USA nicht etwa nach England zurückzukehren, sondern in die Schweiz zu übersiedeln, wurde 1968 wesentlich aus steuertechnischen Gründen getroffen.

Natürlich, das war alles gesetzeskonform gewesen.

Aber was heißt im Steuerbereich schon legal?

Genau diese Frage stellt der Roman. Dabei wird Paul Firman

nicht so sehr von der Polizei als von einem übereifrigen Wissenschaftler gejagt. Der holländische Soziologieprofessor Frits Bühler Krom will mit dem Fall Firman die von ihm kreierte Kategorie des »kompetenten Kriminellen« dokumentarisch belegen. Er hat ein früheres Pseudonym von Firman entdeckt und diesem, jetzt scheinbar ehrenwerter Leiter einer Anlage- und Treuhandberatungsholding, damit die Zustimmung zu einem Treffen abgepreßt. Das entschärft die Lage für Firman, da er nicht von juristischer Verfolgung bedroht ist, verschärft aber die Problematik des Romans, weil die Frage gesellschaftlicher Legitimität und Moralität gestellt wird. Zugleich zielt das Thema, auf einer Metaebene, ins Zentrum von Amblers Werk: Was ist für den zeitgenössischen Thriller noch ein darstellungswürdiges Verbrechen, und mit welchen Mitteln kann es dargestellt werden?

Bitte keine Rosen mehr ist Amblers umfangreichster Roman. Er kommt gemächlich daher, längere Dialoge alternieren mit erläuternden Passagen. Darin gleicht er den unmittelbaren Vorgängern in Amblers Altersstil. Dieser Stil wird noch gesteigert, weil das Verbrechen nach Bertolt Brechts Diktum in die Funktionale gerutscht ist und die direkte Abbildung nichts mehr aussagt. Was sind Franz Schirmers Banküberfälle gegen Firmans Geldwäscherei? Die veränderten kriminellen Handlungen verlangen andere Darstellungformen. Körperliche Gewalt wird durch den Kampf um Informationen und durch psychologische Kriegführung abgelöst. Dazu gehört auch der Streit um die Macht, wer Kriminalität definieren darf. Professor Krom hat sich mit Schriften gegen die herkömmlichen Vorstellungen der »Kriminalpsychologie, Kriminalbiologie und Kriminalpsychiatrie« (Rosen, 12) profiliert.[59] In einem Vortrag, in dem Krom seine Entdeckung des »kompetenten Kriminellen« präsentiert, beschreibt er diesen wie folgt:

Vom kompetenten Kriminellen, sei er männlichen oder weiblichen Geschlechts, darf angenommen werden, daß er einen hohen Intelligenzquotienten besitzt, emotional stabil und »gut angepaßt« ist, keines der Anzeichen einer defekten Persönlichkeit aufweist, von denen behauptet wird, sie seien für den herkömmlichen »kriminellen« Typus charakteristisch, und keinem der vielberedeten und -publizierten Verbrechersyndikaten angehört, die den Romantikern in einigen unserer Strafverfolgungsbehörden so lieb sind. Er wird diesen Behörden, außer in seiner Rolle als »ehrbarer Staatsbürger«, nicht bekannt sein, geschweige denn ihnen verdächtig erscheinen. Er (oder sie, das Geschlecht ist hier ohne Bedeutung) hat keinen erkennbaren und somit auch keinen klassifizierbaren Modus operandi, und sofern nicht Krankheit oder zunehmendes Alter seine Fähigkeiten beeinträchtigen, ist er praktisch nicht faßbar.

Unter den diversen Arten von Verbrechen, die er begeht, steht Betrug naturgemäß oben auf der Liste; und doch ist Betrug für gewisse Exemplare der Spezies weder die einzige noch die wesentlichste Erwerbsquelle. Hier in Bern wird es überflüssig sein, Sie daran zu erinnern, daß die Gesetze gegen Steuervermeidung – Vermeidung, nicht Hinterziehung! – in unseren jeweiligen Ländern beträchtlich differieren. In Amerika und England ist Steuervermeidung ein Verbrechen. In der Schweiz nicht. In sehr vielen Winkeln der Welt, an Orten wie Monaco, Grand Cayman, Bermuda und den Neuen Hebriden, gibt es überhaupt keine Einkommenssteuer, die man hinterziehen könnte. Innerhalb der vielschichtigen Komplexitäten internationaler Steuer- und Körperschaftsgesetze sind die Möglichkeiten für den Kompetenten Kriminellen unbegrenzt. Dem Beweismaterial nach zu urteilen, das mir zugänglich war – bedauerlicherweise kein Beweismaterial jener Qualität, auf die sich unsere demokratische Justiz abzustützen beliebt –, umfassen diese Möglichkeiten in großem Stil betriebene, aber strafrechtlich nicht erfaßbare Unterschlagung und Erpressung plus nicht nachweisbare Fälschung ebenso wie Eigentumsdelikte traditionellerer Art, hauptsächlich im Zusammenhang mit hochversicherten Kunstwerken. Ich brauche meinen Zuhörern nicht zu sagen, daß, wo immer es Verbrechen aus Habgier in dieser Größenordnung gibt, früher oder später auch deren unvermeidliche Begleiterscheinungen anzutreffen sind – Gangstertum und Gewalttätigkeit. (Rosen, 13–15)

Obwohl Firman befangen ist, hat er doch recht, wenn er auf Schwächen in dieser Beschreibung hinweist. Am einsichtigsten wirkt Krom, wenn er jenen Bereich beschreibt, in dem der kompetente Kriminelle vorrangig tätig ist und um den es im folgenden geht, nämlich betrügerische Finanztransaktionen. Kroms Anspruch zielt freilich weiter. Er will nicht nur den kompetenten Kriminellen als sozialwissenschaftliche Kategorie etablieren, sondern auch ein sozialpsychologisches Profil dieser neuen Spezies erstellen. Das Profil zeichnet sich vorerst nur durch Ausschließungen und Abgrenzungen aus: Der kompetente Kriminelle ist nicht auffällig und nicht pathologisch. Doch die Negativbeschreibung wirft das Problem auf, wie das Beschriebene überhaupt, im doppelten Wortsinn, faßbar werden kann; von rivalisierenden Kriminologen wird der kompetente Kriminelle als »bloße Einbildung« abgetan, vergleichbar »mit solchen Abwegigkeiten wie den fliegenden Untertassen und den grünen Männchen aus dem Weltraum.« (Rosen, 16) Firman ist für Krom so wichtig, weil er einen empirischen Beweis für seine These zu liefern verspricht. Mit zwei jüngeren Kollegen aus den USA und Großbritannien will er Firman bei einem von diesem unter ausgeklügelten Sicherheitsvorkehrungen arrangierten Treffen in einer Villa an der französischen Mittelmeerküste zum Ausplaudern seiner Mittel und Motive veranlassen.

Krom gerät dabei selber in eine moralische Grauzone. Zwar bedient er sich des bundesdeutschen Nachrichtendienstes und verschiedener Polizeibehörden zur Informationsbeschaffung, will diesen aber den großen Fang vorenthalten und den Fall Paul Firman ganz im Dienst des eigenen wissenschaftlichen Ruhms ausschlachten. Umgekehrt wird die Krom begleitende britische Kriminologin Geraldine Henson in ihrer angeblich wertneutralen Wissenschaft mit politischen Zumutungen konfrontiert, da ihr der britische Geheimdienst über den Dekan ihrer Universität eine Ausrüstung aufzwingt, die die insgeheime Registrierung von Firmans Fingerabdrücken erlauben soll.

Mit Hilfe zweier auf Sicherheitsaufgaben spezialisierter Mitarbeiter kann sich Firman solcher allzu großen Aufmerksamkeit vorerst erwehren. Dennoch kommt er nicht umhin, Krom zumindest ein bißchen spektakuläres Material zu liefern. Firmans den drei Kriminologen präsentiertes Dossier, nach eigener Einschätzung ein Gemenge aus »Wahrheitssplittern« und »würzigen Irreführungen« (Rosen, 106 f.), zeitigt ein unerwartetes Resultat. Da Krom das Dossier zum Nennwert nimmt, bauscht er Firman in seiner Fallstudie zum Superbösewicht auf. In seiner Gegendarstellung versucht Firman, sich zusätzliche Authentizität zu verschaffen, indem er über seine frühe Jugend sowie den Einstieg ins Finanzgeschäft berichtet.

Nun wirft die von Ambler häufiger verwendete Form der Ich-Erzählung das grundsätzliche Problem auf, wie sich der Leser der vom Ich-Erzähler geschürten Sympathie für den Romanhelden und dessen Anliegen zu entziehen vermag. Ins moralische Zwielicht hatte dieses Verfahren erstmals mit Arthur Abdel Simpson geführt. *Bitte keine Rosen mehr* verschärft das Problem, da sein Ich-Erzähler ein mutmaßlicher Großbetrüger ist. Firman spielt virtuos mit dieser Zweideutigkeit von Identifikation und Verurteilung. In seiner Lebensgeschichte mogelt er sich nicht über gewisse Charaktereigenschaften hinweg, die herkömmlich als moralisch anrüchig gelten, und fördert mit seiner Offenheit die Bereitschaft des Lesers, moralisch weitaus anrüchigeres Verhalten zu akzeptieren.

Die entscheidende Begegnung und Wende seines Lebens setzt Firman dabei in jene Zeit, als er 1944 bei der britischen Feldsicherheitspolizei nach der Landung der Alliierten in Italien eingesetzt wird. Über den Aufenthalt während der Befreiung Italiens berichtete Ambler später in seiner Autobiographie ausführlich, vor allem über die Dreharbeiten mit John Huston sowie über den Kampf gegen den Schwarzhandel. Doch die 1944 gemachten Erfahrungen und gehörten Erzählungen über AMGOT

(Allied Military Government of Occupied Territories – Alliierte Militärregierung besetzter Gebiete) verwertete er schon in *Bitte keine Rosen mehr*. Die Ansicht des jungen Korporals Firman ist dabei unzweideutig. AMGOT, meint er,

> war eines der Kreuze, welche die Armee in jener Phase des Feldzugs zu tragen hatte. AMGOT, so schien es uns, war von einem Komitee hochgestellter Saboteure aus dem stinkenden Bodensatz jener sowohl von der amerikanischen wie von der britischen Armee vorhandenen trüben Reservoirs an Offizieren rekrutiert worden, die voreilig eingestellt und später von einer Einheit nach der anderen als unfähig zu jeder verantwortlichen dienstlichen Tätigkeit abgeschoben worden waren. Einige waren lediglich Dummköpfe, einige waren Alkoholiker, ein paar waren gescheiterte Gauner, und viele bedurften dringend psychiatrischer Behandlung. Es gab Typen aller Art, einschließlich einer Anzahl ehemaliger Reserveoffiziere. Zu den profilierteren und aus unserer Sicht gefährlicheren von ihnen zählten jene umgänglichen, persönlich liebenswerten und häufig kultivierten Exzentriker, die, nach in Friedenszeiten ehrenvoll absolviertem Dienst in regulären Armeen, mit den Jahren verkalkt waren, ohne daß es jemandem aufgefallen wäre. Sie waren gefährlicher, nicht nur, weil sie häufig einen relativ hohen militärischen Rang bekleideten, sondern weil viele von ihnen zu politischen Ansichten neigten, die selbst einem Gabriele d'Annunzio reaktionär erschienen wären. Ihr Hang, mit ehemaligen faschistischen Machthabern, die zu ersetzen sie entsandt worden waren, gut freundschaftlich zu verkehren und sie womöglich gar in ihren Ämtern zu bestätigen, rief in den alliierten Armeen heftige Verbitterung hervor. (Rosen, 122 f.)

Diese Meinung der fiktiven Romanfigur entspricht weitgehend derjenigen des Autors Ambler, obwohl dieser sich in *Ambler by Ambler* in der Wortwahl etwas mäßigte. Der junge Firman, der solche politische Korruption scharf zu verurteilen scheint, wird wenig später allerdings selber in Versuchung geführt, und zwar durch den italienischen Anwalt Carlo Lech, der mit passiver Billigung höchster militärischer Kreise im Schwarzmarkthandel tätig ist. Firman erkennt sofort die Qualitäten des Mannes, und

Lech erkennt noch mehr, wie er später gegenüber Firman erklärt:
»Ich sah in dir einen Sohn, einen Sohn von der Art, wie ich ihn
gern gehabt hätte, einen, mit dem ich etwas anfangen und mit dessen Hilfe ich etwas auf die Beine stellen konnte. Ich sah in dir vor
allem einen Freund und Geschäftspartner, bei dem ich unter allen Umständen, selbst wenn sein persönlicher Stolz angetastet
wurde, sicher sein konnte, daß er sich niemals töricht aufführen
würde.« (Rosen, 129f.) Bei einem zweiten Zusammentreffen,
kurz vor Ende des Kriegs, ist Lech bereits zu eindeutigen Schlüssen über Firmans moralischen Charakter gekommen: »Sie besag-
ten, er könne sich darauf verlassen, daß ich nie etwas tun würde,
was nicht in meinem wohlverstandenen eigenen Interesse läge,
und daß meine Entscheidung darüber, wo dieses Interesse jeweils
zu suchen sei, nicht nur stets rasch, sondern auch schlau getroffen
werden würde.« (Rosen, 151)

So heuert Lech Firman als Mittelsmann für ein neues Geschäft
an. Sein Plan ist es, amerikanischen Armeeangehörigen, die auf
dem Schwarzmarkt Geld verdient haben, das Problem abzunehmen, wo sie ihre illegalen Gewinne verstecken können, indem er
ihnen die Treuhänderschaft der Gelder anbietet. »Dreißig Jahre
sollten vergehen, ehe die Watergate-Affäre das Wort ›waschen‹
mit dem Wort ›Geld‹ in metaphorische Verbindung brachte. 1945
benutzten wir dieses spezielle Bild noch nicht; tatsächlich aber
war ›Geld waschen‹, das heißt großen Summen, die auf kriminelle Weise beschafft worden waren, den Anschein geben, sie
seien auf legalem Weg erworben worden, genau das, was Carlo
seinerzeit zu beschreiben begann.« (Rosen, 157f.) Firman kann,
dank seiner Sprachkenntnisse und seiner Vertrauenswürdigkeit
als britischer Armeeangehöriger, amerikanische Interessenten
zuerst in Italien und später auch im besetzten Deutschland unverdächtig mit Carlo Lech in Verbindung bringen. Der seinerseits weiß das beliebteste Geldwaschmittel, das Schweizer Nummernkonto, virtuos einzusetzen:

1945 war das anonyme schweizerische Nummernkonto noch nicht jenes bei Kriminalreportern so beliebte Hokuspokusklischee, zu welchem es in späteren Jahren wurde. Flüchtlinge aus Nazi-Deutschland hatten es, wie von den Schweizern vorgesehen, als Schutz vor Gestapo-Ermittlungen und Gestapo-Repressalien eingerichtet. In der Folge hatten hohe Nazis und Fascisti es benutzt, als Schutz gegen dunkle Verdächtigungen von seiten fanatischer Kameraden und den schauderhaften Strafen, die Defätisten zu gewärtigen hatten. (Rosen, 159)

Firmans Beschreibung dieser Schweizer Einrichtung ist durchaus wohlwollend, weil er ja in der gleichen Branche tätig ist: in der Hehlerei. Später im Roman wird Professor Krom ein nicht ganz so schmeichelhaftes Bild der Schweizer Strafbehörden entwerfen, die weniger an jenen Finanzakrobaten interessiert seien, die das Bankgeheimnis zu ihren Gunsten ausnützten, als an jenen, die das Bankgeheimnis als Informanten brachen oder zu seinem Bruch anstifteten: »In dieser letztgenannten Gruppe zählten zu denen, die sie besonders gern verhaftet und verurteilt hätten [...], Agenten der amerikanischen Steuerbehörden, die, mit Billigung des amerikanischen Kongresses, aus ihrer Feindseligkeit dem schweizerischen Bankgeheimnis-Gesetz gegenüber keinen Hehl machten. Diese Agenten mit ihren beträchtlichen Bestechungsgeldern galten damals als die eigentlichen Übeltäter.« (Rosen, 249)

Gewinn ziehen Lech und Firman aus zwei Quellen. Zum einen sehen sich die meisten amerikanischen Soldaten, die auf dem Schwarzmarkt profitierten, nach ihrer Demobilisierung und Rückkehr in die USA außerstande, ihre unrechtmäßig erworbenen Gelder zurückzufordern, die deshalb von Lech und Firman einkassiert werden. Zum anderen tätigen die beiden mit den Treuhandgeldern Investitionen, wobei sie dank Insiderinformationen insbesondere deutsche Industriewerte zu Spottpreisen kaufen können. Die Geldwäscherei profitiert also von den illegalen Taten anderer ebenso wie vom normalen Funktionieren ka-

pitalistischer Mechanismen. Doch nach dem Besuch eines auf-
sässigen Klienten will Carlo Lech das Geschäft mit illegalen Gel-
dern aufgeben und entwickelt ein neues Projekt, das vordergründig der Beratung zur Steuervermeidung dient, zugleich aber mit
einem profitablen Anhängsel versehen ist:

> Die Idee leitete sich von seiner Überzeugung her – eine weitverbrei-
> tete Überzeugung, das weiß ich, aber eine, die in seinem Fall auf be-
> sonderer Kenntnis beruhte –, daß die sehr Reichen immer auch sehr
> geizig sind.
>   So würde ein reicher Mann, dem man zu zeigen vermochte, wie er
> es vermeiden könnte, der Regierung große Summen Geldes zu zah-
> len, weil sie sich anmaßt, ihn und seine Unternehmen zu besteuern,
> bereit sein, einen viel, viel kleineren Betrag als Honorar zu zahlen.
>   Zumindest würde er bereit sein, dies eine Weile zu tun. Daß er frü-
> her oder später zögern würde zu bezahlen, wie er zuvor gezögert
> hatte, die Steuern zu bezahlen, war unausweichlich. Am Ende würde
> er einen wahrscheinlich zu betrügen versuchen, genauso wie er vor-
> mals den Steuerbeamten zu betrügen versucht hatte. Deswegen trug
> man dieser Möglichkeit von Anfang an Rechnung, bereitete geeignete
> Sanktionen vor und sorgte dafür, daß, wenn oder wann auch immer die
> Versuche, einen zu betrügen, unternommen wurden, einfache Mecha-
> nismen selbsttätig ausgelöst wurden, die sie zum Scheitern brachten.
> Im Idealfall, meinte Carlo, sollte die Beziehung zu unseren Klienten
> eine des gegenseitigen und dauerhaften Vertrauens sein. (Rosen, 185 f.)

Die Sanktionen im Falle enttäuschten Vertrauens bestehen darin,
daß eine sorgfältig von der ursprünglichen Treuhandfirma getrennte »Schuldenbetreibungs-Agentur« (Rosen, 261) den säumi-
gen Zahler mit detaillierten Belegen über seine Steuerumgehung
konfrontiert. Die von einer Tochtergesellschaft der Treuhandfirma
durchgeführten Seminare zu Steuerfragen dienen ihrerseits der
geheimen Informationsbeschaffung.
  Das von Carlo Lech beschworene Motiv des Vertrauens wird
auf mehreren Ebenen ironisch durchgespielt, etwa zwischen Firman und Krom. Firmans gegenwärtiger Geschäftspartner hat

ihm in bezug auf Krom prophezeit: »Dann sollten Sie wohl lieber auf sein Spiel eingehen, wie? Ihm ab und zu einen alten Knochen oder zwei hinwerfen und darauf vertrauen, daß er nicht argwöhnisch wird, was? [...] Und daß seine Zeugen nicht argwöhnisch werden. Sie werden eine ganze Menge Vertrauen aufbringen müssen, meinen Sie nicht, Paul?« (Rosen, 70) Ob das versuchte Einschmuggeln erkennungsdienstlicher Instrumente als Vertrauensbruch oder als bloßes »Mißverständnis« (Rosen, 88) gewertet werden soll, hängt von den jeweiligen Machtverhältnissen ab. Und diese scheinen zu Beginn des Treffens noch zugunsten der Kriminologen zu sprechen.

Doch auch unter den Kriminologen herrscht nicht uneingeschränktes Vertrauen. Der Amerikaner George Connell nennt Krom einen »eifersüchtigen kleinen Gott, was sein Projekt betrifft« (Rosen, 93). Tatsächlich versucht Krom, seinen Kollegen allerlei Informationen vorzuenthalten, und als Henson und Connell ihr gegenseitiges Einvernehmen auch im Bett demonstrieren, entsteht in der anfänglichen Dreierkoalition ein für Firman augenfälliges Zerwürfnis.

Mit dem Motiv des Vertrauens versucht Krom zudem sein Psychoprofil des kompetenten Kriminellen anzureichern: »Seine Verbrechen sind nicht Produkte von Treuebrüchen – wie der Griff in die Ladenkasse oder die Bücherfälschung –, sondern von Vertrauensbrüchen. Und das Vertrauen, das er bricht, ist das Vertrauen in die Grundmuster etablierter Ordnung. Er ist, kurz gesagt, ein Anarchist.« (Rosen, 46) Dieses mehr provokative denn erhellende Bonmot soll der Verurteilung des kompetenten Kriminellen eine moralische Basis verleihen. Da sich dieser kaum je legaler Vergehen schuldig macht, wird er im Namen allgemeiner »Grundmuster etablierter Ordnung« für schuldig gesprochen. Der Roman unterläuft Kroms moralische Verurteilung jedoch, indem die Schuldenbetreibungs-Agentur sich parasitär nur von jenen mästet, die selber Vergehen begangen haben. Seit 1977, als

Amblers Roman erschien, sind die »Grundmuster etablierter Ordnung« durch den Casino-Kapitalismus noch etwas brüchiger und ist der Finanzspekulant als Anarchist zum Normalfall geworden.

Spiegelbildlich zu den Entzweiungen unter den drei Kriminologen stellt sich die Vertrauensfrage zwischen Firman und seinem jeweiligen Geschäftspartner. Das Verhältnis Firman-Carlo Lech wird von beiden Seiten als Ersatz-Vater-Sohn-Beziehung geschildert. Firman bekräftigt denn auch: »Carlo Lech und ich haben uns immer die Wahrheit gesagt. Das zu tun war Teil unseres gegenseitigen Respekts.« (Rosen, 339) Nach Lechs Tod tut sich Firman mit einem neuen Geschäftspartner, Mat Williamson, zusammen. Firman erläutert den Unterschied: »Im Fall Mat Williamson gründet der gegenseitige Respekt auf Einsichten von anderer Art. Wenn hier eine Frage gestellt wird, erwägt man zunächst nicht so sehr, wie die strikt wahrheitsgemäße Antwort zu lauten habe, sondern was der Fragesteller von einem zu hören wünscht.« (Rosen 339 f.)

Mat, Kind eines australischen Schiffskapitäns und einer Eingeborenen der Gilbert-Inseln, wurde auf der fiktiven Placid-Insel geboren und nach dem Tod seiner Eltern bei einem Schiffsunglück von Missionaren aufgezogen. Scharfe Intelligenz, mythisch-magisches Denken und die Grundsätze von Baden-Powells Pfadfinderbewegung vermischten sich in ihm zu einer höchst potenten Aufsteigermentalität. Erstmals Geld machte er dank doppelter Provisionen bei Geschäften mit der US-Wirtschaftshilfe für Indonesien; danach überzog er Melanesien mit einem Netz finanzieller Transaktionen, die Verluste auf viele verteilten und die Gewinne auf ihn konzentrierten. Mit Firman kam er über Steuerfragen ins Geschäft und kaufte sich schließlich als Mehrheitsaktionär bei dessen Treuhandfirma ein.

Die »auf Einsichten anderer Art« gegründete Beziehung zwischen Firman und Mat hat sich schon zu Beginn des Romans gezeigt, als die beiden die möglichen Konsequenzen von Kroms Identifizierung eines Pseudonyms von Firman besprechen. Mat, der die politische Macht in seiner Heimat Placid Island anstrebt, um diese als Steuerparadies aufzubauen und auszubeuten, fürchtet, daß seine kompromittierenden Verbindungen zur Treuhandfirma bekannt werden könnten. Als er merkt, daß nur frühere Aktivitäten von Firman aufgeflogen sind, erklärt er die Schadensbegrenzung zu dessen alleiniger Angelegenheit. Zwar leiht er ihm zwei hochqualifizierte Mitarbeiter, gibt ihm aber deutlich zu verstehen, daß seine Person unter allen Umständen aus der Schußlinie zu halten sei.

Firmans Sicherheitsexperte erkennt am zweiten Tag des Treffens mit den Kriminologen in der Villa, daß sie trotz aller Vorsichtsmaßnahmen aufgespürt und beobachtet, dann belagert werden. Der psychologische Krieg zwischen den Kriminologen und Firman wird plötzlich von einer neuen, gewalttätigeren Konfrontation überlagert. Offenbar sind drei ehemalige, von Firman übers Ohr gehaue Kunden auf Rache aus. Allmählich wird der Verrat auch in den eigenen Reihen sichtbar. Der Sicherheitsexperte arbeitet im Dienste von Mat, und dieser ist es, der seinen Partner Firman vermittels der unzufriedenen Kunden liquidieren will. Am Quatorze Juillet beginnt von einer vor der Villa ankernden Jacht aus ein Feuerwerk, das an den Scheiben der Villa beträchtlichen Schaden anrichtet. In einer ebenso erfinderischen wie energischen Aktion vermag Firman das Gebäude in Brand zu setzen und sich unter dem Schutz der anrückenden Feuerwehr seinen Belagerern zu entziehen.

Oder ist diese ganze Belagerungsgeschichte nur ein Element der psychologischen Kriegführung Firmans, wie Professor Krom behauptet, der nach der ersten Verblüffung über die angebliche Wende der Dinge das Ganze für ein Ablenkungsmanöver Firmans hält, damit dieser nicht mit mehr Informationen herausrücken muß? In seinem Nachwort zu Firmans Manuskript, das ihm dieser zugeschickt hat, geht er sogar noch weiter und erklärt nicht nur Mat und die Belagerung der Villa, sondern auch Carlo Lech zur reinen Erfindung Firmans.

Denn Krom will nicht glauben, Firman sei bloß ein Helfershelfer und Juniorpartner, sondern sieht ihn weiterhin als jenen allein verantwortlichen kompetenten Kriminellen, zu dem ihn seine, Kroms, Fallstudie hochstilisiert hat. Krom, so scheint Firmans Nacherzählung zu zeigen, ignoriert alle Fakten, die seiner These widersprechen. Kroms Nachwort macht seine eigene These nicht plausibler, läßt allerdings im Leser Zweifel an Firmans Darstellung aufsteigen. So hat Krom den mittlerweile zum Ministerpräsidenten von Placid Island aufgestiegenen Mat Williamson aufgesucht, der natürlich bestreitet, jener von Firman beschriebene kompetente Kriminelle zu sein, und sich statt dessen als vorübergehender, unschuldiger Geschäftspartner von Firman präsentiert. Krom nimmt dem neuen Ministerpräsidenten die an den Tag gelegte Bescheidenheit zwar nicht ab, muß diesen aber zur harmlosen Figur verkleinern, um an seiner These von der führenden Rolle Firmans festhalten zu können.

Der Roman läßt Kroms Nachwort noch eine kurze Nachbemerkung Firmans folgen. Dieser hat sich, wie er behauptet, auf eine karibische Insel abgesetzt, um so der Verfolgung durch Mat zu entkommen; doch eine von Krom überlieferte Bemerkung des frischgebackenen Ministerpräsidenten zeigt, daß Mat früherer finanzieller Unregelmäßigkeiten überführbar wäre und daß damit dessen Bedrohung neutralisiert werden kann.

Am Schluß läßt Ambler seine Leser ziemlich orientierungslos in einem Spiegelkabinett von Behauptungen und Gegenbehauptungen zurück. Wem, welchem Erzähler ist zu trauen, welche Geschichte gilt? *Bitte keine Rosen mehr* ist auch ein erzähltechnisches Experiment, weniger in bezug auf die Erzähl- als in bezug auf die Rezeptionshaltung. Das Motiv des Vertrauens wird nicht nur auf der inhaltlichen, sondern ebenso auf der formalen Ebene durchgespielt, und zum Schluß steht auch das Vertrauen des Lesers auf dem Prüfstand. Firmans Seitenhiebe auf Krom mögen allzu durchsichtig, er selber mag moralisch dubios und mit grundsätzlichem Mißtrauen zu betrachten sein, weil er nur erzählt, was ihm nützt. Dennoch wirkt seine Geschichte in sich stimmig und insgesamt plausibel. Kroms Nachwort dagegen macht den Kriminologen nicht sympathischer und seine These nicht überzeugender, wiewohl er auf mindestens einen Fehler in der Darstellung von Firman hinweist, der den Tod seines Mentors Carlo Lech ebenso wie das Jahr seiner Identifizierung durch Krom falsch datiert.

Mats Erklärung, Firman habe diese einschneidenden Ereignisse unbewußt mit dem Zeitpunkt des Selbstmords seines Sohnes gleichgeschaltet, lehnt Krom als vulgärpsychologisch ab. In seiner kurzen Nachbemerkung geht Firman über diese angeblichen Fehldatierungen hinweg, gesteht allerdings für die fragliche Zeit eine psychische Krise ein und dementiert auch den Selbstmord seines Sohnes nicht. Vielleicht stimmt zuletzt also doch die vulgärpsychologische Deutung, daß er verschiedene zentrale Vorfälle unbewußt auf die gleiche Krisenzeit datierte. Aber das würde, umgekehrt, seine Darstellung im großen und ganzen bestätigen.

Die Frage wird dem Leser gegenüber in bewußter Ambivalenz gehalten.[60] Doch die Ambivalenz greift die Substanz des Textes an. Die Figur von Mat erscheint in ihrer Mischung von kapitalistischer Raffgier und fernöstlichem magischen Denken einigermaßen künstlich; insbesondere ist nicht plausibel, warum der erfahrene Firman zum Juniorpartner eines Jungfinanziers werden sollte, von dem er einmal meint, »innen drin in diesem zweitrangigen Geist konnte ein drittklassiger stecken, der sich abstrampelte, um hinauszugelangen.« (Rosen, 359)

Bitte keine Rosen mehr erhielt im englischsprachigen Raum sehr gemischte Kritiken. Seiner Lektorin bei Random House, die

sich über das laue Echo empörte, schrieb Ambler scheinbar gelassen, dieses sei darauf zurückzuführen, daß er jetzt als ernsthafter Autor bewertet werde; aber der Brief läßt doch eine Verunsicherung spüren.[61] Die deutschsprachigen Besprechungen im
Herbst 1978 waren hingegen ausführlich und mehrheitlich wohlwollend.

Giftgas und Terrorismus

Ende 1977 fragte Julian Barnes, damals Literaturredakteur beim
Londoner Magazin *New Statesman*, Ambler an, ob er sich an einer Artikelreihe beteiligen wolle, in der prominente Autoren ihnen persönlich wichtige Zeitschriften vorstellten. Ambler sagte
zu, wählte den *Scientific American* und beklagte in seinem Beitrag die zunehmende Kluft zwischen Naturwissenschaftlern und
gebildeten Laien oder generell zwischen Technik und Kultur: Als
in den 1930er Jahren ausgebildeter Ingenieur verstehe er 40 Jahre
später zwar noch knapp, wenn in einem Artikel der Begriff »chip
technology« (Chip-Technologie) verwendet werde, könne aber
den Ausführungen nicht mehr im Detail folgen.

Mit etlicher Verwunderung las Ambler dann in dem am 13. Januar 1978 gedruckten Beitrag, unter dem mit einem Greene-Roman spielenden Titel *The End of the Affair*, er könne noch knapp
verstehen, wenn von der »technology of the electronic potato-
chip« (Technologie elektronischer Kartoffelchips) gesprochen
werde – aus dem von Ambler gemeinten realen Mikroprozessor
waren also virtuelle Pommes frites geworden. Auf eine höfliche
Nachfrage entschuldigte sich ein schamvoller Barnes bei Ambler
und erklärte, nach längeren Recherchen in der Redaktion sei eru-
iert worden, daß der als Korrektor amtierende junge Martin
Amis sich unter Chip-Technologie nichts habe vorstellen können
und, einen Witz vermutend, die Kartoffeln zur Verdeutlichung

eingefügt habe. Tatsächlich finden sich im Ambler-Archiv die Fahnen des Artikels, auf denen neben dem Wort »chip technology« ein großes Fragezeichen hingemalt worden ist. In seinem Entschuldigungsbrief meinte Barnes abschließend, als Trost könne einzig gelten, daß das Mißverständnis gerade die von Ambler angesprochene Kluft zwischen Kultur und Technik bestätige.[62]

Im Juni wurde Ambler vom Regisseur Fred Zinnemann (*High Noon*) angefragt, ob er interessiert daran sei, ein Drehbuch über General Johann August Sutter zu schreiben, jenen Schweizer, der in Kalifornien riesige Ländereien erworben hatte, die 1848 im Goldrausch besetzt wurden. Doch Ambler vermochten Drehbücher nicht mehr zu reizen, und er lehnte ab.[63]

Von den Nachbarn am Chemin de l'Ile de Salagnon hat Ambler vor allem René und Yvonne Thieren in *Wer hat Blagden Cole umgebracht?* geschildert. René, ein pensionierter belgischer Stahlmanager, brachte Ambler mit seinen Fahrkünsten das Fürchten bei. Als er 1974 starb, geriet sein Begräbnis wegen des Zusammenpralls von Yvonnes grandiosen Vorstellungen und den kleinkarierten Schweizer Vorschriften zur Groteske. Nach Renés Tod schränkten sich die nachbarschaftlichen Kontakte in Clarens ein. Weihnachten und Neujahr verbrachte das Ehepaar Ambler zumeist im milderen kalifornischen Klima, die Sommermonate in London. Im Januar 1979 kaufte Ambler eine geräumigere Etagenwohnung mit sechseinhalb Zimmern in der Avenue Eugène Rambert 20. Der Umzug vom See an den Hügelabhang, jenseits von Hauptstraße und Eisenbahnlinie unterhalb der Rebberge, erfolgte im Juni. Für einmal hatte Ambler sein Geschmack verlassen: Die langgezogene Straße wird von bescheidenen, doch gepflegten Villen, auch halbwegs eleganten neueren Gebäuden gesäumt, aber Nummer 20, ein vierstöckiger Neubau mit zwei Reihen leicht versetzter Wohnungen, ist das mit Abstand häßlichste Gebäude der Straße.[64]

In unmittelbarer Nähe lag der Friedhof, auf dem gerade, 1977, Vladimir Nabokov beerdigt worden war. James und Clarissa Mason waren regelmäßige, Len und Isabel Deighton gelegentliche Gäste in der Avenue Eugène Rambert. Während Amblers Ruf im englischsprachigen Raum durch John le Carré und Len Deighton sowie Bestsellerautoren wie Frederick Forsyth und den jungen Jeffrey Archer überschattet wurde, veröffentlichte der Diogenes Verlag 1979 zum 70. Geburtstag mit einem Sammelband *Über Eric Ambler* die erste Würdigung von Ambler in Buchform.

Kurz nach dem Umzug muß sich Joans Gesundheitszustand verschlechtert haben. In seinen Aufzeichnungen schreibt Ambler von Anzeichen einer »Altersdemenz« (Cole, 234), die erstmals bei einem USA-Besuch 1979 von einem Arzt diagnostiziert worden sei. Amblers Arbeitstempo wurde durch die notwendig werdende Schonung und Pflege für Joan weiter beeinträchtigt. Als er im April 1980 im Züricher Hechtplatz-Theater las, gab er einen glänzenden Überblick über viereinhalb Jahrzehnte Thrillerschreiben.[65] Sein letztes veröffentlichtes Buch lag bereits drei Jahre zurück, und sein nächster Roman, *The Care of Time (Mit der Zeit)*, erschien erst ein Jahr später, in England bei Weidenfeld and Nicolson, in den USA ein paar Monate später, wieder bei einem neuen Verlag, nachdem sich die Zusammenarbeit mit dem Konzern Random House für Amblers Geschmack als zu unpersönlich erwiesen hatte.

Mit der Zeit beginnt mit einem Knalleffekt: »Der Brief mit der Warnung traf am Montag ein, die Bombe selbst am Mittwoch. Es wurde eine ereignisreiche Woche.« (Zeit, 7) Der Einstieg verspricht die typische Qualität von Amblers unterkühlter, präziser Spannung. Leider kann der Roman dieses Niveau nicht halten.

Wiederum bedient sich Ambler eines Ich-Erzählers. Anders als die meisten seiner Bücher ist *Mit der Zeit* konventionell chronologisch erzählt, wird der Gang der Ereignisse weder durch Vor- oder Rückblenden noch durch andere Perspektivenwechsel unterbrochen.

Der Erzähler, der amerikanische Journalist und Publizist Ro-

bert Halliday, verdient seinen Lebensunterhalt als Co-Autor von
Politiker- und Prominentenbiographien. Warnung und Bombe
werden ihm von einem Mann zugeschickt, der sich Karlis Zander
nennt und mit dieser ungewöhnlichen Kontaktaufnahme ein Geschäft vorschlägt. Zander, so kann Halliday dank seiner journalistischen Kontakte ermitteln, hat unter wechselnden Namen
eine Karriere in verschiedenen Armeen sowie als Mittelsmann für
unterschiedliche Befreiungsbewegungen hinter sich und dient
gegenwärtig als militärischer Berater eines Herrschers in einem
der Golfstaaten der Vereinigten Arabischen Emirate. Über eine
amerikanische Anwaltskanzlei und einen italienischen Verlag
bietet er Halliday viel Geld dafür an, ein von ihm bereitgestelltes
Manuskript zu redigieren und herauszugeben. Das Manuskript
besteht aus den angeblichen Memoiren des russischen Anarchisten Sergej Netschajew, ergänzt und aktualisiert durch Zanders
Einblicke in die zeitgenössische Terroristenszene.

Halliday nimmt den Auftrag an, wird aber von Zanders Tochter Simone und weiteren Helfershelfern in Mailand ziemlich
handgreiflich empfangen und zu ihrem geheimnisvollen Patron
verbracht. Gleichzeitig beginnen sich amerikanischer und deutscher Geheimdienst für Halliday zu interessieren. Auf Zander, so
klären sie Halliday auf, ist ein lukrativer Mordkontrakt ausgestellt worden; der Publikationsauftrag war nur das Lockmittel,
damit Zander über Hallidays alte Verbindungen zur CIA seinerseits in Kontakt mit einem westlichen Geheimdienst treten kann.
Von letzterem erhofft sich Zander Schutz und eine neue Identität, im Austausch für eine Einführung bei seinem Emir, der der
NATO unter bestimmten Bedingungen einen Stützpunkt zur Verfügung stellen will. Um das Treffen zu tarnen, soll Halliday mit
dem Ölscheich ein Fernsehinterview in der Steiermark durchführen, wo dieser ein altes Bergwerk zur Asthma-Klinik um-
funktionieren will, dabei mit seinem autokratischen Stil Widerstand bei der lokalen Bevölkerung hervorgerufen hat.

Halliday, so erfahren wir, wurde einst von der CIA im Irak im Stich gelassen und saß eine Gefängnisstrafe ab. Die ihm aufgedrängte Vermittlertätigkeit führt er aus widersprüchlichen Motiven weiter. Er entdeckt bei der Reise nach Österreich, daß das Kommando, das Zander ermorden soll, mittlerweile von dessen Chef, dem Ölscheich, bezahlt wird, der nach abgeschlossenen Verhandlungen einen lästigen Mitwisser beseitigen lassen will. Im Verlauf des angeblich harmlosen TV-Interviews zeigt sich der Herrscher geradezu besessen vom Thema chemischer Kriegführung. Die angebliche Asthmaklinik entpuppt sich als geplanter Schutzbunker; Seine Hoheit beschreibt dem Interviewer Halliday vor laufender Kamera mit pathologischer Faszination die Qualen, die Giftgase verursachen können, und später verlangt er als Gegenleistung für den Stützpunkt von den NATO-Vertretern ein neu entwickeltes Giftgas, um damit an einigen seiner unglücklicheren Untertanen Menschenversuche vornehmen zu können.

Hallidays dem österreichischen Fernsehen zugespieltes Interview erledigt den Herrscher, der von seinen Mitregenten am Golf aus dem Verkehr gezogen und in ein Schweizer Sanatorium gesteckt wird. Bleibt nur noch, daß Halliday und Zander samt der ihn als Leibwache begleitenden Simone und anderen Familienangehörigen dem Killerkommando entkommen.

In einem Interview nach Erscheinen des Romans erklärte Ambler, den Anstoß zum neuen Werk habe die akute Bedrohung durch neue chemische Kampfstoffe geliefert.[66] In seiner Thematik erwies er sich einmal mehr als prophetisch: Wenige Jahre nach der Publikation wurde Kampfgas im Krieg zwischen Irak und Iran eingesetzt. Insofern ist *Mit der Zeit* eine Rückkehr zu den Anfängen, als Ambler in seinem ersten Roman *Der dunkle Grenzbezirk* die Erfindung der Atombombe vorausgesagt hatte. Leider ist es auch in den Mitteln eine Rückkehr. *Mit der Zeit* fällt vor allem im zweiten Teil in einen traditionellen Thriller zurück, wie ihn Ambler einst im Erstling parodiert hatte.[67]

Der Roman hat zwei spezifische Schwächen. Die erste besteht im strukturellen Ungleichgewicht. Zentrale Themen, die zu Beginn den politischen Gehalt des Romans anschlagen, werden in der Durchführung durch sekundäre Motive zurückgedrängt. Das gilt insbesondere für das Terrorismusmotiv, das zuerst in der Figur Sergej Netschajews beziehungsweise dessen angeblichen Manuskripts eingeführt wird. Der Anarchist Netschajew war von Ambler beiläufig im *Intercom-Komplott* erwähnt worden. Dort macht eine sowjetische Agentin, zur Tarnung, Konversation über einen angeblich neu aufgefundenen Briefwechsel zwischen Netschajew und dem russischen Sozialrevolutionär Alexander Herzen, die sich 1869 in Genf begegneten.[68] Das Thema hatte im früheren Roman dem Schauplatz Genf ein wenig politisches Lokalkolorit verliehen; jetzt wird es in *Mit der Zeit* breiter ausgeführt.

Sergej Netschajew (1847–1882) wurde ebenso als Abenteurer wie als Verfasser radikaler Pamphlete berüchtigt. Während turbulenter Jahre im Genfer Exil verwickelte er nicht nur die Tochter von Alexander Herzen in eine unglückselige Liebesaffäre, sondern beeinflußte auch den damals führenden Vertreter des Anarchismus, Michael Bakunin, und prägte mit seiner Parole von der ›Propaganda der Tat‹ das öffentliche Erscheinungsbild des Anarchismus, der in der Folge mit individuellen Terrorakten durch Bombenanschläge und Attentate identifiziert wurde.[69] Ein heutiger Historiker charakterisiert Netschajew und seine Wirkung wie folgt:

> In ihm fand Bakunin, wie von ihm selbst und von seinen Freunden übereinstimmend berichtet wird, die Personifizierung jenes Typs eines Revolutionärs, den er offen bewunderte: Einen, der ohne jeden Skrupel entschlossen war, sich über alles hinwegzusetzen, was ihn von seinem Ziel abhielt. Bakunin – und das mag seine zeitweilige Abhängigkeit, ja Hörigkeit mit erklären – wußte, daß er selbst das alles nicht war, was Netschajew verkörperte. Dieser Netschajew nun schrieb in

der Zeit, als er mit Bakunin in Genf zusammenlebte, jene »Regeln für
Revolutionäre«, eine Schrift, die auch »Katechismus für Revolutionäre« genannt wurde und die, von Lenin bewundert, bis in die jüng-
ste Zeit als eine Art »Bibel« für fast alle Spielarten des Terrorismus
galt, den modernen Staatsterrorismus eingeschlossen. (Solms 1996,
116)

Bereits zu Lebzeiten hatte Netschajew auch die schriftstellerische Phantasie beschäftigt, da er Fjodor Dostojewskij als Vorbild
für die Titelfigur von dessen Roman *Die Teufel* (1871) diente.
Und Netschajews Anhänger Johann Most, der ab 1883 die ›Propaganda der Tat‹ nach eigenem Bekunden »als eine wahre Spring-
wurzel agitatorischer Zauberei« (Cantzen 1997, 68) benutzt und
sich erst um die Jahrhundertwende davon distanziert hatte, diente
seinerseits als Vorbild für die Figur des Anarchisten Karl Yundt in
Joseph Conrads *Der Geheimagent* (1907).

Alle Motive, die das öffentliche Bild von Netschajew ausmach-
ten, werden auch von Ambler ausgebreitet, allerdings in merkwürdig indirekter Form. Ein von Zander erstelltes Dossier zu Ne-
tschajew wird von Zanders amerikanischem Rechtsanwalt vor
Halliday zitiert, wobei sich der Rechtsanwalt, vom rhetorischen
Schwung mitgerissen, an einer Aktualisierung versucht. Er weist
nicht nur auf die Roten Brigaden und die Baader-Meinhof-
Gruppe hin, sondern auch auf deren angebliche geistige Anführer,
insbesondere den »Guru« der »terroristischen Linken«, Herbert
Marcuse: »Bakunin und Professor Marcuse mögen nachträglich
Bedenken gekommen sein, aber in beiden Fällen war es zu spät.
Es ist immer das gleiche. Wenn ein solches Unheil erst einmal an-
gerichtet ist, kann es durch Worte nicht aus der Welt geschafft
werden.« (Zeit, 44) Schon in *Bitte keine Rosen mehr* hatte sich
Professor Krom abschätzig über den Anarchismus des »unaus-
sprechlichen Herbert Marcuse« (Rosen, 46) geäußert. Die Figur
Kroms war dort allerdings ironisiert worden, und gegen Zanders

Analyse beziehungsweise des Rechtsanwalts als dessen Sprachrohr erhebt Halliday Einspruch: »Als Thema für seriöse Untersuchungen ist der internationale Terrorismus heute bestenfalls suspekt. Aus meiner Sicht ist das Thema ein alter Hut und
sterbenslangweilig.« (Zeit, 46)

Die Meinung, die er seiner Figur in den Mund legt, scheint
Ambler nicht geteilt zu haben. Denn die fiktive Autobiographie
von Netschajew hat er *Children of the Twilight* (*Kinder des Zwielichts;* Zeit, 49) genannt, und *The Twilight Ones* erwog Ambler
als Titel für sein eigenes Buch.[70] Die »Kinder des Zwielichts«
standen da offensichtlich im Zentrum des Romans. Tatsächlich
kommt Zander gegen Schluß nochmals auf Netschajew zu sprechen und erklärt, der renommierte Kulturhistoriker Arnold
Toynbee habe den russischen Anarchisten einst mit Robespierre
und Lenin verglichen. »Sie alle haben die moralisch und intellektuell verwerfliche Ansicht vertreten, daß Gewalt angewendet
werden darf, wenn man eine gerechte Gesellschaft herbeiführen
will. Robespierre und Lenin haben lange genug gelebt, um zu erkennen, ohne es freilich zuzugeben, daß das irdische Paradies,
das sie geschaffen haben, ein und dasselbe Terrorregime in unterschiedlichen Erscheinungsformen war.« (Zeit, 362 f.)

Doch gegen wen richtet sich diese Terrorismuskritik? So wie
sich das Netschajew-Manuskript im Verlauf der Ereignisse bald
als bloßes Lockmittel erweist, so wird die damit aufgeworfene
Frage des widerständigen Individualterrors in Amblers Buch
beiseite gelassen und durch das Motiv chemischer Waffen sowie
die Bedrohung, die sie in den Händen paranoider Potentaten
darstellen können, abgelöst.

Darin aber besteht die zweite Schwäche des Buchs, in der
Darstellung des Bösewichts im zweiten Teil. Der namenlose
autokratische Herrscher vom Golf wird von Halliday mit un-
zweideutigen Worten charakterisiert:

Nun sind Psychopathen oft gute Schauspieler und schwer einzuschätzen, wenn man keine anderen Anhaltspunkte hat als ihre Sprüche und die Gesichter, die sie ziehen. Ich fand es aber doch sehr merkwürdig, daß ein so aufgeweckter und erfahrener Mensch wie Zander sich nicht vorstellen konnte, daß diese würdevolle Erscheinung dort ein hinterhältiger, mörderischer, skrupelloser Dreckskerl war, der die Absicht hatte, ihn bei der nächsten Gelegenheit umbringen zu lassen. Selbst die mißtrauische Simone hatte das nicht wahrhaben wollen. Vielleicht hatten sie deswegen nicht bedacht, wie gefährlich verrückte und böse Menschen sein können, weil er so leicht zu verachten war. Vielleicht hatte Schelm mit seiner Bemerkung, daß längerer Kontakt mit Arabern bei Europäern zu bizarren Verhaltensweisen führen kann, den Nagel auf den Kopf getroffen. Und vielleicht bildete ich mir als Außenseiter, der von den Fakten nichts wußte und eher zufällig auf die Wahrheit gestoßen war, ganz zu Unrecht ein, das Naheliegende erkannt zu haben. (Zeit, 295 f.)

Diese Rede des Ich-Erzählers kann nicht als bloß subjektive Wertung abgetan werden, da sie sich im Verlauf der Ereignisse bestätigt: Der Herrscher ist ein mörderischer Psychopath.

Damit fällt die Figur in klassische, klischierte Feindbilder zurück.

Zum Schluß formuliert Halliday Vorbehalte gegenüber der moralischen Standfestigkeit der NATO, die sich womöglich doch auf das Ansinnen des Emirs einlassen könnte, ihm Giftgase für Menschenversuche zur Verfügung zu stellen. Deshalb entscheidet er, sich dagegen abzusichern:

Wenn die NATO – trotz des Preises und all der anderen Argumente, die dagegen sprachen – sich mit Blick auf Abra Bay noch immer auf einen Deal einlassen wollte, würde man mein Interview, in dem sich der Herrscher nicht nur als Trottel, sondern auch als krimineller Psychopath zu erkennen gab, womöglich als Problem betrachten. Der Film konnte leicht verlorengehen. Möglicherweise würde ich ihn nie mehr wiedersehen. Mir schien es ratsam, ihn nicht aus der Hand zu geben. (Zeit, 394)

Seine Vorsicht erweist sich als gerechtfertigt, da der deutsche Geheimdienst versucht, ihm den inkriminierenden Film bei der Rückreise in die USA durch den amerikanischen Zoll abzujagen. Aber die Übersteigerung des Herrschers zum Psychopathen hat es ermöglicht, diesen wie eine Kasperlefigur im Sanatorium verschwinden zu lassen und damit die Frage der Giftgasentwicklung sowie der westlichen Verwicklung darin letztlich zu entschärfen.

Das Thema revolutionärer, terroristischer Gewalt kehrt allerdings in anderer Form zurück. Zanders Auseinandersetzung mit Netschajews Gewaltbereitschaft scheint eine Art Selbstkritik zu sein, da Zanders Leben ebenfalls im Zeichen der Gewalt stand. In Estland geboren, floh er mit seiner Familie vor den Sowjets und trat als 18jähriger Freiwilliger der deutschen Wehrmacht bei. An die Ostfront versetzt, machte er den mörderischen deutschen Rückzug aus Rußland mit und fand nach Kriegsende Unterschlupf in der französischen Fremdenlegion. Nach einer weiteren Niederlage bei Dien Bien Phu wechselte er erneut die Seiten und betätigte sich als Mittelsmann für die palästinensische, dann die algerische Befreiungsbewegung. Doch bald gab er die Politik ganz zugunsten des Geschäfts auf und wurde zum »freien Unternehmensberater« (Zeit, 14) mit großem Schmiergeldkonto und dem Spezialgebiet Waffen. So hat er sich vom Konterrevolutionär über den Söldner zum Revolutionär und von diesem zum Waffenhändler entwickelt.

Im Kern scheint Zander aber der Soldat geblieben zu sein, als der ihn ein US-General wahlverwandtschaftlich erkennt. Vom Mordkommando bedroht, rüstet er sich zum letzten Gefecht. Halliday, der Zander und dessen Methoden zuerst abstoßend findet, entdeckt an ihm mit der Zeit neue Seiten und beginnt, sich für den »Überlebenskünstler« (Zeit, 233) zu interessieren. Zum Schluß glaubt er sehen zu können, daß es Zander »nicht mehr reizte, Siege mit Waffengewalt zu erringen«. (Zeit, 387) Zanders psychologisches Profil steht dem seiner Häscher gegenüber, dem sogenannten Mukhabarat-Zentralkommando, das bei den internationalen Polizeibehörden unter dem Codenamen Rasmuk geführt wird. Rasmuk soll aus dem palästinensischen Widerstand entstanden sein, wird aber von Ambler als eine jener Gruppen in der Tradition der mazedonischen Komitadschi beschrieben, die den Übergang vom politischen Kampf zur professionellen Kriminalität vollzogen haben. Vertreten wird sie von Raoul Bourger, den Zander von seiner Algerienzeit her persönlich kennt. Bourgers Vater, ein Algerien-Franzose, »ist im Januar 60 bei den Straßenkämpfen in Algier ums Leben gekommen. Raoul war damals vierzehn. In dem Jahr hat er vier Polizisten umgebracht.« (Zeit, 342) Nach einem mißglückten Selbstmordversuch, über dessen Ernsthaftigkeit die Meinungen auseinandergehen, hat er sich weiter radikalisiert, um sich dann bei Rasmuk zu verdingen. Simone, die Tochter Zanders, bringt ihn mit Netschajew in Verbindung. »Er war ein verhinderter Netschajew. Ein blutjunger Anarchist[71], aber kein intellektueller Snob und politischer Phrasendrescher wie dieser Russe.« (Zeit, 343) Halliday kommentiert die Erzählung dieser Entwicklung abschließend: »Nachdem es ihm nicht gelungen war, sich das Leben zu nehmen, beschloß er, andere Menschen umzubringen. Typische Erfolgsgeschichte unserer Zeit, was?« (Zeit, 343)

Wie bei Ambler nicht anders zu erwarten, ist der Roman im Detail sorgfältig recherchiert. Notizen aus dem Nachlaß zeigen, wie Ambler beispielsweise die verschiedenen Reiserouten durch Österreich genau notierte und sich um Lokalkolorit bemühte. Dabei teilt er gelegentliche Seitenhiebe aus. So beschreibt er eine Straßensperre durch die österreichische Polizei, die sich als Bußenfalle und Wegelagerei entpuppt; als der Trupp mit Zander an der Stadt Judenberg in der Steiermark vorbeifährt, ist das Anlaß zu einer scharfen Kritik am österreichischen Antisemitismus. Zuweilen aber geraten die diversen Autofahrten und Verfolgungsjagden zum Selbstzweck.

Eine letzte Unentschiedenheit entspringt dem Titel des Buchs. Die Formulierung *The Care of Time (Mit der Zeit)* wird im Buchmotto mit einem Zitat aus dem fiktiven Netschajew-Manuskript erläutert, und zwar als Redewendung von Alexander Herzens Frau, die über mögliche Rivalen ihres Mannes jeweils bemerkt habe: »Time will take care of him.« (Time, Vorspann) Angesprochen sind damit Vergänglichkeit, Altern und Tod. Tatsächlich ist der Tod für den versuchten Usurpator, der den früheren väterlichen Freund Zander zu erledigen suchte, im Showdown schnell und ohne Würde gekommen: »So sah ich Bourger sterben. Ich sah nicht, wie er getroffen wurde. Er landete auf der Erde, als hätte ihn ein Ungeheuer, das keine Verwendung mehr für ihn hatte, einfach dorthin geworfen.« (Zeit, 385) Die Titelformulierung aber wird zum Schluß des Romans von Halliday aufgegriffen. Nachdem er eine Postkarte von Simone bekommen hat, die ihm mitteilt, daß Zander und die Seinen in Sicherheit seien, bemerkt er seufzend: »Time is taking care of Zander, as it is taking care of me« (Time, 250)[72], um gleich fortzufahren: »Doch seine Familie hat noch einen langen Weg vor sich.« (Zeit, 399) Mit der Familie ist vor allem Simone gemeint. Umsichtig und gewandt, wenn nötig gewalttätig, als Gegenleistung für Hallidays Wohlverhalten diesen mit Sex belohnend, hat sie sich zugleich moralisch unbekümmert und bedingungslos loyal gegenüber ihrem Vater gezeigt. »Mir ist wirklich nicht klar, wie ich reagieren soll«, lautet Hallidays Reaktion auf Simones Karte, die eine weitere Kontaktaufnahme andeutet. Mehr als fiktionale Offenheit bezeichnet der Satz eine Unklarheit bei Ambler. Die Themen von Giftgas und Terror scheinen an eine Grenze der Darstellbarkeit zu stoßen, und Ambler löst sie im zweiten Teil nach herkömmlichen Gattungskonventionen auf.

In einer Hinsicht zahlte sich dies im Wortsinn aus, da der Absatz des Romans in den USA die Verkäufe der vorangegangenen Bücher deutlich übertraf.[73] Auch in Großbritannien zeigte

Amblers achtzehnter Roman eine überfällige Konsequenz: In der Neujahrsliste 1981/82 wurde Ambler für seine Verdienste um die Literatur der Order of the British Empire (OBE) zugesprochen.

Rückschau

Mit der Zeit bleibt letztlich eines von Amblers schwächeren Büchern. Doch liegt dies nicht in der womöglich nachlassenden Kunstfertigkeit des mittlerweile 70jährigen begründet, wie die vier Jahre später erscheinende Autobiographie erweisen sollte, die sich qualitativ mit Amblers besten Werken messen kann. Viel eher zeigt der Roman ein objektives Dilemma auf. Die chemische Kriegführung warf neue Bedrohungen für die Menschheit auf und stellte damit neue Anforderungen an den Thriller. Amblers Anspruch zu »erklären, wie es zugeht in der Welt«, bestand weiterhin, doch versagten für einmal die Mittel. Statt plausible Veranschaulichungen fand er groteske, an James Bond erinnernde Formeln: der größenwahnsinnige Schurke aus dem Golfstaat mit seinem geheimnisvollen Bunker in der Steiermark.

Der Rückgriff auf konventionellere Mittel bescherte Ambler immerhin einen konventionellen Erfolg. Die Londoner *Times* druckte den Roman in Auszügen ab. Sein neuer amerikanischer Verlag, Farrar, Straus and Giroux, zum damaligen Zeitpunkt der letzte rein literarische Verlag ganz Amerikas, mit einer glorreichen Autorenliste, die auch viele europäische Schriftsteller umfaßte, organisierte im Herbst 1981 eine ausgedehnte Promotiontour durch die USA.[1] Ambler beschrieb die Tour in einem Kabinettstück an Komik als Tortur, insbesondere wegen der »Besserwisser, Kulturgangster und Schnellkritiker« (Ambler, 20), die er dabei traf; andererseits schärften ihre aufdringlichen biographischen Fragen den eigenen Blick zurück.

Nach der Rückkehr in die Schweiz kam Ambler im März 1982 zwischen Lausanne und Genf ohne Fremdeinwirkung von der

Autobahn ab und überschlug sich mit seinem Wagen. Ursache waren offenbar Dämpfe, die sich in dem neuen Auto entwickelt und ihn langsam betäubt hatten. Mit viel Glück kam er ohne gravierende Verletzungen davon. Doch der Unfall traf den gewieften Autofahrer Ambler nicht nur in seinem Stolz, sondern setzte auch andere psychische Prozesse in Gang. Die Pläne für einen weiteren Thriller traten hinter die Beschäftigung mit der eigenen Person zurück, und Ambler begann mit autobiographischen Aufzeichnungen, gegen die er sich gegenüber seinem Verleger lange gesträubt hatte. Mit dem Unglück auf der Autobahn beginnt Ambler denn auch die vier Jahre später erschienene Autobiographie.[2]

Der Unfall beschleunigte zudem eine andere Entscheidung: Noch im selben Jahr kehrte das Ehepaar Ambler ganz nach England zurück. Eric Ambler begründete den Umzug später mit Joans verschlechterter Gesundheit, »Altersdemenz« mit »deutlich erkennbaren Gehirnschädigungen«, die besondere Pflege und Schonung verlangten: »Krankenpflege ist in der Muttersprache leichter zu bewerkstelligen.« (Cole, 233 f.) Auch mag Ambler der eigene vorübergehende Verlust der französischen Fremdsprache nach seinem Autounfall beunruhigt haben. Zwar wurde die Wohnung in Clarens vorerst beibehalten, doch zog das Ehepaar in die schon früher zugemietete geräumige Wohnung im eleganten Londoner Belgravia-Viertel, am Chesham Place, inmitten einer Reihe gepflegter Stuckhäuser, fünfstöckig, auch heute noch beste Adresse, mit schmiedeeisernem Gitter vor dem Hauseingang und livriertem Portier.

Das Ehepaar Ambler richtete sich zu einem Leben beharrlicher Routine ein. Joan zog sich jetzt stark zurück. Eric schrieb weiterhin täglich, schränkte öffentliche Auftritte aber ebenfalls ein. Außer in den 1950er Jahren hatte er sich nie viel in der Gesellschafts- und Kulturszene bewegt, und in Hollywood hatte vor allem Joan auf dem gesellschaftlichen Parkett getanzt. In der Schweiz waren beider soziale und berufliche Kontakte schon sehr viel eingeschränkter gewesen. Ambler kannte seinen Wert als Schriftsteller und fühlte sich nicht auf äußere Bestätigungen angewiesen. Sein Auftreten schwankte zwischen zurückhaltend und selbstbewußt, was ihm zuweilen als Arroganz ausgelegt wurde. Ein leichtes Stottern behinderte ihn; die Suche nach Präzision im Ausdruck und nach dem richtigen Wort verstärkte die Zögerlichkeit seines öffentlichen Redens.

Um den Londoner Alltag zu organisieren, wurde eine persönliche Assistentin eingestellt. Auf eine Anzeige in der *Times* meldeten sich rund 60 Bewerberinnen, und nach Überprüfungen, die geradezu geheimdienstliche Sorgfalt verrieten, wurde Patricia Gaynor für die Stelle ausgewählt. »Ich hab die Verbindung zur Außenwelt hergestellt«, hat sie ihre Aufgabe umschrieben.[3] Dies umfaßte das Sortieren der eintreffenden Post, Kontakte mit Verlegern und Journalisten, die Entwicklung eines Archiviersystems für Amblers Geschäftskorrespondenz, Einkaufen bis hin zur gelegentlichen Zubereitung von Mahlzeiten an den dienstfreien Tagen der Köchin.

Amblers Tagesablauf war weiterhin strikt geregelt: Um 9 Uhr 30 öffnete er die bereitgelegte Post, dann, von 10 bis 13 Uhr arbeitete er, gefolgt von einem Lunch. Am Nachmittag setzte er sich erneut an den Schreibtisch, vor allem, um zu lesen; um halb acht wurde das Abendessen serviert. Der formelle Stil beschränkte sich nicht nur auf penibel eingehaltene Arbeitszeiten: Laut dem Literaturagenten Peter Janson-Smith dürfte Ambler einer der wenigen Schriftsteller gewesen sein, der sich jeden Tag in Anzug und Krawatte vom Frühstückstisch ins angrenzende Arbeitszimmer begab.[4]

Äußerlich gesehen lebten die Amblers eine geruhsame, von Joans Anfälligkeit überschattete Existenz. Geld war reichlich vorhanden. Amblers Buchtantiemen, neben den englischsprachigen vor allem aus Deutschland, Frankreich und Japan, genügten zur Deckung der laufenden Ausgaben; die Verdienste der beiden aus Hollywood sowie Joans Erbe waren klug angelegt. Das Lieblingsgetränk Champagner, weiß für Eric, rosa für Joan, wurde täglich serviert und ständig vorrätig gehalten. In anderem blieben die Amblers bescheiden. Einfachste Mahlzeiten wie Rührei, Cottage pie (Hackfleischplätzchen) oder Lancashire hotchpot (Eintopf) wurden bevorzugt, und gelegentlich mußte Patricia Gaynor Curry-Fertiggerichte von Marks & Spencer oder eine Quiche Lorraine von Harrod's besorgen. Der Luxus bestand vor allem darin, daß den beiden zunehmend die Alltagsgeschäfte abgenommen wurden.

Trotz seiner Arthritis schrieb Eric Ambler den ersten Entwurf seiner Manuskripte wieder von Hand, um sie dann mit der Maschine abtippen zu lassen. 1983 schaffte er sich auf Vorschlag von Len Deighton eine jener frühen Schreibmaschinen mit einzeiligem Bildschirm an, die das seither aufgegebene Bindeglied zwischen elektrischer Schreibmaschine und Computer darstellten. Doch nach drei Tagen rief er Patricia Gaynor zu sich und erklärte ihr entschieden: »Ich hasse das Ding, bringen Sie es bitte zurück.«

Am 29. Juni 1984 organisierte Len Deighton im Savoy Hotel zu Ehren von Amblers 75. Geburtstag einen Lunch mit zwölf Kollegen: Kingsley Amis, John le Carré, Frederick Forsyth, Julian Symons, Ted Allbeury, H. R. F. Keating, Lionel Davidson, Gavin Lyall, Anthony Price, John Gardner, Miles Tripp und Deighton. Laut Deighton entwickelte sich das Treffen, mit lauschigem Blick auf die Themse, zu einer anregenden Angelegenheit:

Als wir uns versammelten, merkte ich überrascht, daß etliche der Anwesenden sich zum ersten Mal trafen. Über einen Umweg, an den ich mich nicht mehr erinnern kann, hatte ich eine Telefonnummer in Nizza erhalten, die ich anrufen sollte: Es war Graham Greene, der einen Glückwunsch an Eric übermittelte. Während Kaffee und Brandy serviert wurden, stand jemand auf, sprach einen Toast auf Eric und drückte seine Anerkennung und Bewunderung aus. Ich schlug vor, daß jedermann der Reihe nach einen Tribut zollen oder Anekdo-

ten erzählen sollte. Das war ziemlich erfolgreich, weil es die Zurück-
haltenderen dazu veranlaßte, über Eric und sein Werk zu sprechen.[5]

Zwei der damals gezollten Tribute sind seither öfter zitiert worden. Graham Greene hatte elegant formuliert: »Für den Meister,
von einem seiner Lehrlinge«, und John le Carré nannte das Werk
Amblers die Quelle, aus dem alle Thrillerautoren schöpften.[6]

Autobiographisches

Amblers Hauptsorge galt zu diesem Zeitpunkt der Fertigstellung
seiner Autobiographie, die 1985 erschien. *Here Lies Eric Ambler
(Ambler by Ambler)* erreicht in der Eleganz der Sprache und der
Schärfe der Beschreibung die Qualität der besten Ambler-Werke.
Gleich vierfach werden wir zu Beginn bezüglich der Unzuverläs-
sigkeit der Erinnerung vorgewarnt. Da ist erstens der unüber-
setzbare englische Titel *Here Lies* mit seiner Doppelbedeutung
von *Hier ruht* und *Hier lügt Eric Ambler*. Da ist zweitens der
Auftakt des Buchs mit dem Autounfall von 1982. Ambler interessiert an der Episode vor allem sein vorübergehender Verlust der
französischen Fremdsprache. Über die existentielle Besorgnis
hinaus wird damit das Thema unzulänglicher Sprachbeherr-
schung durchgespielt. Die anschließend an den Unfall erzählte,
diesem chronologisch vorangehende Episode betrifft die Ameri-
ka-Tour von 1981, wobei es wiederum um die Verläßlichkeit der
autobiographischen Erinnerung geht, mit einer politischen Pointe:
Ein ehemaliger Bekannter von Joan Harrison sorgte sich, ob sich
Ambler an seine nicht eben makellose Haltung während eines
Streiks der Drehbuchautoren in Hollywood erinnerte. Schließlich faßt Ambler die Skepsis über die autobiographische Selbstvergewisserung zusammen: »Nur ein Idiot glaubt, daß er über
sich die Wahrheit schreiben kann.« (Ambler, 36) Die Warnung

wirkt überdeutlich. Aber sie dient als ein Darstellungsprinzip. Identitäten, so macht Amblers Text klar, sind nicht fest, sondern form- und interpretierbar.

Ambler selber formt sich zum leicht zwielichtigen Charakter. So verstärkt er für die Jugend und Vorkriegszeit die bohemehaften, rebellischen Züge, indem er Ähnlichkeiten mit dem von ihm bewunderten Onkel Frank, dem Bruder der Mutter, herausstreicht, der zur Schande seiner Schwester zum millionenschweren Betrüger wird und dann ins Gefängnis muß.

Erics frühe Jugend, die Zeit als technischer Praktikant, als Werbetexter, die Anfänge als Schriftsteller sowie die Dienstzeit in der Armee werden einem kühlen, sarkastischen Blick unterworfen, der das persönliche Verhalten in der sozialen und politischen Situation verankert. Doch dann brechen die Aufzeichnungen ziemlich unvermittelt ab. Die Erfahrungen im britischen wie im amerikanischen Filmgeschäft werden nur noch ominös angedeutet.

Die Autobiographie erntete im englisch- wie deutschsprachigen Raum viel Lob und entfachte neues öffentliches Interesse. Im renommierten *Times Literary Supplement* erschien im August 1985 eine große Würdigung durch den Oxford-Professor John Bayley[7]; 1986 zog das BBC-Fernsehen mit einem umfangreichen Porträt durch den Kritiker James Fenton im Rahmen der prestigeträchtigen *Omnibus*-Serie nach. Im gleichen Jahr wurde er von der britischen Crime Writers' Association mit dem ersten je verliehenen Diamond Dagger für sein Gesamtwerk ausgezeichnet. In den USA wurde *Ambler by Ambler* 1986 von der amerikanischen Mystery Writers of America mit einem Edgar in der Biographiekategorie ausgezeichnet. Ambler bedankte sich dafür mit einer Rede, in der er eine ethische Position formulierte, die sich ironisch von der gesellschaftlich sanktionierten Moral distanzierte:

Unsere Haltung gegenüber Verbrechen und Gewalt ist eindeutig. Wir sind gegen alle menschliche Verderbtheit, unabhängig von Rasse,

Glauben, Hautfarbe oder Geschlecht des Verderbten. Als verantwortungsbewußte Handelsvereinigung glauben wir allerdings nicht, daß die Welt schon bald tugendhafter wird. Unsere Haltung gegenüber allen Gesetzeswächtern und Sicherheitsdiensten ist und war jederzeit vollkommen und absolut zweideutig.«[8]

Ambler by Ambler war eine Parforceleistung gewesen. Danach setzte sich Ambler weiterhin hartnäckig an den Schreibtisch, doch ging die Arbeit langsamer vonstatten. Die öffentlichen Kontakte nahmen weiter ab. Auch wegen Joan. Sie muß eine selbstbewußte, anspruchsvolle, zuweilen schwierige Persönlichkeit gewesen sein; Charakterzüge, die durch die Altersdemenz verstärkt wurden. Ihre Willensstärke, die sie als erste weibliche Produzentin in Hollywood bewiesen hatte, ging mit einer gewissen Weltfremdheit einher. Von der behüteten Kindheit an, meint Patricia Gaynor, habe Joan Erfolg als selbstverständlich betrachtet, was sich im Alter in zunehmender Selbstbezogenheit ausgedrückt habe. Unbestritten ist die tiefe Zuneigung Erics zu seiner Frau. Doch war es, wie Patricia Gaynor festhält, »eine explosive Beziehung«:

Eric trank um 11 Uhr morgens gerne einen Tee, und wenn ich ihm den brachte, konnte ich immer seinem Gesicht ablesen, ob er und Joan in der vergangenen Nacht eine heftige Auseinandersetzung gehabt hatten. Er sagte: »Patricia, Joan und ich haben...« (und dann hob er die Hände wie zu einem Faustkampf). Natürlich meinte er keine körperliche, sondern eine mündliche Auseinandersetzung. In solchen Situationen lernte ich, die Vermittlerin zu spielen, da sie nicht miteinander sprachen![9]

In den Londoner Jahren verließ Joan die gemeinsame Wohnung nur noch für Arzt- und Zahnarztbesuche. Sehr selten erhielt das Paar Besuch von Freunden aus der Hollywooder Zeit, etwa Sam und Peggy Goldwyn. Joyce Fowle, Amblers Schwester, fühlte sich in Gegenwart von Joans dominanter Persönlichkeit unbehaglich und stellte ihre Besuche mit der Zeit ein. Auch die Entfremdung zu Amblers Bruder Maurice ließ sich im Alter nicht mehr rückgängig machen.[10]

Angesichts der Intensität der Beziehung mit Joan brauchte selbst Eric zuweilen eine Atempause. So zog er sich manchmal für ein, zwei Wochen in die Schweiz oder nach Liechtenstein zurück, später, als die Schweizer Wohnungen verkauft waren[11], ins Connaught Hotel in London. Von da waren es nur wenige Schritte bis in die South Audley Street, in der sich ein Spionagegeschäft befand, welches alle Gimmicks eines Gewerbes verkaufte, das Ambler in *Das Intercom-Komplott* scharfsinnig seziert hatte; zwei Schaufenster weiter warb ein Gegenspionagegeschäft für die Mittel, um die Spionage-Gimmicks zu neutralisieren – eine handfeste Illustration für die von Oberst Brand im *Intercom-Komplott* formulierte These, das Spionagegeschäft sei eine Übereinkunft beider Seiten, das Publikum daran zu hindern, die neuen Kleider des Kaisers als Nacktheit zu durchschauen.

1987 zog das Ehepaar, da das Pachtrecht für Chesham Place auslief, an den Bryanston Square 14. Auch diese Wohnung wurde im dezenten Geschmack behaglicher Bürgerlichkeit eingerichtet, mit pastellfarbenen Teppichen, Möbeln im Regency-Stil und mit den Bildern, die Amblers in den 1960er Jahren gesammelt hatten, darunter Werke von John Piper und Patrick Heron sowie Hogarth-Stiche.

Die Autobiographie hatte Ambler wieder ins öffentliche Bewußtsein gerückt; 1987 verfertigte Donald Westlake ein Drehbuch für Volker Schlöndorff zu Amblers Roman *Waffenschmuggel*.[12] Die neuen Filmpläne weckten Amblers eigenen Appetit, und er schlug dem langjährigen Freund Roy Ward Baker vor, seinen *Doktor Frigo* für den Film zu adaptieren.[13] In der ihm eigenen Bescheidenheit meinte Ward Baker rückblickend: »Wir haben an drei Fassungen eines vollständigen Drehbuchs gearbeitet, aber ich konnte keinen Produzenten überzeugen, das Projekt anzupacken. In Tat und Wahrheit war das Script niemals so gut wie das Buch. Vielleicht eignet sich das Buch schlichtweg nicht für eine Verfilmung.« (Baker 2000, 161)

Auch die britische Kulturstiftung fürs Ausland, der British Council, erinnerte sich an Ambler. Im Oktober/November 1987 wurde eine Veranstaltung *Achtung! Spione* in Köln und Berlin organisiert. Während in Köln die Autoren Ted Allbeury und Gavin Lyall lasen sowie Verfilmungen nach Romanen von John le Carré, Len Deighton und Eric Ambler gezeigt wurden[14], wurde Ambler zusammen mit Reginald Hill, Julian Symons und Anthony Price nach Berlin eingeladen. Reginald Hill erlebte Ambler als »einen ausgezeichneten Gesprächspartner und Begleiter, humorvoll, lebhaft, höflich und ohne jede Allüren, trotz seines Ansehens in der Welt der Thrillerautoren.«[15] Die Berliner Mauer, für zahlreiche Thrillerautoren zentrales Symbol und Motiv des kalten Kriegs, war in Amblers Werk nie aufgetaucht. Jetzt, in ihrem Angesicht, stellte Ambler sich erneut seinen jugendlichen Hoffnungen auf eine gerechtere Welt. Julian Symons gegenüber äußerte er sich ambivalent: »Vermutlich ist der Sozialismus nie richtig ausprobiert worden, aber eine Menge jener Sachen, die sich mit ihm verbinden, garantieren, daß der Sozialismus auch nie richtig ausprobiert wird. Aus diesem Dilemma sehe ich keinen Ausweg.« (Symons 1989, 16) Wenig später, nach dem Fall der Mauer, bot er dem Journalisten James Pettifer gegenüber eine größere historische Perspektive an: »Ich stand vor zwei Jahren an der Berliner Mauer. Ich sagte damals, das ganze Ding sei belanglos.« (Pettifer 1990) Noch etwas später, in *Blagden Cole*, zog er sich bei der Erinnerung an die Berlinreise auf ein eindeutiges, aber letztlich unverfängliches Bild zurück:

> Die schreckliche Mauer stand noch immer, und wir waren, mit der Unterstützung, Ermutigung und dem Segen des British Council, angereist, um zu zeigen, daß englische Thrillerautoren Anteil nahmen und daß wir, wenn es denn eine magische Posaune gäbe, deren Klang die Mauer zum Einsturz bringen würde, sofort hineinblasen würden.

Statt dessen sprachen wir zu den Berlinern und sie zu uns. Ich hätte nicht gedacht, daß es mir so viel Spaß machen würde. Dafür sorgte Julian, der als Moderator auf dem Podium saß. (Cole, 236f.)

Während die Ost-West-Konfrontation sich ihrem historischen Ende näherte, wurde 1988 *Das Intercom-Komplott* von Anglia TV unter dem Titel *A Quiet Conspiracy* verfilmt.[16] Das Resultat war eine erneute Enttäuschung, wie der Freund Julian Symons festhalten mußte: »Das Buch ist von Amblerscher Klarheit, doch die Fernsehversion ist verwirrend kompliziert.« (Symons 1989, 16) Symons gegenüber erklärte Ambler zur selben Zeit, Stoffe für Thriller seien weiterhin genügend vorhanden, und er skizzierte einen Plan, von dem er allerdings gleich vorsorglich bekanntgab, daß er ihn nicht verwirklichen werde.

Ich stelle mir das Buch vor, das ich gern schreiben würde, aber nicht schreiben werde. Es würde von der Planung eines Staatsstreichs handeln und davon, wie schwierig es ist, Verbündete anzuheuern. Mit der Rekrutierung beginnt auch die Angst. Man liefert sich jedesmal dem Schicksal aus, in jedem, der sagt, »Ich bin auf deiner Seite«, sieht man einen potentiellen Mörder. Und die Angst schleicht sich in jede Beziehung ein, selbst in familiäre Beziehungen, so daß sich der Planer des Staatsstreichs immer fragen muß: »Kann ich sicher sein…?« Das ist die Ebene, auf der ich schreiben möchte, um zu zeigen, wie die ganze Maschinerie funktioniert. (Symons 1989, 16)

Das Konzept skizziert eine Vertiefung von *Doktor Frigo,* mit Rückgriffen auf Motive, die Ambler schon 30 Jahre zuvor in *Besuch bei Nacht* behandelt hatte. Das Romanmanuskript, an dem er zu diesem Zeitpunkt arbeitete, setzte allerdings weniger die dezidiert politische Thematik von *Dr. Frigo* als diejenige der Wirtschaftskriminalität von *Bitte keine Rosen mehr* fort.

Altersgebrechen verlangsamten nicht nur den Arbeitsprozeß, sondern behinderten auch die sozialen Kontakte. Immer noch traf er sich gerne für ausgedehnte Lunches, aber die Zahl der Bekannten nahm ab. Einer der besten Freunde, James Mason, war schon 1984 gestorben. Ambler würdigte ihn 1987 in einem schönen Nachruf für den Fortsetzungsband des *Dictionary of National Biography*. 1990 trat Ambler, nach 23 Jahren, aus seinem Club, dem Saville Club in der Brook Street, aus, da er nicht mehr regelmäßig hingehen konnte.[17] Zuweilen reagierte Ambler unerbittlich auf wirkliche oder vermeintliche Kränkungen. Um 1976 hatte er den Kontakt mit seinem langjährigen Literaturagenten Peter Janson-Smith abgebrochen, weil dieser eine Stelle bei der Oxford University Press angenommen und damit in Amblers Auffassung die Front gewechselt hatte. Janson-Smith versuchte verschiedentlich, die Beziehung zu kitten, bekam aber die kalte Schulter gezeigt.

Nicht nur, was seine Bücher betraf, sondern auch in Beziehungen behielt Ambler gerne die Kontrolle. »Er war schon beinahe lächerlich großzügig«, meint Roy Ward Baker. »Falls man ihn für einmal nicht das Mittagessen bezahlen ließ, dann machte er es mit einem Geschenk wieder wett.«[18] Tatsächlich spendete Ambler großzügig: Dem Sozialfonds der Society of Authors vermachte er die jährlichen Einnahmen aus dem Bibliotheksgroschen seiner Bücher, der Bibliothek der Crime Writers' Association und seiner ehemaligen Colfe Grammar School schenkte er umfangreiche Buchkollektionen. Daneben gab es andere Seiten, wie Patricia Gaynor erläutert: »Viele Menschen profitierten von seiner Freundlichkeit und Großzügigkeit, aber nicht viele wissen, daß er auch ein ätzender Mime war – seine Imitation des Filmers Michael Winner war schrecklich genau, ebenso die von Charlton Heston, Stewart Granger oder gar Joan Greenwood!«[19] Amblers humorvolle Seite, die unter der vordergründigen Reserviertheit lag, betont auch Sam Goldwyn Jr.[20]

Als 1990 der amerikanische Verlag Mysterious Press den Vorschlag machte, einen Sammelband mit Kurzgeschichten herauszugeben, willigte Ambler ein, obwohl er sich nie als Kurzgeschichtenschreiber verstanden hatte. Julian Symons hatte er einst seinen Mißerfolg in dieser Hinsicht erklärt: »Das Fehlen brauchbarer Einfälle scheint nur eines der Probleme zu sein; aber wenn wir schon dabei sind, dann kann ich auch gleich gestehen, daß die meisten meiner Anstrengungen in diesem Bereich aus einer verachtenswerten Wiederverwertung von Ideen bestanden, die ich schon für Romane ausprobiert und dann verworfen hatte, weil sie nicht funktioniert hatten.«[21] Tatsächlich fiel die 1991 erschienene Sammlung *Waiting for Orders* mit sieben Erzählungen aus den späten 1930er Jahren und einer von 1970 ziemlich leichtgewichtig aus. Amblers Ehrgeiz war jedoch geweckt, und als ihn der Detection Club anfragte, zu Julian Symons' 80. Geburtstag einen Beitrag zu einer Festschrift beizusteuern, versuchte er sich an einer Originalgeschichte, *The One Who Did for Blagden Cole (Wer hat Blagden Cole umgebracht?)*, 1992 erschienen in dem von H. R. F. Keating herausgegebenen Sammelband *The Man Who*.

Im selben Jahr erinnerte sich eine andere Institution an Ambler: Die University of London verlieh dem einstigen Ingenieurstudenten einen Ehrendoktor, den Ambler am 7. Dezember 1992 zusammen mit dem Juristen Lord Justice Hoffman und dem Soziologen Stuart Hall, Mitinitiant der einflußreichen Cultural Studies, entgegennahm.

Die Zusammenstellung seiner Erzählungen und die Niederschrift von *Blagden Cole* eröffneten Ambler auch die Möglichkeit, seine Autobiographie fortzusetzen. Im ersten Kapitel von *Ambler by Ambler* hatte er geschildert, wie ihn eine der Nervensägen auf der US-Lesetour 1981 wegen einer künftigen Autobiographie bedrängt hatte: »Bei jedem gibt es einen ersten Akt. Das ist ja gerade das Problem mit Autobiographien hier in der Stadt. Zu viele Einakter. Kindheit in Armut, die ersten Kämpfe, der erste große Erfolg, der erste Hit, und dann wird das große Geld gemacht. Und dann? Nichts.« (Ambler, 32 f.) *Ambler by Ambler* schafft es mindestens bis zum zweiten Akt, aber es ist nicht zu übersehen, daß die Fortsetzung des Stücks im dunkeln bleibt. In *Nachträgliche Gedanken zu einem Nachruf*, mit dem Ambler die folgenden autobiographischen Aufzeichnungen in *Wer hat Blagden Cole umgebracht?* einleitet, bekräftigte er, wie schwer er sich mit der autobiographischen Selbstbeschäftigung tat, und er begründete den abrupten Schluß von *Ambler by Ambler* mit Überdruß an der eigenen Person: »Am vorgesehenen Wendepunkt des Buches, wo ich kurz und bündig über das Scheitern meiner ersten Ehe berichten wollte, brach ich das Buch ab. Ich hatte genug von mir.« (Cole, 10) Doch bereits die zwölf Nachkriegsjahre bis zur Scheidung 1958 waren sehr knapp abgehandelt, auf ganzen 15 von 400 Seiten. Insbesondere wird die Tätigkeit als Drehbuchschreiber für Rank praktisch ausgeklammert, ja, ins Negative gewendet, da Ambler diese Zeit mit einem längeren Eigenzitat aus einer Rede über die Gefahren des Drehbuchschreibens für den wahren Schriftsteller beschließt.

Das größte Hindernis für eine Fortführung der Autobiographie stellte zweifellos die Hollywooder Zeit dar. Als ihn sein Verleger Ende der 1970er Jahre erstmals um eine Autobiographie gebeten und dabei speziell auf die Erfahrungen in den USA angespielt hatte, erinnerte Ambler das Wort ›Hollywood‹ »nur noch an das Jahr meines Lebens, das ich damit vergeudet hatte, die historischen Fakten soweit umzuschreiben, daß die kindischen Phantasien Marlon Brandos darin Platz fänden.« (Cole, 9) Eine Darstellung dieser Erfahrungen durfte seines Erachtens nicht zum Klatsch entarten, sondern machte nur Sinn als grundsätzliche Erörterung über das Drehbuchschreiben. Ambler begann denn auch mit einem entsprechenden Projekt. Im Nachlaß liegen verschiedene Entwürfe unter dem Titel *The Day of the Fire*. Die ausgearbeitetste Version, deren Untertitel *An Experience of Hollywood* durchgestrichen und durch *Second Thoughts of an*

Epitaph ersetzt worden ist, besteht aus 44 Seiten und enthält auf rund 15 Seiten einen historischen Abriß über die Entwicklung des Films, nicht nur in Hollywood. Amblers eigene Erfahrungen brechen dagegen, kaum richtig begonnen, 1936 mit der Begegnung mit Robert Flaherty ab.[22] In einem früheren Entwurf formulierte Ambler seine Absicht folgendermaßen:

Dieses Buch handelt von den Berufsrisiken des Schriftstellers in der zweiten Hälfte des 20. Jahrhunderts. Es handelt auch ein wenig von der Kunst des Drehbuchschreibens, es erzählt warnende Beispiele und beschreibt Fallgruben, die dadurch womöglich rechtzeitig gesehen und vermieden werden können. Es will sowohl nützlich und informativ wie auch unterhaltend sein. In gewissem Maße ist es eine Fallstudie und deshalb im Ton gelegentlich autobiographisch. Ich wünschte mir, es wäre nicht so. Autobiographisches Schreiben ist eines der Berufsrisiken, das ich geglaubt hatte, zumindest für eine Weile los zu sein.[23]

Doch wurde der Plan allmählich aufgegeben. Später verknüpfte Ambler die autobiographische Erinnerungsarbeit mit dem neu erwachten Interesse an den Kurzgeschichten. Das Resultat, das 1993 erschien, ist ein Zwitter, wie der Untertitel klarmacht: *Memories and Other Fictions (Lebens- und Kriminalgeschichten)*. So versammelt das Buch, in vier Abteilungen, alle neun Erzählungen, die Ambler je geschrieben hat: Die Frühwerke *Armee der Schatten* und die sechs Stücke *Dr. Czissar mischt sich ein* sowie die beiden späten Werke *Der Kuhhandel* und *Wer hat Blagden Cole umgebracht?* Diese Nachdrucke werden jeweils durch unterschiedlich lange autobiographische Einleitungen historisch situiert. *Anfang* und *Ende des Anfangs* stellen Abwandlungen der schon in *Ambler by Ambler* behandelten frühen beziehungsweise späten 1930er Jahre dar.

Gänzlich neu sind hingegen die beiden Abschnitte *Mitte*, zu Hollywood, und *Fortsetzung folgt*, zur Schweizer Zeit. Beide

Epochen werden in extrem ausgewählten Ausschnitten vergegenwärtigt. Die späten 1950er und 1960er Jahre in Hollywood sind auf die Heirat mit Joan und den Brand des Hauses in Bel Air konzentriert; die Schweizer Periode der 1970er Jahre kommt vorwiegend launig daher, mit Anmerkungen über das besondere historische Bewußtsein des Waadtlands und einige skurrile Nachbarn in Clarens.

In verschiedener Hinsicht ist auch Amblers letzte Kurzgeschichte, *Wer hat Blagden Cole umgebracht?*, von der autobiographischen Selbstvergewisserung geprägt. Der Text, der sich im Rahmen des Auftrags durch den Detection Club in loser Weise Konventionen der Kriminalerzählung bedient, handelt von Ereignissen, die mehr als sechzig Jahre zurückliegen. Der berühmte Karikaturist und Porträtmaler Blagden Cole glaubt sich von einer heimtückischen Erbkrankheit heimgesucht, vererbt durch seinen vor langer Zeit in die USA entwichenen und dort der Krankheit erlegenen Vater, einen Klavierstimmer. Als Blagden Cole einen angeblichen Beweis entdeckt, daß er illegitim gezeugt worden und deshalb nicht erblich belastet ist, kündigt er gegen den Willen seiner Mutter die Heirat mit der Tochter eines Künstlerkollegen an. Wenige Stunden später wird er in seinem Atelier mit tödlichen Schußwunden aufgefunden; das Resultat der gerichtlichen Ermittlungen lautet auf Selbstmord, obwohl Indizien einen Mord nahelegen. Der Ich-Erzähler Charles Blagden, Sohn des Schauspielers Harry Blagden, eines Kriegskameraden des Malers und mit diesem sehr weitläufig verwandt, hat den Fall als Jugendlicher miterlebt und erinnert sich, mehr als sechzig Jahre später, als eine neue Biographie Blagden Coles Fall erneut aufrollt.

Die Kurzgeschichte ist witzig geschrieben, gekonnt verschlungen und verschachtelt, wiewohl inhaltlich eher leichtgewichtig. Faszinierend wird der Text, wenn man sieht, wie Ambler darin beiläufig Stücke und Motive seiner eigenen Lebensgeschichte anverwandelte. So überschreibt er dem Ich-Erzähler verschiedene eigene Kindheitserlebnisse, wie die dem Ambler-schen Stammbaum nachempfundenen verschiedenen Familien-zweige der Blagdens, die Großeltern in Clapham mit ihrer Lei-denschaft fürs Kino oder Charles' Lieblingslektüren.[24] Die ganze Erzählung ist durchtränkt von der Theaterbegeisterung des jun-gen Eric Ambler; ingeniös wird einer seiner damaligen Lieblings-autoren, Ibsen, mehrfach als Motiv verwendet. Dabei wird die reale familiäre Konstellation überhöht. Vater wie Mutter des Ich-Erzählers sind beides seriöse Schauspieler. Wie Amblers Vater stirbt auch Harry Blagden früh, und wie Amy Ambler meint auch hier die Mutter zum Sohn: »Du bist jetzt der Mann im Haus« (Cole, 252). In der Fiktion nimmt die Mutter ihren Sohn freilich ernst, zudem macht sie nach dem Tod des Vaters Karriere als Schauspielerin, womit erstmals in Amblers Werk eine positive Mutterfigur auftaucht. Im übrigen wird beiläufig erwähnt, daß auch der Ich-Erzähler nach dem Jurastudium ein erfolgreicher Theaterautor geworden sei.

Der Maler Blagden Cole andererseits trägt Züge von Will Dy-son, dem Vater von Amblers erster großer Liebe Betty Dyson. Wie Will Dyson macht Blagden Karriere als offizieller Kriegs-maler, wird in einen politischen Skandal verwickelt und arbeitet später für die in den 1920er Jahren aufkommende Boulevard-presse. Zuerst ein Verehrer von Charles' verwitweter Mutter, wird er, nachdem beide Seiten aus nüchternem Kalkül eine Hei-rat verworfen haben, eine Art Patenonkel für die beiden Blagden-Söhne. Die Ereignisse spitzen sich 1927 zu, als der achtzehnjäh-rige Charles eben seine Abschlußprüfungen am College hinter sich gebracht hat und auf den Studienbeginn wartet. Um die Zeit zu überbrücken, lädt ihn Blagden Cole auf sein Landgut ein, wo Charles die Anstrengungen Coles mitverfolgt, seinen wahren Va-ter zu identifizieren. Damit wäre der Fluch der Erbkrankheit ge-brochen und gegen den Widerstand der Mutter eine Ehe mit einer jüngeren Bekannten möglich. Doch in derselben Nacht hört Charles Schüsse und entdeckt den schwerverwundeten Blagden Cole in dessen Atelier. Als Charles nach wenigen Minuten mit dem alarmierten Dienstpersonal zurückkehrt, ist der Maler seinen Verletzungen erlegen, und in seiner Nähe liegt ein Gewehr, das Charles zuvor nicht wahrgenommen hat. Nach anfänglichen Versuchen, die Polizei von seiner Beobachtung zu überzeugen, muß sich Charles resigniert ins offizielle Urteil eines Selbstmords fügen; allerdings hält er auch den angeblichen Beweis für die uneheliche Zeugung von Blagden Cole für hinfällig und muß damit ein mögliches Motiv für einen Selbstmord zugestehen. Viele Jahre später kommentiert Charles' Mutter diesem gegenüber den Fall psychologisch-fatalistisch: »Du hast geglaubt, seine Mutter habe ihn erschossen, und vielleicht hattest du recht. Aber in Wirklichkeit hat der Klavierstimmer den guten alten Blag umgebracht.« (Cole, 288)

Wer hat Blagden Cole umgebracht? erschien als siebtes Ambler-Buch bei Weidenfeld and Nicolson, mit mäßigem Erfolg. Wenig später entdeckte Ambler, daß der Taschenbuchverlag Fontana eine Neuauflage von *Mit der Zeit* ohne das fiktive Motto des Romans herausgebracht hatte, was Titel und Schluß unerklärt ließ. »Ich hab die verantwortlichen Leute danach gefragt, und sie sagten, ›Wir haben es ein wenig gekürzt‹. Also, mir machen Kürzungen nichts aus, solange ich sie selber machen kann, aber es gibt Grenzen – ohne diesen fiktiven Nachruf ergibt die Geschichte keinen Sinn. Ich hab mir gedacht, wenn die Leute bereit sind, Stücke aus meinen Büchern rauszunehmen, wie es ihnen paßt, dann ist es besser, wenn ich derjenige bin, der sagt, was geht und was nicht. Also hab ich so schnell wie möglich die Copyrights aller meiner Bücher zurückgekauft. Deshalb sind sie gegenwärtig schwer zu kriegen« (Whitley 1997, 47), erläuterte er 1997. Allerdings wies die Tatsache, daß er die Rechte zurückkaufen konnte, auf eine geschwundene kommerzielle Attraktivität seines Werks hin.

Am 14. August 1994 starb Joan Harrison, 85jährig. 36 Jahre lang hatten die beiden miteinander gelebt. Ihr Tod traf Eric Ambler schwer. Mehrere Monate blieb er bis am Nachmittag im Bett, nahm die Mahlzeiten im Schlafzimmer ein, ging kaum mehr aus und verlor vorübergehend sogar die Lust am Schreiben.

Allmählich erholte er sich wieder. Und es gab Bemühungen, ihm zu weiterer öffentlicher Anerkennung zu verhelfen. 1996 versuchten Freunde vorzusondieren, ob eine Ernennung in den Adelsstand, wie sie verdienten Künstlern zugesprochen wird, möglich wäre. Zu diesem Zweck wurde ein Lunch zwischen Ambler und Lord Jeffrey Archer, geadelter Bestsellerautor, konservativer Politiker und Freund des damaligen Ministerpräsidenten John Major, organisiert. Das Treffen muß eine Katastrophe gewesen sein. Archer, eine umstrittene Figur, immer wieder in Kontroversen verwickelt, Verfasser von grobgestrickten Flughafenthrillern, deren aufwendiges Lektorat in der Branche legendär war, dabei reich und, vor seiner im Juli 2001 erfolgten Verurteilung wegen Meineids, politisch einflußreich, zeigte sich, ganz der Populist, zuvorkommend; Ambler dagegen blieb abweisend, seine Antworten fielen einsilbig, geradezu grob aus, und die routinierte Freundlichkeit Archers provozierte ihn sogar dazu, auf eine Bemerkung des inferioren Schreibers hin, wie sorgfältig dieser seine Manuskripte in mehreren Fassungen poliere, mit einem Dutzend Revisionen seiner eigenen Bücher aufzutrumpfen. Danach versandeten die Bemühungen um einen Ritterschlag.

Im November 1996 trat Ambler im Rahmen einer kleinen Retrospektive im National Film Theatre zum letztenmal öffentlich auf, körperlich etwas fragil, aber mit scharfem Witz.[25] In einer großen Würdigung beschrieb der Journalist Julian Evans seine freudige Überraschung darüber, daß der längst tot geglaubte Begründer des modernen Thrillers noch am Leben war. Anderen ging es ähnlich. So zeigten sich verschiedene Zeitungen an Ambler-Porträts interessiert, und trotz abnehmender Sehkraft sowie einer störenden Hauterkrankung gewährte Ambler in der Folge verschiedene größere Interviews.[26] Zuweilen blickte er dabei nostalgisch-resigniert zurück, bezeichnete sich als Mann der 1930er Jahre und wollte im damals neu aufgebrochenen Balkankonflikt nur noch das Endspiel der einst an Europas Küste gespülten Völkerwanderung sehen. Andererseits bestätigte er wiederholt, daß es ihm keineswegs an Buchideen fehle:

> Ich brauche keine neuen Ideen. Ich muß die vielen Ideen, die ich habe, selber niederschreiben. Gelegentlich mache ich mir eine Notiz, um mich daran zu erinnern, daß ich diese oder jene Geschichte schreiben muß... eines Tages. Zum Beispiel die Geschichte des Zuhälters mit dem Herz aus Gold. Oder das Zitat von Kipling »Wenn du deinen Kopf behalten hast, wenn alle um dich ihn verlieren und dir die Schuld anlasten...« – aber statt wie bei Kipling geht es so weiter »...dann hast du vielleicht das Neueste nicht gehört.« Eine andere Idee: »Das Licht am Ende des Tunnels könnte ein heranfahrender Zug sein.« (Born 1998, 48)

Doch fiel ihm die Umsetzung dieser Ideen zunehmend schwerer. Er saß weiterhin an jenem Roman, den er schon Mitte der 1980er Jahre unter dem Arbeitstitel *The Legatees* – wörtlich *Die Legatare* beziehungsweise *Die Vermächtnisnehmer* – begonnen hatte. Anfang 1997 hoffte er, das Buch zum Jahresende beendet zu haben.[27] Doch die Hoffnung erfüllte sich nicht. Das 140 Seiten weit gediehene Manuskript im Nachlaß, von Amblers Nachlaßverwalter John McLaughlin aufgrund handschriftlicher Entwürfe Amblers in eine maschinenschriftliche Fassung übertragen, umfaßt drei einleitende Kapitel eines Romans, und zwar als zweite, aber beileibe nicht endgültige Version.[28]

Das Fragment[29] zeigt, daß Ambler sich erneut dem Thema der Wirtschaftskriminalität zugewandt hatte, mit Anklängen an den Fall Firman, in den er 1969 in der Schweiz verwickelt gewesen war. Firman ist denn auch, wie in *Bitte keine Rosen mehr*, der

Name einer der Hauptfiguren. Im ersten Kapitel sitzt Martin Firman, gebürtiger Österreicher, naturalisierter Brite, Mitte Vierzig, Schwiegersohn eines reichen Peer, in einem englischen Gefängnis und büßt sechs Jahre für Betrug ab. Sein Schicksal ist, so wird angedeutet, verknüpft mit den Kriegswirren in Norditalien 1944/45. Es folgt eine kühle und knappe Beschreibung der Umstände von Mussolinis Tod im April 1945. Martins Vater, Wehrmachtoffizier Walter Firman, der den Auftrag hat, Mussolini nach Deutschland abzutransportieren, fürchtet einen blutigen Kuhhandel der ss und sichert sich mit einem Dokument ab, das er versteckt; tatsächlich liefert ein ss-Offizier Mussolini an italienische Partisanen aus, die den ehemaligen Diktator hinrichten. Das historische Dokument aber wird, wie einst in *Schirmers Erbschaft,* nach langen Jahren unerwartete Konsequenzen zeitigen.

Im zweiten Kapitel wird die Familiengeschichte von Pamela Firman, geborene Robson, erzählt. Die Karriere ihres Großvaters und Vaters ist zugleich ein Bericht über den Aufstieg der englischen Elektroindustrie in der Zwischenkriegszeit. Nach dem Krieg wird ihr Vater George Robson ein ebenso gefürchteter wie bewunderter *asset-stripper*, der sich womöglich finanzielle Unregelmäßigkeiten zuschulden kommen läßt, während sich die junge Pamela in St. Moritz in den Skilehrer Martin Firman verliebt.

Im dritten Kapitel kommt als Ich-Erzählerin jene Anwältin zu Wort, die Firman im Gefängnis betreut. Nachdem sie in ihrer Jugend zwischen Schauspielerei und Jurastudium geschwankt hat – ihre Nacherzählung läßt die Londoner Theaterszene der 1930er Jahre wiederaufleben –, läßt sie sich schließlich zur Anwältin ausbilden und vertritt während des Kriegs für das Home Office straffällig gewordene Soldaten, während ihr Mann auf diversen Kriegsschauplätzen, darunter Italien, kämpft. Das Manuskript endet im Oktober 1944 mit der Geburt der Tochter der beiden.

Die verschiedenen Erzählstränge sind noch kaum zusammengefügt. Die Betrügereien, die das Zentrum des Thrillers ausmachen sollen, sind noch nicht zur Sprache gekommen. Doch als Fragment genommen wirken die vorliegenden drei Kapitel faszinierend. Sprachlich durchaus auf hohem Niveau, verarbeiten sie stärker denn je eigene Erfahrungen Amblers: die Ingenieurstätigkeit in der Elektroindustrie der 1920er Jahre, die Theaterbegeisterung in den 1930er Jahren[30], die prägenden Erfahrungen im Italienfeldzug, die Beschäftigung mit sinkender Moral und Desertation beim Army Kinematograph Service. Bemerkenswert ist der Text auch insofern, als Ambler erstmals eine weibliche Ich-Erzählerin einführt. Sie mag mit der Frau übereinstimmen, der Ambler in der Bar eines Vaduzer Hotels begegnet war und nach der er, Patricia Gaynor zufolge, die Hauptfigur für seinen neuen Roman modellieren wollte, »groß und dick, mit grob gemusterten Röcken, einer Brille und dunklem Haar« – eine Art weiblicher Arthur Simpson mit juristischem Sachverstand.

Doch die Kraft zur Fortführung der Arbeit verließ ihn zusehends, eine schmerzhafte Hauterkrankung schwächte ihn zusätzlich. Am 22. Oktober 1998 starb Eric Ambler, 89jährig. Der Totenschein vermerkt als Todesursache Herzstillstand wegen Arteriosklerose.

Nachruhm

Die öffentlichen Nachrufe fielen respektvoll aus, unter Betonung der Innovationskraft von Amblers Thrillern aus den 1930er Jahren.[31] Wie in den letzten Jahren öfter wurden Elogen geäußert, die nur selten aus profunder Wertschätzung des Werks herrührten. So nannte Frederick Forsyth 1984, bei dem Lunch zu Ehren von Amblers 75. Geburtstag im Savoy, als für ihn prägende Jugendlektüre *Die Maske des Dimitrios*: »Das Buch, das den

Thriller verändert hat – nach Ambler war alles anders. Statt von den sportlichen Wetten von Gentlemen zu handeln, wurden die Thriller realistisch und spielten in den Gossen und Hintergäßchen Osteuropas.« (Whitley 1997, 45) Bei der Lektüre als Teenager scheint es geblieben zu sein, da Forsyth kürzlich feststellte, er habe sein letztes Ambler-Buch vor 40 Jahren gelesen.[32] Auch John le Carré, der doch überall mit dem Bonmot zitiert wird, Ambler sei die Quelle, aus der alle Thrillerautoren geschöpft hätten, hat sich offenbar selten aus dieser Quelle erfrischt und nur zwei oder drei Ambler-Romane gelesen.[33]

Amblers Haltung gegenüber seinen Schriftstellerkollegen provozierte zuweilen solche kühle Distanz. Während er bei aller Gegensätzlichkeit zu älteren Autoren wie E. Phillips Oppenheim oder Ian Fleming sich diesen gegenüber merkwürdig nachsichtig äußerte, verbarg sich in seinen Stellungnahmen zu zeitgenössischen Schriftstellern unter oberflächlichem Lob zuweilen scharfe Kritik. Zu Forsyths *Day of the Jackal* (1971, *Der Schakal*) befragt, meinte er beispielsweise: »Nun, es ist in Ordnung. Als ich das Buch das erstemal las, fand ich es sehr gut, dann las ich es nochmals, und es ist voller Löcher, die man beim erstenmal nicht sieht. Ich bin voller Bewunderung für jemanden, der mit so was davonkommt. Sein zweites Buch, *Die Akte Odessa*, halte ich für eine Erzählung, die sich hinter einer Fülle von Informationen versteckt. Ich fürchte, das gilt auch für sein jüngstes Buch. Er ist eben ein Journalist.« (Hopkins 1975, 292)

Auch nach seinem Tod ist Eric Ambler in seiner Heimat weiterhin eher ein berühmter als ein gelesener Autor. Zwar meint der Kollege und Freund Len Deighton: »Erics Werk bleibt zeitgemäß, aufregend und faszinierend. Seine Plots sind anspruchsvoll, und seine schriftstellerischen Qualitäten sind in einer Welt der Halbbildung nur um so bestechender.«[34] Zwar würdigt die geadelte Kriminalschriftstellerin P. D. James, die Ambler gelegentlich traf, dessen Werk wohlwollend: »Sein Einfluß auf die Krimi-

nalschriftstellerei, und speziell auf den Spionageroman, war tief-
greifend, und mehr als jeder andere Schriftsteller seiner Zeit trug
er dazu bei, dieses populäre Erzählgenre auf die Höhe gelunge-
ner und psychologisch subtiler Romane zu heben.«[35] Doch sind
das Worte, die eher pietätvoll als überzeugt wirken. Von einem
Einfluß Amblers auf den heutigen Thriller läßt sich jedenfalls nicht ernsthaft sprechen. Der Exjournalist Robert Harris,
der mit dem Zukunftsthriller *Vaterland*, in dem Nazi-Deutschland den Zweiten Weltkrieg gewinnt, 1992 meteorhaft zum Bestsellerautor aufstieg, zeichnet denn auch ein anderes Bild von
Amblers Wirkung: »Eine ganze Generation – nämlich meine – ist
in praktischer Unkenntnis von ihm aufgewachsen.« (Dimitrios
1999, VII)

Dieses Urteil, von dem unklar bleibt, ob es mehr über eine Generation oder über Harris aussagt, steht in der Einleitung zu
Neuausgaben von Amblers *The Mask of Dimitrios* und *Journey
into Fear*, die 1999 in der neu gestarteten Reihe *Pan Classic Crime*
erschienen. Seither sind vier weitere Neuausgaben publiziert
worden, *Epitaph for a Spy, Cause for Alarm, Judgment on Deltchev* und *Passage of Arms*. Das kommerzielle und publizistische
Echo blieb enttäuschend, und in Amblers Heimat bleibt eine
Mehrzahl seiner Bücher weiterhin unzugänglich. Im Gegensatz
dazu hat in den USA der Verlag Random House von Herbst 2001
bis Herbst 2002 die ersten zehn Ambler-Romane neu herausgegeben, und im deutschsprachigen Raum sind gar alle achtzehn
Romane, zum überwiegenden Teil in Neuübersetzungen, vom
Diogenes Verlag neu aufgelegt worden.

Ambler selber hat gelegentlich die thematische Einheitlichkeit
seines Werks unterstrichen. Als ihn ein Interviewer nach den ihn
beschäftigenden Themen befragte, antwortete er betont bescheiden: »Es ist sehr freundlich von Ihnen, das in die Mehrzahl zu
setzen. Ich glaube, ich habe ein Hauptthema – Verlust der Unschuld« (Hopkins 1975, 287). An anderer Stelle nannte er das

Thema: »Der Unschuldige unterwegs«. Wobei er gleich anfügte: »Die Vielfalt der immer gleichen Geschichten gründet in den verschiedenen Arten von Unschuld, wenn Sie so wollen.« (Stumm 1976, 7) Das freilich ist die Stärke von Amblers Leistung: Wir genießen die Vielfalt.

1975, zum Erscheinen von *Doktor Frigo*, das er später mehrfach als sein bestes Werk bezeichnete, gab Ambler in verschiedenen Interviews Auskunft über seinen Schaffensprozeß. »Ich bin ein Schriftsteller, der sein Unbewußtes zu Wort kommen läßt. »That's the lode I'm mining.« Ich bin also mein eigenes Bergwerk, ich steige hinunter, es ist harte Arbeit untertage, auch wenn sie tagsüber gemacht wird, und dann fördere ich zutage, was ich dort unten gefunden habe.« (Hertenstein 1975, 138) Ambler, der Schriftsteller hochpolitischer Themen, als Bergarbeiter in der eigenen Psyche? Wenig später bekräftigte er diese Beschreibung und setzte sich explizit von einem mehr nach außen orientierten, auf Recherchen aufbauenden Schreiben ab:

Man muß, glaube ich, zwei Arten von Schriftstellern unterscheiden. Jene, die Mosaikstücke der Außenwelt sammeln und sie mehr oder weniger bewußt neu zusammensetzen. Ich glaube, ein Mensch dieser Art war Somerset Maugham. Der machte, wenn er arbeitete, Notizen über Notizen. Wissen Sie, alle Schriftsteller sagen natürlich, daß sie Notizen machen, ich habe sogar selber von Zeit zu Zeit Beobachtungen gesammelt – das Problem ist nur, ich schaue sie nie wieder an, meist verliere ich sie, auf jeden Fall schaue ich sie nie wieder an. Maugham sammelte Notizen, und er las sie, und er komponiert seine Geschichten mit dem gesammelten Material im Kopf. Ich mache es nicht so. Ich muß in meinen eigenen Kopf schauen, und wenn da nichts herauskommt, kann ich nicht schreiben. […] Wenn ich so arbeiten müßte wie Maugham, mit all den Zetteln an der Wand, mit der Griffkartei, ich würde nie eine einzige Zeile schreiben. Die einzige Art, die mir möglich ist, ist die: Ich habe ein paar sehr verschwommene Vorstellungen im Kopf über Personen und über Orte. Über die Beziehungen von Personen und Orte zueinander. Dann fange ich an zu schreiben. Einfach nur, um zu erfahren, worüber ich eigentlich schreiben möchte. Und der ganze Prozeß ist nicht einer des Anfangens und Zum-Ende-Kommens, es ist einer des Anfangens und wieder Anfangens und neu Anfangens und des neu Schreibens und des Überarbeitens und Überdenkens. (Stumm 1976, 14 f.)

Die Frage bleibt allerdings, auf welche Phase des Arbeitsprozesses diese Aussagen zielen. Denn als sich Ambler über das Schicksal von Staatenlosen empörte; als er Informationen bei der Türkenkolonie in Nizza sammelte; als er die Notiz über den Prozeß gegen Petkow aus der *Times* ausriß; als er sich von Win Harle die Geschichte eines nachrichtenlosen Vermögens erzählen ließ; als er sich auf Reisen in Fernost sachkundig machte; als er Broschüren über die Schweizer Banken studierte; als er sich überlegte, wie ein Putsch zu organisieren und ein todkranker Politiker zu ersetzen sei – da wußte er von Beginn an, worüber er »eigentlich schreiben möchte«. Unklar waren der Weg und die dem Inhalt gemäße Form.

Präziser hat Ambler die Bedeutung eigener Gefühlslagen in einer früheren schriftlichen Stellungnahme zu Fragen einer Literaturwissenschaftlerin gefaßt:

Mein Werk ist nicht biographisch. Es ist in folgender Hinsicht autobiographisch: Sagen wir, ich beschreibe die Reaktion einer Figur auf eine Situation – zum Beispiel Angst –, dann beschreibe ich in Wirklichkeit vermutlich eine Angst, die ich selber unter anderen Umständen erlebt habe. Da ich eine hochneurotische Person bin, verfüge ich über ein breites Spektrum emotionaler Störungen, auf denen ich aufbauen kann. [...] Ich glaube, ich weiß nicht, wie sich die Figuren entwickelt haben. Normalerweise tauchen sie einfach auf. Falls sie sich genügend ungeschminkt präsentieren, akzeptiere ich sie. Falls nicht, ersetze ich sie. Vermutlich ähnelt es ein wenig dem Vorsprechen von Schauspielern. »Kann er es bringen?« fragt man sich. »Oder wird er mich langweilen?«[36]

Die Qualität von Amblers Werk besteht gerade in der Verflechtung welthaltiger Themen mit an der eigenen Person beobachteten Verhaltensweisen.

Im übrigen sind Amblers poetologische Selbstreflexionen Ausfluß der persönlichen psychischen Konstellation. Wie später in der Autobiographie betont er an sich zuweilen die spontanen, anarchischen, sozusagen naturwüchsigen Züge. Die schriftstellerische Praxis steht teilweise im Widerspruch dazu. Etliche seiner Bücher basieren in Details und Atmosphäre auf direktem Augenschein während verschiedener Reisen. Alle basieren sie zumindest auf umfassenden Lektürestudien. Zwar hat Ambler keine systematischen Aufzeichnungen als Vorstudien für die Romane hinterlassen. Doch arbeitete er ständig mit kleinen Notizzetteln, auf denen er sich Einfälle und Beobachtungen notierte. Zwar entstanden seine Romane ohne im voraus ausgefeilte Handlungsdiagramme und tasteten sich während des Schreibens voran. Doch besitzen die fertigen Produkte makellose Logik und Konsequenz. Als Peter Janson-Smith einmal auf eine vermeintliche kleine Unstimmigkeit in einem der Romane hinwies, skizzierte ihm Ambler die genauen Tagesabläufe der Figuren.[37] Janson-Smith hat auch eine Erklärung für den scheinbaren Gegensatz zwischen der allmählichen Verfertigung der Buchstruktur beim Schreiben und dem durchkonstruierten Resultat suggeriert: Ambler habe seine Stoffe so lange im Kopf durchdacht, bis sie seinen logischen Verstand zufriedenstellten. Man muß sich dieses Durchdenken offenbar nicht als dem Romanprojekt vorangehende, sondern als eine den Schreibprozeß jederzeit begleitende Tätigkeit denken. Überdenken und Überarbeiten gehen immer Hand in Hand.[38]

Gemeinsam scheint Amblers Romanen ein charakteristischer Stil: sachlich, knapp, präzise, ironisch distanziert. Aber das, was gelegentlich als »ambleresk« bezeichnet worden ist, entspricht eher dem zugrunde liegenden Gestus als der verwendeten Sprache. Erzählperspektive und Schreibstil variieren durchaus, von Buch zu Buch und innerhalb eines weiten Spektrums. Von Amblers achtzehn Romanen sind elf ganz und zwei teilweise in Ich-Form erzählt; nur fünf kommen ohne Ich-Erzähler aus. Gerade die

Ich-Erzählung verlangt Stilvariationen, die den jeweiligen Erzähler charakterisieren. Ambler erweist sich darin als ein Meister. Die Form führt zudem zu einem anderen Verhältnis zum Leser, indem der Ich-Erzähler versucht, die epische Distanz einzuebnen. Steve Fraser, der Entwicklungshelfer auf Sunda, rückt uns gerade durch seine scheinbare Distanziertheit nahe. Auf der anderen Seite wird an Arthur Abdel Simpson die Doppeldeutigkeit vorgeführt, die den Sprecher zugleich sympathisch macht und ironisiert. Mit Paul Firman hat Ambler die Problematik der Ich-Form am stärksten auf eine moralische Pointe zugespitzt.

In den unterschiedlichen Gewichtungen seiner poetologischen Aussagen drückt sich eine latente Widersprüchlichkeit in der Person Ambler aus. Einem geradezu calvinistischen Arbeitsethos und einem Bedürfnis nach materieller Sicherheit stehen schelmische, anarchische Motive und Züge gegenüber. Wenn Sam Goldwyn Jr. Ambler einen »mathematisch genauen Menschen«[39] nennt und Roy Ward Baker von Amblers »instinktiv verschwiegenem Charakter«[40] spricht, so bezeichnet das die Pole von logisch nüchterner Aufklärung und spielerischer Geheimhaltung. Das Bemühen um eine aufklärende Darstellung historisch-politischer Ereignisse verknüpft sich mit dem Interesse an sozial abweichendem Verhalten. Etwas kokett hat Ambler wiederholt betont, all seine Hauptfiguren, auch die schäbigen, kriminellen, trügen autobiographische Züge. Natürlich ist ein solcher künstlerischer Umwandlungsprozeß nicht ganz unüblich, doch an seinem Ende stehen bei Ambler Bücher und Texte, die zum Bestand der Literatur der Moderne gehören.

Sie zeigen den Einzelnen im politischen und wirtschaftlichen Spannungsfeld, als Spielball der Umstände und gelegentlich auch Mitspieler. Während die frühen Romane, *Nachruf auf einen Spion*, *Die Maske des Dimitrios* und *Die Angst reist mit*, sich dem Zeitalter des Flüchtlings und dem Aufkommen des rationalen, politisch instrumentalisierbaren Großverbrechers stellen, han-

deln diejenigen der 1950er Jahre von den Folgen des Zweiten
Weltkriegs: Stalinismus, Stellvertreterkriege in der Ost-West-
Konfrontation und Antikolonialismus. *Besuch bei Nacht* und
Waffenschmuggel eröffnen der westlichen Literatur eine neue
Perspektive und Stimme. Danach stürzte die Zeit in Hollywood
Ambler in eine Krise. Die drei Bücher der 1960er Jahre sind faszinierende Dokumente seines steten Bemühens um neue Ansätze, um Orientierungsversuche während eines Umbruchs im
politischen Feld. Die Romane der Dekade in der Schweiz, *Das
Intercom-Komplott, Der Levantiner, Doktor Frigo* und *Bitte
keine Rosen mehr*, demonstrieren eine erstaunlich gleichbleibend
hohe Qualität. Ihre Themen: Politik und Wirtschaft, nachrevo-
lutionäre Politik und Wirtschaftskriminalität, haben nichts an
Aktualität eingebüßt. Ihre ebenso präzise wie anschauliche Gestaltung macht Ambler zum exemplarischen aufklärerischen Unterhalter.

ANHANG

Zeittafel

1909 Am 28. Juni wird Eric Clifford Ambler als erstes Kind der Eltern Alfred Percy Ambler und Amy Madeline, geborene Andrews, in Charlton/Südlondon geboren.

1912 Am 26. August Geburt von Bruder Maurice.

1914 Umzug an die Newstead Road in Lee/Südlondon.

1915 Einschulung in der örtlichen Grundschule.

1917 Eintritt in Colfe's Grammar School in Lewisham/Südlondon.

1924 Am 4. Januar Geburt von Schwester Joyce.

1925 Aufnahmeprüfung für das Northampton Engineering College in Finsbury/Nordlondon. Beginn des Ingenieurstudiums. Erste Gerichtsprozeß- und Theaterbesuche.

1926 Aufgabe des Studiums. Technischer Praktikant bei der Edison Swan Company in Ponders End. Auftritte mit einem Onkel als Klavier- und Gesangduo.

1927 Umzug der Familie nach Croydon/Südlondon. Versetzung nach Lydbrook. Erster Romanversuch *The Comedian*.

1928 Anstellung in der Werbeabteilung von Associated Electrical Industries.

1929 Am 4. Februar Tod des Vaters. Umzug der Familie nach Shirley/Südlondon.

1930 Wechsel in die Londoner Filiale der amerikanischen Werbeagentur Dorland.

1931 Reise nach Positano/Italien. Erste Theaterstücke.

1934 Beginn der Mitarbeit an der Guildhall School of Music and Drama. Reise nach Marseille/Frankreich. Beziehung mit Betty Dyson. Umzug nach Moreton Place in Pimlico.

1935 Erste und einzige veröffentlichte Gedichte von Eric Ambler. Direktor in einer unabhängigen Werbeagentur. Arbeit am ersten Thriller.

1936 *Der dunkle Grenzbezirk.*

1937 *Ungewöhnliche Gefahr.* Reise nach Tanger. Vertrag mit dem Verlag Hodder & Stoughton über sechs Romane. Aufgabe der Stelle in der Werbeagentur.

1938 Aufenthalt in Peira-Cava/Frankreich. *Nachruf auf einen Spion.* Drehbuch für Alexander Korda. Aufenthalt in Paris. *Anlaß zur Unruhe.*

1939 Überfahrt nach New York. Rückkehr nach Paris. Beziehung mit Louise Crombie. *Die Maske des Dimitrios.* Am 5. Oktober Heirat mit Louise Crombie in Croydon. Erzählung *Die Armee der Schatten.*

1940 Erzählungen *Dr. Czissar mischt sich ein.* Reise mit Louise in die USA; Eric kehrt im August allein nach London zurück. *Die Angst reist mit.* Kraftfahrerausbildung in der Artillerie in Blackpool.

1941 Offiziersausbildung. Flakdienst in Chequers.

1942 Rückkehr von Louise Ambler nach London. Einzug am Cavaye Place/Kensington. Verfilmung *Journey into Fear* von Orson Welles. Umteilung zum Army Kinematograph Service (AKS).

1943 Drehbuch (mit Peter Ustinov) *The New Lot.* Drehbuch *The Way Ahead.* Verfilmung *Background to Danger* von Raoul Walsh. Reise mit John Huston nach Italien und Beförderung zum Hauptmann.

1944 Verfilmung *The Mask of Dimitrios* von Jean Negulesco. Drehbuch *United States.* Verfilmung *Hotel Reserve* (nach *Epitaph for a Spy*). Ambler übernimmt die Abteilung für Ausbildungs- und Informationsfilme des AKS und wird zum Oberstleutnant befördert.

1946 Austritt aus der Armee. Umzug nach Pelham Crescent/Kensington. Drehbuch und Produktion von *The October Man.*

1947 Drehbuch *The Passionate Friends.* Mitarbeit bei der Produktionsfirma Cineguild.

1949 Zusammenarbeit mit Charles Rodda unter dem Pseudonym Eliot Reed.

1950 Drehbuchvertrag mit dem Rank-Konzern. Drehbuch *Highly Dangerous.* Drehbuch *The Clouded Yellow.* Eliot Reed: *Skytip.*

1951 Drehbuch *The Magic Box.* Eliot Reed: *Tender to Danger. Der Fall Deltschev.*

1952 Aufnahme in den Detection Club. Drehbuch *Rough Shoot.* Drehbuch *Campbell's Kingdom.* Drehbuch *Gigolo and Gigolette.* Drehbuch *The Card.* Drehbuch *The Cruel Sea* (dafür Oscar-Nominierung).

1953 *Schirmers Erbschaft.* Eliot Reed: *The Maras Affair.* Drehbuch *The Purple Plain.*

1954 Drehbuch *Lease of Life.* Reise nach Südostasien.

1955 Drehbuch *Windom's Way.* Drehbuch *Nightrunners of Bengal.* Drehbuch *Body Below.* Vortrag *Writers and Films.*

1956 *Besuch bei Nacht.* Drehbuch *Yangtse Incident.*

1957 Drehbuch *A Night to Remember.* Drehbuch *The Night-Comers.* Drehbuch *The Guns of Navarone.* Reise nach Los Angeles/USA. Reise nach Südostasien.

1958 Drehbuch *Blind Date.* Scheidung von Louise Crombie. Verkauf von Pelham Crescent. Umzug nach Los Angeles. Drehbuchvertrag mit MGM. Am 11. Oktober Heirat mit Joan Harrison.

1959 *Waffenschmuggel* (dafür Gold Dagger Award der Crime Writers Association of Great Britain). Drehbuch *The Wreck of the Mary Deare.* TV-Drehbuch *Checkmate.*

1960 Umzug nach Bel Air. Drehbuch *Mutiny on the Bounty.*

1961 Reise nach Griechenland und der Türkei. Am 6. November Hausbrand in Bel Air.

1962 *Topkapi.* Drehbuch *Signpost to Murder.* Umzug nach Strada Vecchia/ Los Angeles.

1963 Essayband *Die Begabung zu töten.* Umzug nach Taranto Way/Los Angeles

1964 *Eine Art von Zorn.* Herausgabe von *Spione, Spione.* Verfilmung *Topkapi* von Jules Dassin.

1965 Reise nach Südamerika.

1966 Drehbuch *Doll.*

1967 *Schmutzige Geschichte* (dafür Silver Dagger Award der Crime Writers Association of Great Britain).

1968 Drehbuch *Nightrunners of Bengal.*

1969 Umzug nach Chemin de l'Ile de Salagnon in Clarens/Schweiz. *Das Intercom-Komplott.*

1970 Reise nach Israel. Theaterstück (mit Leonard Spigelgass) *Bech Takes Potluck.*

1971 TV-Drehbuch *Love Hate Love.*

1972 *Der Levantiner* (dafür Gold Dagger Award der Crime Writers Association of Great Britain).

1973 Reise nach Fernost. TV-Drehbuch *Venus with Arms.* Reise durch die französische Karibik.

1974 *Doktor Frigo.* Am 25. Dezember Tod der Mutter.

1975 Grand Master der Mystery Writers of America. Lesereise durch Deutschland und die Schweiz.

1977 *Bitte keine Rosen mehr.*

1979 Umzug an die Avenue Eugène Rambert in Clarens.

1981 *Mit der Zeit.* Lesereise durch die USA. Order of the British Empire (OBE).

1982 Schwerer Autounfall. Umzug nach Chesham Place, Belgravia/London.

1984 13 Thrillerautoren feiern Amblers 75. Geburtstag mit einem Lunch.

1985 *Ambler by Ambler.*

1986 Diamond Dagger Award der Crime Writers Association of Great Britain.

1987 Verkauf der Schweizer Wohnungen. Umzug nach Bryanston Square, Marylebone/London. Lesetour nach Berlin.

1991 Erzählband *Waiting for Orders.*

1992 Ehrendoktorwürde der London University.

1993 *Wer hat Blagden Cole umgebracht?*

1994 Arbeit an *The Legatees.* Am 14. August stirbt Joan Harrison.

1996 Auftritt an einer Würdigungsveranstaltung des British Film Institute in London.

1998 Am 22. Oktober Tod von Eric Ambler in London.

Anmerkungen

Vorwort

1. Mahinder Kingra: In from the Cold. Eric Ambler Reissues Supply Spy Novels for the New New World Order. In: *Baltimore City Paper*, 12. 12. 2001; die akademische *Boston Review* widmete Ambler einen elfseitigen Essay, siehe Jennifer Howard: Snakes and Ladders. Eric Amblers newly reissued spy thrillers confront the political treachery of the twentieth century. In: *Boston Review*, Feb/March 2002. Hinweise auf die Neuausgabe erschienen auch in der *New York Times, Newsweek, Washington Post* und vielen anderen amerikanischen Zeitschriften.

1. Kapitel: Imaginierte Boheme

1. Siehe Hertenstein 1975, 146.
2. Zu Labouchere und *Truth* siehe Thorold 1913.
3. Siehe Tresure 1977, 6.
4. Siehe Nevett 1982, 99.
5. Siehe Mills 1954, 32.
6. 1913 lag das Durchschnittseinkommen bei 94 Pfund, siehe Thorpe 1994, 83.
7. Siehe Hobsbawm 1969, 169.
8. Joyce Fowle im Gespräch mit dem Verfasser am 14. 5. 1999.
9. Entsprechend ist Johannes Kaisers Lektüre der autobiographischen Darstellung faktisch zwar nicht korrekt, wird aber womöglich der geheimen Bedeutung gerecht, wenn er meint: »Wie sich die Eltern als Schauspieler und Unterhalter durchs Leben schlugen, ohne jemals reich und berühmt zu werden, schildert der Sohn anschaulich amüsant.« (Kaiser 1988, 157)
10. Siehe Hibbert/Weinreb 1993, 463 f.
11. Siehe Weightman/Humphries 1984, 102.
12. Siehe Hibbert/Weinreb 1993, 395.
13. Siehe Beardwood 1972, 123 f..
14. Siehe Beardwood 1972, 135.
15. Siehe Beardwood 1972, 146.
16. Siehe *Scheme for the Administration*, §42, sowie die Nennung der Aus-

zeichnungen in den Programmen für die *Celebration Days* 1920 und 1921. Ich danke dem Bibliothekar von Colfe's, Peter M. Heinecke, für diese und andere zur Verfügung gestellte schulinterne Dokumente.

17. Daß er an Sport, der in Colfe's einen wichtigen Platz einnahm, nicht interessiert war, hat er bereitwillig eingeräumt. Belege über ein mögliches frühes schriftstellerisches Engagement aufzufinden wird dadurch erschwert, daß die Schülerzeitung zwischen 1916 und 1922 eingestellt wurde; aber die 1924 gegründete Literary, Debating & Scientific Society zählte ihn offenbar in seinen letzten Schuljahren nicht zu ihren Mitgliedern.

18. Für weitere Stellen zu Coram's Grammar School siehe *Topkapi*, 8–14, 40–43, 172 und 267f.

19. Siehe Anthony 1981, 7.

20. Brief an Earl St John vom 8. 4. 1957; Ambler-Archiv, Schachtel 19, Mappe 1.

21. Siehe Taylor 1992, 163.

22. Wolfe, der Levant zitiert, übersieht diese Stelle und bemerkt deshalb auch die falsche Datierung von Levant nicht. Generell kommt er zu einer maßlosen Überinterpretation der Beziehung für das Amblersche Werk: »Das Symbol für alles, was in der Welt schiefgeht, und für alles, was Ambler gekränkt hat, bezieht sich deshalb auf den Vater.« (Wolfe 1993, 259)

23. Siehe Thorpe 1994, 110.

2. Kapitel: Die Wonnen der Werbung

1. Das Theater führte im Juni 1925 ein kleines Pirandello-Festival durch. *Sechs Personen suchen einen Autor*, 1921 geschrieben und in London im Februar 1922 erstaufgeführt, wurde vom 15. bis 17. Juni 1925 gegeben, in einer Inszenierung des Autors persönlich; siehe Wearing 1984, 620f.

2. Joyce Fowle im Gespräch mit dem Verfasser am 14. 5. 1999.

3. Siehe Taylor 1992, 243–247.

4. Siehe Jones/Marriott 1970, S. 90–107. 1935 hatte der Konzern eine konsolidierte Belegschaft von 30 000 Angestellten, siehe Jeremy 1998, 203.

5. Joyce Fowle im Gespräch mit dem Verfasser am 14. 5. 1999

6. Joyce Fowle im Gespräch mit dem Verfasser am 14. 5. 1999.

7. Joyce Fowle im Gespräch mit dem Verfasser am 3. 5. 2001.

8. Ich danke Margret Rose und ihrem Team beim History of Advertising Trust in Raveningham/UK für die Hilfe bei der Erschließung der vielfältigen Materialien ihres Archivs.

9. Nicht Dorland, sondern deren schärfste Konkurrenz J. Walter Thompson stammte aus Chicago. Man mag darin eine Fehlerinnerung Amblers oder eine bewußt gelegte falsche Fährte sehen.

10. Siehe Nevett 1982, 146.
11. Siehe Taylor 1992, 284.
12. Siehe Reynolds 1998, 130.
13. Siehe Reynolds 1998, 170.
14. Siehe Coomes 1992, 98 f., sowie Reynolds 1998, 191.
15. Siehe Coomes 1992, 109 f..
16. Siehe Coomes 1992, 101.
17. Siehe Dunn 2000, 96.
18. Siehe Jeremy 1998, 480.
19. Siehe Pearson/Turner 1965, 47, sowie Jeremy 1998, 485 f.
20. Siehe Contemporary Authors 1974, 281, sowie Who Was Who 1981, 260.
21. Butler versuchte dabei eine Ich-Erzählung nach amerikanischem Vorbild in hartem, lakonischem Stil, doch muß man Ambler zustimmen, wenn er meint: »Der Titel war eine Spur kesser als das Buch; Butler war ein begabter Erfinder von Slogans.« (Cole, 18) Vordergründige Effekthascherei zeigte sich auch in den Titeln der folgenden Bücher *They Cracked Her Glass Slippers* (1941) und *Their Rainbow had Black Edges* (1943). Nach dem Krieg wurden einige von Butlers Büchern in schneller Folge verfilmt. *Kiss the Blood off my Hands (Bis zur letzten Stunde)* in der Regie von Norman Foster mit Burt Lancaster und Joan Fontaine sowie *Third Time Lucky (Der Spielteufel)*, zu dem Butler selber das Drehbuch nach *They Cracked Her Glass Slippers* für Regisseur Gordon Parry schrieb, kamen 1948 nicht über Durchschnittsware hinaus. Dagegen entstand 1951 aus seinem Roman *Mad with Much Heart* unter der Regie von Nicholas Ray der Krimiklassiker *On Dangerous Ground (Auf gefährlichem Boden)*, mit Robert Ryan und Ida Lupino (siehe Thomson 1994, 615, sowie IMDb 2001). Butler schrieb danach weiter bis in die 1970er Jahre, mit nicht sehr großem Erfolg, und sein Name fehlt mittlerweile selbst in einschlägigen Lexika zur Kriminalliteratur.
22. Maiden schrieb nach seinen 1932 und 1933 erschienenen Romanen auch ein Stück, *Show Flat*, das 1936 verfilmt wurde, sowie das Drehbuch zum Film *Blind Man's Bluff* (1936) mit dem damals blutjungen James Mason. Nach dem Krieg ging er in die USA, wo er für 20th Century Fox und Disney arbeitete, allerdings vor allem an B- und C-Horrorfilmen mitwirkte; nachdem er schon in London Mitglied der 1879 gegründeten Christian-Science-Bewegung gewesen war, verlegte er sich schließlich auf das Schreiben entsprechender Bekenntnisliteratur sowie von Kinderbüchern; siehe Contemporary Authors 1978, 393 f., sowie IMDb 2001.
23. Siehe Cunningham 1988, 161 f.
24. Siehe Beckett 1989, 40 und 51.
25. In der Autobiographie hat Ambler die Ermordung irrtümlich auf 1923 datiert, siehe Lies, 106, und Ambler, 192.
26. Abgedruckt in French 1984, 14.

27. Siehe French 1984. Ein weiterer Mitarbeiter bei Dorland war der 1919 geborene, später als Reiseschriftsteller bekannt gewordene Eric Newby, doch trat er erst 1936 ein, als Ambler die Agentur eben verließ, siehe Brief von Eric Newby an den Verfasser vom 26. 6. 2001.

28. Siehe Who is Who in Press, Publicity, Printing, London 1939, 264, sowie Brief von Peter M. Heinecke an den Verfasser vom 27. 7. 2001.

29. Siehe Ginnett 1939, 39.

30. Siehe Brief von James R. Sewell, Archivar am Corporation of London Records Office an den Verfasser vom 14. 5. 2001.

31. Dabei mag es sich um den Titel *Until the Rain Stops* gehandelt haben, den Ambler in einem Interview 1970 erwähnt hat; siehe Coleman 1970.

32. Guildhall School of Music: Dramatic and Dancing Recital, 4/7/1934.

33. Am 28. 3. 1934 übernahm er im Einakter für sechs Personen *Portrait of the Artist* neben Alan Harvey die Rolle des zweiten Zwillings; am 19. 2. 1935 war er im Erfolgsstück *London Wall* von John van Druten die Figur Eric Brewers, und am 11. 3. 1936 spielte er im Einakter *Orange Nelly* von M. D. Sheridan wiederum neben Alan Harvey die Rolle des Charles Hart. Siehe Programme der Guildhall School of Music sowie Barty-King 1980, 92. Anders als Harvey ist Ambler in den Deposit Accounts der Schule nicht als zahlender Schüler vermerkt.

34. Joyce Fowle im Gespräch mit dem Verfasser am 14. 5. 1999.

35. Siehe Australian Dictionary of Biography, 1981, 396–398, sowie Jensen 1996.

36. Auskunft von Baroness Chanteau im Gespräch mit dem Verfasser am 27. 4. 2002.

37. Siehe Wearing 1990, 726, 767, 786, 787, 794, 801, 807, 819, 825, 837, 839, 840, 844 sowie 854.

38. Baroness Chanteau im Gespräch mit dem Verfasser am 27.4. 2002.

39. Siehe The Player's Library 1950, 1951, 1954 und 1956.

40. Da die beiden namentlich gezeichneten Gedichte die erste literarische Veröffentlichung von Ambler darstellen, werden sie hier, ohne Rücksicht auf ihren ästhetischen Wert, abgedruckt.

Professor Tip and the Sheep

Professor Tip, you know his work no doubt
(He once worked Einstein's tiresome theory out),
    Was very fond of walking,
    And, as he walked, of talking,
To birds and trees and other things about.

It chanced that one fine day he saw a sheep
And pausing, for the hill was rather steep
      He gave a dissertation
      In a fit of aberration
On the time dimension variant in sleep.

The sheep looked bored, a thing you must agree
That's irriating for a D.Sc.
      When he's honoured a poor brute
      With the intellectual fruit
Of so rich and rare and beautiful a tree.

Our erudite Professor of mathematics
Had very little patience with lymphatics
      »Are you aware«, he said,
      »That my latest work when read,
Will refute the second law of hydrostatics?«

The sheep 'twas plain to see cared not two hoots,
But simply stared hard at the sage's boots.
      The Professor, now annoyed,
      Started talking about Freud
And the differential theory of cube roots.

The Professor talked until he grew quite hoarse
Then, resisting the temptation to use force,
      »Since my boyhood days«, he said,
      »I've liked mutton best when *dead*,
With *potatoes* and *green peas* and *onion sauce!*«

The sheep's eyes flashed, the man had gone too far,
Adding insult to insufferable »blah«
      So he did what me and you
      Never have the pluck to do
When we're bored. He just said, »Baa-aa-aa!«

MISS SNAPPERLY

MISS SNAPPERLY came to tea today
That doesn't sound a lot to say,
But you don't know Miss Snapperly's way
                You're lucky!

She sits and holds her cup of tea
Her back as stiff as stiff can be
In disapproval plain to see
                              It's dreadful!

She sniffs, the signal to begin!
It's too late now to hold her in.
She's wagging that sharp pointed chin
                              She's saying:

I *quite* realize it's no business of mine
But the clothes that one sees on Mrs. P's line,
No self-respecting young woman surely
Would leave about where that young Mr. Morley
Could see them. And as for the woman's poor baby
The child's face is *covered* with stale bread and gravy.
It may be the husband, he drinks so I've heard,
And his salary, they tell me, is simply absurd
It's a wonder to me how they live here at all
With that car and that pram and that rug in the hall.
Goodness knows, I don't pry into others affairs
(That Court case of the Jones took me quite unawares),
But one can't help but think that that little Miss Brett
Hasn't paid up for all that cheap furniture yet.
Mrs. Dunwiddy's charwoman's husband's the man
Who delivered it there *and he drives a plain van*,
While als for that lodger – the less said the better,
If things get much worse I shall send her a letter
I'm not narrow-minded about things but really,
My field glasses see in his bedroom quite clearly.
Mrs. Hollingsworth says that he's been seen about
With the Panter-Jones girl (and her brother a Scout!)
She's no daughter of mine but – we must help each other
I felt it my duty to tell her poor mother,
Of course, she pretended she'd known from the start.
Just saving her face but she knew in her heart
That there's two or three people I know still remember
A certain occasion two years last December

She pauses for breath, a human touch,
Is there no way out of the dragon's clutch?
She'll go on again – but you've heard too much.
                              What now?

Miss Snapperly left at six today
She's coming again but we've found a way –
Prussic acid is tasteless in tea they say!
Hurray!

3. Kapitel: Parodie und Politisierung

1. Mit neueren Versuchen einer terminologischen Bestimmung setzt sich Hindersmann auseinander (Hindersmann 1995, 1–8). Ich schließe mich seinem Befund an, eine umfassende Definition sei zwecklos, doch habe sich im Literaturbetrieb ein pragmatisches Verständnis der verschiedenen Genres praktisch durchgesetzt. Allerdings kehre ich seine Unterordnung des Thrillers unter den Spionageroman um, da ich eine Definition des Thrillers als »unrealistische, melodramatische Spionageromane« (Hindersmann 1995, 2) weder für historisch gerechtfertigt noch für hilfreich halte. Quer zu solchen thematischen und strukturellen Abgrenzungen steht die Frage literarischer Qualität. Dabei werden Kriminalromane ebenso wie Thriller zuweilen bis heute ins angebliche Ghetto der Unterhaltungsliteratur abgeschoben. Gerade Amblers Werk durchbricht solche Ausgrenzungen.
2. Siehe Hindersmann 1995, 9–20.
3. Siehe Hindersmann 1995, 16.
4. Siehe Atkins 1984, 24f.
5. Siehe Household 1978, 12–15, und Masters 1987, 12–14.
6. Siehe Brief an C. R. McLaughlin vom 27. 10. 1964, Ambler-Archiv, Schachtel 8, Mappe 3.
7. Siehe Mayne 1987, 9.
8. Siehe Ambler 1965, 18.
9. Hannay taucht nochmals in zwei späteren Werken auf, *The Courts of the Morning* (1929) und *The Island of Sheep* (1936), die aber aus dem erfolgreichen Hannay-Zyklus herausfallen.
10. Siehe Hindersmann 1995, 23.
11. Siehe Masters 1987, 33.
12. Wenn Hindersmann meint, »Klassenloyalität hat für Buchan Vorrang vor nationalen Unterschieden« (Hindersmann 1995, 27), so stimmt das nur halb. Zwar zollen sich während des Weltkriegs englische und deutsche Oberschichtsangehörige gegenseitigen Respekt als ritterliche Gegner. Dennoch verändert der Krieg die Prioritäten vorübergehend, ja, die Bewahrung des britischen Empires verlangt sogar die Aufwertung des einfachen Mannes.
13. Das Buch ist seit Erscheinen 1915 ununterbrochen lieferbar geblieben und mittlerweile auf Englisch 1 250 000mal verkauft worden; siehe Harvie 1993, VIII.

14. Siehe unveröffentlichtes Manuskript im Umkreis von Amblers autobiographischen Aufzeichnungen, Ambler-Archiv, Schachtel 51, Mappe 11, Seite VII.

15. Wolfe geht allerdings entschieden zu weit, wenn er behauptet, Ambler könne damit indirekt die viktorianischen Werte seiner Jugend zelebrieren, die er der Leserschaft nicht direkt zumuten wollte (Wolfe 1993, 32), und reitet dann sein vulgärpsychologisches Steckenpferd, der Kollaps der Parodie nehme »die Unterwerfung des Sohns unter den Vater« (Wolfe 1993, 39) im späteren Werk voraus.

16. Siehe Ambler, 167.

17. Siehe Jung 1917, 28. Generell erklärt er die Glossolalie, das ›Reden in fremden Zungen‹, als Verballhornung bekannter Sprachen; siehe Jung 1917, 90.

18. Wolfe, der wiederholt Amblers angeblich ›marxistische‹ Weltsicht kritisiert, wirft ihm andererseits vor, der Jungbauernpartei kein Programm der Bodenreform und Umverteilung verschrieben zu haben; siehe Wolfe 1993, 36. Tatsächlich ist Amblers Roman keine historisch-politische Studie, sondern unterhaltende Fiktion.

19. Der Umsatz, der 1928 noch 637 770 Pfund betragen hatte, sackte 1935 auf 381 477 Pfund ab, um 1939 einen Tiefstand von 289 375 Pfund zu erreichen; siehe Attenborough 1975, 122.

20. Siehe Attenborough 1975, 133.

21. Siehe Bigland 1946, Who Was Who 1972 sowie Dworken 1998.

22. Siehe Robinson 1990, 175.

23. Siehe Masters 1987, 42–61.

24. In einem Porträt von 1990 überlieferte der Journalist James Pettifer ein Zitat Amblers, dieser sei einem Annäherungsversuch der Kommunistischen Partei ausgesetzt gewesen: »Claud Cockburn und Maurice Richardson versuchten, mich hochoffiziell anzuwerben. (Cockburn schrieb damals als Journalist für den *Daily Worker*, der Romancier Richardson arbeitete als heimlicher Kommunist bei der BBC.) Es war urkomisch. Sie haben mich ins Connaught [ein Luxushotel] eingeladen… Dann ein Besuch im Parteibüro… Aber, stellen Sie sich vor, das Connaught!« (Pettifer 1990) In einem Brief an den Chefredakteur des *Independent* distanzierte sich Ambler scharf von dieser Darstellung und meinte, Pettifer habe seine Aussagen bewußt verdreht. Die Anfrage von Claud Cockburn habe sich nicht auf einen Parteieintritt bezogen, sondern auf eine Mitarbeit Amblers bei der Zeitschrift *Punch*, für die Cockburn damals gearbeitet habe, und im übrigen habe das Treffen nicht im vornehmen Connaught Hotel, sondern in den bescheidenen Connaught Rooms stattgefunden; siehe Brief an den *Independent* vom 8. 1. 1990, Ambler-Archiv, Schachtel 50, Mappe 3, sowie Brief von John McLaughlin an den *Guardian* vom 27. 10. 1998, Ambler-Archiv, Schachtel 51, Mappe 2.

25. Siehe Advertiser Weekly 1937, 125.
26. Siehe Lewis 1990, 36 f.
27. Siehe Cunningham 1988, 74 f. Dagegen meint Wolfe allen Ernstes, solche Stellen würden einen sadistischen Zug bei Ambler belegen; siehe Wolfe 1993, 19.
28. Siehe Cunningham 1988, 367–376.

4. Kapitel: Anlaß zur Unruhe

1. Wolfe sieht darin eine kompositorische Schwäche des Romans; siehe Wolfe 1993, 51.
2. Siehe Lewis 1990, 43. Auch die bis vor kurzem verkaufte deutsche Fassung hatte diese politisch motivierten Kürzungen unwillentlich übernommen.
3. Siehe Edmonson 1997, 76–113.
4. Siehe *The Day of the Fire*, unveröffentlichtes Manuskript, Ambler-Archiv, Schachtel 50, Mappe 15, Seiten 41–44.
5. Siehe Kulik 1975, 208.
6. Siehe Sherry 1989, 600–604, sowie zur Beschäftigung englischer Schriftsteller in der Filmindustrie generell Cunningham 1988, 294.
7. Brief an Stephanie Townsend vom 27. 6. 1978, Ambler-Archiv, Schachtel 49, Mappe 1.
8. Siehe Jeremy Lewis 1997, 85 sowie 101.
9. Eine kleine Unklarheit ergibt sich in bezug auf die Datierung der Episode. Ambler datiert sie auf den ersten Paris-Aufenthalt im Sommer 1938, vor der zwischenzeitlichen Rückkehr nach London und dem zweiten Paris-Aufenthalt im September während der Münchner Konferenz. Dabei soll ihm Howard ein signiertes Exemplar von Connollys *Enemies of Promise* gezeigt haben, in dem Howard erwähnt wird. Aber Connolly schrieb daran bis im August, das Buch erschien erst im Oktober. Die Unstimmigkeit ließe sich auflösen, wenn Howard Ambler nicht *Enemies of Promise* gezeigt hätte, in dem er nur beiläufig vorkommt, sondern die von Connolly 1937 auf Howard veröffentlichte Parodie *Where Angels Fear to Tread*; siehe dazu Jeremy Lewis 1997, 299–301.
10. Joyce Fowle im Gespräch mit dem Verfasser am 14. 5. 1999. *A better sort of rubbish* betitelte Ambler noch 1974 einen Essay, in dem er sich gegen die Abwertung des Thrillers zur Wehr setzte.
11. Ein Bezug zu Joseph Conrads Erzähler Marlow in *Herz der Finsternis* (1899) kann weder belegt noch ausgeschlossen werden. Raymond Chandlers Privatdetektiv Philipp Marlowe trat andererseits erst 1939 in Buchform auf.
12. Siehe Lewis 1990, 54.
13. Siehe James 1974, 66, Wolfe 1993, 62, sowie Hindersmann 1995, 51.

14. Siehe Brief von Betty Dyson an Yves Chanteau vom 4. 9. 1939; Chanteau Collection, London.

15. *A coffin for Dimitrios* lautete Amblers ursprünglicher Titel, der jedoch einem Verlagsleiter bei Hodder & Stoughton nicht gefiel, worauf er in *The Mask of Dimitrios* geändert wurde. Der amerikanische Verleger Alfred A. Knopf brachte den Roman in den USA unter dem Originaltitel heraus, bestand jedoch auf Kürzungen, mit denen er auch im jüngsten amerikanischen Nachdruck von 1996 erschienen ist. Die deutsche Neuübersetzung hält sich hingegen in Text wie Titel an die englische Originalausgabe.

16. Gleichgesetzt wird also die Logik, ohne daß eine reale Abbildung behauptet würde. Die These von Lewis, in Dimitrios werde Hitlers Aufstieg nachgezeichnet (Lewis 1990, 73), halte ich nicht für stichhaltig.

17. Peters scheint der Gestalt von Caspar Gutman in Dashiell Hammetts *Der Malteser Falke* nachempfunden, siehe Wolfe 1993, 67; in der Verfilmung der beiden Romane sind die Gestalten jeweils vom Schauspieler Sydney Greenstreet verkörpert worden.

18. Siehe Sebald 1995, 17–37 sowie 337–340.

19. Harvey trat 1938 und 1939 in kleineren Rollen in zwei lange aufgeführten Stücken im Londoner West End auf und blieb dem Theater auch später verbunden. 1943 adaptierte er gemeinsam mit seiner Frau Vicky Baums Roman *Der Eingang zur Bühne* für ebendiese, und ab 1960 schrieb er, endlich von der Werbearbeit befreit, mehrere Theaterstücke.

20. Joyce Fowle im Gespräch mit dem Verfasser am 3. 5. 2001.

21. Siehe Howald 1997, 87–92.

22. Siehe Cunningham 1988, 353.

23. Siehe Lewis 1990, 81–83.

24. Ambler hat es später sogar in einem seiner Vorträge ironisch zustimmend zitiert; siehe Begabung, 118.

25. Siehe Cunningham 1988, 75.

26. Siehe Züfle 1998, 65–74.

27. Zu Freud und Ambler siehe unten, Kapitel 7, 281 f.

28. Siehe Atkins 1984, 127.

5. Kapitel: Flak und Filmpropaganda

1. Brief an Louise Ambler vom 16. 8. 1940, Ambler-Archiv, Schachtel 44, Mappe 5.

2. Brief an Louise Ambler vom 25. 10. 1940, Ambler-Archiv, Schachtel 44, Mappe 5.

3. Siehe Briefe an Louise Ambler vom 19. 11. 1940 und 24. 11. 1940, Ambler-Archiv, Schachtel 44, Mappe 5.

4. Das durchschnittliche Wocheneinkommen einer Familie betrug 1937 rund 5 Pfund (siehe Dewey 1997, 267), also rund 250 Pfund pro Jahr.

George Orwell hatte 1936 den »oberen Mittelstand« als eine Gesell-
schaftsschicht definiert, »deren jährliches Einkommen zwischen 2000
und 3000 Pfund liegt« (Orwell 1982, 120). Während des Kriegs verdop-
pelte sich das Durchschnittseinkommen nominell, wobei der Zuwachs
etwa einen Drittel über der Inflationsrate lag. Zugleich nahmen die
Einkommensunterschiede ab. »Grob gesagt pendelte sich die ganze
Bevölkerung auf dem Niveau eines Facharbeiters ein.« (Taylor 1992,
550)

5. Brief an Louise Ambler vom 23. 3. 1941, Ambler-Archiv, Schachtel 44,
   Mappe 5.

6. Siehe Chapman 1998, 139 f., sowie MacKenzie 2001, 112–125.

7. Allerdings ist Ustinovs Autobiographie nicht in allen Details verläßlich.
   So befördert er Ambler, der damals erst Lieutenant war, bereits zu diesem Zeitpunkt zum Major, wohl um seine eigene Ausnahmestellung als
   einfacher Soldat unter all den hohen Offizieren zu betonen.

8. Siehe Brief an Len Deighton vom 12. 10. 1977, Ambler-Archiv, Schachtel 44, Mappe 3.

9. Als Ambler seine Autobiographie verfaßte, galt *The New Lot* als ver-
   schollen (siehe Ambler, 331). Doch Mitte der 1990er Jahre tauchten in
   einem britischen Armeedepot in Indien Kopien verschiedener Armee-
   filme auf, darunter auch *The New Lot* (siehe Pym 1998, 627, sowie Baker
   2000, 41 f.).

10. Siehe Addison 1994, 145–151.

11. Als ›feindliche Ausländer‹ wurden bei Kriegsbeginn die meisten Bürge-
    rinnen und Bürger der Kriegsgegner Deutschland und Italien interniert,
    selbst wenn sie als Flüchtlinge vor den diktatorischen Zuständen in
    ihren Heimatländern in England weilten; erst allmählich wurde ein dif-
    ferenziertes System eingeführt und kamen die antifaschistischen Flücht-
    linge frei.

12. Ustinov erwähnt aus Gründen der Dramatik wegen nur Sitzungen im
    Ritz-Hotel; laut Ambler fanden die Treffen später im Büro von Two
    Cities am Hanover Square statt.

13. Neuere Kritiker halten *The Way Ahead* für eine der wichtigsten Pro-
    duktionen der Kriegszeit. Einzig Robert F. Moss sieht im Film »nicht so
    viel Schätzenswertes, wie man sich wünschen würde« (Moss 1987, 135).
    Seine Kritik einer beschränkten Grundstruktur des Films ist zutreffend,
    aber der Vorwurf, es fehlten ein dramatischer Konflikt und überzeu-
    gende Bösewichte, orientiert sich an einem ebenso beschränkten Modell.
    Auf der anderen Seite würde Morleys enthusiastische Meinung, *The
    Way Ahead* sei »der wichtigste Film, den David Niven je gemacht hat«
    (Morley 1985, 248), wenn sie denn zuträfe, ein nicht eben schmeichel-
    haftes Bild von Nivens restlicher Filmkarriere zeichnen. Niven selbst
    hat den Film in seinen Memoiren beiläufig in fünf dürren Zeilen abge-
    tan; siehe Niven 1986, 244 f.

14. Siehe MacKenzie 2001, 125.
15. Siehe Edgerton 1993, 41.
16. In seiner Autobiographie hat Huston die Filmschnitte als gemeinsame Entscheidung aus Rücksicht auf die betroffenen Angehörigen und das amerikanische Publikum begründet (siehe Huston 1981, 110); in einem späten Interview war er sich freilich unschlüssig, ob der Entscheid richtig gewesen war; siehe Noguiera/Tavernier 1993, 221.
17. »Dieser Film stellt wohl das eindrücklichste Stück Propaganda für die Psychiatrie dar, das je gemacht wurde« (Gabbard/Gabbard 1999, 64), fassen zwei Kritiker zusammen. Und eine neue Untersuchung kommt zum Schluß, daß die dargestellten Behandlungsmethoden zwar nur an einer Minderheit der Soldaten angewandt wurden und der Film insofern die Zustände in der Klinik insgesamt etwas beschönigt, daß er aber die herrschende optimistische Stimmung angemessen widergibt (siehe Shephard 2000, 272–278). Vorgebliche Bedenken wegen der Verletzung der Privatsphäre der Patienten verhinderten, daß der Film 1946 vom US-Kriegsministerium freigegeben wurde. Viel größerer Anstoß aber wurde wohl daran genommen, daß er das sonst so heroisierte Bild der Siegernation um eine bislang ungesehene Seite ergänzte. *Let There Be Light* ruhte lange in als geheim klassifizierten Archiven und wurde 1980 erstmals öffentlich gezeigt. 1981 wurden die drei Huston-Filme *Report from the Aleutians*, *The Battle of San Pietro* und *Let There Be Light* für einen öffentlich finanzierten US-Fernsehsender zusammengeschnitten und jeweils von kurzen Interviewpassagen von Huston eingeleitet. Jüngst hat die Filmerin Midge Mackenzie einen eigenen Film über John Hustons Kriegsdokumentarfilme vorgelegt. *John Huston – War Stories* montiert Ausschnitte aus den drei Filmen und anderen Dokumenten sowie Interviews mit Huston aus dem Jahr 1982 zu einer eindrücklichen Auseinandersetzung mit dem Krieg und dessen filmischer Darstellung.
18. Siehe Wapshott 1990, 171.
19. Siehe Baker 2000, 41.
20. Auskunft von Baroness Chanteau im Gespräch mit dem Verfasser am 27. 4. 2002.
21. Siehe Jensen 1996, 41.
22. Siehe Brady 1990, 327.
23. Siehe Brady 1990, 328–331, sowie Thomson 1996, 197.
24. Siehe Welles 1994, 282.
25. Siehe Crowther 1944, 16.

6. Kapitel: Das Geschäft des Drehbuchschreibens

1. Der *New Statesman* veröffentlichte im Juni 1945 einen Artikel *Amgot and the Liberation. By our Correspondent in Northern Italy (New*

Statesman, 2. 6. 1945, 348), in dem die Politik von AMGOT in Norditalien scharf kritisiert wurde. Im Dezember 1945 wurde in einem Leitartikel über die »Krise in Italien« die angekündigte Auflösung von AMGOT als längst überfällig begrüßt (*New Statesman*, 1. 12. 1945, 366), was in den folgenden Nummern eine Leserbriefdebatte zwischen Lionel Fielden und dem linken Labour-Abgeordneten Konni Zilliacus auslöste; siehe *New Statesman*, 15. 12. 1945, 405 f. sowie 29. 12. 1945, 440 f.

2. Die Darstellung in dem generell unzuverlässigen Porträt von James Pettifer, Ambler habe einmal in Uniform an einem öffentlichen Meeting gesprochen und sei deshalb von offizieller Seite gerügt worden (Pettifer 1990), hat Ambler als unrichtig zurückgewiesen; siehe Brief an den Chefredakteur des *Independent* vom 8. 1. 1990, Ambler-Archiv, Schachtel 50, Mappe 3.

3. Michael Foot im Telefongespräch mit dem Verfasser am 18. 10. 2000.

4. Siehe Glinert 2000, 153 f.

5. Mary Welsh hat das Klima in der amerikanischen Gemeinde, zu der auch Connie Ernst zählte, in ihrer Autobiographie beschrieben; siehe Welsh 1977, 88–97.

6. Michael Foot im Telefongespräch mit dem Verfasser am 18. 10. 2000.

7. Siehe Spoto 1994, 278.

8. Siehe McFarlane 1997, 49, sowie Baker 2000, 41.

9. Roy Ward Baker im Gespräch mit dem Verfasser am 30. 4. 2001.

10. Sam Goldwyn Jr. im Telefongespräch mit dem Verfasser am 12. 10. 2000.

11. Roy Ward Baker im Gespräch mit dem Verfasser am 30. 4. 2001.

12. Siehe Keats 1971 und Meade 1988.

13. Siehe Meade 1988. Das Thema schien auch für ein anderes Mitglied der »Gang« unbehagliche Assoziationen ausgelöst zu haben, denn Roy Ward Baker meint zu seiner Beziehung zu Ambler: »Tatsächlich standen wir uns so nahe, daß ein oder zwei Leute in der Filmbranche die Sache nicht für ganz koscher hielten. Aber das Gegenteil traf zu. Eric war glücklich verheiratet, und ich jagte hinter Mädchen her.« (Roy Ward Baker im Gespräch mit dem Verfasser am 30. 4. 2001)

14. Campbell, der 1963 an einer Überdosis Schlaftabletten starb, blieb nach seinem Tod ebenso umstritten wie zu Lebzeiten. Besonders Lillian Hellman äußerte sich in ihren autobiographischen Aufzeichnungen abschätzig über ihn, bevor sie ihrerseits von Mary McCarthy nicht als die verläßlichste Zeugin abqualifiziert wurde. Während die frühe Dorothy-Parker-Biographie von Joan Keats Campbell eher beiläufig abtut, versucht diejenige von Marion Meade halbwegs eine Ehrenrettung.

15. Siehe Baker 2000, 55 f.

16. Brief an Max Reinhardt vom 3. 10. 1964, Ambler-Archiv, Schachtel 7, Mappe 2.

17. Schon Emlyn Williams erstes Theaterstück *A Murder Has Been Arranged* hatte sich um einen Mord gedreht, so wie sein Erfolgsstück *Night*

Must Fall und *Someone Waiting* von 1953. Nachdem er in den 1950er Jahren mit seiner Ein-Mann-Show mit Dickens- und Dylan-Thomas-Texten vor allem auch in den USA triumphale Erfolge errang, veröffentlichte er 1967 die Studie *Beyond Belief* über einen berüchtigten Fall der englischen Kriminalgeschichte, die sogenannten Moors-Kindermorde; siehe Gidez 1982, 218–226, und Nelson 1989, 326–330. Die Frage, ob die Moors-Mörderin Myra Hindley nach 35 Jahren im Gefängnis begnadigt werden sollte, führte in England noch 2001 zu heftigen Debatten.

18. Siehe Brief von Jean-Marie Connan an den Verfasser vom 2. 10. 2001.
19. Roy Ward Baker im Gespräch mit dem Verfasser am 30. 4. 2001.
20. Unveröffentlichtes Manuskript *The Day of the Fire,* Ambler-Archiv, Schachtel 50, Mappe 15, Seite 11.
21. Siehe für einige Beispiele das vorangegangene Kapitel 5.
22. Siehe Pimlott 1993, 118.
23. Siehe Entlassungspapiere, Ambler-Archiv, Schachtel 51, Mappe 13.
24. Siehe McFarlane 1997, 49, sowie Baker 2000, 43.
25. Siehe Murphy 1989, 179.
26. Der Fall Rouse diente möglicherweise als Vorlage für Vladimir Nabokovs Roman *Die Verzweiflung* (1934); siehe Zimmer 1997, 565.
27. Siehe Landy 1991, 271.
28. Siehe Brownlow 1996, 244.
29. Siehe Brownlow 1996, 251.
30. Anthony Havelock-Allen im Telefongespräch mit dem Verfasser am 10. 8. 2000. Ambler selbst hat in unveröffentlichten Aufzeichnungen gemeint, er habe 1938/39 nicht daran geglaubt, daß das geplante Filmprojekt je verwirklicht werde, und habe erst nach dem Zweiten Weltkrieg von den abgebrochenen Dreharbeiten erfahren; siehe *The Day of the Fire,* Ambler-Archiv, Schachtel 50, Mappe 15, Seite 40 f.
31. Siehe Brownlow 1996, 252. Eine knappe Bestätigung, daß Auseinandersetzungen über das Skript am Beginn der Schwierigkeiten gestanden hätten, wird vom Kameramann Guy Green geliefert; siehe McFarlane 1997, 234 f.
32. Brief an Howard B. Gotlieb vom September 1966, Ambler-Archiv, Schachtel 1, Mappe 3.
33. Siehe Brownlow 1996, 253 f.
34. Siehe Todd 1980, 68 f.
35. David Thomson hält *The Passionate Friends* für denjenigen Lean-Film, der am ehesten eine Wiederentdeckung lohne; siehe Thomson 1994, 428.
36. Siehe McFarlane 1997, 292, sowie Macnab 1993, 108.
37. Siehe Pimlott 1993, 118–120.
38. Joyce Fowle im Gespräch mit dem Verfasser am 14. 5. 1999.
39. Joyce Fowle im Gespräch mit dem Verfasser am 3. 5. 2001.
40. Siehe Brownlow 1996, 269.

41. Indirekt mag er hingegen an einem der größten Triumphe der englischen Filmgeschichte beteiligt sein, an Carol Reeds *The Third Man* (1949, *Der dritte Mann*). Graham Greenes Drehbuch, die Kamera von Robert Krasker, der gestalterische Einfluß von Orson Welles, die darstellerischen Leistungen von Welles, Trevor Howard, Alida Valli und Joseph Cotton sowie die Zithermusik von Anton Karas schufen damals »eine der eindringlichsten Stimmungen, die je auf die Leinwand gebracht wurden« (Thomson 1994, 622). Der Filmkritiker Philip French meinte anläßlich einer Neuedition von *Der dritte Mann,* »daß der Hauptstrang der Erzählung und die wichtigsten Figuren aus Eric Amblers *Die Maske des Dimitrios* von 1939 stammen« (French 1999). French weist darauf hin, daß alle Beteiligten den Ambler-Roman kannten: »Greene revanchierte sich, indem er Ambler ›unzweifelhaft unseren besten Thrillerautor‹ nannte, einen Auszug aus dem *Dimitrios* in ein von ihm herausgegebenes Buch mit Spionagegeschichten aufnahm und Amblers türkischen Polizisten Oberst Hakki in seinem Buch *Die Reisen mit meiner Tante* kurz auftreten ließ. Welles und Cotton müssen die Beziehung gemerkt haben, weil sie Amblers Buch *Die Angst reist mit* von 1940 für einen Film bearbeiteten, in dem Welles die Rolle des Hakki spielte. Die dokumentarische Einführung zu *Der dritte Mann,* die von Reed geschrieben und gesprochen wurde, beginnt mit den Worten ›Ich habe Wien vor dem Krieg nicht gekannt… Konstantinopel paßte mir besser‹, und läßt vermuten, daß Reed, der ein guter Freund von Ambler war, *Die Maske des Dimitrios* ebenfalls kannte. Ich habe Ambler einmal gefragt, ob er die Ähnlichkeit zwischen *Der dritte Mann* und seinem Roman bemerkt habe. ›Ja, das hab ich‹, meinte er trocken.« (French 1999, siehe auch Falk 2000, 69)
42. Siehe dazu Kapitel 7.
43. Siehe Baker 2000, 51.
44. Siehe Baker 2000, 54.
45. Im Filmvorspann wurde Ambler nicht erwähnt, da laut Vertrag zwischen der Produzentin und Janet Green diese als Verfasserin des Drehbuchs genannt werden mußte; siehe Brief an Kenneth Thomson vom 9. 6. 1978, Ambler-Archiv, Schachtel 49. Mittlerweile wird Ambler aber in einschlägigen bibliographischen Publikationen als Drehbuchautor anerkannt (siehe Gifford 1986, Nr. 11513 sowie IMDb 2001), und seine Urheberschaft ist unschwer erkennbar.
46. Siehe McFarlane 1997, 557.
47. Siehe Vertrag vom 8. 9. 1950, Ambler-Archiv, Schachtel 51, Mappe 5.
48. Siehe Lindgren 1952. Auch William Whitebait meinte im *New Statesman:* »Niemand wird sich dieses Films je schämen müssen, und niemand wird sich wirklich gern daran erinnern.« (Whitebait 1951, 310)
49. Siehe Brief von Jean-Marie Connan an den Verfasser vom 2. 10. 2001. Sartres zugrunde liegende Erzählung wurde 1953 von Yves Allégret

unter dem Titel *Les Orgueilleux (Aufenthalt vor Vera Cruz)* mit Gérard Philipe und Michèle Morgan verfilmt.

50. Brief an Max Reinhardt vom 3. 10. 1964, Ambler-Archiv, Schachtel 7, Mappe 2.

51. Offenbar war der Film für Guinness mit besonderer Bedeutung beladen. Sein junger Sohn Matthew war damals an Polio erkrankt, und Guinness hatte ein Gelübde abgelegt, wenn Matthew wieder gesund werde, trete er zum Katholizismus über; siehe Neame 2000, 57.

52. Siehe Brief an Charles Frend vom 16. 10. 1951, Ambler-Archiv, Schachtel 25, Mappe 5.

53. Siehe Brief an Howard B. Gotlieb vom 23. 3. 1968, Ambler-Archiv, Schachtel 51, Mappe 6.

54. Siehe Monsarrat 2001, 613–616, Hawkins 1973, 127–138, sowie Sinden 1981, 153–165.

55. Der Schauspieler Bryan Forbes überlieferte, er sei für eine Rolle im Film wegen seiner proletarischen Herkunft abgelehnt worden. »In einem netten Brief hieß es: ›Können Sie nicht besetzen, weil wir entschieden haben, daß Sie nicht zum Offizier taugen!‹« (McFarlane 1997, 191)

56. Siehe Durgnat 1970, 84.

57. Siehe Landy 1991, 177.

58. Siehe Hawkins 1973, 136 f.

59. Siehe Sinden 1981, 164.

60. Siehe Leader 2000, 346.

61. Siehe Steuererklärung, Ambler-Archiv, Schachtel 19, sowie Verlagsmaterialien, Ambler-Archiv, Schachtel 22, Mappe 10.

62. Siehe Morgan 1999, 124.

63. 1958 verdiente nach Abzug der Steuern nur jeder tausendste mehr als 2632 Pfund; siehe Loyd 1993, 358.

64. Roy Ward Baker im Gespräch mit dem Verfasser am 30. 4. 2001.

65. Herbert Ernest Bates (1905–1974), der seit 1929 erfolgreich Kurzgeschichten und Romane über die englische Provinz veröffentlicht hatte, verarbeitete nach 1945 in einer Reihe von Büchern seine Erfahrungen als Jagdflieger im Zweiten Weltkrieg, bevor er wieder zur Chronik der englischen Provinz zurückkehrte, am erfolgreichsten mit dem Roman *The Darling Buds of May (Wo Milch und Whisky fließen)* von 1958, der Anfang der 1990er Jahre nostalgisch und erfolgreich fürs Fernsehen verfilmt wurde.

66. Veröffentlicht in: *Everybody's*, Juli 1954; siehe Ambler-Archiv, Schachtel 19.

67. Raymond Durgnat hält *The Purple Plain* für eine interessante Auseinandersetzung zwischen amerikanischen und englischen Werten, wobei ein amerikanischer Individualismus, der die meisten Regeln des faktisch immer noch herrschenden britischen Kolonialsystems breche, zurückhaltend, aber entschieden gerechtfertigt werde; siehe Durgnat 1970, 148.

Marcia Landy schätzt den Film nicht nur wegen zweier ungewöhnlich starker Frauengestalten, sondern weil er grundsätzlich die britisch-westliche Unterdrückung von Gefühlen zu erforschen suche. Gegen Gregory Pecks Männlichkeit würden Halluzinationen, Wahnsinn und ein weiblich passiver Orientalismus gesetzt, mit überraschend offenem Resultat: »Anders als in vielen Nachkriegsfilmen, die den Krieg wieder aufleben lassen, stellen in diesem Film die romantischen Szenen eine Kritik der strengen und entpersönlichten Welt männlicher Pflichterfüllung dar.« (Landy 1991, 179)

68. Ein Jahrzehnt später behandelte John Osborne den Fall Redl für die Bühne; aber wegen der dargestellten Homosexualität verbot der englische Zensor das Stück, und *A Patriot for Me* durfte 1965 im Royal Court Theatre nur als geschlossene Clubvorstellung gezeigt werden, mit Maximilian Schell als Redl. 1966 inszenierte Peter Zadek in Bremen die deutschsprachige Erstaufführung in der Übersetzung von Schell. Ich danke Peter Müller für diese Informationen.

69. Der Text wurde als PR-Material für die amerikanische Erstaufführung des Films im März 1956 geschrieben, aber da der Film nach kurzer Laufzeit abgesetzt wurde, wies die *Herald Tribune* den Artikel als nicht mehr brauchbar zurück, und er ist bislang unpubliziert; siehe Ambler-Archiv, Schachtel 21.

70. Diese Episode amerikanischer Kulturpolitik wurde kürzlich von Tim Robbins in seinem Film *Cradle Will Rock* (1999) aufgearbeitet.

71. Siehe Contemporary Authors 1981, 549.

72. Siehe Richards 1997, 144.

73. Siehe Briefwechsel zwischen Ambler und Havelock-Allan vom 10. und 11. 2. 1955, Ambler-Archiv, Schachtel 19, Mappe 2.

74. Ambler wählte folgende Stücke aus: Ernst von Dohnanyi: Variations on a Nursery Theme; Igor Strawinski; Dance Russe; Fats Waller: Ain't Missbehavin'; Maurice Ravel: Introduction and Allegro for Harp; Edith Piaf: Monsieur Ernest a réussi; Benny Goodman Quartet: Runnin' Wild; George Gershwin: ›Bess, You is My Woman Now‹; Jean Sibelius: Symphony No 5 in E flat major; siehe Plomley 1984, 35.

75. Siehe Mason 1981, 277.

76. Brief an Darryl F. Zanuck vom 17. 5. 1955, Ambler-Archiv, Schachtel 19, Mappe 1.

77. Brief an Darryl F. Zanuck vom 9. 6. 1955, Ambler-Archiv, Schachtel 19, Mappe 1.

78. Siehe die zwei Entwürfe vom Juli 1955 sowie drei Entwürfe vom Januar bis März 1968 im Ambler-Archiv, Schachtel 23 und 24.

79. Richard Todd im Telefongespräch mit dem Verfasser am 4. 4. 2000.

80. Ambler ließ sich bei seiner Bearbeitung eine Einzelheit entgehen, die dem britischen Publikum das sentimentale Herz gerührt hätte: Der auf der realen HMS Amethyst lebende Bordkater Simon wurde beim ersten

Beschuß, dem sein Herrchen zum Opfer fiel, schwer verwundet, erholte sich aber wider Erwarten und fing in den folgenden drei Monaten der Belagerung pro Tag eine Ratte, was der Besatzung als gutes Omen und vorbildliche Tapferkeit galt. Nach der Rückkehr des Schiffs wurde Simon offiziell mit einer Medaille ausgezeichnet und nach seinem Tod auf einem Tierfriedhof in Essex beigesetzt; siehe *Independent on Sunday*, London, 5. 11. 2000, 24.

81. Siehe Baker 2000, 95.
82. Siehe More 1978, 171.
83. Siehe Baker 2000, 100.
84. Siehe More 1978, 172, Baker 2000, 102, sowie das Video *The Making of A Night to Remember*, London 1993.
85. Siehe Baker 2000, 102.
86. Siehe Baker 2000, 105.
87. Nach dem Erfolg von *Titanic* wurde auch *A Night to Remember* in einer Doppel-Videokassette mit zusätzlichen Materialien herausgebracht, was Anlaß zu zahlreichen Vergleichen gab, die mehrheitlich zugunsten von *A Night to Remember* ausfielen. Nur ein vom British Film Institute veröffentlichtes Büchlein zu *Titanic* vertritt die bizarre These, Camerons Rührstück verstärke gegenüber *A Night to Remember* die soziale Bedeutung des Geschehens; siehe Lubin 1999, 72 und 79.
88. Siehe Brief an Cecil Tennant vom 1. 4. 1957, Ambler-Archiv, Schachtel 19, Mappe 1.
89. Siehe Caute 1994, 131.
90. Siehe Caute 1994, 489–491.
91. Siehe Caute 1994, 133.

7. Kapitel: Waffenhändel

1. Intrigue, 8. Praktisch wörtlich übernommen in Ambler, 403.
2. Eine direkte Lektüre Koestlers durch Ambler läßt sich nicht nachweisen, ist aber wahrscheinlich. So spielt er im Zitat aus dem Interview von 1982 mit dem »besonderen Gott« auf einen Sammelband von Abrechnungen mit der sowjetischen Politik aus dem Jahr 1950 an, in dem Koestler prominent vertreten war. Der Vergleich mit Koestler soll allerdings nicht in erster Linie einen möglichen Einfluß dokumentieren, sondern das ideologische Umfeld skizzieren, in dem Amblers Roman erschien.
3. Siehe oben, Kapitel 4, Seite 154 f.
4. Siehe Lewis 1990, 91.
5. Siehe Brief des Verlags Alfred A. Knopf vom 5. 11. 1952, Ambler-Archiv, Schachtel 22, Mappe 9.
6. Siehe Howald 1995, 103.
7. Julian Barnes war während Arthur Koestlers letzten Lebensjahren mit

diesem befreundet und mit dessen Werk vertraut, hat dagegen Amblers *Der Fall Deltschev* vor Abfassung seines eigenen Buchs nicht gekannt; siehe Brief von Julian Barnes an den Verfasser vom 7. 8. 2000.

8. Ambler hat geschrieben, er habe das Haus 1948 und 1949 gemietet (Intrigue, 7f.); dagegen glaubt Lycett, Ambler habe die Miete gleich nach Kriegsende übernommen; siehe Lycett 1995, 195. Ein Besuch Amblers bei Coward in St Margaret's Bay ist bereits für den November 1946 dokumentiert; siehe Coward 1982, 67.

9. Siehe Contemporary Authors 1969, 968.

10. Siehe Brief an Charles Rodda vom 15. 9. 1952, Brief an C. H. Brooks vom 13. 10. 1952 sowie vom 18. 3. 1954, Ambler-Archiv, Schachtel 22, Mappe 2.

11. Siehe Brief an Leonard Cutts vom 4. 5. 1965, Ambler-Archiv, Schachtel 29, Mappe 15.

12. Rodda wird selbst in Standardwerken zur Geschichte des Kriminalromans kaum je erwähnt; und die einzige größere Einzeldarstellung von 1963 unterschlägt alle fünf Reed-Titel; siehe Contemporary Authors 1969, 968. Als sich Peter Wolfe beim ehemaligen Agenten von Rodda nach diesem erkundigte, wurde ihm mitgeteilt, Rodda sei vermutlich 1976 oder 1977 gestorben, ohne daß die Agentur das genaue Todesdatum kannte (Wolfe 1993, 118). T. J. Carty setzte in seinem Pseudonymen-Lexikon das Todesjahr auf 1976 an (Carty 1995, 706). Im Public Record Office in London ist dagegen der Tod des 1891 geborenen Percy Charles Rodda in Truro (Cornwall) für Anfang 1978 festgehalten.

13. John McLaughlin im Gespräch mit dem Verfasser am 15. 8. 2000.

14. Siehe Who Was Who 1991, 269.

15. Siehe Ambler, 411–414.

16. Siehe Brief an Derek E. Priestley vom 4. 5. 1963, Ambler-Archiv, Schachtel 4, Mappe 2.

17. Siehe Leonhardt 1990, 126, sowie Coomes 1992, 109f.

18. Siehe Brief von Stern & Reubens, Partners, an Blanche Knopf vom 28. 10. 1952, Ambler-Archiv, Schachtel 22, Mappe 10.

19. Siehe Hopkins 1975, 289.

20. In *Der dunkle Grenzbezirk* wird Die Schwarze Hand beschrieben, »die in Mazedonien vor einigen Jahren in Blüte stand. [...] ›Die Schwarze Hand‹ hatte damals eine ungeheure politische Macht. Sie hatte die Finger praktisch in jeder Regierungsangelegenheit und stellte aus den eigenen Reihen auch Kabinettsminister, Richter und Generäle« und diente als Vorbild für die fiktive ixanische Geheimgesellschaft Der Rote Fehdehandschuh (Grenzbezirk, 105). In *Die Maske des Dimitrios* wird die gleiche Bewegung beiläufig und indirekt erwähnt, da Dimitrios der Polizei als Teilnehmer am »versuchten Attentat auf Stamboliski in Bulgarien« bekannt gewesen sei, »das vor dem Putsch der mazedonischen Offiziere im Jahre 1923 stattgefunden hatte« (Dimitrios, 29). Zentral wird das Motiv in *Der Fall Deltschev*, wo die »Bruderschaft des Offi-

zierskorps« (Deltschev, 9) als Nachfolgeorganisation der mazedonischen Putschisten beschrieben wird und der kommunistischen Regierung mit ihren klandestinen Aktivitäten den Vorwand liefert, den unliebsamen liberalen Kritiker Deltschev zum Verstummen zu bringen.

21. Siehe Hobsbawm 1972, 15, 57f. sowie 150.
22. Lewis meint mit zögerlichem Unbehagen, in Miss Kolin würden »ungewöhnliche Bereiche der menschlichen Erfahrung« (Lewis 1990, 107) erkundet. Wolfe, der einen sadistischen Zug im ganzen Werk von Ambler festmachen will, findet in der Figur eine »sexistische Schärfe« (Wolfe 1992, 99), der er allerdings selbst zum Opfer fällt, wenn er erklärt, Schirmer verkörpere »eine gesunde Brutalität, eine, die jene reinigt, die sie heimsucht« (Wolfe 1993, 96) und das mit der Lawrenceschen Naturverherrlichung in Verbindung bringt. Bei Ambrosetti wird Schirmer gar umstandslos zum selbstlosen »Hüter« (Ambrosetti 1994, 91) von Maria Kolin.
23. Siehe Who Was Who 1981, 613, sowie King/Steiner 1991, XVIIf.
24. Siehe Omnibus sowie Evans 1997, 22.
25. Roy Ward Baker im Gespräch mit dem Verfasser am 30. 4. 2001. Amblers Schwester Joyce Fowle meint, Eric habe ihr und ihrer Mutter einmal erklärt, er habe sich einer Analyse unterzogen, doch habe sie geglaubt, diese habe in Kalifornien in den 1960er Jahren stattgefunden; siehe Brief von Joyce Fowle an den Verfasser vom 17. 7. 2000.
26. In den Unterlagen der British Psychoanalytical Society sind, kaum überraschend, keine Unterlagen über Patienten von Sylvia Payne vorhanden; siehe Brief von Jill Duncan an den Verfasser vom 3. 5. 2001. Ambler hielt mit Payne brieflichen Kontakt bis in die späten 1960er Jahre und besuchte sie noch 1967; siehe Briefe von Sylvia Payne an Eric Ambler vom 4. 6. 1967, 2. 1. 1969 und 28. 3. 1969, Ambler-Archiv, Schachtel 37, Mappe 10.
27. Auch eine Vertrautheit mit den Debatten in der BPAS kann nicht ausgeschlossen werden. In der Autobiographie berichtete Ambler, wie er 1945 die Verfilmung seines Romans *Die Maske des Dimitrios* vorgeführt bekam und dabei laut aufstöhnte, was den Pressesprecher der Filmfirma beunruhigte. Ambler kommentiert: »Von Klein oder Freud hatte er offenbar noch nichts gehört« (Ambler, 400) und spricht damit genau jene Konstellation an, die 1944 beinahe die BPAS gespalten hätte. Das englische Original »[…] his insights proved to be pre-Kleinian, even pre-Freudian« (Lies, 225) signalisiert zudem eine zumindest chronologische Favorisierung von Klein.
28. Payne war Freudianerin; Ambler selbst bezeichnete sich dagegen als stark von Jung beeinflußt. Ambrosetti nimmt das zum Anlaß, Amblers Werk jungianisch zu interpretieren. Dies halte ich sowohl biographisch wie auch interpretatorisch für falsch. Amblers Interesse an Jung war meines Erachtens oberflächlich und wurde bald durch die Beeinflus-

sung durch Freud abgelöst; die Interpretation Ambrosettis ist deduktionistisch und pickt sich die zur vorgefertigten These passenden Motive in Amblers Werk heraus.

29. *The Day of the Fire*, Ambler-Archiv, Schachtel 50, Mappe 15, Seite 12.

30. Gruber hatte als Autodidakt begonnen, geschult an den klassischen Aufsteigergeschichten des Autodidakten Horatio Alger Jr. In seinem Rechenschaftsbericht *The Pulp Jungle* (1967) hat er ein ebenso faszinierendes wie selbstbezogenes Porträt des amerikanischen Magazinmarktes geliefert. Zuerst als Journalist für landwirtschaftliche Magazine tätig, verlor Gruber in der Depression 1932 seinen Job und schlug sich dann jahrelang, an der Armutsgrenze lebend, als Verfasser von Erzählungen verschiedenster Genres durch, bis ihm 1935 der Durchbruch gelang. 1934 waren Dutzende seiner Geschichten abgelehnt worden und hatte er 400 Dollar verdient; ein Jahr später verkaufte er 55 Geschichten und verdiente 10 000 Dollar. Einmal im Markt etabliert, spezialisierte er sich auf Krimis und Western und rückte zu einem der bestverdienenden Lieferanten für den Magazinsektor auf, der nach seinen Berechnungen pro Jahr Geschichten im Umfang von rund 800 Millionen Anschlägen absorbierte und dafür unter etwa 1300 Autoren 2 Millionen Dollar Honorare ausschüttete.
    Grubers erster Western in Buchlänge erschien 1939, sein erster Krimi 1940. Bis ans Lebensende verfaßte er insgesamt 60 Titel, wobei er die weltweite Auflage seiner Bücher selber auf 90 Millionen Exemplare schätzte. Dazu kamen 25 Filmdrehbücher und rund 200 Fernsehdrehbücher, vor allem als Schöpfer der erfolgreichen Serien *Tales of Wells Fargo* und *The Texan*. Die Zusammenarbeit mit Hollywood hatte 1942 begonnen, und 1943 war er von Warner angeheuert worden. Zu dieser Zeit hatte Gruber laut eigener Aussage schon längst erkannt, daß sich die von ihm verfertigte Massenware nach einer »Elf-Punkte-Formel für Spannungsgeschichten« (Gruber 1967, 179) herstellen ließ.

31. Siehe Brief an Blanche Knopf vom 22. 4. 1954, Ambler-Archiv, Schachtel 22, Mappe 11.

32. Bei seinem Aufenthalt wurde Ambler von Han Suyin vom malayischen Rundfunk interviewt, die gerade eben mit ihrem Buch *A Many Splendoured Thing* (1952, *Alle Herrlichkeit auf Erden*) über den Konflikt zwischen asiatischer Kultur und westlicher Zivilisation bekannt geworden war; siehe Brief an Donald Westlake vom 2. 8. 1987, Ambler-Archiv, Schachtel 52, Mappe 1. Die Reise vermittelte ihm auch Anschauungsunterricht über die Zwiespältigkeit westlicher Entwicklungshilfe, die eine beschränkte, aber ausgewogene Nahrung durch industrialisierte Güter ersetzte und damit neokoloniale Abhängigkeiten schuf; siehe unveröffentlichte Teile eines Interviews von Hanspeter Born mit Ambler von 1998. Ich danke Hanspeter Born für die Überlassung einer Kopie.

33. Die erste deutsche Übersetzung von 1958 trägt den Titel *Ungebetene*

Gäste, seit der Neuausgabe von 1978 läuft das Buch unter dem Titel *Besuch bei Nacht*.

34. Peter Janson-Smith im Gespräch mit dem Verfasser am 19. 9. 2000.

35. Seit der bahnbrechenden Studie von Edward Said zum *Orientalismus* (1978) ist die westlich zentrierte Betrachtungsweise der Literatur in Frage gestellt worden. Said belegte, wie sich der Westen über Jahrhunderte hinweg ein abwertendes Bild vom Osten geschaffen und den männlichen Kolonialisten dem effeminierten Morgenländer gegenüberstellte. Seither hat sich unter Einbezug postmoderner Theorien eine ausführliche Debatte zum Postkolonialismus entwickelt: Während auf der einen Seite das theoretische Instrumentarium verfeinert wird, werden auf der anderen Seite literarische Werke der kolonisierten Bevölkerungen neu entdeckt und gefördert. In einem dritten Diskussionsstrang werden Werke der westlichen Tradition gegen den Strich gelesen, um sie im Kontext einer als rassistisch erkannten Gesellschaft und Kultur neu zu interpretieren. Bemerkenswerterweise hat sich letztere Debatte zumeist auf herkömmliche Klassiker der Moderne beschränkt. Said hatte das Muster vorgegeben, indem er sich in seinen kritischen Neu-Interpretationen auf Autorinnen und Autoren wie Jane Austen, Joseph Conrad und James Joyce konzentrierte. Das Spektrum westlicher Literatur, die auf ihren Bezug zum Kolonialismus untersucht wird, ist auch in der Zwischenzeit kaum ausgeweitet worden. In kurioser Fortschreibung des doch so heftig bestrittenen Topos von ewig gültigen Höhepunkten abendländischer Kultur werden die angeblichen literarischen Niederungen unerkundet gelassen, sind Bestseller und genrespezifische Werke wie historische Romane, Kinderbücher oder Thriller bislang nur in Ansätzen aufgearbeitet worden. Dabei ließen sich gerade an solchen Werken neue Einsichten darüber gewinnen, wie Literatur gesellschaftliche Haltungen prägte und verstärkte und wie sich allmählich eine literarische Kritik am Kolonialismus entwickelte. Im folgenden weise ich auf einige solche frühe antikoloniale Werke weißer Autorinnen und Autoren hin.

36. Siehe Hemenway 1975, passim.

37. Siehe Contemporary Authors 1984, 332–336.

38. Siehe Clay 1992, 190.

39. Siehe Seidenspinner 1987, 5.

40. Siehe Cramer/Vogt 1983, 6–8.

41. Michael Shelden, der Greene-Biograph, der den von ihm Porträtierten vor allem schockierend findet, sucht auch *Der stille Amerikaner* so schlechtzumachen, daß er sich mit seiner Kritik selbst widerspricht: Einerseits findet er, die Kriegspassagen seien eindrücklich gelungen, aber zu lang geraten; andererseits meint er, die politische Thematik sei nur Ausdruck von Greenes bösartigem Antiamerikanismus und entsprechend aufgesetzt; siehe Shelden 1995, 404–411.

42. Ambrosetti erachtet dies als prophetische Vorwegnahme des islamischen Fundamentalismus seit 1980 (Ambrosetti 1994, 99). Amblers Buch ist aber weniger prophetisch als historisch korrekt. Bereits im 19. Jahrhundert sahen sich die holländischen Kolonialherren auf der Insel Sumatra mit einem Heiligen Krieg des Sultanats Aceh konfrontiert, und die indonesische Unabhängigkeitsbewegung war immer stark islamisch beeinflußt; siehe Keay 2000, 27, 32, 261 und 266.

43. Siehe Dahm 1990 sowie Keay 2000, 205–212 und 247–269.

44. Ambler erwähnt in *Besuch bei Nacht* beiläufig, daß die Unabhängigkeit Niederländisch-Ostindiens nicht überall widerstandslos akzeptiert wurde, und weist auf den sogenannten »Turko-Westerling-Zwischenfall« (Besuch, 14) hin, der der fiktiven Regierung Sundas als Warnung vor einer weiter bestehenden Bedrohung durch die frühere Kolonialmacht gilt. Tatsächlich putschte am 23. Januar 1950 in Bandung der holländische Captain Paul ›Turk‹ Westerling, der 1948 Sulawesi terrorisiert hatte, und stellte kurz die holländische Herrschaft wieder her; siehe Ricklefs 1981, 220.

45. Historisch gesehen hat Suparto recht, daß sich der Westen nicht wegen der kommunistischen Gefahr hätte beunruhigen müssen, da die nationalistische Regierung der Republik Indonesien selbst für Ordnung gegen soziale Unruhen sorgte und schon 1948 einen kommunistischen Aufstand in ihrem Kernland niederschlug; siehe Dahm 1990, 83, sowie Keay 2000, 267.

46. Siehe Keay 2000, 297–312.

47. Siehe Lewis 1990, 116, und Wolfe 1993, 106.

48. Siehe Lewis 1990, 115.

49. Während einer Besichtigungstour durch Saigon weist der Führer Greg und Dorothy auf jene Orte hin, an denen sich die Ereignisse in Graham Greenes *Der stille Amerikaner* abgespielt haben sollen. Die Stelle beruht auf eigenen Erfahrungen Amblers während eines Saigon-Aufenthalts, die er auch in dem Zeitschriftenartikel *Auf Agentensuche* verwertete; siehe Begabung, 224 f. Greg will dem Führer beibringen, daß die Ereignisse fiktiv waren, doch dessen Uneinsichtigkeit bestätigt nur Gregs antikommunistische Befürchtungen: »Aber dies ist ein antiamerikanischer Roman. Wenn die Leute das Zeug wirklich glauben, mein Gott! Und wir geben ihnen Millionen für Entwicklungshilfe.« (Waffenschmuggel, 147) Allerdings ist es romanimmanent gesehen unwahrscheinlich, daß ein »Ingenieur und Inhaber einer Präzisionsformenguß-Fabrik in Wilmington, Delaware« (Waffenschmuggel, 69) den Greene-Roman kurz nach Erscheinen gelesen haben soll.

50. Dagegen hält Ambrosetti *Waffenschmuggel*, stärker als *Besuch bei Nacht*, für einen weiteren Schritt weg von einer eurozentristischen Sichtweise (Ambrosetti 1994, 101). Seine knappe Interpretation liefert dazu keinerlei Belege.

51. Ambler selber anerkannte in einem späten, unveröffentlichten Interview diese strukturelle Schwäche: »Im Buch stecken eigentlich zwei Romane, nicht wahr?«; siehe Anthony Weller: A Conversation with Eric Ambler, Seite 11, Ambler-Archiv, Schachtel 51, Mappe 12.

52. Siehe Schindler 1997, 513.

8. Kapitel: Vom Tiefpunkt der Verzweiflung

1. Siehe Brief an Joan Harrison vom 21. 8. 1957, Ambler-Archiv, Schachtel 19, Mappe 2, sowie Vertrag zwischen Shamley Productions und Spartacus Ltd. vom 10. 9. 1957, Ambler-Archiv, Schachtel 51, Mappe 5.

2. Regie führte Robert Stevens; der Beitrag wurde am 17. 3. 1958 ausgestrahlt.

3. Nach Roy Ward Baker ging die Bekanntschaft mindestens auf das Jahr 1947 und die Dreharbeiten zu *The October Man* zurück: »Einmal brachte Eric eine Frau zu den Dreharbeiten mit, und das war Joan Harrison. Ich kannte Joan, denn ich hatte 1938 an einem Film mit Hitchcock gearbeitet, als Joan Hitchs Assistentin war. Ich glaube nicht, daß zwischen ihnen was gewesen ist – was weiß ich denn schon –, aber sie war ganz bestimmt dort, und ich hab es nie vergessen, weil sie sich voller Lob über mich äußerte, wie Eric mir später gesagt hat.« (Roy Ward Baker im Gespräch mit dem Verfasser am 30. 4. 2001)

4. Sam Goldwyn Jr. im Telefongespräch mit dem Verfasser am 12. 10. 2000.

5. Siehe Spoto 1983, 147.

6. Siehe Spoto 1983, 221.

7. Siehe Wayne 1987, 203, 206, 211.

8. Siehe Spoto 1983, 370, sowie Lloyd 1990, 175–187.

9. Siehe Vahimagi 1996, 62, sowie Mogg 2000, 188 f.

10. Sam Goldwyn Jr. im Telefongespräch mit dem Verfasser am 12. 10. 2000.

11. Der Engländer Ralph Hammond Innes (1913–1998) hatte als Wirtschaftsjournalist begonnen, dann Sach- und Abenteuerbücher verfaßt. 1941 war ihm der Durchbruch mit einem ersten Buch über die Luftschlacht um England gelungen, und später hatte er sich auf Seefahrer- und Abenteuerromane spezialisiert. Seine 33 Romane verkauften sich weltweit in 40 Millionen Exemplaren, die bekanntesten unter ihnen waren *The Blue Ice* (1948) und *The Wreck of the Mary Deare* (1956); siehe Contemporary Authors 1999, 158–161.

12. Siehe Spoto 1983, 385–393.

13. Ambler hat bestritten, daß der Stoff von Hitchcock zu ihm kam (siehe Eue/Wegmann 1982, 579 f.), doch scheint er die Vorgeschichte nicht gekannt zu haben.

14. Siehe Thompson 1959, 27.

15. Siehe Wapshott 1990, 307–313. Die Passagen wurden von einem Rechts-

anwalt auf mögliche Ehrverletzungen überprüft; siehe Ambler-Archiv, Schachtel 51, Mappe 11.

16. Siehe Manso 1994, 514–530.

17. Manso behauptet, Amblers erste Fassung habe kaum den historischen Tatsachen entsprochen, und die Szenen auf Tahiti sowie die Darstellung der einheimischen Kultur seien nichts weniger als bizarr gewesen (Manso 1994, 522). Ersteres wird durch alle anderen Zeugnisse widerlegt, und letzteres war vor allem darauf zurückzuführen, daß bereits der Western-Drehbuchschreiber Borden Chase am Manuskript herumdokterte, der allen Ernstes vorschlug, aus Spannungsgründen eine Szene einzufügen, in der ein wenig Kannibalismus zu sehen sei.

18. Siehe Wapshott 1990, 315, sowie Manso 1994, 515.

19. Die notorischen Arbeitsbedingungen hat Ambler in einem späten Interview anhand eines drastischen Beispiels geschildert: »Sachen zurechtbiegen war damals in Hollywood sehr wichtig und eine ziemlich traurige Angelegenheit, wie ich einmal mitbekommen habe. Der Musicalregisseur Busby Berkeley, ein ziemlicher Säufer, steckte mitten in Dreharbeiten und hatte für den nächsten Tag eine verzwickte Szenerie aufgebaut, mit Hunderten von Revuegirls und komplizierten Kamerabewegungen, und dann war er gegangen und hatte sich betrunken. Die Polizei griff ihn auf und warf ihn in eine der Säuferzellen von Los Angeles, einen schrecklichen Ort – sie schmissen einfach alle Säufer, die sie eingesammelt hatten, hinein und ließen sie sich nach Herzenslust auskotzen. Aber Berkeley mußte am nächsten Tag diese Szene drehen. Also machten sich die Zurechtbieger an die Arbeit, mit Anwälten und PR-Menschen, um den Schaden zu begrenzen. Am nächsten Tag war Berkeley am Drehort; ich weiß nicht, ob er seiner Sinne ganz mächtig war, aber er war dort und arbeitete. Und Warner Brothers hatte einen brandneuen Sicherheitschef, der 100 000 Dollar im Jahr verdiente und der Leiter des entsprechenden Polizeireviers gewesen war! Und er hatte einen Job auf Lebenszeit. Jährlich 100 000 Dollar zu bezahlen, um die Sache zu vertuschen – das war er ihnen wert, denn soviel betrug sonst die Gage eines zweitklassigen Stars.« (Whitley 1997, 47)

20. Siehe Gianakos 1978, 287–290, sowie McNeil 1996, 157 f.

21. Siehe Eue/Wegmann 1982, 579.

22. Siehe Lewis 1990, 16.

23. Regie führte Bernard Girard, der Beitrag wurde am 10. 4. 1962 gesendet; siehe Mogg 2000, 189.

24. Eine indirekte Beziehung hatte sich schon früher ergeben. 1943 hatte Hitchcock eine Einleitung zu einem Knopf-Omnibus mit Ambler-Romanen geschrieben und dabei dessen Rang unterstrichen: »Wenn überhaupt, kann man sich nur sehr schwer vorstellen, daß es heute noch einen anderen Autor von Spionagethrillern gibt, der diese charakteristischen und bewundernswerten Qualitäten miteinander verbindet. Eric

Amblers Werke stehen in Wahrheit ziemlich allein auf ihrem Regal.«
(Haffmans 1989, 40)

25. Sam Goldwyn Jr. im Telefongespräch mit dem Verfasser am 12. 10. 2000.

26. Verschiedene Fassungen dieses schließlich abgebrochenen Versuchs liegen im Nachlaß; siehe Ambler-Archiv, Schachtel 50, Mappe 15, Schachtel 51, Mappe 3, sowie Schachtel 52.

27. Siehe Schumacher 1987, 117 f. Ambler datiert dieses Feuer irrtümlicherweise auf den Herbst 1960 (Cole, 166 f.).

28. Siehe die Fassungen im Ambler-Archiv, Schachteln 1, 2 und 3.

29. Amblers Romanmanuskripte vor 1961 fielen dem Feuer zum Opfer
oder gingen noch früher verloren. Vermutlich wurden die Vorkriegsromane schneller und mit weniger Fassungen geschrieben. Von den acht
Romanen nach 1961 liegen im Nachlaß jeweils vier bis fünf Fassungen.

30. Ambrosetti hält Arthur einseitig für das Opfer kolonialer Unterdrückung: »Simpsons zersplitterte Identität erleidet unter dem arroganten und korrupten Orientalismus des Westens denselben Verlust an
Prestige, Macht und Status wie der ganze Osten sowie andere frühere
Kolonien.« (Ambrosetti 1994, 109) Er schwächt dieses lose auf Edward
Said abgestützte Argument, indem er es mit den Jungschen und Speng-
lerschen Kategorien einer Polarität zwischen westlichem Apollinischem
und östlichem Dionysischem verbindet. Zudem übersieht er erstens,
daß Ambler Simpson weitaus kritischer beschreibt, und zweitens, daß
Simpson nicht nur vom »neokolonialen Anglo-Germanen« (Ambrosetti 1994, 106) Harper, sondern auch vom türkischen Geheimdienst erpreßt wird, mithin Ambler die sozialen und politischen Machtverhältnisse differenzierter faßt.

31. Laut einem Ambler-Porträt von 1981 geht die Episode auf ein reales Erlebnis während Erics Schulzeit in Lewisham zurück, die beinahe zu seinem Ausschluß von der Schule geführt haben soll; siehe Herbert 1981,
12. Vielleicht gehört die nirgends sonst überlieferte Behauptung, der
Vorfall habe sich wirklich zugetragen, aber auch zur Selbststilisierung
Amblers.

32. Siehe James 1974, 68.

33. Nach Veröffentlichung und Verfilmung kam es verschiedentlich zu
Nachahmungsverbrechen.

34. 1911 in Rußland als Sohn eines reichen jüdischen Händlers geboren und
1919 mit seiner Familie nach England emigriert, hatte Danischewsky
Anfang der 1930er Jahre bei MGM-England begonnen und von 1938 bis
1948 als Pressesprecher der Ealing-Studios gearbeitet. 1949 produzierte
er die erfolgreiche Ealing-Komödie *Whisky Galore! (Freut euch des Lebens!)* und versuchte sich dann als unabhängiger Produzent. Mit *Gene-
viève* (1953, *Die feurige Isabella*) errang er einen Überraschungserfolg,
den er mit Filmen wie *The Love Lottery* (1953) und *The Battle of Sexes*
(1959, *Mister Miller ist kein Killer*) nicht mehr zu wiederholen ver-

mochte, trotz des zuverlässigen Regisseurs Charles Crichton und Stars wie David Niven und Peter Sellers; Produktionen aufgrund eigener Drehbücher gerieten ihm finanziell zu noch größeren Verlustgeschäften.

35. Siehe Danischewsky 1966, 192.

36. Siehe Brief an Jules Dassin vom 22. 8. 1963, Ambler-Archiv, Schachtel 43, Mappe 5.

37. David Thomson meint generell zur Zusammenarbeit des Ehepaars Dassin-Mercouri: »Zusammen machten sie einige der unterhaltsamsten schlechten Filme der 1960er und 1970er Jahre: Filme, die ihre Mängel überwinden und urkomisch werden, während man darauf wartet, wie weit ihre Hochgestochenheit gehen wird [...] Es gibt solche, die *Sonntags nie* charmant und *Topkapi* aufregend gefunden haben. Sie müssen sehr betrunken gewesen sein. *Topkapi* ist zusammenhanglos, Mercouri ungefähr so einladend wie Medusa, und Dassin ein Regisseur, der schamlos auf vordergründige Gags setzt.« (Thomson 1994, 169 f.)

38. Siehe Brief an Max Reinhardt vom 20. 4. 1962, Ambler-Archiv, Schachtel 9, Mappe 1.

39. Dabei handelte es sich um *Signpost to Murder* nach einem in London erfolgreich laufenden Stück von Monte Doyle über den Ausbruch eines wegen Mordes Verurteilten aus einem Gefängnissanatorium. Ambler lieferte das Drehbuch im Herbst ab, nachdem er zuvor die psychiatrische Abteilung im Atascadero State Hospital besucht hatte; siehe das umfangreiche Material samt Manuskript im Ambler-Archiv, Schachtel 10. Der Film wurde 1964 uraufgeführt, doch wurde Amblers Beitrag nicht erwähnt, sondern das Drehbuch Sally Benson zugeschrieben; siehe IMDb 2001.

40. Der Fall des im April 1962 hingerichteten, geistig minderbemittelten Hanratty ist auch vierzig Jahre später noch diskutiert worden, da Angehörige im Jahr 2000 einen weiteren Anlauf unternahmen, den Fall postum neu aufzurollen, wobei im Mai 2002 ein Berufungsgericht die Schuld Hanrattys aufgrund von DNS-Tests endgültig für erwiesen hielt; siehe *Guardian*, London, 11. 5. 2002, 5.

41. Der von Ambler erwähnte Psychiater Paul Schilder (1886–1940) wurde in Wien geboren und wirkte seit 1919 an der Wiener Psychiatrischen Klinik. Ab 1923 bemühte er sich um einen *Entwurf zu einer Psychiatrie auf psychoanalytischer Grundlage*. 1928 siedelte er in die USA über und trug wesentlich zur Anwendung der Psychoanalyse im Rahmen der Psychiatrie bei. Englische Übersetzungen seiner Werke erschienen zum Teil postum in den 1950er Jahren, etwa 1951 *Psychoanalysis, Man & Society*.

42. Mit dem Hinweis auf diesen Vortrag und einem längeren Zitat daraus endet auch Amblers Autobiographie; siehe Ambler, 414–416.

43. Siehe Born 1998, 49.

44. Brief an Max Reinhardt vom 23. 1. 1964, Ambler-Archiv, Schachtel 7, Mappe 2.

45. Etliche Details der Beschreibung von Peira-Cava, auch die Suche nach einer adeligen Äthertrinkerin, hat er später im achten Kapitel der Autobiographie wiederholt; siehe Ambler, 239–242.

46. Die eigenen Erfahrungen bei der ersten Prozeßberichterstattung hat Ambler im Text *Der Reporter* aus dem Sammelband *Die Begabung zu töten* beschrieben, der sich auf den Fall des Arztes John Bodkin Adams bezieht.

47. Chandler hat dieses von Freunden als »unzulänglichster Selbstmordversuch der Geschichte« bezeichneten Vorfall vom Februar 1955 offenherzig herumerzählt; siehe Chandler 1975, 37 f.; Ambler traf Chandler gelegentlich Mitte der 1950er Jahre, als Chandler in London weilte, und war Bürge für dessen Aufnahme in den renommierten Garrick-Club; siehe McShane 1976, 235 und 259.

48. Wolfe, der auch für *Eine Art von Zorn* sein Steckenpferd von Amblers Ödipuskomplex reitet und in Sanger die xte Wiederkehr von Amblers Vater ausmacht (Wolfe 1993, 160), übersieht dagegen dieses offensichtliche textimmanente Moment einer Vater-Sohn-Beziehung.

49. Siehe Lewis 1990, 144 f. Womöglich ist das Motiv vom Drachentöter aber auch eine Persiflage auf Ian Fleming, der in *The Spy Who Loved Me* (1962, *Der Spion, der mich liebte*) die Heldin jubeln läßt: Bond »war aus dem Nichts gekommen, wie der Märchenprinz, und hatte mich vor dem Drachen errettet […] Und dann, als der Drachen tot war, hatte er mich als seinen Lohn empfangen.« (Lycett 1995, 401)

50. Dies wird auch im Titel *Eine Art von Zorn* deutlich, der die aktive Handlung von Piet Maas in den Vordergrund stellt, während der früher erwogene Titel *Midnight Blues* die depressive Seite betonte; siehe Material im Ambler-Archiv, Schachtel 9, Mappe 1.

51. Siehe Wolfe 1993, 162. Dagegen redet Ambrosetti von einer »Heirat, die nach den urzeitlichen Vorbildern von Jung und Nietzsche geschlossen wurde« (Ambrosetti 1994, 130) und vergleicht sie mit Schirmer und Maria aus *Schirmers Erbschaft*. Ganz abgesehen von den Verstiegenheiten der Jungschen Terminologie ist die Beziehung zwischen Schirmer und Maria durch Gewalt erzwungen worden und führt in traditionelle Rollenbilder, während diejenige zwischen Piet und Lucia, durch Geld initiiert, sowohl pragmatisch wie gleichberechtigt ist.

52. Siehe Material im Ambler-Archiv, Schachtel 25, Mappe 2.

53. Amblers vergleichsweise beschränktes Interesse an der konkreten historischen Situation zeigt sich auch daran, daß er in seiner Darstellung nicht den Eindruck korrigiert, 1964, zur Handlungszeit des Romans, sei noch immer General Kassem an der Macht gewesen, obwohl der in Wirklichkeit Anfang 1963 gestürzt und hingerichtet worden war.

54. So Lewis 1990, 151.

55. Brief von Len Deighton an den Verfasser vom 10. 4. 2001, Seite 2.
56. Siehe Lycett 1995, 277f.
57. Peter Janson-Smith im Gespräch mit dem Verfasser am 19. 9. 2000.
58. Siehe Lycett 1995, 244.
59. Siehe Lycett 1995, 420.
60. Siehe Lycett 1995, 420 und 430.
61. Siehe Lycett 1995, 437 und 446.
62. Siehe Lycett 1995, 243 und 269.
63. Siehe Lycett 1995, 273.
64. *How to Write a Thriller;* Nachdruck im *Daily Telegraph,* London, 6. 12. 1997, 11.
65. In der zweiten Auflage, nach Flemings Tod, setzte sich Ambler mit Flemings Artikel von 1962 auseinander, in dem dieser Ambler als eines seiner Vorbilder genannt hatte; siehe Spionagegeschichten, 233. In der Einleitung zu dem 1965 erschienenen Sammelband *Intrigue* mit frühen Ambler-Romanen nahm Ambler darauf ebenfalls Bezug, als er mit ein paar Überlegungen zum literarischen Wert des Thrillergenres schloß: »Falls das für einen Thrillerautor, der einzig und erklärtermaßen den Zweck verfolgt, unterhaltend zu schreiben, unangemessen ernst klingt, dann kann ich ja vielleicht Ian Fleming zu diesem Thema zitieren: ›Thriller mögen keine Literatur sein, aber es ist trotzdem möglich, etwas zu schreiben, was ich am besten als Thriller bezeichnen möchte, die konzipiert worden sind, um als Literatur gelesen zu werden.‹ Eine solche Absicht würde sicherlich ein gerüttelt Maß an Ernsthaftigkeit und ein wenig kritische Selbstbefragung entschuldigen. Aber vielleicht hatte ich mit meiner ursprünglichen Ansicht doch recht. Es ist wirklich besser, die Bücher für sich selber sprechen zu lassen.« (Intrigue, 8)

    Die Passage ist merkwürdig defensiv geraten. Mit dem Zitat von Ian Fleming wird dessen Kompliment an Ambler erwidert und zugleich implizit der Erfolg von James Bond akzeptiert. Doch verlegt das Zitat die Frage literarischer Qualität allein in die Absicht des Autors. Zudem kann die Zurücknahme der ganzen Erwägung zum Schluß als, nur halb bewußte, Zurückweisung von Flemings Büchern gelesen werden, die womöglich nicht für sich selber zu sprechen vermögen.
66. Ironischerweise ist Eric Ambler in *Die Maske des Dimitrios* ebenfalls ein geographischer Schnitzer unterlaufen, als er den türkischen Schlachtort Dumlu Punar zweihundert Meilen westlich statt östlich von Smyrna ansiedelte und ihn damit mitten ins Mittelmeer versetzte. Für Neuauflagen und Übersetzungen ab den 1960er Jahren korrigierte er den Fehler, doch ist die Korrektur für den neuesten englischen Nachdruck von 1999, der noch von Ambler abgesegnet wurde, wieder untergegangen; siehe Dimitrios 1999, 36. Die deutsche Version ist dagegen korrigiert, siehe Dimitrios, 40.
67. Die Rechte dafür wurden von Hodder & Stoughton im Austausch ge-

gen einen einst bei Bodley Head gelandeten Titel von Agatha Christie erworben; siehe Bodley-Head-Archiv, Mappe 247, Reading University Library.

68. Im November 1963 wurde der Wert der beweglichen Inneneinrichtung für Versicherungszwecke auf 80 000 Dollar geschätzt, siehe Ambler-Archiv, Schachtel 51, Mappe 2.

69. Siehe die revidierte Drehbuchfassung vom 12. 8. 1964, Ambler-Archiv, Schachtel 50, Mappe 7, sowie die Fassungen mit Revisionen vom 1. 10. 1966, Ambler-Archiv, Schachtel 13. Erst 1970 sollte das Projekt verwirklicht werden.

70. Siehe das Material im Ambler-Archiv, Schachtel 15, Mappe 3.

71. Siehe *Sunday Times*, 1. 10. 1967, Hopkins 1975, 287, sowie Lewis 1990, 134. Später schrieb Ambler das erste Kapitel zu einer eigenständigen Erzählung um, die 1970 unter dem Titel *Der Kuhhandel* erschien; noch später ging das ursprüngliche Projekt in den Roman *Doktor Frigo* ein; siehe unten, Kapitel 9, 417.

72. Unter dem Pseudonym Ed McBain hatte der amerikanische Schriftsteller Evan Hunter erstmals 1956 einen Roman über den 87th Precinct der New York City Police veröffentlicht und damit eine Serie gestartet, die durch tv-Verfilmungen bald populär wurde.

73. Siehe die Fassungen im Ambler-Archiv, Schachtel 14.

74. Der Untertitel fehlt in der deutschen Ausgabe.

75. Siehe Brief an Peter Ustinov vom 27. 11. 1963, Ambler-Archiv, Schachtel 4, Mappe 1.

76. Ambrosettis Behauptung, »obwohl das Buch in Zentralafrika handelt, ist *Schmutzige Geschichte* in vielerlei Hinsicht eine Vietnam-Geschichte« (Ambrosetti 1994, 114), ist dagegen überzogen. Sicherlich gehörte der Vietnam-Krieg zum allgemeinen Hintergrund der Entkolonialisierung, aber im konkreten politischen Gehalt verbindet *Schmutzige Geschichte* nichts mit Vietnam.

77. Siehe Lewis 1990, 135; Wolfe 1993, 169; Ambrosetti 1994, 112.

78. Diese explizite, satirische Bezugnahme auf das Dionysische wird von Ambrosetti, der ansonsten in Arthur das dionysische Überlebensprinzip feiert, geflissentlich übersehen.

79. Neueste Untersuchungen in belgischen Archiven haben nicht nur den Anteil Belgiens an der Destabilisierung des Kongos erwiesen, sondern belegen, daß Lumumba in Anwesenheit von Tschombé von einem Erschießungskommando unter Befehl belgischer Offiziere hingerichtet wurde (siehe de Witte, 2001). Das belgische Parlament hat deswegen im Jahr 2000, 40 Jahre nach den Ereignissen, eine unabhängige Untersuchungskommission eingesetzt, die in einem Bericht vom 16. 11. 2001 der damaligen belgischen Regierung zumindest »eine moralische Verantwortung« zuschiebt; siehe Braeckman 2002, 23.

80. Siehe Ambrosetti 1994, 114.

81. Bodley Head versuchte vom angeblich eindeutig zweideutigen Titel zu profitieren und stellte Buchhandlungen für die Schaufensterwerbung ein Display zur Verfügung, das einen nackten Frauenrücken zeigt; was wiederum den südafrikanischen Fotografen des Bildes veranlaßte, seinen Namen zurückzuziehen, da Amblers Roman laut dem ihm zugeschickten Klappentext genau jene Art Buch sei, mit dem er seine Arbeit nicht in Verbindung zu bringen wünsche; siehe Material im Bodley Head Archiv, Authors 6, Reading University Library. Auch in den USA ergab sich eine ironische Fußnote, da für die amerikanische Ausgabe die von Arthur freigebig verwendete Abqualifizierung »bullshit« durch »nonsense« und »crap« ersetzt werden mußte; siehe den Briefwechsel im Ambler-Archiv, Schachtel 17, Mappe 1.

82. Der deutsche Friedensforscher Peter Strutynski hat jüngst *Schmutzige Geschichte* »eine geradezu visionäre Persiflage auf diese moderne Art des Imperialismus« genannt; sie »rekonstruiert und entlarvt ein Muster militärischer Auseinandersetzungen, das 30 Jahre später Realität in fast allen Teilen dieser Welt geworden ist« (Strutynski 1999, 3).

83. Siehe Lewis 1990, 138.

84. Brief an Mrs. George Macy vom 14. 11. 1967, Ambler-Archiv, Schachtel 29, Mappe 15.

85. Siehe Material im Ambler-Archiv, Schachtel 43, Mappe 6, sowie Schachtel 29, Mappe 15.

86. Siehe Biographisches Handbuch 1980, 15, sowie Mayer-Ebeling 1997.

87. Siehe Mayer-Ebeling 1997, 108.

88. Daniel Keel im Gespräch mit dem Verfasser am 21. 11. 2001.

89. Siehe Brief von Saccone & Speed Ltd. vom 4. 7. 1967, Ambler-Archiv, Schachtel 43, Mappe 6.

90. Siehe Briefwechsel im Ambler-Archiv, Schachtel 25, Mappe 1, sowie die verschiedenen Fassungen des Manuskripts in Schachtel 23.

91. Siehe Brief von Delmer Daves vom 30. 3. 1968, Ambler-Archiv, Schachtel 43, Mappe 5.

92. Siehe Briefwechsel im Ambler-Archiv, Schachtel 43, Mappe 6.

93. Der Verkaufspreis betrug 245 000 Dollar; siehe Ambler-Archiv, Schachtel 51, Mappe 13.

94. Siehe Ambler-Archiv, Schachtel 52.

95. Telefongespräch des Verfassers mit einem Direktor von Anderson & Sheppard am 5. 6. 2000.

96. Patricia Gaynor im Gespräch mit dem Verfasser am 4. 10. 2000.

97. Anna Keel im Gespräch mit dem Verfasser am 21. 11. 2001.

98. Anna Keel im Gespräch mit dem Verfasser am 21. 11. 2001.

99. Daraus resultierten vorerst die Spielfilme *Journey into Darkness* und *Journey into Midnight* (beide 1968); siehe IMDb 2001.

100. Siehe Meikle 1996, 222.

101. Roy Ward Baker im Gespräch mit dem Verfasser am 30. 4. 2001.

102. Sein Beitrag *The Indian Spirit Guide*, nach einem Drehbuch von *Psycho*-Verfasser Robert Bloch, wurde am 16. 11. 1968 vom regionalen Londoner Fernsehsender LWT ausgestrahlt; siehe Baker 2000, 176, sowie zur Serie IMDb 2001.

103. Sam Goldwyn Jr. im Telefongespräch mit dem Verfasser am 12. 10. 2000.

104. Siehe die Manuskripte *Adaption for the Screen* und *Reading for Pleasure* im Ambler-Archiv, Schachtel 28.

105. Katherine Kominis: Portrait of Eric Ambler, 1993, zitiert nach Ambler-Archiv, Schachtel 51, Mappe 8.

106. Sam Goldwyn Jr. im Telefongespräch mit dem Verfasser am 12. 10. 2000.

107. Siehe die fünf Separatdrucke von Cohen-Aufsätzen im Ambler-Archiv, Schachtel 51, Mappe 13.

108. Patricia Gaynor im Gespräch mit dem Verfasser am 4. 10. 2000.

109. Siehe Brief an Simon Michael Bessie vom 12. 8. 1963, Ambler-Archiv, Schachtel 28, Mappe 13.

110. Unter den mitgeteilten Erfahrungsberichten findet sich auch einer eines »Schriftstellers, der ein paarmal LSD und Meskalin genommen hat, um die Phänomene der Bewußtseinsveränderung und ganzheitlichen Denkens zu untersuchen« (Cohen 1966, 155). Die fünf Textseiten könnten wegen ihrer präzisen und distanzierten Haltung und ihren weitreichenden Vergleichen mit historischen Erfahrungen von Ambler stammen, obwohl sich sprachlich kaum Anklänge an seinen Sprachstil finden.

111. Patricia Gaynor im Gespräch mit dem Verfasser am 4. 10. 2000.

112. Siehe Ambler-Archiv, Schachtel 51, Mappe 5.

9. Kapitel: Kompetente Kriminelle

1. So dem Schweizer Reformtheologen und Literaturkritiker Alexandre-Rodolphe Vinet (1797–1847), dem französischen Geographen und Anarchisten Elisée Reclus (1830–1905), dem französischen Ökonomen Léon Walras (1834–1910) sowie dem Führer des Burenstaats, Paul Krüger (1825–1904).

2. Die Miete betrug anfänglich 7800 Franken pro Jahr und stieg bis 1979 auf das Doppelte; siehe Mietverträge im Ambler-Archiv, Schachtel 48.

3. Auskünfte von Marcel Pope im Telefongespräch mit dem Verfasser am 3. 4. 2002.

4. Siehe Brief an Max Reinhardt vom 26. 3. 1969, Ambler-Archiv, Schachtel 37, Mappe 10.

5. Peter Janson-Smith im Gespräch mit dem Verfasser am 19. 9. 2000.

6. Joan Reinhardt in einer E-Mail an den Verfasser vom 2. 11. 2000.

7. Peter Janson-Smith im Gespräch mit dem Verfasser am 19. 9. 2000.

8. Siehe Evening Standard, London, 9. 5. 1969.

9. Siehe Ambler-Archiv, Schachtel 49, Mappe 1.

10. In einem späten Interview hat Ambler auf die Frage, warum *Das Inter-com-Komplott* in der Schweiz spiele, gemeint, er habe diesen Roman nach negativen Erfahrungen mit einem Schweizer Rechtsanwalt ge-schrieben (Born 1998, 50). Das ist eine Fehlerinnerung Amblers, denn jenen Fall, den er meint, hat er erst später in *Bitte keine Rosen mehr* be-handelt.

11. Siehe Lewis 1990, 157. Peter Janson-Smith schlug *To Protect the Guilty* vor, was Ambler mit dem Hinweis ablehnte, der Titel sei zu clever (Peter Janson-Smith im Gespräch mit dem Verfasser am 19. 9. 2000). Schließlich wurde der sachlich wirkende Titel *The Intercom Conspiracy* gewählt, der auf die Kalte-Kriegs-Terminologie von Komintern und Kominform sowie neue Informationstechnologien anspielt.

12. Ambler hat in einem späten Interview in bezug auf die Frage des Raub-golds relativ zurückhaltend gemeint: »Ich erhielt früher regelmäßig wunderbar gestaltete Broschüren, die auf Englisch die schweizerischen Bankgesetze erklärten und wieso diese auf höhere Werte zurückgingen. Dies schien mir immer ein ganz klein wenig überrissen. Die Banken waren mit allzu gewandten Erklärungen zur Hand. Aber natürlich stimmt es, daß das Bankgeheimnis eine Art des Schutzes gegen deutsche Agenten war.« (Born 1998, 52)

13. Für ein deutschsprachiges Publikum mag die selbstverständliche Zu-sammenarbeit zwischen dem Reporter eines renommierten Weltblattes und dem amerikanischen Geheimdienst überraschend wirken. Tatsäch-lich besteht im angelsächsischen Raum eine lange Tradition der In-dienstnahme von Schriftstellern und Journalisten für nachrichten-dienstliche Aufgaben; siehe für englische Beispiele das Buch *Literary Agents. The Novelist as Spy* von Anthony Masters, der unter anderen John Buchan, Somerset Maugham, Malcolm Muggeridge, Graham Greene, Ian Fleming und John le Carré behandelt, sowie für die ameri-kanische Situation die Studie von Frances Stonor Saunders (Saunders 2001).

14. Im Original verwendet Ambler das Wort »Clown« (Conspiracy, 137), das er später in der Autobiographie wieder aufgreifen und auf sich an-wenden wird.

15. In seiner 1985 erschienenen Monographie über John le Carré zollte Peter Lewis, der nur ein paar Jahre später die erste Monographie über Eric Ambler verfassen sollte, diesem im Vorwort das übliche Lippenbe-kenntnis, verzichtete dann aber auf jeglichen Versuch eines Vergleichs oder gar eines Werturteils zwischen den beiden Autoren. Sowohl John Atkins wie Jost Hindersmann beschäftigten sich in ihren Studien zur Geschichte des Spionageromans mehr oder weniger ausführlich mit den Vorkriegsromanen Amblers, unterschlugen aber alle seine Thriller nach 1945 und erwähnten selbst den Spionagethriller *Das Intercom-Komplott* mit keinem Wort. In der kürzlich erschienenen Monographie

zu le Carré von Myron Aronoff ist Ambler nicht einmal mehr eine Erwähnung wert.

16. *Spies Through the Looking Glass.* In: *Life*, Mai 1965. Zitiert nach Ambler-Archiv, Schachtel 25, Mappe 1.

17. Buchbesprechung in *Die Welt* vom Juli 1974. Zitiert nach Ambler-Archiv, Schachtel 37, Mappe E. Le Carré selber hat den Vorbildcharakter von Philby zuerst heruntergespielt, später aber zugestanden. Mittlerweile ist sich die Fachliteratur darüber einig; siehe Hindersmann 1995, 171–175. In späteren Äußerungen zu le Carré verknappte Ambler sein Urteil auf die Überladenheit des Romans (Amory 1975, 31), und bei der Diskussion einer mißglückten Fernsehverfilmung seines eigenen Spionageromans *Das Intercom-Komplott* wurde le Carré ausdrücklich als Negativbeispiel genannt: »Wenn ich die Geschichte nicht gekannt hätte, hätte ich gesagt: ›Das ist wie *Dame, König, As, Spion*, ich verstehe es nicht.‹« (Symons 1989, 16)

18. *Tinker, Taylor, Soldier, Spy* (1974, *Dame, König, As, Spion*), *The Honourable Schoolboy* (1977, *Eine Art Held*) sowie *Smiley's People* (1979, *Smiley's Leute oder Agent in eigener Sache*).

19. So die treffende Charakterisierung von Peter Lewis, ohne daß dieser daraus irgendwelche kritischen Rückschlüsse zöge, siehe Lewis 1985, 21. Ins Allgemeinmenschliche gewendet und auf le Carré bezogen, beschreibt Dieter Bachmann denselben Sachverhalt in der Einleitung zu einem le Carré gewidmeten *Du*-Heft: »Wie man als Fremdkörper heimlich heimisch unter den Menschen wird, davon erzählt dieses Heft« (Bachmann 1998, 9).

20. Siehe Lewis 1985, 24.

21. Für Peter Lewis schafft le Carré »die Umwandlung des Besonderen ins Universelle« (Lewis 1985, 137). Laut Vogt bearbeitet le Carré »einen partiellen Wirklichkeitsausschnitt so, daß er als Spiegelung und Sinnbild der Wirklichkeit in ihrer Totalität gelten darf« und zeigt die Spionagewelt als »Paradigma für den modernen, rein ›prosaischen‹ Weltzustand, der ausschließlich nach Zwecken und Nützlichkeiten ausgerichtet und der Realisierung von ›Idealen‹ ausgesprochen feindlich ist«. (Vogt 1986, 9) Das le Carré gewidmete *Du*-Heft erklärt ihn im Vorwort zu einem »Klassiker des Jahrhunderts« (Bachmann 1998, 9), verzichtet aber auf eine literaturkritische Auseinandersetzung mit seinem Werk.

22. Siehe Brief von Laurence Olivier vom 12. 8. 1970, Ambler-Archiv, Schachtel 37, Mappe 10.

23. Siehe IMDb 2001.

24. Anthony Weller: A Conversation with Eric Ambler, zirka 1988, Ambler-Archiv, Schachtel 51, Mappe 12.

25. Siehe Material im Ambler-Archiv, Schachtel 44, Mappe 1.

26. Die zuerst von Clive James überlieferte Behauptung, allein in New York hätten sich bis Ende Jahr 35 000 Hardcover-Exemplare verkauft (James

1974, 69, übernommen von DelFattore 1989, 22, und von Lewis 1990, 162), ist eine Fehlinterpretation, denn den Abrechnungen zufolge hatte US-Verleger Atheneum bis Mai 1973 insgesamt 37000 Exemplare abgesetzt; siehe Ambler-Archiv, Schachtel 37, Mappe 12. Dennoch war *Der Levantiner* Amblers bisher erfolgreichstes Buch, was sich auch unmittelbar finanziell niederschlug. Während die Lizenzeinnahmen 1971 rund 100 000 Dollar betragen hatten, stiegen sie für 1972 auf 155 000 Dollar; siehe Abrechnungen im Ambler-Archiv, Schachtel 51, Mappe 2. Nachdem er für *Schmutzige Geschichte* einen Silver Dagger der britischen Crime Writers Association erhalten hatte, wurde ihm für *Der Levantiner* ein Gold Dagger zugesprochen. Als er ihn im Mai 1973 entgegennahm, knüpfte er an seine Rede aus dem Jahr 1968 an, in der er die therapeutische Wirkung solcher Preise beschwor; siehe Manuskripte im Ambler-Archiv, Schachtel 28, Mappe 11, sowie Schachtel 37, Mappe 7.

27. Der Satz entstammt offenbar einem realen Handbuch der Armee, das Ambler 1925 beim Eintritt in die Territorialarmee las, siehe Ambler, 124.

28. Siehe Lewis 1990, 171.

29. Für den deutschen Literaturwissenschaftler, Essayisten und Kritiker Hans C. Blumenberg ist Howell »ein so harmloser wie politisch naiver Kaufmann« (Blumenberg 1973, 72), während er für Uwe Lindemann/ Isabel Beisenkötter zum Schluß als »begossener Pudel« dasteht, »der seine Geschichte in rührseligem Tonfall vorträgt« (Lindemann/Beisenkötter 1999, 13 f.). Beide Interpretationen übersehen, wie Howell mit den Ereignissen fertig wird.

30. Mit dem Ende des Ost-West-Konflikts hat sich le Carré notgedrungen neuen Konfliktfeldern zugewandt. Seine jüngsten Werke wie *Single & Single* (1999) oder *The Constant Gardener* (2001, *Der ewige Gärtner*) verraten eine neue Radikalität der moralischen Indignation, etwa gegen multinationale Unternehmen, ohne aber die stilistischen, strukturellen und metaphysischen Ausschweifungen aufzugeben.

31. Siehe Ambler-Archiv, Schachtel 37, Mappe 1 und 2, sowie Schachtel 50, Mappe 5.

32. Siehe Brief vom 27. 2. 1973, Ambler-Archiv, Schachtel 37, Mappe 12.

33. Siehe Ambler-Archiv, Schachtel 51, Mappe 1.

34. Bereits vom 16. Januar bis 23. Februar 1973 waren Eric und Joan nach Hongkong, Singapur, Bangkok, Delhi und Teheran gereist; eine der wenigen Reisen, die keine Spuren im Werk Amblers hinterlassen hat.

35. Siehe Ambler-Archiv, Schachtel 43, Mappe 3.

36. Siehe Symons 1985, 225; Lewis 1990, 173; Wolfe 1993, 196; einzig Joan DelFattore hält *Doktor Frigo* für den am wenigsten engagierten Roman Amblers; siehe DelFattore 1989, 23.

37. Schmidts Versuch, alle Figuren zu »Schelmen« zu erklären, die sich in einem Spiel befinden, das keinerlei Sieger und Verlierer mehr zulasse (Schmidt 1979, 112), bricht denn doch dem Zynismus jede kritische Spitze.

38. Patricia Gaynor im Gespräch mit dem Verfasser am 4. 10. 2000.

39. Im Fragebogen der *Frankfurter Allgemeine Zeitung* nannte Ambler als seine Heldinnen in der Geschichte »die Kaiserin Maria Theresia von Österreich, die Romanschriftstellerin George Eliot« (zitiert nach Haffmans 1989, 210).

40. Peter Lewis meint, in *Doktor Frigo* einen Einfluß von Joseph Conrads Roman *Nostromo* (1904) zu erkennen, der in Lateinamerika angesiedelt ist; er nennt das Buch Amblers »most Conradian novel« und die Hauptfigur »mehr dem Geist Conrads verpflichtet als die meisten Amblerschen Helden« (Lewis 1990, 175). Gemeinsam ist beiden Werken eine Illusionslosigkeit bezüglich der menschlichen Verhältnisse, aber der Stil und die Stoßrichtung sind so unterschiedlich, daß der Vergleich kaum einen Sinn ergibt. Die Behauptung von Peter Wolfe, *Doktor Frigo* sei durch Motive in T. S. Eliots Gedicht *The Love Song of J. Alfred Prufrock* angeregt (Wolfe 1993, 189), ist eine der vielen kuriosen Blüten dieser mit Idiosynkrasien übervollen Studie.

41. Brief an Simon Michael Bessie vom 20. 5. 1974, Ambler-Archiv, Schachtel 37, Mappe 12.

42. Zitiert nach dem Manuskript im Ambler-Archiv, Schachtel 36, Mappe 3, hier: Seiten 5 und 8.

43. Stumm 1976, 12, zitiert nach der Transkription im Ambler-Archiv, Schachtel 43, Mappe 2.

44. Siehe Blumenberg 1973, Heissenbüttel 1973 und Schmidt 1973.

45. Siehe zum Folgenden Heissenbüttel 1975, Busche 1975, Schmidt 1975, Meyer 1975, Hertenstein 1975, Stumm 1976, Bachmann 1976, Anon. 1976 sowie Schmidt 1979.

46. Ein Interview erschien als Bestandteil eines großen Ambler-Porträts durch den Übersetzer Walter Hertenstein im Dezember im *Magazin* des Züricher *Tages-Anzeiger*, ein anderes wurde von Aurel Schmidt für die Basler *Nationalzeitung* und später für einen größeren Essay ausgewertet, ein drittes schließlich von Reinhardt Stumm zu einer Sendung für den *Deutschlandfunk* im Oktober 1976 verarbeitet. Die *Weltwoche* hatte schon im Frühling 1976 mit einem Ambler-Porträt durch Dieter Bachmann nachgedoppelt, und Mitte 1976 war Ambler der populären Schweizer Frauenzeitschrift *Femina* ein Porträt wert. Der Roman trug ihm zudem ein Master Diplom der schwedischen Krimi-Akademie sowie ein Jahr später den französischen Grand Prix de Littérature Policière ein; siehe Lewis 1990, 18.

47. Siehe Brief von Peter Janson-Smith an Simon Michael Bessie vom 4. 11. 1974, Ambler-Archiv, Schachtel 44, Mappe 1.

48. Dagegen hatte sich die Zusammenarbeit mit dem englischen Verlag Weidenfeld and Nicolson zu Amblers Zufriedenheit entwickelt, was ihn veranlaßte, im März 1975 den Vertrag für drei weitere Bücher und 17,5 Prozent Tantiemen zu erneuern. Der Vorschuß für das erste Buch be-

trug 5000 Pfund, für das zweite und dritte 7500 Pfund; siehe Ambler-Archiv, Schachtel 49.

49. Siehe medizinisches Gutachten vom 15. 11. 1974, Ambler-Archiv, Schachtel 44, Mappe 1.

50. Siehe Brief an Roy Russell vom 25. 5. 1976, Ambler-Archiv, Schachtel 44, Mappe 2.

51. Brief an George D. Astley vom 4. 5. 1978, Ambler-Archiv, Schachtel 49.

52. Siehe Born 1998, 50.

53. Siehe Briefwechsel im Ambler-Archiv, Schachtel 37, Mappe 10, sowie Schachtel 48.

54. Siehe Brief Amblers vom 12. 1. 1970, Ambler-Archiv, Schachtel 37, Mappe 10.

55. Siehe Briefe von Jean Coigny vom 8. 10. 1970 und vom 25. 1. 1971, Ambler-Archiv, Schachtel 37, Mappe 10.

56. John McLaughlin im Gespräch mit dem Verfasser am 15. 8. 2000.

57. Der Einfachheit halber wird im folgenden die Romanfigur immer als »Paul Firman« bezeichnet, auch in ihren unterschiedlichen Identitäten als Oberholzer, Smythson u. a.

58. Brief an Alan Collins vom 21. 1. 1956, Ambler-Archiv, Schachtel 22, Mappe 12.

59. Ambler gießt milden Spott auf seine eigene pubertäre Begeisterung für den Kriminalanthropologen Cesare Lombroso, wenn er Krom eine Studie über *Die Lombrosische Fehldiagnostik in der gegenwärtigen Kriminologie* zuschreibt. Und er ironisiert seine eigene Fernsehserie *Checkmate*, in der Kriminologen zur Verbrechensverhütung herangezogen wurden.

60. Siehe Wolfe 1993, 203.

61. Brief an Anne Feelgood vom 1. 5. 1977, Ambler-Archiv, Schachtel 44, Mappe 3.

62. Siehe Material und Briefwechsel im Ambler-Archiv, Schachtel 40, Mappe 4, sowie Schachtel 44, Mappe 3.

63. Siehe Brief an Fred Zinnemann vom 28. 6. 1978, Ambler-Archiv, Schachtel 48.

64. Die Wohnung im dritten Stock kostete möbliert 380 000 Franken, von denen zwei Drittel bar bezahlt und nur 125 000 Franken durch eine Hypothek abgedeckt wurden; siehe Kaufvertrag im Ambler-Archiv, Schachtel 50, Mappe 6.

65. Siehe Rüst 1980, 25.

66. Zitiert nach Wolfe 1993, 210.

67. Auch Lewis meint, *Mit der Zeit* »schaut auf Abenteuerformeln einiger von Amblers Vorkriegsromanen zurück« (Lewis 1990, 199) und hält ihn für einen von Amblers schwächeren Romanen, während Wolfe solche eingestandenen Schwächen zugleich als literaturhistorischen Reiz ansieht (Wolfe 1993, 215).

68. Siehe Intercom, 161 f.
69. Zur ›Propaganda der Tat‹ siehe Cantzen 1997, 66–68.
70. Siehe Ambler-Archiv, Schachtel 49.
71. Im englischen Original wird Bourger allerdings gerade nicht mit dem Begriff Anarchist belegt, sondern als »pretty young con-boy killer« (Time, 214; »reizender kleiner Gauner und Killer« [Zeit 1983, 355]) bezeichnet.
72. Die erste deutsche Übersetzung von 1981 versuchte den Anklang zwischen Text und Titel, wenn auch eher schwerfällig, zu bewahren: »Mit der Zeit wird natürlich uns allen die Luft ausgehen.« (Zeit 1983, 5 bzw. 413) Die Neuübersetzung verzichtet ganz darauf: »Irgendwann wird natürlich jeder von uns abtreten.« (Zeit, 5) Vor allem die Wiederaufnahme zum Schluß, »Zander wird irgendwann abtreten, ganz allmählich« (Zeit, 399), schwächt den zwanghaften Fatalismus des Originals ab.
73. Siehe Wolfe 1993, 207.

10. Kapitel: Rückschau

1. Die Tournee führte durch New York, Pittsburgh, Los Angeles, San Francisco, Washington, Philadelphia und Chicago; siehe Ambler-Archiv, Schachtel 48.
2. Im Juli 1983 las Ambler in der Zeitung, daß der eben neu gewählte Labour-Parteichef und Oppositionsführer Neil Kinnock mit seinem Auto ohne Fremdeinwirkung von der Straße abgekommen sei. In einem Brief wies er Kinnock auf seinen eigenen Unfall und die Möglichkeit hin, daß sich auch in Kinnocks Wagen giftige Dämpfe entwickelt hätten; siehe Brief an Neil Kinnock vom 15. 7. 1983, Ambler-Archiv, Schachtel 47.
3. Sofern nicht anders vermerkt, stammen die Angaben über Amblers Alltag in London alle aus einem Gespräch von Patricia Gaynor mit dem Verfasser vom 4. 10. 2000.
4. Peter Janson-Smith im Gespräch mit dem Verfasser am 19. 9. 2000.
5. Brief von Len Deighton an den Verfasser vom 10. 4. 2001.
6. Zitiert nach Symons 1989, 16.
7. Bayley erwähnte Ambler auch positiv in einer großen Graham-Greene-Besprechung; siehe Bayley 1989, 3 und 5.
8. Zitiert nach Ambler-Archiv, Schachtel 50, Mappe 3.
9. Erinnerungsrede von Patricia Gaynor an der Ambler-Gedenkveranstaltung vom 17. Mai 1999 im Garrick Club in London.
10. Maurice Ambler war nach einer erfolgversprechenden Karriere als Fotograf durch den Evangelisten Billy Graham zum fundamentalistischen Christentum bekehrt worden und absolvierte Anfang der 1960er Jahre

eine Ausbildung als Baptistenpriester. Er wirkte lange Jahre in verschiedenen Kirchgemeinden, doch die Beziehung zwischen ihm und Eric ebenso wie zu Joyce wurde durch seinen missionarischen Eifer belastet; siehe Brief von Joyce Fowle an den Verfasser vom 15. 8. 2001.

11. Die Wohnung an der Avenue Eugène Rambert wurde auf den Januar 1987 für 420 000 Franken verkauft; siehe Ambler-Archiv, Schachtel 50, Mappe 6. Eine 1985 erworbene Wohnung im benachbarten La Tour-de-Peilz, Bourg Dessous 28, gleich hinter dem Schlößchen gelegen, war vom Ehepaar nur zweimal benützt worden und wurde deshalb 1987 ebenfalls abgestoßen. Ambler, der bis 1985 noch offiziell in Clarens gemeldet war und sich im Februar 1985 in La Tour-de-Peilz angemeldet hatte, meldete sich endgültig erst am 7. 9. 1987 in La Tour-de-Peilz ab; siehe E-Mails von P. Tissot, Office de la Population de Montreux, an den Verfasser vom 28. 2. 2002 und 1. 3. 2002 sowie E-Mail von R. Schneider, Office de La Tour-de-Peilz, an den Verfasser vom 6. 3. 2002.

12. Siehe Drehbuch und Briefwechsel im Ambler-Archiv, Schachtel 50, Mappe 5.

13. In seiner Autobiographie meint Roy Ward Baker, Eric Ambler und er hätten sich 1990, nach Amblers 80. Geburtstag, mehrmals getroffen und dabei habe Ambler seinen Vorschlag gemacht (Baker 2000, 161). Abgesehen davon, daß Amblers 80. Geburtstag ins Jahr 1989 fiel, ist die erste Fassung der Baker-Bearbeitung im Ambler-Archiv vom Oktober 1987 datiert, die fünfte und letzte vom Februar 1990; siehe Ambler-Archiv, Schachtel 51, Mappen 15 und 16.

14. Siehe Hindersmann 1995, 207, Anmerkung 4.

15. Brief von Reginald Hill an den Verfasser vom 12. 9. 2000.

16. Nach einem Drehbuch von Alick Rowe unter der Regie von John Gorrie, ausgestrahlt auf der dritten britischen Senderkette ITV in vier Folgen, jeweils Freitag um 21 Uhr, vom 24. Februar bis 17. März 1989.

17. Siehe Ambler-Archiv, Schachtel 51, Mappe 6.

18. Roy Ward Baker im Gespräch mit dem Verfasser am 30. 4. 2001.

19. Erinnerungsrede von Patricia Gaynor an der Ambler-Gedenkveranstaltung vom 17. 5. 1999 im Garrick Club in London.

20. Sam Goldwyn Jr. im Telefongespräch mit dem Verfasser am 12. 10. 2000.

21. Brief an Julian Symons vom 1. 10. 1977, Ambler-Archiv, Schachtel 44, Mappe 3.

22. Siehe das Manuskript im Ambler-Archiv, Schachtel 50, Mappe 15. In einem weiteren Manuskript, das auch unter dem Titel *The Day of the Fire* figuriert, aber offenbar aus *Ambler by Ambler* hervorgegangen ist, beschreibt er den Einsatz französischer Legionäre bei der Befreiung Süditaliens 1943; siehe Ambler-Archiv, Schachtel 51, Mappe 3.

23. Manuskript im Ambler-Archiv, Schachtel 51, Mappe 4.

24. Eine besonders verschlungene Anspielung ergibt sich, wenn Blagden Cole einst ein Theaterstück über das »Leben einer Madeleine Smith«

geschrieben hat, die »1857 angeklagt worden« war, »ihren Liebhaber vergiftet zu haben« (Cole, 253): jenen Gerichtsfall, der 1949 als Vorlage für den Film *Madeleine* von David Lean diente, an dessen Drehbuch Ambler nach eigener Aussage monatelang arbeitete.

25. Der Freund Len Deighton verfaßte dazu eine Würdigung von Amblers Drehbuch zu *The Cruel Sea*; siehe Deighton 1996.

26. Siehe Evans 1997, Whitley 1997, Howald 1997, Born 1998.

27. Siehe Evans 1997, 22.

28. John McLaughlin im Gespräch mit dem Verfasser am 15. 8. 2000.

29. Siehe Ambler-Archiv, Schachtel 52.

30. Dies reicht zuweilen in Intimbereiche. So beschreibt die Ich-Erzählerin in einer ebenso offenherzigen wie grotesken Passage, wie sie Filzläuse behandeln mußte, die sie von einem Liebhaber eingefangen hatte. In seiner Autobiographie schrieb Ambler über seine erste große Liebe, Betty Dyson, diese habe von ihren Liebhabern erwartet, sich nicht zu wundern, wenn sie ihnen unvermutete Geschenke bescherte, »Filzläuse vielleicht oder einen Tripper« (Ambler, 214).

31. Da das Ehepaar Ambler keine direkten Nachfahren hatte, war testamentarisch festgelegt worden, daß die Buchrechte an Amblers Schwester Joyce Fowle und die übrigen Besitztümer an zwei Nichten Joan Harrisons gehen würden; Patricia Gaynor erhielt neben ein paar persönlichen Andenken Amblers rund 25 moderne Bilder, die sie als Sammlung zusammengehalten hat. Gaynor war es auch, die im Mai 1999 im Londoner Garrick Club eine Gedenkveranstaltung organisierte, an der sich Verwandte, überlebende Freunde und Verehrer von Eric Ambler einfanden.

32. Siehe Brief von Frederick Forsyth an den Verfasser vom 19. 3. 2001. Man kann darin allerdings auch den Versuch sehen, nur ja keinen Vergleich seines Romans *Die Hunde des Krieges* von 1974 über einen Söldnerraid in Afrika mit Amblers *Schmutzige Geschichte* von 1967 aufkommen zu lassen.

33. Siehe Brief von John le Carré an den Verfasser vom 22. 3. 2001.

34. Brief von Len Deighton an den Verfasser vom 10. 4. 2001, Seite 3.

35. Brief von Baroness James of Holland Park (P. D. James) an den Verfasser vom 7. 11. 2000.

36. Brief an A. C. Ohlson vom 1. 11. 1965, Ambler-Archiv, Schachtel 29, Mappe 16.

37. Peter Janson-Smith im Gespräch mit dem Verfasser am 19. 9. 2000.

38. Dies scheint zwar eine Selbstverständlichkeit, ist es aber durchaus nicht. John le Carré, um ihn ein letztes Mal als Folie zu Ambler zu benützen, hat beispielsweise bekannt, daß er die von ihm am höchsten geschätzten eigenen Werke wie *Der Spion, der aus der Kälte kam*, *Die Libelle* und *Der ewige Gärtner* sozusagen in einem Zug geschrieben und kaum überarbeitet habe; siehe *Observer*, London, 17. 12. 2000, Re-

view, S. 15. Den letzten beiden Werken ist dies nicht besonders gut bekommen.

39. Sam Goldwyn Jr. im Telefongespräch mit dem Verfasser am 12. 10. 2000.

40. Roy Ward Baker im Gespräch mit dem Verfasser am 30. 4. 2001.

Zitierte Literatur

Materialien aus dem Ambler-Archiv in der Mugar-Library der University of Boston werden in den Anmerkungen nach Schachtel und Mappe zitiert; Materialien aus anderen Archiven nach dem jeweils verwendeten Registratursystem. Gespräche, die ich mit Freunden und Zeitgenossen von Eric Ambler geführt habe, sowie allfällige Briefwechsel werden in den Anmerkungen mit dem Datum nachgewiesen. Diese Materialien sind in der folgenden Bibliographie nicht mehr aufgelistet. Die deutschen Übersetzungen der Ambler-Werke werden nach den jüngsten revidierten Ausgaben im Diogenes Verlag zitiert. An Sekundärliteratur werden nur jene Werke aufgeführt, auf die direkt Bezug genommen wird. Ich danke Mortimer Chambers für die Überlassung einer Kopie seiner ausführlichen Ambler-Bibliographie.

1. Primärliteratur

a) Werke von Eric Ambler

The Dark Frontier. Roman. London: Hodder & Stoughton 1936. *Authors Note:* In Neuausgabe London: 1973.
  Der dunkle Grenzbezirk. Überarbeitete Neuausgabe, inklusive *Bemerkung des Verfassers* 1972. Aus dem Englischen von Walter Hertenstein und Ute Haffmans. Zürich: Diogenes 1997 (zitiert als: Grenzbezirk).
Uncommon Danger. Roman. London: Hodder & Stoughton 1937 (zitiert als: Danger). Amerikanische Ausgabe als *Background to Danger.* New York: Knopf 1937.
  Ungewöhnliche Gefahr. Neuübersetzung. Aus dem Englischen von Matthias Fienbork. Zürich: Diogenes 1999 (zitiert als: Gefahr).
Epitaph for a Spy. Roman. London: Hodder & Stoughton 1938. Revidierte amerikanische Ausgabe New York: Knopf 1952.
  Nachruf auf einen Spion. Neuübersetzung. Aus dem Englischen von Matthias Fienbork. Zürich: Diogenes 2002 (zitiert als: Nachruf).
Cause for Alarm. Roman. London: Hodder & Stoughton 1938. Gekürzte amerikanische Ausgabe New York: Knopf 1939.
  Anlaß zur Unruhe. Neuübersetzung. Aus dem Englischen von Dirk van Gunsteren. Zürich: Diogenes 1999 (zitiert als: Unruhe).
The Mask of Dimitrios. Roman. London: Hodder & Stoughton 1939. Neu-

ausgabe London 1999 (zitiert als: Dimitrios 1999). Gekürzte amerikanische Ausgabe als *A Coffin for Dimitrios*. New York: Knopf 1939.
Die Maske des Dimitrios. Neuübersetzung. Aus dem Englischen von Matthias Fienbork. Zürich: Diogenes 1996 (zitiert als: Dimitrios).

Journey into Fear. Roman. London: Hodder & Stoughton 1940 (zitiert als: Journey). New York: Knopf 1940.
Die Angst reist mit. Neuübersetzung. Aus dem Englischen von Matthias Fienbork. Zürich: Diogenes 1996 (zitiert als: Angst).

Judgment on Deltchev. Roman. London: Hodder & Stoughton 1951 (zitiert als: Judgment). New York: Knopf 1951.
Der Fall Deltschev. Durchgesehene Neuausgabe. Aus dem Englischen von Mary Brand und Walter Hertenstein. Zürich: Diogenes 1997 (zitiert als: Deltschev).

The Schirmer Inheritance. Roman. London: Heinemann 1953 (zitiert als: Inheritance). New York: Knopf 1953.
Schirmers Erbschaft. Neuübersetzung. Aus dem Englischen von Nikolaus Stingl. Zürich: Diogenes 2001 (zitiert als: Schirmer).

The Night-Comers. Roman. London: Heinemann 1956 (zitiert als: Night-Comers). Amerikanische Ausgabe als *State of Siege*. New York: Knopf 1956.
Besuch bei Nacht. Bearbeitete Neuausgabe. Aus dem Englischen von Wulf Teichmann. Zürich: Diogenes 1999 (zitiert als: Besuch).

Passage of Arms. Roman. London: Heinemann 1959. New York: Knopf 1960.
Waffenschmuggel. Überarbeitete Neuausgabe. Aus dem Englischen von Tom Knoth. Zürich: Diogenes 1999 (zitiert als: Waffenschmuggel).

The Light of Day. Roman. London: Heinemann 1962 (zitiert als: Light). New York: Knopf 1963.
Topkapi. Revidierte Neuausgabe. Aus dem Englischen von Elsbeth Herlin und Nikolaus Stingl. Zürich: Diogenes 1996 (zitiert als: Topkapi).

The Ability to Kill and Other Pieces. Essays, Prozeßberichte, Erzählungen. London: Bodley Head 1963. New York: Mysterious Press 1987.
Die Begabung zu töten. Aus dem Englischen von Matthias Fienbork. Zürich: Diogenes 1988 (zitiert als: Begabung).

To Catch a Spy. An Anthology of Favourite Spy Stories. Edited and Introduced by Eric Ambler. London: Bodley Head 1964 (zitiert als: Spy).
Introduction. In: Spy, S. 7–22.
Mehr Spionagegeschichten. Von John Buchan bis Ian Fleming. Herausgegeben von Eric Ambler. Aus dem Englischen von Peter de Mendelssohn. Zürich: Diogenes 1984 (zitiert als: Spionagegeschichten).

A Kind of Anger. Roman. New York: Atheneum 1964. London: Bodley Head 1964.
Eine Art von Zorn. Neuübersetzung. Aus dem Englischen von Malte Krutzsch. Zürich: Diogenes 1997 (zitiert als: Zorn).

Dirty Story. A Further Account of the Life and Adventures of Arthur Abdel Simpson. Roman. New York: Atheneum 1967. London: Bodley Head 1967.

Schmutzige Geschichte. Überarbeitete Neuausgabe. Aus dem Englischen von Günter Eichel. Zürich: Diogenes 1997 (zitiert als: Geschichte).

The Intercom Conspiracy. Roman. New York: Atheneum 1969. London: Weidenfeld and Nicolson 1970 (zitiert als: Conspiracy).

Das Intercom-Komplott. Neuübersetzung. Aus dem Englischen von Dirk van Gunsteren. Zürich: Diogenes 2000 (zitiert als: Intercom).

The Levanter. Roman. New York: Atheneum 1972. London: Weidenfeld and Nicolson 1972.

Der Levantiner. Durchgesehene Übersetzung. Aus dem Englischen von Tom Knoth. Zürich: Diogenes 1997 (zitiert als: Levantiner).

Doctor Frigo. Roman. London: Weidenfeld and Nicolson 1974. New York: Atheneum 1974.

Doktor Frigo. Neuübersetzung. Aus dem Englischen von Matthias Fienbork. Zürich: Diogenes 2001 (zitiert als: Frigo).

Send No More Roses. Roman. London: Weidenfeld and Nicolson 1977. Amerikanische Ausgabe als *The Siege of the Villa Lipp*. New York: Random House 1977.

Bitte keine Rosen mehr. Überarbeitete Übersetzung. Aus dem Englischen von Tom Knoth. Zürich: Diogenes 1998 (zitiert als: Rosen).

The Care of Time. Roman. London: Weidenfeld and Nicolson 1981. New York: Farrar, Straus and Giroux 1981.

Mit der Zeit. Aus dem Englischen von Hans Hermann. Zürich: Diogenes 1983 (zitiert als: Zeit 1983). Neuübersetzung. Aus dem Englischen von Matthias Fienbork. Zürich: Diogenes 2000 (zitiert als: Zeit).

Here Lies. An Autobiography. London: Weidenfeld and Nicolson 1985 (zitiert als: Lies). New York: Farrar, Straus and Giroux 1986.

Ambler by Ambler. Eric Amblers Autobiographie. Aus dem Englischen von Matthias Fienbork. Zürich: Diogenes 1999 (zitiert als: Ambler).

The Story So Far. Memories and Other Fictions. London: Weidenfeld and Nicolson 1993 (zitiert als: So Far).

Wer hat Blagden Cole umgebracht? Lebens- und Kriminalgeschichten. Aus dem Englischen von Matthias Fienbork. Zürich: Diogenes 1995 (zitiert als: Cole).

Reed, Eliot (d. i. Charles Rodda und Eric Ambler)

Skytip. New York: Doubleday 1950. London: Hodder & Stoughton 1951.

Tender To Danger. New York: Doubleday 1951. Als *Tender to Moonlight*. London: Hodder & Stoughton 1952.

The Maras Affair. New York: Doubleday 1953. London: Collins 1953.

Charter to Danger. London: Collins 1954.

Passport to Panic. London: Collins 1958.

b) Essays und Rezensionen
(die nicht im Sammelband *The Ability to Kill*
aufgenommen sind)

The Film of the Book. In: The Penguin Film Review No. 9. London 1949, S. 22–25.

> *Der Film nach dem Buch.* Aus dem Englischen von Franz Atlantik. In: Filmkritik 312, München 1982, S. 583–586.

Books, Films and Television. In: W. H. Smith's Trade News. London, Juni 1953.

My First Secret Agent. In: Evening Standard. London, März 1953.

Scotland Yard. In: Holiday. New York, August 1954, S. 56 ff.

The Novelist and the Film-Makers. In: Journal. The British Film Academy. London, Summer 1956, S. 9–14, 20.

The Jolly Losers. In: Holiday. New York, April 1958, 80 ff.

The Novelist and Films. In: Michael Gilbert (Hg.): Crime in Good Company. Essays on Criminals and Crime-Writing. Boston: The Writer 1959, S. 192–209.

Preface. In: Eric Ambler: Epitaph for a Spy. London: Bodley Head 1966, S. 5–7.

Introduction. In: Eric Ambler: Intrigue. Three famous novels in one volume. London: Hodder & Stoughton 1965, S. 5–8 (zitiert als: Intrigue).

Spies Through the Looking Glass [Zu John le Carrés *The Looking Glass War*]. *In:* Life. New York, 30. Juli 1965.

Reply to questions. In: Evelyn B. Byrne/Otto M. Penzler (Hg.): Attacks of Taste. New York: Gotham Book Mart 1971.

Rezension von *Thirty-Four East* von Alfred Coppel. In: *Die Welt.* Berlin, Februar 1974.

Rezension von *Tinker Tailor Soldier Spy* von John le Carré. In: *Die Welt.* Berlin, Juli 1974.

Rezension von *Worse than a Crime* von Claire Sterling. In: *Die Welt.* Berlin, November 1974.

Introduction. In: The Adventures of Sherlock Holmes. By Sir Arthur Conan Doyle. London: John Murray and Jonathan Cape 1974, S. 7–11 (zitiert als Introduction).

A better sort of rubbish. An inquiry into the state of the thriller. In: *The Times Saturday Review.* London, 30. 11. 1974, S. 8 (zitiert als: rubbish).

Foreword. In: Nigel Morland: Mrs. Pym and other stories. Introduced by Eric Ambler. Henley-on-Thames 1977, S. 4.

Introduction. In: Great Cases of Scotland Yard. Reader's Digest/Crown 1979.

The End of the Affair. In: *New Statesman.* London, 13. 1. 1978, S. 56.

Rezension von Graham Greene: *Ways of Escape.* In: *The Hollywood Reporter.* Hollywood, 6. 2. 1981, S. 30.

Voyages – and Shipwrecks. In: H. R. F. Keating (Hg.): Whodunit? A Guide to Crime, Suspense, and Spy Fiction. London: Windward 1982, S. 104–107.

Publicity and the Popular Novelist. In: *The Author.* London, April 1984.
James Mason. In: Dictionary of National Biography 1981–1985. Oxford 1990, S. 269–270.

c) Unveröffentlichte Manuskripte
(alle im Ambler-Archiv in Boston)

Nightrunners of Bengal, Drehbuch nach John Masters gleichnamigem Buch, 1955 und 1968.
Writer's bane. Artikel für die *Herald Tribune,* März 1956.
Signpost to Murder bzw. *Time to Kill,* Drehbuch nach dem gleichnamigen Roman von Monte Doyle, 1962.
Journey into Fear. Drehbuch für Fernsehserie nach Amblers gleichnamigem Buch, 1965.
Reading for Pleasure. Vorgetragen bei der Book Chamber of Ebell/California, 24. 3. 1965.
Adaption for the Screen. Vorgetragen am Long Beach State College/California, 31. 3. 1965.
Gentleman from Abroad. Aufgegebener Roman, 1966.
Doll. Drehbuch nach einem Roman von Ed McBain, 1966.
Speech. Crime Writers Association Annual Diner, London, 2. 5. 1968.
Speech. Vorgetragen an der U.C.L.A., Los Angeles, 14. 2. 1969.
Acceptance Speech. Crime Writers Association Annual Diner, London, 3. 5. 1973.
Venus with Arms. Drehbuch für Fernsehserie, 1973.
Speech. Vorgetragen bei Farrar, Straus and Giroux. New York, September 1981.
Acceptance Speech. Crime Writers Association Annual Diner, London, 1. 5. 1986.
The Day of the Fire. Second Thoughts of an Epitaph. Autobiographie-Fragmente, 1993.
The Legatees. Unvollendeter Roman, 1997.

d) Filmographie

Filmdrehbücher

Zwischen 1942 und 1946 zahlreiche Lehr- und Propagandafilme im Auftrag des Army Kinematograph Service (AKS), darunter *The New Lot* (1942) und *United States* (1945), sowie Mitarbeit an John Hustons *The Battle of San Pietro* (1944).
The Way Ahead
Two Cities, Großbritannien 1944. R: Carol Reed, Db: Eric Ambler, Peter

Ustinow, nach einer Idee von Eric Ambler, D: David Niven, Billy Hartnell, Stanley Holloway, John Laurie, Peter Ustinov.

The October Man (Zwielicht)
Two Cities, Großbritannien 1947. R: Roy Baker, Db: Eric Ambler, D: John Mills, Joan Greenwood, Kay Walsh.

The Passionate Friends (Die große Leidenschaft)
Cineguild, Großbritannien 1949. R: David Lean, Db: Eric Ambler, nach David Leans und Stanley Haynes' Adaption des Romans von H. G. Wells, D: Ann Todd, Claude Rains, Trevor Howard.

The Clouded Yellow (Auf falscher Spur)
Independent Production, Großbritannien 1950. R: Ralph Thomas, Db: Eric Ambler, nach der Geschichte von Janet Green, D: Jean Simmons, Trevor Howard.

Highly Dangerous (Lebensgefährlich)
Two Cities, Großbritannien 1950. R: Roy Baker, Db: Eric Ambler, nach seinem eigenen Roman *The Dark Frontier*, D: Margaret Lockwood, Dane Clark, Marius Goring.

Encore (Dacapo)
Two Cities, Großbritannien 1951. R: Harald French, Pat Jackson, Anthony Pelissier, Db: T. E. B. Clarke, Arthur Macrae, Eric Ambler, D: Nigel Patrick, Roland Culver, Kay Walsh, Glynis Johns, Terence Morgan.

The Magic Box (Der wunderbare Flimmerkasten)
Film Festival Production, Großbritannien 1951. R: John Boulting, Db: Eric Ambler, nach einem Buch von Ray Allister, D: Robert Donat, Margaret Johnston, Maria Schell.

The Card (Der Unwiderstehliche)
British Film Makers, Großbritannien 1952. R: Ronald Neame, Db: Eric Ambler, nach dem Roman von Arnold Bennett, D: Alec Guinness, Glynis Johns, Valerie Hobson.

Rough Schoot (Ein Schuß im Dunkel)
Raymond Stross Production, Großbritannien 1952. R: Robert Parish, Db: Eric Ambler, nach einem Roman von Geoffrey Household, D: Joel McCrea, Herbert Lom, Marius Goring.

The Cruel Sea (Der große Atlantik)
Ealing Studios, Großbritannien 1953. R: Charles Frend, Db: Eric Ambler, nach dem Roman von Nicholas Monsarrat, D: Jack Hawkins, Donald Sinden, Denholm Elliott, Virginia McKenna.

The Purple Plain (Flammen über Fernost/Staffelkapitän Forester)
Two Cities, Großbritannien 1954. R: Robert Parrish, Db: Eric Ambler, nach einem Roman von H. E. Bates, D: Gregory Peck, Win Min Than, Bernard Lee, Maurice Denham.

Lease of Life
Ealing Studios, Großbritannien 1954. R: Charles Frend, Db: Eric Ambler, nach einer Erzählung von Frank Baker, D: Robert Donat, Kay Walsh.

Yangtse Incident (Yangtse-Zwischenfall)
 Wilcox-Neagle Production, Großbritannien 1957. R: Michael Anderson, Db: Eric Ambler, nach einem Buch von Lawrence Earl, D: Richard Todd, William Hartnell, Akim Tamiroff.
A Night to Remember (Die letzte Nacht der Titanic)
 Rank Film, Großbritannien 1958. R: Roy Baker, Db: Eric Ambler, nach einem Buch von Walter Lord, D: Kenneth More, Ronald Allen, Honor Blackman.
The Wreck of the Mary Deare (Die den Tod nicht fürchten)
 MGM, USA 1959. R: Michael Anderson, Db: Eric Ambler, nach dem Roman von Ralph Hammond Innes, D: Gary Cooper, Charlton Heston, Michael Redgrave, Emlyn Williams, Virginia McKenna.

TV-Drehbücher

The Eye of Truth
 Shamley Productions für NBC, USA 1957. R: Robert Stevens, Db: Eric Ambler, D: Joseph Cotton, George Peppard.
Checkmate
 CBS, USA 1959–1962. 70 Episoden. Db: Verschiedene Autoren, nach einem Grundkonzept von Eric Ambler, D: Anthony George, Doug McClure.
Act of Faith
 Shamley Productions für NBC, USA 1962. R: Bernard Girard, Db: Eric Ambler, nach einer Erzählung von Nicholas Monsarrat.
Love Hate Love
 Paramount für ABC, USA 1971. R: George McCowan, Db: Eric Ambler, D: Ryan O'Neal, Lesley Warren, Peter Haskell.

Filme, die nach Romanen von Eric Ambler
gedreht wurden

Journey into Fear (Von Agenten gejagt)
 Mercury Productions, USA 1943. R: Norman Foster/Orson Welles, Db: Joseph Cotton und Orson Welles, nach *Journey into Fear* (1940), D: Joseph Cotton, Dolores Del Rio, Orson Welles, Jack Moss.
Background to Danger (Spion im Orientexpress)
 Warner Brothers, USA 1943. R: Raoul Walsh, Db: W. R. Burnett, nach *Uncommon Danger* (1937), D: George Raft, Brenda Marshall, Sydney Greenstreet, Peter Lorre.
The Mask of Dimitrios (Die Maske des Dimitrios)
 Warner Brothers, USA 1944. R: Jean Negulesco, Db: Frank Gruber, nach

The Mask of Dimitrios (1939), D: Sydney Greenstreet, Zachary Scott, Peter Lorre, Faye Emerson.

Hotel Reserve
RKO-British, USA 1944. R: Victor Hanbury, Lance Comfort und Max Greene, Db: John Davenport, nach *Epitaph for a Spy* (1938), D: James Mason, Lucie Mannheim, Herbert Lom.

Epitaph for a Spy
BBC, Großbritannien 1953. Sechs halbstündige Sendungen. R: Patrick Harvey, D: Peter Cushing.

Epitaph for a Spy
BBC, Großbritannien 1963. Vier halbstündige Sendungen. D: Colin Jeavons.

Topkapi (Topkapi)
Filmways, USA 1964. R: Jules Dassin, Db: Monja Danischewsky, nach *The Light of Day* (1962), D: Melina Mercouri, Peter Ustinov, Maximilian Schell, Robert Morley, Akim Tamiroff.

Journey into Fear
New World Productions, Kanada 1974. R: Daniel Mann, Db: Trevor Wallace, nach *Journey into Fear* (1940), D: Sam Waterston, Zero Mostel, Ian McShane, Donald Pleasance.

A Quiet Conspiracy
Anglia Television, Großbritannien 1989. Vierteilige TV-Serie. R: John Gorrie, Db: Alick Rowe, nach *The Intercom Conspiracy* (1969).

2. Zitierte Sekundärliteratur

a) Zu Eric Amblers Werk

Ambrosetti, Ronald J., 1994: Eric Ambler. New York.

Amory, Mark, 1975: The Ambler Way. In: *Sunday Times Magazine*. London, 5. 1. 1975, S. 30–32.

Anon., 1943: Journey into Fear. In: *New York Times*. New York, 3. 7. 1941, S. 11.

Anon., 1956: Confidential Agents. In: *Times Literary Supplement*. London, 20. 7. 1956, S. 434.

Anon., 1976: Eric Ambler: »Bei mir gibt es selten Tote!« In: *Femina*. Zürich, 30. 6. 1976, S. 10f.

Anon. 1998: Eric Ambler. Author who brought the thriller into the modern age and wrote the film script of *The Cruel Sea*. In: *The Daily Telegraph*. London, 24. 10. 1998, S. 27.

Bachmann, Dieter, 1976: Der große Realist. Eric Ambler oder Unsere schmutzige Wirklichkeit. In: *Die Weltwoche*. Zürich, 26. 5. 1976.

Bayley, John, 1989: Madly Excited. In: *London Review of Books*. London, 1. 6. 1989, S. 3.

Blumenberg, Hans C., 1973: Der Palästinenser im Haus. Eric Amblers Roman *Der Levantiner*. In: *Die Zeit*. Hamburg, 26. 10. 1973. Zitiert nach: Haffmans 1989, S. 70–75.

Born, Hanspeter, 1998: Gentleman des Schreckens. In: *Das Magazin*. Zürich, 48/98, S. 42–54.

Boucher, Anthony, 1964: The Witness in the Bikini. In: *New York Times Book Review*. New York, 18. 10. 1964, S. 4, 39.

Brittan, Eric, 1947: The October Man. Adapted from the film written and produced by Eric Ambler and directed by Roy Baker. London.

Busche, Jürgen, 1975: Der Thriller-Autor Eric Ambler. Anatomie einer modernen Form des spannenden Romans. In: *Frankfurter Allgemeine Zeitung*. Frankfurt, 23. 7. 1975. Zitiert nach: Haffmans 1989, S. 86–94.

Chandler, Raymond, 1975: Die simple Kunst des Mordens. Briefe, Essays, Notizen, eine Geschichte und ein Romanfragment. Herausgegeben von Dorothy Gardiner und Kathrine Sorley Walker. Neu übersetzt von Hans Wollschläger. Zürich.

Coleman, Terry, 1970: At 19, an agent advised him to forget writing. In: *The Guardian*. London, 2. 1. 1970.

Crowther, Bosley, 1941: Background to Danger. In: *New York Times*. New York, 3. 7. 1941, S. 11.

Crowther, Bosley, 1944: The Mask of Dimitrios. In: *New York Times*. New York, 24. 6. 1944, S. 16.

Crowther, Bosley, 1945: The Way Ahead. In: *New York Times*. New York, 5. 6. 1945, S. 22.

Crowther, Bosley, 1948: The October Man. In: *New York Times*. New York, 16. 4. 1948, S. 29.

Crowther, Bosley, 1956: Lease of Life. In: *New York Times*. New York, 10. 2. 1956, S. 18.

Crowther, Bosley, 1958: A Night to Remember. In: *New York Times*. New York, 17. 2. 1958, S. 2.

Deighton, Len, 1996: Land and Sea. In: *Sight and Sound*. London, September 1996, S. 30–33.

DelFattore, Joan, 1989: Eric Ambler. In: Dictionary of Literary Biography. Volume 77: British Mystery Writers 1920–1939. Detroit, S. 13–24.

Eue, Ralph/Wegmann, Karl Heinz, 1982: Where are we on that list of questions? Gespräch mit Eric Ambler. In: *Filmkritik* 312. München, Dezember 1982, S. 567–582.

Evans, Julian, 1997: The faces behind the mask. In: *The Guardian*. London, 11. 1. 1997, S. 18–22.

Fenton, James, 1977: The Ambler Memorandum. In: *Vogue*. London, Juli 1977, S. 100–102.

Ginnett, Lillian (Ed.), 1935: Light and Humourous Verse. London.

Haffmans, Gerd (Hg.), 1989: Über Eric Ambler. Erweiterte Neuausgabe. Zürich.

Hebert, Hugh, 1981: Forever Ambler. In: *The Guardian*. London, 30. 5. 1981, S. 12.

Heissenbüttel, Helmut, 1973: Geschäfte in der Levante. Eric Amblers *Der Levantiner*. Beispiel eines politischen Romans. In: *Süddeutsche Zeitung*. München, 10. 10. 1973.

Heissenbüttel, Helmut, 1975: Eric Ambler. Kühle Kunst des Killens. In: *Die Weltwoche*. Zürich, 2. 4. 1975. Zitiert nach: Haffmans 1989, S. 76–85.

Hertenstein, Walter, 1975: Ambling with Ambler. In: *Tages-Anzeiger Magazin*. Zürich, 13. 12. 1975. Zitiert nach: Haffmans 1989, S. 135–152.

Hopkins, Joel, 1975: An Interview with Eric Ambler. In: *Journal of Popular Culture* 9. Bowling Green/Ohio, S. 285–293.

Howald, Stefan, 1997a: Der Held ist immer ein verdächtiger Charakter. Ein Besuch bei Eric Ambler. In: *Die Weltwoche*. Zürich, 3. 7. 1997, S. 56.

Howard, Jennifer, 2002: Snakes and Ladders. Eric Ambler's newly reissued spy thrillers confront the political treachery of the twentieth century. In: *Boston Review*, Feb/March.

James, Clive, 1974: Prisoners of Clarity 2: Eric Ambler. In: *The New Review*. London, September 1974, S. 63–69.

Kaiser, Johannes, 1988: Hier ist jemand, der lügt. Sendung Südwestfunk Baden-Baden vom 4. 3. 1988. Zitiert nach: Haffmans 1989, S. 155–179.

Keating, H. F. (ed.), 1982: Whodunit? A Guide to Crime, Suspense & Spy Fiction. London.

Kingra, Mahinder, 2001: In From the Cold. Eric Ambler Reissues Supply Spy Novels for the New New World Order. In: *Baltimore City Paper*, 12. 12. 2001.

Lewis, Peter, 1990: Eric Ambler. New York.

Lindemann, Uwe/Beisenkötter, Isabel, 1999: Eric Ambler. In: Kritisches Lexikon zur fremdsprachigen Gegenwartsliteratur. 49. Nachlieferung. München.

Lindgren, Ernest, 1952: The Magic Box. In: *Sight and Sound*. London, 1/1952, S. 140 f.

Meyer, Peter, 1975: Ein Gentleman sorgt für Spannung. Zu *Doktor Frigo*. In: *Der Stern*. Hamburg, 23. 10. 1975.

Omnibus Eric Ambler. Ein Porträt der BBC vom 19. 9. 1986 (zitiert nach dem Transkript im Ambler-Archiv in Boston).

Pettifer, James, 1990: Ambler – between fiction and factories. In: *The Independent.* London, 6. 1. 1990.
Pettifer, James, 1998: Eric Ambler. In: *The Independent.* London, 24. 10. 1998, S. 10.

Rüst, Thomas, 1980: Eric Ambler las im Hechtplatz-Theater. In: *Tages-Anzeiger.* Zürich, 28. 4. 1980, S. 25.

Schmidt, Aurel, 1973: Versuch über das Erzählen. Bei der Lektüre von Eric Amblers Roman *Der Levantiner.* In: *Nationalzeitung.* Basel, 1. 12. 1973.
Schmidt, Aurel, 1975: Wie es zugeht auf der Welt. Eric Amblers neuer Roman *Dr. Frigo.* In: *Nationalzeitung.* Basel, 11. 10. 1975.
Schmidt, Aurel, 1979: Wie es zugeht auf der Welt. In: Haffmans 1989, S. 95–113.
Scott, J. D., 1951: New Novels. In: *New Statesman.* London, 25. 8. 1951, S. 211.
Stumm, Reinhardt, 1976: Eric Ambler. Deutschlandfunk. Köln, 3. 10. 1976.
Symons, Julian, 1989: Touching 80 but not speeding. In: *The Times.* London, 23. 6. 1989, S. 16.

Thompson, Howard, 1959: The Wreck of the Mary Deare. In: *New York Times.* New York, 7. 11. 1959, S. 27.

Whitebait, William, 1951: The Magic Box. In: *New Statesman.* London, 22. 9. 1951, S. 309f.
Whitley, John, 1997: Spymaster. In: *The Daily Telegraph Magazine.* London, 30. 8. 1997, S. 43, 45, 47.
Wolfe, Peter, 1993: Alarms and Epitaphs. The Art of Eric Ambler. Bowling Green/Ohio.

b) Allgemein

Addison, Paul, 1994: The Road to 1945. British politics and the Second World War. London.
Advertiser Weekly, 1937: London Agencies' Link-up. London, 28. 10. 1937, S. 125.
Ambler, Louis, 1924: The Ambler Family, London.
Anthony, Vivian Stanley, 1981: Colfe's School Rugby Club. The Jubilee History. London.
Aronoff, Myron, 1999: The Spy Novels of John le Carré. Balancing Ethics and Politics. London.

Atkins, John, 1984: The British Spy Novel. Styles in Treachery. London.

Attenborough, John, 1975: A Living Memory. Hodder & Stoughton Publishers 1868–1975. London.

Australian Dictionary of Biography, 1981: Volume 8. 1891–1939. Cl-Gib. Melbourne.

Bachmann, Dieter, 1998: Editorial. In: John le Carré. Alle Arten von Verrat. DU. Zürich 3/1998, S. 7–9.

Baker, Roy Ward, 2000: The Director's Cut. A Memoir of 60 Years in Film and Television. London.

Barnes, Julian, 1992: Das Stachelschwein. Aus dem Englischen von Stefan Howald und Ingrid Heinrich-Jost. Zürich.

Barr, Charles, 1998: Ealing Studios. Berkeley (Originalausgabe 1977).

Barty-King, Hugh, 1980: Guildhall School of Music and Drama. A hundred years' performance. London.

Basinger, Jeanine, 1998: Joan Harrison. In: Unterhagen, Amy L. (ed.), 1998: Women Filmmakers and their Films. Detroit, S. 180f.

Beardwood, H. (ed): The History of Colfe's Crammar School. Christchurch 1972.

Beckett, Samuel, 1989: Mehr Prügel als Flügel. Aus dem Englischen von Christian Enzensberger. Frankfurt am Main.

Bigland, Eileen, 1946: Awakening to Danger. London.

Biographisches Handbuch der deutschsprachigen Emigration bis 1933, 1980: Band 1. München.

Brady, Frank, 1990: Citizen Welles. A biography of Orson Welles. London.

Braeckman, Colette, 2002: Verbrechen am Kongo. In: *Le Monde diplomatique/WochenZeitung*. Zürich, Januar 2002, S. 23.

Brownlow, Kevin, 1996: David Lean. London.

Buchan, John, 1975: Die neununddreißig Stufen. Aus dem Englischen von Marta Hackel. Zürich (zitiert als: Stufen) (Originalausgabe 1915).

Buchan, John, 1980: Grünmantel. Aus dem Englischen von Marta Hackel. Zürich (zitiert als: Grünmantel) (Originalausgabe 1916).

Buchan, John, 1980: Mr. Standfast oder Im Westen was Neues. Aus dem Englischen von Günter Eichel. Zürich (zitiert als: Standfest) (Originalausgabe 1919).

Buchan, John, 1980: Die drei Geiseln. Aus dem Englischen von Marta Hackel. Zürich (zitiert als: Geiseln) (Originalausgabe 1924).

Cantzen, Rolf, 1997: Weniger Staat – mehr Gesellschaft. Freiheit – Ökologie – Anarchismus. Grafenau.

Carty, T. J., 1995: A Dictionary of Literary Pseudonyms in the English Language. London.

Caute, David, 1994: Joseph Losey. A Revenge on Life. London.

Chapman, James 1989: The British at War. Cinema, State and Propaganda, 1939–1945. London.

Childers, Erskine, 1975: Das Rätsel der Sandbank. Aus dem Englischen von Hubert Deymann. Zürich (zitiert als: Sandbank) (Originalausgabe 1903).

Clay, John, 1992: John Masters. A Regimented Life. London.

Cohen, Sidney, 1966: The Beyond Within. The LSD Story. New York (Originalausgabe 1964).

Connolly, Cyril, 1996: Enemies of Promise. London (Originalausgabe 1938).

Conrad, Joseph, 1990: The Secret Agent. London (Originalausgabe 1907).

Contemporary Authors, 1969: Volumes 5–8. First Revision. Detroit.

Contemporary Authors, 1974: Volumes 9–12. First Revision. Detroit.

Contemporary Authors, 1978: Volumes 73–76. Detroit.

Contemporary Authors, 1981: New Revision Series. Volume 3. Detroit.

Contemporary Authors, 1998: New Revision Series. Volume 60. Detroit.

Contemporary Authors, 1999: New Revision Series. Volume 80. Detroit.

Contemporary Theatre, Film and Television, 1989: Volume 6. Detroit.

Coomes, David, 1992: Dorothy L. Sayers. A Careless Rage for Life. Oxford.

Coren, Michael, 1993: The Invisible Man. The Life and Liberties of H. G. Wells. London.

Coward, Noël, 1982: The Noël Coward Diaries. Edited by Graham Payn and Sheridan Morley. London.

Coxon, Ian (ed.), 2002: The Sunday Times Rich List 2002. London.

Cramer, Sibylle/Vogt, Jochen, 1983: Doris Lessing. In: Kritisches Lexikon zur fremdsprachigen Gegenwartsliteratur. Grundlieferung. München.

Cunningham, Valentine, 1988: British Writers of the Thirties. Oxford.

Dahm, Bernhard, 1990: Der Dekolonisationsprozeß Indonesiens. In: Wolfgang J. Mommsen (Hg.): Das Ende der Kolonialreiche. Frankfurt am Main, S. 67–88.

Danischewsky, Monja, 1966: White Russian – Red Face. London.

Dewey, Peter, 1997: War and Progress. Britain 1914–1945. Harlow.

De Witte, Ludo, 2001: Murder of Lumumba. London.

Dunn, Jane, 2000: Antonia White. A Life. London (Originalausgabe 1998).

Durgnat, Raymond, 1970: A Mirror for England. British Movies from Austerity to Affluence. London.

Dworken Cooley, Holly, 1998: Eileen Bigland. In: Dictionary of Literary Biography. Volume 195: British Travel Writers 1910–1939. Detroit, S. 3–7.

Dyson, Will, 1933: Artist Among the Bankers. London.

Edgerton, Gary, 1993: Revisiting the Recordings of Wars Past. Remembering the Documentary Trilogy of John Huston. In: Studlar/Desser 1993, S. 33–62.

Edmondson, John, 1997: Traveller's Companion to France. London.

Falk, Quentin, 2000: Travels in Greeneland. London.

Farrar, Frederic W., 1858: Eric, or Little by Little. A Tale of Roslyn School. Edinburgh.

Fedden, Henry Romilly, 1938: Suicide. A Social and Historical Study. London.

Fedden, Robin, 1964: Chantemesle. London.

French, John, 1984: Fashion photographer. Compiled and edited by Valerie D. Mendes with the assistance of Lynn Szygenda in collaboration with Vere French. London.

French, Philip, 1999: The Zither music is stunning and original, everything else is stunning. In: *The Observer*. London, 18. 7. 1999.

Gabbard, Glen O./Gabbard, Krin, 1999: Psychiatry and the Cinema. Washington DC.

Gianakos, Larry James, 1978: Television Series Programming. A comprehensive chronicle 1959–1975. New York.

Gidez, Richard B., 1982: Emlyn Williams. In: Dictionary of Literary Biography. Volume 10. Modern British Dramatists 1900–1945, Part 2. Detroit, S. 218–226.

Gifford, Denis, 1986: The British Film Catalogue 1895–1985. London.

Ginnett, Lillian, 1939: Inherited Talent? In: *The Guildhall Student*. London, Spring 1939, S. 39–41.

Glinert, Ed, 2000: A Literary Guide to London. London.

Greene, Graham, 1962: Der stille Amerikaner. Ins Deutsche übersetzt von Walther Puchwein. Zürich (Originalausgabe 1955).

Greene, Graham, 1992: Three Entertainments. A Gun for Sale. The Confidential Agent. The Ministry of Fear. London.

Gruber, Frank, 1962: Brothers of Silence. New York.

Gruber, Frank, 1967: The Pulp Jungle. Los Angeles.

Guinness, Alec, 1996: My Name Escapes Me. London.

Harvie, Christopher, 1993: Introduction. In: Buchan, John: The Thirty-Nine Steps. Oxford, S. VII–XXII.

Hawkins, Jack, 1973: Anything for a Quiet Life. London.

Hemenway, Stephen, 1975: The Novel of India. Volume 1: The Anglo-Indian Novel. Kalkutta.

Hibbert, Christopher/Weinreb, Ben (Hg.), 1993: The London Encyclopaedia. London.

Hindersmann, Jost, 1995: Der britische Spionageroman. Vom Imperialismus bis zum Ende des Kalten Krieges. Darmstadt.

Hirschhorn, Clive, 1975: The Films of James Mason. With some second thoughts by James Mason. London.

Hobsbawm, Eric, 1969: Industrie und Empire. Britische Wirtschaftsgeschichte seit 1750. Band 1. Frankfurt am Main.

Hobsbawm, Eric, 1972: Die Banditen. Frankfurt am Main.

Holt, Gavin (d. i. Charles Rodda), 1937: Ivory Ladies. London.

Household, Geoffrey, 1978: Foreword. In: Childers, Erskine: The Riddle of the Sands. London 1978, S. 7–15.

Howald, Stefan, 1995: Noch ein paar Fragen an die Geschichte. Stephan Heyms zwiespältiger Roman über den Kommunisten Radek. In: *Tages-Anzeiger*. Zürich, 29. 9. 1995, S. 103.

Howald, Stefan, 1997: George Orwell. Reinbek.

Huston, John, 1981: An Open Book. London.

IMDb, 2001: International Movie Database. www.us.imdb.com.

Jensen, John, 1996: »A Sort of Bird of Freedom«. Will Dyson 1880–1938. Cartoons, Caricatures, Drawings and Satirical Prints. Canterbury.

Jeremy, David J., 1998: A Business History of Britain, 1900–1990s. Oxford.

Jones, Robert/Marriott, Oliver, 1970: Anatomy of a Merger. A History of AEI, GEC and English Electric. London.

Jung, Carl Gustav, 1917: Collected Papers on Analytical Psychology. Edited by Constance E. Long, London.

Kael, Pauline, 1993: 5001 Nights at the Movies. London.

Keats, John, 1971: You might as well live. The Life and Times of Dorothy Parker. London 1975.

Keay, John, 2000: Last Post. The End of Empire in the Far East. London (Originalausgabe 1997).

Kift, Dagmer, 1991: Arbeiterkultur im gesellschaftlichen Konflikt. Die englische Music Hall im 19. Jahrhundert. Essen.

King, Pear/Steiner, Riccardo (ed.), 1991: The Freud-Klein-Controversies 1941–1945. London.

Knopf, Alfred A., 1965: Portrait of a Publisher 1915/1965. Volume I: Reminiscences and Reflections. New York.

Knopf, Alfred A., 1995: »Those Damned Reminiscences«. Further Selections from the Memoirs of Alfred A. Knopf. Edited by Cathy Henderson. Austin.

Koestler, Arthur, 1991: Sonnenfinsternis. Rückübertragung aus dem Englischen von Arthur Koestler. Wien (zitiert als: Sonnenfinsternis).

Kulik, Karol, 1975: Alexander Korda. The Man Who could Work Miracles. London.

Landy, Marcia, 1991: British Genres. Cinema and Society 1930–1960. Princeton.

Leader, Zachary (ed.), 2000: The Letters of Kingsley Amis. London.

le Carré, John, 1964: Der Spion, der aus der Kälte kam. Aus dem Englischen von Christian Wessels und Manfred von Conta. Hamburg.

le Carré, John, 1974: Dame, König, As, Spion. Aus dem Englischen von Rolf und Hedda Soellner. Hamburg.

le Carré, John, 1977: Eine Art Held. Aus dem Englischen von Rolf und Hedda Soellner. Köln.

le Carré, John, 1980: Smileys Leute oder Agent in eigener Sache. Aus dem Englischen von Rolf und Hedda Soellner. München.

Leonhardt, Ulrike, 1990: Mord ist ihr Beruf. Eine Geschichte des Kriminalromans. München.

Levant, Oscar; 1968: The Unimportance of Being Oscar. New York.

Lewis, Jeremy, 1997: Cyril Connolly. A Life. London.

Lewis, Peter, 1985: John le Carré. New York.

Lloyd, Norman, 1990: Stages. Interviewed by Francine Parker. London.

Losey, Joseph, 1967: Losey on Losey. Edited and introduced by Tom Milne. London.

Loyd, T. O., 1993: Empire, Welfare State, Europe. English History 1906–1992. Oxford.

Lubin, David M., 1999: Titanic. London.

Lycett, Andrew, 1995: Ian Fleming. The Man behind James Bond. London.

Macdonald, Kevin, 1994: Emeric Pressburger. The Life and Death of a Screenwriter. London.

Mackenzie, Midge, 1998: Huston, we have a problem. In: *The Guardian*. London, 23. 10. 1998, S. 4f.

MacKenzie, S. P., 2001: British War Films 1939–1945. The Cinema and the Services. London.

Macnab, Geoffrey, 1993: J. Arthur Rank and the British Film Industry. London.

MacShane, Frank, 1986: The Life of Raymond Chandler. London (Originalausgabe 1976).

Mandel, Ernest, 1987: Ein schöner Mord. Sozialgeschichte des Kriminalromans. Frankfurt am Main.

Manso, Peter, 1994: Brando. London.

Marchand, Leslie A. (ed.), 1976: »So late into the night!« Byron's letters and journals. Vol. 5 (1816/17). London.

Mason, James, 1981: Before I Forget. London.

Masters, Anthony, 1987: Literary Agents. The Novelist as Spy. Oxford.

Masters, John, 2000: Nightrunners of Bengal. London (Originalausgabe 1951).

Maugham, W. Somerset, 1972: Ashenden oder der britische Geheimagent. Aus dem Englischen von Wulf Teichmann, Eva Schönfeld und Helene Mayer. Zürich (zitiert als: Ashenden) (Originalausgabe 1928).

Mayer-Ebeling, Alf, 1997: Der Mann, der uns Chandler und Hammett brachte. Krimipionier Karl Anders und seine Krähen-Bücher. In: Schindler (Hg.) 1997, S. 102–109.

Mayne, Andrew, 1987: The Secret Agent by Joseph Conrad. Basingstoke.

Mazower, Mark, 2000: Der dunkle Kontinent. Europa im 20. Jahrhundert. Aus dem Englischen von Hans-Joachim Maass. Berlin.

McCarty, John, 1987: The Films of John Huston. Secaucus.

McFarlane, Brian, 1997: An Autobiography of British Cinema. By the Actors and Filmmakers who made it. London.

McNeil, Alex, 1996: Total Television. London.

Meade, Marion, 1988: Dorothy Parker. What Fresh Hell is This? London.

Meikle, Denis, 1996: A History of Horrors. The Rise and Fall of the House of Hammer. London.

Mills, Godfrey Hope Saxon, 1954: There is a Tide... The life and work of Sir William Crawford. Embodying an historical study of modern British advertising. London.

Mogg, Ken, 2000: The Alfred Hitchcock Story. London.

Monsarrat, Nicholas, 2001: Life is A Four Letter Word. London (Erstausgabe 1966).

More, Kenneth, 1978: More or Less. London.

Morgan, Kenneth O., 1999: The People's Peace. British History since 1945. Oxford.

Morley, Sheridan, 1985: The Other Side of the Moon. The Life of David Niven. London.

Moss, Robert F., 1987: The Films of Carol Reed. London.

Morphy, Robert, 1989: Realism and Tinsel. Cinema and Society in Britain 1939–1948. London.

Neame, Ronald, 2000: His favorite film was Star Wars. Tribute to Alec Guinness. In: *Sunday Times*. London, 13. 8. 2000, Section 5, S. 7.

Nevett, T. R., 1982: Advertising in Britain. A History. London.

Niven, David, 1986: The Moon's a Balloon. London (Originalausgabe 1971).

Nogueira, Rui/Tavernier, Bertrand, 1993: Encounter with John Huston. In: Studlar/Desser 1993, S. 207–238.

Orwell, George, 1982: Der Weg nach Wigan Pier. Aus dem Englischen von Manfred Papst. Zürich (Originalausgabe 1937).

Orwell, George, 1983: Die Wonnen der Aspidistra. Aus dem Englischen von Nikolaus Stingl. Zürich (Originalausgabe 1936).

Pearson, John/Turner, Graham, 1965: The Persuasion Industry. London.

Pimlott, Ben, 1993: Harold Wilson. London.

The Player's Library, 1950: The Catalogue of the Library of the British Drama League. London.

The Player's Library, 1951: First Supplement. London.

The Player's Library, 1954: Second Supplement. London.

The Player's Library, 1956: Third Supplement. London.

Plomley, Roy, 1984: Desert Island Lists. London.

Pugh, Martin, 1994: State and Society. British Political and Social History 1870–1992. London.

Pym, John (ed.), 1998: Film Guide 7. London.

Reynolds, Barbara, 1998: Dorothy L. Sayers. Her Life and Soul. Revised Edition. London (Originalausgabe 1993).

Richards, Jeffrey, 1986: Thorold Dickinson. The Man and his Films. Beckenham.

Richards, Jeffrey, 1997: Films and British national identity. From Dickens to Dad's Army. Manchester.

Ricklefs, M. C., 1981: A History of Modern Indonesia. London.

Robinson, Jane, 1990: Wayward Women. A Guide to Women Travellers. Oxford.

Said, Edward, 1978: Orientalism. London.

Saunders, Frances Stonor, 2001: Wer die Zeche zahlt... Der CIA und die Kultur im kalten Krieg. Aus dem Englischen von Markus P. Schupfner. Berlin.

Sayers, Dorothy L., 1980: Mord braucht Reklame. Aus dem Englischen von Otto Bayer. Tübingen (Originalausgabe 1933).

Scheme for the Administration of the Charity of the Rev. A. Colfe, Lewisham, Kent, 1895. London.

Schindler, Nina (Hg.) 1997: Das Mordsbuch. Alles über Krimis. Hildesheim.

Schumacher, Theo, 1987: Aldous Huxley. Reinbek bei Hamburg.

Sebald, W. G., 1995: Die Ringe des Saturn. Eine englische Wallfahrt. Frankfurt am Main.

Seidenspinner, Margarete, 1987: Die Literaturen Südafrikas. In: Kritisches Lexikon zur fremdsprachigen Gegenwartsliteratur. München.

Shelden, Michael, 1995: Graham Greene. Aus dem Englischen von Joachim Kalka. Göttingen.

Shephard, Ben, 2000: A War of Nerves. Soldiers and Psychiatrists 1914–1994. London.

Sherry, Norman, 1989: The Life of Graham Greene. Volume One: 1904–1939. London.

Silver, Alain/Ursini, James, 1974: David Lean and his Films. London.

Sinden, Donald, 1982: A Touch of the Memoirs. London.

Solms, Friedrich, 1996: Ich will nicht Ich sein, ich will Wir sein. Die Geschichte des ersten Berufsrevolutionärs Michail Alexandrowitsch Bakunin. In: Diefenbacher, Hans (Hg.): Anarchismus. Zur Geschichte und Idee der herrschaftsfreien Gesellschaft. Darmstadt 1996, S. 105–128.

Spender, Stephen, 1991: World Within World. London (Originalausgabe 1951).

Spoto, Donald, 1994: The Dark Side of Genius. The Life of Alfred Hitchcock. London (Originalausgabe New York 1983).

Strutynsky, Peter, 1999: Die veränderten internationalen Bedingungen und die neuen Herausforderungen an die Friedensbewegung. In: Friedenspolitischer Ratschlag. Kassel.

Studlar, Gaylyn/Desser, David (ed.), 1993: Reflections in a male eye. John Huston and the American experience. Washington DC.

Taylor, A. J. P., 1992: English History 1914–1945 (The Oxford History of England. Volume 15). Oxford (Originalausgabe Oxford 1965).

Thomson, David, 1994: A Biographical Dictionary of Film. London.

Thomson, David, 1996: Rosebud. The Story of Orson Welles. London.

Thorold, Algar Labouchere, 1913: The Life of Henry Labouchere. London.

Thorpe, Andrew, 1994: Britain in the Era of the Two World Wars 1914–1945. Harlow.

Todd, Ann, 1980: The Eight Veil. London.

Todd, Janet (ed.), 1989: British Women Writers. A Critical Reference Guide. New York.

Toole-Stott, R., 1962: Circus and Allied Arts. A World Bibliography. Vol. III. Derby.

Toole-Stott, R., 1971: Circus and Allied Arts. A World Bibliography. Vol. IV. Derby.

Treasure, John, 1977: The History of British Advertising Agencies 1875–1939. Edinburgh.

Twentieth Century Literary Criticism, 1984: Volume 14. Detroit.

Ustinov, Peter, 1978: Ach du meine Güte. Unordentliche Memoiren. Aus dem Englischen von Traudl Lessing und Helga Zoglmann. Wien.

Vahimagi, Tise, 1996: British Television. Oxford.

Vogt, Jochen, 1986: John le Carré. In: Kritisches Lexikon zur fremdsprachigen Gegenwartsliteratur. 9. Nachlieferung. München.

Wakeham, John (ed.), 1975: World Authors 1950–1970. New York.

Wapshott, Nicholas, 1990: The Man Between. A Biography of Carol Reed. London.

Warren, Patricia, 1995: British Film Studios. An Illustrated History. London.

Wayne, Jane Ellen, 1987: Gable's Women. London.

Wearing, J. P., 1984: The London Stage 1920–1929. A Calendar of Plays and Players. London.

Wearing, J. P., 1990: The London Stage 1930–1939. A Calendar of Plays and Players. London.

Weightman Gavin/Humphries, Steve, 1984: The Making of Modern London, 1914–1939. London.

Welles, Orson/Bogdanovich, Peter, 1994: Hier spricht Orson Welles. Weinheim/Berlin 1994.

Wells, H. G., 1983: Tono-Bungay. Aus dem Englischen von Grit Zoller und Heinz von Sauter. Frankfurt am Main (Originalausgabe 1909).

Welsh, Mary, 1977: How It Was. London.

West, W. J., 1997: The Quest for Graham Greene. London.
Who Was Who, 1972: VI, 1961–1970. London.
Who Was Who, 1981: VII, 1971–1980. London.
Who Was Who, 1991: VIII, 1981–1990. London.
Williamson, Henry, 1930: Dandelion Days. London.

Zimmer, Dieter E. (Hg.), 1997: Vladimir Nabokov. Gesammelte Werke 3. Frühe Romane 3. Reinbek bei Hamburg.
Züfle, Manfred, 1998: Das arme Ding und der Mann Moses. Über Freuds Kulturkritik. In: Manfred Züfle: Der bretonische Turm. Hamburg, S. 65–76.

Register

Personenregister
(nicht aufgenommen sind
zeitgenössische Literaturkritiker)

Werkregister

Fotonachweis

Fotos 1-6, 10, 24, 29, 36: Diogenes Archiv; 7, 8, 12, 15, 27, 28, 31, 32: Joyce Fowle; 12, 13, 34, 38, 42, 44: Ambler-Archiv, Boston; 13, 33, 35: Patricia Gaynor (Fotos: Graham Bush); 14, 41: Graham Bush; 16: ©1944 Turner Entertainment Co. An AOL Time Warner Company/BFI Collections. All rights reserved; 17, 19, 21, 23, 26: © Carlton International Media Ltd./LFI/BFI Collections; 20: Elliot Erwitt/ Magnum Photos; 22: © Bettmann/CORBIS; 25: Mark Gerson; 30: © MGM/ United Artists/BFI Collections; 37: Camera Press/Keystone; 39: © Charles Seiler, Zürich; 40: Horst Tappe/Keystone; 43: Keystone/Camera Press/Lord Snowdon.

Rechteinhaber, die nicht ermittelt werden konnten, sind gebeten, sich mit dem Diogenes Verlag, Zürich, in Verbindung zu setzen.

Eric Ambler
im Diogenes Verlag

Seit 1996 erscheint eine Neuedition der Werke Eric Amblers in neuen oder revidierten Übersetzungen.

»Die Neuübersetzungen, stilistisch viel näher am Original, offenbaren viel deutlicher die Meisterschaft von Eric Ambler, der nicht nur politisch denkt, klar analysiert, präzise schreibt, sondern bei alledem auch noch glänzend unterhält.«
Karin Oehmigen / SonntagsZeitung, Zürich

»Eric Amblers Romane sind außergewöhnlich, weil sie Spannung und literarische Qualität verbinden. Die neuen und überarbeiteten Übersetzungen im Taschenbuch sind vorbehaltlos zu begrüßen.«
Bayerisches Fernsehen, München

Der Levantiner
Roman. Aus dem Englischen von Tom Knoth

Die Maske des Dimitrios
Roman. Deutsch von Matthias Fienbork

Eine Art von Zorn
Roman. Deutsch von Malte Krutzsch

Topkapi
Roman. Deutsch von Elsbeth Herlin und Nikolaus Stingl

Der Fall Deltschev
Roman. Deutsch von Mary Brand und Walter Hertenstein

Die Angst reist mit
Roman. Deutsch von Matthias Fienbork

Schmutzige Geschichte
Roman. Deutsch von Günter Eichel

Der dunkle Grenzbezirk
Roman. Deutsch von Walter Hertenstein und Ute Haffmans

Bitte keine Rosen mehr
Roman. Deutsch von Tom Knoth

Anlaß zur Unruhe
Roman. Deutsch von Dirk van Gunsteren

Besuch bei Nacht
Roman. Deutsch von Wulf Teichmann

Waffenschmuggel
Roman. Deutsch von Tom Knoth

Ungewöhnliche Gefahr
Roman. Deutsch von Matthias Fienbork

Mit der Zeit
Roman. Deutsch von Matthias Fienbork

Das Intercom-Komplott
Roman. Deutsch von Dirk van Gunsteren

Doktor Frigo
Roman. Deutsch von Matthias Fienbork

Schirmers Erbschaft
Roman. Deutsch von Nikolaus Stingl

Nachruf auf einen Spion
Roman. Deutsch von Matthias Fienbork

Außerdem lieferbar:

Ambler by Ambler
Eric Amblers Autobiographie
Deutsch von Matthias Fienbork

Die Begabung zu töten
Deutsch von Matthias Fienbork

Wer hat Blagden Cole umgebracht?
Lebens- und Kriminalgeschichten.
Deutsch von Matthias Fienbork

Über Eric Ambler
Zeugnisse von Alfred Hitchcock bis
Helmut Heißenbüttel. Herausgegeben
von Gerd Haffmans unter Mitarbeit
von Franz Cavigelli. Mit Chronik und
Bibliographie. Erweiterte Neuausgabe

Stefan Howald
Eric Ambler
Eine Biographie. Mit Fotos, Faksimiles, Zeittafel, Bibliographie, Filmographie und Anmerkungen

George Orwell
im Diogenes Verlag

»George Orwell, Prophet der Schreckenswelt von *1984*, vielzitierter Autor auch der grimmigen Fabel *Farm der Tiere*, ist heute der meistgelesene englische Schriftsteller des 20. Jahrhunderts. Und mit später Bewunderung wird inzwischen auch jener einst so mißachtete, jener andere Orwell zur Kenntnis genommen, der in Romanen, Reportagen und vielen Essays Zeugnis ablegt von seiner Zeit, von den Dreißigern und Vierzigern des zwanzigsten Jahrhunderts, in denen sich Europas Gesicht verändert hat.«
Der Spiegel, Hamburg

Farm der Tiere
Ein Märchen. Aus dem Englischen von Michael Walter. Mit einem Vorwort von Ulrich Wickert, Orwells Essay ›Die Pressefreiheit‹, seinem Vorwort zur ukrainischen Ausgabe, fünf Briefen des Autors und dem Kapitel ›Animal Farm‹ aus Michael Sheldens Orwell-Biographie.
Illustrationen von F. K. Waechter.
Die Taschenbuchausgabe bleibt weiterhin lieferbar.

Im Innern des Wals
Erzählungen und Essays. Deutsch von Felix Gasbarra und Peter Naujack

Mein Katalonien
Bericht über den Spanischen Bürgerkrieg. Deutsch von Wolfgang Rieger

Rache ist sauer
Essays. Deutsch von Felix Gasbarra, Peter Naujack und Claudia Schmölders

Erledigt in Paris und London
Bericht. Deutsch von Helga und Alexander Schmitz

Auftauchen, um Luft zu holen
Roman. Deutsch von Helmut M. Braem

Tage in Burma
Roman. Deutsch von Susanna Rademacher

Meistererzählungen
Ausgewählt von Christian Strich

George Woodcock
Der Hellseher
George Orwells Werk und Wirken. Deutsch von Matthias Fienbork

Michael Shelden
George Orwell
Eine Biographie. Deutsch von Matthias Fienbork

Monographien und Materialien im Diogenes Verlag

● **Eric Ambler**

Ambler by Ambler. Eric Amblers Autobiographie. Aus dem Englischen von Matthias Fienbork

Wer hat Blagden Cole umgebracht? Lebens- und Kriminalgeschichten von Eric Ambler. Deutsch von Matthias Fienbork

Über Eric Ambler. Zeugnisse von Alfred Hitchcock bis Helmut Heißenbüttel. Herausgegeben von Gerd Haffmans unter Mitarbeit von Franz Cavigelli. Mit Chronik und Bibliographie

Eric Ambler. Eine Biographie. Von Stefan Howald. Mit Fotos, Faksimiles, Lebenschronik, Bibliographie, ausführlicher Filmographie und Anmerkungen

● **Alfred Andersch**

Alfred Andersch. Eine Biographie von Stephan Reinhardt. Mit zahlreichen Abbildungen, Anmerkungen und Zeittafel

Materialien zu Die Kirschen der Freiheit. Herausgegeben von Winfried Stephan

● **Ludwig Börne**

Ludwig Börne. Aus der Frühzeit der deutschen Demokratie. Von Ludwig Marcuse

● **Honoré de Balzac**

Balzac – Leben und Werk. Zeugnisse und Aufsätze von Victor Hugo bis Georges Simenon. Herausgegeben von Claudia Schmölders

● **James Boswell**

Dr. Samuel Johnson. Leben und Meinungen. Aus dem Englischen von Fritz Güttinger. Herausgegeben von Fritz Güttinger

● **Ulrich Bräker**

Der arme Mann im Tockenburg. Lebensgeschichte und Natürliche Ebentheuer des armen Mannes im Tockenburg. Herausgegeben von Samuel Voellmy. Mit einem Vorwort von Hans Mayer

● **Christy Brown**

Mein linker Fuß. Aus dem Englischen von Leonharda Gescher. Mit einem Vorwort von Robert Collis

● **Martin Buber**

Martin Buber. Leben, Werk, Wirkung. Von Gerhard Wehr

● **Truman Capote**

Ich bin schwul. Ich bin süchtig. Ich bin ein Genie. Ein intimes Gespräch mit Lawrence Grobel. Mit einem Vorwort von James A. Michener. Aus dem Amerikanischen von Thomas Lindquist. Mit 15 Fotos

● **Anton Čechov**

Anton Čechov. Sein Leben in Bildern. Mit 739 Abbildungen, einem Anhang mit Daten zu Leben und Werk und einem Personenregister

Čechov-Chronik. Leben und Werk von Anton Čechov. Von Peter Urban. Der Anhang bringt ein Nachwort, das Inhaltsverzeichnis der ersten russischen Gesamtausgabe und eine Bibliographie aller deutschen Übersetzungen

Über Čechov. Essays, Zeugnisse und Notizen. Mit einer Chronik zum Leben, Werk und zu den Erstaufführungen sowie einer Bibliographie. Herausgegeben von Peter Urban

● **Charlie Chaplin**

Chaplin. Sein Leben, seine Kunst. Von David Robinson. Aus dem Englischen von Brigitte Mentz und Matthias Müller

● **Paulo Coelho/Juan Arias**

Bekenntnisse eines Suchenden. Juan Arias im Gespräch mit Paulo Coelho. Aus dem Brasilianischen von Maralde Meyer-Minnemann

● **Eugène Delacroix**

Mein Tagebuch. Aus dem Französischen und mit einer Einleitung von Erich Hancke, einem Essay von Charles Baudelaire sowie einem Personenregister

● **Diogenes Autoren Album**

Diogenes Autoren Album. Erweiterte Neuausgabe

● **Diogenes von Sinope**

Das Leben des Diogenes von Sinope erzählt von Diogenes Laertios. Herausgegeben, übersetzt und mit einem Vorwort versehen von Kurt Steinmann

● **Friedrich Dürrenmatt**

Friedrich Dürrenmatt. Stationen seines Werkes. Von Elisabeth Brock-Sulzer. Mit Fotos, Zeichnungen, Faksimiles

Querfahrt mit Friedrich Dürrenmatt. Aufsätze und Vorträge. Von Heinz Ludwig Arnold

Über Friedrich Dürrenmatt. Essays, Zeugnisse und Rezensionen von Gottfried Benn bis Saul Bellow. Mit Chronik und Bibliographie. Herausgegeben von Daniel Keel

● William Faulkner
William Faulkner. Sein Leben. Sein Werk. Von Stephen B. Oates. Aus dem Amerikanischen von Matthias Müller. Mit vielen Fotos, Werkverzeichnis, Chronologie und Register
Über William Faulkner. Aufsätze und Rezensionen von Malcolm Cowley bis Siegfried Lenz. Essays und Zeichnungen von sowie ein Interview mit William Faulkner. Chronik und Bibliographie. Herausgegeben von Gerd Haffmans

● Federico Fellini
Fellini. Eine Biographie von Tullio Kezich. Mit vielen Fotos, Filmographie und Register. Aus dem Italienischen von Sylvia Höfer
Fellini über Fellini. Ein intimes Gespräch mit Giovanni Grazzini. Deutsch von Renate Heimbucher
Carissimo Simenon – Mon cher Fellini. Der Briefwechsel zwischen Federico Fellini und Georges Simenon. Deutsch von Linde Birk

● Sigmund Freud
Sigmund Freud. Sein Bild vom Menschen. Von Ludwig Marcuse. Mit Register und Literaturverzeichnis

● Friedrich Glauser
Gourrama. Ein Roman aus der Fremdenlegion

● Jeremias Gotthelf
Der Bauernspiegel oder Lebensgeschichte des Jeremias Gotthelf. Von ihm selbst beschrieben. Mit einem Essay von Walter Muschg

● Robert van Gulik
Robert van Gulik. Ein Leben mit Richter Di. Von Janwillem van de Wetering. Aus dem Amerikanischen von Klaus Schomburg. Mit vielen Bildern, Bibliographie und Lebensdaten

● Erich Hackl
Materialien zu Abschied von Sidonie. Von Erich Hackl. Herausgegeben von Ursula Baumhauer Weck

● Heinrich Heine
Heinrich Heine. Melancholiker, Streiter in Marx, Epikureer. Von Ludwig Marcuse

● Patricia Highsmith
Patricia Highsmith – Leben und Werk. Herausgegeben von Franz Cavigelli, Fritz Senn und Anna von Planta. Mit Bibliographie, Filmographie und zahlreichen Fotos

● Ignatius von Loyola
Ignatius von Loyola. Ein Soldat der Kirche. Von Ludwig Marcuse. Mit Zeittafel

● John Irving
Die imaginäre Freundin. Vom Ringen und Schreiben. Aus dem Amerikanischen von Irene Rumler. Mit zahlreichen Fotos
My Movie Business. Mein Leben, meine Romane, meine Filme. Deutsch von Irene Rumler

● Jesus
Das Leben Jesu. Von Ernest Renan. Vom Verfasser autorisierte Übertragung aus dem Französischen

● Samuel Johnson
Dr. Samuel Johnson. Leben und Meinungen. Von James Boswell. Mit dem Tagebuch einer Reise nach den Hebriden. Herausgegeben und aus dem Englischen von Fritz Güttinger. Mit zahlreichen Abbildungen

● Carl Gustav Jung
Carl Gustav Jung. Leben, Werk, Wirkung. Von Gerhard Wehr
Martin Buber. Leben, Werk, Wirkung. Von Gerhard Wehr
C. G. Jung, der Mensch und seine Geschichte. Von Laurens van der Post. Aus dem Englischen von Gertie Siemsen

● D. H. Lawrence
Mr. Noon. Autobiographischer Roman. Aus dem Englischen von Nikolaus Stingl

● Loriot
Möpse & Menschen. Eine Art Biographie

● Ludwig Marcuse
Nachruf auf Ludwig Marcuse
Mein zwanzigstes Jahrhundert. Auf dem Weg zu einer Autobiographie. Mit Personenregister

● W. Somerset Maugham
Die halbe Wahrheit. Keine Autobiographie. Aus dem Englischen von Matthias Fienbork

● Fritz Mertens
Ich wollte Liebe und lernte hassen! Ein Bericht
Auch du stirbst, einsamer Wolf. Ein Bericht